住房和城乡建设部"十四五"规划教材
高等学校土木工程专业创新型人才培养系列教材
江苏省高等学校重点教材

城市隧道盾构法施工技术

（第二版）

杨 平 王 源 主 编
张学民 张永兴 张 婷 副主编
周顺华 主 审

中国建筑工业出版社

图书在版编目（CIP）数据

城市隧道盾构法施工技术 / 杨平，王源主编；张学民，张永兴，张婷副主编. -- 2版. -- 北京：中国建筑工业出版社，2024.9. --（住房和城乡建设部"十四五"规划教材）（高等学校土木工程专业创新型人才培养系列教材）（江苏省高等学校重点教材）. -- ISBN 978-7-112-30187-4

Ⅰ. U455.43

中国国家版本馆 CIP 数据核字第 20245KM836 号

本书按城市隧道盾构法施工前后关系，介绍了城市隧道盾构法施工的相关技术，主要包括城市隧道工程发展趋势、分类，盾构机选型、刀盘刀具及布置，盾构始发、掘进、接收，联络通道施工、盾尾刷渗漏防治与更换，施工监测，隧道施工引起的环境岩土工程问题等。本书力求以各类工程问题为基线，注重实际应用兼顾理论研究，适当吸收了最新研究成果，并进行了一些必要的讨论。本书阐述简明，图文并茂，层次分明，重点突出。全书共 8 章，包括：绪论、盾构机选型及参数确定、盾构始发与接收技术、盾构隧道推进技术、盾构隧道联络通道施工技术、盾构隧道施工对周边环境影响预测方法及控制技术、盾构推进盾尾刷渗漏防治与更换技术、盾构隧道施工监测与风险管理技术。

本书主要作为普通高等学校土木工程、城市地下空间工程等专业高年级的专业选修课教材或研究生相关课程的参考教材，亦可供其他相关专业师生及工程技术人员参考。

为了更好地支持教学，我社向采用本书作为教材的教师提供课件，有需要者可与出版社联系，索取方式如下：建工书院 http://edu.cabplink.com，邮箱 jckj@cabp.com.cn，电话：(010) 58337285。

*　　　*　　　*

责任编辑：周娟华　仕　帅　吉万旺　王　跃
责任校对：张惠雯

住房和城乡建设部"十四五"规划教材
高等学校土木工程专业创新型人才培养系列教材
江苏省高等学校重点教材
城市隧道盾构法施工技术（第二版）
杨　平　王　源　主　编
张学民　张永兴　张　婷　副主编
周顺华　主　审

*

中国建筑工业出版社出版、发行（北京海淀三里河路 9 号）
各地新华书店、建筑书店经销
霸州市顺浩图文科技发展有限公司制版
建工社（河北）印刷有限公司印刷

*

开本：787 毫米×1092 毫米　1/16　印张：23½　字数：579 千字
2024 年 9 月第二版　　2024 年 9 月第一次印刷
定价：**59.00** 元（赠教师课件）
ISBN 978-7-112-30187-4
(43148)

版权所有　翻印必究
如有内容及印装质量问题，请与本社读者服务中心联系
电话：(010) 58337283　　QQ：2885381756
（地址：北京海淀三里河路 9 号中国建筑工业出版社 604 室　邮政编码：100037）

出 版 说 明

党和国家高度重视教材建设。2016 年，中办国办印发了《关于加强和改进新形势下大中小学教材建设的意见》，提出要健全国家教材制度。2019 年 12 月，教育部牵头制定了《普通高等学校教材管理办法》和《职业院校教材管理办法》，旨在全面加强党的领导，切实提高教材建设的科学化水平，打造精品教材。住房和城乡建设部历来重视土建类学科专业教材建设，从"九五"开始组织部级规划教材立项工作，经过近 30 年的不断建设，规划教材提升了住房和城乡建设行业教材质量和认可度，出版了一系列精品教材，有效促进了行业部门引导专业教育，推动了行业高质量发展。

为进一步加强高等教育、职业教育住房和城乡建设领域学科专业教材建设工作，提高住房和城乡建设行业人才培养质量，2020 年 12 月，住房和城乡建设部办公厅印发《关于申报高等教育职业教育住房和城乡建设领域学科专业"十四五"规划教材的通知》（建办人函〔2020〕656 号），开展了住房和城乡建设部"十四五"规划教材选题的申报工作。经过专家评审和部人事司审核，512 项选题列入住房和城乡建设领域学科专业"十四五"规划教材（简称规划教材）。2021 年 9 月，住房和城乡建设部印发了《高等教育职业教育住房和城乡建设领域学科专业"十四五"规划教材选题的通知》（建人函〔2021〕36 号）。为做好"十四五"规划教材的编写、审核、出版等工作，《通知》要求：（1）规划教材的编著者应依据《住房和城乡建设领域学科专业"十四五"规划教材申请书》（简称《申请书》）中的立项目标、申报依据、工作安排及进度，按时编写出高质量的教材；（2）规划教材编著者所在单位应履行《申请书》中的学校保证计划实施的主要条件，支持编著者按计划完成书稿编写工作；（3）高等学校土建类专业课程教材与教学资源专家委员会、全国住房和城乡建设职业教育教学指导委员会、住房和城乡建设部中等职业教育专业指导委员会应做好规划教材的指导、协调和审稿等工作，保证编写质量；（4）规划教材出版单位应积极配合，做好编辑、出版、发行等工作；（5）规划教材封面和书脊应标注"住房和城乡建设部'十四五'规划教材"字样和统一标识；（6）规划教材应在"十四五"期间完成出版，逾期不能完成的，不再作为《住房和城乡建设领域学科专业"十四五"规划教材》。

住房和城乡建设领域学科专业"十四五"规划教材的特点：一是重点以修订教育部、住房和城乡建设部"十二五""十三五"规划教材为主；二是严格按照专业标准规范要求编写，体现新发展理念；三是系列教材具有明显特点，满足不同层次和类型的学校专业教学要求；四是配备了数字资源，适应现代化教学的要求。规划教材的出版凝聚了作者、主审及编辑的心血，得到了有关院校、出版单位的大力支持，教材建设管理过程有严格保障。希望广大院校及各专业师生在选用、使用过程中，对规划教材的编写、出版质量进行反馈，以促进规划教材建设质量不断提高。

住房和城乡建设部"十四五"规划教材办公室

2021 年 11 月

第二版前言

本书力求以各类工程问题为基线，注重实际应用兼顾理论研究并重，适当吸收了最新研究成果，并结合编写人员多年的教学与实践经验编写而成，是普通高等学校土木工程、地下空间与工程等专业高年级学生或研究生的专业选修课教材。本书内容涵盖盾构隧道施工前后的基本关系，系统介绍了盾构隧道的基本原理、发展趋势、盾构机选型、盾构始发、掘进、接收、联络通道施工及盾尾刷渗漏、施工监测等内容。第一版教材在多所高校应用，根据其使用反馈意见及最新技术的发展，第二版教材在第一版本的基础上，新增了盾构下穿敏感性建筑、盾构掘进、联络通道机械法施工等实例分析；从厚植家国情怀、踔厉奋发担当使命、安全至上坚守创新驱动、勇毅前行谱写新篇等方面融入课程思政元素，促使智能建造和绿色环保的理念助力盾构隧道可持续发展。

本书在编写过程中，除强调反映本学科的传统知识外，力求反映国内外隧道盾构法施工技术与相关理论的发展水平，如对复杂地层条件下的冻结法施工技术及盾构施工对周边环境影响的预测理论及数值模拟等均作了系统介绍，并力求内容全面，覆盖隧道盾构法施工技术的全过程，政治思想观点正确，有利于学生树立正确人生观、价值观，培养学生爱岗敬业、团队精神，体现了"新技术、新工艺、新材料、新设备"在盾构隧道工程中的应用，既满足土木工程高年级学生或研究生选修教学的要求，又可供从事隧道及地下工程设计和施工的专业技术人员及科研人员自学参考。

本书由南京林业大学杨平教授、苏州科技大学王源教授主编，全书由杨平统稿，具体编写人员分工如下：杨平编写并修订第1、3、5、7章，其中张婷编写3.7.2节、5.5节和5.6.2节，并编写课程思政内容，王源编写第8章，中南大学张学民编写并修订第2、4章，南京林业大学张永兴编写并修订第6章。全书由同济大学周顺华教授主审，修订过程中，周教授和南京林业大学邵光辉教授都提出了许多宝贵意见和建议，在此表示衷心的感谢！

本书是由中国建筑工业出版社及中国土木工程教育工作委员会江苏省分会立项而组织编写的。本书得到中国建筑工业出版社的大力支持，在此一并表示衷心感谢。本书作者要特别感谢南京林业大学刘健鹏、吴繁、朱纬煦、李志远、陆雅、詹炎培、刘大勇等研究生为本书相关文字、图表所做的大量工作。本书引用了大量的发表于各类期刊和已出版教材、专著的资料成果，并将引用的文章、教材、专著列入参考文献中，但难免会有疏漏，如有遗漏，敬请谅解！在此表示感谢！

限于编者的水平，错误之处在所难免，恳请读者批评指正。

编　者
2024.5

第一版前言

本书力求以各类工程问题为基线，注重实际应用兼顾理论研究，适当吸收了最新研究成果，并结合编写人员多年的教学经验编写而成，是普通高等学校土木工程、城市地下空间工程等专业高年级或研究生的选修课教材。本书系统地介绍了隧道工程发展趋势、分类，盾构机选型、刀盘刀具及布置，盾构始发、掘进、接收，联络通道施工、盾尾刷渗漏防治与更换，施工监测，隧道施工引起的环境岩土工程问题等基础知识和相关技术。

本书在编写过程中，除强调反映本学科的传统知识外，力求反映国内外隧道盾构法施工技术与相关理论的发展水平，如对复杂地层条件下的冻结法施工技术及盾构施工对周边环境影响的预测理论及数值模拟等均作了系统介绍。本书内容全面，覆盖隧道盾构法施工技术的全过程，既满足土木工程及城市地下空间工程等专业高年级或研究生选修教学的要求，又可供从事隧道及地下工程设计和施工的专业技术人员及科研人员自学参考。

本书由南京林业大学杨平教授、解放军理工大学王源教授主编，全书由杨平统稿，具体编写人员分工如下：杨平编写第1、3、5、7章，王源、李二兵编写第8章，中南大学张学民副教授编写第2、4章，南京林业大学张永兴副教授编写第6章。全书由同济大学博士生导师周顺华教授主审，周教授提出了许多宝贵意见和建议，在此表示衷心的感谢！

本书是由中国建筑工业出版社及中国土木工程学会教育工作委员会江苏分会共同立项而组织编写的，得到中国建筑工业出版社的大力支持，在此一并表示衷心感谢。本书作者要特别感谢南京林业大学刘健鹏、吴繁、朱纬煦、李志远等研究生为本书相关文字、图表所做的大量工作。本书引用了大量的发表于各类期刊的论文及教材、专著的资料成果，并将引用的文章、教材、专著列入参考文献中，但难免会有疏漏，如有遗漏敬请谅解！在此表示感谢！

限于编者的水平，错误之处在所难免，恳请读者批评指正。

编　者
2017.9

目　　录

第 1 章　绪　　论

本章要点学习目标及课程思政

本章要点：

(1) 城市隧道工程发展趋势；

(2) 城市隧道分类及常用施工方法；

(3) 城市隧道施工引起的环境岩土工程问题。

学习目标：

(1) 了解城市隧道工程发展趋势；

(2) 熟悉城市隧道分类及常用施工方法；

(3) 了解城市隧道施工引起的环境岩土工程问题。

课程思政：

厚植家国情怀。隧道在国民经济和城市可持续发展中扮演着举足轻重的作用，从我国隧道发展的艰辛历史介绍分析，激发学生爱国情怀和使命担当。走近"中国铁路之父"、"中国近代工程之父"——詹天佑，近代科学技术的先驱者之一，伟大的爱国主义者，亲自主持了我国自行设计和修建的第一条铁路线路——京张铁路，创设"竖井开凿法"和"人"字形线路，震惊中外。回顾艰辛历史与伟大成就，进一步树立国家意识和社会责任，激发学习兴趣与爱国情怀。

1.1　引言

自 20 世纪 80 年代以来，特别是进入 21 世纪以来，随着经济的持续发展、综合国力的不断提升及高新技术的不断应用，我国隧道及地下工程事业得到了前所未有的迅速发展。

我国正处于社会主义经济发展的重要时期，而基础设施建设在国民经济中一直占有举足轻重的地位。近年来，由于我国经济迅速发展、城市人口的急剧增长以及复杂的国际局势和我国周边态势，为解决人口流动与就业点相对集中给交通、环境等带来的压力，满足国家环境和局势变化需求，修建各种隧道及地下工程（如城市地铁、公路隧道、铁路隧道、水下隧道、市政管道、地下能源洞库等）成为必然趋势，这给隧道及地下工程的发展建设带来了机遇。隧道及地下工程事业的发展有利于国土资源的充分开发利用，具有环保和节能优势，特别是在改变我国水资源条件及油气能源储备等方面，有重要的作用，但是同样面临着诸多严峻的挑战。目前，我国进行城市快速轨道交通建设的一般都是人口超过 300 万的大城市。《国务院办公厅关于进一步加强城市轨道交通规划建设管理的意见》提出，地铁主要服务于城市中心城区和城市总体规划确定的重点地区，申报建设地铁的城市一般公共财政预算收入应在 300 亿元以上，地区生产总值在 3000 亿元以上，市区常住人口在 300 万人以上。拟建地铁初期客运强度不低于每日每公里 0.7 万人次，远期客流规模达到单向高峰小时 3 万人次以上。截至 2022 年 12 月 31 日，31 个省（自治区、直辖市）和新疆生产建设兵团共有 53 个城市开通运营城市轨道交通线路 290 条，运营里程 9584km，车站 5609 座。其中北京运营里程 797.3km，上海运营里程 825km，在全世界名列前茅。2022 年全国城市轨道交通总投资达 5443.97 亿元，年度完成建设投资额同比略有下降，在建线路总长 6350.55km。随着我国城镇化的加快发展，未来城镇规模也会不断扩大，轨道交通将是解决交通拥堵问题的必然选择。这不仅仅是指一线城市，现在除北上广，很多二三线城市也出现了交通拥堵的现象。根据预测，到 2025 年，中国城镇化率能够达到 65.5% 左右，预计城市人口将增长超过 7000 万人，预计 2025 年城区人口百万以上城市将达到 221 个，符合国家建设地铁标准的城市将从已经批准的 53 个增加到 65 个，地铁里程数将达 13000km，1km 地铁大概能提供 60 个就业岗位，预计增加十几万个就业岗位。轨道交通的投资尤其地铁的投资比较大，每千米造价现在已经从 5 亿元上升到 7 亿～10 亿元，北京甚至超过 12 亿元，筹资需求量很大。

1.2 城市隧道工程发展趋势

1.2.1 特长隧道将成为"新常态"

埋深大、隧道长、修建难度大是目前及今后较长时期隧道及地下工程建设普遍面临的问题，有众多的新难题需要攻克。随着我国铁路、公路进一步向西部地区延伸，不仅隧道数量与总长度会不断提升，而且大于 10km 的公路隧道、大于 20km 的铁路隧道将会越来越多。

1.2.2 地铁工程持续发展

我国现已规划拟发展城市轨道交通的城市总数已经超过 54 个，全部规划线路超过 400 条，总里程超过 15000km。到 2025 年，将有 65 个城市建有地铁，总里程可达 13000km。我国城市地铁建设方兴未艾，已经从一线城市延伸至二三线城市。

1.2.3 城市铁路地下化

目前，高速铁路普遍远离城市中心，给人民出行带来了不便，但城际铁路正在兴起，城市铁路地下化将给隧道及地下工程带来新的机遇与挑战。深惠城际前海保税区至惠城南段、深惠城际大鹏支线、深圳机场至大亚湾城际深圳机场至坪山段、广州东至花都天贵城际、芳村至白云机场城际、莞惠城际小金口至惠州北段、穗莞深城际南延线、雄安至北京大兴国际机场快线（R1 线）工程。城市铁路地下化，可以节省地面空间，减少地面噪声。

1.2.4 城市地下公路悄然兴起

人性化的城市发展，居住、就业、休闲区域一体的统筹，适合人居环境要求，城市地下公路必将有广阔的发展前景，如杭州紫之隧道（长 14.4km），如图 1-1 所示；长沙桐梓坡—鸭子铺全地下通道（长 12.2km）。

1.2.5　城市排蓄水工程

　　城市规模快速扩张，致使原有的排水和净化能力不能满足要求，城市内涝频发，老城区溢流污染严重。现代城市建设排水系统，必须尽量避免引起占道、拆迁等问题。广州深层隧道排水系统值得推广，见图 1-2。广州市深层隧道排水系统布局规划为 1 主 7 副 1 厂。隧道系统总长度 87.8km，埋深 40～50m，最大断面 10m，最小断面 6m。

图 1-1　杭州紫之隧道

图 1-2　广州深层隧道排水系统

1.2.6　地下空间开发与地下管廊工程

　　我国城市的各种管线建设缺乏统一规划，地下空间开发受到制约。2023 年初在北京召开的全国住房和城乡建设工作会议提出，2023 年住房和城乡建设系统要重点抓好 12 个方面的工作，包括着力打造宜居、韧性、智慧城市。其中，因地制宜推进地下综合管廊建设是工作任务之一。地下综合管廊是指在城市地下用于集中敷设电力、通信、广播电视、给水、排水、热力、燃气等市政管线的公共隧道，可有效缓解"马路拉链""空中蜘蛛网"等城市病。2022 年 7 月，国家发展和改革委员会发布的《"十四五"新型城镇化实施方案》要求，推进水电气热信等地下管网建设，在新城新区和开发区推行地下综合管廊模式，推动有条件城市路面电网和通信网架空线入廊地。近年来，随着新型城镇化不断推进，多地积极提速地下综合管廊建设，在创新城市基础设施建设、增强城市发展韧性等方面发挥了重要作用。

　　在城市总体规划中，地下空间的开发利用已经由原来的"单点建设、单一功能、单独运转"转化为现在的"统一规划、多功能集成、规模化建设"的新模式。城市地下空间是一个十分巨大而丰富的"空间资源"。一个城市可发展利用的地下空间资源量一般是城市总面积乘以开发深度的40%。如北京地下空间资源量为1193亿 m^3，可提供64亿 m^2 的建筑面积，将大大超过北京市现有的建筑面积。大连市城市地下空间可提供建筑面积1.94亿 m^2，超过现有大连市房屋建筑面积（5921万 m^2）。

1.2.7　三大海峡通道

渤海海峡和琼州海峡从黑龙江一直延伸到海南岛，经11个省市，全长5700km，是中国东部铁路、公路交通大动脉的咽喉。而台湾海峡是大陆与宝岛台湾相连的捷径通道，具有重要的战略意义。

1. 渤海海峡通道

渤海海峡通道海底段主要是板岩及花岗岩地层，隧道总长约125km。根据需要，可在相关岛屿上设置出入口。从目前已知的岩石可钻性、地下水、断层破碎程度及隧道长度和工期来看，选用直径10m的TBM法＋钻爆法是比较可行的。

2. 琼州海峡通道

琼州海峡最小宽度为18.6km，海水深度在20～117m，海床下200m范围内地层主要为第四系黏土、粉土和砂层。目前，中线隧道方案被认为是最优方案，可采用盾构法施工，且深埋优于浅埋。

3. 台湾海峡通道

台湾海峡主要是由新生代（部分白垩纪）浅海、滨海、三角洲相砂岩、页岩组成，夹有多层玄武岩为主的火山岩，总厚度从数千到1万 m。其中，未受断层带干扰的水平状岩层（砂岩、页岩）厚度至少300m，而且不存在大断层带。北通道地质稳定，线路最短，是优选方案，采用深埋方案风险最小，可选用开敞式TBM＋钻爆法施工。

1.2.8　互联互通的国际通道建设

随着北京APEC峰会落下帷幕，"互联互通"已成为当下家喻户晓的热门词语，助推亚太地区发展、全面开启"互联互通"时代也成为当下最受关注的话题。目前我国已规划了许多对外，特别是通往欧洲的铁路通道，其中就有很多隧道工程。

1.2.9　技术方面

钻爆法和浅埋暗挖法仍是我国隧道施工的主要方法，但进一步提升这些施工方法的机械化水平是其占据舞台中心的助推剂。盾构与TBM施工应用的领域将不断扩展，目前在地铁、跨江越海通道工程中处于绝对主导地位，特长隧道（洞）将会首选盾构与TBM施工。

1.3　城市隧道分类及常用施工方法

1.3.1　城市隧道分类

1970年OECD（世界经济合作与发展组织）隧道会议从技术方面将隧道定义为：以

任何方式修建，最终使用于地表面以下的条形建筑物，其空间内部净空断面在 $2m^2$ 以上者均为隧道。从这个定义出发，隧道包括的范围很大。从不同角度区分，可得出不同的隧道分类方法。如按照地层分，可分为岩石隧道（软岩、硬岩）、土质隧道；按所处位置分，可分为山岭隧道、城市隧道、水底隧道；按施工方法分，可分为矿山法隧道、明挖法隧道、盾构法隧道、沉管法隧道、掘进机法隧道等；按埋置深度分，可分为浅埋隧道和深埋隧道；按断面形式分，可分为圆形隧道、马蹄形隧道、矩形隧道等；按国际隧道协会（ITA）定义断面数值划分标准分，可分为特大断面（$100m^2$ 以上）、大断面（$50\sim100m^2$）、中等断面（$10\sim50m^2$）、小断面（$3\sim10m^2$）、极小断面（$3m^2$ 以下）；按车道数分，可分为单车道、双车道、多车道。

一般认为，按用途分类比较明确，可分为交通隧道、水工隧道、市政隧道。

1. 交通隧道

交通隧道是应用最广泛的一种隧道，其作用是提供交通运输和人行通道，以满足交通线路畅通的要求，一般包括以下六种。

1) 公路隧道——专供汽车运输行驶的通道。过去，在山区修建公路时为节省工程造价，常常选择盘山绕行，宁愿延长距离而避开修建隧道昂贵的费用。随着社会经济和生产的发展，高速公路的大量出现，对道路修建技术提出了较高的标准，要求线路顺直、坡度平缓、路面宽敞等，因此，在道路穿越山区时出现了大量的隧道方案。隧道的修建在改善公路技术状态，缩短运行距离，提高运输能力，以及减少事故等方面起到重要作用。我国修建的秦岭终南山隧道长 18.1km，它的建成使翻越秦岭的道路缩短约 60km，时间减少 2 个多小时。

2) 铁路隧道——专供火车运输行驶的通道。铁路穿越山岭地区时，需要克服高程障碍，由于铁路限坡平缓，最大限坡小于 2.4%（双机牵引），这些山岭地区限于地形而无法绕行，常常不能通过展线获得所需的高程。此时，开挖隧道穿越山岭是一种合理的选择，其作用可以使线路缩短，减小坡度，改善运营条件，提高牵引定数。如宝成线宝鸡至秦岭段线路密集地设有 48 座隧道，占线路总延长的 37.75%，可见山区铁路隧道的作用了。

3) 水底隧道——修建于江、河、湖、海、洋下的隧道。供汽车和火车运输行驶的通道。当交通线路跨越江、河、湖、海、洋下时，可以选择的方案有架桥、轮渡和水底隧道。但架桥受净空的限制，轮渡限制通行量，如果这些矛盾得不到有效的解决，水底隧道是一种很好的方案。其具有不受气候影响，不影响通航，引道占地少，战时不暴露交通设施目标等优点，越来越受到人们青睐。在我国上海跨越黄浦江、广州穿越珠江都修建了跨江的水底隧道，水底隧道的缺点是造价高。

4) 地下铁道——修建于城市地层中，为解决城市交通问题的火车运输的通道。地下铁道是在大城市中解决交通拥挤、车辆堵塞的有效途径之一。由于地下铁道能快速、安全、准时地大量输送乘客，成为大城市解决交通矛盾的有力手段。我国北京、上海、广州等城市已经建成的地下轨道交通系统，为改善城市的交通状况，减少交通事故，起到了重要的作用。

5) 航运隧道——专供轮船运输行驶而修建的通道。当运河需要跨越分水岭时，克服高程的有力手段是修建运河隧道，其优点是缩短航程，减少运营费用，河道顺直，航运条件大大改善。

6) 人行隧道——专供行人通过的通道。一般修建于城市闹区穿越街道，或跨越铁路、高速公路等行人众多，往来交错，车辆密集，以及偶有不慎便会发生交通事故的场合。人行隧道的作用是缓解地面交通压力，减少交通事故，方便行人。

2. 水工隧道

水工隧道是水利工程和水力发电枢纽的一个重要组成部分。水工隧道包括以下四种。

1）引水隧道——将水引入水电站的发电机组或为了水资源的调动而修建的隧道。引水隧道引入的水是水电站发电机组的动力资源，因此，引水隧道作为引水的建筑工程，一般是要求内壁承压，但有时只是部分过水，内壁受大气压力而水压较小，甚至无水压，故引水隧道可分为有压隧道和无压隧道。

2）尾水隧道——为将水电站发电机组排出的废水送出去而修建的隧道。

3）导流隧道或泄洪隧道——为水利工程中疏导水流并补充溢洪道流量超限后的泄洪而修建的隧道。它是水利工程的一个重要建筑，其作用主要是泄洪。

4）排沙隧道——它是用来冲刷水库中淤积的泥沙而修建的隧道。它是水库建筑物的一个组成部分，其作用是利于排沙隧道把泥沙裹带送出水库。同时检查或修理水库时，也用来放空水库里的水。

3. 市政隧道

在城市建设和规划中，充分利用地下空间，将各种不同市政设施安置在地下而修建的地下隧道，称为市政隧道。市政隧道与城市中人们的生活、工作和生产关系十分密切，对保障城市的正常运转起着重要的作用。其类型主要有：

1）给水隧道——为城市自来水管网铺设系统而修建的隧道。在城市中，有序合理地规划和布置与人们生活和生产息息相关的给水管路，是城市市政基础设施的重要任务，要求不破坏市容景观，不占用地面，避免遭受人为的损坏。因此，修建地下隧道来容纳安置这些管道是一种合理的选择。

2）污水隧道——为城市污水排送系统而修建的隧道。城市的污水，除部分对环境污染严重的采用净化返用或排放外，大部分的污水需要排放到城市以外的河流中去，这就需要地下的排污隧道。这种隧道一般采用本身导流排送，此时隧道的形状多采用卵形，也可能是在隧道中安放排污管，由管道排污。排污隧道的进口处，多设有拦渣隔栅，把漂浮的杂物拦在隧道之外，不致涌入造成堵塞。

3）管路隧道——为城市能源供给（燃气、暖气、热水等）系统而修建的隧道。城市中的管路隧道是把输送能源的管路放置在修建的地下隧道中，经过防漏及保温措施处理，能源就能安全地输送到生产和居家的目的地。

4）线路隧道——为电力系统而修建的隧道。在城市中，为了保证电力电缆和通信电缆不被人们的活动所损伤或破坏，且避免悬挂高空影响市容景观，都修建专门的地下隧道安置它们。

5）共同管沟——在现代化城市中，将以上4种具有共性的市政隧道，按城市的布局和规划建成一个共用隧道，称为"共同管沟"。共同管沟是现代城市基础设施科学管理和规划的标志，是合理利用城市地下空间的科学手段，是城市市政隧道规划与修建发展的方向。

6）人防隧道——是为战时的防空目的而修建的防空避难隧道。城市中建造的人防工程，是为了预防战争空袭的需要。人防工程是在紧急情况下，人们避难所用的，因此，在修建时应考虑人生活环境的一般要求，除应设有排水、通风、照明和通信设备以外，还应考虑贮备饮水、粮食和必要救护设备。在洞口处还需设置防爆、防冲击波装置等。

1.3.2   城市隧道常用施工方法

城市隧道常用的施工方法有矿山法、明挖法、盾构法、TBM 掘进机法、沉管法、管棚法、逆作法、不良和特殊地质地段的隧道施工方法。

1. 矿山法

矿山法是暗挖法的一种，主要用钻眼爆破方法开挖断面而修筑隧道及地下工程。因借鉴矿山开拓巷道的方法，所以得名。用矿山法施工时，将整个断面分部开挖至设计轮廓，并随之修筑衬砌。当地层松软时，则可采用简便挖掘机具进行，并根据围岩稳定程度，在需要时应边开挖边支护。分部开挖时，断面上最先开挖导坑，再由导坑向断面设计轮廓进行扩大开挖。分部开挖主要是为了减少对围岩的扰动，分部的大小和多少视地质条件、隧道断面尺寸、支护类型而定。在坚实、整体的岩层中，对中、小断面的隧道，可不分部而将全断面一次开挖。如遇松软、破碎地层，须分部开挖，并配合开挖及时设置临时支撑，以防止土石坍塌。喷锚支护的出现，使分部数目得以减少，并进而发展成新奥法。

按衬砌施工顺序，可分为先拱后墙法及先墙后拱法两大类。后者又可按分部情况细分为漏斗棚架法、台阶法、全断面法和上下导坑先墙后拱法。在松软地层中，或在大跨度洞室的情况下，又有一种特殊的先墙后拱施工法——侧壁导坑先墙后拱法。此外，结合先拱后墙法和漏斗棚架法的特点，还有一种居于两者之间的蘑菇形法。

1）CRD 法（十字隔墙法）

CRD 法（十字隔墙法）是针对大跨度超浅埋隧道的一种施工方法，该工法把大断面化成小断面，步步成环，每个阶段施工都是一个完整的受力体系，受力明确，变形小，沉降量小。CRD 法（十字隔墙法）遵循"小分块、短台阶、多循环、快封闭"的施工原则，自上而下步步为营，分块成环，随挖随撑，及时做好初期支护，并待初期支护结构的拱顶沉降和收敛已经稳定后，自下而上拆除初期支护结构中的临时中隔壁墙及临时仰拱，再施作外包防水层，施作二次衬砌结构。施工工艺流程如图 1-3 所示。

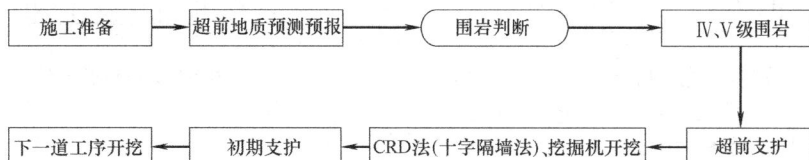

施工准备 → 超前地质预测预报 → 围岩判断 → Ⅳ、Ⅴ级围岩

下一道工序开挖 ← 初期支护 ← CRD法(十字隔墙法)、挖掘机开挖 ← 超前支护

图 1-3   施工工艺流程

施工要点如下：

（1）合理开挖支护步序

开挖支护步序（图 1-4）为：1→3→2→4。

（2）合理施工步长

① 台阶步长：考虑台阶的开挖高度及围岩稳定滑移面角度（45°），确定合理的台阶开挖长度为 3~5m；

② 各开挖面施工步长：8~10m；

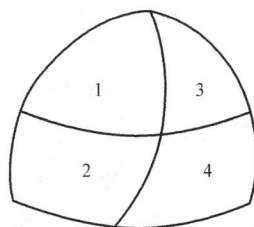

图 1-4   开挖支护步序

③ 临时支护拆除流程，如图 1-5 所示。

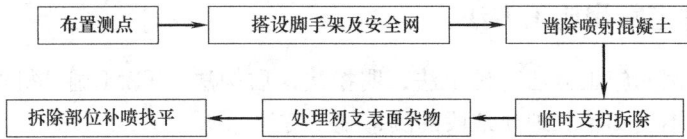

布置测点 → 搭设脚手架及安全网 → 凿除喷射混凝土

拆除部位补喷找平 ← 处理初支表面杂物 ← 临时支护拆除

图 1-5　临时支护拆除流程

2）先拱后墙法

先拱后墙法也称支承顶拱法。在稳定性较差的松软岩层中，为了施工安全，先开挖拱部断面并砌筑顶拱，以支护顶部围岩，然后在顶拱保护下开挖下部断面和砌筑边墙。在开挖边墙部分的岩层之前，必须将顶拱支承好，故有上述别称。开挖两侧边墙部分岩层时，须左右交错分段进行，以免顶拱悬空而下沉。该法施工顺序见图 1-6（图中阿拉伯数字为开挖顺序，罗马数字为衬砌顺序，下同）。施工时，须开挖上下两个导坑，开挖上部断面时的大量石渣，可通过上下导坑之间的一系列漏渣孔装车后从下导坑运出，既提高出渣效率，又减少施工干扰。当隧道长度较短、岩层又干燥时，可只设上导坑。在此种场合，为避免运输和施工的干扰，可先将上半断面完全修筑完毕，然后再进行下半断面的施工。本法适用于松软岩层，但其抗压强度应能承受拱座处较高的支承应力；也适用于坚硬岩层中跨度或高度较大的洞室施工，以简化修筑顶拱时的拱架和浇筑混凝土作业。该法在外文文献中也称为比国法。

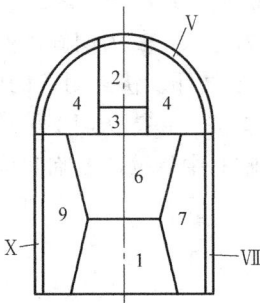

图 1-6　先拱后墙法

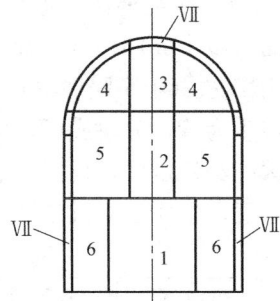

图 1-7　漏斗棚架法

3）漏斗棚架法

漏斗棚架法也称下导坑先墙后拱法，适用于较坚硬稳定的岩层。施工时先开挖下导坑，在导坑上方开始由下向上作反台阶式的扩大开挖，直至拱顶；随后在两侧由上向下作正台阶式的扩大开挖，直至边墙底；全断面完全开挖后，再由边墙到顶拱修筑衬砌。施工顺序见图 1-7。此法在下导坑中设立的漏斗棚架，是用木料架设的临时结构。横梁上铺设轻便钢轨，在下导坑运输线路上方留出纵向缺口，其上铺横木，相隔一定间距，留出漏斗口供漏渣用。在向上扩大开挖时，棚架作工作平台用。图 1-7 中 2～5 部爆出的石渣全落在棚架上，经漏斗口卸入下面的斗车运出洞外。这种装渣方式可减轻劳动强度。下导坑的宽度，一般按双线斗车运输确定。由于宽度较大，在棚架横梁下可增设中间立柱作临时加固用。设立棚架区段的长度，由装渣的各扩大开挖部分的延长加上一定余量来确定。用漏斗棚架装渣优点显著，故在我国以漏斗棚架命名。此法曾广泛应用于修建铁路隧道。

4）台阶法

台阶法有正台阶法和反台阶法之分（图 1-8）。①正台阶法系在稳定性较差的岩层中施工时，将整个坑道断面分为几层，由上向下分部进行开挖，每层开挖面的前后距离较小而形成几个正台阶。上部台阶的钻眼作业和下部台阶的出渣，可以平行进行而使工效提高。全断面完全开挖后，再由边墙到顶拱筑衬砌。在坑道顶部最先开挖的第一层为一弧形导坑，需要钻较多的炮眼，导坑超前距离很短，可使爆破时石渣直接抛落到导坑之外，以减轻扒渣工作量，从而提高掘进速度。如坑道顶部岩层松动，应即在导坑内用锚杆或钢拱架作临时支护，以防坍塌。②反台阶法则用于稳定性较好的岩层中施工，也将整个坑道断面分为几层，在坑道底层先开挖宽大的下导坑，再由下向上分部扩大开挖。进行上层的钻眼时，须设立工作平台或采用漏斗棚架，后者可供装渣之用。

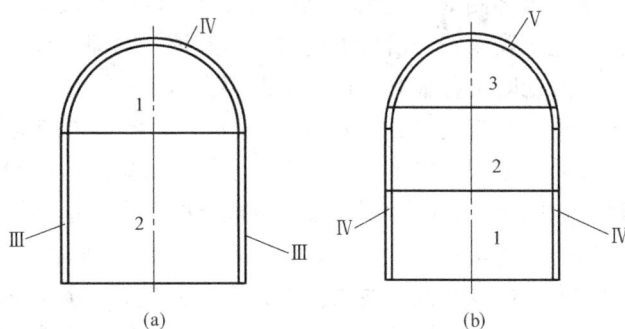

图 1-8 台阶法
（a）正台阶法；（b）反台阶法

5）全断面法

全断面法是将整个断面一次挖出的施工方法。适用于较好岩层中的中、小型断面隧道。此法能使用大型机械，如凿岩台车、大型装渣机、槽式列车或梭式矿车、模板台车和混凝土灌注设备等进行综合机械化施工。新奥法的出现，扩大了全断面法和台阶法的适用范围。

6）上下导坑先墙后拱法

上下导坑先墙后拱法也称全断面分部开挖法。在稳定性较差的松软岩层中，为提高衬砌的质量，曾采用过此种先分部挖出全断面，再按先墙后拱顺序修筑衬砌的施工方法（图 1-9）。采用此法开挖时，要用大量木料支撑，还需多次顶替，施工既困难又不安全，故在我国未见采用。该法在外文文献中还称之为奥国法或称老奥法。

7）蘑菇形法

综合先拱后墙法和漏斗棚架法的特点而形成的一种混合方案。开挖 1～4 部后呈现形似蘑菇状的断面（图 1-10），故得名。在下导坑中设立漏斗棚架，供向上扩大开挖时装渣之用，同时当拱部地质条件较差时，为使施工安全可先筑顶拱。该法具有容易改变为其他方法的优点，遇岩层差时改为单纯的先拱后墙法，岩层好时改为漏斗棚架法。在我国首先应用于岩层基本稳定的铁路隧道施工，以后又用来修筑大断面洞室，为减少设立模架作业及其所需材料，并加快施工进度创造有利条件。

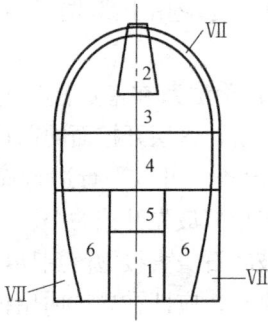

图1-9　上下导坑先墙后拱法

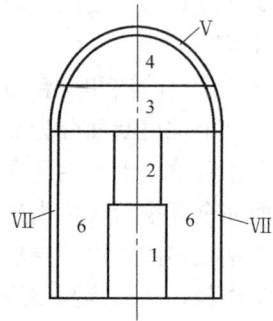

图1-10　蘑菇形法

8）侧壁导坑先墙后拱法

侧壁导坑先墙后拱法简称侧壁导坑法，也称核心支撑法。在极松软、不稳定地层中修筑大跨度隧道时，为了施工安全，先沿坑道周边分部开挖，随即逐步由边墙到顶拱修筑衬砌，以防止地层坍塌。开挖时可将临时支撑和拱架都支承于坑道中间未被开挖的大块核心地层上，在衬砌保护之下最后将此核心挖除（图1-11），必要时再砌筑仰拱。侧导坑的宽度较大，除包括边墙以外，还须有出土斗车和工人通行以及砌筑边墙的工作位置，才能使导坑开挖和边墙衬砌作业同时进行。为了核心部分地层的稳定，也须保持足够的宽度，且其宽度越大，留在最后的开挖量越大，开挖费用就越小。此法通常适用于围岩压力很大、地层不稳定的大跨度隧道（如双线或多线铁路隧道和道路隧道、运河隧道）。在坚硬岩层中修建大跨度洞室时也常采用，利用其核心部分作为支承顶拱和边墙模板的基础；开挖时临时支撑可大为减少，甚至完全免除。该法在外文文献中至今还称德国法。

此外，在大断面洞室施工时，还采用先拱后墙法与核心支持法、先拱后墙法与正台阶法等的混合方案。

2. 明挖法

1）优缺点

明挖法是指先将隧道部位的岩（土）体全部挖除，然后修建洞身、洞门，再进行回填的施工方法。明挖法的优点有施工简单、快捷、经济、安全，城市地下隧道式工程发展初期都把它作为首选的开挖技术。明挖法主要缺点是：干扰地面交通，拆迁地面建筑物，以及需要加固、悬吊、支托跨越基坑的地下管线；就城市隧道的施工而言，由于明挖法受地形、地貌、环境条件的限制；同时易造成周围地层的沉降，

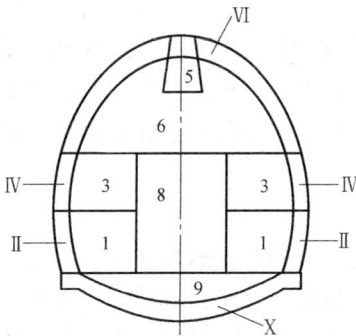

图1-11　侧壁导坑先墙后拱法

进而威胁周围构（建）筑物的安全；长时间中断交通给周围居民出行带来麻烦；特别是商业街停业会带来巨大的经济损失；长时间切断供水管道、通信电缆、下水道、煤气管道等地下管线，给周围居民带来诸多不便；施工中的出土、回填土等土方作业严重污染城市环境与降低空气质量；施工噪声和振动污染环境，且施工易受天气影响。

2）施工技术

明挖法的关键工序是：降低地下水位，边坡支护，土方开挖，结构施工及防水工程

等。其中边坡支护是确保安全施工的关键技术，主要有：

（1）放坡开挖技术。适用于地面开阔和地下地质条件较好的情况，基坑应自上而下分层、分段依次开挖，随挖随刷边坡，必要时采用水泥土护坡。

（2）型钢支护技术。一般使用单排工字钢或钢板桩，基坑较深时可采用双排桩，由拉杆或连梁连接共同受力，也可采用多层钢横撑支护或单层、多层锚杆与型钢共同形成支护结构。

（3）连续墙支护技术。一般采用钢丝绳和液压抓斗成槽，也可采用多头钻和切削轮式设备成槽。连续墙不仅能承受较大载荷，还具有较好的隔水效果，适用于软土和松散含水地层。

（4）混凝土灌注桩支护技术。一般有人工挖孔或机械钻孔两种方式，钻孔中灌注普通混凝土和水下混凝土成桩，支护可采用双排桩加混凝土连梁，还可用桩加横撑或锚杆形成受力体系。

（5）土钉墙支护技术。在原位土体中用机械钻孔或洛阳铲人工成孔，加入较密间距排列的钢筋或钢管，外注水泥砂浆或注浆，并喷射混凝土使土体、钢筋、喷射混凝土板面结合成土钉支护体系。

（6）锚杆（索）支护技术。在孔内放入钢筋或钢索后注浆，达到强度后与桩墙进行拉锚，并加预应力锚固后共同受力，适用于高边坡及受荷载大的场所。

（7）混凝土和钢结构支撑支护方法。依据设计计算在不同开挖位置上灌注混凝土内支撑体系和安装钢结构内支撑体系，与灌注桩或连续墙形成一个框架支护体系，承受侧向土压力，内支撑体系在做结构时要拆除，适用于高层建筑物密集区和软弱淤泥地层。

3）基本类型

明挖法的基本类型有先墙后拱法、先拱后墙法、墙拱交替法。

（1）先墙后拱法是最常用的一种方法，适用于地形有利、地质条件较好的各种浅埋隧道和地下工程。明挖法施工步骤是：先开挖基坑或堑壕，再以先边墙后拱圈（或顶板）的顺序施作衬砌和敷设防水层，最后进行洞顶回填。当地形和施工场地条件许可，边坡开挖后又能暂时稳定时，可采用带边坡的基坑或堑壕。如施工场地受限制，或边坡不稳定时，可采用直壁的基坑或堑壕，此时坑壁必须进行支护。

（2）先拱后墙法适用于破碎岩层和土层。其施工步骤是：从地面先开挖起拱线以上部分。按地质条件可开挖成敞开式基坑，或支撑的直壁式基坑，接着修筑顶拱，然后在顶拱掩护下挖中槽，分段交错开挖马口，修筑边墙。

（3）墙拱交替法是上述两种方法的混合使用，边墙和顶拱的修筑相互交替进行，它适用于不能单独采用先墙后拱法或先拱后墙法的特殊情况。其施工步骤是：先开挖外侧边墙部位土石方，修筑外侧边墙，开挖部分堑壕至起拱线，修筑顶拱；分段交错开挖余下的堑壕，修筑内侧边墙。

3. 盾构法

盾构是一种既能支承地层压力、又能在地层中掘进的施工机具。以盾构为核心的一整套完整的建造隧道施工方法称为盾构法。

1）盾构分类

按照盾构隧道的断面形状可分为：圆形、双圆搭接形、矩形、马蹄形、三圆搭接形、椭圆形、半圆形等，如图 1-12 所示。

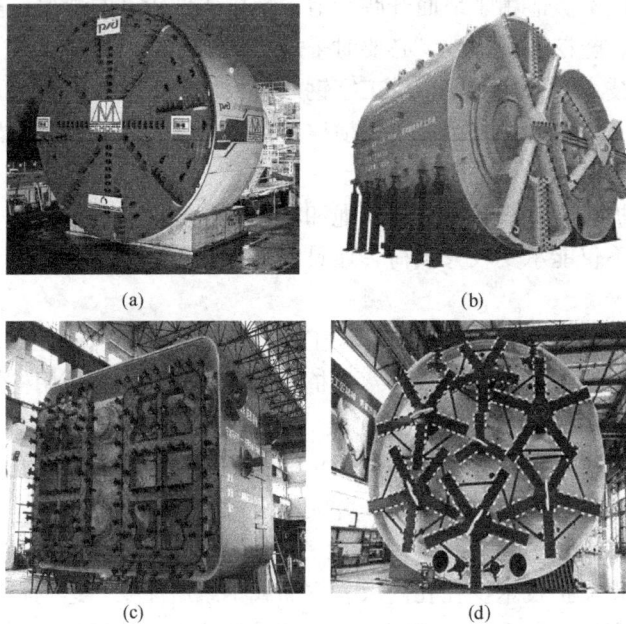

图 1-12 四种典型断面的盾构机
(a) 圆形；(b) 双圆搭接形；(c) 矩形；(d) 马蹄形

按盾构施工工艺可分为：土压平衡盾构、泥水平衡盾构等。

按盾构尺寸大小可分为：超大盾构（直径大于 14m）、大盾构（直径为 10～14m）、中型盾构（直径为 4～10m）、小盾构（直径小于 4m）。

2）盾构法特点

盾构法属于暗挖法，所以不存在明挖法的缺点，因此得以迅速发展。盾构法适用于土层的挖掘，具有如下优点：

(1) 对环境影响小。

(2) 不影响地表交通；不影响商店营业，无经济损失；无须切断、搬迁地下管线等各种地下设施，故可节省搬迁费用。

(3) 对周围居民生活、出行影响小。

(4) 适于大深度、大地下水压施工，相对而言施工成本低。

(5) 施工不受天气条件限制。

(6) 挖土、出土量少，利于降低成本。

(7) 盾构法构筑的隧道抗震性能好。

(8) 适用地层范围广，软土、砂卵石、软岩直到岩层均可适用。

目前盾构工法已是城市隧道施工技术中常用工法。目前它正朝着全部机械化、自动化、智能化、地下大深度、特殊断面、特殊形态的方向发展迈进。

3）盾构法主要施工过程

(1) 建造竖井（盾构出发竖井和接收竖井）或者基坑（始发基坑和接收基坑）。

(2) 把盾构主机和配件分批吊入始发竖井中，并在预定始发掘进位置上组装成整机，随后调试其性能使之达到设计要求。

（3）盾构从竖井或基坑墙壁上的开口或洞门（可人工开口，也可由盾构刀盘直接掘削）处始发，沿隧道的设计轴线掘进。盾构机的掘进是靠盾构前部的旋转掘削刀盘掘削土体，掘削土体过程中必须始终维持掘削面的稳定；靠舱内的出土器械出土；靠中部的推进千斤顶推进盾构前进；由后部的举重臂和形状保持器拼装管片（也称隧道衬砌）及保持形状；随后再由尾部的背后注浆系统向衬砌与地层间的缝隙中注入填充浆液，以便防止隧道和地面下沉。

（4）盾构掘进机到达预定终点的竖井或基坑时，盾构进入该竖井或基坑，掘进结束。随后检修盾构或解体盾构运出。

上述施工过程中，保证掘削面稳定的措施、盾构沿设计线路的高精度推进（即盾构的方向、姿态控制）、衬砌作业的顺利进行三项工作最为关键，当然其他作业也应该予以重视。

4. TBM 掘进机法

TBM（Tunnel Boring Machine）隧道掘进机，是利用回转刀具开挖，同时破碎洞内围岩及掘进，形成整个隧道断面的一种新型、先进的隧道施工机械（图 1-13）；相对于常用工法，TBM 掘进机法集钻孔、掘进、支护于一体，使用电子、信息、遥测、遥控等高新技术对全部作业进行制导和监控，使掘进过程始终处于最佳状态。在国际上，已广泛应用于水利水电、矿山开采、交通、市政、国防等工程中。

图 1-13　TBM 掘进机

TBM 种类及用途：欧美将全断面隧道掘进机统称为 TBM，日本则一般统称为盾构机，细分可称为硬岩隧道掘进机和软地层隧道掘进机。我国则一般习惯将硬岩隧道掘进机称为 TBM，将软地层掘进机称为盾构机。

1）在岩石中开挖隧道的 TBM。通常用这类 TBM 在稳定性良好、中厚埋深、中高强度的岩层中掘进长大隧道。这类掘进机所面临的基本问题是如何破岩，如何保持掘进的高效率和工程顺利。TBM 就是适合硬岩掘进的隧道掘进机，盾构机指的是适于在软岩、土中的隧道掘进机。当然，盾构机目前也有安装硬岩 TBM 滚刀的复合盾构。而硬岩 TBM 又可分为敞开式 TBM、双护盾式 TBM、单护盾式 TBM。硬岩 TBM 适用于山岭隧道硬岩掘进，代替传统的钻爆法，在相同的条件下，其掘进速度为常规钻爆法的 4～10 倍，最佳日进尺可达 30m；具有快速、优质、安全、经济、有利于环境保护和劳动力保护等优点。特别是高效快速，可使工程提前完工，提前创造价值。

2）在松软地层中掘进隧道的 TBM（国内通常称为盾构机）。通常用这类 TBM 在具有有限压力的地下水位以下——基本均质的软弱地层中开挖有限长度的隧道。这类掘进机所面临的基本问题是空洞、开挖掌子面的稳定、市区地表沉降等（前面已经具体阐述）。

这两种设备的技术开发与应用，在我国地下工程领域具有十分广阔的前景。

目前，世界上生产硬岩掘进机 TBM 的厂家主要有美国罗宾斯 ROBBINS，德国海瑞克 HERRENKNECHT，德国 WIRTH（2013 年中铁工程装备集团有限公司收购该公司 TBM 知识产权），法国法码通 NFM（现属北方重工 NHI）。

5. 沉管法

沉管法是预制管段沉放法的简称，是在水底建筑隧道的一种施工方法。其施工顺序是先在船台上或干坞中制作隧道管段（用钢板和混凝土或钢筋混凝土），管段两端用临时封墙沉管法密封后滑移下水（或在坞内放水），使其浮在水中，再拖运到隧道设计位置。定位后，向管段内加载，使其下沉至预先挖好的水底沟槽内。管段逐节沉放，并用水力压接法将相邻管段连接。最后拆除封墙，使各节管段连通成为整体的隧道。在其顶部和外侧用块石覆盖，以保安全。水底隧道的水下段，采用沉管法施工具有较多的优点，20 世纪 50 年代起，由于水下连接等关键性技术的突破而普遍采用，现已成为水底隧道的主要施工方法。用这种方法建成的隧道称为沉管隧道。

19 世纪末已用于排水管道工程。第一条用沉管法施工成功的是美国波士顿的雪莉排水管隧洞，于 1894 年建成，直径 2.6m，长 96m，由 6 节钢壳加砖砌的管段连接而成。20 世纪初，沉管法，开始用于交通隧道，1910 年美国建成了第一条底特律河铁路隧道，水下段由 10 节长 80m 的钢壳管段组成。至 1927 年，德国于柏林建成了一条总长为 120m 的水底人行隧道。采用沉管法修建的第一条水底道路隧道为美国加利福尼亚州的奥克兰与阿拉梅达之间的波西隧道，建成于 1928 年，水下段长 744m，使用 12 节 62m 长的管段。

沉管法修建水底隧道一个明显的进步，是 1941 年在荷兰建成的马斯河道路隧道。管段用钢筋混凝土制成矩形结构，内设 4 车道并附设自行车和人行的专用通道。管段断面为 24.8m×8.4m，外面用钢板防水，并用混凝土作防锈保护层。因管段宽度大而创造了喷砂作垫层的基础处理方法。在欧洲由于向多车道断面发展，都采用这种矩形的钢筋混凝土管段，为第二代沉管隧道奠定了基础。

20 世纪 50 代以后，由于水下连接技术的突破——采用水力压接法，并应用橡胶垫圈作止水接头，所以沉管法被广泛采用，并随之较快地发展。20 世纪 60 年代后期，又出现了不设通风道、无通风机房的第三代沉管隧道。由于管段断面相应缩小，有利于提高沉管法的施工效益，丹麦于 1969 年建成的利姆水道隧道，即为这一形式应用的第一例。

我国台湾高雄市的过港隧道于 1984 年通车。穿越主航道的水下段用 6 节 120m 的沉放管段组成，为 4 车道矩形断面。20 世纪 70 年代初期，在上海市金山和广东省等地，用沉管法修建了多条水工隧洞。

1）特点及适用条件

采用沉管法施工的水下段隧道，比用盾构法施工具有较多优点。主要有：

（1）容易保证隧道施工质量。因管段为预制，混凝土施工质量高，易于做好防水措施；管段较长，接缝少，漏水机会大为减少，而且采用水力压接法可以实现接缝不漏水。

（2）工程造价较低。因水下挖土单价比河底下挖土低；管段的整体制作，浮运费用比制造、运送大量的管片低得多；又因接缝少而使隧道每米单价降低；再因隧道顶部覆盖层厚度可以很小，隧道长度可缩短很多，工程总价大为降低。

（3）隧道现场的施工期短。因预制管段（包括修筑临时干坞）等大量工作均不在现场进行。

（4）操作条件好、施工安全。因除极少量水下作业外，基本上无地下作业，更不用气压作业。

（5）适用水深范围较大。因大多作业在水上操作，水下作业极少，故几乎不受水深限制，如以潜水作业，实用深度范围则可达 70m。

（6）断面形状、大小可自由选择，断面空间可充分利用。大型矩形断面的管段可容纳4～8 车道，而盾构法施工的圆形断面利用率不高，且一般只能设 2～3 车道。

沉管法主要适合条件是：水道河床稳定和水流并不过急。前者不仅便于顺利开挖沟槽，还能减少土方量；后者便于管段浮运、定位和沉放。

2）主要施工工艺

（1）管段制作。按管段制作方式可分为船台型管段制作和干坞型管段制作两大类型。

① 船台型管段制作，是利用船厂的船台，先预制钢壳，将其沿滑道滑移下水后，在浮起的钢壳内灌注混凝土。该类管段的横断面一般为圆形、八角形和花篮形。由于管段内轮廓为圆形，在车辆限界以外的上下方空间虽可利用为送、排风道，但车道高程相应压低，致使隧道深度增加，因此沟槽深度和隧道长度均相应增大；又因其内径受限制而只能设置双车道的路面，亦限制了同一隧道的通行能力；同时耗钢量大，管段造价高，而且钢壳焊接质量及其防锈问题尚未能完善解决，因此只是早期在美国应用较多。

② 干坞型管段制作，是在临时的干坞中制成钢筋混凝土管段，向干坞内放水后，将其浮运到隧址沉放。其断面大多为矩形，不存在圆形断面的缺点；不用钢壳，可节省大量钢材。但在制作管段时，对混凝土施工工艺须采取严格措施，以满足其均质性和水密性特别高的要求，并保证必需的干舷（管段顶部浮出水面的高度）和抗浮安全系数。这类管段造价较船台型管段要低，自 20 世纪 50 年代以来，在欧洲已成为最常用的制作方式。荷兰鹿特丹马斯河水底隧道为用干坞制作管段的最早一例。

（2）沉放。浮箱吊沉法是比较新的一种管段沉放法。通常在管段上方放 4 只方形浮箱，用吊索直接将管段系吊，浮箱分成前后两组，每组两只浮箱用钢桁架联成整体，并用锚索将各组浮箱定位，在浮箱顶上安设起吊卷扬机和浮箱定位卷扬机。管段的定位须在其左右前后另用锚索牵拉，其定位卷扬机则设于定位塔的顶部。这一沉放法的主要特点是设备简单，适用于宽度 20m 以上的大、中型管段。小型管段可采用方驳杠吊法，在管段两侧分设 4 艘或 2 艘方驳船，右侧两艘之间设钢梁作杠吊管段的杠棒。

（3）水下连接。20 世纪 50 年代以前，钢壳制作的管段，采用水下浇筑混凝土的方法进行水下连接。钢筋混凝土制作的矩形管段，普遍采用水力压接法。

（4）基础处理。处理沉放管段基础的目的是使沟槽底面平整，以提高地基的承载力。水下开挖的沟槽底面凹凸不平，不加以整平，管段沉放后会因地基受力不均匀而导致局部破坏，因不均匀沉陷而开裂。为了提高沟槽底面的平整性，多数建成的水底隧道采用垫平的方法。大多采用一种在管段沉放之前先铺砂石作为垫层的先铺法。另一种垫平的方法为后填法，先将管段沉放在沟槽底上的临时支座上，使管底形成一定的空间（段底板内预设液压千斤顶，定位时可以顶向支座，节管段高程），后用垫层材料充填密实。

6. 管棚法

当地下通道顶部上方有重要建（构）筑物或必须保护的古树、文物等或地质条件非常差、又不具备采用其他施工方法的条件时，则可采用管棚法施工。管棚的构造如图1-14所示。

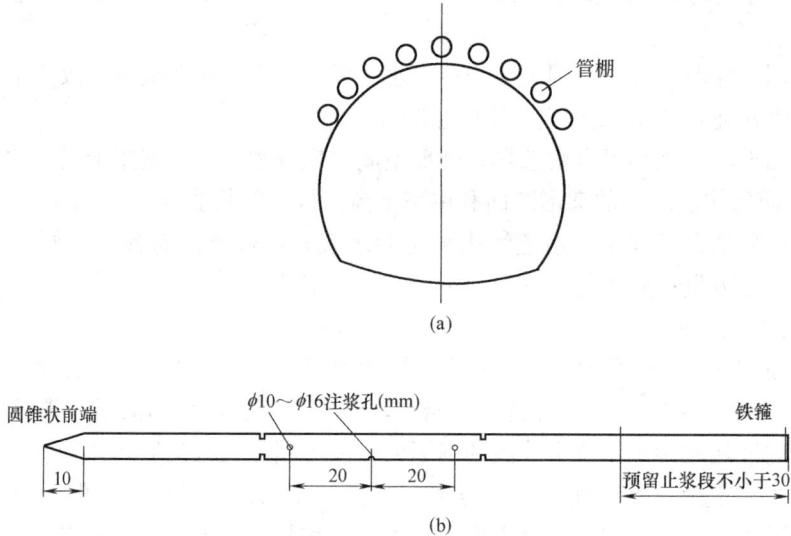

(a)

(b)

图1-14 管棚的构造（单位：cm）

(a) 管棚的环向布置；(b) 管棚构造示意图

管棚法施工，即在进洞前，先挖出一段沟槽，作为工作面，然后用钢管密排打入地下通道仰拱的上方，用注浆方法加固隧道顶部土体，然后再用高压喷射混凝土进行衬砌，当地下通道顶部用管棚支撑稳固后，再逐段分层挖除棚下土体，一段一段地按序前进，先撑后挖再衬，先顶后墙再底，形成流水作业，循序渐进。由于管棚法具有施工安全性小、难度大、要求高、进度慢等缺点，所以一般不予采用，当其他施工方法难以施展时，才采用之。

1）工程降水

若在软黏土地基中施工，多采用明沟＋集水井排水方法，集水井一般每隔一段设置一口，方形或矩形，排水井明沟用砖砌，内用砂浆抹面，以防漏水，明沟底要有4‰底坡度，通向集水井。

若在粉土或砂性土地层中施工，必须做好降水工作，降水成功与否，是影响工程是否顺利进行的关键，应根据土质情况，特别是支护结构的安全来决定。

2）基槽开挖

基槽应分段分层开挖，要考虑到挖土运输车辆的进出方便，其路线及纵坡要求。切忌将挖出的土方堆在沟槽边侧，这样会增加沟槽支护结构的侧向压力，危及边坡。

3）管棚注浆超前加固

管棚注浆超前加固（图1-15）可以利用长管棚的超前支护作用，控制围岩变形，防止隧道围岩上方坍塌和地下管线受损。同时，通过管棚进行地层注浆，使拱部砂卵石及软弱地层得以胶结，在开挖之前形成注浆加固圈，提高地层的自稳能力。

该工法对渗透系数的准确性要求极高，应在施工现场进行简易抽水试验，以验证地质勘察报告的正确性，再以此编制降水设计方案，计算降水深度、影响半径、降水量、采用降水方法等。同时还应考虑到降水对周围建筑物及市政地下管线底沉降的影响，制定保护措施。

图 1-15 管棚注浆超前加固示意图

7. 逆作法

传统的地下结构施工方法是采用敞开式的施工方法，采用围护桩或地下连续墙作为基坑挡土临时支护结构，然后垂直进行开挖土方，从地下室底板开始向上逐层施工主体结构，这种施工方法称之为顺作法。但在繁华商业街道建设的人防地下街与周围建筑物的距离较小、施工场地狭小、城市地下管线交错、路面交通任务繁重，采用顺作法施工已远不能满足要求。为尽量减少对周围商业空间的影响、尽早恢复路面交通以缓解城市的交通压力，人防地下街的建设往往采用逆作法施工。

在建筑工程基坑施工中，采用逆作法施工时，正作、逆作施工的分界面称为逆作面。逆作法施工是指在逆作面处先形成竖向结构，以下各层地下水平结构自上而下施工，并利用水平结构平衡抵消围护结构侧向土压力的施工方法。

8. 不良和特殊地质地段的隧道施工方法

城市地下工程建设过程中，地质环境复杂多变，经常遇到高含水、不稳定的软弱地层，当周边环境要求高，在这些地层中修建城市地下工程往往难度与风险巨大时，需要采用一些特殊的施工方法，人工冻结法即为其中之一。

人工冻结法是利用人工制冷技术使地层中的水结冰形成冻土，隔绝地下水与地下工程的联系，在冻结壁保护下进行地下工程施工的特殊地基处理方法。作为一种临时地基加固方法，目前已被广泛应用于地铁隧道盾构始发与接收端头加固、联络通道加固施工、隧道抢险及其他抢险工程等城市地下工程中。例如南京地铁 10 号线过江隧道大盾构接收工程、杭州庆春路过江隧道盾尾刷更换工程。

人工冻结法的特点：

（1）可有效隔绝地下水，其抗渗性能是其他任何方法不能相比的，对于含水率大于10%的任何含水、松散、不稳定地层，均可采用冻结法施工技术；可在极其复杂的工程地质和水文地质条件下使用，几乎不受地质条件的限制；可用于地下水流速小于 40m/d 的条件下。

（2）冻结壁是典型的黏弹塑性材料，其强度与土质、重度、含水率、含盐量及温度等因素有关，土冻结后冻土强度可提高几十到一百多倍，一般可达 2～10MPa。

（3）可形成任意深度、任意形状的冻结壁；可根据结构尺寸及围岩地质条件灵活布置冻结孔和调节盐水温度，改变和控制冻结壁厚度和强度，不受形状和尺寸限制。

（4）冻结法是一种环境友好的施工方法，用电能换取冷能，对周围环境无污染，无有害物质排放，对地下水无污染，无异物进入土壤；噪声小，冻结结束后，不影响周围建筑物。

（5）人工冻结法存在冻胀融沉的危害。

（6）冻结法是相对昂贵、需要精细施工管理、需要较多施工经验的方法。

特殊地下工程人工冻结法应用已有大量工程实例，如薄富含水层隧道矿山法施工工程；车站出入口矩形水平冻结加固工程；盾构进出洞工程；液氮抢险、灾害修复工程等。

1.4　城市隧道施工引起的环境岩土工程问题

随着国家经济的迅猛发展，地下空间的开发与利用越来越得到重视。作为联系环境保护和岩土工程建设之间的桥梁，环境岩土工程需很好地协调两者之间的关系。在进行地下建设时，各种环境岩土工程问题引起的事故，带来了很大的经济损失，需要相关单位采取预防措施，出现问题要及时处理。目前，占事故比重最大的是地表沉降问题，其他还有建筑物损坏、地下空间利用问题等。

1.4.1　地表沉降

地面塌陷的形成具有非常复杂的演化规律，可以将地面塌陷形成的方式分为以下 3 种类型：城市地铁隧道施工引起地层损失、城市地铁隧道施工引起地面土体固结压密、城市隧道施工引起地表沉降槽系数变化。

1. 城市地铁隧道施工引起地层损失

目前在城市地铁隧道施工中，主要施行的施工方法就是盾构法施工，盾构法施工时首先会开挖竖井，将大量土体挖出，在此过程中实际挖去的土体体积与隧道的实际使用体积不相符，因为在施工中由于对地层的破坏会造成其大面积推移并引起沉降的情况。一般盾构施工初期，应力较小，在刚施工时只会随着盾构施工的变化及施工地点的变化出现小幅度沉降。而随着施工进度的不断推移，隧道被挖开的面积不断增大，推动力及应力会逐渐增大，从而使地层出现大面积移动或出现地面凸起的现象。而在盾构施工中为了减小对土体的影响及便于运输车将隧道内挖出的土体运输出去，会采用千斤顶将地层支撑。但当千斤顶撤回时，由于压力作用会导致地层坍塌的情况出现，形成地面沉降现象。同时若施工中遇到黏土，对其施工不仅有困难而且会造成严重的地层影响，从而造成沉降问题。

在地铁隧道进行盾构施工时，施工的依据是轴线的引导，随着地层不断地被挖开，土体不断运输，施工轴线因椭圆的出现会出现偏差，但很小的偏差不会影响地面太大的波动，一旦椭圆的角度离轴线越远，角会随之越大，从而地面承受力会越小，形成的地面沉降现象会越严重。而在隧道施工中，不仅会遇到椭圆形施工地点，也会出现障碍物的阻挡，施工时由于机械的挖土一定会破坏障碍物地层稳定性，不仅会造成障碍物偏移，也会影响地面沉降。同时在盾构施工中，机械不断的施工、挖土，本身地层就受到机械破坏，加之车体压力及摩擦都会造成对地层的影响，长久处于施工中的地层在严重破坏与负载下，会出现地面沉降问题。

2. 城市地铁隧道施工引起地面土体固结压密

土体固结压密是指土体在被扰动以后，由于机械作用会导致扰动后的土体形成松散土的孔隙水压，待扰动停止后孔隙水压会慢慢消失，从而使蓬松的土体因孔隙水压的消失而变结实，造成土体出现固结压密的现象，致使沉降出现。地铁隧道施工是在地下，而目前施工方式均采用盾构法施工，首先需要大量机械挖土，在土体被扰动以后，会由于机械作用与周围空气等因素的干扰造成土体土层结构中形成孔隙水压，土层会变得松散。当大量施工结束后，由于时间推移，孔隙水压消散，土层的应力会随之逐渐减弱，导致土体会逐渐出现固结压密和变形的现象，土体变得结实、坚硬，从而使地面出现沉降情况。而在扰动施工过程中，由于土层被扰动，在造成最终土体固结压密的情况时，还会由于土体被破坏，造成土体原有强度减弱，形成土层由点到面的推移和变形，不仅会对盾构施工的管片稳定性造成影响，也会使地面出现沉降问题。地面沉降会造成周围建筑物、人类活动及相关经济活动安全的潜在危险，或因崩塌造成严重事故的发生。

3. 城市地铁隧道施工引起地表沉降槽系数变化

地表沉降槽系数的变化与地面沉降的程度有一定的关系，而且地表沉降槽系数的变化和盾构埋深与盾构半径也有直接关系。盾构埋深指的是隧道施工的实际深度，根据地质与设计要求，每部分的盾构埋深也不尽相同，但不同盾构埋深造成地面沉降的情况也不相同，它与地表沉降槽系数有一定的关系。盾构隧道埋深越深，地表沉降槽系数会随之慢慢增大，而地表沉降槽的变化范围则会随之慢慢增大，造成地面沉降的程度会相对减小。因而地表沉降槽系数与地面沉降的程度有此长彼消的关系，也就是说盾构施工埋深越浅，则地表沉降槽系数越小，地表沉降槽会随之减小，而地面沉降值会相对增大。但是，盾构半径与地表沉降槽系数的关系则反之，盾构施工半径越大，地表沉降槽系数越大，则会随之宽度越大，从而造成对周边环境及生活的潜在影响。

1.4.2 建筑物损坏

工程降水造成的地层沉降，影响范围往往很大。地层沉降可能造成周围建筑及管线的剪应力增大，致使建筑或管线断裂。另外由于地质条件的区别或者排水量的不同还可能会造成地层的不均匀沉降，而地层的不均匀沉降亦会造成建筑物的倾斜，影响其正常使用。同时，工程降水造成降水漏斗内外的水头差，在高水头差的作用下易出现渗透变形问题。在渗透水流作用下，土中的细颗粒在粗颗粒形成的孔隙中移动，以致流失；随着土的孔隙不断扩大，渗透速度不断增加，较粗的颗粒也相继被水流逐渐带走，最终导致土体内形成贯通的渗流管道，造成土体塌陷。上述情况中，当地下水的补给遇到建筑物基础的阻拦时，就会绕过基础，从而加强了基础周边的地下水流量，加快土颗粒的流失速度。基础周围土的流失，必将影响基础及上部建筑物的稳定。

1.4.3 地下空间利用问题

城市化进程的加快，使我国很多大城市出现了"城市综合症"，主要是城市人口超饱和、建筑空间拥挤、绿化减少、交通堵塞。地面的公用设施不能满足人们的需要，于是地下空间的利用就显得尤为重要，而对地下空间的利用应该遵循可持续发展的规律，否则就不利于以后的开发利用，且大城市中浅层地下空间的利用日趋饱和，对于大深度地下空间的开发利用变得十分紧迫。

1. 地下施工的空间占用

地下工程的诸多施工方法在保证地下建筑物稳定的同时，也会造成诸多负面影响。以下是对经常使用的两种施工方法对空间影响的分析。

1）在地下施工过程中，为了防水止水或者加固围岩，经常采用注浆手段。注浆一般采用水泥浆、无机化学材料、有机化学材料等作为浆液。注浆时，注浆压力克服静水压力和流动阻力，将浆液注入孔隙。直到浆液充塞、压实以致完全封闭裂隙，产生足够的强度和不透水性，而注浆的影响范围往往很大，影响水质以及地下水的流动规律，甚至会对以后的地下施工造成影响。

2）锚杆、锚索施工也会造成大量的空间占用。锚索长度可达几米、十几米，有时候甚至几十米。这样无疑会造成负面影响：锚杆、锚索的施工可能触及已有建筑物的基础或其他地下建筑，影响它们的正常使用。因现有锚杆、锚索存在和其较大的空间占用，会给以后其周围的地下施工带来更多问题，甚至影响以后地下空间开发规划。

2. 地下空间的无秩序利用

地下建筑有良好的热稳定性和密封性、抗灾和防护能力，能减少城市污染、提高城市的生活质量。正是由于地下建筑的诸多优点以及大城市地面空间的短缺，决定着人们会加强对地下空间大规模的开发和利用。所以对于地下空间的开发应该着眼于未来，着眼于大局。但是，目前人们对合理、有序开发地下空间的认识还远远不够。往往只局限于既得利益，局限于当前工程的完工等。城市地下工程与地面工程相比，尽管运营费用较低，但前期投资大，地下建筑物一经建成就不大可能再被拆除，填平一个地下工程要比开挖一个地下工程难得多。因此随着地下空间大规模开发，这种无序状态必然会影响未来地下空间的利用，造成地下空间资源浪费以及不必要的人力、物力、财力损耗。

3. 大深度地下空间利用

在我国上海、北京等大城市，地下空间利用飞速发展，浅层地下空间利用日趋饱和，为建设更高水平的城市功能，创造更加宜居的环境，迫切需要进行地下 50～100m 范围内大深度地下空间的利用。我国在该方面处于起步阶段，可以参考日本大深度地下空间利用的规划理论、基础设施形式、施工方法等。

大深度地下空间利用需要考虑地下基础设施结构物可能的形态及其位置、与地面及浅中层已有的基础设施的协调性等。施工技术主要包括大断面隧道的长距离掘进技术以及竖井建设技术。对于长距离隧道的快速施工，一般采用盾构法，包括泥水盾构法、土压平衡盾构法、开敞式机械化盾构法、气压盾构法等。

本章小结

（1）城市隧道工程主要向特长隧道、水下隧道、城市铁路地下化、城市地下公路、城市排蓄水工程、地下管廊工程、三大海峡隧道、互联互通的国际通道建设方向发展。

（2）城市隧道可分为交通隧道、水工隧道和市政隧道。交通隧道包括公路隧道、铁路隧道、地下铁道、航运隧道、人行隧道等；城市隧道常用矿山法、明挖法、盾构法、TBM掘进机法、沉管法、管棚法、逆作法、不良和特殊地质地段的隧道施工方法等施工方法，本章简单介绍了不同方法的主要技术要点。

（3）城市隧道施工引起的环境岩土工程问题主要有地表沉降、建筑物损坏、地下空间利用问题等。

思考与练习题

1-1 结合国内外城市隧道工程发展与规划，简要叙述隧道工程的优缺点。

1-2 简述城市隧道发展过程中出现的常见问题。

1-3 简述城市隧道的不同分类以及主要功能。

1-4 简述城市隧道不同施工方法及适用条件与特点。

1-5 结合工程实例，简述隧道施工引起的环境问题及所造成的后果。

1-6 结合本章内容简述对城市隧道施工的基本认识及施工原则。

第2章 盾构机选型及参数确定

本章要点学习目标及课程思政

本章要点：
(1) 盾构隧道施工基本原理及发展趋势；
(2) 盾构机类型及选型；
(3) 盾构机刀盘选型及基本参数；
(4) 盾构机刀具及配置。

学习目标：
(1) 掌握盾构隧道施工基本原理；
(2) 熟悉盾构机的分类及选型；
(3) 掌握盾构机刀盘选型及基本参数的确定；
(4) 熟悉盾构机刀具配置分析。

课程思政：

踔厉奋发担当使命。我国城市轨道交通运营里程及在建里程快速增长，有力支撑了国家重大发展战略实施。我国自主设计制造与研发的盾构机在轨道建设中得到大量应用，通过新材料、新设备、新技术研究，助力轨道交通行业高质量发展，改变了由国外盾构机一统天下的局面。盾构机是国之重器，认识中国制造业，一步一个脚印，做担当尽责的新时代"大国工匠"，了解中国大盾构从无到有、从"跟跑"到"领跑"的发展历程。强化职业素质教育，在祖国强大与技术进步中看一条条"钢铁巨龙"穿山越海。

2.1 盾构隧道施工原理及发展趋势

2.1.1 盾构施工的基本原理

1. 盾构的定义

盾构，全称隧道掘进机（Tunnel Boring Machine），是一种用于软土、土岩混合、岩石等地层内隧道暗挖施工的机械设备，具有金属外壳，外壳内装有整机及其辅助设备，在其掩护下进行地层开挖、渣土石排运、整机推进和管片安装或其他支护等作业，可使隧道一次成型。传统上讲，用于土层或土岩混合地层的称为盾构，用于岩石地层的称为岩石全断面掘进机（国际上简称TBM），在欧美地区，一般将上述两种情形统称为TBM，而在我国、日本和东南亚地区，仍习惯有盾构和TBM之分。

TBM是Tunnel Boring Machine的简称，在盾构/TBM的发展历史上，曾经在很长一段时间里一直将盾构定义为在土体内修建开挖隧道的机械化设备，而将 TBM 定义为在岩石地层中开挖隧道的机械化设备。随着社会的不断发展，工程建设大规模展开，施工建设条件更加复杂化，在采用机械掘进机开挖隧道的过程中，经常遇到隧道断面为土岩混合的情况，同时在全岩隧道开挖中大量出现软硬不均（岩石的无侧限抗压强度相差较大，国际上一般定义为岩石单轴抗压强度比为 10～20 以上）的地层情况，土层隧道开挖中出现断面内土体性质差异较大的复合地层等情况，因此国际隧道协会已经将软土盾构和硬岩 TBM 统称为 TBM。为了统一使用外文译文中的盾构或这个词，同时也为了规范国内对盾构设备的用语，我国已在一些相关规范或规程中将历史上曾经称为"盾构机"一词统称为"盾构"。尽管国际隧道协会已经将传统意义上的盾构和岩石 TBM 统称为 TBM，但相信在我国盾构和 TBM 称谓仍然会争论一段时间，例如，混合式盾构、混合式 TBM、泥水盾构、泥水 TBM 等。

2. 盾构工法的基本原理及施工流程

盾构工法简称盾构法，主要是通过盾构及内部的土压力或者泥水压力与作业在开挖面上的土压力或者泥水压力保持平衡的方法取得开挖面的稳定，同时使用坚固的盾构外壳支撑着隧道周边地层，在盾构内部进行开挖和衬砌的施工，通过重复这样的过程建造隧道的一种施工方法。盾构隧道设计主要包括管片设计，盾构选型及其始发到达井的设计，盾构的构造及设计等。

通常意义上，盾构工法由稳定开挖面、盾构开挖和衬砌三大要素组成，盾构工法的施工过程往往可以分为三个阶段：盾构的始发与到达、盾构的掘进以及盾构隧道贯通后联络通道、风道等辅助设施的施工。

盾构工法的核心是尽可能在不扰动隧道围岩的前提下完成盾构隧道施工，最大限度地减少盾构施工对地表建（构）筑物及地基内埋设物的影响。盾构在推进过程中，通过盾构外壳和管片来支撑围岩防止土体崩塌，封闭式盾构是用泥土加压或泥水加压来抵抗开挖面的土压力和水压力以维持开挖面的稳定性，敞开式盾构是以开挖面自稳为前提，然后借助相关的辅助措施。盾构工法的大致施工过程如下：

（1）建造盾构始发竖井和到达竖井，或者车站（始发或到达工作井与车站合建）。

（2）把盾构主机和配件分批吊入始发竖井中，并在预定始发掘进位置上将盾构设备组装成整机，随后调试其性能使之达到设计要求，进行条件验收后准备始发掘进。

（3）盾构从竖井或车站预留洞门处始发，沿着隧道设计轴线掘进。盾构掘进时靠盾构前部的刀盘切削土体，同时在切削土体过程中必须始终保持开挖面的稳定。为了满足这个要求必须保证刀盘后面土压船或泥水船内对地层的反作用压力大于来自地层的水土压力；依靠舱内的出土机械出土；依靠中部的千斤顶推动盾构前进；由后部的管片安装机拼装管片（也称隧道衬砌）；随后再由尾部的壁后注浆系统向衬砌与地层间的缝隙中注入填充浆液，以便防止隧道和地面的下沉。

（4）盾构掘进到达预定终点的竖井或车站时，盾构进入该竖井或车站接收工作井，掘进结束。随后解体盾构，吊出地面。

3. 盾构隧道施工的主要技术特点

用盾构法修建隧道具有自动化程度高、节省人力、施工速度快、一次成洞、不受气候影响、地面沉降量可控、施工对地面建筑物影响小等特点，在隧道较长、埋深较大的情况下，用盾构法施工更为经济合理。盾构法施工的主要技术特点如下：

（1）施工对周围环境影响较小

除盾构竖井处需要一定的施工场地以外，隧道沿线不需要施工场地，无须进行拆迁，对城市的商业、交通、居住等影响小。可以在地层深部穿越地上建筑物、河流；在地下穿过各种埋设物和已有隧道而不对其产生不良影响或产生很少的影响，施工不需要采取地下水降水等措施，噪声、振动等施工污染较小。

（2）盾构是一种"量身定做"的专用设备

盾构是适合于某一区间隧道的专用设备，必须根据施工隧道的断面大小、埋设条件、围岩的基本情况进行设计、制造或改造。当将盾构用于其他区间或其他隧道时，必须考虑断面大小、开挖面稳定机理、围岩粒径大小等基本条件是否相同或相近，有差异时要进行有针对性的改造，以适应其他地质条件。盾构必须以工程为依托，与工程地质紧密联系在一起。

（3）对施工精度要求高

相比于一般的土木工程，盾构施工对精度的要求非常之高。管片的制作精度近似于机械制造的程度，由于断面不能随意调整，对隧道轴线的偏离、管片拼装精度也有很高的要求。

（4）盾构施工存在不可逆性

由于管片内径小于盾构外径，如果要后退必须拆除已拼装好的管片，这是非常危险的，势必会对隧道的整体结构稳定性产生影响。另外，盾构后退也会引起开挖面失稳、盾构止水带损坏等一系列问题。所以，盾构施工的前期工作是非常重要的，一旦遇到障碍物或刀具磨损等问题只能通过实施辅助施工措施后，打开隔板上设置的人闸从人舱进入土压舱内进行处理，或在刀盘前面施工工作竖井进行处理。我国天津曾经出现过一次盾构人工后退的例子，源自盾构主轴承出现问题，且盾构设备还未完全进入土体（实际上盾构的尾盾仍然有3.5m位于始发井内）。也只有在这种情况下，盾构才有可能实施后退。

4. 盾构隧道施工的优点

现代化城市地表建筑物和地下管线布置错综复杂，人口密集，无论从影响城市交通布局还是从保护环境的角度出发，明挖工法已经不太适合在城市中心区进行大规模的地下工程建设，越来越多的城市地下隧道工程采用暗挖法施工，盾构法作为一种新型的暗挖施工方法，由于具有机械化程度高、对地层扰动小、掘进速度快、地层适应性强、对周围环境影响小等特点，逐渐成为地铁隧道建设的主要施工方法。

盾构法施工的主要优点：

（1）地面作业少，对环境影响小。

（2）施工不受地形、地貌、江河水域等地表环境条件的限制。

（3）地表占地面积较小，故征地费用少。

（4）自动化程度高，适于大深度、大地下水压施工，相对施工成本低。

（5）施工不受天气条件限制。挖土量、出土量少，有利于降低成本。

（6）盾构法构筑的隧道抗震性好。

盾构法适用地层广，从软土、砂软土、软岩直到岩层均可适用。

2.1.2 盾构隧道施工的发展趋势

1. 盾构隧道的技术现状

当前，虽然土压平衡盾构和泥水平衡盾构技术得到了最大限度的普及和推广，但部分技术细节还有待进一步的分析研究、不断完善和改进。

随着不同断面形式、各种功能的盾构设备的相继诞生，越来越多的领域和地层开始使用盾构工法进行隧道建设，有了更好的发展前景。但是特殊盾构工法问世时间较短，工程实际应用较少，适应性较差，很多施工技术有待优化。

随着经济社会的发展，我国迫切地需要建造大直径盾构隧道来满足交通、下水道、共同沟等工程的需求，所以大直径、长距离、高速的施工措施、施工设备的研发和应用需求也较为迫切。

2. 盾构工法的应用前景

随着我国综合国力的不断增强，社会和经济得到了空前的发展，国家可持续发展战略、城市化战略和高速铁路发展战略的实施，让我国的基础设施进入了规模化建设时期。

地下空间的开发，由于具有不占用地面资源、缓解地面交通、不影响景观、有利于环境保护等优点，因此铁路隧道、公路隧道、城市地铁、过江隧道、地下行人通道、地下商场的建设方兴未艾。作为目前世界最大的地下工程施工市场，我国的市场潜力正在迅速释放。国内城市建设和轨道交通的迅猛发展，使盾构隧道具有广泛的市场前景。

1) 城市地铁前景

北京、上海、天津、广州是中国最早拥有城市地铁的城市，尽管目前其地铁运营总量仍落后于较发达国家的一些国际大都市，但拥有地铁这个事实已经足以令这四个城市拥有更好的投资环境和吸引力，且运营里程正在大规模增加。20世纪末期，深圳、南京两大城市搭上了地铁项目的末班车。随后，沈阳、武汉、杭州、成都、苏州、西安、郑州、长春、哈尔滨、宁波、昆明、青岛、大连等城市也相继开始了地铁的建设。

我国城市对地铁的渴望首先体现在线路长度上，几乎所有城市都在实施一期工程后修改了原先立项的地铁修建长度。1990年后，盾构隧道开始出现在各大城市轨道交通（地铁）修建过程中，如北京、上海、广州、深圳、南京、天津、沈阳、成都、杭州、长春、郑州等。国家"十一五"规划期间，大部分城市地铁都已开工建设，并陆续开通运营。"十二五"期间我国地铁盾构施工市场主要分布情况如下：

(1) 区域经济龙头城市：以北京、上海、广州、深圳等一线城市为代表；

(2) 经济发达的大城市：以杭州、青岛、苏州、宁波、大连等城市为代表；

(3) 人口密集的大城市：以天津、南京、武汉、成都、哈尔滨、沈阳、重庆等城市为代表。

"十一五"期间，我国已运营的轨道交通总里程将超过目前世界上各国已经开通运营轨道交通的总里程。

2) 水下隧道前景

我国江河湖海众多，越江、跨海隧道大有发展前景。泥水盾构已经广泛地应用于越江和跨海等隧道工程。上海崇明岛越江隧道、南京长江公路隧道、武汉长江公路隧道、杭州钱塘江公路隧道等工程都已经成功贯通，大直径盾构得到很好的应用。同时，上海、杭州、南京、重庆、武汉等长江流域主要城市正在筹建新的越江隧道，构筑城市发展的立体交通网络和南北交通的快速通道。

以上总结可以看出，国内越江隧道、海底隧道等水下隧道的修建已经有长期的历史和相对完备的施工方法，如矿山法、沉管法、盾构法等，但主要采用盾构法施工。从目前发展趋势来看，盾构法将是未来水下盾构隧道施工中应用最为广泛的施工方法。国内外已经修建的部分典型水下盾构隧道情况汇总见表 2-1。

部分国内外典型水下盾构隧道汇总

表 2-1

水下隧道	建成时间	工程地质	施工机械	盾构长度(km)	衬砌外径(m)	管片厚度(m)	管片幅宽(m)	分块方式
埃及苏伊士运河水下隧道	1980 年	硬泥岩	机械式	5.912	11.6	0.6	1.2	13+2+1
丹麦斯多贝尔特大海峡隧道	1995 年	冰碛和泥灰岩	土压平衡	7.5	8.5	0.4	1.65	6+1
日本东京湾横断公路隧道	1997 年	冲积土	泥水平衡	15	13.9	1.00(双层)	2	11 等分
德国易北河第四隧道	2003 年	硬黏土和砾石	复合式	2.56	13.75	0.7	2	8+2+1
上海打浦路隧道	1970 年	粉黏土	网格式	1.322	10	0.6	0.9	5+2+1
上海延安东路南线隧道	1996 年	粉黏土	泥水式	1.311	11	0.55	1	5+2+1
上海大连路隧道	2003 年	粉黏土	泥水式	1.28	11	0.48	1.5	5+2+1
武汉长江隧道	2008 年	粉砂土	复合式	2.55	11	0.5	2	9 等分
南京长江隧道	2010 年	粉黏土、粉砂土	复合式	2.925	14.5	0.6	2	7+2+1
上海长江隧道	2009 年	粉黏土	泥水式	7.472	15	0.65	2	7+2+1

3）引水隧道前景

我国水资源丰富，但是我国国土面积大，地区分布不均匀，北方地区水资源严重短缺，因此进行跨区域调水非常必要。引水工程不可避免会遇到各种各样引水隧道的施工问题，而选择盾构或 TBM 施工是最佳手段之一。南水北调中线工程输水隧道建设中，使用了泥水平衡盾构，取得了良好的施工效果。锦屏水电站和云南那邦水电站均采用硬岩TBM 进行输水隧洞的修建。

4）铁路隧道前景

2000 年开始，新建铁路隧道平均每年以 200km 的速度快速增长。2006 年 10 月，国家铁路"十一五"规划纲要正式发布，"十一五"期间，将建成新线近 17000km，其中客运专线为 800km；进入"十三五"后，新一轮的建设高峰到来，随着铁路建设机械化程度进一步提高，TBM 盾构在铁路隧道中的应用将更加广泛。

3. 国内外盾构技术的发展趋势

随着高新技术的发展和应用，盾构控制技术的科技含量越来越高，自动化程度不断提高，测量定位也越来越准确，遥控控制技术、激光制导技术以及陀螺仪定位系统已普遍应用于盾构技术中。盾构施工法施工过程中施工区域地表沉降控制技术日臻成熟，隧道施工的质量也越来越好，应用盾构进行隧道施工可安全地在地下穿越高大建筑物。盾构技术的发展趋势主要反映在以下 3 个方面：施工断面的多元化，从常规的单圆形向双圆形、三圆形、方形、矩形及复合断面发展；施工新技术，包括进出洞技术、地中对接技术、长距离施工、急曲线施工、扩径盾构施工法、球体盾构施工法等；隧道衬砌新技术，包括压注混凝土衬砌、管片自动化组装、管片接头等技术。

2.2 盾构机类型及选型

2.2.1 盾构机的分类

盾构的分类方法较多，可按盾构开挖断面形式、盾构开挖面的挡土形式、加压稳定开挖面的形式、盾构断面尺寸大小、盾构适用的地层状况等方法进行分类，简述如下。

1. 按盾构开挖断面形式分类

盾构根据其开挖断面形式的不同可分为单圆、双圆、多圆以及非圆盾构。非圆盾构又可分为矩形、椭圆形、马蹄形、半圆形、子母盾构等，一般将双圆、多圆和非圆盾构统称为"异形盾构"。

2. 按盾构开挖面的挡土形式分类

按盾构开挖面的挡土形式，盾构可分为全敞开式、部分敞开式、封闭式三种。

（1）全敞开式：盾构开挖面全部敞开，并可直接看到开挖面土体的开挖方式。全敞开式盾构不设隔板，其特点是开挖面全部敞开。根据盾构掘削土体的形式不同可分为手掘式、半机械式、机械式三种。这种类型的盾构适用于开挖面自立能力较强的地层。开挖面缺乏自立性时，可用压气等辅助工法防止开挖面坍塌，稳定开挖面，一般不推荐使用全敞开式盾构。

（2）部分敞开式：盾构开挖面部分敞开的掘削方式。

（3）封闭式：盾构开挖面封闭，不能暴露出开挖前方地层状况，而是依靠各种装置间接地掌握开挖面前方地层信息的方式。封闭式盾构是一种设置封闭隔板的机械式盾构。掘削土体是从位于开挖面和压力隔板之间的土舱内取出，通过调节密闭土舱内的压力来维持盾构刀盘前方开挖面的稳定。常见的封闭式盾构主要有土压平衡式盾构和泥水平衡式盾构两种。

3. 按加压稳定开挖面的形式分类

按盾构开挖面的稳定方式，可以将盾构分为气压式、泥水平衡式、土压平衡式、加水式、加泥式、泥浆式六种。

（1）气压式：即向开挖面施加压缩空气，用该气压稳定开挖面。

（2）泥水平衡式：即用外加泥水向开挖面加压。

（3）土压平衡式：即用刀盘切削下来的土体的土压稳定开挖面。

（4）加水式：即向开挖面注入高压水，通过该水压稳定开挖面。

（5）加泥式：即向开挖面注入润滑性泥土，使之与切削下来的砂卵石混合，由该混合泥土对开挖面加压稳定开挖面。

（6）泥浆式：即向开挖面注入高浓度泥浆，靠泥浆压力稳定开挖面。

4. 组合分类法

将上述两种分类方式组合起来命名分类的方法叫作组合分类法。这种分类法目前使用较为普遍，是日本隧道标准规范盾构篇中使用的分类法。具体分类情况如图 2-1 所示。

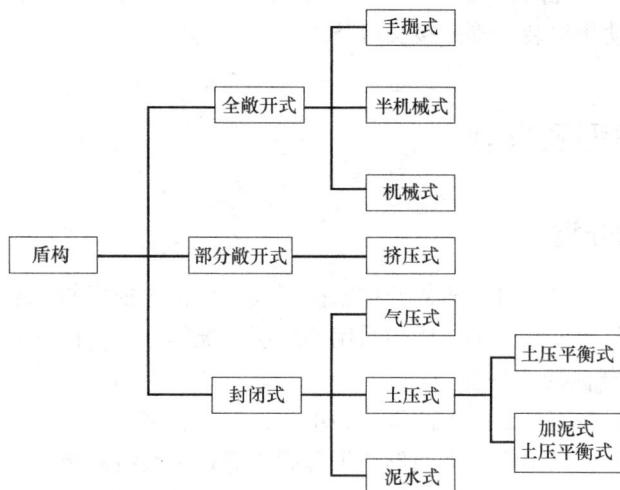

图 2-1 盾构组合分类方法

5. 按盾构断面尺寸分类

按盾构开挖断面尺寸大小的不同，盾构可分为：

1）微型盾构：$D \leqslant 1\text{m}$；

2）小型盾构：$1\text{m} < D \leqslant 3\text{m}$；

3）中型盾构：$3\text{m} < D \leqslant 6\text{m}$；

4）大型盾构：$6\text{m} < D \leqslant 14\text{m}$；

5）特大型盾构：$14\text{m} < D \leqslant 17\text{m}$；

6）超特大型盾构：$D > 17\text{m}$。

6. 按盾构适用的地层分类

按适用的地层不同，盾构可分为软土盾构、硬岩盾构及复合盾构。

1）软土盾构：切削软土的盾构。

2）硬岩盾构：切削岩石的盾构（传统意义上的 TBM）。

3）复合盾构：可切削土体，又能掘削岩石的盾构。

2.2.2 盾构机的选型

盾构选型是盾构施工的一个关键步骤，一般按照适用性、可靠性、先进性、经济性相统一的原则进行。盾构选型应根据工程场区范围内工程地质与水文地质条件、地面环境、隧道净空尺寸、隧道平纵断面、衬砌形式、施工组织等因素综合确定。各因素之间相互影响和相互制约。盾构选型各因素间关系见图 2-2。隧道盾构选型时应遵循以下原则：

（1）当掘进区段地层较均匀、无（少量）地下水或地层透水性较低时，宜采用土压平衡盾构，并宜配向开挖面添加泥浆或泡沫的设备。

（2）当掘进区段地层或环境条件较复杂、隧道直径较大、地下水压力大或需要精确控制开挖面压力时，宜采用泥水平衡盾构。

（3）当掘进区段地层强度或开挖面稳定性差异较大时，宜采用复合盾构，且应考虑掘进过程中安全经济的刀具更换措施。

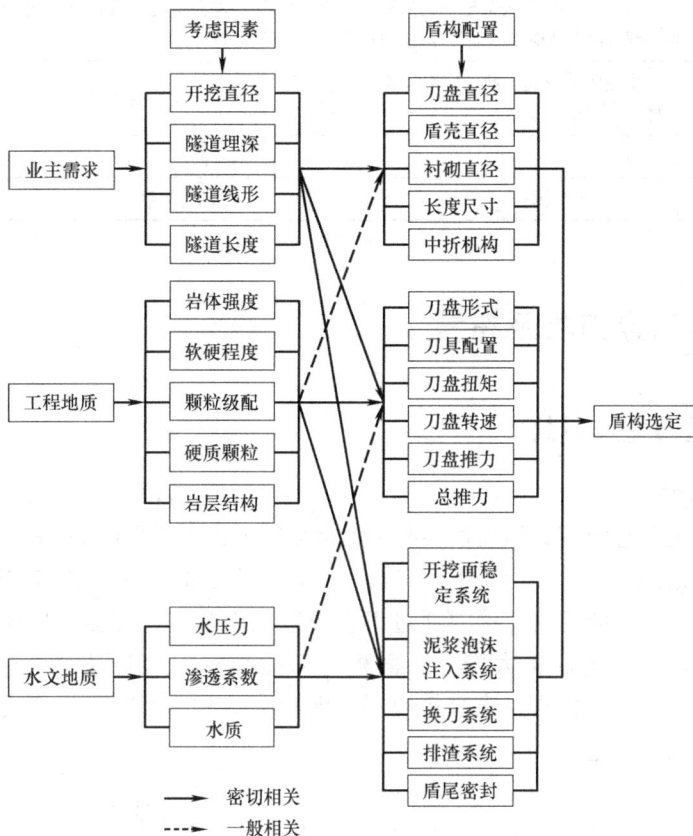

图 2-2　盾构选型影响因素关系

目前常用土压平衡盾构和泥水平衡盾构各因素对比见表 2-2。

土压平衡盾构和泥水平衡盾构各因素对比　　　　表 2-2

盾构类型 相关因素	土压平衡盾构	泥水平衡盾构
地质条件	适用于多种地层，但不太适用于地下水丰富且渗透性强的高水压地层	适用于地层渗透系数较大、地下水丰富的高水位地层
工作面稳定	通过排（进）土量的控制	通过泥浆压力及液量的管理
方向控制	盾构周围地层压密，千斤顶推力大	地层与盾构之间有泥浆润滑，方向易于控制，推力小，施工容易
高水压	通过土砂管理及加添加剂，特殊盾构可防止喷发，但比泥水盾构差	适合，在完全密闭的条件下，不会喷发

盾构类型 相关因素	土压平衡盾构	泥水平衡盾构
开挖面压力控制	易于控制	传力均匀,精度高
长距离	适用	刀盘磨损小,适用
开挖效率及进度	施工速度快	连续出泥,进度快
泥、水处理	占地面积小,需螺旋输送机出渣及多套添加剂配比以适应不同地层,添加剂管理容易	需大型泥水设备及场地,占地面积大,泥浆管理难
排土设备	采用螺旋输送器排土,需依据地质条件选择相应的螺旋输送器	用排泥管及泥浆泵将渣土输送至地面
造价	较低	较高
主要风险	喷水、出渣困难	逸浆、漏浆

2.3　盾构机刀盘刀具及布置

2.3.1　盾构机刀盘及刀具

1. 常见刀盘形式

刀盘的结构主要有面板式和辐条式两种。常见的刀盘形式如图 2-3 所示。面板式刀盘一般为焊接箱形结构,其上设置刀座、刀具、开口、添加剂注入口及与主轴承连接部件。切刀布置在面板上开口的两侧,滚刀通过刀座布置在刀盘上。刀盘开口率较小,在 30% 左右。目前,中国使用的盾构大部分为面板式刀盘结构,如上海地铁施工用的是法国FCB盾构,北京、广州、深圳及南京等地用的海瑞克盾构。面板型刀盘可防止过多的坍塌,有利于掌子面的稳定。

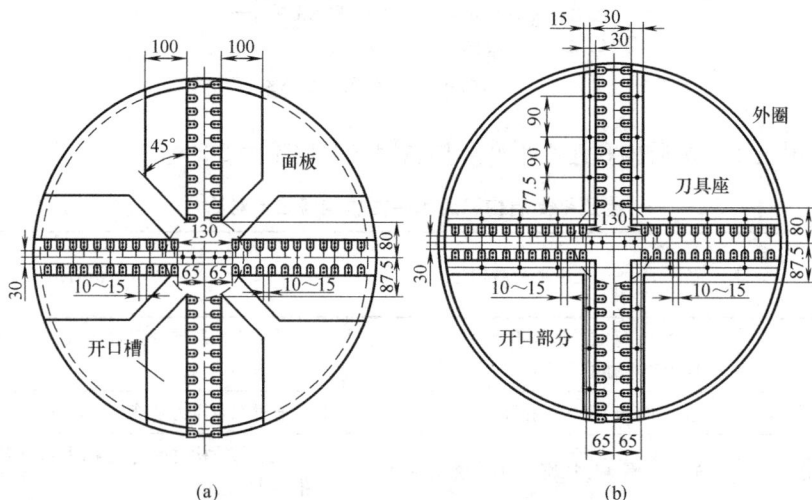

图 2-3　不同类型刀盘示意图(单位:cm)

(a) 面板型刀盘;(b) 辐条型刀盘

　　辐条式刀盘主要由轮缘、辐条及布设在辐条上的刀具组成。刀具布置在辐条的两侧，一般较难布置滚刀。辐条型刀盘可减低刀具实际负载力矩，有利于渣土的流动，并可将土仓内土压有效传递到作业面。刀盘开口率很大，为 $60\%\sim90\%$，属开敞式。以往辐条式刀盘应用较少，但现在我国盾构工法也开始应用辐条式刀盘，如，北京地铁 4 号线使用的石川岛播磨 $\phi6.14m$ 盾构（开口率 95%）、小松 $\phi6.3m$ 盾构（开口率 62%），上海地铁使用的石川岛播磨 $\phi6.25m$ 双圆盾构（开口率 85%）等。具体应用时采用哪种刀盘形式，应根据施工条件和土质条件等因素决定。

　　刀盘主要功能：

　　(1) 开挖功能：对掌子面的地层进行开挖，开挖后的渣土顺利通过刀盘开口，进入密封舱，开挖功能通过布置刀盘上的各种刀具及刀盘开口实现。

　　(2) 稳定功能：支撑掌子面，具有稳定掌子面的功能，通过土压或泥水压及刀盘面板来实现。

　　(3) 搅拌功能：对密封仓内的渣土或泥水进行搅拌，以利于渣土的顺利排出，通过刀盘及搅拌器旋转带动泥土或泥浆形成塑流体。

　　2. 常见刀具类型

　　为了适用于不同的土质条件，刀盘上安装了多种类型和功能的刀具。在盾构施工时，选用什么样的刀具通常取决于盾构机掘进通过的地层条件。为了适应从软土到硬岩不同地层的切削，开发了不同种类的开挖刀具。目前，使用的刀具一般有两类：一是切削类刀具，二是滚动类刀具。

　　1）切削类刀具

　　切削刀具是指只随刀盘转动而没有自转的破岩刀具，切削刀主要用于切削软土、泥砂地层。刮削刀具的种类繁多，目前盾构掘进机上常用的切削刀具类有刮刀、切刀、齿刀、先行刀、仿形刀等。

　　切刀：主要使用于软土地层，一般布置在刀盘开口的两侧，用于切削和剥离土体。

　　刮刀：属于刀盘弧形周边软土刀具，在岩石地层中可用来刮渣。

　　先行刀：是先行切削土体的工具，超前切刀布置，因此也称为超前刀。先行刀在切刀切削土体之前先行切削土体，将土体切割分块，为切削刀创造良好的切削条件。一般位于刀盘面板或辐条上，在设计中主要考虑与切刀组合协调工作。先行刀的切削宽度比切刀窄，一般设计为切刀的一半，切削效率较高。采用先行刀可显著增加切削土体的流动性，大大降低切刀的扭矩，减少切刀的磨耗。

　　仿形刀：主要是为曲线掘进、转弯、纠偏设计的，仿形刀安装在刀盘的边缘，通过一个液压油缸来控制仿形刀的伸出量，从而控制超挖范围。

　　2）滚动类刀具

　　滚动刀具是指不仅随刀盘转动，还同时作自转运动的破岩刀具，主要用于砂卵石、硬岩地层，它可以将大块的岩石打碎，分成小块。根据刀刃的形状滚刀可分为：齿形滚刀（钢齿和球齿）、盘形滚刀（钢刀圈滚刀和球齿刀圈滚刀）。根据安装位置滚刀可分为：正滚刀、中心滚刀、边滚刀、扩孔滚刀。目前盾构掘进机滚刀主要是盘形滚刀，盘形滚刀又有单刃滚刀（图 2-4）、双刃滚刀（图 2-5）和多刃滚刀。

　　通常情况下，为了保证施工的效率，应根据不同的地层条件选用不同的刀具及刀具组合。

图2-4　单刃滚刀

图2-5　双刃滚刀

3. 刀具破岩机理

1）刮削类刀具的工作原理

在刀盘推力的作用下，刮刀嵌入岩渣或岩层中，刀盘带动刀具转动时刮削岩层，在掌子面形成一环环犁沟，其工作特点是效率高，刀盘转动阻力大。在软土地层或滚刀破碎后的渣土通过刮刀进行开挖，渣土随刮刀正面进入渣槽，因此刮刀既具有切削的功能，也具有装载的功能。如图2-6、图2-7所示。

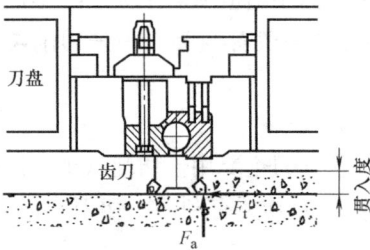

图2-6　齿刀破岩原理示意图

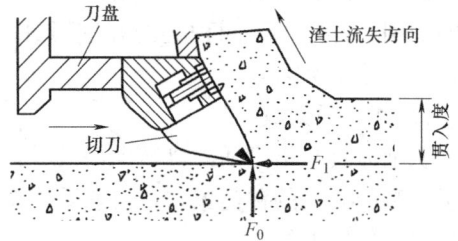

图2-7　软土刀具切削机理示意图

2）盘形滚刀工作原理

刀盘在纵向油缸施加的推力作用下，使其上的盘形滚刀压入岩石；刀盘在旋转装置的驱动下带动滚刀绕刀盘中心轴公转，同时各滚刀环绕各自的刀轴自转，使滚刀在岩面上连续滚压。刀盘施加推力和滚动力（转矩）给刀圈，推力使刀圈压入岩体，滚动力使刀圈滚压岩体。通过滚刀对岩体的挤压和剪切使岩体发生破碎，在岩面上切出一系列的同心圆（图2-8、图2-9）。各类刀具的主要破岩机理见表2-3。

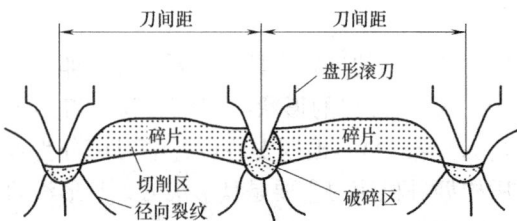

图2-8　盘形滚刀破岩状况示意图

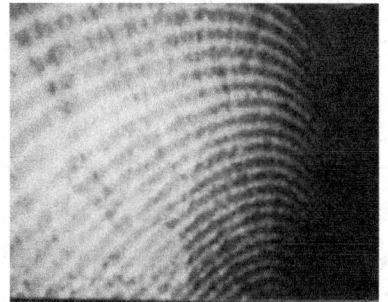

图2-9　滚刀轨迹

各类刀具的主要破岩机理   表 2-3

刀具类型		刮刀	楔齿滚刀	球齿滚刀	盘形滚刀
主要破岩机理	刮削	☆			
	剪切		☆		☆
	龟裂				☆
	挤压		☆	☆	
	研磨			☆	
运动形式		滑动	滚动＋微滑	滚动＋滑动	滚动＋滑动
刀齿形状		刨刀状	楔状	球面状	楔状

2.3.2 盾构机刀盘选型及基本参数的确定

刀盘是盾构机的关键部件之一。不同的地层应采用不同的刀盘结构形式，采用合适的刀盘类型是盾构顺利施工的关键因素，下面就盾构机选型进行分析说明。

1. 盾构机刀盘盘体结构选型分析

盾构机刀盘盘体结构对地层的适应性主要表现为刀盘的形式、开口、支承形式、驱动形式、刀盘最大转速、扭矩，以及刀盘开挖、超挖直径等方面，下面就以上几个因素具体分析。

1) 盾构机刀盘形式

盾构机刀盘形式按照工程地质条件和施工控制要求，大致可分为面板式、辐条式和复合式（面板＋辐条）刀盘三种形式，如图 2-10 所示。具体应用时采用哪种刀盘形式，应根据施工条件和土质条件等因素决定。不同的刀盘形式在土仓构造、开挖面稳定、土压保持、土砂的流入性、刀盘负荷和扭矩及检查换刀等方面存在较大的差异。施工实践表明，在软黏土地层条件以及地铁隧道埋深不大的情况下，采用辐条式刀盘既能满足工程施工需要，又能保证有较好的掘进性能。在风化岩以及大粒径砂卵石等类似复合地层中，一般需要盾构机刀盘具有很好的适应性，面板式刀盘能满足这种地层条件的需要。

(a)   (b)

图 2-10 辐条式刀盘和面板式刀盘

（a）辐条式刀盘；（b）面板式刀盘

2）刀盘的开口

盾构机刀盘的开口大小主要需与盾构刀具布置设计及土仓内压力相适应。特别在黏性土层条件下盾构掘进时，刀盘的开口选择很重要，特别是刀盘中心部位，要预防结块形成泥饼，所以在满足刀盘结构强度、刀具布置以及岩层支护条件的情况下，应尽量增大刀盘开口率，特别是开口尽量靠近刀盘中心部位，要使渣土易于流动，防止结泥饼，提高开挖效率。刀盘开口槽一般设计成楔形结构，使开口逐渐变大，以利于渣土向土仓内流动。

增大刀盘开口率并非只体现在刀盘辐条边缘的开口尺寸上，应注意刀座周围也是易形成泥饼的部位。在砾石地层中，刀盘的最大开口一般都按假设围岩上出现砾石的最大直径决定，但也有时会根据螺旋排土器的尺寸设置盘形滚刀，让其具有破碎开挖面上砾石的功能，从而限制刀盘开口尺寸。

3）刀盘的驱动方式

刀盘驱动是盾构机的重要组成部分，承担驱动刀盘旋转切削开挖面土体和搅拌密封舱内土体的任务。刀盘驱动系统也是盾构机中消耗功率较大的设备之一。目前，一般为了保证刀盘旋转切削岩土体的能力和效果，盾构机刀盘驱动方式大多设计为液压驱动。但随着变频电机技术的不断发展，变频电机驱动方式逐渐在盾构机的设计中采用。两种驱动方式的比较如表2-4所示。

变频电机驱动和液压驱动方式的比较　　　　表 2-4

驱动方式		变频电机驱动	液压驱动
体积	驱动部分	大	小
	附属部分	中	大
传动效率		高	低
维修保养		高	一般
调速性能		好	好
地层适应性		好	好
洞内温度		发热小,温度低	发热大,温度高
过载能力		强	强
设备费用		较高	中等

4）刀盘支承形式

刀盘支承形式可分为中心支承式、中间支承式和周边支承式三种类型，如图2-11所示。

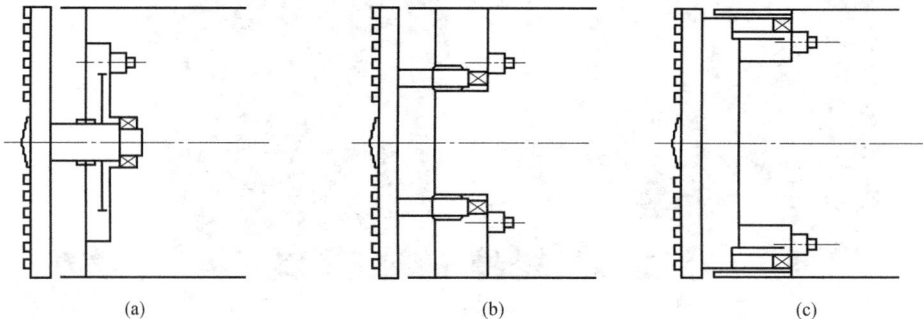

图 2-11　盾构刀盘支承方式

(a) 中心支承方式；(b) 中间支承方式；(c) 周边支承方式

刀盘的支承形式应与刀盘的开口率及土质条件相适应，不同盾构刀盘支承方式比较如表 2-5 所示。

盾构刀盘支承方式比较 表 2-5

支承方式	特　点	适用范围
中心支承	其结构简单，黏性土附着的可能性小。但机内空间狭小，处理大块石、卵石等比较困难	中小型直径盾构
中间支承	结构上平衡性好，用于小口径时，要认真考虑砾石处理、防止黏性土在中心部的附着等问题	大中型直径盾构
周边支承	机内可取较大空间，小口径时砾石的处理较为容易。但容易在外周部分粘附土砂，因此在黏性土中使用时，应充分注意粘附的问题	小型直径盾构

5）刀盘最大转速、扭矩

在复合地层中掘进时，维持盾构机主要工作参数的动态平衡是盾构隧道安全施工的重要因素，刀盘的最大转速、扭矩应与盾构其他主要工作参数相适应，如盾构推力、土仓压力、开口率等。刀盘额定转速主要由刀盘线速度决定，一般是根据地质条件，兼顾塑流化改良所需的搅拌线速度要求和切削刀具抗冲击能力等因素确定。国内外的经验表明，软土地层盾构的刀盘线速度一般大于 25m/min，而砂卵石地层盾构的刀盘线速度一般取 20m/min 左右。刀盘额定扭矩可通过理论计算或根据经验确定。

6）刀盘开挖、超挖直径

刀盘的开挖直径是随隧道设计直径而变化的，在施工中，由于掘进线路的坡度或转弯半径等因素的影响，需在刀盘边缘布置超挖刀（或仿形刀），用于盾构在转弯处内侧的超挖。而在复合地层条件下施工，考虑到刀盘和刀具在较为坚硬的围岩中切削会有一定的磨损，因此，在选型时需考虑因刀盘刀具磨损而使盾构直径减小，盾构被卡在岩层中的风险，在选型和制造时可对其提出设计要求，复合地层中盾构机体直径从盾首至盾尾依次减小 10mm，以控制盾构卡在岩层中的风险。另外，根据工程经验，也可将仿形刀刀座垫高，使超挖直径增大，降低此类风险事故发生的可能。

2. 刀盘基本参数的确定

1）开口率的计算

刀盘开口率是刀盘面板开口部分所占面积与刀盘面板总面积的比值，刀盘切削下来的渣土通过刀盘的开口槽流入土仓。刀盘的开口必须根据地质条件、开挖面的稳定性和挖掘效率来决定其形状、尺寸、配置。对于泥水盾构，刀盘的开口率一般取 10%～30%；土压平衡盾构的开口率范围较宽。对于胶结黏性土之类的高黏附性土质，宜加大开口率；对于易坍塌性围岩，开口率需慎重选择。刀盘开口位置应尽量靠近刀盘中心，以防止黏土在刀盘的中心部位流动不畅而形成泥饼。同时，由于刀盘中心部位的线速度较低，黏土、粉土、膨润土等黏稠土体在中心部位的流动性较差，黏性土容易在中心部位沉积，因此应适当加大中心部位开口率。

2）盾构总推力

总推力是评价土压平衡盾构工作性能的重要指标，在掘进过程中一般是动态变化的，不同地层条件下会表现出不同的变化规律。下面是盾构总推力的计算模型。

建立盾构总推力数学模型时，因为盾构的推进速度很慢，所以可以认为盾构在任何时刻都是受力平衡的，则可得到：

$$T = F + P \tag{2-1}$$

式中　T——总推力（kN）；

　　　P——开挖面正面阻力（kN）；

　　　F——盾构四周表面与土体之间的摩擦阻力（kN）。

（1）开挖面正面阻力计算

依据土力学以及盾构安放位置，如图 2-12 所示，则盾构开挖面正面阻力按下式计算：

$$P = \int_0^{2\pi} \int_0^{\frac{D}{2}} K\gamma(H - r\sin a) r\,\mathrm{d}r\,\mathrm{d}a = \frac{\pi D^2}{4} K\gamma H \tag{2-2}$$

式中　K——侧向土压力系数；

　　　γ——土体重度（kN/m^3）；

　　　H——隧道轴线埋深（m）；

　　　D——盾构开挖直径（m）。

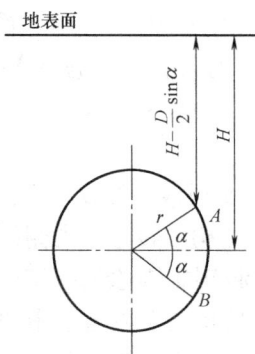

图 2-12　盾构穿越模型

对于辐条式盾构，正面阻力可直接用上式进行计算。对于面板式刀盘，侧向土压力系数的取值应介于静止土压力系数和被动土压力系数之间，取（1.1～1.3）K。一般情况下，面板上土压力比土仓压力大，作用在面板上的正面阻力和土体通过面板上的开口、盾构泥土室产生的正面阻力应分别进行计算，则上式可修正为：

$$P = \frac{\pi D^2}{4} KH\gamma(1-\eta) + \frac{\pi D^2}{4} p\eta \tag{2-3}$$

式中　η——刀盘开口率；

　　　p——土仓压力（kN/m^2）。

（2）盾构四周外表面与土体之间摩擦阻力的计算

依据作用于盾构壳体表面的正压力，即可得到盾构所受到的表面摩擦阻力。土体作用于盾构壳体四周表面上的土压力由两部分组成，即由于土体自重产生的作用于盾构壳体表面上的土压力和由于盾构自重引起的土体抗力。图 2-13 为土压力分布示意图。

在不计盾构自重的情况下，盾构下方的土体反力与盾构上方的土压力相等。依据土力学理论，土体中某点的侧向土压力为该点的垂直土压力乘以侧向土压力系数。所以，在图 2-12 中 A、B 两点的垂直土压力和侧向土压力均大小相等。故盾构在不计自重的情况下所受垂直土压力和侧向土压力均上下对称、左右对称，如图 2-13（a）所示。由图 2-13（a）可知，仅计算图 $\alpha = 0 \sim \pi/2$ 部分即可求得垂直土压力在盾构壳体轴向单位长度上产生的土压力。由图 2-14 可求得垂直土压力在盾构壳体单位长度上，在 $\alpha = 0 \sim \pi/2$ 范围产生的土压力 N_1，即：

$$N_1 = \int \mathrm{d}N_1 = \int \mathrm{d}N'_1 \sin\alpha = \int_0^{\frac{\pi}{2}} \gamma\left(H - \frac{D}{2}\sin\alpha\right)\sin\alpha \frac{D}{2}\mathrm{d}\alpha = \frac{1}{2}\gamma HD - \frac{\pi}{16}\gamma D^2 \tag{2-4}$$

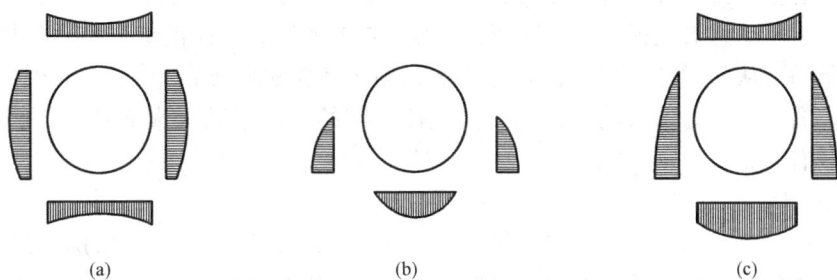

图 2-13　土压力分布示意图

（a）土体自重产生的土压力；（b）盾构自重产生的土体作用于盾构壳体表面的土压力；

（c）为两者之和，即盾构壳体表面的土压力

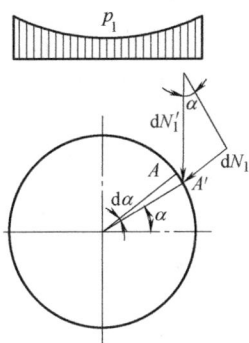

图 2-14　垂直土压力示意图

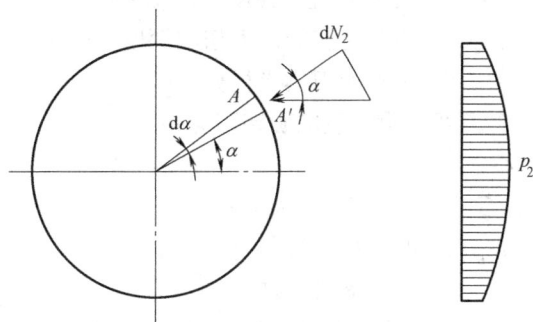

图 2-15　侧向土压力示意图

同理由图 2-15 可求得的侧向土压力在盾构壳体轴向单位长度上，在 $\alpha=0\sim\pi/2$ 范围产生的土压力 N_2，即：

$$N_2=\frac{1}{2}\gamma K_a HD-\frac{1}{16}\gamma K_a D^2 \tag{2-5}$$

式中　K_a——主动土压力系数。

土体自身由于自重作用于盾构四周的土压力、上下、左右都是对称的，其正压力之和为：

$$N=N_1+N_2=\gamma D\left[\frac{1}{2}(1+K_a)H-\frac{1}{16}D(\pi+2K_a)\right] \tag{2-6}$$

盾构由于自重产生的土体作用于盾构壳体表面上的正压力的合力等于盾构的自重。根据上述分析，土体与盾构的摩擦面数为各象限，则土体作用于盾构单位长度上的摩擦阻力为：

$$F=4fN+f\omega=f(4N+\omega) \tag{2-7}$$

式中　f——盾构壳体与周围土体之间的摩擦系数；

　　　ω——盾构单位长度自重（kN/m）。

因此，总推力为：

$$T=\frac{\pi D}{4}K\gamma H(1-\eta)+\frac{\pi D}{4}p\eta+f\gamma D\left[2(1+K_a)H-\frac{1}{4}D(\pi+2K_a)\right]L+fL\omega \tag{2-8}$$

式中　L——盾构与土体接触长度（m）。

从盾构总推力公式可以看出，当 $p<K\gamma H$ 时，刀盘开口率越大，总推力越小，这是因为土仓压力小于刀盘面板压力，即随着刀盘开口率的增大，面板减小的阻力大于土仓压力增大的阻力。从公式还可以看出，随着盾构与土体接触长度的增大，盾构总推力也增大。此外，盾构总推力随盾构壳体与周围土体之间的摩擦系数增大而增大，摩擦系数 f 与土体参数有关。

3. 刀盘扭矩

盾构机的刀盘切削岩（土）体过程中，刀盘会受到刀盘与土体之间的摩擦力、地层抗力、搅拌土体的阻力和刀具受到的摩擦阻力等。盾构扭矩由 9 部分组成，每部分的计算公式如下：

1）刀盘切削扭矩

$$M_1 = q_u h_{\max} R_0 / 2 \tag{2-9}$$

式中　q_u——无侧限抗压强度（kPa）；

$h_{\max}$——刀盘每转的最大切削深度（m/r）；

R_0——最外圈刀具半径（m）。

2）刀盘自重产生的旋转阻力矩

$$M_2 = G R_1 u_g \tag{2-10}$$

式中　G——刀盘自重（kN）；

R_1——轴承的接触半径（m）；

u_g——滚动摩擦系数。

3）刀盘推力荷载产生的旋转阻力矩

$$M_3 = W_p R_g u_g \tag{2-11}$$

式中　R_g——轴承推力滚子接触半径（m）；

W_p——推力荷载，$W_p = \omega \pi R^2 P_d$（kN）。

4）密封装置产生的摩擦力矩

$$M_4 = 2\pi u_3 F (n_1 R_{s1}^2 + n_2 R_{s2}^2) \tag{2-12}$$

式中　u_3——密封与钢之间的摩擦系数；

F——密封压力（kN）；

n_1、n_2——密封圈数；

R_{s1}、R_{s2}——密封的安装半径（m）。

5）刀盘前表面上的摩擦力矩

$$M_5 = \pi \omega u_p R^3 P_d / 3 \tag{2-13}$$

式中　u_p——土层与刀盘之间的摩擦系数；

ω——刀盘密闭率；

P_d——水平土压力（kN/m²）；

R——刀盘半径（m）。

6）刀盘圆周面上的摩擦反力矩

$$M_6 = 2\pi R B P_r u_p \tag{2-14}$$

式中　B——刀盘宽度（m）；

P_r——作用在刀盘周边上的平均压力（kN）。

7）刀盘背面的摩擦力矩

$$M_7 = 2\pi\omega R^3 u_p \times 0.8 P_d / 3 \tag{2-15}$$

假定土仓内渣土压力为刀盘正面测向土压力的 80%。

8）刀盘开口槽的剪切力矩

$$M_8 = \pi R^3 C_r (1-\omega) \tag{2-16}$$

式中 C_r——土的抗剪应力（kPa）。

9）刀盘土仓室内的搅动力矩

$$M_9 = 2\pi (R_3^2 + R_4^2) L_1 C_r \tag{2-17}$$

式中 R_3——刀盘支撑梁外径（m）；

R_4——刀盘支撑梁内径（m）；

L_1——支撑梁长度（m）。

刀盘扭矩 M 为 M_1 到 M_9 之和，计算中许多参数要进行假设。一般估算刀盘额定的驱动扭矩计算公式如下：

$$T = aD^3 \tag{2-18}$$

式中 a——扭矩系数。

公式（2-18）也可用于估算盾构刀盘扭矩值和对比验证其他计算结果，但根据施工现场经验，该经验公式也有不足之处。当盾构机刀盘外径较大时，装配扭矩偏大，盾构机切削能力不能充分得到发挥；外径较小时，计算得到的装配扭矩偏小，易造成刀盘切削能力不足。

2.3.3 盾构机刀具配置分析

盾构机刀具配置分析主要包括以下几方面：①刀具对地层的适应性；②刀具布置的高度差；③刀间距的布置；④刀座安装方式；⑤刀具布置方式；⑥仿形刀的配置。

1. 刀具对地层的适应性

对于软土地层，一般只需要配置切削型刀具，如切刀、刮刀。对于含有岩石的复合岩土地层，刀盘除配置切削型刀具（如切刀、刮刀）外，还需要配置盘形滚刀，两种刀具都应该具备对岩土体的破岩能力。切刀的破岩能力为 20MPa，可以顺利对软黏土进行切削开挖；盘形滚刀分为单刃滚刀和双刃滚刀，双刃滚刀破岩能力较低，适用于抗压强度小于80MPa 的岩石，而且起动扭矩小，因此适用于软岩地层。单刃滚刀破岩能力强，适用于抗压强度高于 80MPa 的岩石，而且起动扭矩大，适用于硬岩地层的破岩。当岩石抗压强度低于 30MPa，滚刀破岩效果不是很好时，可以利用滚刀刀座安装齿刀进行破岩，齿刀轨迹完全与滚刀相同，齿刀刀刃是对称的，因此刀盘正反转时都可以很好的破岩。典型的刀具示意图及其对地层的适应性如表 2-6 所示。

2. 刀具布置的高度差

对于含有岩石的复合岩土地层，刀盘不仅配置切削型刀具，而且还配置了盘形滚刀，因而对于刀具布置的高度差也有一定的要求。由于切刀在黏土地层寿命较长，在砂岩地层寿命相对较短，因此在复合地层中，首先通过盘形滚刀进行破岩。滚刀的伸出高度一般比切刀要大，17 寸滚刀一般允许磨损量为 25mm，边滚刀为 15mm，所以一般滚刀和切刀的高度差应该大于 25mm。

典型刀具示意图及其对地层适应性   表 2-6

刀具名称	示意图	地层适应性
单刃滚刀		主要用于硬岩掘进
双刃滚刀		适用于软硬岩掘进,一般在刀盘中心部位
切刀		用于软土掘进,同时可用作硬岩掘进中的刮渣
刮刀		安装在刀盘弧形周边,切削软土,在硬岩下可用作刮渣
中心齿刀		用于软土掘进,替换滚刀,更换后可以增加刀盘中心部分的开口率
正齿刀		用于软土掘进,可以换装滚刀

续表

刀具名称	示意图	地层适应性
仿形刀		用于局部扩大隧道断面,主要用于硬岩掘进

3. 刀间距的布置

在复合地层中,首先通过盘形滚刀进行破岩,因此对于盘形滚刀的刀间距合理布置的要求是:①每把盘形滚刀在破岩时所受的负荷相等,即每把刀的破岩量相等,刀刃两侧的侧向反力能相互抵消;②作用在刀盘体上的各点外力相互平衡,其合力通过刀盘中心,不产生倾覆力矩。因此,对于刀盘面板正面的盘形滚刀,其刀间距为 50~120mm,对于软岩取最大值,硬岩取最小值。

隧道如果以硬岩为主,也有中硬岩时,刀间距按两者兼顾的原则选择。如石灰岩地层的刀间距取 80mm,花岗岩地层取 50mm,在综合布置时刀间距取 70mm 为佳。

隧道如果以软岩为主,也有少量硬岩时,刀间距按软岩选择,掘到硬岩地段时,可以慢速掘进。

对于周边刀的刀间距是从邻近正刀开始,向外缘逐渐减少,最后两把相邻边刀的刀间距弧长一般为 20~25mm,最后一把边刀的刀倾角一般为 70°。边刀的布置采用圆弧过渡,过渡区的曲率半径及边刀数量取决于盾构机直径的大小。对于小直径的盾构机,曲率半径为 300~350mm,边刀数为 6~8 把,对于大直径的盾构机,曲率半径为 600~650mm,边刀数为 15~18 把。

4. 刀座安装方式

为了方便刀具的更换,通常刀具安装一般采用螺栓固定,如图 2-16 所示。滚刀的安装一般有刀盘前方安装和刀盘后方安装。前者在更换刀具时需通过刀盘中的人孔将盘形滚刀搬到刀盘前方,这种方式在刀具较重时,换刀困难,且由于紧靠掌子面,所以换刀很不

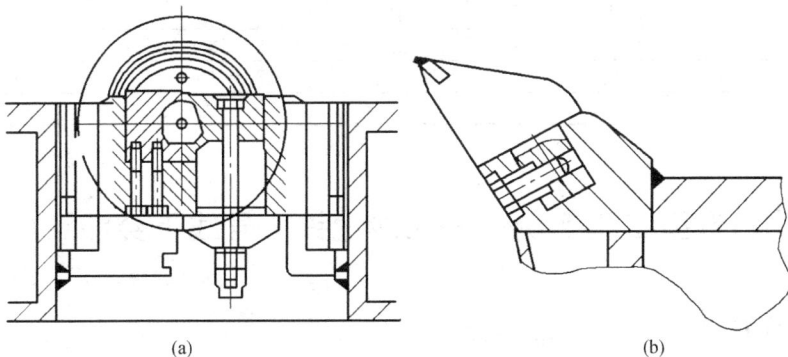

(a)   (b)

图 2-16 刀具安装方式

(a) 滚刀安装方式;(b) 切刀安装方式

安全，因此目前换刀方式一般采用刀盘后安装形式。

5. 刀具布置方式

对于切刀的布刀方式来讲，一般等距离的布置在开口槽的一侧。由于刀盘需要正反旋转，因此切刀的布置也应在正反方向布置，为了提高切刀的可靠性，在每个切削轨迹上至少布置2把，在周边切刀的工作量相对较大，磨损后对盾构切口环尺寸影响较大，可以考虑布置较多的切刀（刮刀）。考虑到刀盘的受力均匀性，切刀布置应具有对称性。

对于盘形滚刀布置的原则是每把盘形滚刀在破岩时所受的负荷相等，而且在滚刀上产生的切向力，其合力通过刀盘中心，产生的倾覆力矩为零。目前比较典型的滚刀布置方式有三种：单螺旋式、双螺旋式和对称式。

6. 仿形刀的配置

在曲线半径小的隧道掘进时，为了保证盾构的调向，需要有较大的开挖直径，因此刀盘上配置有扩孔刀或仿形刀，仿形刀的类型有滚刀型或齿刀型，需要根据地质情况确定，同滚刀配置。

2.3.4　国内盾构机刀盘选型工程实例

盾构机刀盘的结构及其刀具的组合布置，应针对不同的地质条件而设计，表2-7给出了长沙地铁1号线、南京地铁、南昌地铁、广州地铁2号线四个地铁施工区间不同的刀盘结构形式和各类刀具的组合情况。

四个城市地铁盾构机刀盘技术参数　　　　　　　　　　　表2-7

工程项目		长沙地铁1号线下穿湘江盾构隧道	南京地铁（玄武门—南京站）	南昌地铁（中山路站—八一广场站）	广州地铁2号线（越秀公园—三元里）
地质情况		粉质黏土、卵石、全风化板岩、中风化板岩、断层角砾岩	淤泥质粉质黏土、粉质黏土、粉砂、粉土	砾砂、中风化泥质粉砂岩、局部细砂、强分化泥质粉砂岩	粉质黏土，砂岩，粉砂岩，混合岩
刀盘参数	直径	6290mm	6400mm	6280mm	6280mm
	额定扭矩	5000kN·m	4346kN·m	5500kN·m	4346kN·m
	开口率	37%	34%	34%	28%
	转速	0~2.75r/min	0~2.9r/min	0~3r/min	0~5.6r/min
	功率	830kW	630kW	660kW	945kW
刀具形式与数量	中心刀	10把单刃滚刀	4把双刃滚刀	6把双刃滚刀	4把双刃滚刀或4把宽尺刀
	滚刀	28把单刃滚刀（可与齿刀互换）	无	29把单刃滚刀	31把单刃滚刀
	切刀	52把	124把	40把	64把
	刮刀	32把	16把	12把	8把
	超挖刀	6把	齿型刀1把	软土刮刀4把	滚刀1把
	齿刀	无	无	无	31把

2.4　盾构机选型工程实例——长沙地铁1号线下穿湘江盾构隧道

2.4.1　工程背景

1. 工程概况

长沙地铁下穿湘江盾构隧道以橘子洲为界分为两个区间：溁湾镇—橘子洲站区间（起

讫里程为 DK4+450.900~DK5+444.000，左线短链长度为 11.555m）和橘子洲-湘江中路站区间（起讫里程为 DK5+582.000~DK6+123.200，左线短链长度为 2.451m）。湘江隧道出溁湾镇站后向东南转入枫林一路，在橘子洲大桥西引桥南侧 30m 位置穿入湘江，过湘江西汊后进入橘子洲站，出橘子洲站后下穿湘江东汊进入湘江中路站，隧道左线全长 1520.294m、右线全长 1534.300m。湘江隧道平面示意图见图 2-17。

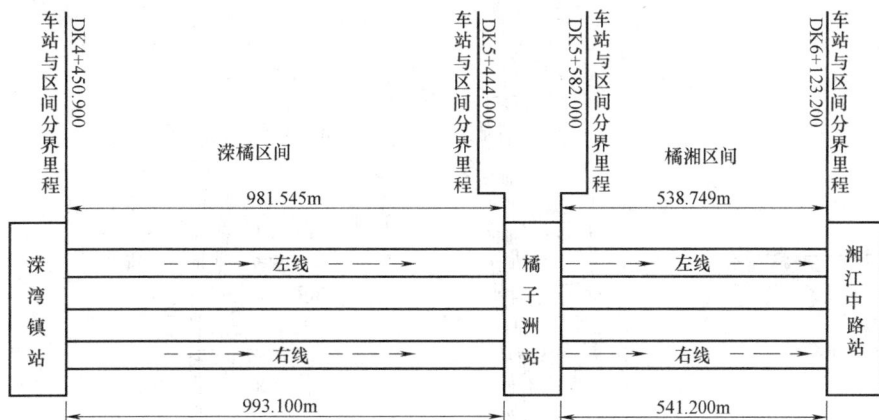

图 2-17　长沙地铁 1 号线下穿湘江盾构隧道平面示意图

溁湾镇—橘子洲站区间（溁橘区间）从溁湾镇站始发，起于溁湾镇枫林一路东北侧，区间线路接近东西走向，隧道地面沿线先后途经始发段的低矮建筑、枫林一路、地下通道 1（YDK4+533）、麓山宾馆、地下通道 2（ZDK4+680）、爱民路口、福泰大酒店、水产局畜牧大楼、水产局水产大楼、潇湘中路、湘江西岸堤坝、湘江河床、湘江一桥引桥，最后到达橘子洲站。该区间隧道左线穿越湘江段长 433m，占隧道总长 44.11%，右线穿越湘江段长 420m，占隧道总长的 42.29%。区间穿越湘江河床最小覆土厚度为 8m，穿越溁湾镇的覆土厚度为 14.85~21.90m，岩层覆盖最小厚度为 2.95m。隧道上覆地层主要为人工填土、淤泥质黏土、粉质黏土、全风化板岩、强风化板岩等，穿越地层主要有粉质黏土、卵石、全风化板岩、强风化板岩、中风化板岩、断层角砾岩等。

橘子洲—湘江中路站区间（橘湘区间）从橘子洲站始发，隧道先后途经橘子洲、湘江东汊河床、湘江东岸河堤，最后到达湘江中路站。该区间隧道左线穿越湘江段长 494m，占隧道总长的 91.69%，右线穿越湘江段长 485m，占隧道总长的 89.62%。区间穿越湘江河床段最小覆土厚度为 9m，穿越橘子洲段覆土深度为 23m，穿越湘江中路段覆土深度为 23.5m。盾构隧道上覆地层主要为人工填土、细砂、中砂、粗砂、泥质粉砂岩、卵石、圆砾、砾石、强风化板岩等，穿越地层主要有砾岩、泥质粉砂岩、强风化板岩、中风化板岩等。

2. 工程地质

湘江隧道溁橘区间和橘湘区间为湘江阶地和河谷地貌，地形起伏较大，沿线主要为城市道路和湘江河谷。区间场地揭露地层主要包括：表层杂填土和零星分布于湘江的第四系全新统淤泥质粉质黏土，其下依次为第四系全新统砂卵石及第四系更新统粉质黏土与砂卵石，下伏基岩为元古界板溪群板岩、白垩系泥质粉砂岩和砾岩等，局部有泥盆系砂岩分布。湘江隧道溁湾镇站—橘子洲站—湘江中路站区间平面图见图 2-18，地质纵断面图见图 2-19 和图 2-20。

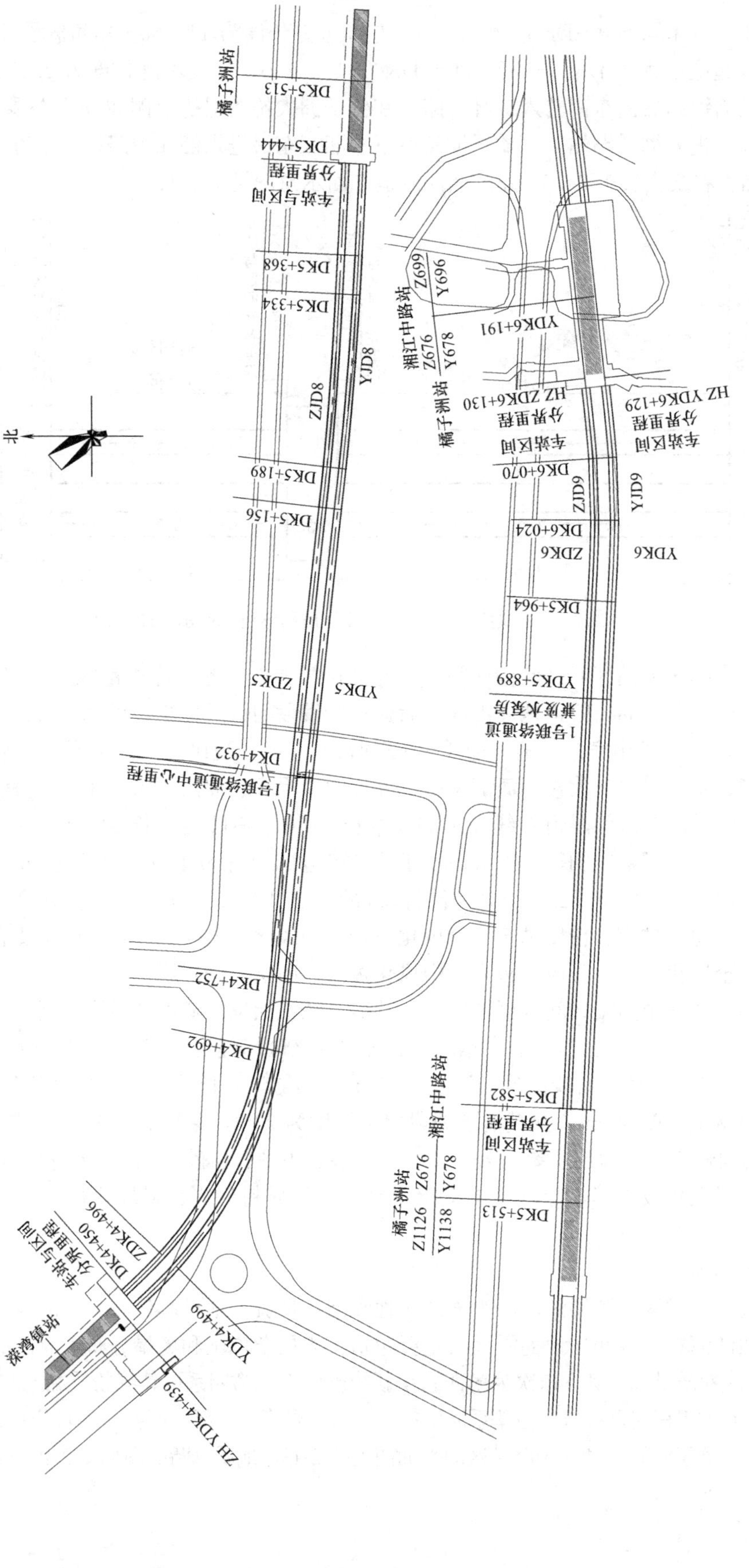

图 2-18 溁湾镇站—橘子洲站—湘江中路站区间平面图

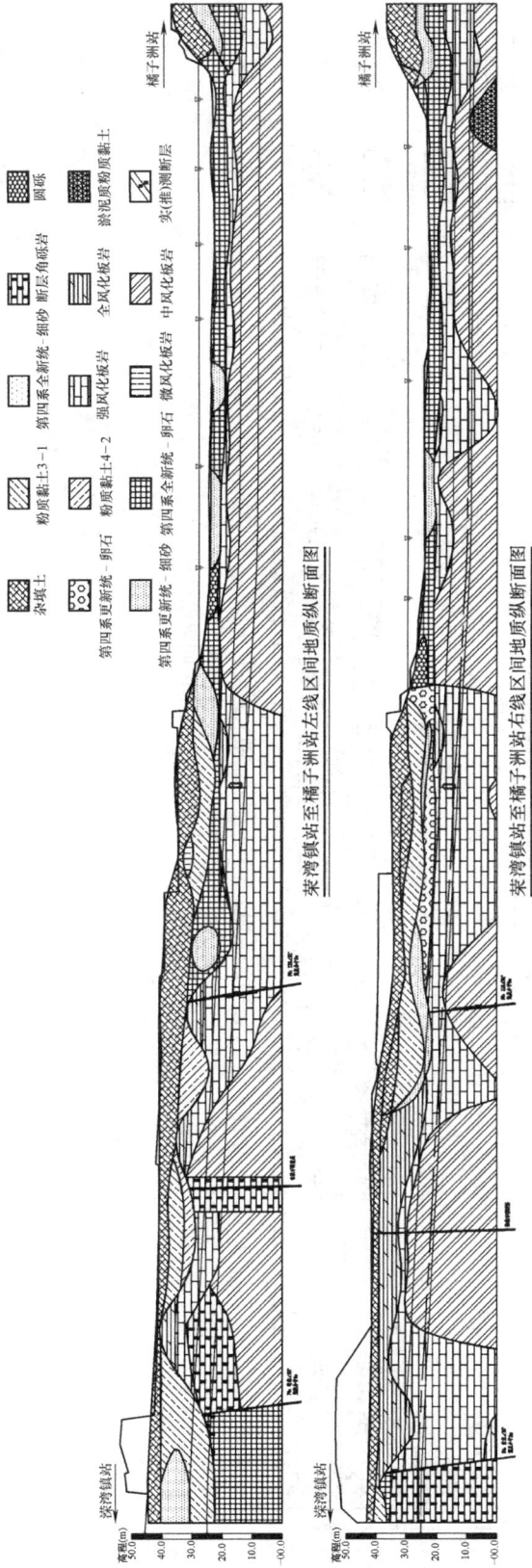

图 2-19 溁湾镇站—橘子洲站区间纵断面图

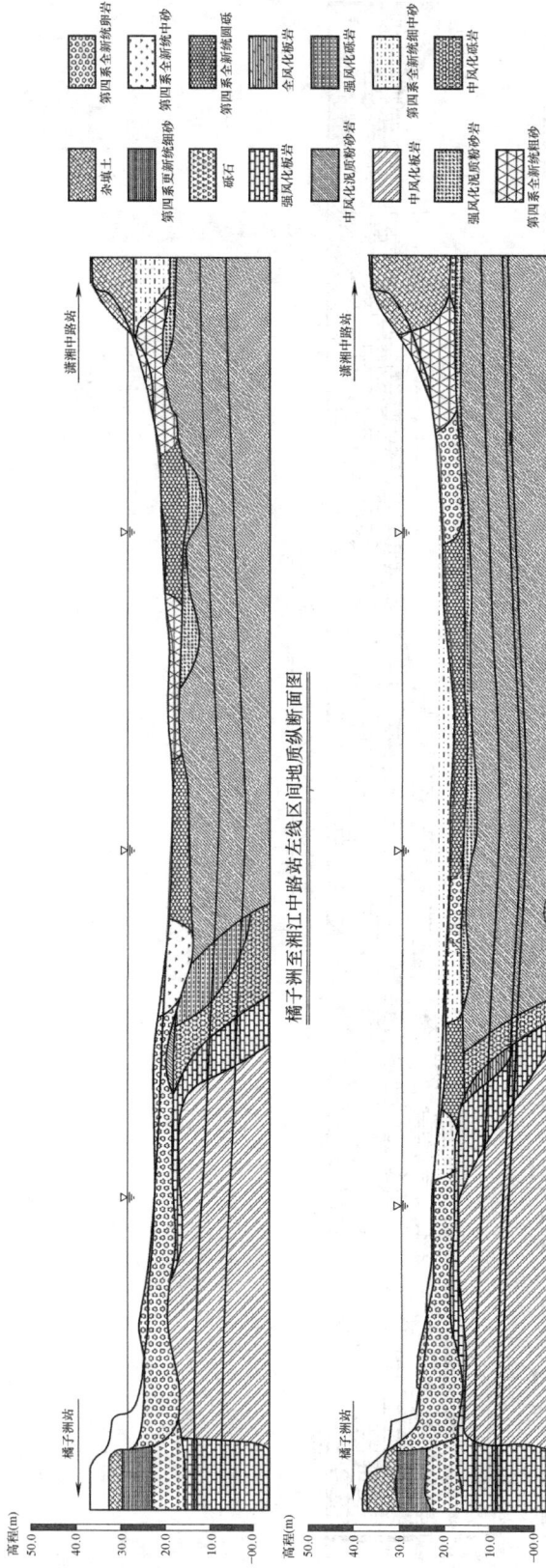

图 2-20　橘子洲站—湘江中路站区间纵断面图

3. 水文地质

湘江隧道溁橘区间和橘湘区间属于湘江水系，水资源丰沛。穿越湘江段河床宽为1300～1400m，河床断面呈不对称的"U"形，水位受大气降水影响，季节变化明显，涨落差达10m，湘江河床处地下水与地表水（湘江）连通。

隧道区内地下水按赋存方式主要分为第四系松散层、全风化带中的孔隙潜水和强-中风化基岩裂隙水。第四系覆盖层含水地层主要以冲洪积粗砂、砂层、卵石层为主，其含水性能与砂、卵石的形状、大小、颗粒级配及黏粒含量等密切相关。基岩裂隙水主要赋存于强-中风化带的基岩裂隙中，属于潜水类型。基岩裂隙以风化节理裂隙为主，裂隙多呈闭合状或多被泥质填充，地下水在基岩中的赋存量较小，径流条件较差，透水性较弱。此外还有赋存于断层破碎带中的地下水，地下水位较低。由于岩层及构造破碎带的涌水量和透水性主要由其裂隙发育程度所控制，存在一定的不均匀性，因此局部存在较大涌水量的可能。地下水位受湘江水位制约，一般变化幅度不大。

地表、地下水水质对钢筋混凝土结构无腐蚀性，对钢结构具有弱腐蚀性。

2.4.2　盾构机选型

综合考虑长沙地铁下穿湘江盾构隧道的工程地质、水文地质、工期、环保、造价等各方面因素，参照以上盾构选型影响因素分析、选型原则及盾构类型对比，本工程选用中国铁建重工集团有限公司生产的 $\phi6250$mm 复合式土压平衡盾构机，盾构机型号为ZTE6250。

2.4.3　盾构机参数配置

长沙地铁1号线下穿湘江盾构机主要技术参数配置见表2-8。

盾构机主要技术参数配置　　　　　　　　　　　　　　表2-8

主部件名称	细目部件名称	参数
综述	盾构类型	土压平衡盾构
	管片外径	6000mm
	管片内径	5400mm
	管片宽度	500mm
	分布	3+2+1
	纵向连接螺栓数量	16 个
	整机主要部件设计寿命	10km
	开挖直径	装滚刀时：6290mm
	前盾直径	6250mm
	主机长度	12.5m
	整机长度	约80m
	盾构及后配套总重	430t
	最小平曲线半径	250m
	最小竖曲线半径	1000m
	最大线路坡度（爬坡能力）	35‰

主部件名称	细目部件名称	参数
刀盘	刀盘形式	复合式材料:Q345C
	安装滚刀时最大开挖直径	6290mm
	安装齿刀时最大开挖直径	6290mm
	开口率	37%
	盘形滚刀	38把盘形滚刀刀座(可与齿刀互换)
	滚刀轴向转动力矩	22~80N·m(根据地质条件可调整)
	切刀	52把
	周边刮刀	32把
	刀盘外缘保护刀	6把
	泡沫/膨润土浆注入孔数量	6个
	重量(约)(文字居中)	53t
	刀具安装方式(文字居中)	背装式
刀盘驱动	驱动形式	液压驱动
	转速	0~2.75rpm(双向旋转,连续可调)
	额定扭矩	5000kN·m
	脱困扭矩	6000kN·m
	主轴承密封设计承压能力	4.5bar
	承压能力	3bar
	钢丝刷密封数量	3道
	盾尾密封承压能力	3bar
	盾尾间隙	30mm
	土压传感器数量	7个(隔板5个,螺旋输送机2个)
	前盾重量(约)	100t(含设备)
	中盾重量(约)	90t(含设备)
	盾尾重量(约)	35t(含设备)
推进系统	总推力	36493kN@300bar
	最大总推力/压力	42575kN@350bar
	油缸数量	32根
	油缸行程	2100mm
	最大推进速度	80mm/min
	最大外伸速度	150mm/min 所有油缸空载

2.4.4　盾构机刀盘刀具设计

盾构机刀盘采用复合式刀盘,通过在不同形式的刀盘上安装不同的刀具或刀具组合,可以适应不同的地质情况下的施工需要。刀盘可以双向旋转,无级调节转速,刀盘开口率约37%,挖出的渣土从刀盘的8个开口进入土仓。

刀盘结构设计：整个刀盘为焊接结构，在刀盘上焊接了安装各种刀具的刀座。为了适应不同地质的开挖要求，在刀盘上安装了滚刀、切刀、刮刀，滚刀可更换为齿刀，刀具可在刀盘后面进行更换。中心滚刀采用单刃型，边刀同一轨道采用两把滚刀。刀盘标称直径6290mm，厚度450mm，从法兰盘底面到刀盘面板高140mm，总重约53t。

刀座设计：刀盘上的滚刀和齿刀刀座相同，滚刀高出面板175mm，切刀高出面板140mm，在硬岩掘进时确保滚刀破岩，其次140mm的高出量能够使刀盘面板前的渣土顺利进入刀盘内，提高开挖效率。

刀具形式：盾构刀具是根据本隧道的地质特点和刀具在软、硬岩中不同的破岩机理设计的。刀盘上可以安装不同类型的刀具以适应不同地层的开挖，主要刀具类型为10把"17"单刃中心滚刀，28把"17"单刃滚刀，52把切刀和32把弧形刮刀，根据不同的地质类型，两种刀具可以互换。在硬岩中掘进时安装单刃滚刀，在软岩中掘进时可以根据需要把滚刀更换为对应形式的齿刀。

刀盘刀具结构示意及实景图见图2-21和图2-22。

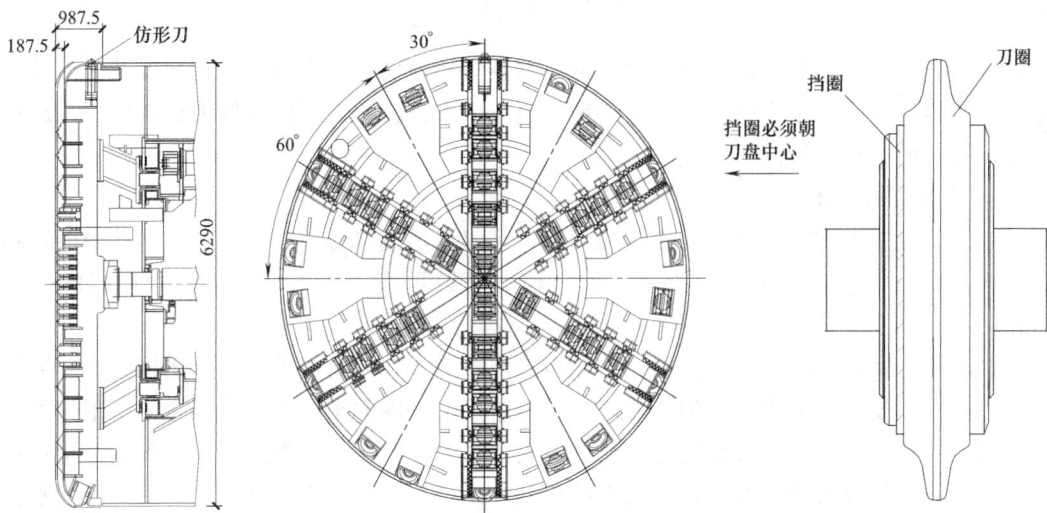

图 2-21　刀盘刀具结构示意图（单位：mm）

2.4.5　盾构机适应性特点

本盾构机对湘江隧道工程的地层特点具有较好的适应性，具体如下：

1）埋深的适应性

整个盾构按照4.5bar承压能力设计，允许工作压力为3bar，保证盾构机的土仓具有足够的土压承载能力和调节能力；同时盾构机的设计最大总推力和刀盘脱困扭矩值均比理论计算值大，可进一步保证施工中正常掘进；盾构机盾尾和主轴承密封的特殊设计完全可以满足本工程的施工需要。

2）硬岩的适应性

盾构的单刃滚刀刀具可以开挖200MPa以下的各种岩石，高于本区间隧道岩石的最高强度50MPa，满足泥质粉砂岩、卵石、砂岩、砾岩等富含水、上软下硬、上硬下软、一

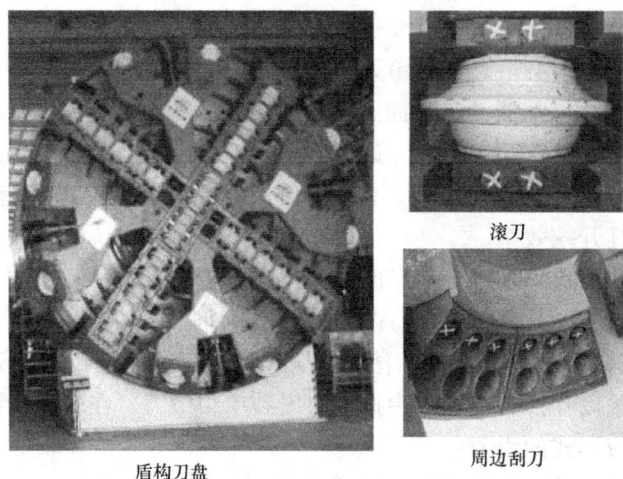

滚刀

周边刮刀

盾构刀盘

图 2-22　刀盘刀具实景图

边软一边硬等情况下的掘进，刀盘刀具可根据具体的地层进行组合，刀盘前面及后面设置泡沫注入口，在硬岩掘进时可以注入适量的泡沫、水或膨润土，以降低刀盘的扭矩、减小刀盘、刀具的磨损和提高出渣效率。

3) 软土的适应性

(1) 刀盘上设有软土开挖的切刀和刮刀，可以满足湘江隧道粉土、粉细砂、中砂、粉质黏土等复杂地质条件的掘进要求，而且滚刀可以更换为齿刀，满足软岩地层的开挖要求。

(2) 具有完善的土压平衡功能，地层不稳定时可以在此模式下掘进。盾构土仓压力隔板内不同位置安装有五个土压传感器，以时时监控土仓内的土压力。盾构在土压平衡模式下掘进有严格的土仓压力管理规定，通过控制系统对土仓压力、掘进速度、螺旋输送机转速、泡沫注入量等参数进行全自动或手动控制，确保掘进过程中达到良好的动态压力平衡效果，以保证开挖面稳定。同步注浆进一步减小地层损失，控制地表沉降。

(3) 刀盘开口率为 37%，刀盘开口部位的挡板向里倾斜，比较适合渣土顺利流入土仓。再通过刀盘面板上的 5 个泡沫注入孔向掌子面直接注入适量的泡沫，在刀盘连接板中心区域增加 1 个泡沫注入口，增加刀盘中心内黏性土的流动性，在掘进时可以有效防止刀盘中心泥饼的产生。

(4) 盾构渣土改良系统通过中隔板向土仓内注入添加材料（膨润土、泡沫或泥浆），或通过布置在刀盘面上的泡沫孔直接注入开挖面，对渣土进行改良，以增加其流动性和止水性。

(5) 螺旋输送机的转速为 0~21rpm，在此转速范围内可以无级调速，从而可以实现在土压平衡模式下对盾构出渣量的精确控制。根据施工需要还可以向螺旋输送机内注入膨润土。

(6) 盾构突然停电时，螺旋输送机后门可自动关闭，防止软土地层施工时可能发生的危险。正常施工过程中操作人员也可以控制螺旋输送机的后门开度。

4）软硬不均地层的适应性

盾构在软硬不均地层中掘进时，首先应该根据地层情况，对刀盘刀具组合进行选择，满足刀盘开挖性能的要求。

软硬不均地层中，盾构由于前面刀盘的受力不均而容易发生姿态不易控制的现象，为此盾构需采取以下措施：推进系统的油缸在圆周方向分为四组，每组可以单独调整其推进速度而改变盾构的掘进方向；盾构的中盾和盾尾为铰接连接，这样可以减小盾构的长径比，从而使盾构的姿态容易改变；盾构采用自动导向系统，盾构的姿态可以随时反映在操作室内，从而可以对盾构的姿态随时进行灵活的调整，保证盾构在软硬不均地段保持正确的姿态。

本章小结

（1）盾构工法主要是通过盾构及内部土压力或者泥水压力与开挖面上的土压力或者泥水压力保持平衡的方法，取得开挖面的稳定，同时使用坚固盾构外壳支撑着隧道周边地层，在盾构内部进行开挖和衬砌的施工，通过重复这样的过程建造隧道的一种施工方法。

（2）盾构可按盾构刀盘前端开挖断面的形状、盾构开挖面的挡土形式、加压稳定开挖面的形式、盾构断面尺寸大小、盾构适用的地层状况等方法进行分类。盾构选型应根据工程场区范围内工程地质与水文地质条件、地面环境、隧道净空尺寸、隧道平纵断面、衬砌形式、施工组织等因素综合确定。

（3）盾构机刀盘大致可分为面板式、辐条式和复合式（面板＋辐条）刀盘三种形式，刀盘基本参数包括开口率、盾构总推力、刀盘扭矩等。刀盘具有开挖功能、稳定功能、搅拌功能，不同的地层应采用不同的刀盘结构形式。

（4）盾构机刀具配置分析主要包括刀具对地层的适应性、刀具布置的高度差、刀间距的布置、刀座安装方式、刀具布置方式、仿形刀的配置。

思考与练习题

2-1 结合国内经济发展情况，简述国内盾构施工发展情况以及未来发展趋势。

2-2 简述盾构机类别、相应特点及其适用条件。

2-3 简述盾构隧道施工中盾构选型应遵循的原则。

2-4 简述盾构机刀盘有哪些形式、相应特点及其适用条件。

2-5 简述盾构机刀盘基本参数的计算方法。

2-6 简述盾构机刀具配置分析的考虑因素。

2-7 结合工程实际，谈谈你对盾构机选型对盾构工程重要性的理解。

第 3 章 盾构始发与接收技术

3.1 盾构始发与接收常用技术

盾构始发是指盾构在安装竖井内或过站竖井内，自盾构主机开始定位，刀盘向前推进贯入围岩，沿设计线路向前掘进，直至具备拆除负环条件为止。在盾构始发阶段，要完成盾构设备的安装与调试，始发辅助设备的安装与定位，盾构初始定位与掘进控制，盾构导向系统的安装与调试以及区间隧道洞口的处理。盾构始发是盾构施工中风险最大的环节之一，非常容易发生工程质量和安全事故。如何对盾构始发的安全和质量风险进行评估，并形成风险对策以付诸实施，是确保盾构始发安全和质量的必不可少的工作。盾构接收是盾构机到达过站竖井或拆卸井，要完成到达前的定位测量、接收架的安装、管片连接装置的安装和区间隧道洞口的处理等工作。

盾构组装完毕后开始始发，首先要穿过工作井井壁然后进入地层。通常井壁为钢筋混凝土材料，盾构刀具无法直接切削。为此，始发前应先将井壁的对应进入部位拆除，即洞门凿除，然后把盾构拉到始发口处，待调整真正对准后掘削地层，由于井壁拆除到盾构开始掘削中间要经过一段时间（一般需要1~10d），这段时间内，井壁拆除后的外侧地层土体无法安装支承，对软土地层而言，通常情况下由于侧向土压及地下水压的作用，外侧土体很难维持自立，一旦失去自立即出现涌水和坍方，使盾构无法始发，进而造成周围地层沉降甚至塌陷。鉴于上述原因，必须在拆除井壁之前先对井壁外侧的土层进行提高强度和抗渗性的加固，称为端头加固。与盾构始发同样的道理，盾构到达之前也必须对井壁外侧的土体进行加固。

3.1.1 常规盾构始发与接收技术

1. 盾构始发

如图3-1所示盾构始发流程，应遵循以下几点：（1）盾构始发基座应能承受盾构机的荷载，规定正确的始发方向，稳固并有防止盾构旋转的措施，对始发时的偏压保持充分的强度。始发基座台面高度偏差不大于±30mm，前端左右高程偏差不大于±20mm，始发基座与隧道轴线偏差不大于±5‰。（2）洞门密封装置的内径略大于盾构外径，密封圈必须考虑盾构始发洞口的净空和其材质、形状和尺寸，必须牢固地固定在盾构始发洞口上。在洞门密封压板上设置防反转装置。（3）始发反力架应满足承受盾构推力的足够强度和刚度要求；由正式管片起始位置确定负环管片和反力架位置；反力架基面要有足够的平整度。（4）负环管片定位时，管片横断面应与隧道轴线垂直。（5）凿除洞门范围钢筋混凝土，应检查始发洞口净空尺寸，确保没有钢筋、混凝土侵入设计轮廓范围之内。（6）采用设置承台等措施，防止盾构机机头下降。（7）始发前应对盾构姿态作复核、检查，盾构位置应准确，盾构轴线应与隧道轴线重合。（8）采取小推力、低扭矩始发掘进。刀盘进入洞门前，在边缘刀具和橡胶

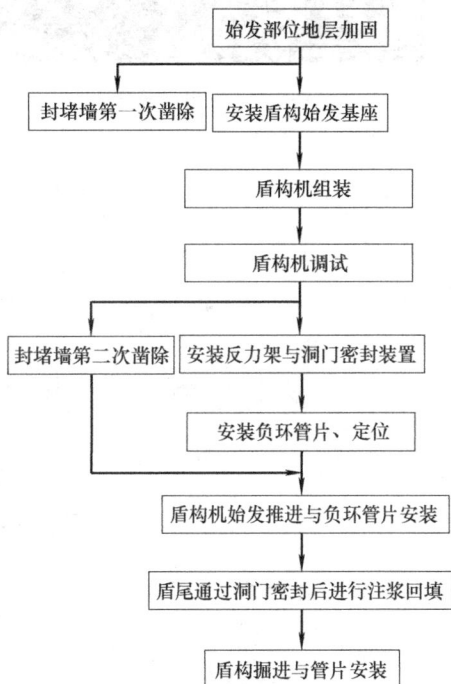

图3-1 盾构始发流程

密封圈上涂抹油脂，避免损坏洞门密封装置。（9）盾尾离开始发井以后调整洞门密封，采用同步注浆及二次注浆将管片与洞门可靠封闭。

2. 盾构接收

同盾构始发一样，盾构接收应满足以下要求：（1）在距离接收井100m时对盾构位置进行准确测量，同时应对接收洞门位置进行复核测量，确定盾构姿态及纠偏计划；纠偏应逐步完成，每一环纠偏量不能过大。（2）在距离接收井50m时应调整掘进参数，逐渐放慢掘进速度，推力逐渐降低，缓慢均匀地切削土体，距离小于10m时，进一步控制盾构

掘进速度和掘进参数。（3）临近接收井的 20 环管片应做好螺栓紧固、拉紧使之连成整体，防止管片松弛而影响密封防水效果。

3.1.2 盾构钢套筒始发与接收技术

盾构钢套筒接收技术是在盾构接收端头井提前安装一个内径大于盾构机外径的拼装式

图 3-2 盾构钢套筒接收实例

密闭桶状钢结构套筒（图 3-2），整个装置设计为一端开口、另一端封闭的容器，由筒体、后端盖板、顶推脱轮组、反力架和前后左右支撑等部分组成。并在钢套筒内填入碎石、细砂、膨润土、水泥等填充料，形成 1 个外延箱体，密闭后以抵抗平衡地下水土压力，防止大块的混凝土块掉入钢套筒底部或进入环流堵塞管路，使盾构接收全过程在钢套筒内完成，最终盾构完全推进至钢套筒内，完成盾构接收。图 3-3 展示了钢套筒接收过程中的施工流程。

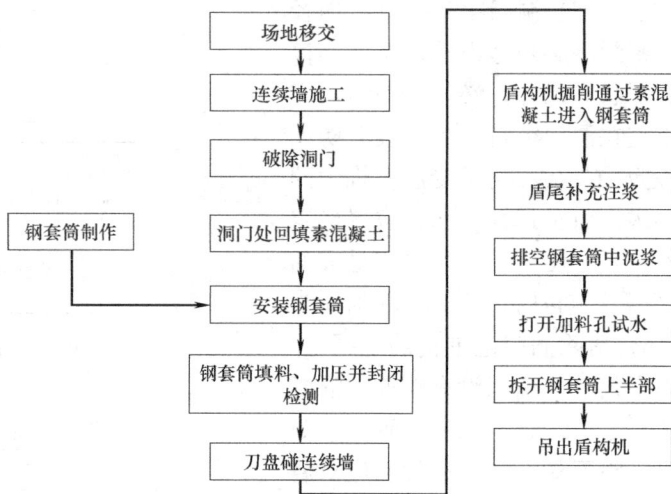

图 3-3 盾构钢套筒接收流程图

采用钢套筒盾构始发与接收的优点：（1）对地面场地要求少，限制小，灵活性大。（2）盾构接收前的准备时间比普通加固接收准备时间短近两个月，主要为钢套筒安装、加固时间，省去了地表加固进场、施工、等强、检测时间，工期可控，且比常规加固施工质量容易控制。（3）用于复杂地质可靠性高，安全风险比常规接收小，且应急处理比常规接收简单。（4）由于钢套筒接收内填充料对盾构机提供推力，因此省去常规接收洞门区域管片拉紧装置的设置。

采用钢套筒盾构始发与接收的缺点：（1）盾构机接收在钢套筒中进行，不能直观反映出盾构机的接收情况，对盾构掘进操作要求相对较高。（2）针对土压平衡盾构机，对筒内渣土改良要求高，如改良不好，会在盾构破壁进洞瞬间产生大量喷涌，增加了清渣劳动量。（3）平衡接收对钢套筒气密性要求较高，且涉及压力作业，安装及密封工序复杂，对专业性要求高。

3.1.3 水中接收技术

水中接收（也叫进洞）技术，就是利用到达井内外水土压力平衡可控制渗透的机理，主动将盾构到达井用水土回填，而后在水土压力平衡情况下再将盾构安全地推入到达井的施工工艺。盾构的接收施工工序是盾构法建造隧道的关键工序，在深覆土、高水压、复杂地层的工况状态下，盾构进洞施工风险无法有效的规避，在接收过程中容易发生洞门泥水喷涌，在短时间内易发生灾难性事故。盾构法水中接收施工工艺的应用，为规避盾构机在进洞时发生大量泥水喷涌，提供了一个很好的解决方案。水中接收工法确保了盾构机的顺利到达，在城市轨道交通建设中得到了较多的应用。

盾构隧道水中接收存在的问题：（1）高水压问题。在高水压条件下盾构施工，必须能够防止地层发生突涌水引起地层塌陷；盾构机必须具有很好的密封性能，包括主承轴的密封、盾尾密封和铰接密封等；管片结构要有良好的密封防水性能；此外，在需要停机检查、更换刀具时应具有足够的可靠、可行的安全措施。（2）软硬不均地层问题。盾构一般适用于软土施工，当地层较硬时，掘进比较困难，效率较低；地层软硬不均对刀盘、刀具也有不利影响，磨损加大甚至出现非正常损坏；并且对盾构掘进姿态控制也会造成不利影响。

盾构水中接收技术最大的优点是免去了复杂的洞门临时密封装置，保证了洞内外的压力平衡，为管片安装、同步注浆、渣土排放提供了有利条件，大大提高了盾构接收效率。图 3-4 展示了盾构水中接收结合端头加固的流程。

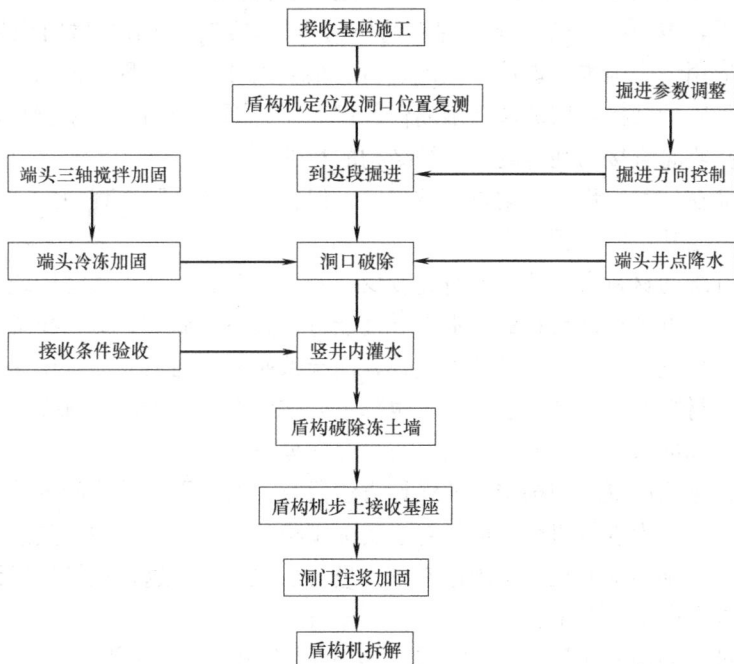

图 3-4　盾构水中接收结合端头加固流程图

3.1.4　玻璃纤维筋混凝土围护接收技术

对于传统的混凝土围护结构，混凝土内的增强材料一般都是钢筋。但最近在我国玻璃纤维筋材料在地下工程盾构穿越工程中应用广泛。而在国外，由于玻璃纤维筋是非金属和防腐蚀材料，这样就很好地解决了钢筋腐蚀问题。但是，玻璃纤维筋材料在力学上，有轴线高抗拉强度、较弱的横向剪切强度等异于钢筋的特性。因此，在玻璃纤维筋代替钢筋作为基坑围护结构增强材料后，需要研究其混凝土围护结构究竟与传统的钢筋围护结构将会产生什么差异之前，更需要对玻璃纤维筋材料先进行研究。玻璃纤维筋（GFRP）是纤维增强复合材料（Fiber Reinforced Polymer，简称 FRP）的一种，纤维增强复合材料是由多股高性能连续纤维与合成树脂基体、固化剂经过特制的模具挤压、拉拢等成型工艺所形成的材料。高性能纤维为主要受力材料即增强材料，合成树脂主要为纤维的合成提供基体，即为基体材料。

由于玻璃纤维筋是各向异性材料，与钢筋相比较，玻璃纤维筋具有以下特点：（1）抗拉强度高；（2）各向异性，玻璃纤维筋径向强度比轴向强度小得多；（3）弹性模量小；（4）抗剪强度较低；（5）极限强度离散性大。现代盾构发展趋势提出无障碍始发方法，解决无障碍始发的一些关键技术问题，如采用玻璃纤维筋替代钢筋作为混凝土围护结构增强材料后进行设计和施工。

盾构始发正常掘进之前，首先面对的一个问题就是刀盘如何穿越前方的混凝土结构，实际工程的基坑或竖井的围护结构，常常为钢筋混凝土结构，即在混凝土结构中配置一定数量的钢筋作为增强材料的受力筋。当切削刀进入钢筋混凝土表面时，在靠近刀头处的混凝土受力产生裂缝，但这些裂缝延伸不到钢筋背后的混凝土，当盾构机遇到钢筋混凝土结构时，必须人工凿除钢筋混凝土这个障碍，再进行盾构机的掘进。

在此背景下，玻璃纤维筋材料代替钢筋作为围护桩结构的增强材料应运而生，2000年该技术首次应用于中国香港地铁，在此之后，很多国外地铁工程依据此经验进行施工设计，盾构洞口处围护结构采用玻璃纤维筋代替钢筋作为围护结构的增强材料，以达到无障碍盾构始发或接收时直接切削混凝土围护结构的目的。

玻璃纤维筋在地下工程的应用越来越广泛，但在我国的实际工程中的应用过程中也存在很多问题。总结其主要问题分为：

（1）玻璃纤维筋材料力学特征的研究较少。对于一个新材料去代替传统材料进入实际工程中的应用，应首先对该材料的基本力学性能进行其系统研究。但在我国，由于对材料的研究不透彻，加上规范、设备等的不完善，而导致研究的滞后。而对于在地下工程的建设，玻璃纤维筋材料的性能规范也较少，也都主要集中在拉伸性能的研究。而对于玻璃纤维筋材料的强度标准值、设计值取值的研究也存在分歧。

（2）玻璃纤维筋混凝土围护结构的设计方法研究。对于围护结构的设计方法研究，主要对结构的极限承载力进行研究。但是对于实际工程的设计，由于往往欠缺设计方法的理论研究，只能在传统的钢筋混凝土理论基础上进行加强。但是这往往导致了设计上的保守与浪费，也给施工中加大了工程成本。

（3）玻璃纤维筋混凝土围护结构施工方法中的应用研究。根据玻璃纤维筋材料的特点，在施工过程中的诸多问题还未得到很好的研究，对于玻璃纤维筋笼或者玻璃纤维筋墙笼体在制作过程中与吊装过程中施工等问题还未得到系统的解决。

在基坑开挖过程中，玻璃纤维筋混凝土围护结构的安全性问题及稳定性的研究极少。还有对于围护结构混凝土强度设计的要求，在我国实际盾构直接始发过程中的混凝土强度及围护结构厚度等问题往往引起盾构机刀盘切削过程中出现很多问题：混凝土强度过高或围护结构厚度过大导致刀盘切削困难，最后不得不采取人工破除的方法。

3.2 盾构隧道端头加固方式及综合比较

目前常用的端头土体加固法主要有渗透注浆法、劈裂注浆法、高压旋喷注浆法、深层搅拌法、冻结法、挡土结构（素混凝土墙或钻孔桩）、水平注浆法和降水法等。每种加固方法各具优缺点和适用性，加固方法的选择应根据工程地质条件、地下水位、结构埋深、盾构的机型与直径、作业环境等条件，同时考虑安全性、施工方便性、经济性、工期等因素来确定。

一定程度上说，盾构端头土体的加固已成为盾构法隧道施工成败的关键。这里比较各种盾构端头土体的加固方式，希望能为实际工程中盾构隧道端头加固方式的比选起到参考作用。

3.2.1 盾构始发与接收封门形式

封门是盾构始发与接收（进出洞）过程中极为关键的部位，洞口的封闭方法与盾构进出洞是否方便、安全、可靠的关系极大。盾构机从拼装工作井进入区间隧道，或者从区间隧道的土层进入工作井，首先穿过工作井井壁上的封门。在野外的工作井有时用沉井法施工，但建筑密集地区或大型结构的工作井常采用地下连续墙、钻孔灌注桩、SMW工法桩等围护结构，围护结构不同，洞口的封门形式也不同。工作井上的封门最初起挡土和防水渗漏的作用，一旦盾构安装调试结束，盾构大刀盘及帽缘抵住井壁，要求封门能方便地拆除或打开。根据工作井周壁地质的情况，可以采用不同的封门制作方案及相应的进出洞施工技术方法。

1）现浇钢筋混凝土封门

盾构工作井的施工一般使用沉井、地下连续墙工法、排桩和咬合桩等，按照盾构外径尺寸在井壁（或连续墙钢筋笼上）预埋环形钢板，板厚8～10mm，宽度同壁厚。环形钢板切断了井壁受力筋，洞周需做构造处理。环形钢板内的钢筋混凝土圆板，可按四周弹性固定进行受力分析及断面设计。这种封门施工制作简单，结构安全。上海、南京等城市的绝大多数盾构工作井封门为钢筋混凝土封门。苏州地铁1号线的盾构工作井封门均为钢筋混凝土封门。在盾构始发之前，必须花费很多人力凿除钢筋混凝土封门。由于工作面狭窄，机械施展不开，工人劳动强度高，速度慢。如果能将静态爆破和定向爆破技术引入封门拆除作业，将可加快施工进展，减少工人劳动强度。

钢筋混凝土封门，即在工作井制作时采用地下连续墙作为围护结构，如图3-5所示。制作地下连续墙时，预先在进出洞的位置放置低强度等级混凝土的预制块。在进出洞施工时，先行凿除地下连续墙，逐步完成进出洞施工。

2）钢板封门

在盾构工作沉井制作时，按照设计要求在井壁上预留圆形孔洞。沉井下沉前，井壁外侧密排钢板桩，封闭预留孔洞。在沉井下沉后，钢板桩抵挡住侧向水土压力。盾构刀盘切入洞口抵近钢板桩时，用大型起重机将钢板桩逐根拔起。当沉井下沉较深时，钢板桩可焊接加长。为了起吊方便，钢板桩上端安装起吊环。通常按简支梁计算板桩的弯矩和剪力，按容许应力方法选择板桩型号。用过的钢板桩经修理后可以重复使用。但是钢板桩封门受到洞门埋深、洞周土体性质、四周环境等因素性质影响。

根据盾构始发和盾构接收两种不同的施工工序，钢板封门通常可以分为外封门形式和内封门形式。

（1）外封门形式

外封门形式一般用于始发施工，因其受到钢板桩长度、构造及拔桩等影响，当洞口埋深较深时不宜采用。外封门形式如图 3-6 所示。

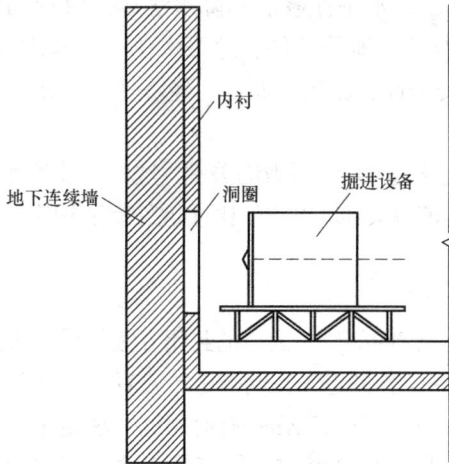

图 3-5　地下连续墙封门示意图　　　　图 3-6　钢板桩外封门始发示意图

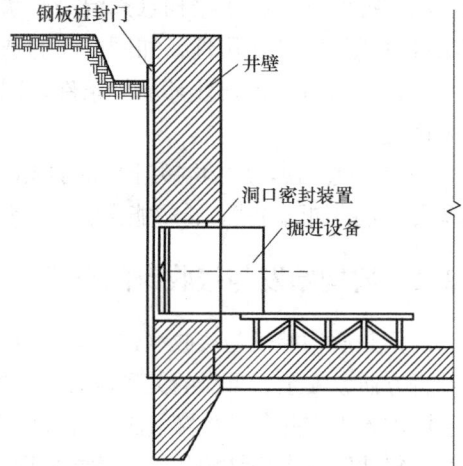

（2）内封门形式

盾构接收的封门一般采用内封门形式，如图 3-7 所示。封门可用型钢组合（有竖封门和横封门两种形式），固定在井内壁洞口处（在沉井下沉施工时，洞圈内用黏土填封密实），当盾构最前端离封门 50mm 时停止推进施工，拆除封门，尽快将盾构推入井内的接收基座上，并及时封堵管片与洞圈之间的空隙，防止泥水从空隙处渗漏。

当洞口埋深较深、洞口处土质较好，自立性能强或洞口土体进行加固处理时，内封门形式也可用于始发施工中，但洞圈内必须用黏土夯填密实，使洞圈内土体起到一个土塞的作用，用以平衡井外土体的侧向压力。

3）装配式楔体封门

这是一种较新颖的施工方法。按照设计尺寸，以泡沫（膨胀）混凝土、陶粒、蛭石珍珠岩轻骨料制成圆形混凝土楔块。沉井下沉前将上述混凝土楔块嵌入井壁预留孔洞。沉井下沉之后，楔块承担侧向水土压力。盾构出洞时，依靠刀盘扭转切削，将楔块破碎，并由螺旋出土器吸出。

4）SMW 封门

当工作井采用围护开挖施工工艺时，可在工作井进出洞口处用工法桩作结构施工围护，在进出洞施工时，先拔除 SMW 桩内的型钢，再利用掘进设备刀盘切削水泥土，逐步完成进出洞施工，如图 3-8 所示。

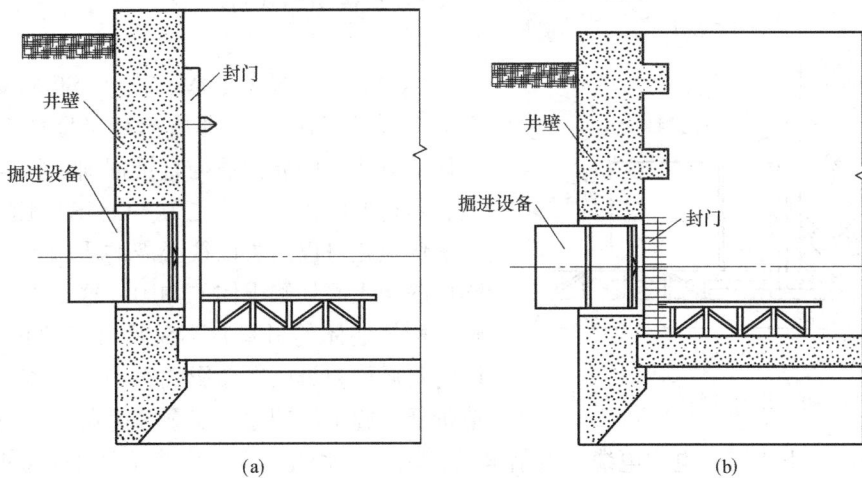

图 3-7 内封门示意图

(a) 竖封门；(b) 横封门

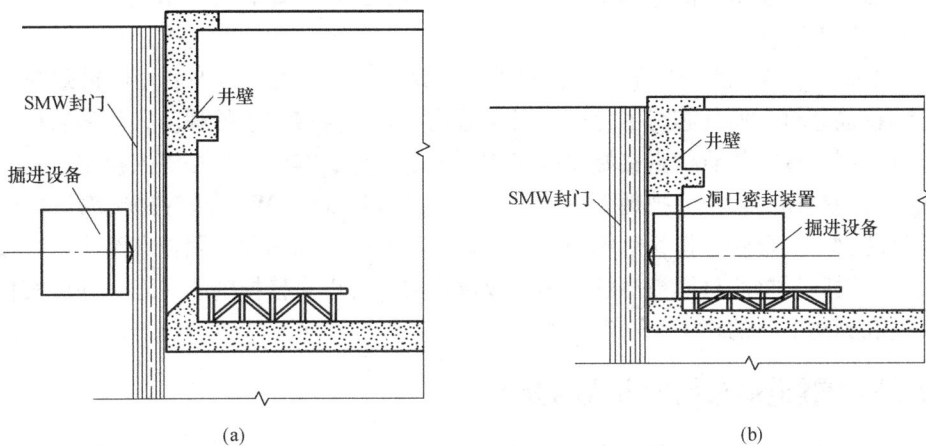

图 3-8 SMW 封门示意图

(a) 接收（进洞）；(b) 始发（出洞）

5）钻孔灌注桩施工洞口封门

隧道工作井洞门前方土体围护也可以采用钻孔灌注桩施工，在进出洞施工时，先行凿除钻孔灌注桩，逐步完成进出洞施工。

6）特殊封门（井内外封门）

当隧道埋深较深、井外砂性土渗透系数大、地下水位高，要平衡地下水压力较为困难时，则盾构可采用另外一种"外"封门的形式，即在井内筑一定长度的筒套（采用钢筋混凝土结构或钢结构），内径与井壁预留洞口相同，筒套与井壁连成一体，筒套后端设有密封装置，在筒套与井壁内面间用密排竖向钢板桩封闭洞口，沉井下沉前在井壁洞圈内填黏土或低强度等级的纤维混凝土，具有一定的强度和防水性并易于切削，盾构先进入套筒内。始发施工时，逐根拔除钢板桩，每拔除一根，须及时封住上开口。该种封门在越江隧道中有过应用，如图 3-9 所示。

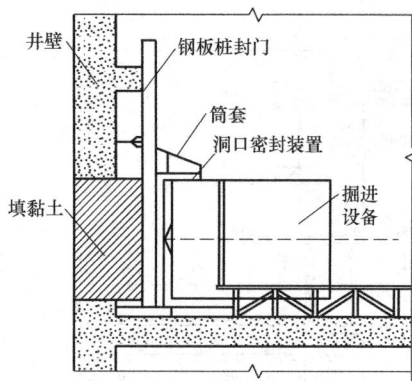

图 3-9 井内外封门示意图

7）直接切削式封门

（1）NOMST 工法

NOMST（Novel Material Shield-cuttable Tunnel-wall System）即盾构直接掘削新型材料墙体的方式。因此把盾构直接掘削新材墙体的始发、到达的施工方法称之为 NOMST 工法。该工法的优点是可以略去以往必需的盾构始发、到达部位的挡土墙外侧土体的加固，这是由于新型材料（构筑墙体的材料）不仅具有高的止水性能，同时对盾构刀具的寿命影响很小，故该工法具有造价低、施工周期短、安全等优点。NOMST 工法近年来已在下水道、电力电缆、电信电缆、地下蓄水池、地下铁道等大口径盾构隧道的进出洞施工中得到广泛应用。该工法在日本已经比较成熟，近年来我国在上海、南京、深圳等城市有不少使用。就 NOMST 工法而言，盾构始发之前，应先在洞口处设置两节导入衬垫，然后实施止水性能确认试验，在确认止水性能良好以后盾构始发。

（2）EW 工法

EW（Electric Welding）工法也称电蚀直接始发、到达工法，即利用电蚀效应溶解竖井挡土墙钢筋芯材，使其芯材劣化达到可用盾构机刀具直接切削的程度。然后盾构机可顺利地直接掘削井壁，使盾构直接始发或接收。该工法由日本向谷常松等人提出，在国内尚无采用。实际操作过程中，把地下排柱桩、地下连续墙、SMW 工法等挡土墙盾构机通过部位的桩芯材（矩形管）作为溶解阳极，再在矩形管的内部贴附上阴极和绝缘材，接通电源经过一段时间后桩芯材即被溶解，劣化成盾构刀具可以直接掘削的状态，即可实现盾构直接始发和到达的目的。

3.2.2 盾构隧道端头加固方式的分类

在上海、南京和苏州等长三角软土地区，不论是松散的砂土，还是饱和含水的软黏土，自身缺乏自立性和防水性。封门凿开后一旦有临空面时，土体将产生滑坡坍塌和涌水涌砂。因此，必须对封门外一定范围的土体进行加固，使其强度提高，渗透性减弱。盾构隧道端头常用的加固方式有高压喷射注浆法、深层搅拌法或 SMW 工法、人工冻结法、注浆法、素混凝土灌注桩法和降水法，以及一些不太常用的工法如双重钢板桩法、开挖回填法等。加固后的土体也不能太硬（单轴无侧限抗压强度为 0.5～1.0MPa），否则会造成盾构机刀盘切削土体的困难，引发机器故障，影响掘进速度和增加工程投资。盾构隧道端头加固方式的选择主要依据为：土质种类（黏性土、砂性土、砂砾土、腐殖土）；土体渗透系数和贯入次数；加固深度和范围。加固的主要目的（防水或强度提高）；工程的规模和工期等。常用的加固方式可以分为以下三大类：①化学加固方式；②冻结法加固方式；③降水加固方式。

1. 化学加固方式

化学加固方式是指利用水泥浆液或其他硅胶类化学浆液，通过气压、液压或电化学原理，采用灌注压入、高压喷射或深层搅拌，使浆液与土颗粒粘结起来，以增强土体强度、自立性和防水性。属于化学加固方式的主要有：注浆法（图3-10）、高压喷射注浆法、深层搅拌法（图3-11）。

1）注浆法

注浆法是用压送的手段使浆液渗入地层土体颗粒间隙或填充地层中的裂隙或空洞，浆液固结后地层的物理和力学性质得以改善。浆液及浆液注入地层中的方式是该工法的关键。该工法有以下优点：①施工设备简单；②规模小、耗资少；③占地面积小，狭窄的场地、矮小的空间均可施工，对交通影响小；④工期短、见效快；⑤施工中产生的噪声和振动小，对环境的影响小。

但该工法也存在其不足，因浆液是沿着土层中的裂隙流动，故浆液的流动方向以及浆液的注入量不能很好地控制，因此土体加固质量的可靠性不高，在土质较差的地层中单独使用时易发生事故。盾构进出洞注浆加固的示意图如图3-10所示。

2）高压喷射注浆法

高压喷射注浆法是将带有特殊嘴的注浆管置于土层预定的深度，以20～40MPa的高压喷射流切割地层土体，使固化浆液与土体混合，并置换部分土体，固化浆液与土体产生一系列物理化学作用，水泥土凝固硬化，达到加固改良土体的目的。若在喷射固化浆液的同时，喷嘴以一定的速度旋转、提升，喷射的浆液和土体混合形成圆柱形桩体，则称为高压旋喷法。

前面所述的注浆法是靠注入的浆液在砂层或土层中渗透扩散而与砂土结成整体，或靠注入压力排除土中水分，以一定的渠道形成脉枝状或板状骨架的浆液固结体，这些均基本不破坏土体结构，也就说这些注入工法的可靠性相对而言较差，有时不能满足工程设计的要求。而高压喷射注浆法可以很好地加固土体，其加固的范围基本同图3-10中注浆加固的区域。

3）深层搅拌法

深层搅拌法是软土地基加固和深基坑开挖侧向支护常用的方法之一，主要适用范围为：①软土地基加固，包括盾构进出洞土体加固；②侧向挡土支护结构，而且对邻近建筑物等有良好的保护作用；③形成隔水、防流砂的帷幕工程。深层搅拌法施工示意图如图3-11所示。

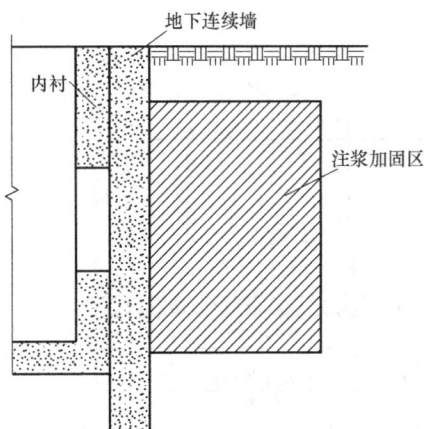

图3-10 注浆加固示意图

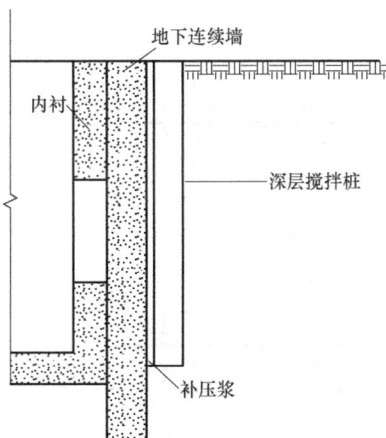

图3-11 深层搅拌桩施工示意图

2. 冻结法加固方式

当用其他方法难以达到稳定开挖面土体时，采用冻结法可取得较好的效果。另外，当隧道埋深较深，或者盾构进出洞段土层为不良土层（如粉砂层）时，为保证盾构机进出洞安全，防止泥砂及地下水涌入工作井，盾构进出洞地基加固常常采用冻结法施工。

冻结法的主要功能为：①使不稳定的含水地层能形成强度很高的冻土体；②能够形成完整的防水帷幕，起到隔水作用；③能起到良好的挡土作用，以承受外来的荷载。

该工法是在地层中按预定间隔埋设冻结管，冷却液在冻结管中循环，则管周围地层中的孔隙水以管为中心形成年轮形柱状冻土。若使邻近的冻土柱连接在一起，即可形成止水墙或反力墙。

冷却冻结管的方法有盐水式和低温液氮式两种。从经济性方面考虑，采用盐水式较多。所谓的盐水式，即用冷却机把盐水溶液冷却到$-30 \sim -20$℃，由循环泵送至冻结管冷却地层，盐水吸收地层的热量后，温度上升，故应再次用冷却机冷却。

冻结法依其冻结加固位置，可以分为水平冻结和垂直冻结两大类。

1）水平冻结

水平冻结是采用水平圆筒体冻结加固方式，即在盾构进出洞的工作井内，在洞口的周围布置一定数量的水平冻结孔，经冻结后，在洞内形成封闭的冻土帷幕，起到盾构破壁时抵御水土压力、防止地层坍塌、地表沉陷和泥水涌入工作井内的作用。洞口冻结孔一般布置成圆形，为了有利于施工，冻结孔也可布置成方形。根据冻土帷幕所需厚度、强度及工期安排，可采用单排孔、双排孔或多排孔冻结，以形成所需要的冻土帷幕厚度和强度。一般端头加固设计水平冻结深度为 $3 \sim 7$m，冻结孔布置圈位比洞口直径大 $1.6 \sim 2$m（图 3-12），采用水平钻孔机施工。

2）垂直冻结

采用板状冻结加固理论设计，对盾构进出洞口上部的土体布置一定数量的垂直冻结孔（图 3-13），经冻结后，在洞门处形成板状冻土帷幕来抵御盾构进出洞破壁时的水土压力，防止土层塌落和泥水涌入工作井。垂直冻结可分为全深冻结和局部冻结，而局部冻结是一种只对盾构穿透的土层范围进行冻结加固，其他土体不进行加固的局部加固方法。

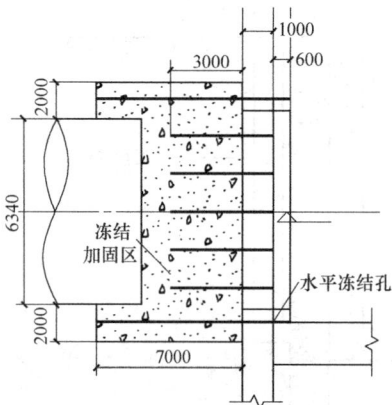

图 3-12　水平冻结布孔图

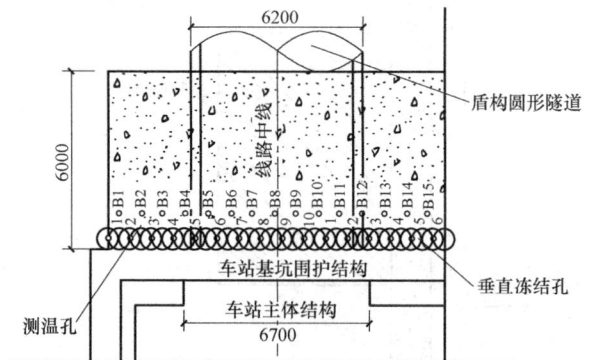

图 3-13　垂直冻结布孔图

3. 降水加固方式

在软弱含水地层中建造隧道，用降水法降低地下水位，稳定开挖面土体，是防止地下施工流砂产生的有效措施，与其他止水方法相比是最经济的。

人工降低地下水位是在施工范围内埋设一定数量的滤水管（井），用抽水设备抽其井内水，降低地下水位到有利工程施工的位置，而在施工过程中仍保持不断抽水，使工作面土体始终保持干燥，从根本上防止流砂现象的发生，同时，由于水位降低后，动水压力减小或消除，土体竖直面更为稳定。采用降水法一般从地面向下打井点，所以其使用的范围、地区受到限制，但是在盾构施工进出洞阶段，这是一个主要方法，并经常使用。

用人工降低地下水位方法有：轻型井点、喷射井点、电渗井点、管井井点、深井井点等。而具体采用哪一种方法应根据土的渗透系数、要求降低水位的深度、工程特点、设备条件及现场施工条件而选择。此法通常与其他土体加固稳定的方法配套使用，效果较好。

与其他土体加固方法配套使用时，降水井按盾构隧道方向分别布置在加固体两侧和加固体前方隧道两侧。在加固体前方隧道两侧及两隧道之间一般布设 5 口。降水井的深度视具体情况而定，主要降粉砂层的水。

4. 其他非常用加固方式及工法

1）双重钢板桩法

如图 3-14 所示，双重钢板桩法就是把进发竖井的钢板桩挡土墙做成两层。拔除内层钢板桩后盾构机向前掘进，由于外层钢板桩的挡土作用，可以确保外侧土体不会坍塌，即确保盾构稳定掘进。当盾构推进到外层钢板桩前面时，停机拔除外侧钢板桩，由于内、外钢板桩间的加固土体的自稳作用，完全可以维持外侧钢板桩拔除后盾构机的顺利推进。

2）开挖回填法

开挖回填法就是把始发竖井做成长方形（长度大于 2 倍盾构机），井中间设置隔墙（或者构筑两个并列的竖井），一半作盾构机组装进发用，当盾构机推进到另一半井内时回填，如图 3-15 所示。由于回填土的隔离支承作用，可以确保拔除终边井壁钢板桩时地层不坍塌，为盾构安全贯入地层提供了可靠的保障。

3）冻结法＋水中接收法

本工法属于使盾构机安全接收至工作井的辅助工法中的一种，即冻结法＋水中接收

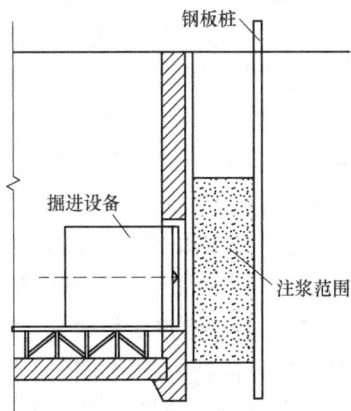

图 3-14 双重钢板桩法示意图　　　　图 3-15 开挖回填法示意图

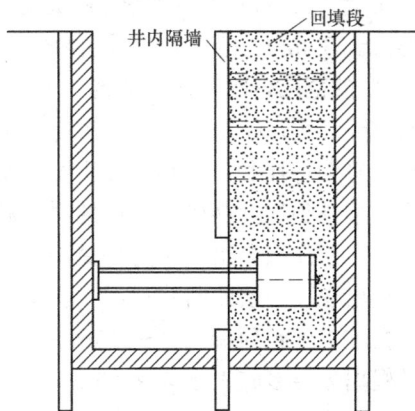

法。水中接收法，多指到达竖井中充满水，盾构机直接在水中推进到达，但是在到达口处设置临时墙，切断与工作井外侧的通路，由井内存水替代支承抵抗外力的到达方法；但盾构机到达前必须破除洞门，在富含水地层或软土地层，为了破除洞门后，防止涌砂冒水的风险，通常采取垂直冻结（地面有条件加固时）或水平冻结（地面无条件加固时）作为辅助加固措施，从而形成了冻结法＋水中接收（到达）工法。

水中接收法是利用到达竖井中的存水，来抵抗到达时的盾构推进力和地层侧的地下水压的到达工法。另外，在到达井口处设置填充贫配比的砂浆临时墙的场合下，一边防止盾构外壳与到达墙的间隙处流入土砂和出水，一边到达。到达时细心管理地层侧的地下水压和竖井内水位。

水中接收后，因为要排除竖井内的水，所以必须封堵盾构外壳和到达墙间的间隙，切断水的渗流通道。作为间隙的止水方法，可以采用事前在到达口处埋设，到达后可以通过加压或注入止水的管子和导口密封圈的方法，以及在到达墙内部的圆周方向埋入冻结管或在预定位置停止的盾构机的内部贴附冻结管，把间隙中的土体冻结实现止水的方法等。

水中接收工法的工程实例，因使竖井充满水的供水问题已成为施工中的一个小麻烦，故施工实例目前不太多，但在大深度、高水压的场合下，确实是一种安全有效的方法。

3.2.3　常用盾构隧道端头加固方式的加固特点和控制

常用盾构隧道端头的加固方式有井点降水法、高压喷射注浆法、深层搅拌法、冻结法等。而每种工法的施工各有特点，如果施工中控制不当或不按规范要求进行施工，会导致加固土体的强度或止水性达不到实际施工的要求，从而产生风险和隐患。

1. 深层搅拌法施工特点

深层搅拌机械根据搅拌轴数分为单轴和多轴两种。

1）特点

①水泥材料所占比例相对较大；②施工中无振动、无噪声、无污染，对周围建筑物和地下管线影响较小；③隔水、防流砂的帷幕工程。

2）施工要点

①开机前必须探明和清除一切地下障碍物，需回填土的部位必须分批回填夯实，以确保桩的质量。②桩机行使的路轨和轨枕不得下沉，桩机垂直偏差不大于1%，桩位布置偏差不得大于50mm。③水泥宜采用 P·O42.5 普通硅酸盐水泥，水泥掺入质量比宜选用8%～16%的范围，水灰比一般选用 0.45～0.5，根据不同地质情况和工期要求可掺入不同类型的外加剂。④桩机预搅下沉应根据原土情况，保证充分破碎原状土的结构，使之利于同水泥浆均匀拌和，做到表面密实、平整。⑤施工前应确保搅拌机械的灰浆泵输浆量、灰浆经输浆管到达搅拌机喷浆口的时间和起吊设备提升速度等施工参数，宜用流量泵控制输浆速度，使注浆泵出口压力保持在 0.4～0.6MPa，并应使搅拌提升速度与输浆速度同步，防止出现夹心层或断浆情况，提升速度基本控制在 2.5～3m/min。⑥根据实际施工经验，在施工到距顶端 0.3～0.5m 的范围时，由于上覆压力较小，搅拌质量较差，因此，施工时根据需要多施工 0.3～0.5m。⑦施工时如因故停浆，宜将搅拌机下沉至停浆点以下0.5m 处，待恢复供浆时再喷浆提升。若停机超过 3h，为防止浆液硬结堵管，宜先拆卸输浆管，妥为清洗。⑧采用标准水箱，严格控制水灰比，水泥浆搅拌时间不少于 2～3min，滤浆

后倒入集料池中，随后不断地搅拌，防止水泥离析，压浆应连续进行，不可中断。

3）桩与桩须搭接的工程应注意下列事项

①桩与桩搭接时间不大于24h。②如超过24h，应在第二根桩施工时增加注浆量，可增加20%，同时减慢提升速度。③如相隔时间太长，第二根桩无法搭接，应采取局部补桩或注浆措施。

2. 高压喷射注浆法施工的特点和控制点

目前，高压喷射注浆法基本工艺有单管法、二重管法、三重管法和多重管法四种方法。

1）特点

①高压喷射注浆法既可指定加固某一深度的土层，又可调节钻杆长度下达到深层土体中加固土体。②可以克服渗透系数很小的细颗粒土层中无法进行灌注浆液的土体加固，并且浆液灌注均匀，范围可调节控制。③在上方公用管线间距狭小或构筑物仅有小狭缝的场合，可进行加固土体，不需要搬迁公用管线及拆除构筑物。④使用方便，移动灵活。既可形成单排桩体，又可形成多排桩体，桩径可适当调节。⑤对排出泥浆可回收利用，改善施工环境，节省外运费用。

2）控制点

桩体直径大小主要取决于下列因素：土的类别及其密实程度、高压喷射注浆方法（注浆管的类型）、喷射技术参数（喷射压力及流量，喷嘴直径与个数，压缩空气的压力，流量与喷嘴间隙，注浆管的提升速度与旋转速度）。在无试验资料的情况下，盾构进出洞加固参数可根据经验选用数值（特殊重要工程需另定）。

3. 冻结法施工的特点和控制点

冻结法依其冷却地层的方式，可分为直接冻结和间接冻结两大类；依其冷却位置的方式，可分为水平冻结和垂直冻结两大类。

1）特点

当用其他方法难以满足进、出洞范围土体稳定时，采用冻结法可取得较好的效果，尤其适合富含水地层及工程地质与水文地质极其复杂的地层。

2）控制点

水平冻结要求在冻结体周围布置一定数量的水平冻结孔，经冻结后，形成封闭的冻土帷幕。洞口冻结孔一般布置成圆形，为了有利于施工，根据冻土帷幕所需厚度、强度及工期安排，可采用单排孔、双排孔或多排孔冻结，以形成所需要的冻土帷幕厚度和强度，采用板状冻结加固理论设计，垂直冻结可分为全深冻结和局部冻结，而局部冻结是一种只对盾构穿透的土层范围进行局部冰冻加固，其他土体不进行加固的局部加固方法。

4. 降水法施工的特点和控制点

在软土的含水地层中建造隧道，用降水法排除地下水，稳定开挖面的土体，是防止地下施工流砂产生的有效措施，与其他疏干水方法比较是最经济的。

但采用降水，一般均为地面向下打井点，所以其使用范围受到了限制，但是在盾构施工进出洞阶段，它还是一个主要的方法，并经常使用。

1）特点

①能适应各种渗透系数的土层。②井点布置灵活，使用方便，施工速度快，降水效率

较高。③能满足盾构施工时深层降水的要求，降水效果显著，经济效果好。

2）控制点

①井点管的埋设是整个井点降水的关键工序，插入井点管后需在其与孔壁之间迅速填灌粗砂滤层，以防止孔壁坍塌，管口应用黏土封口。②喷射井点管所用工作水不得含泥砂和其他杂物，否则会使喷嘴、混合室等部件很快受到磨损，影响扬水器的使用寿命。③轻型井点管间距应根据现场土质、降水深度、工程性质等按计算或经验确定，一般为 $0.8\sim1.6\mathrm{m}$，不超过 $2\mathrm{m}$，井点管露出地面一般为 $0.2\sim0.3\mathrm{m}$。④降水深度大于 $6\mathrm{m}$ 时，土层的渗透系数为 $1.16\times10^{-4}\sim2.32\times10^{-4}\mathrm{cm/s}$ 的弱透水层时，宜采用喷射井点，其降水深度可达 $20\mathrm{m}$。⑤管井井点深度为 $8\sim15\mathrm{m}$，管井井点的水位降低值：井内可达 $6\sim10\mathrm{m}$，两井中间区域为 $3\sim5\mathrm{m}$。

3.2.4　各种工法技术经济分析比较

根据南京情况估算，冻结法加固与其他加固方法经济性比较见表 3-1。从表中可以看出，随着加固工程规模的加大，冻结法加固单位土体造价不断降低，具有竞争性。

冻结法加固与其他加固方法的经济性比较表　　　　表 3-1

项目	加固方法				冻土墙加固体体积（m³）		
	地下连续墙	灌注桩	搅拌桩	旋喷桩	＞20000	5000	＜500
加固体造价（元/m³）	1400～1800	1000～1200	150	2200	250	800	2500
10m 加固长度每延米造价（万元）	2～2.5	1.6～1.9	0.7	1.0	1.4	2.6	5.4
加固纵向长 9m,横向长 12.34m,垂直向长 12.34m 的立方体（1370.5m³）造价（万元）	—	—	21	300	—	110	—

综合上面各节所述，现将工程中常见的盾构隧道端头土体加固方法的综合性能逐一对比，如表 3-2 所示。

常见盾构隧道端头土体加固方法的综合性能对比　　　　表 3-2

加固方法	工法特点、适用性及对环境影响	安全性	适用地层条件	工期	造价
注浆法	①施工设备简单，规模小，耗资少；②占地面积小，对交通影响小，噪声和振动较小；③因土体加固质量可靠性不高，常配合其他工法一起使用，大型盾构进出洞中很少单独使用	加固质量的可靠性相对较差，单独使用风险较大	软土层	较短	较低
深层搅拌桩或 SMW 工法桩	①对土体扰动较小，不致产生地面下沉、房屋倾斜等危害；②水泥与土得到充分搅拌，且桩体全长无接缝，止水性好；③环境污染小，废土外运量比其他工法少，施工时噪声小、振动小、无泥浆污染；④水泥土后期强度增长较大，可能会造成盾构切削土体困难；⑤在各种土质中都有过良好的应用，适用性较好	土体的强度、抗渗性能均较好，是一种较安全的工法	软土层	较短	相对较低

续表

加固方法	工法特点、适用性及对环境影响	安全性	适用地层条件	工期	造价
高压旋喷桩	①浆液注入的部位和范围可以控制,且和围护墙体搭接紧密,抗渗性能好;②可调节注入参数以获得满足设计需求的固结体;③设备轻便、施工方法简单、操作容易、施工所需空间小;④适合大部分地层,对于地下水流速过大以及涌水工程慎用;⑤施工可能会影响附近管线及建(构)筑物	加固土体强度很高,在桩身搭接较好的前提下,抗渗性能较好,是一种较安全的工法	软土层、砂性土层	较短	较高
冻结法	①土体加固强度高、止水性能好;②施工周期长、造价高;③土体的冻融对地面的隆沉有一定影响;④适用于含水率较高的砂性土层中,在越江隧道工程中较为多用	在冻结质量有保证的前提下,土体强度和抗渗性能很好,是一种安全的工法	软土层、砂性土层、承压水地层、特殊地层	长	高
降水法	①井点布置灵活、使用方便;②施工速度快、见效快;③个别井管破坏不会影响整个系统;④可反复使用,费用低;⑤改善土体的性能,适用于地下水位较高的土层,并配合其他工法一起使用	降低地下水位,配合其他工法使用可大大提高工程的安全性	砂性土层、承压水地层	施工速度快,贯穿进出洞始终	低

3.3 不同地层和周边环境条件下端头加固方式选择

我国目前正在建设地下铁道的上海、广州、北京、南京、深圳、天津、成都、沈阳等城市以及苏州地铁均将盾构法作为主流施工方法,大量工程实践促进了我国盾构事业快速发展,积累了丰富的实践经验。因此,对于盾构隧道端头的加固方式也积累了不少经验,这里收集和调研了多个城市关于盾构隧道端头土体加固方式的施工经验,从在不同地质条件以及在同类地质不同周边环境要求条件下,对盾构隧道端头的加固方式做一总结。

我国正在建设地下铁道的城市,它们的地质条件差异极大,岩土性质各不相同。地质条件的不同,决定了盾构隧道端头土体加固方式,并且环境要求有时也会制约合适的加固方式。因此,结合各类地质条件下的施工经验,本节将盾构隧道端头的土体分为以下三类:①软土层;②砂性土层与承压水地层;③岩石层或特殊地层。这三类地层在全国绝大部分盾构施工中具有代表性。不同地层所适宜的加固方式如表3-3所示。

不同地层所适宜的加固方式 表3-3

地层	加固方式	周边环境条件
软土	高压旋喷桩	不受周边环境条件限制时
	深层搅拌桩+高压旋喷桩	
	SMW工法桩+高压旋喷桩	
	人工冻结法	受周边环境限制不能进行化学加固时

地层	加固方式	周边环境条件
富含水砂性土	深层搅拌桩＋高压旋喷桩＋深井降水	周边条件允许降水时
	高压旋喷桩＋深井降水	
	深层搅拌桩＋高压旋喷桩＋人工水平冻结	周边条件不允许降水时
	深层搅拌桩＋高压旋喷桩＋人工垂直冻结	
岩石	分层注浆	正常情况下
	冻结法	岩石裂隙水特别丰富,涌水量大时

3.3.1　软土地层加固方法

一般意义上的软土是指滨海、湖沼、谷地、河滩沉积的天然含水率高、孔隙比大、压缩性高、抗剪强度低的细粒土。在工程施工中,该类土层较为常见。处理方法较为简单,风险控制难度较小,相关处理经验也较为丰富。

1. 正常情况下的加固

在地铁工程软土地层进出洞加固中,常用的施工方法主要有水泥土深层搅拌桩＋高压旋喷桩,素 SMW 工法桩(三轴搅拌桩)＋高压旋喷桩,高压旋喷桩等。其中采用最多的是水泥土深层搅拌桩＋高压旋喷桩(或注浆)的加固方式,可以得到比较经济且效果较好的结果。

2. 特殊情况下的加固

城市地铁施工最大的特点就是受周边建筑物、管线影响较大。在很多工程中经常发生受地面环境限制,而无法保证从地面进行的土体加固。在这种常规施工工艺无法适应的特殊情况下,需要采用特殊施工工艺解决盾构进出洞的土体加固。一般多采用冻结法进行冻结加固。根据施工经验,冻结法施工时常常需要注意以下问题。

1) 冻胀与融沉控制。

土层冻胀主要是地层中的孔隙水结冰膨胀引起的。一般冻结施工,水变冰体积膨胀9%,土体膨胀3%～4%,易造成周边土体隆起,影响范围可能波及非冻土区。冻结施工前,应对影响范围内的管线等采取保护措施(如打泄压孔、局部冻结、热水循环等),降低冻结施工对环境的影响。

融沉主要是冻土融化时排水固结及土的结构受扰动引起的,并滞后于冻土的融化,易造成周边土体沉降。为控制融沉影响,解冻后,可利用冻结施工的泄压孔及管片注浆孔或预埋的注浆孔进行跟踪注浆。根据经验,融沉注浆总量一般为冻土体积的15%,同时注浆周期应为3个月以上。

冻结施工期间,加强周边环境监测,防止对环境造成较大影响。

2) 盾构刀盘冻住。

采用冻结法加固施工的工程中,在盾构机进出洞阶段,特别要注意保证盾构机刀盘的转动。由于冻结施工后,土体温度很低,在许多工程中,刀盘被冻住的现象时有发生。特别是接收阶段,盾构机刀盘冻结处理难度较大。

为防止类似现象,盾构机穿越冻结区时,停留时间不宜过长。在拼装管片、盾构机故障等暂停掘进时间段,一般可将刀盘解锁,确保刀盘不停地旋转,防止刀盘被冻结。盾构机在始发段刀盘被冻住时，宜采用以下处理措施：

（1）盾构支撑环未进入洞门时，可采用千斤顶退出盾构机的方式解困。

（2）采用向盾构机刀盘喷热盐水、热蒸汽的方式解冻。

盾构机在接收段刀盘被冻住时，宜采用以下处理措施：

（1）采用向盾构机刀盘喷热盐水、热蒸汽的方式解冻。

（2）在停机位置盾尾处打聚氨酯环箍，封闭盾构与地层交接面的纵向水源。

3）接收（进洞）过程中，冻结土螺旋输送机较难抽出，大量的冻土会从洞门处坍塌。如何及时有效地进行清理，使盾构机能安全地顶上接收架，应采取有效措施。

3.3.2　砂性地层与承压水地层加固方法

这里所指的砂性地层是指按照颗粒级配，粒径大于 0.075mm 的颗粒含量超过土的总量的 50% 的土，主要包括岩土工程划分的砂土及砂性粉土。其具有透水性大、容易排水固结、抗剪强度较高、易被地下水冲蚀流失、黏聚力较小的特点。

在工程施工中，该类地层由于其渗透系数大的特点，处理难度很大，盾构进出洞施工中特别容易发生工程风险。尤其在砂性土层中常涉及承压水（指充满两个隔水层之间的含水层中的地下水），如不进行慎重处理，在水头压力的作用下，极易发生涌水、涌砂等现象，引起进出洞重大风险事故。目前许多盾构进出洞事故，就是由于在砂层中承压水处理不当造成的，严重的甚至盾构机整体淹没，直接经济损失可达数亿元。

1. 正常情况下的加固

在砂性地层中的加固施工，主要考虑两方面内容：提高地层强度；防止地下水渗流。因此，主要采用地基加固＋降水的形式。

在砂性地层中施工，由于地层抗剪强度较高，常用的二轴搅拌桩受限于机械性能，在该类地层中成桩较为困难。可采用的施工方案主要有：素 SMW 工法桩（三轴搅拌桩）＋高压旋喷桩＋深井降水；高压旋喷桩＋深井降水。以上两种加固方式的比较见表 3-4。

砂性土层正常情况下加固方式的比较　　　　　　　　　　　表 3-4

加固方式	优缺点	适用范围
三轴搅拌桩＋高压旋喷桩＋深井降水	优点:加固体强度高、均匀性好,加固体与围护结构间采用高压旋喷桩封堵,能较好解决搅拌桩与围护结构结合的问题。 缺点:场地占用较大,大多城市地铁工程无足够场地;砂土层密实度较大,成桩有一定困难。	场地占用面积较大,城市地铁施工中较难实施
高压旋喷桩＋深井降水	优点:场地占用小,针对性强,适用性较为广泛,耐久性较好,成桩后强度高。 缺点:工程造价相对较高	大多数砂土地层

在砂性地层和承压水地层的盾构进出洞加固施工中，降水井起着较大的作用，降水井施工质量十分关键，降水井的种类分两类：①不涉及承压水地层。降水井主要采用深井降水的办法，疏干土层中游离的浅层水，降水深度必须在盾构机以下 0.5m，达到减小地下水对洞门安全的影响。②涉及承压水地层。打降压井，盾构进出洞阶段通过降压井的运行，降低承压水水头，保证洞门安全。

在施工中一般还须注意：降水井在使用前应进行试抽水试验，保证降水井能够正常运行；地基加固一般在降水井成井前施工，避免高压水泥浆液将其破坏。

2. 特殊情况下的加固

1）周边环境影响

在砂土层与承压水地层，主要采用加固＋降水的形式作为盾构进出洞加固的设计方案。由于降水井长时间运行，土层排水固结，容易发生地表沉降的现象，特别是在加固区周边有保护性建筑物、管线的情况下，无法采用降水井的施工方案。这种情况下，多采用加固＋冻结的形式施工。冻结加固区（冻土墙）外侧采用搅拌桩、旋喷桩等施工形成加固体，可以承受土压力。冻结加固体可仅按照封水要求进行设计。冻结加固体的厚度较小，一般主要是为了加固化学加固体与围护结构之间 50cm 左右的间隙。冻结法封水加固范围较小，冻土墙达到设计温度、强度的时间相对较短。一般从钻孔至完全停冻工期约 20d。冻土墙在盾构机将要靠上加固体时一般就可停止冻结。拔除冻结管利用局部解冻的方法，采用热水或热盐水在冻结孔中循环，并在管周冻土融化 3～5cm 左右时采用起重机或千斤顶拔除冻结管。

2）加固存在缺陷情况

由于高压旋喷桩的工艺特点，成桩桩体不是标准的圆柱体，在加固时可能存在缺陷。在盾构进出洞前开探孔时，会发现有漏水、漏砂现象。在砂层中进出洞时，应采取补救措施，防止更大的风险发生。一般洞门探孔是在盾构准备进出洞前进行，补充加固工期较短。故在多数情况下，采用冻结法方案对洞门处可能存在的缺陷进行补充加固，可采用水平冻结或垂直冻结。该类冻结加固也仅为封水加固，冻结加固体厚度较小，施工时间较短。

3.3.3　岩石地层或特殊地层加固方法

根据岩石的不同成因类型，在盾构施工中常遇到的岩石类型主要有：沉积岩、细粒碎屑岩（如泥岩）、粗粒碎屑岩（如砂岩、砾岩等）、花岗岩、变质岩等。其成因不同，强度、裂隙发育程度也各不相同。不同岩层类型对盾构进出洞施工影响不同，特别是岩层裂隙发育的程度、裂隙水的大小，对盾构进出洞施工安全有较大的影响。

特殊地层包括硬塑黏土层、高密实度砂土层、强风化泥岩等地层。该类地层兼具岩层和土层的某些特性，在施工中处理方法也较为特殊。在岩石层或类似特殊地层盾构进出洞加固施工主要的特点是：常规的地基加固形式在该类地层中难以适应，需要通过较为特殊的加固方式，满足盾构进出洞的要求。

1. 岩石类地层施工

一般盾构进出洞遇全断面岩石地层，其强度远远大于搅拌桩或旋喷桩 0.8～1.2MPa 的加固强度，无需再进行地基加固。但一般地下岩层多有裂隙发育，为封堵裂隙水，可采用分层注浆的施工方案。分层注浆孔在紧靠围护结构位置布置一排，一般间距控制在 0.5m 左右，通过控制注浆压力，来保证注浆封闭岩层裂隙的效果。

2. 特殊地层施工

由于该类岩土层或是黏聚力较高（硬塑黏土层），或是抗剪强度较大（高密实度砂土），或是抗压强度较大（强风化泥岩，有遇水软化的特性），常规的搅拌桩、旋喷桩等加固方法无法达到理想的加固效果；但由于其强度或止水指标不能完全满足盾构进出洞要求，又需要采取措施达到挡土、止水的目的，所以在盾构进出洞加固方案实施时，相应的需要采取较为特殊的施工方案。

以南京岔路口站—河定桥站区间为例。岔路口站为盾构始发车站，洞门处全断面为硬塑③-3-1b_{1-2}粉质黏土层。采用三轴搅拌桩、二轴搅拌桩均难以钻孔成桩；高压旋喷桩翻浆量极大，成桩效果很不理想。经过研究，采用素桩挡土＋桩间旋喷止水的方案。根据现场实际盾构出洞（始发）效果，无较大渗漏水现象，周边环境监测也在控制范围内。实践证明这种加固方式在该类地层中有较强的实用性。

3.4 加固土体稳定性研究

目前有关加固土体稳定性验算的解析方法主要有日本板块强度分析设计理论、砂性土静力理论、黏性土滑移失稳理论及土体扰动极限平衡理论等方法。

3.4.1 板块强度分析设计理论

研究发现，薄板公式计算出的弯曲应力比 FEM 解大，故将薄板理论的解析解公式应用到厚板的设计中是偏于安全的，所以在盾构法隧道始发与接收工程中，将由薄板弯曲理论得出的解析解用于加固土体厚度的计算是偏安全的，假定加固土体为整体板块，根据日本 JET GROT 协会（JJGA）规范中所采用的计算公式，加固体厚度应为：

$$h = \left[\frac{K_0 \beta P D^2}{4\sigma_t} \right]^{\frac{1}{2}} \tag{3-1}$$

式中　P——封门中心处的水土压力合力（kPa）；

　　　D——封门直径（m）；

　　　σ_t——加固土体极限抗拉强度（kPa）；

　　　K_0——安全系数，取 1.5～2.0；

　　　β——计算系数，取 1.2。

3.4.2 砂性土静力理论验算方法

砂性土中，为确保加固土体的质量，主要是确定加固区的安全可靠性，可采用图 3-16 所示的加固模式进行验算，将加固土体视为厚度为 h 的周边自由支撑的弹性圆板，在外侧水土压力作用下，圆板中心处的最大弯曲应力及支座处的最大剪力按弹性力学板块

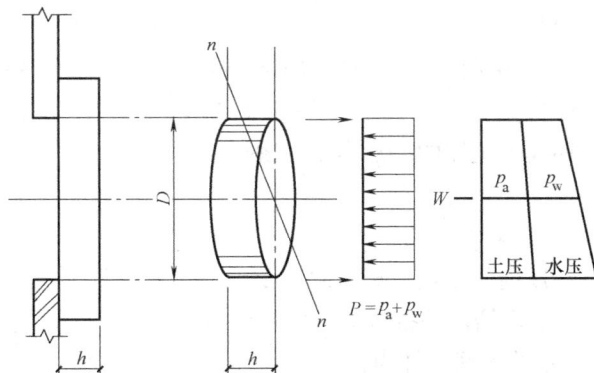

图 3-16　板块理论计算模型

理论求得，冻结壁根据其与围护结构边界类型，可分为简支约束和固定约束。

强度验算公式为：

$$\sigma_{max} = \frac{P \times \left(\frac{1}{2}D\right)^2}{h^2} \times \frac{3}{8}(3+\mu) \leqslant \frac{\sigma_t}{K_t} \tag{3-2}$$

$$\tau_{max} = \frac{P \times D}{4h} \leqslant \frac{\tau_c}{K_2} \tag{3-3}$$

式中　K_1、K_2——最大弯曲应力和最大剪应力的计算安全系数。

简支约束杯底冻结壁最大弯拉应力：

$$\sigma_{max} = \frac{P(D/2)^2}{16}(3+\mu)\frac{6}{h^2}$$

固定约束杯底冻结壁最大弯拉应力：

$$\sigma_{max} = \frac{P(D/2)^2}{16}(1+\mu)\frac{6}{h^2}$$

式中　μ——冻土泊松比；

　　　h——计算冻结壁厚度（m）；

　　σ_{max}——最大弯拉应力（MPa）。

应按其剪切验算加固体厚度，沿围护结构开洞口周边验算加固体最大剪切应力：

$$\tau_{max} = \frac{PD}{4h}$$

式中　τ_{max}——最大剪切应力（MPa），其他同上。

3.4.3　黏性土滑移失稳理论验算方法

隧道直径和埋深不同，滑移模式也不一样，针对黏性土加固地基，目前国内主要用图 3-17 所示模型进行安全验算。

假设加固体在地面荷载 P 和上部土体覆重下沿某滑动面向洞内整体滑动，并假定滑动面形式为：下部是以端墙开洞外顶点 O 为圆心、开洞直径 D 为半径的圆弧面，整个滑移面如虚线所示，则引起的下滑力矩为：

$$M = M_1 + M_2 + M_3 \tag{3-4}$$

式中　M_1——地面荷载 P 引起的下滑力矩（kN·m）；

　　　M_2——上覆土体自重引起的下滑力矩（kN·m）；

　　　M_3——滑移圆环线内土体的下滑力矩（kN·m）。

抵抗下滑力矩为：

$$M_d = M_r + \Delta M_r \tag{3-5}$$

式中　M_r——土体改良以前的抵抗力矩（kN·m）；

　　　ΔM_r——土体改良以后增加的抵抗矩（kN·m）。

土体保持滑移面稳定的平衡条件为：

$$K_3 \cdot M = M_d \tag{3-6}$$

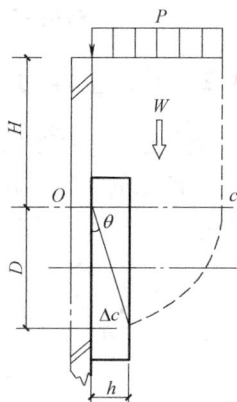

图 3-17　滑移失稳理论
计算模型

c—加固前土体的黏结力；
Δc—加固后土体的黏结力；
H—上覆土体的高度；
P—地面荷载；θ—加固体厚度与开洞直径之比。

将各项代入上式，得：

$$\theta = \frac{K_3(M_1 + M_2 + M_3) - M_d}{\Delta c \cdot D^2} \tag{3-7}$$

式中　K_3——滑移稳定安全系数，可取 1.5。

加固土体厚度为：

$$h = D \cdot \sin\theta \tag{3-8}$$

3.4.4　土体扰动极限平衡理论

加固横断面的尺寸与注浆加固尺寸相同，可根据挖掘隧道时断面周围产生的塑性范围来进行确定，如图 3-18 所示，塑性范围 R 可按隧道上部松动的方法推求，在挖掘地层的情况下，土体应力失去平衡，掘削断面的周围将产生附加应力。在 $a < r < R$ 的范围内，根据摩尔应力圆包络线破坏条件，联合塑性松动圈应力平衡和破坏条件可得平衡方程：

$$\left.\begin{array}{l} \sigma_\theta - \sigma_r = 2c \\[2mm] \dfrac{\partial \sigma_r}{\partial r} = \dfrac{(\sigma_\theta - \sigma_r)}{r} \end{array}\right\} \tag{3-9}$$

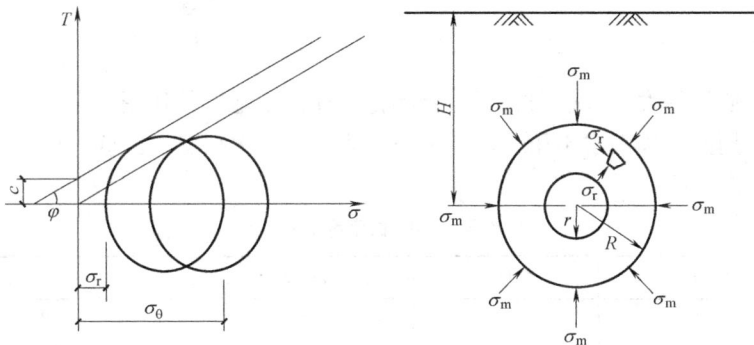

图 3-18　土体破坏包络图

代入注浆加固边界条件 $r = R$，$\sigma_r = \sigma_m$，$r = a$，$\sigma_r = 0$，得：

$$\ln R + \frac{R \cdot \gamma_t}{2\Delta c} = \frac{H \cdot \gamma_t}{2\Delta c} + \ln a \tag{3-10}$$

式中　R——到塑性范围外侧的距离（m）；

　　　γ_t——上覆土体的平均重度（kN·m³）；

　　　Δc——改良土体的黏聚力（kPa）；

　　　H——到隧道中心的换算覆盖层厚度（m）；

　　　a——盾构机外径（m）。

由此，可以求出 R，则洞周上部加固土体厚度为 $R - a$，计入安全系数后，则上部加

固土体厚度为 $H_1 = k(R-a)$。

洞周两侧改良土体的宽度 B，根据朗肯土压力理论，土体破坏角为 $\dfrac{\pi}{4}+\dfrac{\varphi}{2}$，又根据塑性松动圈观点，如图 3-19 所示，则有：

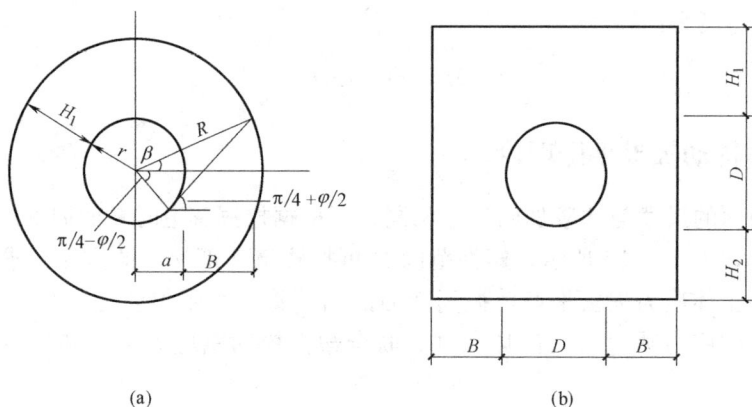

（a）　　　　　　　　　　　　　　　　（b）

图 3-19　塑性圈和横向加固范围示意图
（a）塑性圈；（b）横向加固范围

$$\left.\begin{aligned}\beta &= \arccos\left(\frac{a}{a+H_1}\right) - \left(\frac{\pi}{4}-\frac{\varphi}{2}\right)\\ B &= (a+H_1)\cdot\cos\beta - a\end{aligned}\right\} \tag{3-11}$$

软土地段盾构始发端头横向加固主要起止水和稳定地层的作用，考虑横向加固区可以和盾壳共同作用抵抗周围水土压力，根据国内盾构软土地层施工经验，构造上横向加固长度取值如表 3-5 所示。

土体横向加固长度经验值（m）　　　　　　　　　　　　　　表 3-5

D	$1.0\leqslant D<3.0$	$3.0\leqslant D<5.0$	$5.0\leqslant D<8.0$	$8.0\leqslant D<12.0$	$12.0\leqslant D<15.0$
B	1.0	1.5	2.0	2.5	3.0
H_1	1.5	2.0	2.5	3.0	3.5
H_2	1.0	1.0	1.5	2.0	3.0

分析结果应与工程经验相结合加以调整。

3.5　盾构隧道端头加固范围确定

在土层软弱地区，当盾构隧道端头加固采用化学加固方式时，确定盾构隧道端头加固所需范围、各种加固技术的加固时机和加固工艺等就成为需要解决的关键问题。端头加固所需范围包括隧道纵向加固范围和盾构横向（径向）加固范围的确定。纵向加固长度的确定应视有无止水要求决定，无止水要求时应满足强度、稳定性和变形的要求，有止水要求时还应满足止水要求。软土地区盾构隧道端头横向加固主要起止水和稳定地层的作用，横向加固区可以和盾壳共同作用抵抗周围水土压力。根据国内软土地层盾构施工经验，横向加固范围一般取盾构壳体以外 1.5～3.0m，纵向加固范围取 3.0m，富含水软弱地层中取盾构主机长度＋(1.5～2)m（即为 9～10m）。

3.5.1 化学加固范围确定

国内关于盾构始发与接收土体加固计算设计理论尚不成熟，仍采用工程类比法，一般运用弹性力学板块理论求算加固土体厚度，此外也从构造上对加固土体的厚度进行确定，本节主要介绍目前设计施工中常用的计算理论。

3.5.2 解析解确定端头加固范围

解析解确定端头加固范围主要根据板块强度分析设计理论、砂性土静力理论验算方法、黏性土滑移失稳理论验算方法、土体扰动极限平衡理论，具体介绍已经在 3.4 节做了介绍，本节不再赘述。

3.5.3 数值解确定端头纵向加固范围

1. 计算说明

基本假定：假定地表和各土层均呈均质水平层状分布；不考虑衬砌管片的横向连接及各管片环之间的纵向连接对衬砌结构整体刚度的折减作用；不考虑盾壳本身与土体的挤压、剪切作用；不考虑受施工扰动影响范围内的土体物理力学参数的变化。考虑到现场问题的对称性，并以洞门中心为对称轴取一半模型，几何模型尺寸如图 3-20 所示，其中，R 为隧道半径，H 为隧道中心埋深，模型底面取固定边界；上表面为自由面，无约束；沿隧道轴线方向的面约束轴向位移；横向表面约束横向位移；采用 Mohr-Coulomb 材料模型，不考虑剪切膨胀效应，主要参数包括土层重度、泊松比、压缩模量、黏聚力及内摩擦角。

计算地层重力引起的初始应力场，此时冻结壁依然被混凝土洞门封堵，模型板块区不产生横向位移。凿除洞门后，开挖面土体完全暴露、盾构机又未开始推进，若杯形冻结壁强度不足以抵抗地层水土压力，洞门区

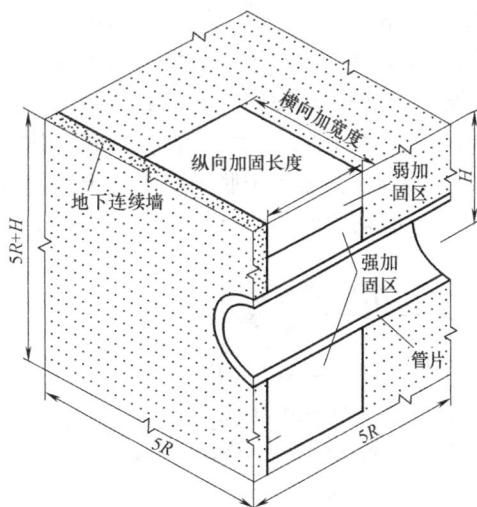

图 3-20 三维有限元数值模拟模型

域有可能涌水、涌砂。计算时卸除板块区的约束，使开挖面土体完全暴露，杯底板块承担洞门外侧水土压力。

2. 不同纵向加固长度时数值计算结果

不同纵向加固长度时数值解的各参数对比如表 3-6 所示。在纵向加固长度达到一定范围以后，再继续加大纵向加固长度，对盾构始发开挖的位移场、应力场不再有明显影响，该加固长度即为最佳纵向加固长度，对于本模型所得的最佳纵向加固长度为 3m。

不同纵向加固长度时各参数汇总表　　　　表 3-6

参数	纵向加固长度(m)						
	1	3	3.5	5	6	7	9
横向最大位移(mm)	32.1	12.9	12.7	12.0	11.6	11.1	9.3
轴向最大位移(mm)	5.4	2.8	2.4	2.0	1.8	1.6	1.2
竖向最大沉降量(mm)	7.8	4.5	4.4	4.3	3.8	3.5	3.0
压应力最大值(MPa)	1.021	0.681	0.648	0.576	0.568	0.562	0.558
剪应力最大值(MPa)	0.248	0.231	0.228	0.224	0.222	0.218	0.214
拉应力最大值(MPa)	0.101	0.065	0.060	0.052	0.048	0.044	0.038

3.5.4　软弱富含水端头地层加固范围讨论

　　当盾构隧道端头无含水层时，采用数值模拟手段对加固土体的位移场和应力场进行分析，从而按强度和变形来确定加固范围是可行的。但是，当盾构隧道端头有富含水层（特别是含水砂层）时，受止水性要求的控制，如何确定其加固范围需要进一步研究，这里对盾构始发和接收时两种工况下纵向加固长度的确定予以简要分析。

　　1. 盾构始发纵向加固长度确定

　　土层较好时如硬塑黏土等，始发端头地层纵向长度可取 3.5m；在软土地段，特别是在盾构隧道端头有富含水层时，端头地层纵向加固长度应为盾构主机长度加一定厚度的保护层（一般为 1.5~2.0m）。当加固土体长度小于盾构主机长度时，由于盾构隧道一般均位于地下水位以下，故当盾尾尚未进入洞门圈时，盾构刀盘已经脱离加固区，加固区前方隧道洞周的水土（特别是砂性或粉土地层）可能沿着盾壳与岩土之间的空隙而进入端头井（始发井），造成地层损失和地表沉降，严重时可能造成盾构始发失败。纵向加固土体长度如图 3-21、图 3-22 所示，当盾构穿越加固区长度大于盾构主机长度时，盾尾进入洞圈注浆后，盾构机刀盘尚未脱离加固区土体，这样加固区前方地层的水土完全被加固土体及隧道背衬注浆所隔断，不至于产生水土流失而引起地层损失造成地表沉降。根据地铁施工经

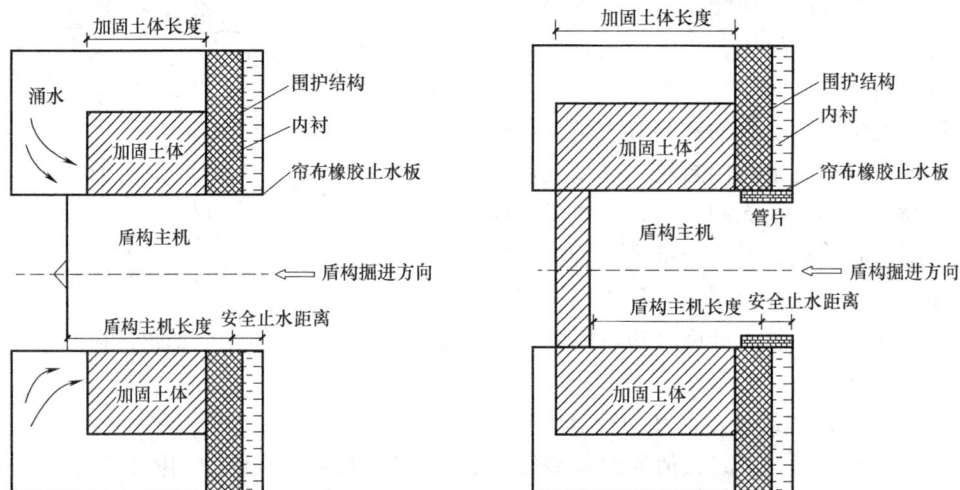

图 3-21　盾构始发时纵向加固长度小于盾构主机长度　　图 3-22　盾构始发时纵向加固长度大于盾构主机长度

验，加固区长度一般大于盾构主机长度1.5～2.0m较为安全。

因此，在南京、上海等沿江沿海地区城市的地铁施工过程中，当盾构始发端头位于地下水位以下的软弱土层时，该端头地层纵向加固长度一般为盾构主机长度加上1.5～2.0m的止水厚度，即一般纵向加固长度取9～10m。

2. 盾构到达纵向加固长度的确定

盾构到达端头地层纵向加固长度和始发纵向加固长度一样，多年来一直存在颇多争议。一种观点认为到达端地层纵向加固长度定为3m即可；另一种观点认为到达端地层加固长度需定为6m；还有一种观点认为到达端头地层加固纵向长度应为盾构主机长度加上1.0～1.5m。对于黏性土等渗透系数相对较小的软土地层，根据目前该地层成功的施工经验，加固长度一般取为3.5m，主要为了防止当拆除车站或到达井围护结构时发生地层失稳。对于盾构到达端头有富含水层（特别是含水砂层），隧道大部分位于地下水位下方，因此对于该地层，其加固长度必须谨慎选取，若端头加固长度小于盾构主机长度，地下水土则可能沿着盾壳与围岩空隙流入到达井（图3-23），造成地层沉降和建（构）筑物的损坏。对于该类地层，纵向加固长度应取为盾构主机长度加上1.0～1.5m止水层厚度（图3-24），则可很好地解决水土流入到达井的问题。

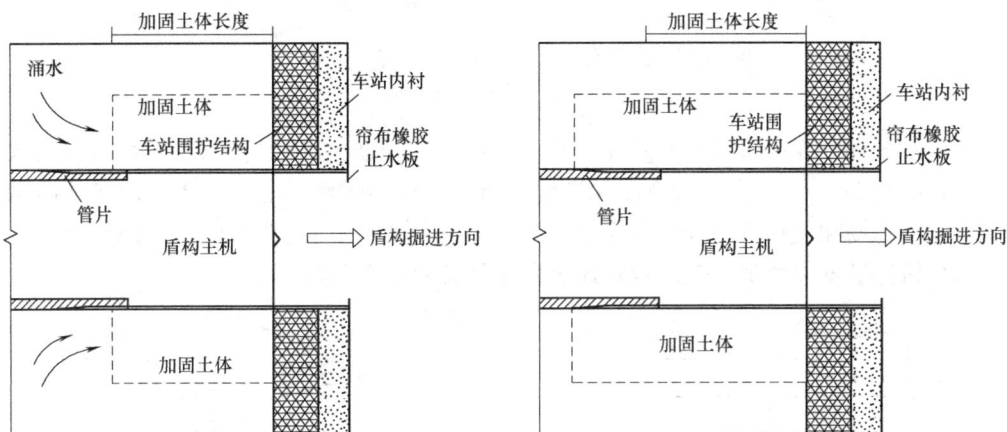

图3-23 盾构到达纵向加固长度小于盾构主机长度　图3-24 盾构到达纵向加固长度大于盾构主机长度

3.5.5 水平杯形冻结加固范围确定

1. 加固范围确定依据

1）化学加固＋水平冻结

经过化学加固的水平冻结加固范围主要取决于化学加固体质量，若化学加固质量差，止水性满足不了要求，则水平冻结加固长度应取为盾构主机长度加上1.0～1.5m止水层厚度；若化学加固只是局部满足不了止水要求，水平冻结加固长度超过该区段即可；若只是为了封堵洞门与加固体间的薄弱带，由于地面不具备垂直冻结施工条件需要采用水平冻结时，水平冻结加固长度取3.0～3.5m，视盾构直径大小杯底厚度取1.6～2.0m。

2）无化学加固水平冻结

对于未做任何化学加固的水平冻结，应按受力及止水要求确定加固范围，以下具体以南京地铁2号线西安门车站为例进行冻结加固范围确定计算。南京地铁2号线西安门站一大行宫站区间隧道，盾构从西安门车站西端头始发；端头加固区地面为龙蟠中路和中山东路交叉口，受地面环境限制，无法从地面对土体进行加固施工，区间隧道位于粉质黏土层，根据地质及环境条件，选用地下水平冻结法加固土体，使盾构机外围及开洞口范围内土体冻结，形成水平杯形冻结壁，确保盾构机顺利始发。冻结壁加固体设计厚度 1.2m，杯底加固体厚度 2.0m，冻结孔按水平角度布置（图 3-25）。

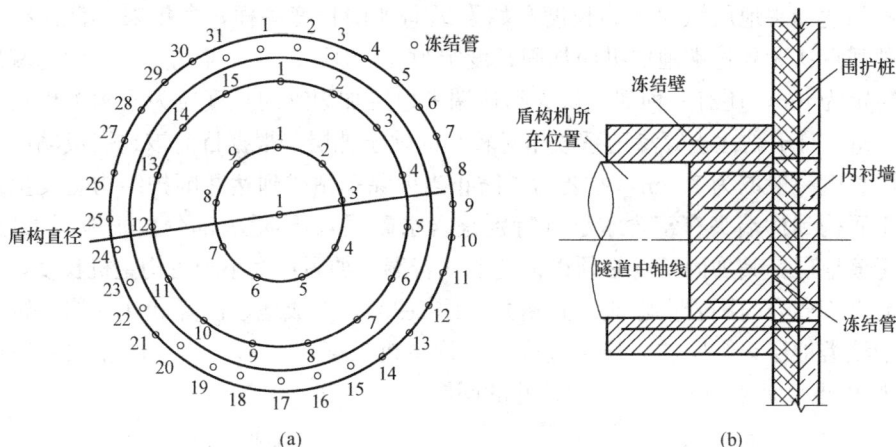

图 3-25　盾构始发与接收水平冻结管布置示意图
(a) 横断面；(b) 纵断面

　　进行水平杯形冻结壁稳定性研究。隧道直径一定，通过控制水平杯形冻结壁关键尺寸 δ、h、L（图 3-26），建立三维有限元模型，结合工程实际情况进行开凿洞门最危险情况下地层的应力场和位移场的分析。冻结壁几何参数如表 3-7 所示，图 3-25 (b) 阴影部分尺寸为分析冻结壁尺寸敏感性因素对地层稳定性影响不变参数。

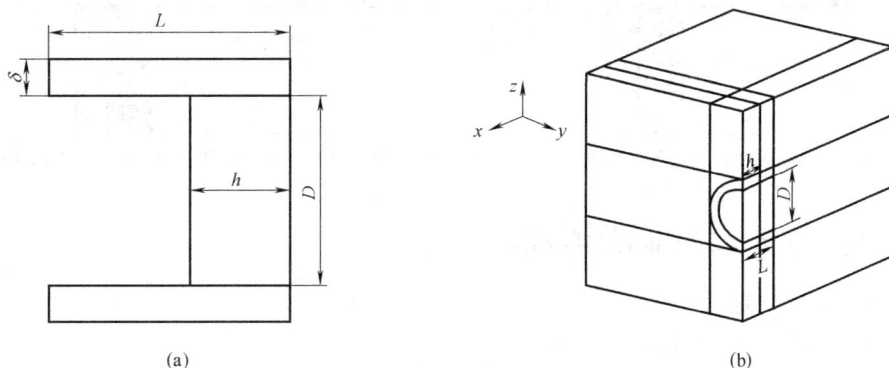

图 3-26　水平杯形冻结壁计算设计图
(a) 剖面计算参数；(b) 冻结壁稳定计算模型

冻结壁几何参数　　　　　　　　　　　　　　　　　　表 3-7

部位	取值(m)					
杯底板块厚度 h	1.8	2.0	2.0	2.4	2.6	2.8
圆筒厚度 δ	1.0	1.4	1.8	2.2	2.4	2.6
圆筒壁长度 L	4.5	5.0	5.5	6.0	6.5	7.0

2. 水平杯形冻结数值模拟

1) 计算说明

计算假定：假定地层均质且各向同性，地层参数不因施工扰动而改变，冻结过程对地层初始应力无影响，仅考虑加固区冻土及非加固区常温土的工程特性；水平杯形冻结壁视为等温材料；忽略盾构机外壳与地层接触作用。水平杯形冻结壁几何模型见图3-26，模型外轮廓几何尺寸取竖向高度×横向宽度×纵向长度为40m×30m×45m。

不考虑外界荷载在地基中产生的附加应力对计算模型位移场和应力场的影响，考虑重力荷载与超载（超载按20kPa考虑）对杯形冻结壁稳定性的影响，自重应力视为初始应力，重力加速度取值为$9.8m/s^2$；超载按均布压力直接施加于地表边界处理，假设沿隧道轴向两个面上仅产生竖直方向位移，模型下端为固定端，地表上边界为自由变化平面，不进行约束，力学模型示意图如图3-27所示。

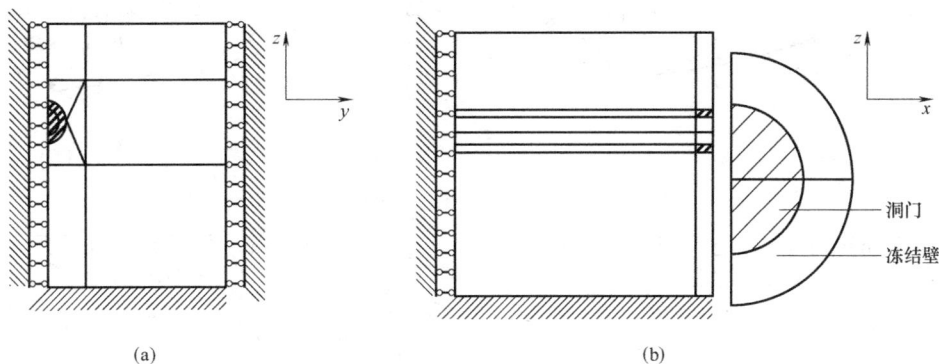

图 3-27　水平杯形冻结壁力学模型示意图
(a) 横断面力学模型；(b) 纵断面力学模型

2) 杯底板块厚度确定

增加杯底板块厚度，能有效提高水平杯形冻结壁的承载性能；但过多地增加冻结壁杯底厚度，除了增加成本之外，也增加冻结壁体积，不利于地层冻胀、融沉变形控制。因此，在保证冻结壁稳定的前提下，板块厚度越小越经济。不同杯底有效厚度的参数对比见表3-8。图3-28表明杯底厚度对于减小应力、位移具有积极意义，且不同板块厚度计算得出应力值的安全系数均远大于2，有利于水平杯形冻结壁的稳定，与理论计算结果一致。但杯底厚度超过2m后，地层应力及变形均增长不明显，因此水平杯形冻结工程中的杯底厚度建议取值2.0～2.5m。

不同杯底有效厚度的参数对比　　　　　　　　　　表 3-8

比较参量	杯底有效厚度（m）				
	1.0	1.5	2.0	2.5	3.0
轴向（x 向）最大位移(mm)	10.8	8.7	8.1	7.2	6.7
横向（y 向）最大位移(mm)	2.8	2.5	2.3	2.2	2.1
竖向（z 向）最大沉降量(mm)	3.5	3.2	3.1	2.9	2.8
压应力最大值(MPa)	1.051	0.880	0.814	0.786	0.772
剪应力最大值(MPa)	0.312	0.292	0.270	0.265	0.258
拉应力最大值(MPa)	0.270	0.198	0.161	0.148	0.124

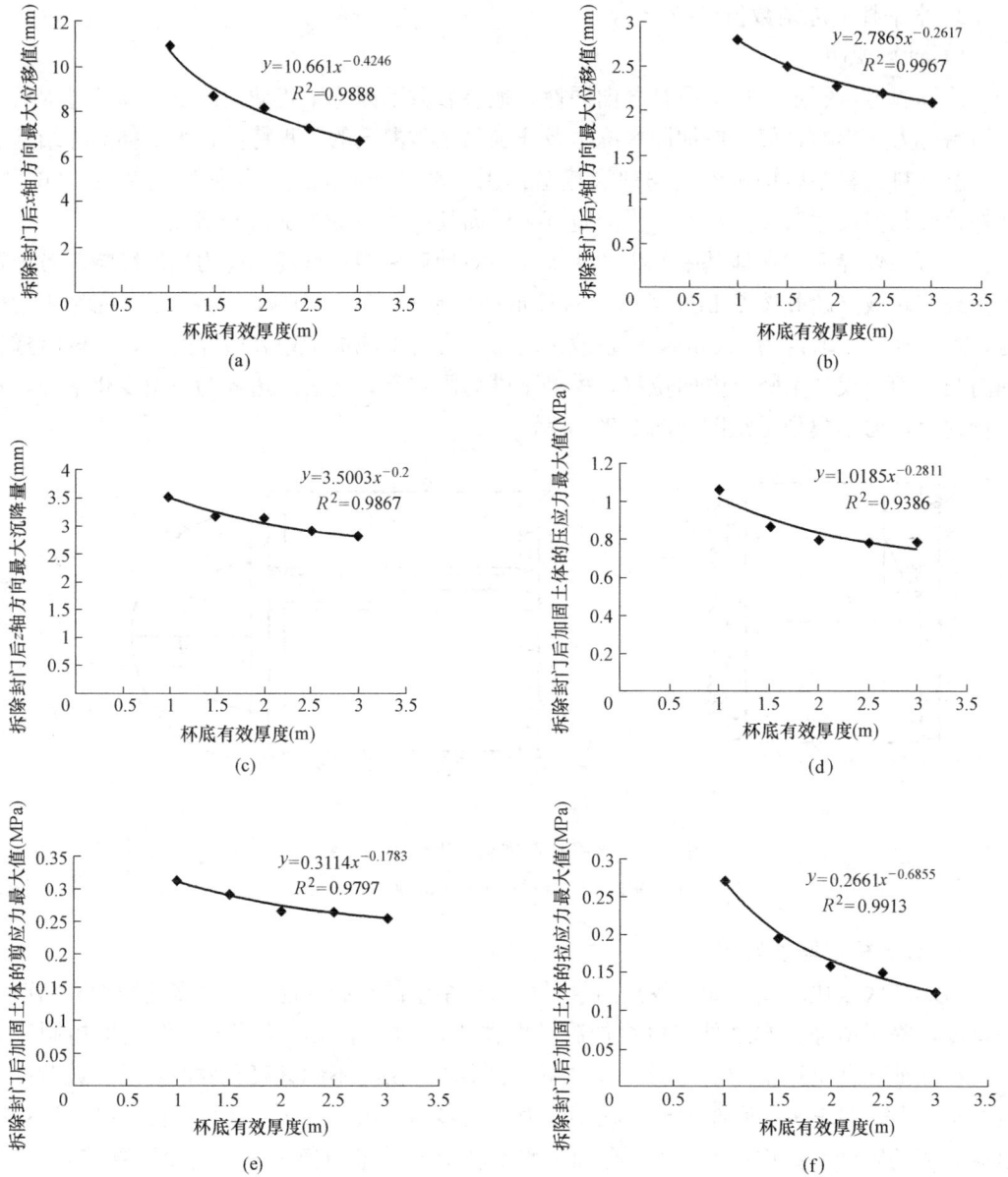

图 3-28 不同参数与杯底有效厚度的关系曲线

（a）拆除封门后 x 方向最大位移；（b）拆除封门后 y 方向最大位移；
（c）拆除封门后 z 轴方向最大沉降量；（d）拆除封门后加固土体的压应力最大值；
（e）拆除封门后加固土体的剪应力最大值；（f）拆除封门后加固土体的拉应力最大值

3）水平杯形冻结壁圆筒壁长度

板块理论计算结果表明：水平杯形冻结圆筒壁在整个加固体中重要性不明显，但从盾构始发与接收工艺方面考虑，圆筒壁厚度及长度有效确保了盾构始发与接收时地层整体稳定性及封水性要求。图 3-29 给出了圆筒壁长度变化后杯形冻结壁附近地层应力、位移计算结果，结果表明圆筒壁长度变化（4.5～7.0m）对地层应力影响不明显，因此圆筒壁长度仅取决于盾构推进封水的要求。考虑洞门凿除后地层位移与圆筒壁长度之间的关系，建

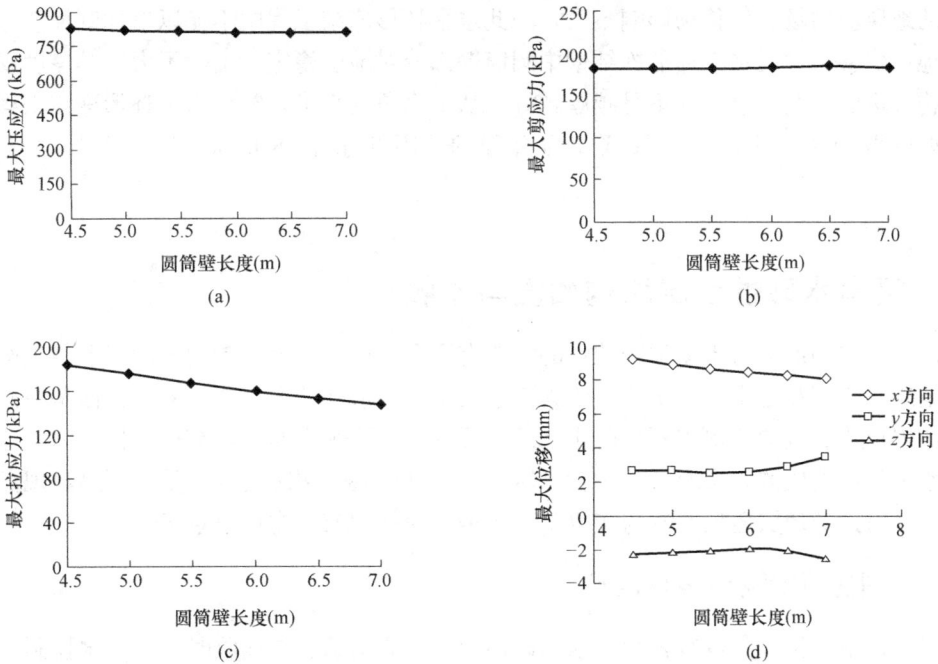

图 3-29　洞门凿除前后地层中应力、位移与圆筒壁长度关系曲线

(a) 最大压应力与圆筒壁长度关系曲线；(b) 最大剪应力与圆筒壁长度关系曲线；

(c) 最大拉应力与圆筒壁长度关系曲线；(d) 最大位移与圆筒壁长度关系曲线

议水平杯形冻结工程中的圆筒壁长度取值与盾构机头部长度相当。

4）水平杯形冻结壁圆筒壁厚度

图 3-30 给出了圆筒壁厚度变化对地层应力和位移的影响曲线，厚度增加对开凿洞门

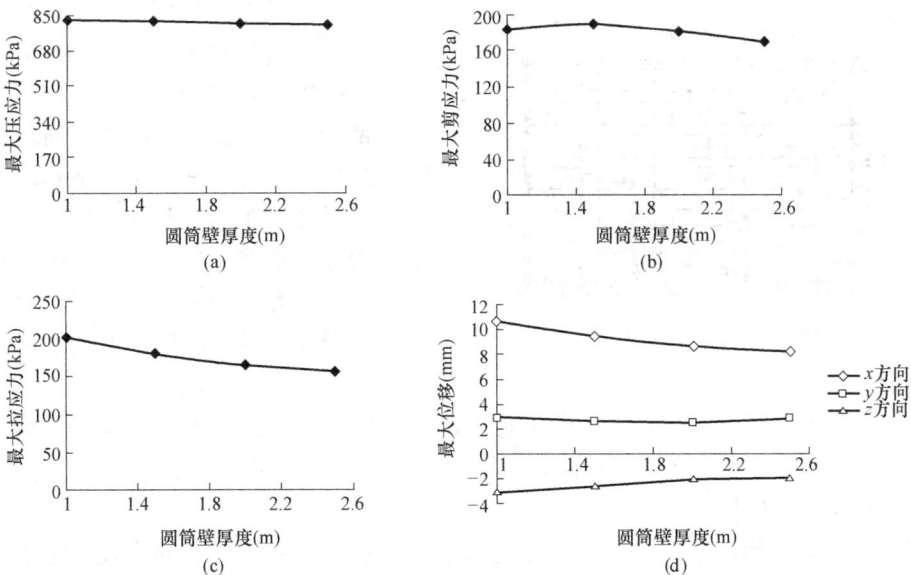

图 3-30　洞门凿除前后地层中应力、位移与圆筒壁厚度之间的关系曲线

(a) 最大压应力与圆筒壁厚度关系曲线；(b) 最大剪应力与圆筒壁厚度关系曲线；

(c) 最大拉应力与圆筒壁厚度关系曲线；(d) 最大位移与圆筒壁厚度关系曲线

引起的地层应力场、位移场影响不大，因此水平杯形冻结工程中不能以增加圆筒壁厚度来减小地层位移。说明水平杯形冻结壁中圆筒壁部分对地层稳定性贡献不大，其厚度仅依赖于盾构推进的工艺要求，并不是越厚越好，从封水角度来讲，常见水平杯形冻结工程中圆筒壁厚度取值为 1.2m 是可靠且较为合理的，因此水平杯形冻结圆筒壁厚度建议取值 1.0~1.2m。

3.6　富含水砂性土层盾构始发与接收技术

　　盾构进出洞前进行土体加固的目的主要有两个方面：一方面是增强洞门混凝土凿除后周边地层的强度和稳定性，防止土体失稳造成地层变形和地面沉降；另一方面是在洞口一定范围内形成有效的止水帷幕，防止洞门打开后，地下水沿洞口渗流至工作井内，造成因地下水损失而造成的地层变形。对含承压水的砂性地层，情况更为严重，更易出现涌砂冒水事故，对此类地层盾构始发与接收常采用钢套筒技术或水中接收技术。

3.6.1　钢套筒始发与接收技术

　　对于地下水位较高或有含承压水的砂性地层，盾构始发与接收时的地下水控制较为复杂，稍有不慎，便可能引起涌水和涌砂的险情。此工况下的盾构始发与到达，通常采用水泥土加固增加土体加固范围的方法，以包裹整台盾构设备，并通过从盾尾注浆形成环箍，以达到封闭渗漏通道的目的。但是该工艺对地面空间要求较高，一旦受地面条件限制将无法实施，在这种情况下采用钢套筒辅助盾构始发与接收的工艺便应运而生。钢套筒辅助盾构接收工艺主要基于水土压力平衡理念，以小空间换取大空间、循环利用为核心，为盾构接收提供了新的技术和思路，成功克服了盾构在接收过程中受加固空间局限制约的难题。

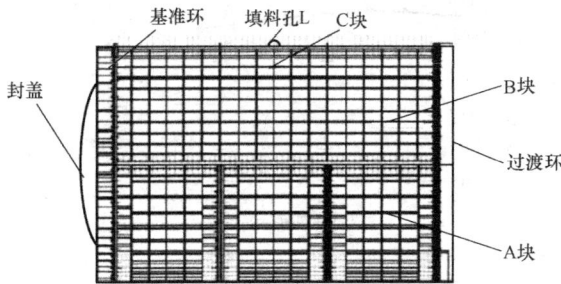

图 3-31　钢套筒结构示意图

1. 钢套筒的组装

　　如图 3-31 所示，钢套筒由 A 块、B 块和 C 块 3 部分组成，每段及上下部分均加焊法兰端面并用高强度螺栓连接，中间有密封条。钢套筒与洞门环板之间通过过渡环连接，钢套筒反力通过基准环进行承载受力，基准环位于反力架和钢套筒之间。为了封闭钢套筒，用封盖与基准环进行连接。

　　1）主体部分连接

　　（1）在开始安装钢套筒之前，在基坑里确定出井口盾构机中心线，也就是钢套筒的安装位置，使从地面上吊下的 A 块底座钢套筒力求一次性放到位，通过千斤顶进行微调，确保螺栓连接的准确性。

　　（2）B 块与 A 块的连接。注意吊点的选取以及各块之间密封条的安装，保证连接后的密封性。

　　（3）钢套筒过渡连接板与洞门环板的连接。过渡连接板与洞门环板相接触后，要检查两个平面是否全部能够连接，如有空隙需填充钢板，并与过渡连接板焊接牢固，务必将空隙尽可能堵住，要求过渡连接板与洞门环板双面满焊。

（4）基准环与 A、B 块的连接。基准环上下部分分别与 A、C 块进行连接，确保螺栓、密封的安装可靠。

（5）安装封盖。在安装最上方部分 C 块之前，安装最端部的封盖使之与基准环进行连接。

（6）安装最上方部分 C 块。其他部分安装完毕后，进行 C 块的安装，此时，需要注意用倒链葫芦将 B 块进行微调，保证 C 块的安装空间，最后再复紧所有连接螺栓。安装完毕后如图 3-32 所示。

2）反力架与支撑安装

如图 3-33 所示，安装反力架时，首先应在基坑里定好位，然后根据井口面与洞门中心标高，在地面上先割去反力架立柱下端多出的部分，使其能更好地适用于标高不同的基坑，之后在地面上安装好反力架。反力架与基准环通过约 20 个 60t 千斤顶进行缓冲过渡，千斤顶初始压力约 10MPa，总反力约为 600t。千斤顶设置有液控互锁阀，随着盾构机向外推移推力增加，其提供的反作用力也相应增加。反力架支撑安装时，依据接收井结构上下位置安装水平撑和两侧斜撑，确保反力架的稳固。

图 3-32　组装完毕的钢套筒　　　　　图 3-33　反力架与支撑安装

3）钢套筒填料与试验

钢套筒内部需要填充物料并建立与盾构机在该位置土压相一致的压力，填充材料的选择应注意最下方碎石填充在套筒底部 30cm 高范围内，约 20cm，其余空间填充砂，这样可以保证刀盘掘削时不至于因为设备下沉而引起碰触套筒内壁。另外，填充料的时间可以选择在安装 C 块之前，或者通过 C 块上方的填料孔 L 插入导管进行填料。

通过上方预留的球阀向套筒内部加水试验密闭情况，如果压力能够达 100kPa，则停止加水，并维持压力稳定，如水压达不到 100kPa，则将水管解开，利用空压机向钢套筒内加气压，直至压力达到 100kPa 为止。之后，对各个连接部分进行检查，包括洞门连接板、钢套筒环向与纵向连接位置、后端盖板的连接处有无漏水，检查反力架支撑的各个焊缝位置有无脱焊情况。一旦发现有漏水或焊缝脱焊情况，必须马上进行卸压并及时处理，上紧螺栓或重新焊接。完成后再进行加压，直至压力稳定在 100kPa，且未发现有漏点后方可进行卸压，准备盾构机进出洞。

2. 钢套筒的始发与接收

（1）在盾构机通过洞门时，掘进速度应控制在 10mm/min 以下，刀盘转速也不宜过大，控制在 0.6～1rad/min，推力应控制在 1000t 以内为宜，尤其在顶推最后 1 道连续墙时速度以 3mm/min 为宜，以免速度过快造成部分墙体的倒塌，对套筒造成损坏。

（2）在盾构接收进入钢套筒时，必须严格控制土压力，尽量减少土压上下波动。操作时根据埋深及承压水水头压力计算土压设定值，并在实际推进时进行适当调整。操作时不宜随意降低土压，否则会出土量过大，引起盾构扎头以及后方承压水窜入刀盘前方，导致盾构无法正常推进。也不可随意增大土压，造成钢套筒破坏而引发事故。

（3）随时观察盾构机姿态，确保盾构机略微抬头的趋势进行，控制好分区油压。盾构机接收姿态建议保持平面偏差在 -4～10mm，竖向保持在 30mm。盾构接收姿态控制：前盾水平 15mm，垂直 30mm；后盾水平 15mm，垂直 5mm；俯仰角 3mm/m。

（4）盾构机进入钢套筒的过程中应注意安排专人监视钢套筒的侧移情况，仔细检查钢套筒百分表和顶撑油缸压力的数值，若压力增大明显，需停止掘进，查明原因；检查钢套筒各连接部位的密封状况是否良好，如出现涌水涌砂则要停止掘进进行封堵。

（5）待盾构机完全进入密封钢套筒后，先对盾尾后 5 环管片进行补充注浆，确保隔断端头与钢套筒的水力联系，然后排空钢套筒内泥浆，打开加料孔以及下方 6 个排水阀试水，最后工作人员需进入土仓查看内部情况，确认无误后拆解密封钢套筒吊出盾构机。

盾构钢套筒接收技术因其具有较好的安全性、可靠性、高效性、经济、低碳等特点而被越来越多的施工单位所重视，具有很好的推广价值。优点有：

（1）施工安全性好，可在大深度、高水压、地质复杂条件下进行盾构接收工作。

（2）通过对钢套筒进行密封处理，可以使盾构接收过程完全密闭，以抵抗后部承压砂层地下水土压力。

（3）通过对钢套筒内填充料的优化，提高了钢套筒接收施工的速度及可操作性。

（4）对钢套筒结构优化设计，降低了钢套筒造价及安装成本。

（5）钢套筒采用分节拼装，使施工便利、安装时间缩短，并且可以周转重复使用。

（6）盾构钢套筒接收技术节省了常规盾构机接收需要施作加固区的费用约 150 余万元，不对地质环境造成破坏，具有较好的经济性与环保性。

（7）盾构钢套筒接收技术解决了不能施作加固区特殊情况下的盾构出洞难题。

3.6.2　水中接收技术

水中接收（进洞）的工作原理，是指利用到达井内外水土压力平衡可控制渗透的机理，主动将盾构到达井用水土回填，而后在水土压力平衡情况下再将盾构安全推入到达井的施工工艺。盾构的进洞施工工序是盾构法建造隧道的关键工序，在深覆土、高水压、复杂地层的工况状态下，盾构进洞施工风险无法有效规避，在进洞过程中容易发生洞门泥水喷涌，短时间内易发灾难性事故。盾构水中接收施工工艺的应用，为规避盾构机在进洞时发生大量泥水喷涌提供了很好的解决方案，确保了盾构机顺利到达，在城市轨道交通建设中得到了较多的应用。

1. 常规水中进洞施工工法

（1）浇筑挡墙。由于盾构到达井一般位于车站主体结构内，为了保证盾构到达井形成一个独立的封闭结构，需要在车站主体结构内建设挡墙，将盾构到达井与车站、其他隧道等结构隔离开来。

（2）水土回填。先对洞门圈 1.5m 范围内采用人工堆砌沙袋，填充密实；再对到达井内回填隧道改良后的渣土，渣土的回填高度在中板面上 2.12m 处（在盾构机上方覆土厚度为 3m）。填土完毕后井内回灌水，回灌水标高与第一层承压水水头标高一致，由监测人员对预埋的土压力表读取初始数据，一天三次，早中晚各一次。

（3）盾构到达前姿态和线性测量。在盾构到达前 150m 地段即加强盾构姿态和线性测量，及时纠正偏差确保盾构顺利地从预埋钢环内到达盾构井。

（4）盾构到达掘进。盾构机进入到达段后，应减小推力、降低推进速度和刀盘转速，控制出土量并时刻监视土仓压力值，避免较大的推力波动影响洞门范围内土体的稳定。

（5）清理回填土，拆除临时挡墙。

2. 混凝土箱体水中进洞工法

在工期要求较紧，现场条件达不到回填水土的高度，安全、经济、确保工期的情况下，可以采用混凝土箱体新型工艺实施盾构机接收施工。混凝土箱体填充介质采用泡沫混凝土，制作时采用外送水泥浆＋现场生成泡沫＋外加剂现场泵送的方式，具有流动性高（泵送水平距离可达 500m）、无须振捣碾压、可固化自立等特点。泡沫混凝土 3d 抗压强度为 1MPa，满足盾构机切削要求。

考虑到盾构机接收后泡沫混凝土清除，为减少清除难度及清除过程中对结构外观的破坏，在泡沫混凝土浇筑前需对混凝土箱体内主体结构部分进行保护，具体包括箱体内的结构立柱及内衬墙。另外，对钢洞圈端面也需进行保护，确保后期洞门封堵能顺利焊接弧形钢板。根据现场实际情况，考虑采用油毡纸作为隔离保护材料。

泡沫混凝土采用现场制作，通过软管直接由预留施工孔进行回灌浇筑。为确保浇筑密实，拟采用分层浇筑方法，控制泡沫混凝土面与中板底部 5cm 净距。同时，为减小盾构机箱体内掘进推力，在盾构机包管位置预留空心 ϕ250PVC 管，PVC 管长 6.8m，两端封头。此外，为确保盾构达到万无一失，在浇筑洞圈底部、洞圈中心及洞圈上部过程中，对这三个部位泡沫混凝土进行取样，分别制作三组抗压试块，采用同等养护方式，在盾构机进入箱体前进行试块强度检测，为盾构到达接收提供数据支持。

3.7　富含水地层盾构始发与接收实例

3.7.1　富含水砂性土层盾构接收实例

南京地铁 10 号线是我国首条大直径穿越长江的地铁线路，其中越江隧道工程的开挖直径达 11.64m，属于大直径盾构，且接收端头地处富水砂性土层，工程地质条件差，地层水头压力高，盾构上覆土层浅，盾构接收难度巨大。本节对大盾构接收施工和控制技术的关键点和风险点进行分析，以期为今后富水砂性土层中大型泥水盾构安全接收提供重要参考。

1. 工程概况

南京地铁 10 号线越江段中间风井—江心洲区间全长 3598.975m，为单洞双线隧道，区间采用海瑞克生产的复合式泥水气压平衡盾构机施工，盾构刀盘开挖直径 11.64m，盾体直径 11.57～11.61m，盾体长度（含刀盘）14.23m。盾构隧道管片内径 10.2m，外径

11.2m，厚度0.5m，管片环宽2m。盾构接收段处于浅覆土地层，上部覆土约为10.48m，隧道坡度为2.8%。江心洲盾构接收井宽24.1m，基坑深24.507m，接收井围护结构为1200mm厚地下连续墙。盾构接收段主要穿越土层为粉质黏土、粉细砂，盾构接收端头地地分布如图3-34所示。

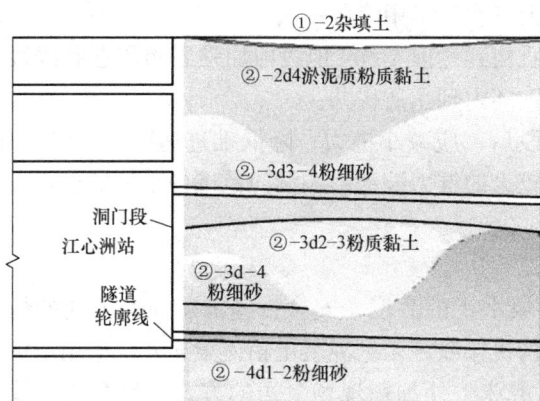

图3-34　盾构接收端头地质分布

2. 大盾构接收技术分析

1）大盾构接收施工特点及难点

（1）盾构在接收段推进时必须严格沿轴线进行掘进，但接收段处于坡度为2.8%的上坡位置，且盾构接收段上覆土层厚度较浅，接收口顶部埋深10.48m，浅覆土段盾构施工对盾构轴线控制和地面沉降控制存在较大难度。

（2）盾构直径较大（11.64m），因此隧道断面面积较大，而且接收端头在富水砂性土层中，由于水压高、工程地质条件差，对洞口止水技术及泥水平衡控制技术提出了很高的要求。

（3）为了增强端头加固土体稳定性、洞门破除和盾构接收的安全，工程采用人工垂直冻结法来弥补高压旋喷桩加固留下的薄弱带。

（4）在盾构接收之前，要凿除洞门范围连续墙。第2次破除洞门时需一次性破除1.1m，由于盾构接收和洞门准备时间的相互制约，洞门破除又影响了盾构机接收基座延伸和回填黏土压实等工序，使得破除时间紧，施工难度和风险较大。

（5）当盾构通过2.0m厚的冻土墙时易发生刀盘被冻住事故，且室温泥浆与低温的冻土墙接触时，可能会造成泥浆的性质变化及冻土墙体升温失稳。

（6）盾构接收端头地基加固处理方式比选。为达到工程端头加固范围及强度的要求，确保大直径盾构接收施工安全，对可行的端头加固方式进行比选：

① 三轴深层搅拌桩+高压旋喷桩。因三轴搅拌桩无法与地下连续墙密贴，在三轴搅拌加固区与地连墙连接段采用高压旋喷桩补充加固。在富水砂性土层中采用高压旋喷桩+三轴深层搅拌桩止水的加固方式时，流动水很容易将高压旋喷水泥浆带走，高压旋喷水泥浆不易凝结成整体，均匀性差，很难达到理想的加固效果，存在着局部薄弱带，盾构接收凿除洞门时易发生涌水涌砂事故。

② 单一杯形水平冻结工法。当受地面环境限制无法进行常规的化学加固，或在化学加固后探孔发现严重漏水、漏砂现象，或是端头地层为富含水承压含水砂层时，为了满足盾构安全始发与接收的端头土体强度和止水要求，可采用人工水平冻结的加固方案，用水平冻结工法可形成强度较高的杯形加固体，止水性能好，施工最为安全。但是冻胀融沉对周边环境的影响较大，且造价高，工期长，同时在盾构通过冻结加固区时刀盘容易被冻住。

③ 三轴深层搅拌桩+高压旋喷桩+垂直冻结。采用垂直冻结加固来弥补高压旋喷桩加固留下的薄弱带，可充分满足三轴深层搅拌桩加固区与地下连续墙之间紧密粘贴的要求；而且形成的垂直冻土帷幕具有强度高、抗坍塌能力强、止水性好等优点，可提高施工的安全性，同时造价和工期也很合理，是高水压富水砂性土层比较理想的加固方式。

④ 三轴深层搅拌桩＋高压旋喷桩＋水平冻结。当采用三轴深层搅拌桩＋高压旋喷桩的加固方式加固盾构接收端头时，已形成满足盾构接收强度要求的加固体，只需确保洞门处土体的止水性即可；若在此基础上再进行人工水平冻结加固，形成的杯形冻结加固体可确保盾构接收安全，当地面不具备垂直冻结孔施工条件时，可辅以水平冻结。该工法相比，单一杯形水平冻结工法可减小冻结杯壁及杯底厚度，节省造价，但与三轴深层搅拌桩＋高压旋喷桩＋垂直冻结加固方案相比，造价更高，施工难度更大，且工期较长。南京地铁 10 号线过江隧道接收端头主要为高水压富水砂性土层，该地层的承载能力差、地层渗透系数大、地下水压力较高，地面环境允许进行常规的化学加固。为保障大盾构的安全顺利接收，经以上比选，决定过江隧道接收端头加固工程采用水泥土三轴深层搅拌桩＋三重管高压旋喷桩＋垂直固结的加固方式。加固平面示意图如图 3-35 所示。

盾构接收端头加固区平面尺寸为：21.2m×20m（盾构隧道两侧各 5m，盾构外径 11.2m，沿盾构掘进方向纵向加固长度为 20m），盾构接收端头加固区加固深度为拱底以下 6m，其中拱顶以上 5m、拱底以下 6m 范围为强加固区。强加固区土体加固强度指标：无侧限抗压强

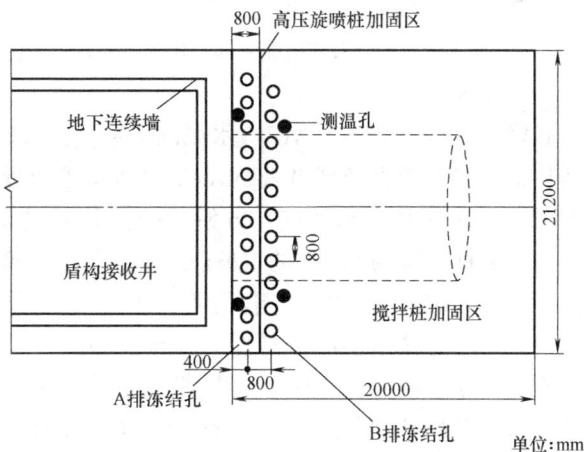

图 3-35　盾构接收端头加固平面示意图

度不小于 0.8MPa，渗透系数不大于 $1×10^{-7}$cm/s，同时确保加固土体的均匀性、密封性和自立性。其余为弱加固区。

2）冻结加固参数设计

根据工程地质概况和前期搅拌加固情况，结合工程特点、土层条件及施工现场情况对工程的冻结帷幕厚度进行设计。因接收端头已进行了搅拌和旋喷加固，2.0m 厚的冻结加固体主要起到封水作用，不需进行受力计算。

（1）冻结帷幕强度参数。冻土平均温度−10℃，抗压强度 4.02MPa，抗拉强度 1.07MPa，抗剪强度 1.8MPa。

（2）加固体尺寸。加固深度 25.47m（至隧道底部以下 4m），盾构两侧边缘向外 5m，加固宽度 21.2m，加固厚度 2.0m。

（3）冻结孔、测温孔的布设。垂直冻结加固共布设 2 排冻结孔，梅花形布置。与围护结构较近的 A 排管距槽壁 0.4m，排与排的间距为 0.8m，孔间距为 0.8 m。A 排与 B 排分别布设 27 根和 26 根冻结管，总计 53 根，每个冻结管长度为 25m；冻结管采用无缝钢管，直径为 127mm，厚度为 4.5mm。另外布设 4 个测温孔，测温管的长度为 25m，在测温管上距离地面 5、8、11、14、17、19、22、25m 处布设测温点，共计 8 个。

（4）洞门端头应急降水井由于端头处于富水砂性土层，故水压较高。为应对破除洞门及抽水时发生涌砂冒水，在江心洲站接收端头加固土体周围增设 20 口应急降水井，井深 40m，应急降水井分布如图 3-36 所示。

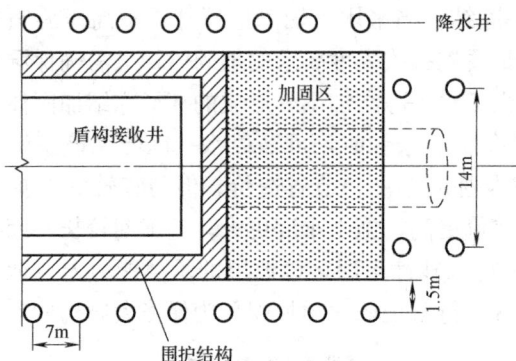

图 3-36 应急降水井平面布置图

3）盾构接收流程

盾构接收流程如图 3-37 所示，具体应遵循以下几点要求：

（1）洞门环设计、安装和验收。洞门环内径 12.1m，由 20mm 厚的钢板组成。洞门环在江心洲站西端头井主体结构施工内侧墙时预埋。整环分 8 块埋设，要求竖直和水平精度为 ±10mm。整体洞门环安装完成后再进行验收测量，并根据结果考虑盾构机贯通时的接收位置。

（2）接收基座施工。采用水中接收的方式，盾构接收基座为 M7.5 水泥砂浆结构。接收基座分 2 列 6 块，接收基座顶部标高比盾构机刀盘开挖直径高出 2.3m，提供盾构机前行时的反作用力。基座底部打满高 50cm 的基础，将 6 块基座相连接，方便盾构前移时的整体受力。基座的上表面坡度为 2.8% 的上坡，与隧道轴线坡度一致。

（3）洞门破除。当冻土墙厚度不小于 2m、平均温度不大于 -10℃，总管盐水温度保持在 -30~-28℃，盐水去回路温差不大于 1.5℃ 时，可判定冻土墙已达到设计的强度和止水性要求，开始破除洞门范围内的连续墙。为确保盾构机的安全接收，应尽量减少对洞圈区域内的土体影响，分两次对洞门范围内的连续墙进行凿除。第 1 次凿除地下连续墙外侧的 10cm 混凝土，剥除内层钢筋；第 2 次破除洞门之前在洞门上打探孔（米字形布置，共计 9 个），当洞门探测孔内土墙界面处温度不大于 -5℃，可确定冻土墙已达到设计要求，开始破除剩余 1.1m 洞门，破除完成后将混凝土渣清理干净，吊运出基坑。洞门破除完成后立即开始回填黏土和回灌水。

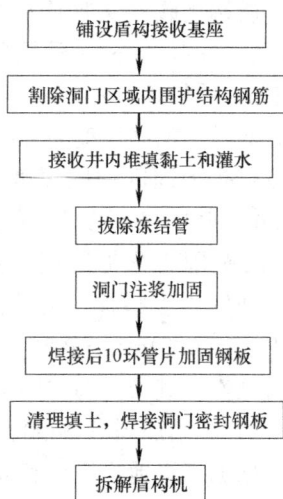

图 3-37 盾构接收流程

（4）竖井内回填黏土和灌水。在洞门区域内混凝土破除完成后，为防止大直径盾构与洞门圈间隙涌泥、涌砂，造成地表沉降过大或者端头地层坍塌事故，应向接收井内回填黏土，并进行压实，回填黏土厚度为洞圈顶部以上 3.5m 处，当盾构机通过洞门圈后下部回填黏土可对其提供支撑。回填黏土后向接收井内灌入清水，保证盾构接收时内外压力的平衡，灌水深度为盾构顶部以上 9.0m。

（5）冻结管拔除。当盾构机快到达冻土墙时，利用热盐水在冻结管中循环使包裹冻结管的冻土融化达到 5~8cm 时，拔除所有位于盾构推进范围内的冻结管。冻结管拔除步骤：首先在盾构破洞之前，将所有位于盾构推进范围内的冻结管拔至隧道顶部以上 0.5m 处，继续冻结；然后在盾构全部穿越冻土墙后，拔出所有的冻结管，并用黄砂对拔除冻结管后留下的孔洞进行充填。

（6）后 10 环管片钢板预埋、焊接加固。当盾构机推进至最后 10 环时停机，开始焊接后 10 环管片预埋钢板。预埋钢板分纵向预埋钢板和环向预埋钢板，用来加固管片的环缝和纵缝。钢板尺寸为 25cm×25cm×1.6cm。除了洞门管片以外的其余 9 环管片在内弧面对应位置预埋钢板，洞门管片除了内弧面预埋钢板，在其外弧面预埋厚 16mm 满铺的钢板（钢板边比成品管片外弧面往内收 4cm）。焊接管片用高 15cm 的 H 型钢或者高 2cm 的钢板。

（7）洞门衬砌与防水施工。洞门施工前将洞门管片预埋钢板凿出，并进行除锈处理；在洞门环上铺设防水层，并在洞门管片外弧面和预埋的钢环上贴遇水膨胀橡胶条，同时在洞门环上预留注浆孔；然后在洞门环上绑扎钢筋，确保洞门钢筋与端头连续墙结构联系牢固，之后立模、浇筑混凝土，在洞门混凝土达到一定强度后，及时通过预埋的注浆管向洞门混凝土背后压注水泥浆，提高洞门防水性能。

通过工程实例可以看出在富水砂性土层采用水中到达盾构接收，配以搅拌桩加旋喷桩和垂直冻结加固的端头地基加固方案，完全能够保证大直径泥水平衡盾构顺利凿除洞门及盾构安全接收。当冻土墙厚度不小于 2m、平均温度不大于 −10℃，总管盐水温度保持在 −30～−28℃，盐水去回路温度维持在 1.5℃ 之内时，可判定冻土墙已达到设计要求的强度和止水性要求，可以破除洞门范围内的连续墙。盾构通过冻土墙时不能停留，以防刀盘被冻住。从盾构接收段的监测结果来看，与未加固地段相比加固区域内的地表沉降在控制范围内，地基加固处理的效果较好。

3.7.2 盾构下穿敏感性建筑水平冻结＋短钢箱接收技术实例

1. 工程概况

常州市轨道交通 1 号线博爱路站—常州火车站区间沿和平北路设置，隧道南端头下穿常州火车站南广场出站口大楼，其平面位置如图 3-38 所示。火车站地下大厅结构底板距离隧道结构垂直高差仅 3.75m，如图 3-39 所示。本区间盾构接收段所在地层从上至下依次为⑤1 砂质粉土夹粉砂、⑤2 粉砂、⑥3 黏土、⑥4 粉质黏土等。该区域地下水系发达，其中⑤1 砂质粉土夹粉砂和⑤2 粉砂为承压含水层，地下承压水含量大，隧道上方覆土层薄，且下穿火车站地下站厅。盾构接收过程中若施工不当极易发生涌砂冒水、坍塌等工程事故。

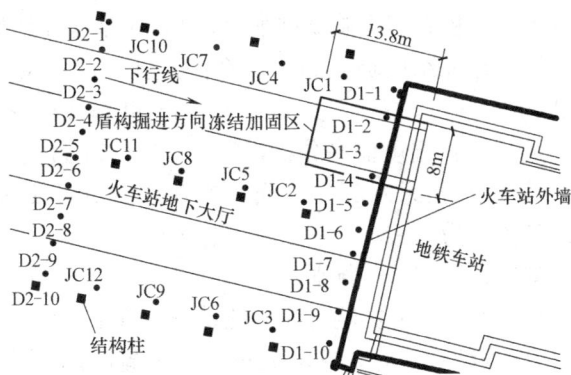

图 3-38　洞门端头平面位置

2. 冻结加固方案和冻结参数设置

1）冻结加固方案

常州火车站建造时对地基土已采用水泥搅拌桩和高压旋喷桩方式进行加固。为安全考虑，增加水平冻结法进行端头加固。考虑到盾构接收处土质的特殊情况及地面建筑物的位置和结构，接收端洞门中心冻土板块有效厚度设计为 2.5m，洞门圈外冻结帷幕长度设计为12.8m，外圈冻土帷幕有效厚度设计为 1.6m，以便刀盘未击穿加固体前盾尾已进入结构墙内，确保盾尾后方形成有效的隔水环境。冻结帷幕平均温度设计要求为不大于−10℃，管片与冻土界面处平均温度设计要求为不大于−5℃，设计积极冻结天数为 30d。布置水平冻结孔为 57 个（图 3-39），盾构接收冻结孔按水平角度布置，共布置 3 圈冻结孔和洞门正中 1 个冻结孔。外圈冻结孔沿直径 8m 的圆周边平均布置 32 个孔，开孔间距为 0.784m，深度为 13.8m。中圈冻结孔沿直径 5.4m 的圆周边平均布置 16 个冻结孔，开孔间距为 1.053m，深度为 2.8m。内圈冻结孔沿直径 2.7m 的圆周边平均布置 8 个冻结孔，开孔间距为 1.033m，深度为 2.8m。洞门正中心设置 1 个冻结孔，深度为 2.8m。冻结孔共 57 个，总长度为 511.6m。

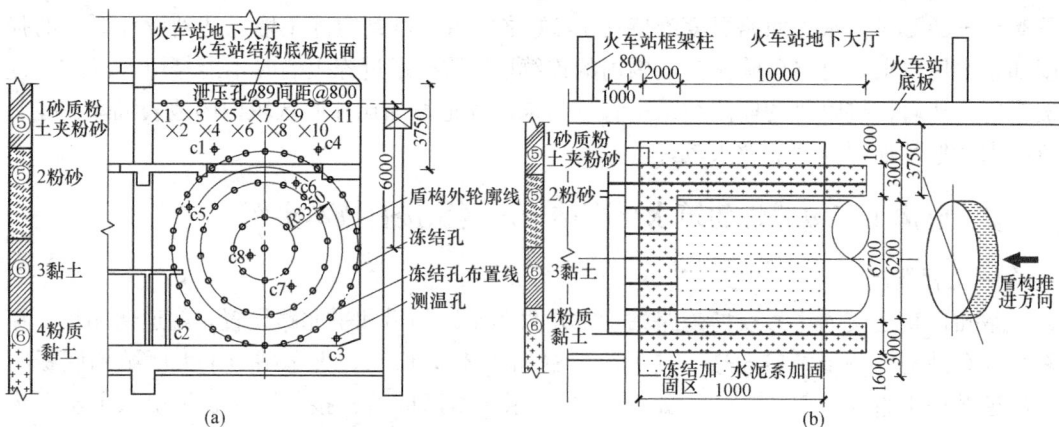

图 3-39 水平冻结孔及测温孔布置示意图
(a) 加固断面；(b) 加固剖面

2）测温孔布置

因接收端头已进行了搅拌桩和高压旋喷桩加固，2.0m 厚的冻结加固体主要起到封水作用，不需进行受力计算。在冻结区域共布置 8 个测温孔（图 3-39）。C1～C5 测温孔孔深为 13.0m，分别在孔深 2.5m、5.8m、8.8m、11.8m 和 13.0m 深度处布置 5 个测点，为加强对槽壁与冻土界面处土体温度监测分析，C1～C4 于 11 月 21 日在 1.8m 孔深位置增加 1 个测点；C6～C8 测温孔孔深为 2.5m，分别在孔深 1.0m、1.8m 和 2.5m 深度处布置 3 个测温点。对应编号依次为 C_i-1、C_i-2、C_i-3、……（$i=1$，2，3，…，6）。为保护地下空间既有结构，在其底板下布置一排泄压孔（兼做注浆孔），在施工不同阶段通过泄压或注浆减小冻结施工对既有结构的影响。泄压孔单排布置 11 个，单根长 5.8m，高度距隧道中心 6m。管材规格同冻结管，为 $\phi 89 \times 8$mm 低碳无缝钢管。测温孔及泄压孔具体布置如图 3-39 所示。C1～C8 测温孔距冻结孔距离分别为 0.72m、0.75m、0.75m、0.73m、0.33m、0.45m、0.65m 和 0.65m。

3. 工程实施过程与效果

本洞门冻结加固工程自 2017 年 10 月 17 日开机冻结，于 2017 年 12 月 31 日停止冻结，总冻结周期为 76d。其中内圈测温孔 C6～C8 因 12 月 13 日拔除冻结管时被破坏，温度监测于当日停止。

1）温度监测分析

选取不同位置同一深度处（2.5m）测点温度进行分析，如图 3-40 所示为测点温度随时间的变化曲线，测温孔 C6～C8 于 12 月 13 日拔出冻结管时已被破坏。在整个冻结期间，所有测点温度下降速率均是先快后慢最后趋于稳定。同一时间不同位置处温度也不尽相同，温度大小为外侧＞外圈＞中圈＞内圈，温差最大达 13℃。这是由于内圈与外界热交换少，冷量损失少，所以温度下降较快，冻土体交圈较早，而外侧受外界环境影响较大，越往外侧，冻土体交圈速度越慢。

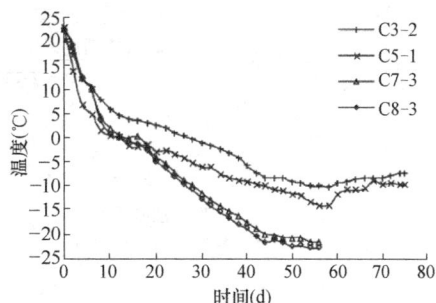

图 3-40 C3-2、C5-1、C7-3 和 C8-3 测点温度随时间变化曲线

2）隆起监测分析

距盾构端头边界 5m 起始，在车站地下大厅每隔 35m 布设一个监测大断面，每个大断面布置 10 个测点，测点间距为 3.5m，其中测点 D1-3、D2-3 位于左线隧道中心线处；每两个大断面之间等间距布置 4 个监测小断面，小断面间距为 7m，每个小断面布置 3 个测点，测点间距为 15m，如图 3-38 所示。

积极冻结期间隧道端头处各测点的累计竖向位移曲线如图 3-41 所示（正值表示冻胀），实测结果表明积极冻结期间大厅底板总体隆起值较大，最大隆起值约为 46mm，无沉降。这是由于采用人工冻结法加固土体时，未对土体进行预处理。且该区域以砂性地层为主，含水率大，冻胀率相对较大，加之该冻结区域范围内覆土厚度仅为 3.75m，造成冻结期间车站底板隆起较大。

图 3-42 为隧道端头纵断面处各测点累计竖向位移曲线。由此可见，距洞门端头距离越近，其冻胀造成的隆起量越大；随着距端头距离增大，其隆起值逐渐减小，JC8、JC11 已超出当超出冻结管所在平面范围，其隆起量明显较小。

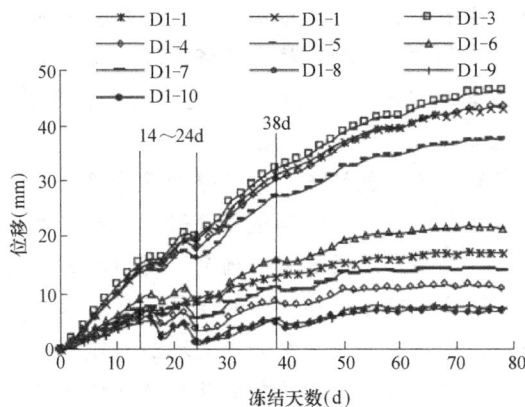

图 3-41 隧道端头横断面各测点累计竖向位移曲线

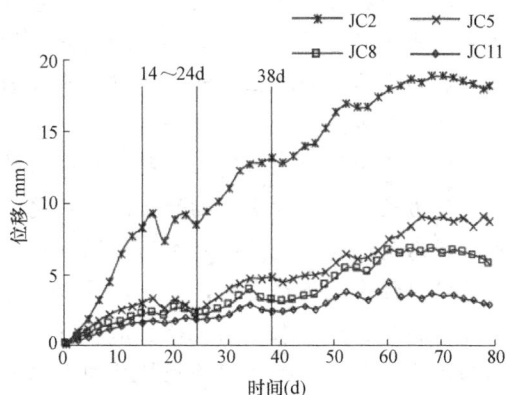

图 3-42 隧道端头纵断面各点累计竖向位移曲线

3）洞门破除及密封

本工程洞门密封采用加装短钢箱方式。在接收洞门外侧增加一环形短钢箱，钢箱长度

仅为 450mm，板厚为 20mm，分四块拼装，焊接于洞门钢环之上，图 3-43 为短钢箱剖面示意图。短钢箱内安装内外双层止水帘布和折页压板，在洞门钢环内增加两圈加长型盾尾刷，并在结构墙设置盾尾油脂压入孔。

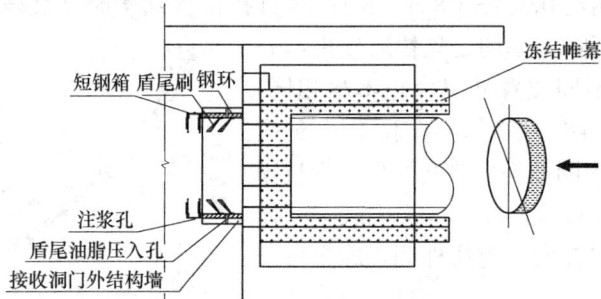

图 3-43　短钢箱剖面示意图

在盾构接收过程中向短钢箱内同步注入惰性浆液以起到密封止水作用。外侧翻板上焊接螺母，中间用钢丝绳串联，在端墙两侧用捯链固定，在盾体、管片通过时通过捯链拉紧翻板，使得橡胶帘布板与盾体、管片紧密贴合，并通过短钢箱上注浆口向短钢箱内注入惰性浆液进行填充，起到止水环箍的效果。当出现漏水涌砂时，可注入化学浆液（WSS），快速凝固堵漏。并且通过在结构墙上设置的盾尾油脂压入孔向洞门钢环内盾尾刷之间压注盾尾油脂，起到密封止水的作用。

工程实践表明采用加装短钢箱接收方式具有较好的密封止水效果，施工工艺合理可行，安全可靠。本工程得以顺利进行，可为今后类似工程提供可行技术。

本章小结

（1）阐述了盾构始发与接收流程，盾构钢套筒始发与接收技术、水中接收技术和玻璃纤维筋混凝土围护始发与接收技术等，介绍了盾构始发与接收几种封门形式。

（2）盾构隧道端头加固方式分为化学加固、冻结法加固、降水加固及其他非常用加固方式。阐述了常用盾构隧道端头加固方式的加固特点，并进行了技术经济比较。将盾构隧道端头的土体分为软土、富含水砂性土及岩石三类，阐述了不同地层所适宜的加固方式，及具体加固方法。

（3）分别给出了加固土体稳定性分析的不同的方法，包括板块强度分析设计理论、砂性土静力理论验算方法、黏性土滑移失稳理论验算方法及土体扰动极限平衡理论等。端头加固所需范围包括隧道纵向加固范围和盾构横向（径向）加固范围的确定。纵向加固长度的确定应视有无止水要求，无止水要求时应满足强度、稳定性和变形的要求，有止水要求时还应满足止水要求。软土地区盾构隧道端头横向加固主要起止水和稳定地层的作用，横向加固区可以和盾壳共同作用抵抗周围水土压力。分别给出了化学加固及水平杯形冻结加固解析解和数值解确定端头加固范围的方法。

（4）详细介绍了富含水砂性土层盾构始发与接收技术，包括钢套筒始发与接收技术和水中接收技术，并以南京地铁 10 号线大直径穿越长江和常州轨道交通 1 号线为例给出了富含水砂性土层盾构接收具体案例。

思考与练习题

3-1 简述盾构始发与接收技术的重要性及关键点。

3-2 简述盾构隧道端头加固最常见出现的问题及不同条件下加固方式的比选。

3-3 简述端头加固的目的及注浆加固、旋喷桩、搅拌桩和冻结施工几种技术的基本原理。

3-4 简述不同条件下几种地层处理方式的选择。

3-5 简述在端头加固过程中有哪些参数影响土体稳定性并简要分析。

3-6 结合工程实例，简述分析端头加固需要通过哪些方面的综合考虑来确定加固范围。

3-7 简述在富含水砂性土层中盾构始发与接收需要考虑哪些困难情况并提出应对措施。

3-8 简述水平冻结法加固端头的关键技术参数与工艺。

第 4 章　盾构隧道推进技术

本章要点学习目标及课程思政

本章要点：
(1) 盾构施工准备；
(2) 盾构 100m 试掘进及正常段推进；
(3) 盾构换刀技术；
(4) 盾构特殊段推进。

学习目标：
(1) 熟悉盾构施工准备工作；
(2) 掌握盾构试掘进及正常段推进施工技术；
(3) 熟悉盾构换刀技术；
(4) 了解盾构特殊段推进施工技术。

课程思政：
勇毅前行谱写新篇。将工匠精神、职业素养、民族自豪感等贯穿到课堂学习中，走近钱七虎——我国现代防护工程理论的奠基者、防护工程学科的创立者、防护工程与地下工程科技创新的引领者、地下工程著名专家、中国工程院首届院士、国家最高科学技术奖获得者，为国家科技进步发光发热，首次提出了开发利用城市地下空间的战略，他的"新城市建设与立体城市"理念，让城市发展中的土地资源紧缺、环境污染、生态破坏、交通拥挤等系列城市化矛盾逐渐缓和，生态宜居城市越来越多，城市轨道交通在自我驱动、分享与合作、坚持、创新的高质量发展道路上愈加稳健。

4.1　盾构施工准备

　　城市地铁作为一种绿色环保的新兴交通工具，是城市现代化的重要标志和展示窗口，世界和中国很多城市都已有或正在规划修建地铁。随着科技的发展，盾构法施工开始取代传统的地铁开挖方法，成为一种新型的施工工艺。随着长距离、大直径、大埋深、复杂断面盾构法施工工艺的成熟发展，越来越多的施工单位开始使用盾构法施工工艺技术，逐步成为地铁隧道的主要施工方法。但同时，盾构法施工对地下地质条件要求很高，各项配套措施繁多，因此在盾构施工前做好相关准备工作是必需的。盾构施工准备工作主要可分为以下几项。

4.1.1　一般性要求

　　盾构施工前应当完成基本准备，主要有以下五项。

1) 在地铁区间隧道施工前，应具备下列基本资料：

（1）工程地质和水文地质勘察报告；

（2）施工沿线的环境、建（构）筑物、地下管线和障碍物等的调查报告；

（3）施工所需的设计图纸资料和工程技术要求文件；

（4）工程施工合同文件、分包合同文件、监理合同文件；

（5）隧道工程施工组织设计和风险应急救援预案。

2) 工程所使用的原材料、半成品或成品的质量应符合国家现行的有关标准、设计要求和规范规定。

3) 盾构掘进施工，必须建立完整的施工测量和监控量测（即监测）系统。

4) 盾构工作井设置时，应满足盾构相关作业的要求。

5) 采用盾构掘进施工前，应完成如下主要准备工作：

（1）复核竖井井位坐标；

（2）复核洞圈制作精度和就位后标高、坐标；

（3）进行盾构掘进前的组装、调试与验收；

（4）始发基座、负环管片、反力架等设施的检查验收；

（5）检查预制管片的质量；

（6）准备盾构推进施工的各类报表；

（7）洞口前土体加固改良情况和洞圈密封止水装置检查。

4.1.2 前期调查

随着地铁工程的快速发展以及盾构施工的广泛应用，盾构施工过程中会经常遇到一些特殊的地质状况和复杂的周边环境，给地铁施工带来不便，因此前期的地质勘察和现场调查工作非常重要。地质勘察需要对当地的地形、地貌、水文地质及周边环境等方面进行勘察，勘察过程要认真、全面。作为盾构施工前期的第一手资料——地质勘察报告，在做好了地质勘察工作后，才能选择适合当地地质条件的施工方法，有时还可以节约施工成本。前期调查主要可分为以下四类：

（1）必须详细了解施工段的工程地质和水文地质情况，必要时进行补充地质勘察。

（2）必须对道路、交通流量、地面建（构）筑物及文物等进行现场踏勘和调查，对可能进行基础托换的建（构）筑物应做好施工预案。

（3）必须对地下障碍物、地下构筑物及地下管线等进行调查，必要时可进行探查。

（4）必须了解工程环境保护要求，进行工程环境调查。

4.1.3 技术准备和人员培训

技术方案是盾构施工的指导性文件，因此在施工前一定要有完善的技术文件。如开挖技术、加固技术和应急方案等一定要在施工前准备好。

作为一项具有很强连续性的机械流水施工工艺，盾构法施工有一次性投入大、施工过程耗费高的特性。在盾构机施工开始后，对材料的消耗和相关管理费用的消耗都十分巨大，因此在施工前期必须对盾构施工方案细化和优化，如盾构机选型，始发和到达方案的确定，相对应设施准备工作等。在盾构施工过程中，不仅要在人员上用心组织，全面进行计划，而且要迅速地对机械设备进行准备和修理，在进行每一个环节时都要配合工作，无缝衔接工程，使盾构施工进行的迅速，有条理。

为保证盾构施工安全顺利进行，确保施工保质按期完成，在盾构施工前应当进行相应的技术准备。技术准备主要有以下五项：

（1）盾构掘进施工前必须根据地质、工况、环境条件等编制施工组织设计和风险应急救援预案，并经审批。

（2）应根据工程及盾构的特点，对施工作业人员进行上岗前的技术培训和技术考核。

（3）盾构法隧道施工前应进行技术交底。

（4）特殊地段的施工必须编制专项方案，包括环境保护预案。

（5）应按工程特点、环境条件和调查现状完成测量及监测的准备工作。

制定详尽的盾构施工管理制度，明确岗位职责，使每个人了解自己的责任，再通过培训，将每个人的职责实践到施工的行为中，将人和机器在组织管理作用下结合在一起，成为一个整体，这样就能井井有条地进行高效施工，通过规定盾构施工过程中的管理条例，使施工管理人员的培训越来越严格，对施工和管理的规章制度严格执行，对施工管理和技术人员的能力要求也要提高，最终使盾构施工越来越规范，效率越来越高。

4.1.4　生产准备

（1）对施工现场进行调查，确定进入现场的水、电接入口，办理有关手续，布置场内临电、临水走向。

（2）根据施工进度计划，及时协调做好劳动力、物资、设备的准备工作，制定现场管理、消防保卫和环境卫生管理措施。

（3）了解现场地上地下障碍情况，向业主及监理提交拆迁报告和地下障碍的保护方案。

（4）调查联系渣土消纳场地，并办理渣土消纳手续。

（5）开工前完成现场临时占地手续，并按标准做好临设的搭建。

4.1.5　设备设施准备

盾构法施工全线使用盾构机掘进，为保证整个盾构施工过程顺利进行，在盾构施工前应当进行充分的盾构设备和设施准备。主要准备工作有以下方面。

1）盾构及配套设施的选型及配置

（1）应根据隧道长度、埋深、工程地质和水文地质条件、沿线地形、建（构）筑物、地下管线等环境条件以及对地层变形的控制要求，结合掘进、衬砌、施工安全、经济和工期等因素，经综合分析确定；

（2）盾构机械设备应由专业厂家制造；整机制造完成后应经总装调试合格方可出厂，并应提供盾构成品质量保证书和关键部件合格证书；

（3）应根据盾构掘进方法及隧道施工中各项工艺的特点，在地面设置必要的辅助设施；

（4）应配置符合盾尾同步注浆施工要求的盾尾密封装置、注浆设备和拌浆站，同时符合环境保护要求；

（5）应选择合理的水平及垂直运输设备，应具有质保和安全证书；

（6）供电设备应满足盾构掘进施工的要求。

2）盾构始发和接收设施的准备

（1）始发井内盾构基座应满足盾构组装，试运转及始发要求；

（2）接收井内的基座应保证安全接收盾构，并能进行盾构检修、解体的作业或整体折返调头位移；

（3）设置盾构始发反力支撑系统，应满足强度、刚度要求；

（4）工作井内应布置必要的排水（泥浆）设备；

（5）洞口应设置满足盾构始发和接收要求的洞圈密封装置。

4.1.6 施工作业准备

在盾构施工前，应当进行施工作业准备，主要有以下三项。

（1）盾构始发和接收时，应视地质和现场等条件对工作井洞门外的一定范围内的地层进行必要的地层加固，并对洞圈间隙采取密封措施，确保盾构始发和接收安全。

（2）盾构施工场地布置应根据现场条件、施工工艺要求和周边环境合理规划满足工程施工所需的管片堆放场地、渣土存放场地、拌浆站及材料设备堆放场地等。

（3）进场前应做好测量控制桩的交桩，并根据控制桩及相关资料完成初始姿态的测定。

4.2 盾构 100m 试掘进

盾构隧道掘进一般可分为 3 个阶段，即始发试掘进阶段、正常段掘进阶段和到达掘进阶段。随着社会的不断进步与发展，地铁的施工技术也逐渐进步，随着我国地铁掘进技术的发展，始发试掘进施工技术已经被我国的地铁界认可。现在多数城市的地铁施工都采用这种技术，始发试掘进阶段作为盾构隧道掘进中正常段掘进阶段的前面的重要关键环节，不仅仅关系到周边建筑及施工的安全，而且直接影响施工的质量、进度、安全以及经济效益。通过该段施工可以摸索出适合所在地层的盾构掘进最佳参数，总结试掘进施工过程中存在的问题，从而保证安全、快速、顺利地完成工程盾构后续掘进施工任务。

4.2.1 试掘进长度及目的

1. 盾构试掘进长度

决定盾构初始掘进长度即试掘进长度，通常要考虑以下因素：（1）衬砌与周围地层的摩擦阻力足以提供盾构的推力；（2）盾构和盾构的后续台车设备；（3）试掘进时运输线路情况；（4）施工熟练水平、施工速度及工期要求。

试掘进长度 L 的计算公式如下：

$$L \geqslant \frac{F}{2\pi R f} \tag{4-1}$$

式中　L——试掘进长度（m）；

　　　F——千斤顶推力（N）；

　　　$2\pi R$——衬砌环的周长（m）；

　　　f——衬砌和土体的摩擦系数（N/m²）。

考虑现场情况的复杂性和计算参数的难以确定性，通常选取 100m 作为盾构始发试掘进的长度。

2. 盾构试掘进目的

盾构试掘进施工是盾构机整个系统工作的开始，同时也是设备检测、调试的时刻。试掘进的主要目的如下：

（1）用最短的时间对盾构机进行调试。

（2）认识和了解工程地质条件，掌握该地质条件下盾构的施工方法。

（3）确定合理的施工参数。应通过盾构试掘进，摸索出适应不同地质条件、覆土厚度、地面情况的压力设定值，选定合适的盾构性能指标。

（4）掌握盾构掘进、管片箱涵拼装的操作工序，保证管片拼装质量，加快施工进度。

（5）加强对盾构施工参数的采集，充分收集盾构机通过试掘进段所取得的各种数据，并结合监测资料进行综合分析研究，掌握盾构在控制地面沉降、纠正轴线偏差等方面的特性，为盾构施工参数设定提供依据。

（6）通过对地层推进施工，摸索出在盾构断面处于各地层中，盾构推进轴线的控制规律。

4.2.2　盾构始发方式

盾构试掘进是盾构始发中重要阶段之一，在试掘进之前需要进行盾构始发的初始准备。盾构始发的方式对盾构试掘进具有较大的影响。盾构始发方式根据盾构主机、后配套及相关附属设施是否一次性放置于地下，分为整体始发和分体始发；根据临时拼装的负环管片是否采用半环方式，分为整环始发和半环始发；根据盾构始发的线路不同，又可分为直线始发和曲线始发。

1. 整体始发和分体始发

1）整体始发

整体始发是指将盾构主机和全部台车安装在始发井下，盾构始发掘进时带动全部台车一起前进的施工技术。当具备整机始发条件时，尽量采用整体始发，以便充分发挥盾构施工安全、快速、高效的优势。目前盾构施工中，采用的整体始发主要有利用车站整体始发和利用"始发竖井＋反向隧道＋出土井"（图 4-1）的整体始发两种方式。

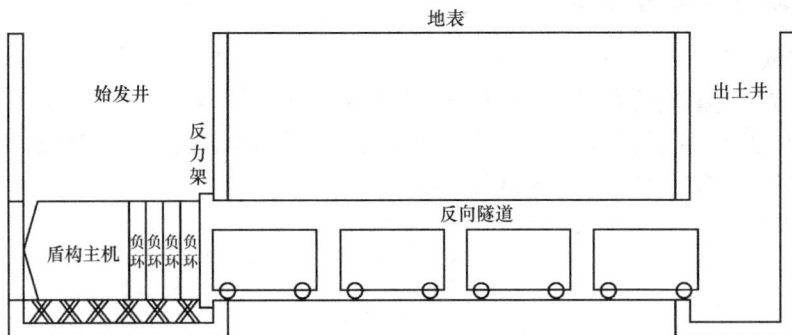

图 4-1　盾构"始发竖井＋反向隧道＋出土井"整体始发

利用"始发竖井＋反向隧道＋出土井"的整体始发方式只需增加 1 个出土竖井的投资，在出土井施工场地许可的情况下，可以在始发井和出土井同时施工的情况下，从两个工作面同时施工 70m 左右的反向隧道，能大大节约总体工期。该始发方式已在北京住总集团施工的北京地铁 10 号线一期工程中成功应用，因此，在车站条件不具备盾构机整体始发时，可优先考虑"始发竖井＋反向隧道＋出土井"的整体始发方式。

2）分体始发

按常规整体始发需要 100m 长的始发反向隧道或车站空间。可能因场地拆迁或总工期控制等因素一时不能提供盾构整体始发空间，这时需要采用分体始发。

分体始发是指将盾构主机与全部或者部分台车之间采用加长管线连接，盾构主机与全部或者部分台车分开前行，待初始掘进完成后再将盾构主机与全部台车在隧道内安装连接，进行正常掘进的始发方式（图 4-2）。盾构分体始发时，盾构主机与地面台车之间采用的电缆、油管等管线需加长连接，在盾构掘进 100m 左右后拆除负环，将后配套台车吊入始发井或车站内，并拆除台车与盾构主机相接的加长管线，对台车与盾构主机重新进行连接，然后按正常掘进模式掘进。目前盾构施工中，根据现场情况，常用的有把部分台车或全部台车置于地面两种方式。

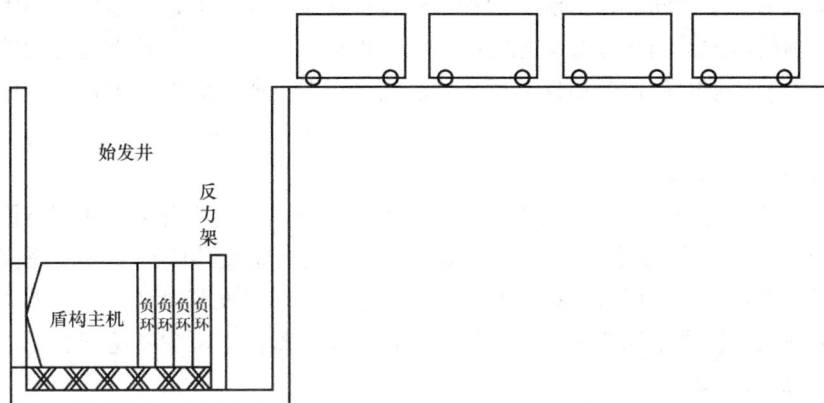

图 4-2　盾构分体始发方式示意图

2. 整环始发和半环始发

盾构始发时，盾构机的后端是一个反力架，盾构机向前推进时需在盾尾拼装管片环（一般通缝拼装）以给盾构机掘进提供反作用力，那么从反力架到盾尾之间安装的管片就是负环管片。根据负环管片是否需要采用半环方式，分为整环始发和半环始发。

1）整环始发

可利用反力架和后井壁之间的空间出土和材料运输时，始发可采用整环始发。

2）半环始发

需要利用拼装好的半环管片上部空间进行出土和材料运输吊装时，始发可采用半环始发。

3. 直线始发和曲线始发

直线始发指盾构始发时隧道中心线为直线，而曲线始发指盾构始发时隧道中心线为曲线。其中曲线始发根据曲线半径大小又可分为割线始发和切线始发。一般情况下，曲线始发半径不宜小于 500m，而广州市轨道交通 6 号线盾构 3 标段工程盾构曲线始发的半径只有 250m。小半径曲线始发时，始发路径的合理选择、盾构姿态控制和盾构推进时各参数的合理选择是始发的关键。

4.2.3 盾构试掘进准备

盾构进行试掘进作业前，需要进行一系列的施工准备。准备内容包括端头土体加固、洞门围护结构凿除、盾构始发基座安装、盾构机组装调试、洞门密封系统安装、反力架安装、始发导轨安装、负环管片安装等。

1）端头土体加固

在盾构始发掘进时，随着竖井挡土墙或围护结构的拆除，端头土体的结构、作业荷载和应力将发生变化，对始发掘进的竖井端头地层需进行土体加固。主要目的：防止拆除临时墙或围护结构时的振动影响；在盾构贯入开挖面前，能使围岩自稳及防止地下水流失；防止开挖面坍塌；防止地表沉降等。

端头土体加固具体加固方法在第3章中已有详细介绍，此处不再赘述。

2）洞门围护结构凿除

在盾构机下井组装同时，对洞门围护结构打探孔确认了前方地质条件及加固质量，确保不渗漏。洞门围护结构破除必须把握好时机，根据吊装能力、吊装空间对围护结构进行合理分块。围护桩破除后，应根据断面土层稳定情况及暴露时间的长短，决定是否要进行喷浆加固处理。

3）盾构始发基座安装

盾构始发基座主要有钢结构基座、钢筋混凝土基座以及钢筋混凝土和钢结构结合基座3种形式，施工中常用钢结构基座。始发基座直接安放在始发井底板上，在底板始发基座楞边中心线位置预埋钢板用来与始发基座焊接连接，确保始发基座在盾构推进时不发生扭转。在盾构井底板混凝土浇筑时，必须控制好标高及平整度，减少基座安装工作量。

4）盾构机组装调试

先在站内将盾构车架及电瓶车走行轨道铺设完成，将站内走行轨道与始发架上安装的临时走行轨道连接。盾构吊装顺序按盾构车架→主机组装→液压系统安装→其他配套系统进行。主机组装顺序按钢桥吊和起重机轨→螺旋输送机→后体→中体→前体→刀盘→后体→螺旋输送机→钢桥吊和起重机轨→后配套与主机连接。

5）洞门封闭系统安装

洞门密封系统由洞门圈、钢环、帘布橡胶板、扇形翻板组成。洞门密封系统用于密封始发洞口与盾构或者管片的间隙，并在盾构开始掘进之前通过调节压板使洞门密封起到止水作用，防止封洞门时注浆外泄。

6）反力架安装

反力架作用是提供盾构推进时所需的反力。根据钢负环、始发基座、0环的结构尺寸，确定反力架前端至洞门的距离。安放反力架之前，需要先对底板进行清理，再对反力架进行精确定位，使之与盾构机的中心轴线保持垂直。由于始发基座和反力架为盾构始发时提供初始的推力即初始的空间姿态，在安装时，反力架左右偏差控制在 ±10mm 以内，高程偏差在 ±5mm 以内，始发基座轴线与反力架竖直轴线的夹角为 90°。

7）始发导轨安装

洞门凿除后，盾构刀盘前端距离前方土体仍有一定距离，为了防止盾构刀盘因为悬空而发生"叩头"现象，需要设置导轨进行过渡，安装倾角位置与基准导轨一致。导轨沿始发托架一直延伸到洞门圈内，并与洞门圈钢板焊接，导轨的另外一端与始发基座焊接固定。导轨不宜过长、过高。

8）负环管片安装

盾构始发负环管片的安装流程主要为：（1）负环管片安装准备；（2）负环管片后移；（3）钢负环与第1负环连接。地层条件较好时，负环管片的拼装方式可采用通缝拼装，否则采用错缝拼装方式。

盾构试掘进准备工作完成后，可进行试掘进施工作业。

4.2.4　盾构试掘进施工控制

1. 盾构试掘进阶段

第一环管片开始拼装后，盾构进行初始试掘进阶段，该阶段一般为100m左右。盾构试掘进依据施工情况可分为以下四个阶段。

1）试掘进初始始发阶段

盾构始发后，首先穿过6m长的洞门地层加固区。盾构穿越时，姿态调整较为困难。此阶段推进速度控制在10~20mm/min。为减少刀盘切削困难，可适当向前仓加注泡沫及膨润土。同时应当密切注意刀盘扭矩和前仓压力的变化情况，一旦发现突然降低，可以认为前盾已出加固区域，由于盾尾仍在加固区内，因此仍不宜对盾构姿态做较大调动，待盾构继续推进9m，确信盾尾也已脱出加固区后，方可对盾构姿态进行调整。

2）试掘进第1阶段（0~35m）

这一阶段日进度可控制在2~3环，对密封仓土压力、刀盘转速及压力、推进速度、千斤顶顶力、注浆压力及注浆量等，分别采用几组不同施工参数进行试掘进。通过隧道沉降、地表沉降的测量数据反馈分析，确定1组适用的施工参数。

3）试掘进第2阶段（35~70m）

视地表、地层变化情况，在可能条件下日进度从3环逐步增加至6环。采用已掌握的各项适用参数值，通过施工监测，根据地层条件、地表管线、房屋情况，对施工参数作缜密细微的调整，取得最佳施工参数。

4）试掘进第3阶段（70~100m）

这一阶段是正式掘进施工的准备阶段，日进度一般为6~8环，但应该以地面沉降控制、管线保护为原则。

通过此阶段的试掘进，进一步掌握施工参数、完善隧道轴线控制、衬砌拼装质量等具体保证措施，根据隧道覆土厚度、地质条件变化、地面附加荷载等变化情况，适时调整盾构掘进参数，为整个区间隧道施工进度、质量管理奠定良好基础。

2. 盾构机掘进控制

盾构试掘进过程中对于盾构机掘进控制主要体现在以下三个方面：

1）直线段推进和地层变形的控制

在盾构直线推进过程中，推力、推进速度和出土量三者的相互关系，对盾构施工的轴线和地层变形量的控制起主导作用，在盾构施工中应当根据不同土层和覆土深度、地面建筑物、监测信息的分析及时调整土仓压力值和注浆量的设定。同时要求推进坡度保持相对稳定，控制纠偏量，以减少对土体的扰动，为管片拼装创造良好条件。

2）曲线段推进和地层变形的控制

盾构在曲线段推进时，应根据曲线的施工特点调整推力、推进速度、出土量和注浆量，并根据地层变形信息数据及时调整各种施工参数，将土压平衡值和注浆量调整至曲线推进的最佳状态。曲线推进实际上是将处于曲线的切线位置上的管片进行折线拟合，推进的关键是确保对盾构头部的控制。

3）盾构掘进中的方向姿态控制

由于盾构隧道岩层变化大，软硬不均，有曲线及坡度变化，盾构机掘进时易发生方向偏差，因此在施工中应严格控制盾构机的姿态，并正确纠偏修正蛇行，以免产生过大的地层损失而引起地层变形。

盾构掘进过程中产生偏差的主要有滚动偏差和方向偏差两种，其产生偏差原因和纠偏标准如下：

（1）盾构机滚动偏差是由于刀盘切削开挖面土体产生的扭矩大于盾构机壳体与隧道洞壁之间的摩擦力矩而产生的，过大的滚动会影响管片的拼装，也会引起隧道轴线的偏斜，当滚动偏差超过 0.5°时，应及时对滚动偏差进行纠正。

（2）盾构机方向偏差主要原因如下：①盾构在小曲线上掘进，不同部位推进千斤顶参数设定的偏差；②盾构主体表面与地层间的摩擦阻力不均衡，开挖掌子面上的土压力以及切削欠挖地层所引起的阻力不均衡；③开挖面岩层分界面起伏大，岩层软硬不一致；④受盾构刀盘自重的影响，盾构也有低头的现象，引起竖向偏差。

4.2.5　盾构试掘进结束工作

通常在盾构试掘进 100m 左右时，进行反力架、负环管片拆除，转入正常掘进阶段。只有始发反力架及负环管片拆除后，该盾构工作井才具备快速垂直运输的空间，方可实现隧道的快速施工，如图 4-3 所示。

1. 反力架及负环管片拆除准备工作

负环管片及反力架拆除是一项极具风险的施工作业，在进行拆除前必须做好相应的准备工作，为拆除作业有条不紊地进行创造必要的条件。其要点如下：

1）拆除负环管片前，应将始发井口处范围内的运输轨道、水管、高压电缆拆除，确保作业场地可控。

图 4-3　负环管片拆除

2）准备好龙门起重机、气割设备、电焊设备、空压机、千斤顶等拆除所用设备，并进行必要的检查与调试，确保设备工作正常，做到设备可控。

3）准备好钢丝绳、H 型钢、卸扣等材料，确保其强度、拉力等满足拆除作业安全进行，并取得厂家的合格保证，做到材料可控。

4）准备能够完成负环拆除作业的组织与劳动力资源，该人力资源应具有负环拆除的相关经验，良好的安全意识及集体观念，确保人员可控。

5）盾构机停机。

2. 反力架及负环管片拆除工序

1）反力架拆除

通常反力架拆除顺序如下：拆卸反力架横撑及斜角撑螺栓→起吊顶部横梁→分别拆卸斜撑及立柱下部连接螺栓→起吊反力架立柱及斜撑，切割下部立柱与预埋件焊接→起吊下部横梁。

2）负环管片拆除

通常负环管片拆除顺序如下：拆除加固负环的钢丝绳及木楔块→凿通管片吊装螺栓孔（手孔）→在管片螺栓孔（手孔）中穿钢丝绳→将钢丝绳挂在手动葫芦上→拆除管片连接螺栓→管片用龙门起重机或汽车起重机吊离始发井。

4.3 盾构正常段掘进施工

4.3.1 盾构掘进施工工艺

1. 施工主要内容

盾构机在完成 100m 的试掘进后，将会对掘进参数进行必要的调整，从而为后续的正常掘进提供条件。盾构正常段推进施工的主要内容包括：

1）根据地质条件和试掘进过程中的监测结果进一步优化掘进参数。

2）正常推进阶段采用试掘进阶段掌握的最佳施工参数。通过加强施工监测，不断地完善施工工艺，控制地面沉降。

3）推进过程中，严格控制好推进里程。将里程偏差控制在缓和曲线、圆曲线段隧道设计纵轴方向即沿里程方向、垂直隧道沿设计轴线方向。

4）盾构应根据当班指令设定的参数推进，推进出土和泥水流量（泥水盾构）与衬砌背后注浆同步进行。不断完善施工工艺，并控制施工后地表最大变形量在 $-30\text{mm}\sim +10\text{mm}$ 之内。

5）盾构掘进过程中，坡度不能突变，隧道轴线和折角变化不能超过 0.4%。

6）盾构掘进施工全过程须严格受控，工程技术人员根据地质变化、隧道埋深、地面荷载、地表沉降、盾构机姿态、刀盘扭矩、千斤顶推力等各种勘探、测量数据信息，正确下达每班掘进指令，并及时进行跟踪调整。

7）操作人员须严格执行指令，谨慎操作，对出现的小偏差应及时纠正，尽量避免盾构机走"蛇"形，盾构机一次纠偏量不宜过大，以减少对地层的扰动。

8）做好盾构施工相关的施工记录，记录的主要内容有：

（1）隧道掘进施工进度：油缸行程、掘进速度、盾构推力、土压力、泥水压力、刀盘转速和泥水流量、盾构内壁与管片外侧环形空隙（上、下、左、右）。

（2）同步注浆：注浆压力、数量、稠度、注浆材料配合比、注浆试块强度（每天取样试验）。

（3）测量：盾构倾斜度、隧道椭圆度、推进总距离、隧道每环衬砌环轴心的确切位置（X、Y、Z）。

2. 盾构掘进流程

盾构正常段掘进流程见图 4-4。

4.3.2　盾构掘进模式

目前广泛使用的盾构模式主要有两种，即土压平衡盾构和泥水加压平衡盾构。两者在盾构掘进时有不同的掘进模式。

1. 土压平衡盾构

土压平衡盾构指盾构推进时，其前端刀盘旋转掘削地层土体，切削下来的土体进入土仓。当土体充满土仓时，其被动土压与掘削面上的土压、水压基本平衡，使得掘削面与盾构面处于平衡状态（即稳定状态）。土压平衡盾构主要有三种掘进模式：土压平衡模式、敞开模式、气压平衡模式。

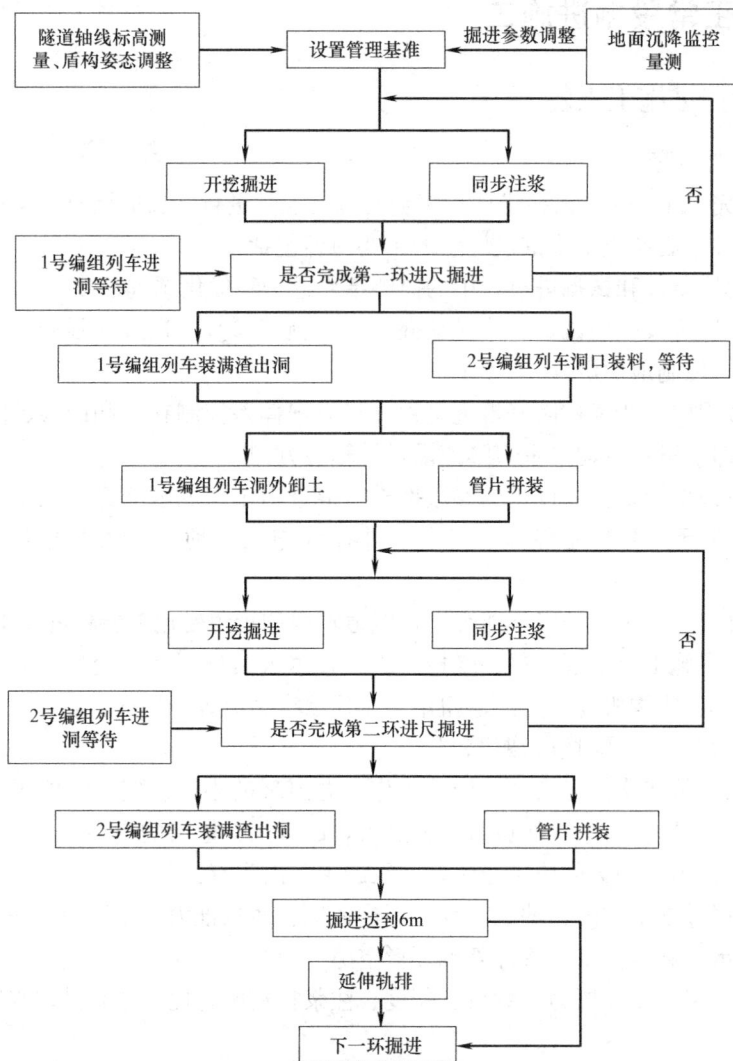

图 4-4　盾构正常段掘进流程图

1）土压平衡模式

当盾构通过不稳定岩层时，工作面有可能坍塌或有较大的涌水，或对地表有严格要求时，采用土压平衡模式进行施工。盾构采用土压平衡模式工作时，是将刀具切削下来的土充满腔室，利用这种泥土压与作业面的土压和水压相平衡，以维持工作面的稳定。土压平衡是通过调整掘进速度和排土量，使两者达到动态平衡来实现的。

（1）土压平衡模式适用情况

根据地质情况，在以下地段采用土压平衡模式掘进。

① 洞身全断面或拱部处于围岩类别为Ⅲ类及以上时，工作面自稳性差。

② 洞身全断面或部分处于Ⅰ、Ⅱ级围岩，但有可能涌水较大时。

③ 盾构通过断裂地带时。

④ 地面建（构）筑物或地下管线对地表隆陷有严格要求时。

（2）土压平衡模式技术要点

① 及时调整土仓压力，确保土压平衡。

② 根据情况向土仓内压注添加剂，如膨润土泥浆或发泡剂，改善渣土的流塑性，防止出现涌水、涌泥、涌砂，发生喷涌或结泥饼等现象的发生。

③ 盾尾及时注入油脂，防止泥水沿盾尾进入盾构及隧道。

④ 对盾构推进油缸实行分区操作，及时纠偏。

2）敞开模式

当洞身通过稳定地层时，由于工作面岩层的自稳性较好，不需要利用仓内的土压力来稳定工作面，此时应选用敞开模式掘进。

（1）敞开模式适用情况

根据地质情况，当洞身全断面或部分处于Ⅰ、Ⅱ级围岩层，涌水量较小时，可采用敞开模式掘进。

（2）敞开模式掘进特点

① 渣土和易性较差，螺旋输送机出土相对较为困难。

② 岩石强度较高，刀具磨损较大。

③ 盾构与周围岩体之间的摩擦力矩较小，易发生扭转。

④ 局部节理发育成长条状的岩块进入土仓后，容易卡住螺旋输送机。

⑤ 已拼装好的管片因提供较大的推力，有可能引起管片局部压碎。

（3）敞开掘进控制模式

敞开掘进控制模式有三种，即自动控制推力模式、自动控制扭矩模式和手动控制模式。前两种为机器自动控制，后一种为人工控制，见图 4-5。

（4）敞开模式技术要点

① 当渣土和易性较差，影响螺旋输送机出土时，用盾构上配置的泥土注入设备向土仓中注入泥土，改善渣土的流塑性。

② 为了防止盾构的扭转，利用盾构上的撑

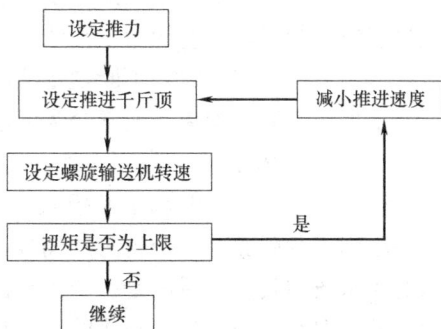

图 4-5 敞开式手动模式控制程序

靴撑紧岩壁。

3）气压平衡模式

当隧道围岩较差，水压力较大且涌水量较大时，通过向土仓内注入压缩空气可以控制涌水和防止塌方时，可采用半敞开式模式掘进。采用半敞开式模式掘进时，应随时观察出渣的情况，必要时及时转换工况。

4）土压平衡盾构掘进模式转换

当盾构通过的地层发生变化时，应适时改变盾构的掘进模式，以适应地层的变化。盾构在模式转换时，若各种参数设置不合理或掘进控制不正确，容易引起坍塌、涌水，从而导致较大的地层变形。

（1）土压平衡模式向敞开模式转换

一般应先过渡到半敞开模式，以防因对前方的岩层判断不准确而出现坍塌或涌水。转换的过程是逐步降低土仓内的压力，同时观察排出的渣土情况，结合地表监测的资料判断前方的岩石情况，决定是否转换或转换为何种形式的掘进模式。若转换为敞开式，则加大螺旋输送机的出土速度，将土仓内的渣土排出至只有一少部分，使土仓内的压力降为正常状态，伸出螺旋输送机，实现敞开模式掘进。若转换为半敞开模式，则逐渐加大螺旋输送机的出土速度，排除土仓内的一部分渣土，注入压缩空气，即可实现半敞开模式掘进。

（2）敞开模式向土压平衡模式转换

采用敞开模式掘进，当围岩稳定性变差，工作面有坍塌或有坍塌的可能，或地下涌水不能有效控制时，可缩回螺旋输送机，关闭螺旋输送机的卸料口，压入压缩空气，控制地下水的涌出，防止坍塌的进一步发生，即可实现半敞开模式掘进；若水压力大或工作面不能达到稳定状态，则先停止螺旋输送机的出渣，将切削下来的渣土充满土仓，以土仓内的渣土压力平衡工作面的土体压力和水压力，从而防止工作面的坍塌和地下水的涌出，实现土压平衡模式施工。

（3）土压平衡盾构掘进模式转换注意事项

① 工况转换时应设置过渡段，过渡段长度在 10m 左右。

② 过渡段施工时，观察排出的岩渣情况，以便为工况的转换提供依据。

③ 过渡段施工时加强地面监测，并及时反馈指导施工。

2. 泥水加压平衡盾构

泥水加压盾构法施工是指在盾构开挖面的密封隔仓内注入泥水，通过泥水加压和外部压力平衡，以保证开挖面土体的稳定。盾构推进时开挖下来的土进入盾构前部的泥水室，经搅拌装置进行搅拌，搅拌后的高浓度泥水用泥水泵送到地面，泥水在地面经过分离，然后进入地下盾构的泥水室，不断地排渣净化使用。

泥水加压平衡盾构模式通常分为泥水平衡模式和气垫模式。

1）泥水平衡模式

传统的泥水盾构的泥水平衡模式主要是靠往开挖仓中加入加压的泥水来稳定开挖面的，在盾构刀盘后面有一个密封的隔板，与开挖面形成了一个具有一定压力的泥水室（大断面的泥水盾构其刀盘后面是一个带有泥仓门和格栅的隔板，隔板后面设有破碎机），在里面充满了泥浆和开挖出来石渣的混合物，通过加压作用和压力膜的形成可以使开挖面趋于稳定，而此混合物由泥浆泵输送到洞外，经泥水处理系统分离后的泥水可重复利用。

（1）泥水平衡模式适用情况

此模式适用于围岩自稳性能较好、地表沉降要求不是很高的隧道工程。

（2）泥水平衡模式特点

此模式有较强的稳定岩石的功能，但是开挖面支撑压力不能通过在进浆管线中的泥水直接控制，影响了盾构控制开挖面岩石稳定性的精度。

2）气垫模式

气垫模式，又称间接控制模式，其工作原理是基于传统的泥水式盾构泥水掘进模式，开挖仓同样是利用回转的切削刀盘和搅拌臂来混合开挖的渣土和泥浆，但此复合式泥水盾构结构要比传统的泥水盾构多一个密闭的压力气锁室。

（1）气垫模式适用情况

此掘进模式更适合于埋深浅（$H<3m$）、围岩不稳定、渗水大的地层施工。

（2）气垫模式特点

采用气垫模式掘进，可由空气和泥水双重系统来控制开挖面的支护压力，比泥水掘进模式可以更好地控制岩石的稳定性和开挖仓支撑力的精度。

4.3.3 盾构掘进主要参数

掘进参数的确定是盾构施工一项很重要的工作，在多数情况下掘进参数选取直接控制着掘进区域内地表的沉降。因此，盾构掘进参数的控制和优化对盾构掘进工程顺利完成起着至关重要的作用。盾构掘进的主要参数有盾构总推力、刀盘扭矩、刀盘每转切深、排土量、土仓压力、注浆压力和注浆量等。

1. 盾构总推力

总推力是评价土压平衡盾构工作性能的重要指标，在掘进过程中一般是动态变化的，不同地层条件下会表现出不同的变化规律。盾构总推力计算模型详见 2.3.2 节。

2. 刀盘扭矩

盾构机的刀盘切削岩（土）体过程中，刀盘会受到刀盘与土体之间的摩擦力、地层抗力、搅拌土体的阻力和刀具受到的摩擦阻力等。刀盘扭矩计算模型见 2.3.2 节。

3. 刀盘每转切深

刀盘每转切深是影响总推力和刀盘扭矩计算的关键因素，而土仓压力也是影响总推力的重要因素。在总推力计算中，刀盘每转切深和土仓压力决定着刀盘正面推力。在扭矩的计算中，它对确定地层抗力产生的扭矩有重要的影响。刀盘每转切深计算表达式如下：

$$v=\frac{u}{\omega} \tag{4-2}$$

式中　v——刀盘的每转切深（mm/r）；

　　u——盾构机掘进速度（mm/min）；

　　ω——刀盘转速（r/min）。

4. 土仓压力

根据土压平衡盾构的设计原理，盾构土仓中的压力须与开挖面的正面土压力平衡，以维持开挖面土体的稳定，减少对土层的扰动。

一般情况下，根据土力学原理，正面土压力的理论值如下：

$$P_0 = k_0(\sum \gamma_i h_i + p')$$
$$k_0 = 1 - \sin\phi'$$

(4-3)

式中　ϕ'——h_i 处土的有效摩擦角；

　　　γ_i——成层土的重度（kN/m^3）；

　　　h_i——成层土的厚度（m）；

　　　p'——地面超载在 h_i 处引起的竖向压力（kN/m^2）。

5. 排土量

排土量的控制是盾构在土压平衡模式下工作的关键技术之一。理论上螺旋输送机的排土量是由螺旋输送机的转速来决定的，千斤顶的速度和 P 值设定后，盾构机可自动设置理论转速 N。

$$Q_s = V_s \times N$$

(4-4)

式中　Q_s——螺旋输送机理论排土量（m^3/h）；

　　　V_s——设定每转一周的理论排土量（m^3/r）。

由掘进速度决定的理论渣土量 Q_0 为：

$$Q_0 = A \times V \times n_0$$

(4-5)

式中　A——切削断面面积（m^2）；

　　　n_0——松散系数；

　　　V——推进速度（m/h）。

通常理论排土率用 $K = Q_s/Q_0$ 表示。

理论上 K 值应取 1 或接近 1，这时渣土具有低的透水性且处于好的塑流状态。事实上，地层的土质不一定都具有这种性质，这时螺旋输送机的实际出土量与理论出土量不符，当渣土处于干硬状态时，因摩擦力大，渣土在螺旋输送机中输送遇到的阻力也大，同时容易造成固结堵塞现象，实际排土量将小于理论排土量，则必须依靠增大转速来增大实际排土量，以使之接近 Q_0，这时 $Q_0 < Q_s$，$K > 1$。当渣土柔软而富有流动性时，在土仓内高压力作用下，渣土自身有一个向外流动的能力，从而渣土的实际排土量大于螺旋输送机转速决定的理论排土量，这时 $Q_0 > Q_s$，$K < 1$。此时必须依靠降低螺旋输送机转速来降低实际出土量。当渣土的流动性非常好时，由于螺旋输送机对渣土的摩阻力减少，有时会产生渣土喷涌现象，这时转速很小就能满足出土要求。

渣土的出土量必须与掘进的挖掘量相匹配，以获得稳定而合适的支撑压力值，使掘进机的工作处于最佳状态。当通过调节螺旋输送机转速仍达不到理想的出土状态时，可以通过改良渣土的塑流状态来调整。

6. 注浆压力和注浆量

（1）注浆压力控制

注浆压力应略大于各注浆点位置的静止水土压力，并避免浆液进入盾构机土仓中。最初的注浆压力是根据理论的静止水土压力确定的，在实际掘进中将不断调整。如果注浆压力过大，会导致地面隆起和管片变形，还易漏浆。如果注浆压力过小，则浆液填充速度赶不上空隙形成速度，又会引起地面沉陷。一般而言，注浆压力可取 1.1～1.2 倍的静止水土压力，最大不超过 3.0～$4.0kg/cm^2$。

由于是从盾尾圆周上的四个点同时注浆，考虑到水土压力的差别和防止管片大幅度下沉和浮起的需要，各点的注浆压力将不同，并保持合适的压差，以达到最佳效果。在最初的压力设定时，下部每孔的压力应比上部每孔的压力略大 $0.5\sim1.0\mathrm{kg/cm^2}$。

（2）注浆量控制

根据刀盘开挖直径和管片外径，可以按下式计算出一环管片空腔的注浆量。

$$V=\frac{\pi}{4}\times K\times L\times(D_1^2-D_2^2) \tag{4-6}$$

式中　V——环注浆量（$\mathrm{m^3}$）；

　　　L——环距离（m）；

　　　D_1——刀盘外径（m）；

　　　D_2——管片外径（m）；

　　　K——扩大系数，通常取 $1.5\sim2$。

在开始新一环掘进前，可以得到上一环的注浆总量，通过清零后，可以开始下一环的注浆。

4.3.4　掘进轴线控制

由于地层软硬不均、隧道曲线和坡度变化以及操作等因素的影响，盾构推进不可能完全按照设计的隧道轴线前进，而会产生一定的偏差。这种偏差超过一定界限时就会使隧道衬砌侵限、盾尾间隙变小使管片局部受力恶化，并造成地层损失增大而使地表沉降加大，因此盾构施工中必须采取有效技术措施控制掘进轴线，及时有效纠正掘进偏差。

1. 平面直线段推进过程中的轴线控制

一般情况下，当盾构直线段推进时，左右千斤顶行程差值不会很大，其差值往往是因为计程设备的读数误差所产生的，因此直线段推进轴线控制比较简单，只要考虑千斤顶行程差与盾构姿态的关系，无须考虑轴线变化时，盾构推进应该做怎样的调整。具体控制要点如下：

1）在土质比较均匀以及盾构姿态良好的情况下，保持盾构左右区域油压不变，千斤顶左、右区长度差值变化不会很大，盾构将能保持良好的姿态。

2）在土质比较复杂或者土质突然变化的情况下，保持相同的区域油压往往会产生意想不到的姿态变化，这种情况下，必须注意左右千斤顶的长度差的变化量，并及时加以调整。

3）在推进过程中如发现小幅度长度差值变化时，直接进行千斤顶油压的调整，使千斤顶长度差值与前一环保持一致，如发现千斤顶行程差与前一环变化很大时，说明此时盾构姿态已经偏离轴线，必须向反方向推进相同长度后再加以调整。如前一环推进行程差为"0"时，推进过程中发现千斤顶左行程比右行程长 30cm，在这种情况下必须调大右区油压（减小左区油压），使盾构千斤顶右行程比左行程长 30cm 后，最后再调整左右区域油压使千斤顶行程差复原为"0"。

2. 平面曲线段掘进轴线控制

平面曲线段掘进轴线控制主要控制要点如下：

1）盾尾与管片间的间隙控制

小曲率半径段内盾构与管片间的间隙控制不仅会影响管片的拼装质量，也会影响盾构轴线的控制，如各区域间隙分布均匀，将便于盾构进行纠偏，但在纠偏时千斤顶长度差值不可过大，防止盾尾与管片产生挤压、摩擦作用，引起管片碎裂。如当盾构向左进行纠偏时，必须考虑管片左右侧的间隙量，如左侧间隙量太小，在纠偏时不可过猛。

2）左右油压差值及左右千斤顶长度差值的控制

在小曲率半径轴线推进过程中，调整左右油压的差值是完成左右纠偏量的主要方法，在具体的纠偏过程中，操作员可根据左右千斤顶的长度差来判断盾构现状是否将完成预计的纠偏量（根据上一环的报表、千斤顶左右长度差及当前推进环的设计轴线变化），当盾构切口刚由直线段进入曲线段（缓和曲线段进入圆弧曲线段）时，由于盾尾管片还未进行曲线段管片的拼装，即管片还未作超前量调整，应通过增加左右千斤顶长度的差值来使盾构正好处于曲线段设计轴线的切线位置，而在同一曲线段推进时，管片的超前量调整正好起到一个调整盾构推进方向的作用，如盾构姿态良好，保持原有的千斤顶差值即能使盾构保持良好姿态。

3. 盾构纵坡控制

盾构推进过程中纵坡的控制方法有两种：一种是变坡法，另一种是稳坡法。

1）变坡法

变坡法是指在每一环推进施工中，用不同的盾构推进坡度进行施工，最终达到预先指定的纵坡。

2）稳坡法

稳坡法是指盾构每推一环用一个纵坡进行推进，以符合纠坡要求。

盾构纵坡控制的两种方法的优缺点见表4-1。

变坡法与稳坡法的优缺点　　　　　　　　　　　　　　　　表 4-1

方法	优　　点	缺　　点
变坡法	可根据管片与盾构的相对位置,采用先抬后压或先压后抬的措施来提高或降低盾构高程,推进结束时盾构坡度调整至与隧道轴线坡度相近,因此盾构四周间隙不受盾构与管片间折角的影响,便于拼装	盾构坡度变化较大,加大了盾构周围土体的扰动
稳坡法	对土体扰动比较小。操作员可根据上环稳坡法推进时,推进坡度与高程的变化关系确定当前环的推进坡度	在盾构稳坡法推进过程中,特别是在软土地层,盾构与隧道间往往会存在一个夹角,因此,盾构推进结束时,盾构与管片间的夹角会影响管片的四周间隙,影响管片的拼装

4.3.5　刀具管理和换刀

1. 刀具管理意义

盾构机刀具管理是要把盾构机刀具的养、用、管、修提高到管理的高度上，有统筹、有计划、有反馈、有分析和总结，建立一个良性的、闭式循环的管理系统。刀具管理有以下重要意义：

（1）有计划性地实施刀具的检查和更换，能及时了解、掌握和分析刀具的使用状况，对有效地利用刀具以及对刀盘进行有效的保护有重要意义。

（2）建立准确、详尽的刀具台账和完善刀具维护、修理工艺，能最大限度地减少在刀具方面的投入，对降低刀具的使用成本有重要意义。

（3）掌握并熟练运用刀具检查、更换的方法，加强对刀盘的监控，能避免刀具非正常原因的大面积损坏，对保证施工顺畅、降低施工风险有重要意义。

2. 刀具管理流程

盾构机刀具管理有特定流程。

1）刀具测试

盾构机刀具主要分为齿刀与盘型滚刀两大类，前者主要用于软弱地层及强度在20MPa以下地层的开挖，后者适用于强度较高的地层。

对齿刀而言，主要侧重于检查齿刀刀体结构，齿刀刀头的牢固性（齿刀刀头与齿刀刀体相连的方式主要有三种：焊接式、螺栓连接式与嵌入式）以及刀头上硬质合金的质量，多为目测。

盘形滚刀除去目测刀圈有无裂纹，刀具有无漏油现象外，还需利用专用工具与刀具跑合装置来测试刀具的启动扭矩和刀具的气密性。

2）刀具使用

掘进时采用的掘进方法决定了刀具的使用状况，合理的掘进模式与掘进参数的选择，能最大限度地延长刀具的使用寿命。盾构掘进主要有两种控制方式：扭矩控制方式和推力控制方式，前者用于软弱地层，后者用于硬岩段。不同的控制方式、掘进模式与掘进参数的选取不同，做好对掘进参数的监控、分析与比较，摸索、总结刀具使用的经验，并将结果反馈，用于指导掘进，对防止刀具因非正常的原因损坏有很大的帮助。

3）刀具检查、更换

工程开始之前，应加强对施工区段地质情况的了解，对地质资料中反映的施工重点和难点需特别留心，应充分估计特殊区段对刀具的破坏程度，在预计刀具可能遭到严重磨耗的地段之前，选择合适的位置停机，根据地质条件，辅以地层加固或压气工法等辅助施工工法检查、更换刀具。

4）刀具修理

刀具修理是节约刀具使用成本的直接手段。建立刀具台账，详细记录和统计刀具在养、用、管、修各个环节中具体的情况，以及刀具目前所处的状态，能够更好地掌握刀具现有的状况，能更清楚地知道每一把刀具在维修过程中消耗了多少配件，在使用过程中创造了多少产值（掘进了多长的距离）。通过统计和分析，也能较准确地掌握在不同的地层，刀具及刀具配件的消耗量，为工程单价分析建立数字化的依据。

3. 换刀

盾构在试掘进阶段，有计划地进行一次带压进仓检查刀盘、刀具，评估刀盘、刀具的耐磨性，总结刀盘、刀具的磨损规律，并根据实际施工情况对计划进行调整，及时掌握刀盘、刀具磨损情况有必要换刀时，提前对计划换刀位置地层处进行有效的加固处理，确保施工安全和设备完好率，减少规避刀盘、刀具的意外磨损和被动停机，提高施工效率。

关于换刀的具体内容将在4.4节中进行详细介绍。

4.3.6　管片拼装

根据盾构法的施工特点，盾构管片是隧道的最终受力结构，管片拼装质量的好坏直接关系到隧道的成洞质量。盾构管片拼装与盾构机的推进相辅相成，盾构管片为盾构机的推进提供直接反力，良好的管片姿态能保证盾构推进过程中形成良好的盾构姿态，同样，良好的盾构姿态也为管片拼装提供良好的拼装条件。

1. 管片拼装工艺流程

盾构管片拼装工艺流程见图 4-6，图 4-7 为管片从运入到拼装完成全过程示意图。

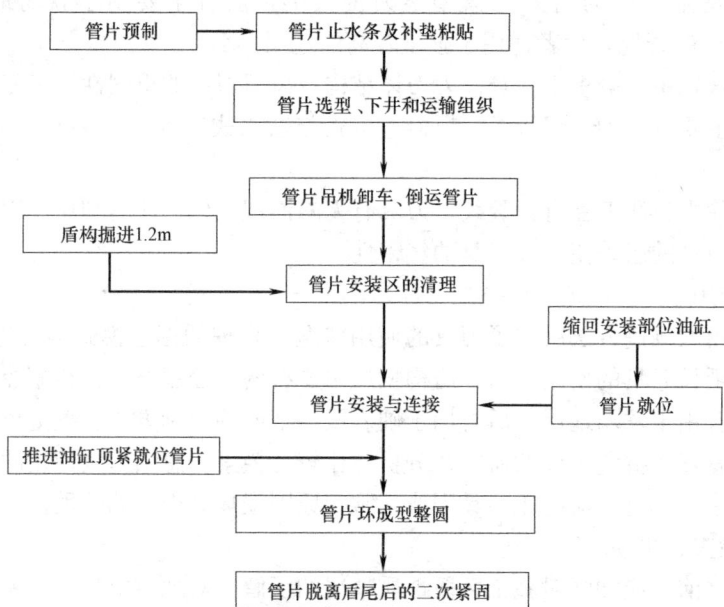

图 4-6　管片拼装工艺流程图

2. 管片选型

管片选型直接关系到隧道线路、隧道质量等一系列隧道的关键指标，所以管片选型是否正确，将决定盾构工程的成败。

1）管片选型原则

管片选型的原则有两个，一是管片选型要适合隧道设计路线；二是管片选型要适应盾构机的姿态，这两者相辅相成。

（1）管片选型要适合隧道设计线路

当一个盾构工程开工之前，就要根据设计线路对管片作一个统筹安排，通常称为管片排版。通过管片排版，就基本了解了这段线路需要多少转弯环（包括左转弯、右转弯），多少标准环，曲线段上标准环与转弯环的布置方式。

（2）管片选型要适应盾构机的姿态

管片是在盾尾内拼装，所以不可避免地受到盾构机姿态的制约。管片平面应尽量垂直于盾构机轴线，也就是盾构机的推进油缸能垂直地推在管片上，这样可以使管片受力均匀，掘进时不会产生管片破损。同时也兼顾管片与盾尾之间的间隙，避免盾构机与管片发

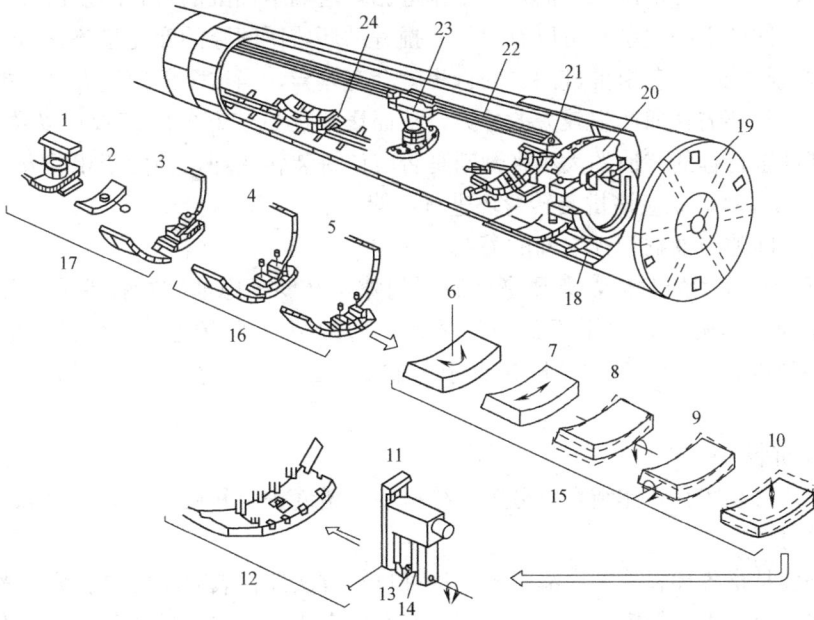

图 4-7　管片从运入到拼装完成全过程图

1—管片被装载到供给位置上；2—管片被送给自动拼装装置；3—夹持管片；4、5—管片平移、旋转、伸缩初调运动；
6—微调偏转；7—旋转修正；8—微调横摇；9—微调仰俯；10—伸缩修正；11—安装螺栓、螺母；12—螺栓连接过程；
13—螺母；14—螺栓；15—微调定位过程；16—初调定位过程；17—管片供给；18—推进油缸；19—盾构体；
20—管片自动拼装机；21—管片输送器；22—连接桥；23—管片吊机；24—管片运输台车

生碰撞而损坏管片。在实际掘进过程中，盾构机因为地质不均、推力不均等原因，经常要偏离隧道设计线路。所以当盾构机偏离设计线路或进行纠偏时，都要十分注意管片选型，避免发生重大事故。

2）管片选型影响因素

盾构管片选型主要影响因素有盾尾间隙和油缸推进行程差。

（1）盾尾间隙

通常将盾尾与管片之间的间隙叫作盾尾间隙。如果盾尾间隙过小，盾壳上的力直接作用在管片上，则盾构机在掘进过程中盾尾将会与管片发生摩擦、碰撞。轻则增加盾构机向前掘进的阻力，降低掘进速度，重则造成管片错台，盾构一边间隙过小，另一边相应变大，这时盾尾尾刷密封效果降低，在注浆压力作用下，水泥浆很容易渗漏出来，破坏盾尾的密封效果。

盾尾间隙是管片选型的一个重要依据。以南京某盾构隧道为例，其盾尾间隙为45mm，每次安装管片之前，对管片的上、下、左、右四个位置进行测量。如发现有一方向上的盾尾间隙接近 25mm 时，就要用转弯环对盾尾间隙进行调节（在盾构掘进过程中，应及时跟踪盾尾间隙，发现盾尾间隙有变小趋势，最好能通过千斤顶推力来调整间隙）。调整的基本原则是，哪边的盾尾间隙过小，就选择拼装反方向的转弯环。

（2）油缸推进行程差

盾构机是依靠推进油缸顶推在管片上所产生的反力向前掘进的，将推进油缸按上、下、左、右四个方向分成四组。而每一个掘进循环这四组油缸的行程的差值反映了盾构机与管片平面之间的空间关系，可以看出下一掘进循环盾尾间隙的变化趋势。当管片平面不垂直于盾构机轴线时，各组推进油缸的行程就会有差异，当这个差值过大时，推进油缸的推力就会在管片环的径向产生较大的分力，从而影响已拼装好的隧道管片以及掘进姿态。通常以各组油缸行程的差值的大小来判断是否应该拼装转弯环，当两个相反方向上的行程差值超过40mm时，就应该拼装转弯环进行纠偏。

（3）盾构间隙与油缸行程之间的关系

在进行管片选型的时候，既要考虑盾尾间隙，又要考虑油缸行程差值。而油缸行程差值更能反映盾构机与管片平面的空间关系，通常情况下应把油缸行程差值作为管片选型的主要依据，只有在盾尾间隙接近于警戒值（25mm）时，才根据盾尾间隙进行管片选型。

3. 管片拼装方式

目前管片拼装按其整体组合可分为通缝拼装、错缝拼装和通用楔形管片拼装。

1）通缝拼装

通缝拼装是指各环管片的纵缝对齐，这种拼装方法在拼装时易定位、纵向螺栓容易连接、拼装施工应力小，但容易产生环面不平并有较大累积误差，导致环向螺栓难穿，环缝压密量不够。

2）错缝拼装

错缝拼装即前后环管片的纵缝错开拼装，错开角度取决于管片每个纵向螺栓孔的间隔大小，用此法建造的隧道整体性较好，环面较平整，环向螺栓比较容易连接，但拼装施工应力大，纵向穿螺栓困难，纵缝压密差。

3）通用楔形管片拼装

通用楔形管片拼装是利用左右环宽不等的特点，管片任意旋转角度进行拼装，这种拼装方法工艺要求高，在管片拼装前需要对隧道轴线和管片数量进行预测，及时调整管片旋转角度；楔形管片主要应用于隧道的转弯和纠偏，楔形管片的楔形量、楔形角由标准管片的宽度、管片的外径及施工隧道的转弯半径等确定。

目前城市地铁盾构工程正常段掘进通常采用错缝拼接。

4. 管片拼装常见问题及解决方法

1）管片错台

管片错台指的是管片拼装后同一环相邻块管片间或者不同环管片之间的尺寸偏差，前者称为环向错台，后者称为纵向错台。

（1）管片错台产生原因

① 拼装作业不规范

管片拼装前未将盾尾的杂物清除干净；管片拼装未按照"先下后上，左右交叉，纵向插入，封顶成环"的原则操作；拼装时管片位置调试不到位；管片螺栓未及时上紧或复紧等不规范的操作都是引起管片错台的重要原因。

② 注浆控制不合理

注浆控制不合理，可能引发一些问题：如同步浆液凝固时间较长，管片脱出盾尾后浆液可能仍处于未凝固状态，管片在浆液的浮力作用下可能产生上浮的趋势引起错台；注浆压力过大时，也容易对管片造成挤压引起错台甚至管片破损。

③ 盾构机姿态控制不到位

盾构姿态的控制直接影响盾尾间隙的大小。若掘进时姿态控制不好，容易导致盾尾间隙过小，可能造成管片脱出盾尾时受盾尾挤压产生错台；严重时可能导致管片破损、尾刷损坏等情况。

（2）管片错台防治措施

① 规范管片拼装操作

规范盾构管片拼装操作遵循"先下后上，左右交叉，纵向插入，封顶成环"的顺序。安装完后及时整圆，对管片的变形及时矫正，并进行二次紧固。

② 控制盾构掘进姿态

盾构机掘进过程中必须控制好盾构机的姿态，尽可能地沿隧道轴线作小量的蛇形运动。发现偏差，应及时逐步纠正，不要过急过猛地纠正偏差，以免人为造成管片环受力不均匀。

2）管片渗漏

（1）管片渗漏原因

① 管片自身问题

管片在制作和养护过程中都可能使自身出现质量问题，如裂缝等。

② 管片壁后注浆问题

注浆是隧道的第一道防水，同步注浆不饱满，直接影响防水的效果。

③ 防水材料问题

管片在使用前防水材料粘贴不严密时，容易导致管片接缝漏水。

④ 施工过程问题

相邻管片之间的止水条贴合不严密导致管片渗漏；掘进行程不足可能导致封顶块拼装困难，止水条损坏而引起漏水；掘进时推力过大，管片崩裂导致漏水。

（2）管片渗漏防治措施

① 加强对管片生产过程的监督

加强对管片生产过程的监督，管片生产和养护加强管理，避免产生质量问题。

② 防水材料的粘贴

按规定粘贴防水材料，确保粘贴到位。

③ 控制同步注浆压力与注浆量

注浆作业操作要有丰富的经验，根据实际施工情况、地质情况对压浆数量和压浆压力二者兼顾。在实际掘进中不断优化注浆压力。

3）管片上浮和下沉

（1）上浮和下沉原因

① 土方超挖

在掘进过程中，盾构机中心线与隧道设计轴线始终存在一定的偏差，掘进过程中时时都在调整盾构机的姿态，因此盾构机实际的行走路线应该是"蛇形"；当盾构机刀盘位于几种不同地层的交界面时，可能产生"爬坡"和"磕头"现象，导致管片外的实际建筑空间比理论值大，为管片上浮提供了条件。

②千斤顶推力

当千斤顶撑靴与管片贴合不平整时，千斤顶将对管片产生一个分力，尤其是下坡段，当坡度较大时，底部油缸的推力将对管片产生一个较大的向上的分力，导致管片上浮。

③浆液和注浆量

同步浆液的初凝时间过长，导致管片在脱出盾尾时浆液仍未凝固，管片受到的浮力大于管片的自重导致上浮；同步浆液不饱满时，管片外存在较大的建筑空间，导致管片下沉。

④拼装中产生的问题

在拼装过程中，管片位置调试不当及管片螺栓未及时复紧，导致管片在脱出盾尾后产生下沉趋势。

（2）管片浮动防治措施

①二次双液注浆和同步注浆

盾构机自身的构造决定通过盾构机的同步注浆，在浆液性能上的特点决定了浆液不可能限制管片上浮。唯有双液速凝浆液才能彻底解决管片上浮的问题。双液速凝浆液在浆液性能的选择上应保证浆液的充填性能、初凝时间与早期强度，限定扩散范围，防止流失，才能保证隧道管片与围岩共同作用，形成一体化的构造物。

②控制掘进速度

在黏土层等较软的地层中掘进时速度比较快，同步浆液很可能跟不上推进的步伐，造成注浆不饱满的情况，管片外的建筑空隙填充不严密，浆液不能稳定管片、限制管片的位移，造成管片浮动。

③控制掘进参数

盾构施工时要控制好掘进参数，尤其是下坡段、两种不同地层的交界处，要防止盾构机产生"爬坡""磕头"等现象。

4.3.7　盾构掘进壁后注浆

盾构法因其安全、高效、对周边环境影响较小等特点，目前已在地铁隧道和越江隧道广泛应用。由于盾构壳体内径大于管片衬砌外径，盾尾脱离管片后在管片与地层之间会形成盾尾间隙。为保证工程质量，需从管壁后向该空隙中注入浆液，填充间隙，控制地层应力释放和地层变形，即进行壁后注浆。盾构掘进注浆工艺的主要流程见图4-8。

1. 壁后注浆的作用

盾构隧道中进行壁后注浆的作用主要有以下5点：（1）控制地层变形；（2）确保管片衬砌受力均匀；（3）提高盾构隧道的抗渗性；（4）固定管片衬砌的位置；（5）承受盾构后备设施产生的荷载。

2. 盾构壁后注浆分类

盾构壁后注浆类型按照不同依据有不同分类，其中主要的分类依据有注入位置和注入时期两种。

1）注入位置

壁后注浆按照注入位置可分为：盾尾注浆（通过安装在盾构盾壳上的注浆管注浆），见图4-9（a）；管片注浆（通过管片上的注浆孔），见图4-9（b）。两种注浆方式的优缺点

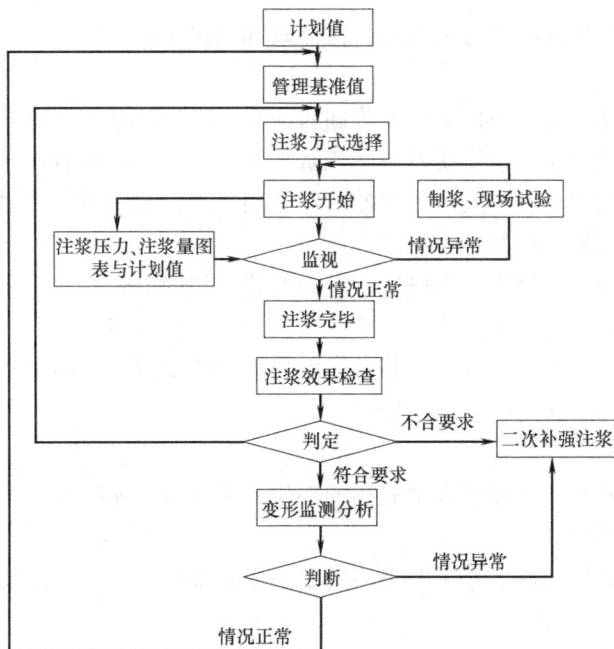

图 4-8　盾构掘进注浆工艺的主要流程图

比较如表 4-2 所示。

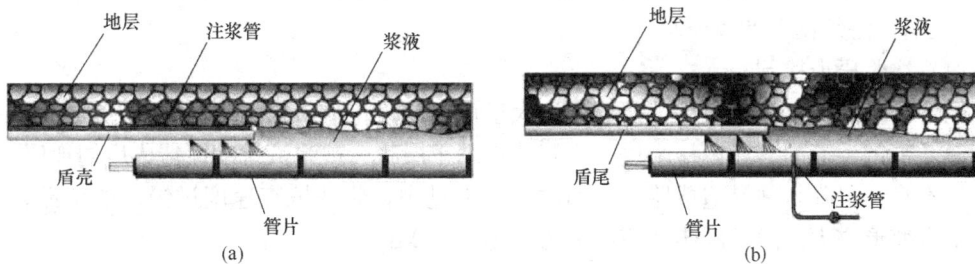

图 4-9　注浆按注入位置分类

（a）盾尾注浆；（b）管片注浆

两种注浆方式优缺点对比　　　　　　　　　　表 4-2

注浆方式	优　点	缺　点
盾尾注浆	能够及时、均匀注浆；降低了渗漏水的可能性；自动化程度高，施工控制相对容易；浆液在盾尾间隙的分布相对均匀	在盾尾布置注浆管会增加盾构直径或钢板厚度；堵管时清洗困难；一般只适用于单液注浆，若选双液浆，需配置专门清洗装置
管片注浆	操作灵活，容易清理；既可选单液浆，也可选双液浆；可对局部地段进行二次补浆（如出洞及联络通道位置），适合特殊情况的处理（隧道偏移、地表建筑物变形控制等）；不增加盾构直径和钢板厚	易造成注浆不均匀；注浆孔是潜在的渗漏点；管片表面易受浆液污染；易产生时差，很难做到真正的同步注浆

2）注入时期

盾构壁后注浆按注入时期分可分为一次注浆和二次注浆。

（1）一次注浆

一次注浆按照注入时间不同又可分为同步注浆、即时注浆和后方注浆。

同步注浆是通过同步注浆系统及盾尾或管片上的注浆孔，在盾构向前推进、盾尾间隙形成的同时进行，浆液在盾尾间隙形成的瞬间及时填充，从而使周围土体及时获得支撑，可有效地防止土体坍塌，控制地表沉降。

即时注浆是指每当一环推进完毕后就立即实施注浆的方式。

后方注浆是指当盾构推进数环后才从注浆孔进行壁后注浆。

从壁后注浆的目的考虑，同步注浆是比较理想的注浆方式，因为它是在盾尾间隙产生和注浆充填处理没有时滞的状态下实施的。

（2）二次注浆

二次注浆是为补充一次注浆未填充到的部位和浆液体积缩减部分，或提高注浆层抗渗性等施工效果而进行的。

一般情况下，盾构掘进注浆主要采用的是盾尾同步注浆和二次注浆。

3. 同步注浆施工技术

1）同步注浆目的

同步注浆的基本目的就是将有具有长期稳定性及流动性，并能保证适当初凝时间的浆液（流体），通过压力泵注入管片背后的建筑空隙，浆液在压力和自重作用下流向空隙各个部分并在一定时间内凝固，从而达到充填空隙、阻止土体塌落的效果。

2）同步注浆技术参数控制

（1）注浆压力控制

同步注浆时要求在地层中的浆液压力大于该点的静止水压及土压力之和，做到尽量填补同时又不产生劈裂。注浆压力过大，管片周围土层将会被浆液扰动而造成后期地层沉降及隧道本身的沉降，并易造成跑浆；而注浆压力过小，浆液填充速度过慢，填充不充足，会使地表变形增大。通常同步注浆压力为 0.3～0.5MPa。

（2）注浆量控制

注浆量是以盾尾建筑空隙量为基础并结合地层、线路及掘进方式等考虑适当的注入率，以保证达到填充密实而确定的。一般主要考虑土质系数和超挖系数（一般综合取值130%～180%）。

土质系数取决于地层特征，一般取值为 1.1～1.5。超挖系数是正常情况下盾尾建筑空隙的修正系数，一般只在曲线段施工中产生，其具体数值可通过计算得出。

同步注浆量 Q_z 的经验计算公式如下：

$$Q_z = V_z \times \lambda \tag{4-7}$$

$$V_z = \pi \times (D_1^2 - d_z^2) \times \frac{l}{4} \tag{4-8}$$

式中　V_z——充填体积（盾构施工引起的空隙，m³）；

　　　λ——注浆率，一般取 130%～180%；

　　D_1——盾构切削外径（m）；

d_z——预制管片外径（m）；

l——回填注浆段长，即预制管片衬砌每环长度（m）。

（3）注浆速度控制

在实际施工中注浆量是靠注浆速度来控制的，因此对注浆速度进行计算，根据每环注浆量和每行程推进时间得到注浆速度的计算方法。

$$v=Q/t \tag{4-9}$$

式中　v——注浆速度（m³/s）；

　　　Q——每环注入量（m³）；

　　　t——每环行程推进时间（s）。

3）同步注浆材料及浆液配合比

（1）同步注浆材料

盾构施工同步注浆浆液通常可分为可硬性浆液、惰性浆液、双浆液等。可硬性浆液材料主要是水泥、水、砂、粉煤灰、外加剂（膨润土、减水剂等）；惰性浆液材料主要是水、砂、粉煤灰和外加剂等。

（2）同步注浆浆液性能要求

通常同步注浆浆液需要满足以下性能要求：①胶凝时间：初凝 3～5h，终凝 4～12h，促凝剂加入后，初凝时间可缩短至 45min；②固结体强度：一天不小于 0.3MPa，28 天不小于 2.5MPa；③固结率：大于 95%，即固结收缩率小于 5%；④稠度：8～12cm；⑤浆液稳定性：静置不沉淀、不离析或在胶凝时间内静置沉淀离析少，倾析率（静置沉淀后上浮水体积与总体积之比）小于 5%；⑥防稀释性：在承压水作用下，浆液具有较好的防水稀释性能。

（3）同步注浆浆液配合比选择

盾构隧道衬砌背后注浆材料的性能，受岩体条件、盾构施工形式、施工条件、价格等多种因素的影响，所以在施工前需要通过大量的室内对比试验，了解注浆材料的特性。以长沙南湖路隧道北线河西漫滩段工程为例，经过大量实验，得到同步注浆浆液配合比如表 4-3 所示。

同步注浆浆液配合比   表 4-3

水泥（kg）	粉煤灰（kg）	膨润土（kg）	砂（kg）	水（kg）	水胶比
190.5	285.7	100	680.2	500	1.05

4）同步注浆流程

（1）施工准备

① 准备好注浆材料，包括砂的筛分、将膨润土以溶液的形式拌好；

② 检查搅拌机、注浆泵是否正常，保证其能正常工作；

③ 检查注浆管路，确保管路畅通；

④ 检查压力显示系统，确保其准确无误。

（2）浆液拌制

浆液搅拌站设置在合适地点。人工配料，按照材料投放顺序（水、水泥、粉煤灰、砂）依次进行，站内包括粉煤灰、膨润土、水泥等各种原料的储存仓。膨润土以溶液形式加入，溶液中的水从浆液配合比用水中扣除。

（3）浆液运输与储存

① 浆液运输车一次装入施工一环需要配置的浆液。

② 搅拌好的浆液从搅拌站自盾构井输送到底下的砂浆车，运送到工作面，再用砂浆泵输送到盾构机储浆罐中并立即开始搅拌。

③ 由于运输过程中无法搅拌，故运输时间不宜过长。特殊情况需较长时间运输、储存，则考虑适当加入缓凝剂。

④ 若浆液发生沉淀、离析则进行二次搅拌。

⑤ 浆液运输车与储存设备要经常清洗。

（4）浆液压注

盾尾同步注浆系统包括储浆罐、注浆泵和控制面板三部分。储浆罐可容纳盾构掘进1环所需要的浆液。储浆罐带有搅拌轴和叶片，注浆过程中可以对浆液不停地搅拌，保证浆液的流动性，减少材料分离现象。浆液压注过程如下：

① 接好注浆管路、压力传感器；

② 注浆跟掘进同步进行，注浆速度应与掘进速度相适应；

③ 在安装管片或暂停掘进时，应间断性的泵入浆液以保持管路畅通；

④ 若注浆过程中遇到管片破损、错台、注浆量突然增大或管路堵塞，应立即停止注浆并进行相应检查和处理；

⑤ 注浆结束后要对注浆设备和注浆管路进行彻底的清洗。

（5）注浆结束标准

采用注浆压力和注浆量双指标控制标准，即当注浆压力达到设定值和注浆量达到设计值的95％以上时，即可认为达到了质量要求。对设计参数还需通过对地表及周围建筑物监控量测结果分析判断，进行参数优化，使注浆效果达到更佳。

4. 二次补强注浆

同步注浆后使管片背后环形空隙得到填充，多数地段的地层变形沉降得到控制。在局部地段，同步浆液凝固过程中，可能存在局部不均匀、浆液的凝固收缩和浆液的稀释流失，为提高背衬注浆层的防水性及密实度，并有效填充管片后的环形间隙，根据检测结果，必要时进行二次补强注浆。

4.3.8　渣土改良

在黏性大且复杂的地层中盾构施工，根据围岩条件适当注入添加剂，确保渣土的流动性和止水性，同时要慎重进行土仓压力和排土量管理。

1. 渣土改良的目的

渣土改良的目的主要有以下5个：（1）渣土改良使渣土具有良好的土压平衡效果，利于稳定开挖面，控制地表沉降；（2）提高渣土的不透水性，使渣土具有较好的止水性，从而控制地下水流失；提高渣土的流动性，利于螺旋输送机排土；（3）防止开挖的渣土粘结刀盘而产生泥饼；（4）防止螺旋输送机排土时出现喷涌现象；（5）降低刀盘扭矩和螺旋输送机的扭矩，同时减少对刀具和螺旋输送机的磨损，从而提高盾构机的掘进效率。

2. 改良剂的选取

根据国内外盾构施工实例与经验，土压平衡式盾构机所采用的土质改良剂主要是膨润泥浆、发泡剂、水或聚合物等，其性能各有差异。

3.渣土改良的方法

渣土改良就是通过盾构机配置的专用装置向刀盘面、土仓内或螺旋输送机内注入泡沫，利用刀盘的旋转搅拌、土仓搅拌装置搅拌或螺旋输送机旋转搅拌使添加剂与土渣混合，其主要目的就是要使盾构切削下来的渣土具有好的流塑性、合适的稠度、较低的透水性和较小的摩阻力，以使在不同地质条件下盾构掘进均达到理想的工作状况。特殊地层中，若效果不理想时，则采用在土仓内注入增黏剂（高分子材料），可在短时间内吸收地层中大量水分，渣土由流动性状，转变为塑性状态，从而降低承压水的影响。

泡沫的加入要求如下：

(1) 泡沫通过盾构机上的泡沫系统注入。

(2) 泡沫的组成比例如下：

① 泡沫溶液的组成：泡沫添加剂 3%，水 97%。

② 泡沫组成：90%～95%压缩空气和 5%～10%泡沫溶液混合而成。

(3) 泡沫的注入量按开挖方量计算：$300～600L/m^3$。

(4) 泡沫的注入方式：根据实际情况可采用半自动操作方式和自动操作方式。

4.渣土改良的主要技术措施

1）相同的透水砂性土地质条件下，原则上泡沫注入量随隧道的埋深而适量增加。

2）在含承压水砂性土地层，拟向刀盘面、土仓内和螺旋输送机内注入泡沫，并增加泡沫添加剂百分比。主要依靠泡沫的支承作用使开挖土的流动性提高，土压室内泥土不会产生拥堵，同时，微细泡沫置换了地层中的孔隙水，提高了土的止水性，可以有效地防止螺旋输送机泥水喷涌。

3）在可塑至硬塑状粉质黏土中，增加刀盘面板，尤其是刀盘中心区域的泡沫注入量。主要是依靠泡沫的界面活性剂的作用，可有效防止开挖土附着于刀盘上和土压室内壁，防止泥饼现象，使掘进工作顺利地进行。

4）改良剂泡沫可压缩性可使开挖面的土压力波动减小，在不影响开挖面稳定的同时，减小对可液化砂层的扰动，保证顺利掘进。

4.4 盾构换刀技术

4.4.1 盾构刀具磨损及更换标准

刀具磨损是指刀具在与岩石接触的过程中，刀具材料的损失，盾构的刀具磨损问题已经成为影响盾构法施工质量和进度的一个关键因素。

1.盾构刀具磨损失效分析

1）盾构盘形滚刀磨损失效分析

盾构滚刀的磨损失效形式主要有均匀磨损和非均匀磨损两种。

(1) 均匀磨损

均匀磨损是指滚刀刀圈各处磨损程度基本一致，当刀具磨损高度超过规定高度时，一般情况下判定滚刀失效进行更换，是滚刀失效的主要形式，主要发生在地质情况比较均匀单一的地层中，其磨损形状表现为在其刀圈刃口处范围内的磨损较为均匀。

（2）非均匀磨损

非均匀磨损是指滚刀刀圈各处磨损程度不一致，即偏磨现象。这种非均匀的磨损按照其表现出来的磨损状况可以大致分为弦偏磨和刃偏磨两种形态。而弦偏磨又可以依据磨损后滚刀刀圈的情况以及磨损的程度分为单边、多边弦偏磨以及轴承磨损。

除此之外，盾构滚刀的失效形式还有滚刀刀圈移位、刀圈崩裂以及刀圈碎裂等失效形式。

2）盾构切刀磨损失效分析

盾构切刀的失效主要表现为刀具磨耗和刀具脱落两种形式，其中刀刃磨损为切刀失效的主要形式。切刀的磨损包括以下两部分：一部分是切刀刀刃直接与土体作用而引起的磨损，从磨损的形状来看，表现为切刀刀刃处变短变平，这样会影响切削的效果；另一部分为土流动对切刀的磨损，这种类型对刀刃、刀体以及刀座甚至刀盘面板都会造成一定的磨损。

2. 盾构刀具磨损机理分析

1）磨损分类

磨损是指两个物体的接触表面之间的相互作用而引起物体表面物质的损失或者表面材料出现残余变形的现象。目前研究较为深入并且有一定的规律可循的磨损机理主要有磨粒磨损、黏着磨损以及疲劳磨损。

（1）磨粒磨损

工程中发生磨粒磨损的主要原因是由于较硬材料的表面对较软材料的表面进行作用，犁出沟槽所导致。一般情况下，这种形式的磨损形式有以下两种表现形式：一种称为二体磨粒磨损，这种磨损形式表现为粗糙而坚硬的表面在较软表面滑动的现象；另一种称为三体磨粒磨损，这种磨损形式表现为游离的坚硬粒子在两个摩擦表面之间滑动的现象。

（2）黏着磨损

当两个表面接触时，接触首先发生在两个表面上少数的几个微小的凸起上面。在一定的法向力作用下微凸体上的局部压力如果超过了材料的屈服压力，就会发生塑性变形的现象，导致两个摩擦表面产生了焊合的现象；如果在相对滑动的过程中，这个焊合处的剪切刚好发生在界面处，不产生磨损；如果发生在界面的附近某处，这时候材料会从一个位置移动到另一个位置处；如果继续滑动的话，一些被转移的材料就会发生分离，进而产生游离的颗粒。

（3）疲劳磨损

表面接触疲劳是指零件表面的材料由于剪切或者撕裂的作用，导致了材料表面质量的进一步恶化，一般这种情况的发生是由于滚动和滑动联合作用的结果。

2）盾构滚刀磨损机理分析

滚刀破碎岩石的过程，滚刀刀圈滚压岩石，刀圈正面挤压前方岩石，岩石碎裂同时挤压刀圈表面，使刀圈正面产生细微变形，滚刀转动产生的重复的挤压作用使得刀圈正面磨损，磨粒磨损和黏着磨损同时存在。滚刀滚动过程中，刀圈侧面与岩石相对滑动，岩石中的硬质颗粒在刀圈侧面上滑动，产生犁沟作用，从而使刀圈侧面产生磨粒磨损。

滚刀刀圈在循环接触应力作用下，疲劳裂纹在材料表层内部的应力集中源出现。通常裂纹萌生点局限在一狭窄区域，与表层内最大剪应力的位置相符合。裂纹萌生以后，顺着滚动方向平行于表面扩展，然后又延伸到表面，逐步扩展导致细微断裂，因磨损而剥落。当初始裂纹在应力的作用下扩展、张开、闭合并逐渐延伸穿过截面，就会导致滚刀刀圈的开口突然开裂或崩裂。

3）盾构切刀磨损机理分析

盾构切刀切削岩石过程中，切刀表面材料直接与岩石进行作用，两者之间直接进行滑动摩擦作用，岩石中的硬质颗粒对切刀材料表面进行切削作用，产生磨粒磨损的现象，磨粒对切刀材料的作用过程与磨粒对滚刀材料的作用过程基本相同。

3. 刀具更换条件、标准和使用寿命

1）刀具更换条件

盾构掘进过程中，发生以下三种情况时，应考虑检查更换刀具：

（1）掘进参数异常

此处盾构掘进参数异常主要指总推力、刀盘扭矩和掘进速度这3个参数出现异常。通常指推力过大、刀盘扭矩过大、掘进速度过低或者刀盘频繁被卡死。

（2）地质条件变化

当地质条件发生变化，主要指由稳定地层向不稳定地层过渡掘进时，应提前在稳定地层检查更换刀具，不稳定地层容易使刀具发生偏磨或者断裂，应避免在不稳定地层换刀。

（3）地面环境限制

在盾构机将要通过地面重要建筑物或河流、湖泊前要提前检查更换刀具，避免在建筑物、河流下方检查更换刀具。

2）刀具更换标准

刀具长期使用之后会发生刀圈磨损，使得刀刃变宽，导致刀圈对岩体的切削能力和冲击压碎能力降低，增大了盾构总推力、刀盘扭矩以及液压系统和电机系统的使用负荷。此外，刀盘的正常寿命也会因为切削下来的岩石对刀盘面的磨损作用而降低。盾构在一般的正常使用情况下使用时，刀盘上刀具更换标准为：周边刀的刀圈外边磨损掉 10～15mm、面刀的刀圈磨损掉 20～25mm、中心双刃刀外刀圈磨损掉 20～25mm。

3）刀具使用寿命

国际上根据长距离隧道盾构施工中刀具磨损经验的总结，提出盾构刀盘上的刀具使用寿命计算公式为：

$$L = \frac{S \cdot v}{K \cdot \pi \cdot D \cdot N} \tag{4-10}$$

式中　S——刀具磨损量（mm）；

　　　K——刀具磨损系数（mm/km），与切削土体性质、地质环境、施工参数等密切相关；

　　　L——掘进总距离（km）；

　　　D——切削直径（mm）；

　　　N——刀盘转速（r/min）；

　　　v——设计推进速度（mm/min）。

4.4.2　盾构换刀时机和位置选择

1. 刀盘、刀具的磨损情况分析

仔细分析盾构掘进参数，判断刀具、刀盘的磨损情况，一旦发现刀具、刀盘磨损严重，应尽早确定换刀，以免带来不可预知的后果。

2. 换刀地点地质、水文情况分析

分析详勘地质报告和补充地质勘察成果，了解清楚拟换刀位置的地质条件，包括岩层、岩层的稳定性、水文地质特征等，以便选择一个地质条件相对较好的换刀位置和换刀方案。

3. 换刀位置的地面条件分析

拟换刀位置的位置选定后，还应对其地面条件进行详细调查，包括：（1）换刀位置是否有管线穿过，其埋深条件如何，是否需要改迁或保护等；（2）换刀位置是否需要进行交通疏解；（3）换刀位置是否有相邻建（构）筑物，与相邻建（构）筑物的距离关系，是否需要保护。总之，换刀位置选择的原则，就是尽量避开建（构）筑物、管线、交通繁忙的道路。

4. 经济性与安全性的平衡分析

对刀具的更换，在考虑其经济性的同时，不能忽视安全风险。换刀距离、换刀方案的选择需要掌握经济性和安全性的平衡，其中包括人员安全和设备安全的换刀安全风险问题是主要考虑的因素。

4.4.3　盾构掘进换刀技术方式

盾构机掘进过程中刀具磨损的主要更换方式有三种：一是常压条件下直接开仓换刀，该方式最为简便，而且成本最低，但适用于土体稳定、地下水较少、有较高自稳性的地层；二是在常压条件下，地层经过降水或者加固后直接开仓进行换刀，该方式操作简单，可根据经验提前加固，但是加固成本高，施工工期长，在周边环境复杂，不具备加固条件情况下无法实现，具有一定的局限性；三是利用压入空气来稳定掌子面，在非常压条件下进行刀具更换，该方式使用范围较广，对环境影响较小，但是技术难度高，人员在加压条件下工作，有效工作时间短，具有一定风险。将三种方式进行细化，可得到以下 5 种盾构掘进换刀模式。

1. 直接开仓换刀模式

直接开仓换刀，就是在地基承载力较高、掌子面稳定性比较好的条件下，不采取任何加固方法，直接排空土仓内土体，进入土仓更换刀具。该模式下换刀不需要前置工作，单次换刀显性成本低，但地面塌陷风险大，地下水丰富时甚至难以打开仓门，换刀工期不易控制。这种方法适用于掌子面稳定性较好的情况。

2. 降水加固换刀模式

降水加固换刀，就是从地面施做降水井，通过降水实现土体固结，提高掌子面土体稳定性，然后在常压条件下进行开仓换刀。降水井采用打深井方式，井深和井数以确保降水后的水位在隧道底板以下来确定，深度应超过隧道底部 5～7m，位置在选定的换刀点横向轴线附近且距隧道边沿 1～2m 为宜，有效降水时间宜在 15 天以上，并根据气候对地下水的影响调整抽水流量和有效降水时间。

采用降水模式存在以下难点：（1）换刀地点与预测地点可能不一致，造成事先施做的降水井不起作用；（2）地下水位高时，降水效果不明显；（3）掌子面仍有坍塌危险；（4）需提前施工，要求占道，并有排水位置的限制，协调难度大。

3. 地面注浆加固换刀模式

地面注浆加固换刀，就是从地面向地基注入水泥浆液（或其他加固浆液）加固土体，提高掌子面土体稳定性，然后进行开仓换刀。地面注浆加固地层的效果比降水加固地层的效果要好，可以在一定范围内提高土体强度和隔水性，是一种有效的加固手段。其缺点是施工中需要占道操作，对地面交通造成影响，且成本较高。另一方面，地层注浆质量控制不好时，加固之后的地面有坍塌的风险，不能满足施工中安全更换刀具的要求。

4. 围护桩加固换刀模式

围护桩加固换刀，就是在掌子面周围施做旋喷桩或者人工挖孔桩，对掌子面进行加固，然后进行开仓换刀。旋喷桩或人工挖孔桩对地层加固效果显著，理论上能保证换刀时掌子面的稳定，具有安全性好、稳定性高等优点，但同地表注浆加固一样，需要占用地面。

采用围护桩加固换刀，有以下难点：（1）换刀地点与预测地点可能不一致，造成事先施作的加固地段不起作用；（2）人工挖孔桩施工安全风险大，旋喷桩等桩基工程在砂卵石地层中难以施工；（3）需提前施工，要求占道时间长、面积大，并有排水位置的限制；（4）协调难度大，对环境有一定影响，增加了施工控制难度；（5）成本高、工期长。

5. 气压加固换刀模式

气压加固换刀，就是在通过向土仓注入压缩空气，以气压平衡代替土压（泥水）平衡来稳定掌子面。采用气压加固换刀，具有不占用地表、费用低、频率高的优点。工程实践证明，在一定气压环境条件下，开挖面能保持较长时间稳定，换刀作业安全可靠，换刀地点和实践受外界影响小。该方法的缺点是施工过程中对施工工艺要求相对较高。

从对成本、工期、周边环境影响、加固效果和技术难度等方面对以上各种换刀模式进行比较，可以总结出各种模式的优势与不足，见表4-4。

各种换刀模式对比 表4-4

序号	换刀模式	加固效果	对地面影响	成本	工期	技术难度
1	直接开仓换刀	最差	较小	较低	较短	低
2	降水加固换刀	差	大	低	短	低
3	地面注浆加固换刀	较差	大	高	长	低
4	围护桩加固换刀	较好	大	较高	较长	低
5	气压加固换刀	较好	较小	较低	较短	高

通过表4-4可以清楚地看出，各种换刀模式均有其各自的适应性，因此需要在综合地质条件、施工环境、成本、工期等因素的前提下，选择最合适的盾构换刀模式。其中气压加固换刀（即带压换刀）模式在安全性、工期、成本和对环境影响等各方面均具有优势，随着其关键技术的发展和掌握，其在盾构施工中的应用必将越来越

普遍。

4.4.4　盾构常压换刀技术研究

盾构常压换刀指的是在常压条件下，依据现场情况，选择进行加固或者不加固后，对盾构机进行开仓刀具更换。4.4.4 节中的直接开仓换刀、降水加固换刀、地面注浆加固换刀和围护桩加固换刀都属于盾构常压换刀。

1. 盾构常压换刀机理

常压换刀技术总体思路是形成一个独立的与外界联通的区域，与刀盘仓的高压区隔离，作业人员在常压区域更换高压区域的刀具。

2. 盾构常压换刀施工工艺

盾构机将要抵达计划换刀位置前的掘进采用慢速推进和慢转刀盘的方式掘进，以减小盾构机对隧道工作面土体的扰动。同时采用凝固时间短的浆液进行同步注浆，并利用吊装螺栓孔对连接桥附近的成形隧道进行二次补注浆，以增加盾尾附近成型隧道的稳定性。采用转动刀盘和敲击盾壳的方式可防止注浆浆液与盾尾固结在一起。

1）常压换刀前的准备工作

进行常压换刀前，需要做好以下准备工作：

（1）停止盾构机的推进，根据工作面地质情况，排出土仓内 1/2～2/3 的渣土，打开人闸与土仓间的闸门冷却土仓，释放土仓异味；

（2）检查盾构机承力墙上的球阀及闸阀，对堵塞的球阀及闸阀进行疏通，保证能够正常使用；

（3）对加压系统进行检查，保证其功能正常；

（4）对盾构机各系统进行检查，保证其功能完好；

（5）对进行换刀的操作人员进行换刀前的技术交底，对换刀的操作程序、安全事项等进行详细的交底；

（6）准备好需更换的刀具及其附件如螺栓、锁块等；

（7）准备好照明灯具、小型通风机、风镐、潜水泵、风动扳手、捯链、木板、安全带等材料，工具及电焊机等机料具；

（8）对可能发生的突发事件做好充分的估计及应对措施；

2）常压换刀作业流程

（1）转动刀盘，使所需更换刀具的刀臂呈竖直方向、位于底部。

（2）开仓后先进行相关检查，主要检查项目如下：

① 打开仓门先进行通风，通风 10min 后进行空气检测，确定无有害气体后相关人员方可进入；

② 进入中心锥先对闸门密封检查并做好记录；

③ 打开主臂仓门先通风再检测空气质量，合格再进入主臂并对主臂仓门的密封性进行检查并做好记录；

④ 进仓后先观察整个刀仓是否有渗漏，若有渗漏应及时报告，根据现场情况确认有无风险并作相应处理。

⑤ 无异常到达换刀位置先对要检查刀的闸阀的闸板螺栓有无松动进行检查；再对所

要检查刀具刀箱位置的壁厚进行检测并做好记录。

（3）将刀盘需更换刀具的部位旋转到最佳换刀位置。

（4）在更换刀具部位上方前体上焊接吊装刀具用的吊耳。

（5）在刀盘更换刀具部位下方焊接支架挂耳，安装换刀作业支撑木板。

（6）将刀具及刀座清洗干净。

（7）利用葫芦将刀具挂好，用风动工具松开刀具螺栓，然后取出刀具，测量刀具高度，用风镐修整换刀位置的隧道工作面，保证有充分的刀具安装空间，做好安装刀具前的安装座清洁工作。

（8）将刀具运送出去，然后将须更换的刀具运送进去，按拆刀的相反步骤将刀具装好、拧紧至设计扭矩值。

（9）完成换刀，人员出仓，逐渐恢复正常掘进。

4.4.5 盾构带压换刀技术研究

1. 盾构带压换刀机理

带压进仓作业（检查及更换刀具、检查刀盘、清除泥饼）的工作原理是：对刀盘前方开挖面土层进行改良加固处理后，在保证刀盘前方周围地层和土仓满足气密性要求的条件下，利用空气压缩机将空气加压，并注入土仓，逐步置换土仓内土体，以气压代替土压，通过在土仓内建立合理的气压来平衡刀盘前方水、土压力，达到稳定开挖面和防止地下水渗入的目的，施工人员在气压条件下，安全地进入土仓内进行检查、维修保养和刀具更换等过程作业。土仓气压平衡原理见图4-10。

土仓气压对于开挖面的稳定作用可分为三种：（1）可阻止来自开挖面的涌水，防止开挖面坍塌；（2）由于气压作用于开挖面，能够直接加强开挖面的稳定；（3）由于压气对围岩缝隙起到排挤水的作用，增加了粉砂、黏土层或含有粉砂黏土成分的砂质土的固结强度。

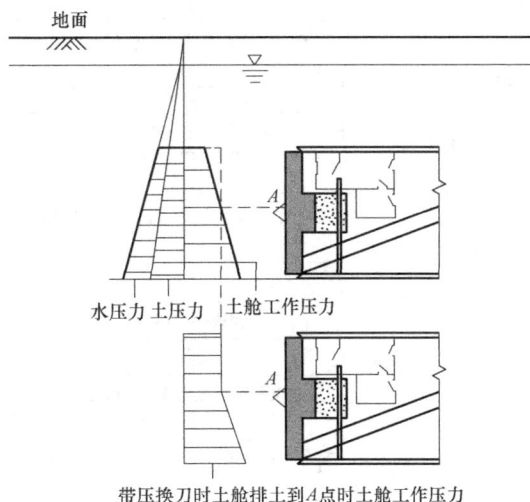

图4-10 土仓气压平衡原理图

2. 盾构带压换刀施工工艺

盾构带压换刀技术的施工工艺流程见图4-11。

3. 盾构带压换刀关键技术

依据盾构带压换刀施工工艺，将整个施工工艺分为"到达预定换刀点前""到达预定换刀点时"和"换刀结束后的恢复掘进"三个阶段，见图4-12。下面简单介绍各阶段盾构带压换刀掘进关键技术。

1）到达预定换刀点前

```
┌─────────────────────┐
│  刀具检查更换地点预测  │
└─────────────────────┘
          │
┌─────────────────────┐
│    确定带压换刀方案    │
└─────────────────────┘
          │
┌─────────────────────┐
│ 盾构离换刀点最后五环周边加 │
│       入膨润土浆       │
└─────────────────────┘
          │
┌─────────────────────┐
│ 盾构距离换刀点最后一环   │
│ 时开挖面注入膨润土浆    │
└─────────────────────┘
          │
┌─────────────────────┐
│ 停止掘进刀盘,继续转动5min, │
│  使开挖面形成泥膜      │
└─────────────────────┘
          │
┌─────────────────────┐
│ 刀盘停止转动,螺旋输送机开始出土 │
│  并同时给土仓加压      │
└─────────────────────┘
          │                     气体泄漏量      ┌─────────────┐
┌─────────────────────┐   过大       │ 更换换刀地    │
│   对土仓气压观察半个小时  │───────────→│ 点,重复以   │
└─────────────────────┘            │ 上步骤      │
          │ 气压稳定                 └─────────────┘
          │
┌─────────────────────┐
│ 人员进入人闸逐步加压至与土仓压力 │←──────┐
│       平衡       │            │
└─────────────────────┘            │
          │                        │
┌─────────────────────┐            │
│   进入土仓进行换刀作业   │            │
└─────────────────────┘            │
          │                        │
┌─────────────────────┐   ┌─────────────┐
│ 换刀作业人员完成一个作业班次降压 │→│ 下一班人员    │
│       出舱       │   │ 到达现场     │
└─────────────────────┘   └─────────────┘
          │
┌─────────────────────┐
│    完成换刀作业      │
└─────────────────────┘
          │
┌─────────────────────┐
│ 土仓重新建立土压平衡,恢复掘进 │
└─────────────────────┘
```

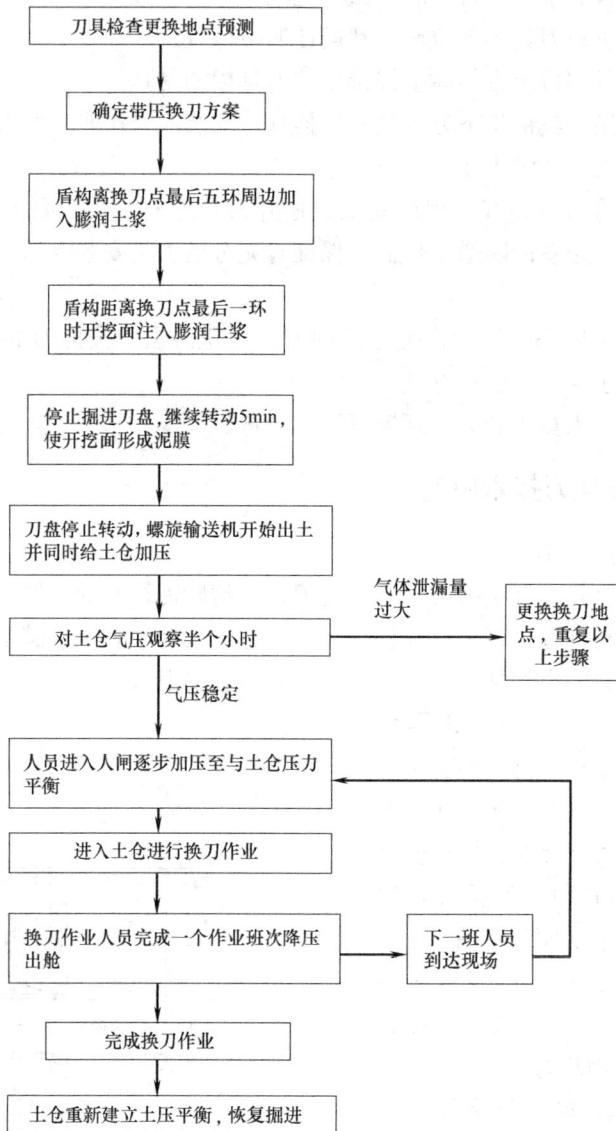

图 4-11 盾构带压换刀（土压平衡盾构）施工工艺流程图

（1）设备检查和浆液准备

① 注浆系统的检查

在掘进到 A-10 环时，检查同步注浆系统，主要是四个注浆管路是否运转正常。如果有管路不通、浆泵无力冲程数与实际泵送放量差距较大等情况，进行管路疏通和浆泵的全面清洗，使整个注浆系统各部分处于优良的工作状态。

在掘进到 A-5 环时，对整个膨润土系统进行检查，包括刀盘前方和盾体周围两个方向的膨润土管路和膨润土泵的运转情况。整个系统的各部分检查就绪后，进行试注浆。试注浆过程中主要是观察各管路的压力是否正常，如果压力过大或者过小，都必须对系统进行调试。

到达后，先出土至土仓1/3处，观察压力变化情况，若2h内无明显变化，出土至土仓1/2偏处，观察压力变化情况，若2h内无明显变化，人员可进仓带压作业。

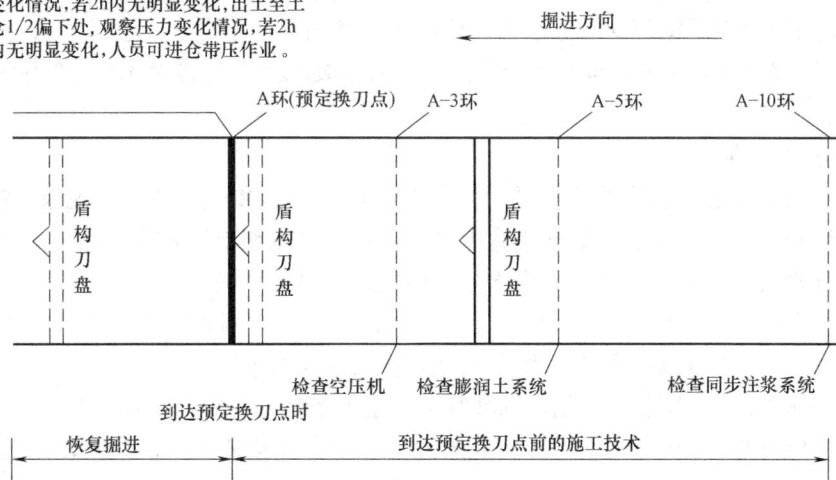

掘进方向

A环(预定换刀点)　A-3环　　A-5环　　A-10环

盾构刀盘　　盾构刀盘　　盾构刀盘

检查空压机　检查膨润土系统　　检查同步注浆系统

到达预定换刀点时

恢复掘进　　到达预定换刀点前的施工技术

图 4-12　带压换刀三阶段关键技术流程图

② 空气系统完善和检查

在掘进至 A-3 环时，检查空压机运行状况，使其达到良好的使用效果。根据前期带压换刀的经验，保证工作空压机的数量和待机的柴油空压机数量。柴油空压机的管路必须连接到位并处于待机状态，以防停电等紧急情况。

同时进行向土仓内供气的呼吸系统调试，使其处于良好的工作状态。人闸系统要进行加减压测试，通过测试观察各种压力表、温度表以及各种阀门是否工作正常。在检查的同时把人闸各个气管特别是进气管全部打开，使其排气 30min，尽可能排出气管里的油和水，以免影响作业人员的健康。

③ 浆液准备工作

通过膨润土浆液稠度试验确定膨润土浆液的配合比。在确定膨润土浆液的配合比后根据盾构机推进情况，在盾构推进 24h 之前拌制膨润土，具体拌制量由现场协调人员控制。

同步注浆浆液的配合比由现场试验结果确定，浆液的稠度宜控制在 11～13cm（锥入度试验），初凝时间控制在 6h 左右。依据现场情况确定每环的注浆量和同步注浆压力。从 A-2 环开始，同步注浆只能在每环最后一车渣土时停止注浆，并且要尽量保证掘进的连续性，以保证注浆的连续与饱满。

④ 设备检查与维护

通过压力表，检查前仓、主仓、作业仓的密闭性能。对空气压缩机和储气罐进行检查，观察其工作压力是否正常。在加压前，检查压缩空气系统的封签和功能。进仓作业所需的各种起重工具和切割工具要进行进仓前的检查。

检查与维护包括膨润土注入系统、仪表显示系统、压缩空气系统管路、闸阀、通信系统、换刀工具。

（2）到达预定换刀点前的关键施工工艺

到达 A 环的前 5 环，在盾构周边注入膨润土泥浆。此时盾构机掘进速度调整为 30～

50mm/min，刀盘转速调整为 1～2r/min。持续掘进速度和转速到达距 A 点前一环（1.5m）处，盾构掘进速度调整为 25mm/min，刀盘转速调整为 0.8～1.5r/min，最多不能超过 1.5r/min，并同时在盾构刀盘前方 8 个注浆孔中位于盾体上方的 4 个注浆孔注入膨润土泥浆，设定压力为 1.1 倍的开挖面压力。在到达 A 环前要求注入足够数量泥浆在开挖面上形成泥膜。

2）到达预定换刀点时

盾构机到达点后，盾构停止掘进，但是继续转动刀盘和注入膨润土泥浆。持续 5min 以上操作后停止转动刀盘。随后向土仓内加压，进行气压和土压置换。加压过程采用分阶段排土、分阶段加压的方式进行，出土量按照所换刀具位置确定。

将土仓中的渣土输出约 1/3，观察土仓压力值的变化，同时安排人员观察地表上漏气是否严重，若土仓压力无法保持，则重新恢复注浆或重新推进。

若土仓压力保持 2h 没有变化，则继续出土至 1/2 略偏下处，观察土仓压力值的变化，若土仓压力保持 2h 没有变化或不发生大的波动（压力变化值＜0.05bar），则表明土仓压力保持情况合格。此时，可以进行带压换刀（或检查刀具）操作，具体换刀流程和 4.4.5 节中常压换刀操作流程一致。

根据预先制定的工作方案，施工人员在专业操仓人员与专业潜水人员的配合下，进入仓内进行刀具检查、刀具更换、故障排除等作业。带压工作时间一般不超过 1.5h。达到工作时间后操仓人员通知仓内人员出仓，并严格按照国家潜水规范制定的减压方案进行人员减压出仓。

3）换刀结束后的恢复掘进

换刀作业结束后，待人员与设备撤出土仓和人闸后，启动刀盘，恢复掘进暂时不出土。通过压力传感器可以看到土仓内压力变化，此时通过土仓内排气阀排出一部分气体保持恒定的支撑压力，重复以上动作至满仓，重新建立土压平衡，进入正常掘进施工。

刀具更换完毕后，待人员与设备撤出土仓和人闸，封闭土仓闸门后，立即恢复正常掘进，这个恢复过程也就是由气压平衡转换到土压平衡的一个过程，如果这个转化过程控制不当，也将会导致开挖面土层失稳，甚至引起地表坍塌。

在整个带压换刀过程中，为防止地表出现较大沉降，要求加强地表监测，除加密测点、提高测试频率外，其他要求同普通段施工。

4.5　盾构特殊段推进施工

4.5.1　盾构穿越地面建（构）筑物施工

地铁规划盾构掘进经常需要穿越城市闹市区和居民住宅区，如何保证各类地面建（构）筑物的安全，是工程施工的重中之重。盾构穿越建筑物时，为了减小施工对建筑物的影响，可以对桩基的持力层进行注浆加固来提高地基的刚度，从而减小盾构施工引起的变形沉降。当盾构机通过区域内有建（构）筑物桩基侵入隧道断面时，需要采用桩基托换的形式将原荷载引到不侵入隧道断面的两侧新的桩基上，从而保证建筑物和构筑物的安全。

1. 盾构施工掘进对地面建筑物影响风险及机理分析

盾构法施工将引起一定范围内的土体位移和变形。地基土体的卸荷与变形会导致影响范围内的地表建筑物的外力条件和支承状态发生变化，而外力条件的变化又将使已有建筑物发生沉降、倾斜、变形等现象，见图 4-13。

对于基础埋深较浅的建（构）筑物，其基础四周地层移动的影响可以忽略，仅考虑基础底部土层变形的影响，可以认为底部变形和地表变形一致。地表沉降会使建筑物整体下沉，若沉降过大，会造成一定损害，尤其对于砌体结构，这种垂直沉降使砌体中存在着垂直方向的下沉力，形成水平裂缝。同时不均匀沉降将导致地表倾斜，使建筑物产生结构破坏裂缝。地表倾斜还会使高耸建筑物发生重心偏斜，引起附加应力重分布，使结构内应力发生变化，严重时使建筑物丧失稳定性而破坏。深基础的建筑物不仅受到基础底部土层变形的影响，还受到基础四周地层变形的影响。由于桩基础埋深较深，当沉降过大时，基础刚度发挥作用，使得建筑物破坏相对较小。同时，土的侧向变形易引起桩的侧向变形和内力变化，从而引起上部建筑物的变形和内力变化。

由于开挖卸荷和建筑空隙，使上覆土体在某一时间段上失去支撑，从而产生一定沉降，同时隧道掘进和注浆时的扰动打破土体原来的平衡，受扰动土体再次固结从而产生沉降。

2. 盾构穿越地面建筑物施工技术措施

为了最大限度地减少盾构掘进施工对于地面建筑物的影响，应当采取以下施工技术措施。

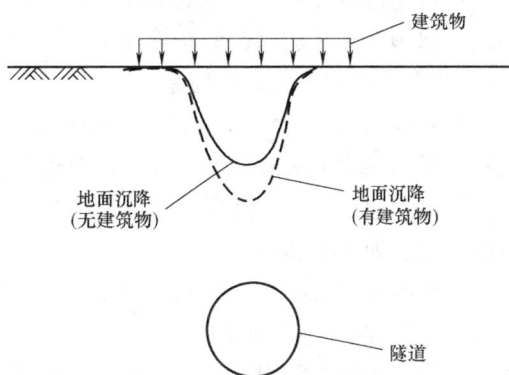

图 4-13 盾构穿越地面建筑物施工引起地面横向沉降图

1）盾构穿越地面建筑物施工准备工作

（1）施工前期详细计算施工影响范围内建筑物及其基础情况，有针对性地采取保护措施。

（2）依据地质勘察资料得到施工参数理论值，再根据试掘进阶段得到的施工经验进行修正，确定合理的施工参数。

（3）进行认真、细致、全面的盾构掘进作业技术交底。

2）采用科学、合理的掘进参数

（1）根据穿越地段的埋深、水文地质情况以及试掘进阶段的施工经验，确定准确的推进参数。

（2）同步注浆及二次注浆：

① 考虑穿越地段的地质、盾构机性能和损耗等原因，提高每环注浆量。

② 根据穿越地段的水文地质、桩基和施工条件，严格按照配合比进行施工，考虑施工段地质的特殊性，确定每立方浆液的最少水泥用量。

③ 根据穿越地段的埋深、地质水文情况及施工条件，设定合理的注浆压力。

④ 注浆过程中，应保证注浆管路畅通，同步注浆的管路应均衡连续对称注浆。

⑤ 加强盾尾刷的维修及保养，加大盾尾油脂的注入量，减少盾尾漏浆。

（3）盾构姿态控制：

① 盾构千斤顶的行程差控制在 50mm 以内，顶力差控制在 5MPa 以内。

② 根据盾尾空隙及千斤顶的行程，正确选择管片的型号及点位，并进行正确拼装，避免纠偏过大，引起土层的扰动过大。

③ 平面偏差控制在 ±30mm 以内，垂直偏差控制在 ±50mm 以内。这样可以保证盾构机平稳推进，减少纠偏，减少对土体的扰动。

（4）加注泡沫或水、膨润土等润滑剂，减小刀盘扭矩，同时降低推力。

3）加固处理

依据盾构穿越段地质水文、现场建（构）筑物情况，在允许情况下，若有必要，可对穿越段建筑物进行加固，一般的加固手段主要为注浆加固和隔断加固，可分为双液静压注浆加固、袖阀管注浆加固、钢花管注浆加固等。

4）建立严密的监控量测体系

（1）盾构到达建筑物 30m 前，盾构通过及盾构通过后的两个星期内，对地表沉降及建筑物倾斜、不均匀沉降、裂缝开展情况进行监测，监测频率为每天监测两次。

（2）盾构通过两个星期后，监测数值显示已趋于稳定，可每 1～2 天监测一次，如监测数值异常应加大监测频率。

（3）地面允许沉降值为 −30～+10mm，房屋不均匀沉降允许值为 0.002L（L 为框架梁长），房屋倾斜不允许大于 0.004。

（4）建筑物的沉降观测、倾斜观测、隆起变形观测等，都要严格按照国家一、二等测量规范的精度进行。

3. 盾构穿越地面建（构）筑物施工控制实例

以南昌地铁 1 号线八一馆站-八一广场站盾构区间穿越博文商厦工程为实例，简要介绍盾构穿越地面建筑物施工控制及效果。

1）工程概况

博文商厦所在楼盘是一幢 4 层砖砌结构楼房，楼房基础为 1.5m 的扩大条形基础，基础持力层位于杂填土层，建筑物评定等级属于 B 类；盾构隧道处于强风化和中风化泥质粉砂岩中，盾构隧道顶部为砾砂和圆砾层，盾构隧道右线处于建筑物基础的正下方 12.0～13.0m 位置，设计采用静压注浆＋预埋袖阀管加固。在盾构穿越过程中对盾构施工参数进行控制，减小地面沉降。

2）盾构施工参数控制

（1）盾构施工参数控制情况

盾构穿越博文商厦区段，盾构环号为 660—695，在这区段对施工参数进行控制，并与实际盾构施工参数进行对比，见表 4-5。同时将稳定后的盾构隧道沿线地表沉降值进行汇总整理，得到该控制区段的盾构隧道沿线中心位置的地表沉降最大值，并与对施工参数非线性控制中的地表沉降预测值进行了对比，如表 4-6 及图 4-14 所示。而建筑物四个边角处实测最大沉降值如表 4-7 所示。

控制区段施工参数及其与非线性控制值相对误差分析　　表 4-5

环号	同步注浆量(m³)			土仓压力(bar)			总推力(kN)		
	控制值	实际值	相对误差	控制值	实际值	相对误差	控制值	实际值	相对误差
660	6.01	4.5	33.56%	1.26	1.1	14.55%	21566.4	20000	7.83%
665	6.21	6	3.50%	1.12	1.1	1.82%	22566.3	22000	2.57%
670	6.13	6	2.17%	1.07	1	7.00%	23484.0	25000	−6.06%
675	6.38	6	6.33%	1.11	1.2	−7.50%	25612.5	21500	19.13%
680	6.35	6	5.83%	1.16	1	16.00%	23778.4	22000	8.08%
685	6.27	6	4.50%	1.18	1.2	−1.67%	23898.3	23000	3.91%
690	6.32	6	5.33%	1.18	1	18.00%	21795.4	20400	6.84%
695	6.48	7	−7.43%	1.06	1	6.00%	20289.6	18000	12.72%

环号	刀盘扭矩(kN·m)			出渣量(m³)		
	控制值	实际值	相对误差	控制值	实际值	相对误差
660	2511.45	2300	9.19%	53.08	51.96	2.16%
665	2534.54	2900	−12.60%	53.26	52.26	1.91%
670	2673.84	2500	6.95%	54.37	53.60	1.44%
675	2676.47	2000	33.82%	53.55	53.91	−0.67%
680	2568.78	2500	2.75%	53.78	53.45	0.63%
685	2684.83	2800	−4.11%	54.92	53.51	2.64%
690	2589.88	2000	29.49%	53.26	52.13	2.17%
695	2664.24	2500	6.57%	54.22	54.27	−0.09

控制区段盾构沿线最大沉降　　表 4-6

环号	预测最大沉降值(mm)	实测最大沉降值(mm)
660	−1.84	−1.9
665	−2.06	−0.8
670	−2.42	0.7
675	−1.82	−0.4
680	−2.95	−3.3
685	−2.98	−2.3
690	−2.34	−2.0
695	−2.02	−2.1

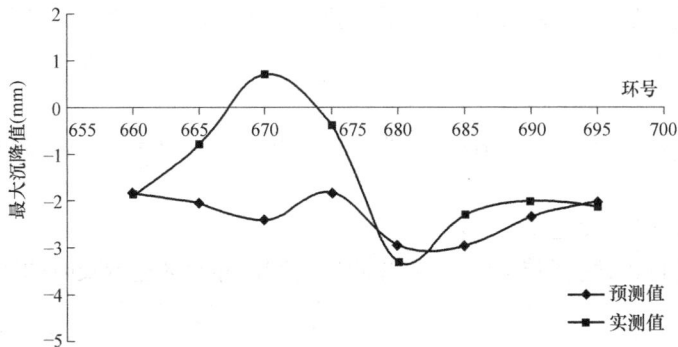

图 4-14　控制区段地表沉降对比图

博文商厦四个边角处最大沉降值　　表 4-7

环号	实测最大沉降值(mm)
JZ10-03	−0.7
JZ10-04	−2.5
JZ10-05	−0.7
JZ10-08	−1.0

（2）盾构参数控制效果评价

① 最终盾构顺利穿越博文商厦控制区段，将盾构所采用施工参数与非线性控制所提出的施工参数进行对比后，相对误差较小，说明经验选取及非线性控制的施工参数控制方法取得了良好的效果，施工参数控制效果比较理想。

② 如表 4-6 及图 4-14 显示，盾构隧道沿线最大地表沉降实测值均小于 5mm，可见盾构穿越博文商厦控制区段的地表沉降得到了有效控制，同时实测地表沉降最大值与非线性控制中的预测值相差不大，说明施工参数控制及土体加固在盾构穿越博文商厦的地表沉降控制区段取得了较好的效果。

③ 结合建筑物四个边角的沉降监测值，最大沉降为 -2.5mm，在控制范围之内，同时建筑物沿盾构沿线垂直方向的最大不均匀沉降为 3.2mm，差异沉降与两基础之间距离之比约为 0.00017，小于《建筑地基基础设计规范》GB 50007—2011 规定的砌体结构允许限值 0.00071。说明建筑物处于安全的状态，这综合体现了施工参数、土体加固及建筑物自身结构加固三者结合的控制效果。

4.5.2　盾构穿越铁路施工

1. 盾构穿越铁路风险分析

列车运行对沉降、隆起和铁轨间的差异沉降有着特殊的严格要求，较小地变化都会对列车安全运行构成灾难性的影响，盾构法穿越铁路时对列车运行形成如下影响。

1）沉降对列车运行的影响

在列车动荷载作用下，支撑面下沉的枕木带着铁轨产生较大的变形量，导致铁轨中应力大大升高，土体沉降过大时可使铁轨断裂枕木的支撑面形成沉陷坑，列车通过就会受到来自下方的冲击，这种垂直向上的冲击可同列车的自振相结合引发更大的列车振动，严重时造成列车出轨。列车车速越快，沉陷坑的高长比越大，危险越高。

2）铁轨的差异沉降对列车运行的影响

盾构穿越铁路时，两条铁轨可能产生铁轨间的差异沉降，特别是当盾构推进轴线和铁路轴线夹角较大时，同一条铁轨以及同一断面上的两条铁轨下方的土体沉降量是不同的，这会加大铁轨间的差异沉降。这些差异沉降和列车的自振相结合，使得列车振幅增大，产生摇摆。

3）盾构推力对列车运行的影响

在上覆土层薄，土体密实度和稳定性较差的时候，盾构推力过大会使铁轨发生位移。

2. 盾构穿越铁路主要技术措施

1）与铁路部门配合做好穿越铁路前的准备工作

盾构推进前和铁路部门联系，积极配合铁路部门的工作，在穿越过程中与铁路部门相关负责人同时进行全程监控。

2）做好勘察工作，防止推进过程发生意外

施工前对下穿的铁路区域进行雷达空洞探测，并对探测出的空洞异常区进行及时的回填注浆处理。

3）地面加固和线路加固

依据穿越段的地质水文情况，结合相应技术对穿越段地面和线路进行加固，减小盾构施工对铁路带来的影响。

4）使用加强型管片

考虑铁路列车运行时的冲击荷载，在铁路正下方可以使用加强型管片，以保证安全。

5）加强推进过程中土压平衡操作，严格控制推力

在盾构施工中要坚持信息化施工的原则，及时掌握地面沉降监测信息、盾构姿态以及各推进参数，调整土压力的设定值。

6）加强同步注浆和二次补注浆工作

同步注浆浆液严格按照配合比，加水一次到位。稠度必须控制在 9.5～10Pa·S。注浆方量必须严格按照指令执行，方量计量必须以台车上浆斗实测数据为准。

7）加强泥土塑流化改造

注入膨润土等制泥材料，调整土体黏粒含量。制泥材料的浓度可根据开挖土的级配、不均匀系数和透水性确定。另外，向开挖土层中加入泡沫能有效减少砂卵石之间的摩擦力，降低刀盘扭矩，有利于土的塑流性改造。

8）加强沉降监测

加强地面沉降及地层内部变形监测，对地层做三维变形量测。

3. 盾构穿越铁路实例

以长沙地铁 1 号线涂家冲站—铁道学院站区间下穿京广铁路工程为例，简要介绍盾构穿越铁路施工控制技术。

1）工程概况

长沙地铁 1 号线涂家冲站—铁道学院站区间在 Y（Z）24＋245～Y（Z）24＋210 下穿京广铁路，区间隧道与京广铁路斜交 74°，区间右线为直线，左线为半径 600m 的平曲线，左右线中心间距 22.8m。京广铁路为Ⅰ级铁路，线路正常运行速度为 120km/h，穿越段道岔型号为 P60-1/12，上下行线间距 5m，铁路道床类型为碎石道床，道床厚度约为 0.45m。区间下穿京广铁路位置示意见图 4-15。

图 4-15　区间下穿京广铁路位置示意图

区间所穿越地层为上层粉质黏土、下层砂卵石的富水软弱地层；勘察时水位埋深 7.3m 左右，高程约 46.6m；在京广铁路两侧是倾角为 36°的边坡。

2）施工风险因素分析

长沙地铁 1 号线涂家冲站—铁道学院站区间盾构下穿京广铁路施工中，需确保铁路的正常运行，但该段地质条件和环境条件复杂，风险源众多，路基沉降控制困难，施工风险极高；风险源主要包括复杂的环境条件和地质条件、盾构掘进参数控制、施工组织与管理等。

（1）环境条件复杂

该段复杂环境条件，对盾构下穿京广铁路产生的不利影响表现在：

① 通过的列车多样，有普通客运列车、动车组和重载货物列车；

② 下穿京广线段地质条件复杂且埋深很浅，仅 8.7m，盾构掘进与地面列车运行相互影响关系密切且复杂，且在浅覆土条件下盾构施工对地表影响较大；

③ 左右线盾构下穿京广线后将近距离侧穿一桥墩，为减小对该桥墩的影响，对隧道施工引起的地表沉降控制提出了更高的要求。

（2）地质条件复杂

隧道穿越地层为上层粉质黏土、下层砂卵石的富水软弱地层，对盾构下穿京广铁路施工产生的不利影响表现在：

① 由于上下土层差异明显，呈上软下硬的特点，如果盾构参数设置不当，极有可能导致盾构机出现抬头现象；

② 卵石地层的自稳能力差，掌子面容易产生涌水、涌砂，隧道施工对地层的扰动容易发生较大的地面沉降甚至塌陷；

③ 大粒径卵石容易造成超挖，对盾构设备磨损严重，施工风险极高。

（3）掘进参数控制

① 土仓压力

盾构土仓压力是控制掌子面稳定性的关键参数。穿越京广线段地势变化很大，穿越边坡前覆土厚度为 15.5m，穿越边坡后覆土厚度瞬间降到最小覆土厚度 8.7m。在短距离内对土仓压力进行及时调整较困难，同时盾构下穿砂卵石地层，开挖面稳定性难以控制，易造成较大的地表沉降。

② 掘进速度

掘进速度太慢或盾构机停留时间过长，盾构机自重对隧道下卧层施压引起地层竖向位移，掘进速度应尽量提高，让盾构机快速通过，同时掘进速度要与盾尾同步注浆能力相匹配，在保证盾构稳定掘进和同步注浆能及时跟上的前提下，适当提高掘进速度。

此外，保持掘进速度的稳定性也是避免盾构超挖、减小地层损失的重要保证。

③ 同步注浆和二次注浆

同步注浆和二次注浆是弥补盾构施工产生地层损失的重要措施，若注浆不及时或参数控制不当时，会使地表产生较大的沉降或隆起，影响既有铁路行车安全和边坡稳定。

④ 盾构姿态控制

由于左线处于半径 600m 的平曲线上，该曲率半径掘进必然要对姿态进行调整，当盾构姿态控制不好时，可能引起超挖及增加施工扰动次数，且不利于管片受力均匀，甚至局部受拉破损。

3）施工风险控制措施

根据以上的施工风险，需要采取有效的控制措施以规避下穿京广铁路风险。采取的控制措施主要有：（1）软弱地层旋喷桩加固；（2）线路架空加固，横抬纵挑，保证铁轨不受施工影响；（3）盾构掘进参数控制；（4）其他措施。

（1）软弱地层旋喷桩加固

在京广铁路两侧，排水明渠内各设 3 排旋喷桩（直径 800mm，间距 500mm，采用三重管），起到加固土体、止水、隔断及控制变形的作用，见图 4-16 和图 4-17。

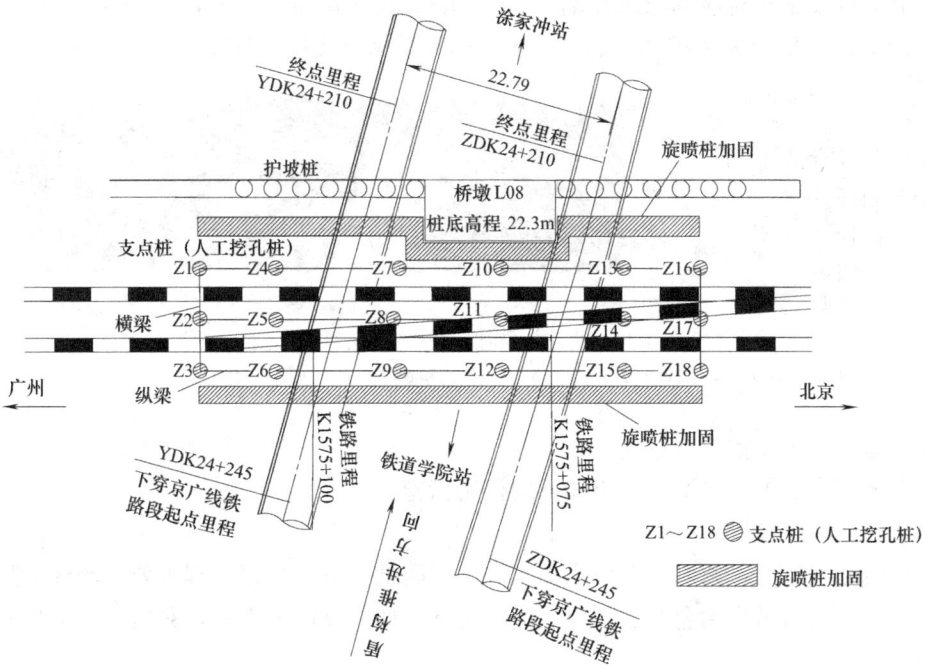

图 4-16　长沙地铁 1 号线下穿京广铁路段加固平面图

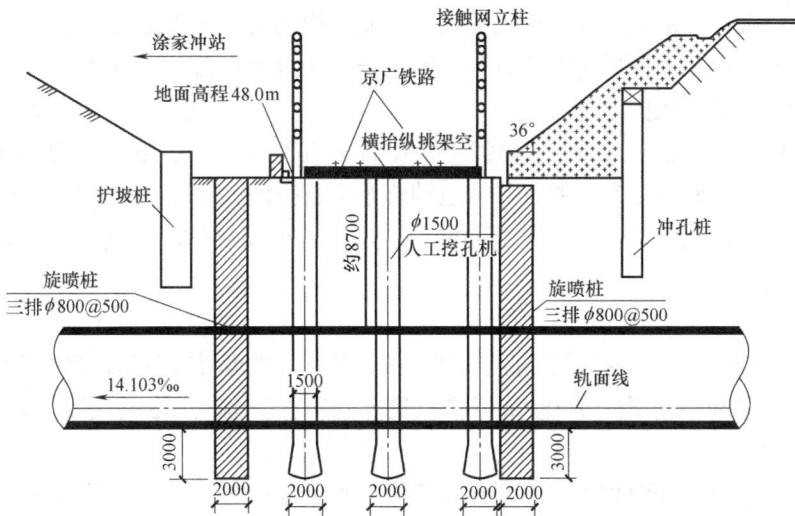

图 4-17　长沙地铁 1 号线下穿京广铁路段加固纵断面图

（2）线路架空加固——"横抬纵挑"法

采取将线路架空加固，即使路基沉降较大时铁路依然安全运营，线路加固后列车荷载传递路径为列车荷载→钢轨→横梁→纵梁→人工挖孔桩。施作工艺如下：加固体系横梁（组）采用 I36c 型钢，每 2 根轨枕间穿 1 根工字钢横梁；横梁跨度约为 5.7m 和 5.125 m，从钢轨底穿过。加固体系纵梁采用 I63c 型钢梁，3 片一组分别安装在京广铁路上下行线之间和线路外侧路肩位置的人工挖孔桩上，纵梁主跨度最大为 13.5m。在京广铁路上下行线间、上下行线路肩对应纵梁底设置直径1.5m，长8m和16.5m，间距8m、10.2m和13.5m的C30钢筋混凝土扩底人工挖孔桩，作为横纵梁支撑，见图4-18。

图4-18　线路架空加固——"横抬纵挑"法

（a）左右线盾构下穿铁路扣轨加固示意；（b）人工挖孔桩施工；（c）纵梁架设施工；（d）横梁架设施工

（3）盾构掘进参数控制

针对掘进参数等风险源，提出如下的控制措施。

① 土仓压力控制

因地势起伏较大，两侧土仓压力要求高，中间低，盾构穿越过程中要每环渐变降低土仓压力，掘进模式采用满仓全土压模式，防止掌子面拱顶围岩失稳，对地表沉降控制具有重要影响。

② 渣土改良

盾构下穿掘进过程中开挖面土层性质差异较大对掘进不利，施工中通过向前方加膨润土和泡沫剂来改良土体，增加土体的流塑性，使盾构机前方土压计数值更加准确，保证螺旋机输送出土顺畅，减少盾构对前方土体的挤压，及时填充刀盘旋转之后形成的空隙。

③ 盾构机姿态纠偏

针对左线处于半径600m的平曲线上，在盾构机进入京广铁路下穿段影响范围之前，将盾构机调整到良好的姿态，并且保持这种姿态穿越铁路。即使纠偏，也应坚持"多次少量"的原则，一次性盾构姿态变化不可过大、过频，纠偏量每环不大于5mm，减少对地层扰动的影响。

④ 管片安装

在管片拼装过程中，安排最熟练的拼装工进行拼装，减少拼装时间，缩短盾构停顿时间，拼装结束后，尽快恢复推进，有利于减小盾构机自重对隧道下卧层施压引起的地层竖向位移。

⑤ 同步注浆

盾尾通过后管片外围和土体之间存在空隙，施工掘进中采用高倍率同步注浆来填充这部分空隙。要严格控制注浆量和浆液质量，注浆量控制在空隙的2.5～3.0倍，同步注浆尽可能保证均匀、连续。

（4）其他控制措施

① 在盾构穿越京广铁路前，应对盾构机进行全面检修，并加强设备保养，最大限度地避免盾构下穿期间出现设备故障。

② 盾构下穿施工期间，京广铁路上下行线减速慢行，从120km/h降低到45km/h，减小动力响应影响。

③ 加强现场沉降监测，加大监测频率，确保监测的精准并及时反馈，为盾构参数调

整提供依据。

4）控制效果

（1）掘进参数

通过跟踪盾构下穿过程掘进参数变化及注浆情况，对下穿段关键掘进参数进行均值和标准差的统计，见表 4-8。

左右线掘进参数对比统计　　　　　　　　　　　　表 4-8

掘进参数	右线		左线	
	平均值	标准差	平均值	标准差
土压力(MPa)	0.15	0.02	0.13	0.01
总推力(kN)	10633.0	901.8	8066.7	645.7
掘进速度(mm/min)	35.5	3.12	55.2	4.17
出土量(m³/环)	66.8	28.75	53.5	0.52
刀盘扭矩(N·m)	1420.5	198.82	1345.8	174.85
注浆压力(MPa)	0.24	0.03	0.25	0.03
注浆量(m³/环)	8.58	1.83	7.39	0.14

注：标准差反映各掘进参数的离散程度，即波动的大小，标准差越小，该参数波动越小，控制越稳定。

（2）路基沉降变形

京广线段下穿过程中，对京广铁路两侧的路基隆沉变形值也进行了全程监测，测量得到产生最大变形值时的北侧路基沉降槽曲线，见图 4-19。

监测结果表明，路基隆沉量较小，隆沉量在 6mm 以内。右线通过时各测点的隆起值最大值约 5.9mm，说明掘进参数合理，通过降低土仓压力、提高掘进速度等掘进参数的调整降低了对地层的扰动，路基沉降情况控制良好。

基于以上施工控制效果，说明该工程风险控制措施切实可行，效果良好。

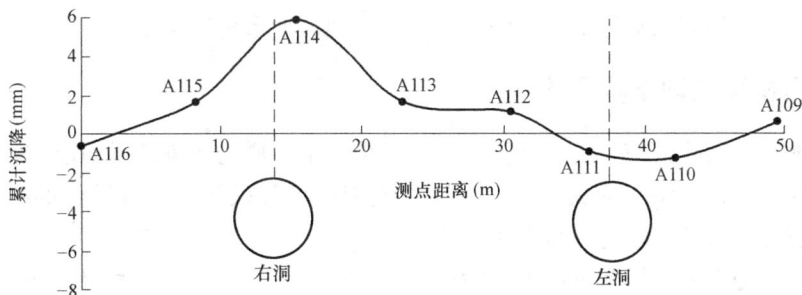

图 4-19　北侧路基沉降槽曲线

4.5.3　盾构穿越地下管线施工

由于城市的快速发展，建（构）筑物逐渐增多，各种地下管线错综复杂，如排水管、上水管、雨污水管、燃气管道和电力管沟等。隧道盾构施工过程中会扰动周围地层，地层变形将会引起部分管线的变形、弯曲甚至断裂，最终导致水管漏水、燃气管漏气、电力中断等严重影响居民生命与财产安全的状况。

1. 地下管线变形控制标准

为避免盾构施工对已有的重要管线造成不利的影响，一般采用"小于允许值"作为施工管理、控制标准。国内、外在盾构工程中常用的管线控制标准如下：

1）机械铸铁、柔性接缝管道，每节允许差异沉降为 $L/1000$（L 为管节长度）；

2）北京地铁、重庆地铁施工管线的最大斜率为 2.55mm/m；

3）上海市政部门规定煤气管线的允许水平位移为 10～15mm；

4）德国规定：管线允许水平变形为 0.6mm/m，允许倾斜变形为 1～2mm/m；

5）管节受弯应力应满足 $\sigma_t<[\sigma_t]$ 和 $\sigma_c<[\sigma_c]$，其中 σ_t 为允许拉应力，σ_c 为允许压应力；

6）管缝张开值控制标准，管线接缝允许张开值 $[\Delta]$ 取为 0.925mm。即直径为 D、管节长为 b 的管线，在沉降曲线曲率最大处（R），接缝的张开值需满足：$\Delta=\dfrac{Db}{R}<[\Delta]$。

2. 盾构穿越地下管道施工控制技术

1）严格控制盾构正面平衡压力

在盾构穿越污水管过程中必须严格控制切口平衡压力，同时也必须严格控制与切口压力有关的施工参数，如推进速度、总推力、出土量等。

2）严格控制盾构纠偏量

结合以往穿越管线的经验，在盾构穿越的过程中，推进速度不宜过快。盾构姿态变化不可过大、过频，控制单次纠偏量不大于 10mm（高程、平面），控制盾构每次变坡不大于 0.1%，以减少盾构施工对地层的扰动影响。

3）严格控制同步注浆量和浆液质量

同步注浆浆液选用可硬性浆液严格控制浆液配合比。通过同步注浆及时填充建筑空隙，减少施工过程中周边的土体变形。

4）二次注浆

视实际情况需要，在管片脱出盾尾环后，可采取对管片的建筑空隙进行二次注浆的方法来填充。二次注浆根据地面监测情况调整，使地层变形量减至最小。

4.5.4 盾构穿越地下障碍物施工

城市地铁盾构隧道施工地质条件及周边环境复杂，盾构掘进掌子面前方障碍物处理风险较高，易造成掘进掌子面失稳，进一步引发周边环境破坏，采取适当的障碍物处理方法，保障盾构隧道顺利掘进显得尤为重要。

目前地铁施工中比较常见的地下障碍物主要有以下几种：地下残留桩基、孤石、钻杆及其他不明障碍物（如炮弹、钢管等）。清除地下障碍物的方法按照操作要求可分为人工清障和大型机械清障。而常见的人工清障方法有竖井开挖、直接带压进仓清除、定向爆破、冷冻加固后进仓清除。

1. 盾构穿越地下障碍物施工控制技术措施

1）探测

采用现有探测技术（如地质雷达等）对盾构穿越障碍物段进行详细探测，准确判断掘进段内障碍物位置、数量等情况，针对性地采取相应的处理措施。

2）刀盘破碎障碍物

盾构穿越地下障碍物时，必须通过对盾构机刀盘进行适当的设置，使其具有足够的破碎障碍物能力，确保掘进顺利。

3）掘进参数控制

盾构穿越地下障碍物时，地下障碍物会对刀具磨损产生较大的影响，通常考虑在穿越地下障碍物段时，采用降低掘进速度和刀盘钻速的参数调整方式。

2. 盾构穿越地下障碍物施工控制实例

下面以南昌地铁 1 号线盾构隧道穿越抚河工程为例，简要介绍盾构掘进穿越地下障碍物施工控制技术。

1）工程概况

南昌市轨道交通 1 号线过抚河盾构为中山西路站—子固路站，盾构区间长 665.484m，分左线和右线，沿中山路穿越抚河。盾构越河段抚河宽约 100m。抚河段内盾构掘进的地层主要有淤泥质黏土、强风化泥质粉砂岩和中风化泥质粉砂岩。盾构隧道最小埋深为 4.1m 左右，最大埋深为 6.2m。穿越段内发现有大量修建中山桥时的临时预制方桩，呈现出不规则分布，且大部分桩未出露地表。为了确定临时方桩、残留桥桩基和修建桥时残留的大石块，对抚河段内进行了物探，以确定这些障碍的具体位置。

2）地下障碍物位置确定

（1）探测仪器

为了确定未知预制方桩、残余桥基和大块建筑材料等地下障碍物的位置，保证盾构掘进的顺利进行。采用地质雷达对抚河段地层进行探测。地质雷达采用瑞典的雷达系统，探测的范围主要是抚河段隧道掘进区域内。

（2）探测结果

通过对探测数据进行分析整理，获得了地下障碍物或疑似地下障碍物位置，分析结果见图 4-20。在抚河段盾构掘进区域内存在大量的地下障碍物或疑似地下障碍物。基于 17 条测线的数据分析，判定探测区域内未知预制方桩、残余桥基和大块建筑材料等地下障碍物共有 110 处，疑似未知预制方桩、残余桥基和大块建筑材料等地下障碍物共有 29 处。

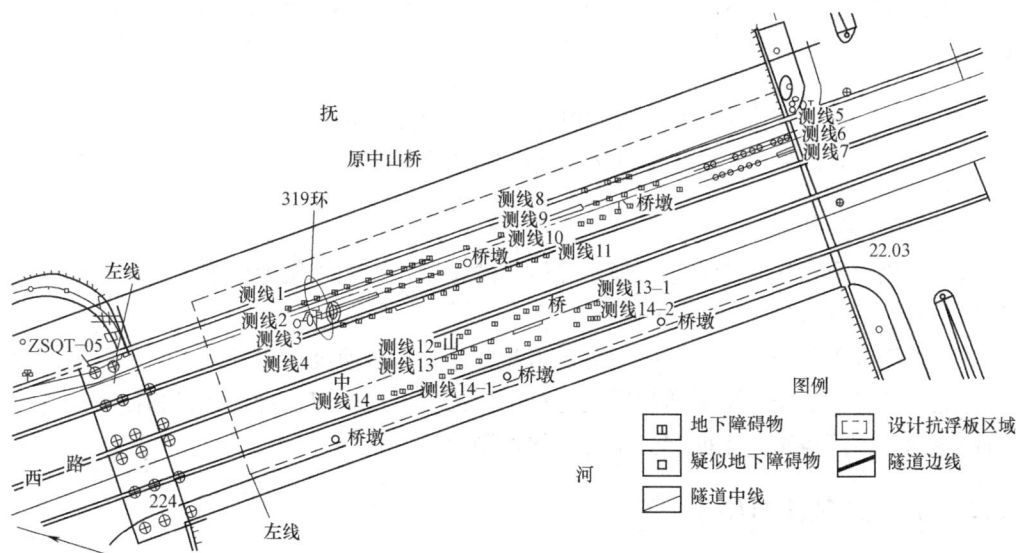

图 4-20 地下障碍物具体位置图

3）控制措施

为了保证盾构机顺利地通过地下障碍物密集区域，需保证刀盘具有破碎障碍物能力，同时需对盾构掘进参数进行控制。

（1）刀盘破碎障碍物能力

南昌地铁1号线5标段盾构区间采用两台土压平衡盾构机，型号为CTE6250，刀盘直径6.28m，开口率34%。通过分析刀盘刀具可知（表4-9）：刀盘上配置有6把中心双刃滚刀和29把单刃滚刀，具备较强的破岩能力，也能较好地破碎地下障碍物。

刀盘刀具配置 表4-9

刀具类型	中心双刃滚刀	单刃滚刀	切刀	边缘刮刀
数量(把)	6	29	40	12

（2）掘进参数的控制

为了保证盾构顺利通过抚河段，降低刀具的磨损，对盾构的掘进参数进行了相应的调整，主要是降低掘进速度和刀盘钻速。通过对盾构掘进参数进行统计分析，选取左线SK13+296.337～SK13+515.937（管片环号230～415环）作为分析对象，其中地下障碍物段管片环号为298～381环。

由掘进速度变化曲线（图4-21）可知：抚河两侧盾构掘进速度平均值为31.7mm/min，在进入抚河后掘进速度控制在20.0mm/min。由刀盘转速变化曲线可知：在抚河两侧刀盘转速控制在1.4r/min左右，而在过抚河段刀盘转速控制在1.0r/min左右。

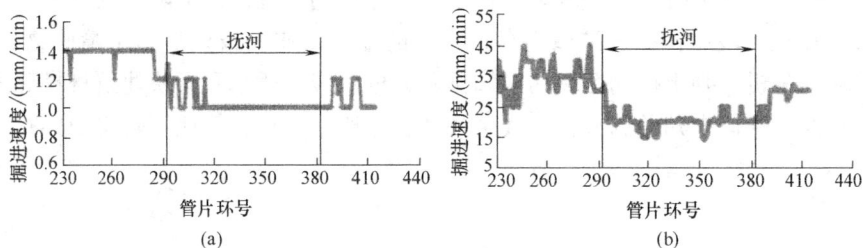

图4-21 盾构掘进参数变化曲线图
（a）刀盘转速；（b）掘进速度

4）控制效果

（1）采用地质雷达基本确定了地下障碍物的位置，说明采用地质雷达对地下障碍物进行检测具有较好的效果。

（2）采用合理的刀盘配置，同时降低刀盘转速和掘进速度，更好地控制了盾构机的姿态，降低了刀盘的磨损，最后盾构顺利通过了抚河段，说明刀盘合理配置和控制掘进参数在盾构穿越地下障碍物施工时起到了良好的控制效果。

4.5.5 盾构穿越江河施工

地铁工程中采用盾构法施工常遇到下穿江河湖等问题，由于受特殊地面环境和地质条件约束，施工风险极高，易发生风险事件。

1. 盾构穿越江河施工准备

1) 盾构穿越河流施工前，通过刀头上的磨损检测装置对刀头进行检测，必要时更换刀具，以确保盾构机顺利过河。

2) 对盾构机进行一次全面的维修保养，尤其是重点检查注浆系统，盾尾密封、中体与盾尾铰接处密封的止水效果，使盾构机及配套系统的工作状态良好，避免过河途中出现机械故障或其他原因造成盾构停推。

3) 测定水深，确定准确的施工参数。

4) 制定详细的监测方案。

2. 盾构穿越河流施工控制

1) 掘进参数控制。

依据 4.3 节中各种掘进参数模型计算施工掘进参数，并通过严格控制各种施工参数来控制施工过程。

在河中段施工前，对隧道轴线沿线的河底水深情况进行一次全面的测量，复核隧道覆土层的厚度，绘制河底地形图，并根据地形图计算出设定土压力

（1）土压力

$$P_0 = k_0 (\sum \gamma_i h_i + p')$$

(4-11)

式中　p'——水压力（kN/m^2）。

盾构通过河床时，实际掘进土压力控制要与设定土压力吻合。

（2）注浆量和注浆压力

理论上，浆液需充填建筑总空隙，但由于浆液失水固结，盾构蛇行推进使开挖断面大于盾构外径，部分浆液劈裂到周围地层，导致实际注液量要大大超过理论注浆量。另外，注浆压力应为保证足够注浆量的最小值，进入河道后，为了防止隧道上浮，注浆量随着覆土厚度的变化而变化。

（3）掘进速度

依据施工段情况控制推进速度，一般控制在 3.5~5cm/min，一旦盾构偏移轴线过大，应及时调整推进速度。

（4）出土量控制

出土量原则上按理论出土量出土，适当欠挖，每环出土量控制在 98% 左右，减少土体扰动保持土体密实。

（5）测量控制

测量人员在地面上放出隧道通过的点位，以明确过河的确切位置，并在防汛墙上设沉降观测点，密切观测防汛墙沉降变形情况。轴线及倒环测量及时准确。

2) 加强施工过程控制。

（1）姿态控制

盾构过河前，盾构姿态、管片姿态须调整到位，注意不要向上抬头，严禁在过河时超量纠偏，蛇行摆动。

（2）油脂控制

派专人负责盾尾钢丝刷内充满油脂，确保过河期间盾尾无漏浆情况。

（3）同步注浆控制

同步注浆浆液严格按照配合比，加水一次到位。在转驳过程中严禁加水。注浆方量必须严格按照指令执行，方量计量必须以台车上浆斗实测数据为准。

3）必要时在施工期间对该段河水实施导流或上游截流。

4）严格控制盾构机施工时推进参数，采取监测与施工相结合的措施。

3. 盾构穿越江河施工技术措施

盾构穿越江河中浅覆土区时，土的含水量、渗透系数均比其他地段高，盾构施工风险大，容易发生涌水、上浮现象，针对这一情况盾构掘进采取下列措施。

1）防止切口冒顶措施

（1）运用导向系统分区操控推进油缸，严格控制盾构姿态，防止盾构抬升。

（2）严格控制出土量，原则上按理论出土量出土，可适当欠挖，保持土体的密实，以免河水渗透入土体并进入盾构。

（3）若出现机械故障或其他原因造成盾构停推，应采取措施防止盾构后退。

（4）在螺旋机的出口设置防喷涌设施。

2）防止盾尾漏泥、漏水措施

（1）定期、定量、均匀地压注盾尾油脂。

（2）严格控制同步注浆量及注浆压力，防止注浆压力过高造成地层扰动过大，避免与上部河底贯通。

（3）控制同步注浆的压力，以免浆液进入盾尾，造成盾尾密封装置被击穿，引起土体中的水跟着漏入隧道，盾尾密封性能降低。

（4）管片考虑居中拼装，以防盾构与管片之间的建筑空隙过分增大，降低盾尾密封效果，引发盾尾漏泥、漏水。

3）盾尾发生泄露现象时的对策

（1）针对泄露部分集中压注盾尾油脂。

（2）配置初凝时间较短的双液浆进行壁后注浆。

（3）利用堵漏材料进行封堵。

4）防止隧道上浮及保持纵向稳定的对策

（1）竖曲线段施工期间严格控制隧道轴线，使盾构尽量沿着设计轴线推进，每环均匀纠偏，减少对土体的扰动。

（2）加强隧道纵向变形的监测，并根据监测的结果进行针对性的注浆纠正。如调整注浆部位及注浆量，配置快凝及提高早期强度的浆液。

4. 盾构穿越江河施工实例

以南昌地铁1号线穿越抚河工程为例，简要介绍盾构穿越江河施工技术，主要是掘进参数的控制。

1）工程概况

南昌市轨道交通1号线过抚河盾构为中山西路站—子固路站盾构区间长 665.484m，分左线和右线，沿中山路穿越抚河。盾构越河段抚河宽约 100m 左右。抚河段内盾构掘进的地层主要有淤泥质黏土、强风化泥质粉砂岩和中风化泥质粉砂岩。盾构隧道最小埋深为 4.1m 左右，最大埋深为 6.2m。为了防止在抚河正常水位情况下隧道上浮，对隧道抗浮处理主要有两部分：一是对抚河底部强风化泥质粉砂岩以上的地层进行注浆加固处理；二是在抚河中盾构隧道穿越区域顶部设置抗浮板，厚 0.5m，抗浮板两侧上设置 6 根直径为 1.0m 的抗浮桩。在抚河段盾构隧道设计轴线为上坡，坡度为 27‰。

2）盾构掘进参数控制分析

隧道掘进方式采用土压平衡盾构，隧道管片外径 6.0m，管片内径 5.2m，管片厚度 30.0cm，环宽 1.2m，环向分块 9 块。选取盾构左线 SK13＋296.337～SK13＋515.937（管片环号为 230 环～415 环）作为分析对象，其中抚河段里程为 SK13＋377.937～SK13＋475.137（管片环号为 298 环～381 环），主要对总推力、刀盘扭矩、土仓压力和刀盘贯入度 4 个参数进行控制分析。

（1）总推力

分析总推力随管片环号变化曲线（图 4-22）可知：盾构机进入抚河段前，隧道埋深差异不大，但总推力呈现出逐渐减小的趋势。这主要是受到地层类型的影响，越是靠近抚河，盾构掘进区域内淤泥质黏土越多，而淤泥质黏土抗压强度较小，这使得切削岩体的阻力逐渐减小，从而造成总推力的减小。进入抚河段后，盾构机总推力较小，平均值只有 7500kN 左右。抚河段掘进区域由于地层被加固，地层比较均一，切削岩体的阻力受影响不大，但隧道埋深较小，使得盾构机土仓压力较小，从而使得仓压阻力较小，最终造成抚河段的总推力较小。过抚河段后，由于隧道顶部过抚河北路的地下通道和地层为淤泥质黏土，从而造成总推力依然较小。

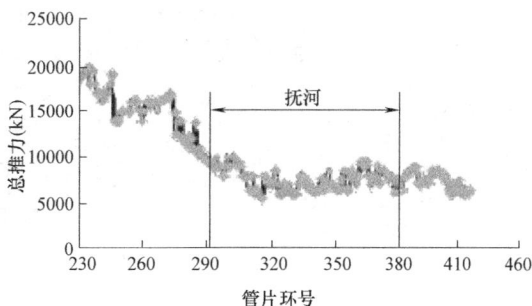

图 4-22 总推力随管片环号变化图

（2）刀盘贯入度（每转切深）和扭矩

分析贯入度变化曲线（图 4-23a）可知：在进入抚河段之前，刀盘贯入度相对较大，且变化幅度比较大。进入抚河后，刀盘贯入度明显减小，变化幅度相对较小，平均值为 19.6mm/r。出抚河段后，刀盘贯入度逐渐变大。

分析刀盘扭矩变化曲线（图 4-23b）可知：在进入抚河段之前，刀盘的扭矩相对较大，这主要受到两方面因素的影响。①相对于抚河段，该段隧道埋深比较深，使得刀盘正面与土体之间的摩擦阻力扭矩比较大；②该段刀盘贯入度比较大，使得刀具切削时的地层抗力产生的扭矩较大。进入抚河段后，刀盘扭矩迅速减小，310 环后刀盘扭矩比较稳定。这是因为在抚河段隧道埋深较浅，刀盘贯入度较小，从而分别使得刀盘正面与土体之间的摩擦阻力扭矩和刀具切削时的地层抗力产生的扭矩较小。过抚河段后，刀盘扭矩还比较小，这主要是受到淤泥质黏土的影响，使得刀具切削时的地层抗力产生的扭矩较小。

（3）土仓压力

分析图 4-24 可知：抚河段土仓压力明显小于抚河两岸段内土仓压力，其平均值为 0.6bar。这主要是受到隧道覆土深度的影响。抚河段土仓压力的减小并不是迅速变小的，而是一个缓慢的过程，在进入抚河前 30.0m 时，土仓压力就有缓慢减小的趋势。在出抚河之前，土仓压力也有一个缓慢增大的过程。在出抚河前 25.0m 左右，土仓压力开始逐渐增大。

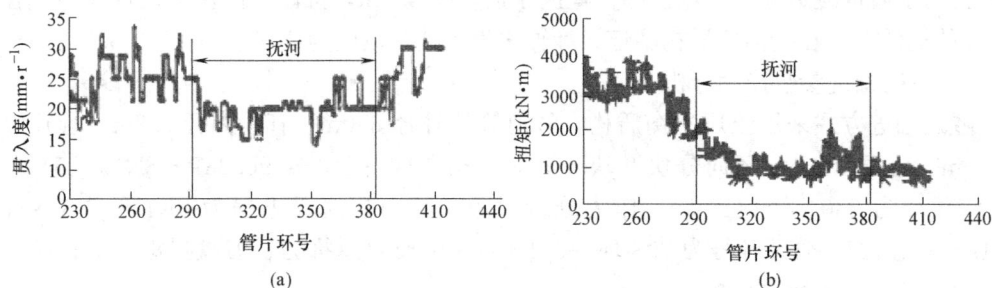

图4-23　刀盘贯入度和扭矩随管片环号变化曲线图

（a）贯入度；（b）扭矩

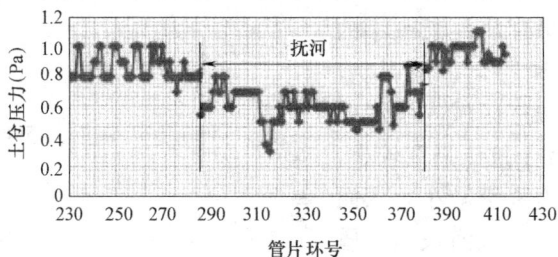

图4-24　土仓压力随管片环号变化曲线

依据现场情况，结合施工经验，提出盾构穿越抚河段时的主要掘进参数控制值见表4-10。

抚河段内盾构主要掘进参数控制值　　　　　　表4-10

总推力（kN）	扭矩（kN·m）	土仓压力（bar）	贯入度（mm/r）
7500.0±120.0	1050.0±32.0	0.6	19.40±0.23

最终盾构顺利通过抚河段，说明盾构掘进参数控制对盾构穿越江河施工具有较好的效果。

4.5.6　盾构穿越小半径曲线段施工

小半径曲线盾构地段的施工，盾构对外侧地层是挤压的状态，盾尾空隙会使地层向隧道内侧位移，回填注浆压力也会使隧道产生位移；同时，由于在小半径曲线地段的盾构是依靠管片和地层反力掘进的，推进力的反力会使隧道向曲线外侧位移，如果隧道的纵向刚度和地层的刚度过小，可能引起管片和其外地层的过大位移，以及使土压超过土体的被动土压力而过大扰动。管片向外侧扭曲挤压地层，使地层和管片结构均受到复杂的影响，极易造成盾构与管片之间的卡壳及管片碎裂现象发生。

1. 盾构穿越小半径曲线段施工难点分析

1）隧道轴线控制难点大，纠偏困难

盾构机掘进时，难免出现姿态偏差；盾构机本身为直线形刚体，不能与曲线完全拟合，曲线半径越小则纠偏量越大，纠偏灵敏度越低，轴线就比较难于控制。

2）管片容易在水平分力作用下发生较大位移

　　隧道管片衬砌轴线因推进水平分力而向圆曲线外侧（背向圆心一侧）偏移，见图 4-25。在小半径曲线隧道中盾构机每掘进一环，由于管片端面与该处轴线产生夹角，在千斤顶的推力作用下产生一个水平分力，使管片脱出盾尾后，受到侧向分力的影响而向曲线外侧偏移。

　　3）管片易发生错台，管片易开裂和破损

　　管片存在一个水平方向的受力，不但会使整段隧道衬砌管片发生水平偏移，还会导致管片之间发生相对位移，形成错台。由于管片的特殊受力状态，管片与管片之间

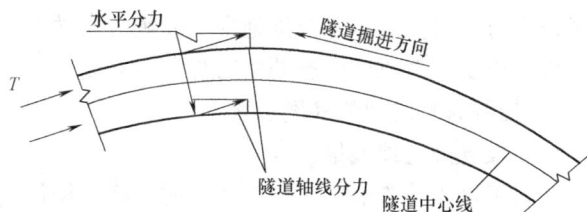

图 4-25　转弯处管片受盾构机推力分解示意图

存在着斜向应力，使得前方管片内侧角和后方管片外侧角形成两个薄弱点，使得相当多的管片因此破裂。另外，因为相邻两环管片产生了相对位移，使得管片螺栓对其附近处的混凝土产生了剪切作用，使该处的混凝土开裂。

　　4）漏水现象严重

　　盾构过小半径曲线时，容易出现严重的漏水现象。漏水原因主要有以下四点：①管片错台导致止水胶条衔接不紧密；②拼装效果不好和止水胶条的破坏；③管片外侧的混凝土开裂（转弯段因盾尾间隙减小过多，使得管片被盾尾钢环刮坏），裂缝绕过止水胶条；④贴片厚度太大且不均匀。

　　2. 盾构穿越小半径曲线段施工控制措施

　　针对盾构通过小半径曲线时的难点，从盾构机掘进参数、盾构千斤顶、管片选型和拼装等方面采取一些施工措施，保证小半径圆曲线段成型管片不出现侧向移动，并及时填充围岩空隙保证土体稳定。

　　1）掘进纠偏和轴线控制

　　（1）千斤顶纠偏

　　盾构机的姿态可通过调整左侧和右侧千斤顶推力来控制，主要采用适当停用偏转侧千斤顶、调整区域油压、千斤顶垫板和管片之间垫斜垫块的方式进行调整。

　　（2）出土帮助纠偏

　　辅助纠偏可通过盾构机胸板上的闸门开启和控制出泥量来实现。

　　（3）转弯段起点前预先转弯

　　根据工程地质情况和线路走向趋势，使盾构机提前进入预备姿态，提前调整偏向，使得盾构机掘进至转弯位置时已调整到预定的设计轴线上。

　　（4）楔形管片和贴片纠偏

　　①管片选型

　　施工过程中要严格管片选型程序，以保证管片拼装质量，同时应注意盾尾间隙的变化，以便进行适当调整。若盾构和管片出现向外侧偏移量较大的情况或右侧盾尾间隙较小，可采取转弯环代替标准环安装。

　　②贴片纠偏

　　贴片纠偏是盾构施工时常用的纠偏方式，贴片纠偏原则是尽量使管片与盾构机轴线、

设计轴线相一致，盾构机和管片轴线之间的夹角应尽量减小。

（5）轴线控制

曲线推进盾构环环都在纠偏，必须做到勤测勤纠，每次的纠偏量尽量小，以确保楔形块的环面始终处于曲率半径的径向竖直面内。同时要利用倾斜仪和垂球坡度指示仪对盾构机姿态进行实时监测，并根据地层的软硬分布情况，来分区操作推进油缸，设定推力和推进速度，以实现对盾构姿态的实时控制。必要时，一个掘进循环可分几次完成。

2）控制管片向圆弧外侧位移

（1）设置掘进预偏量

当施工进入转弯前的缓和曲线段时，将盾构机姿态往曲线内侧偏移 20~40mm，形成反向预偏移，曲线半径越小，设置预偏量越大，这样可以抵消之后管片的往曲线外侧的偏移。同时考虑给隧道预留一定的反向预偏移。预偏示意图见图 4-26。

（2）壁后注浆

在曲线段推进过程中，在同步注浆时加强对曲线段外侧的压浆量，以填补施工空隙；同时，加固外侧土体，使外侧土体给予管片足够的支撑力，减小已成隧道的变形，确保盾构顺利沿设计轴线推进。

（3）掘进参数控制

① 严格控制盾构的推进速度

控制推进速度，一般在 10~20mm/min，既可以避免因推力过大而引起的侧向压力的增大，又能减小盾构推进过程中对周围土体的扰动。

② 严格控制盾构正面平衡压力

盾构在穿越过程中须严格控制切口平衡土压力，使得盾构切口处的地层有微小的隆起量（0.5~1mm）来平衡盾构背土时的地层沉降量。同时也必须严格控制与切口平衡压力有关的施工参数，如出土量、推进速度、总推力、实际土压力围绕设定土压力波动的差值等。防止过量超挖、欠挖，尽量减少平衡压力的波动，其波动值一般控制在0.02MPa 以内。

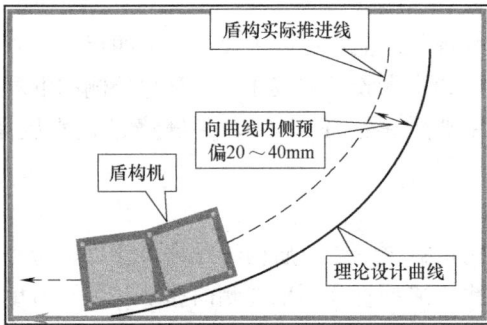

图 4-26　小半径曲线段盾构推进轴线预偏示意图

3）严格控制同步注浆量和浆液质量

在曲线段推进时应严格控制同步注浆量和浆液质量，在施工过程中采用推进和注浆联动的方式，确保每环注浆总量到位，确保盾构推进每一箱土的过程中，浆液均匀合理地压注，确保浆液的配合比符合质量标准。

4）盾尾与管片间隙控制

（1）施工中随时关注盾尾与管片间的间隙，一旦发现单边间隙偏小时，及时通过盾构推进方向进行调整，使得四周间隙基本相同。

（2）管片拼装时，根据盾尾和管片间的间隙进行合理调整，以便下环管片拼装以及有足够的间隙纠偏。

（3）根据盾尾与管片间的间隙，合理选择楔形管片。当无法通过盾构推进和管片拼装来调整盾尾间隙时，可考虑采用楔形管片和直线形管片互换的方式来调整盾尾间隙。

4.5.7　特殊地层盾构穿越施工

盾构法一般适用于比较均一的软土、软岩地层或砂层及其互层，在比较均一的地层中采用盾构法施工隧道，其掘进方式相对单一、掘进参数相对稳定，因此其技术也比较简单，但在软硬不均、变化频繁、复合交互，且岩石强度差异大的复合地层中应用盾构法修建城市地铁隧道就复杂得多。

1. 软硬不均地层盾构掘进施工

国内外大量工程实例表面，盾构在软硬不均地层中施工存在很多问题，尤其是刀具磨损严重、不正常损坏多、更换困难等造成掘进受阻、刀盘磨损致使刀盘强度和刚度降低而无法掘进、刀盘受力不均致使主轴承受损或主轴承密封被破坏等。在软硬不均地层中进行盾构掘进施工，通常采取以下措施：

1) 掌握工程地质情况

施工前充分掌握施工段工程地质及水文地质情况，为科学掘进参数提供依据，减少施工盲目性。

2) 科学换刀

在软硬不均地层中掘进施工，需要进入仓内了解工作面软硬不均程度，以确定掘进推力大小，避免刀具超载破坏。经常有计划地检查刀具情况，检查和换刀的位置一般应选在稳定均一地质中。在软硬不均地层中检查刀盘刀具时，必须进行地层稳定性评估。

3) 掘进模式选择

软硬不均地层是一种特殊地质，为确保地表和建筑物稳定，需采用土压平衡掘进模式。

4) 掘进参数选择

（1）刀盘转速

在软硬不均地层中掘进，局部岩石硬度较高，硬岩处滚刀受力较大，而软岩部分只需切削就能破坏土层，故局部硬岩对刀具的损伤较大，应当适当降低刀盘转速，确保刀具受到瞬间冲击力小于安全荷载。

（2）土仓压力

在软硬不均地层中掘进时应当保持较高的土仓压力与掌子面的压力相平衡，从而减少超挖和地表沉降。

5) 加强渣土改良，采取向土仓内加入泥浆或者膨润土的方式，对砂层或其他软弱地层起泥膜作用，使土仓内的高压空气不易逸出，有效防止软弱地层坍塌。

6) 在软硬不均地层中掘进时，根据不同地层在断面的分布情况，遵循硬地层一侧推进油缸推力和速度适当加大，软地层一侧则适当减小的原则来操作。

7) 轴线控制和姿态控制：

（1）合理利用超挖刀；

（2）根据测量数据及时修正千斤顶推力组合；

（3）合理利用铰接千斤顶调整盾构姿态。

2. 硬岩地层盾构掘进施工

目前，国内广泛使用的复合式土压平衡盾构对于岩石单轴抗压强度小于 80MPa 的硬岩施工是完全适应的。盾构在硬岩段掘进的主要施工技术措施有以下八点：

1）采用单刃滚刀破岩，减少换刀次数与频率，加快施工进度。

2）适时合理更换刀具，以提高掘进效率，避免损伤刀盘。

3）换刀时启动刀盘伸缩装置缩短换刀时间并在土仓内更换刀具，减少换刀时间对掘进循环的影响，提高设备利用率。

4）硬岩段掘进时启动盾构稳定装置，减小盾构的振动和防止盾构产生超限扭转，使管片的受力稳定，确保隧道的成型质量和保护管片，防止盾构的变形。

5）盾构机在全断面硬岩地层掘进时，掌子面自稳性好，不易发生坍塌，掘进可以以半敞开或完全敞开模式进行。

6）掘进参数选择：

（1）刀盘转速

在硬岩中由于整个断面岩石硬度较高，盾构掘进中滚压破岩时刀具受压较大，为确保刀具受到瞬间冲击力小于安全荷载，不宜采用太大的刀盘转速进行掘进。

（2）土仓压力

硬岩中掌子面稳定性较好，可保持较低土仓压力进行掘进。

7）注意渣土改良，注入泡沫和水既可以冷却刀具，又可以改良渣土，使渣土具有良好的流动性。在泡沫剂作用下刀盘作用在掌子面上的有效扭矩得以增加，同时可以减少刀具连续工作状态下的磨损量。

8）进入硬岩段掘进前对盾构进行全面维修保养，确保盾构的工作状态良好。

3. 砂层、淤泥地层盾构掘进施工

盾构穿越砂层、淤泥地层施工主要存在的难点是地层富水压力大，盾构掘进控制困难，容易发生喷涌，造成地表沉降。盾构穿越砂层、淤泥地层采取的施工技术主要有以下五个方面：

1）采用土压平衡模式掘进，严格控制出土量，确保土仓压力以稳定工作面，控制地表沉降。

2）盾构掘进过程中向土仓内及刀盘面注入泡沫等添加材料，改善渣土性能，提高渣土的流动性和止水性，防止涌水流砂和发生喷涌现象。

3）选择合理的掘进参数，快速通过，将施工引起的对地层的影响减到最小。

4）运用导向系统和分区操控推进油缸，控制盾构姿态，防止盾构抬升。

5）适当缩短浆液胶凝时间保证同步注浆质量，减少地层损失，以控制地表沉降。

4. 断裂带地层盾构掘进施工

断裂破碎带最突出的特点是岩石破碎且单个碎块硬度大、强度高、地下水丰富且补给迅速。在这类地层中螺旋输送机出口容易出现喷涌，而且这类地层对盾构机刀具的磨损和破坏都是相当严重的。要想成功穿越此类地层，一般需要采取以下施工控制措施：

1）在穿越前对断裂带进行详细的地质补充勘察工作和尾刷更换工作。

2）尽量提前进行开仓检查、刀具更换等操作，避免在断裂带地层进行换刀。

3）适当将双刃滚刀更换为单刃滚刀，以提高破岩能力。

4）采取土压平衡模式掘进，及时调整土仓压力，确保土压平衡。

5）适时调整掘进参数，防止出现过大的方向偏差，同时使岩石得到充分的切削，避免大的岩块堵塞螺旋输送机。

6）掘进过程中向土仓内注入泥水或泡沫，进行渣土改良，防止螺旋输送机堵塞和水涌入隧道。

7）连续掘进，对地表和建筑物连续监测，并及时注浆充填管片与地层之间的环形间隙，防止土体塑性区的扩大，控制地表沉陷。

4.6　盾构掘进工程实例

4.6.1　工程背景

1. 工程概况

深圳地铁 10 号线 1011 标福田口岸站—福民站区间（以下简称福福区间）盾构隧道共计长度 1.842km。位于深圳市福田区，福田口岸站—福民站盾构区间从福民站南端头井始发，先后上跨 7 号线区间、下穿福民新村 33 号、34 号两栋房屋、下穿广深高速公路桥，需对其侵入区间范围的 5 根桩基进行托换、下穿天泽花园天致苑、天雅苑两栋房屋、下穿福田保税区 1 号通道桥，需对其侵入区间范围的 5 处桩基进行托换、下穿排洪箱涵、下穿 4 号线福田口岸站，需对下穿范围采用素墙隔断水层＋正洞暗挖，凿除盾构穿越范围的围护结构地连墙及 3 根 φ1800 与 1 根 φ1500 支撑桩，然后盾构空推拼装管片通过暗挖段后到达 10 号线福田口岸站东北侧端头井接收。隧道平面示意图如图 4-27 所示。

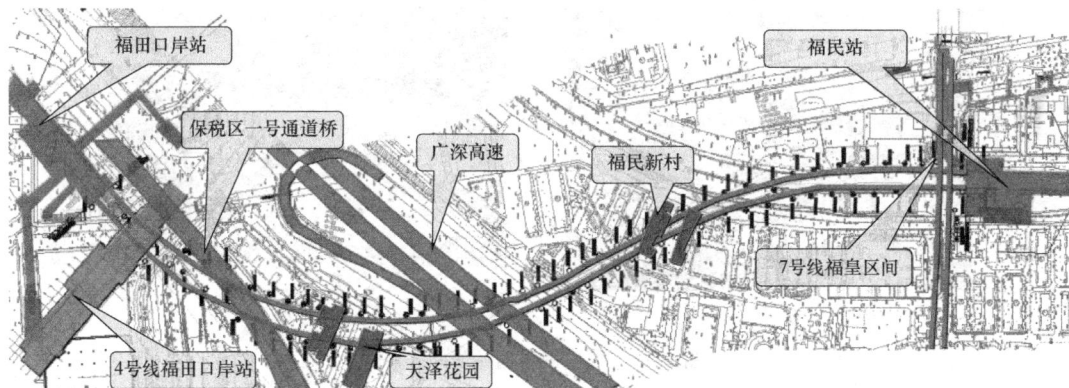

图 4-27　深圳地铁 10 号线福福区间隧道平面示意图

2. 工程地质

福福区间盾构隧道原始地貌为海冲积平原，因城市化建设，沿线场地已经过人工改造，现状为城市道路、居民小区，地形较为平坦，地表高程为 3.85～6.30m。其主要穿越地层以③8 粗砂、③9 砾砂、③11 卵石土、⑧2-2 块状强风化花岗岩、⑧3 中风化花岗岩、⑧4 微风化花岗岩为主，线路走向大部分均位于上软下硬地层。

3. 水文地质

本区间地表水不发育，原有的地表河流（皇岗河）已改造成箱涵，地表水主要为坑洼地带的积水；另场地南侧约 200m 为深圳河。沿线地下水主要有两种类型：一种是松散岩类孔隙水，主要分布在填土层、冲洪积砂层、碎石土层中；另一种是基岩裂隙水，主要赋存于块状强风化、中等风化带中，略具承压性。

4.6.2　盾构始发施工

1. 始发井基坑围护结构和降水设计

福民站南端头始发井基坑采用地下连续墙作为围护结构，共设置五道支撑。第一道支撑采用800mm×1000mm的混凝土支撑；第二、三道支撑采用1000mm×1000mm混凝土围檩、800mm×1000mm混凝土支撑；第四、五道端头井支撑采用1400mm×1000mm混凝土围檩、800mm×1000mm混凝土支撑。

福民站共设置58口疏干井（坑内），其中南端始发井内6口，井深26m。施工降水井井孔直径700mm，井管直径400mm，井深进入基底以下5m，管井间距约20m。管底全断面填充1m深的中粗砂和1m深的石英砂或砾石，井管采用ϕ400mm砂眼管，外包40目尼龙网，回填料采用ϕ3mm～7mm干净砾料，原地面标高深度1m范围内采用黏土填塞。

基坑坑内采用管井降水，以疏干固结土体，基坑内降水深度控制在基坑底下1m，降水前需进行预降水并监测周边建筑物及管线沉降。

2. 盾构始发

盾构始发端头采取钢套筒密闭始发，在盾构掘进前，在盾构始发井内安装钢套筒，盾构安装在钢套筒内，然后在钢套筒内填充回填物，通过钢套筒这个密闭的空间提供平衡掌子面的水土压力，盾构在钢套筒内实现安全始发掘进，实际施工如图4-28所示。

图4-28　盾构钢套筒始发示意图

（a）钢套筒后端盖；（b）钢套筒筒体

4.6.3　盾构掘进支护施工

1. 盾构掘进

福福区间隧道盾构法施工段采用一台中铁装备91号盾构机，根据掘进的技术总结并结合隧道地层的实际情况，此段采用土压平衡掘进模式掘进，严格控制掘进参数，通过试验段总结出适合各地层掘进参数。盾构通过建筑物及其他风险源时，对沉降或隆起非常敏感，土仓压力不可过高，也不可过低。

根据土压平衡工况的特点，确定并保持合理的土仓压力是关键因素。因此，土压平衡工况中掘进参数的确定是以土仓压力为基准点来考虑，掘进控制程序也应以土仓压力的保

持为目的。普通地质条件下盾构掘进速度控制在 20～50mm/min，盾构推力控制在
1000～1500kN。确保盾构连续掘进、快速通过，减小对地层扰动。推力过大易造成地面
隆起，过小则地面沉降加大，盾构掘进速度不宜太快，以免同步注浆量不足。排土量控制
是盾构在土压平衡工作的关键技术之一。根据对渣土的观察和监测数据，及时调整掘进参
数，避免出现出渣量与理论值出入较大的情况，如一旦出现，立即分析原因并采取措施。

2. 管片施工

1）衬砌环参数：外径 6000mm，内径 5400mm，管片宽度 1500m，管片厚度 300mm，
如图 4-29（a）所示。

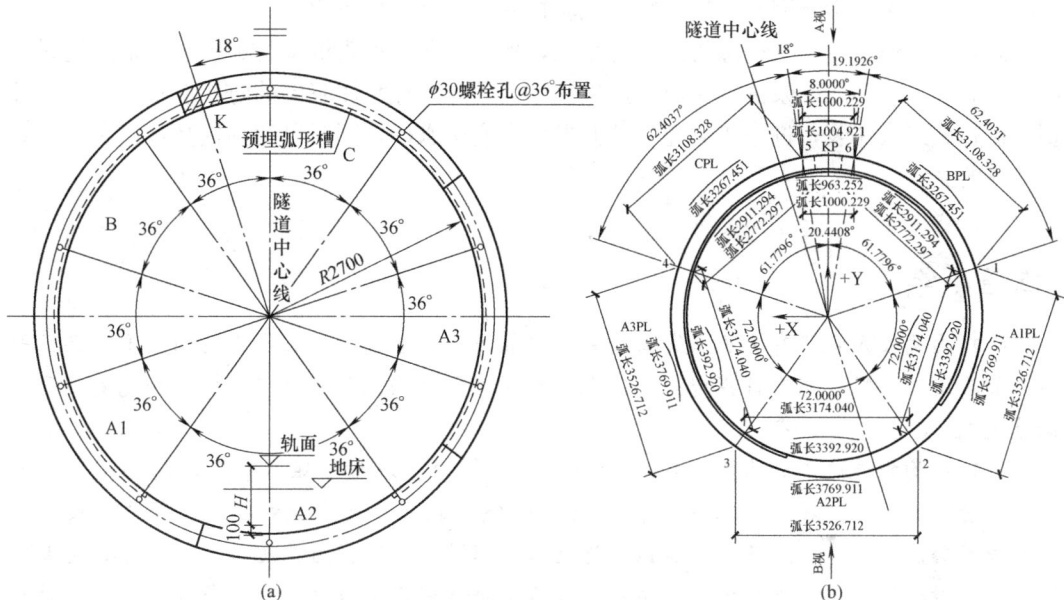

图 4-29　管片衬砌构造图
(a) 管片构造示意；(b) 管片构造细部

2）衬砌环由 1 块封顶块、2 块邻接块、3 块标准块组成，如图 4-29（b）。

3）盾构隧道在曲线地段采用楔形环，管片楔形量选择应根据隧道直径、楔形块间距、
管片拼装方式及隧道曲线半径综合确定，楔形块间距及环面斜度的选择应考虑盾构施工在
曲线段缓和转向的要求，环面斜度可采用 1：100～1：300，衬砌平面展开见图 4-30。为

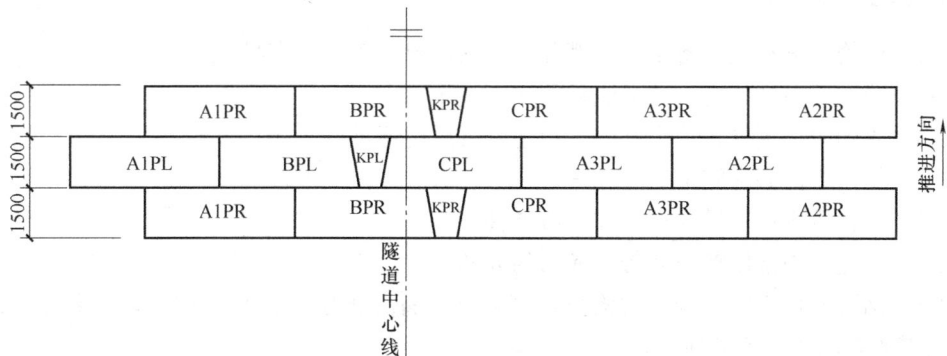

图 4-30　管片衬砌平面展开图

满足曲线模拟和施工纠偏需要，专门设计了左、右转弯楔形环，通过与标准环的各种组合来拟合不同半径的曲线或纠偏。楔形环为单面楔形，楔形量为38mm，采用错缝拼装，可满足最小曲线半径50m的拼装要求。

3. 同步注浆及二次注浆

根据隧道洞身穿越地层特点，为尽早充填盾尾建筑空隙及时支撑管片周围岩体，防止地层产生过大变形而危及周围环境安全，采用盾构边掘进边注浆方式，通过盾构机自设同步注浆系统按双泵四管路（四个注入点）对称注浆。盾尾后4~6环管片两侧顶部可开孔，注入水玻璃溶液与同步砂浆混合，加快浆液凝固，水玻璃：水＝1：1。具体注浆类型及性能应综合考虑多种影响因素，通过室内试验检验后方可现场应用。

同步注浆使盾尾建筑空隙得到及时填充，地层变形及地表沉降得到控制。浆液凝固后可能有局部不均匀或因浆液固结收缩产生空隙，因此为提高注浆层的防水性及密实度，必要时再施做二次注浆，进一步填充空隙并形成密实防水层，同时可达到提高隧道衬砌承载力的目的。

本章小结

（1）盾构模式主要有土压平衡盾构和泥水加压平衡盾构。土压平衡盾构主要有土压平衡、敞开式、气压平衡三种掘进模式，泥水加压平衡盾构主要有泥水平衡式和气垫式两种掘进模式。

（2）盾构推进施工需考虑主要参数（盾构总推力、刀盘扭矩、刀盘每转切深、排土量、土仓压力、注浆压力和注浆量等）、掘进轴线控制、刀具管理和换刀、管片拼装、盾构掘进壁后注浆、渣土改良。盾构试掘进施工可以进一步掌握盾构施工参数，完善隧道轴线控制、衬砌拼装质量等具体保证措施，并可根据隧道覆土厚度、地质条件变化、地面附加荷载等，适时调整盾构掘进参数，为后续正常掘进提供条件。

（3）盾构刀具在与岩石接触过程中出现的磨损问题已成为影响盾构法施工质量和进度的关键因素之一。盾构掘进换刀技术方式主要有直接开仓换刀模式、降水加固换刀模式、地面注浆加固换刀模式、围护桩加固换刀模式、气压加固换刀模式。

思考与练习题

4-1 盾构掘进施工准备主要有哪几方面的内容？关键点有哪些？

4-2 简述盾构试掘进目的和流程。

4-3 盾构掘进主要参数有哪些？简述其对盾构掘进的影响。

4-4 简述盾构掘进施工工艺流程。

4-5 简述盾构掘进模式类别和适应条件。

4-6 简述盾构常压换刀和带压换刀的异同点。

4-7 结合工程实际，谈谈盾构掘进穿越某一特殊土层或特殊结构时，需要注意的问题以及需要采取的施工措施。

第5章 盾构隧道联络通道施工技术

本章要点学习目标及课程思政

本章要点：

(1) 联络通道设置、结构形式及适用条件；

(2) 联络通道加固与开挖常用方法；

(3) 联络通道矿山法施工；

(4) 联络通道冻结法施工。

学习目标：

(1) 了解国内外盾构隧道联络通道设置情况、结构形式及适用条件；

(2) 熟悉联络通道加固与开挖常用方法；

(3) 掌握联络通道矿山法施工开挖、初支步骤与施工方法，联络通道防水施工步骤与方法，联络通道衬砌施工步骤与方法；

(4) 掌握联络通道冻结法设计与施工方法，包括冻结壁结构形式、主要参数确定，冻结孔、测温孔和卸压孔的布置，冻结壁形成验算，冻结制冷系统设计，隧道预应力支架、安全门、开挖临时支架设计；对周围环境和建（构）筑物的影响监测与保护要求等。

课程思政：

卓越工程师筑牢强国梦。加快城市轨道交通与沿线开发建设并行，是一个庞大的工程，车站与地下空间互联互通的一体化发展模式需要各环节各部门沟通交流、通力协作，需要一代代盾构人为之奋斗，需要团队合作精神。联络通道作为逃生通道，更应注入土木工程师的责任与使命，强调责任担当，勇于创新，助力一批批具有全球视野、家国情怀、创新精神、专业素养的卓越工程师成长为服务于隧道工程建设一线的拔尖创新人才。通过教学，将系列思政元素渗透于知识传授、能力培养和价值引领中，将专业知识内化为精神追求，将创新能力外化为行为准则，将联络通道的安全放在首位。

5.1 概述

5.1.1 国内外联络通道设置情况

地铁作为现代化的城市轨道交通工具，承担着越来越重要的大客流运输任务。地铁结构大部分处在由地下车站和区间隧道构成的半封闭区域内，四周为围岩介质所包裹，地铁结构对来自外部的灾害防御能力较好，而对来自内部的灾害抵御能力较差。在地下狭小的空间里，人员和设备高度密集，一旦发生灾害，救援与疏散十分困难。从世界地铁100多年的历史教训看，地铁灾害中发生频率最高、造成损失最大的是火灾。因此，近年来各国均投入了相当的力量对隧道内的火灾行为以及火灾防护进行了广泛的研究，取得了一定的成果，制定了一些技术要求和标准。

我国现行标准《公路隧道设计规范》JTG 3370.1—2018、《铁路隧道设计规范》TB 10003—2016 和《地铁设计规范》GB 50157—2013 分别对山岭公路、铁路隧道和地铁隧道的防火与疏散作出了部分规定。2014 年 3 月颁布的《地铁设计规范》GB 50157—2013 第 19.1.22 条规定："两条单线区间隧道之间，当隧道连贯长度大于 600m 时，应设联络通道，并在通道两端设双向开启的甲级防火门"，此条作为强制性条文，要求必须严格执行。

中德合作《中国地铁与轻轨技术标准研究》的第二部分第 7.4.7 条规定："两条单线区间隧道连贯长度大于 600m 时，必须设置联络通道"。

美国 NFPA13O《有轨交通系统标准》3-2.4.3 条规定：当两条隧道间有不少于 2h 的防火墙分隔开或两条隧道是完全分开时，乘客通过两条隧道间的联络通道进入非事故隧道方式可以提供足够的安全保障，因此可不设直通地面的紧急疏散楼梯。在此条件下或当通风系统无法向乘客疏散路径上提供有效的新鲜空气时，联络通道间距必须满足小于 800ft（244m）的规定。

《地铁设计规范》GB 50157—2013 提出"车站间两条单线隧道之间应设联络通道，通道内宜设防火卷帘或防火门"。城市地铁联络通道一般处于区间隧道的中部，线路的最低处，联络通道通常与集水、排水泵站合并建设，共同起着两隧道连接、集水、排水和防火等作用。在城市地铁隧道建设中，两站间的区间隧道长度一般约为 1km，均在上下行隧道间设置联络通道。联络通道的设置使得在地铁运营时，当一条隧道内发生火灾、涌水、倒塌等突发性自然灾害时，乘客可就地下车，经联络通道转移到另一条隧道，并迅速实现向地面疏散，同时它也可供消防人员使用。英法海峡隧道，通行列车的上下行主隧道直径 8.5m，纵向联络通道内径 3.3m，总长 51km。海底隧道每隔 375m 设有横向联络通道，将 3 条平行隧道连接，以加强紧急事故的应变能力。1996 年 11 月 18 日英法海峡的火灾事故，联络通道对疏散乘客、调配救援物资起到了突出的作用。为了确保地铁隧道的安全运营，利物浦 Mersey Kingsway 隧道在运营 40 年之后，修建了三条联络通道，以确保在突发事故情况下，乘客可以从事故隧道逃至另一条隧道。理论和实践都说明了联络通道在突发灾害中所起到的重要作用。欧洲规范明确规定联络通道间距不能小于 250m，随着国内以人为本的意识提高，设置联络通道以方便火灾状况下的逃生必然会在国内得到共识。

既然联络通道作为疏散通道而发挥作用，其通过能力就值得关注。借鉴《地铁设计规范》GB 50157—2013 中站台层的事故疏散时间公式，简化为区间联络通道的事故疏散时间公式：$T=Q/(0.9×A×B)$；式中：T 为疏散时间（min）；Q 为满载列车乘客定额，按 1428 人计；A 为通过能力，按单向每小时 5000 人；B 为通道宽度（m）。

规范中未对联络通道的最小宽度作出规定，使设计人员在具体实施中缺乏依据。从结构安全角度考虑，如何减小结构跨度是首先需要考虑的，这一点在盾构法施工区间更为突出。以北京地铁四号线盾构区间为例，衬砌管片内径为 5400mm，管片厚度 300mm，外径 6000mm，环宽 1200mm，每环由 3 块标准块、2 块邻接块及 1 块封顶块组成，采用标准环与左右转弯环组合，错缝拼装，联络通道处采用切割管片成洞。为避免衬砌管片开洞尺寸过大，使衬砌形成"C"形不闭合结构，联络通道处衬砌管片开洞宽度为 1600mm，除去现浇钢筋混凝土框架圈梁宽度 150mm，其通道洞口处净宽度为 1300mm。按上式计算，该联络通道的事故疏散时间为 14.6min，要满足规范要求的 6min 内将一列车乘客全部疏散的要求，则联络通道的宽度至少应达到 3173mm，这将给结构设计带来很大的难度。

《地铁设计规范》GB 50157—2013 中要求两条单线区间隧道之间必须设置联络通道的规定，是根据国内地铁设计中通常采用的线路布设方式确定的，即平面上左、右线平行布置，线间距为 11~15m；竖向上左、右线基本相同。联络通道长度为 5~9m，通道的出入口高程近似，仅在通道中部设置低点，满足排水要求。

然而，城市地下空间各种建筑物及桥梁基础、市政管线、不利地质的存在使地铁线路布设的环境并不单一，不可避免地需要因地制宜地调整线路平、纵布设，采取避让绕行的方案。并且随着城市地铁线网的加密，地铁线路间相互并行、交叉是可以想见的，车站建筑中传统的左右线同一高度、岛式或侧式站台布置也不会成为放之四海而皆优的选择。因此，区间隧道会出现更大的线间距，左、右线结构高程更悬殊，甚至上下叠置的布置；车站建筑也会出现左、右线不同层的布局。此时，若仍然恪守左、右隧道必须连通的规则，必将阻碍或限制了更优方案的提出，使方案设计陷入画地为牢的窘境。

为切实发挥联络通道的作用，规范应体现出必要的灵活性，确定联络通道的最大长度、最大坡度及通道内的消防、通风、排烟、照明及疏散标识等要求；在不具备条件时允许采用其他的方式，替代联络通道的设置承担疏散任务。同样地，当两线线间距较小、联络通道长度较短、不足以在两端分别设置防火门时，可仅设置一道甲级防火门，但门应具有双向开启功能，并保证防火门启闭时不会侵入区间隧道限界。

为了减少联络通道的土方开挖量，同时也有利于工程施工的安全，联络通道处的两隧道间距一般较小。联络通道断面跨度一般为 2.0~3.0m，墙高 2.5~3.5m，断面为矩形，圆形或者直墙拱形，在国内南京地铁、上海地铁和广州地铁的联络通道断面多为直墙拱。联络通道的土体开挖量较小，一般小于 200m³。虽然联络通道的土方量较小，但是由于主隧道在钢管片打开之后稳定性大大降低，在施工过程中一旦出现土体不稳定的情况，例如，流砂、管涌，可能造成非常严重的工程事故，如 2003 年 7 月 1 日造成重大工程事故的上海轨道交通四号线就是一个突出的例子，由于联络通道的坍塌而造成主隧道的破坏，直接经济损失达 1.5 亿元人民币，整个线路开通延迟至少 3~4 年，联络通道施工存在的风险性，以及应对措施越来越引起人们的重视。

美国旧金山湾区快线（简称 BART）于 1972 年 9 月 11 日建成投入运营，其消防疏散模式方案按照 NFAP130 标准中要求设计，具体为沿线（隧道和高架）均设置 2ft（约为 600mm）的侧向疏散平台，同时设置两条隧道之间的联络通道，火灾时乘客在列车司乘人员指导下有组织疏散至非事故隧道，等待求援列车将人员疏散到安全区域。该系统于 1979 年 1 月 17 早高峰时在过海隧道内发生了一起严重的火灾事故，但幸运的是由于采取了上述的疏散方案，仅造成了一名消防员死亡和多名乘客受伤，因此，这种地铁隧道设置侧向疏散平台和左右线间设置联络通道的消防疏散方式被实践证明是非常有效的。

5.1.2　联络通道结构形式

联络通道一般位于各段区间隧道的中部，其位置应选在地面交通量和地下管线较少处，以减少施工时的困难。在实际工程中，常将其与地下泵站的建设结合起来采用合并建设的模式，其基本构造形式有全贯通式、联络通道上行侧式泵站、下行侧式泵站、上下行侧式泵站和深井侧式泵站 5 种形式（图 5-1）。联络通道断面尺寸跨度一般为 2.0～3.0m。墙高 2.5～3.5m，可以做成矩形，从受力有利的角度，也可做成圆形和直墙拱形。

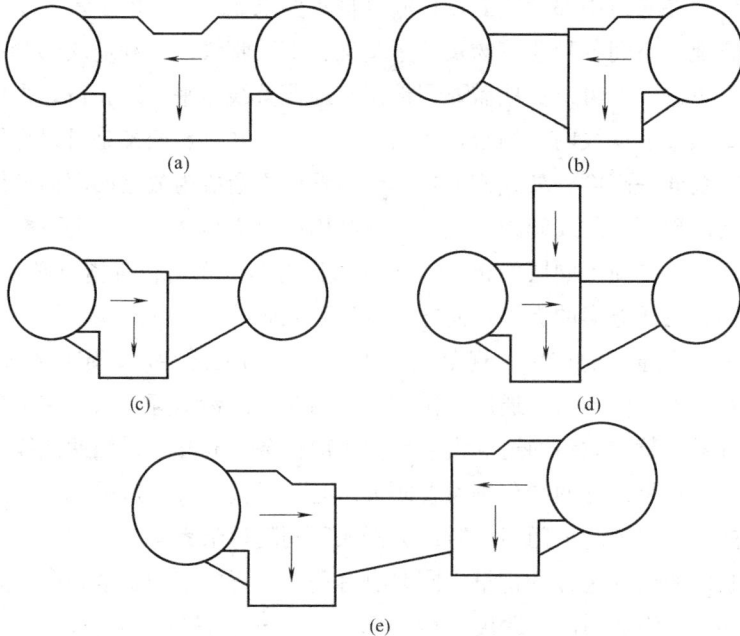

图 5-1　联络通道泵站形式

（a）全贯通式联络通道；（b）上行侧式泵站；（c）下行侧式泵站；（d）上下行侧式泵站；（e）深井侧式泵站

5.2　联络通道加固与开挖常用方法

在地铁建设过程中，联络通道是一个十分重要的部分，联络通道的施工方法主要有明挖法、暗挖法以及新近出现的竖井暗挖法。

5.2.1　联络通道明挖法

联络通道明挖法施工是指在地表面作业，从地上向下挖土石方，当达到一定设计标高后绑扎钢筋笼、立模、浇筑混凝土形成联络通道主体结构，再由基底顺作施工，当隧道主体结构完工后，恢复地面回填基坑的方法。明挖法的优点如下：

（1）适应性广，适用于各类土层；

（2）造价较低，主要取决于支护系统费用；

（3）联络通道施工过程中，如果出现事故，对主隧道结构的影响较小；

（4）明挖法对施工技术要求较低，施工进度快。

当联络通道埋深较浅且场地周围环境允许的情况下，可以考虑使用此方法。联络通道明挖法施工的主要缺点在于占用较大的地面场地且环境影响大。由于地铁线路所经地区通常交通繁忙、商业繁华，故在城市中修建地铁联络通道施工很少采用明挖法。

5.2.2 联络通道暗挖法

联络通道暗挖法施工可根据采用地层加固方法不同，分为以下四类。

1. 地面加固暗挖构筑

此工法应用较为广泛，主要适用于淤泥质黏土、粉土以及粉质黏土等黏性土地层，地下水较少时可采用搅拌桩加固，地下水较多时采用旋喷桩加固。此工法是沿海地区地铁联络通道施工中较为常用的加固方法之一。该法对环境影响较大，占用地面场地。深层搅拌桩土体加固，受布桩密度、水泥掺量、搅拌成桩均匀性和土体组成等因素影响，施工质量不易控制。如果加固质量不好，土体不能连成一体，桩间夹有未加固土块，开挖时易产生冒顶、漏水现象；如果土体加固均匀，其抗压强度、抗剪强度、抗渗能力都有很大程度提高，开挖时不需要对开挖面施加过强的支撑。该工法应用广泛，施工经验丰富，工程造价相对较低。旋喷桩常见问题及处理方法见表5-1。

旋喷桩常见问题及处理方法   表 5-1

常见问题	产生原因	预防措施及处理方法
加固体强度不均、缩颈	喷射方法与机具没有根据地质条件进行选择	根据设计要求和地质条件,选用不同喷浆方法和机具
	喷射设备出现故障(管路堵塞、串、漏、卡钻)中断施工	喷浆前进行压水压浆压气试验,一切正常后方可配浆准备喷射,保证连续进行;配浆时必须用筛过滤
	拔管速度、旋转速度及注浆量不配合,造成桩身直径大小不均,浆液有多有少	根据固结体形状及桩身均质性,调整喷嘴旋转速度、提升速度、喷射压力和喷浆量
	穿过较硬黏性土产生缩颈	对易出现缩颈部位及底部不易检查处进行定位旋转喷射(不提升)或复喷的扩大桩径办法
	喷射浆液与切削土粒强制拌和不充分、不均匀,影响加固效果	控制浆液水灰比及稠度,严格喷嘴加工精度、位置、形状、直径,保证喷浆效果
钻孔沉管困难,偏斜	遇有地下埋设物,地面不平实	放桩位点时以钎探,遇有地下埋设物清除或移桩位点
	钻杆垂直度超过1%	喷射注浆前先平整场地,钻杆垂直度控制在1%以内
注浆流量不变,压力突然下降	注浆系统泄漏	检查各部位的泄漏情况,必要时拔出注浆管检查密封性能
压力陡增超过最高限值、流量为零,停机后压力不变动	喷嘴堵塞	拔管疏通喷嘴
冒浆过大,超过25%	有效喷射范围与注浆量不相适应,注浆量大大超过喷浆固结所需	提高喷射压力;适当缩小喷嘴孔径;加快提升和旋转速度
不冒浆	地层有较大空隙	在浆液中掺入适量的速凝剂,缩短固结时间;在空隙地段增大注浆量,填满空隙后继续正常喷浆

2. 冻结法加固暗挖构筑

冻结法加固在矿井施工中已积累了许多成功经验,目前在地铁联络通道施工中应用也越来越广泛,已逐渐成为联络通道的主要施工方法。此工法应用较为广泛,对上海、南京、苏州等富水软土地层,冻结法加固地层是一种极为有效的手段,特别对流砂地层,只能采用冻结法加固，在南京地铁、无锡地铁、苏州地铁、宁波地铁等多条线路的联络通道施工中冻结加固效果已得到充分的验证。冻结加固安全可靠，地层适应性较广，缺点是费用较高，工期时间较长，后期融化期间沉降需跟踪注浆。

3. 隧道内顶管法暗挖构筑

顶管法是一种较为现代化的地下管道施工方法，借助于主顶油缸及管道中继间等的顶推力，使工具管或掘进机从工作井内穿过土层，并一直推到接收坑内后吊起。与此同时，将紧随工具管或掘进机后的管道埋设在两井之间，是一种非开挖的铺设地下管道施工方法。顶管法同土体加固后矿山暗挖法最大的不同是管形构筑物作为建筑结构构件的同时也起到开挖面支护的作用。这也是顶管法区别于矿山暗挖法的地方和优越性，因此顶管法施工技术难度更大，对工程人员素质要求更高。隧道内联络通道顶管暗挖构筑施工工法一般应用于粉质黏土、粉土、黏土等自立性较好、透水性较差的地层，优点是简便易行，安全可靠，工期较短；缺点是地质的适应性较为单一，且修建泵房时要另外采取其他工法。

顶管法的施工流程为：地基注浆加固→工具管现场加工→后靠背安装→拼装中继间→出洞顶进→拼装进出洞节→顶进→拼装标准节→顶进→进洞→拼装标准节→顶进→拼装进出洞节→顶进施工结束→封洞门、注浆→拆除后靠、工具节、中继间、割除多余钢管节。需要特别说明的是工具管利用钢管节作为胸板，胸板上网格设置利用割除外弧钢板的钢管节格仓作为网格，并在格仓襟板上设置封门，这样顶管工具节的开口率可根据顶管施工情况做到随时调整。

4. 管棚法加固，矿山法暗挖构筑

管棚法是把一系列 $\phi 10 \sim \phi 60$ 的钢管，沿联络通道轴线方向依次打入开挖面的地层内，以支撑地层土压力，并结合注浆技术进行土体加固。管棚的排列形状有方形和拱形，可根据工程需要及断面形式确定，而管棚设置的范围、间距、管径则应根据工程地质和水文地质条件以及隧道的埋深等因素确定。此种工法最早应用于北京地铁建设中，并积累了一定的工程经验。目前，深层搅拌法与冻结法为常用的联络通道周围土体加固方法，上海地铁1号线主要采用的是深层搅拌法与旋喷法加固地层。

5.2.3 联络通道竖井暗挖法

该法是指在两条主隧道中间的加固土体上方采用人工挖孔桩或者其他支护方法施工一个竖井至联络通道设计标高，再由竖井分别向两条主隧道方向采用矿山法掘进施工形成联络通道；在联络通道结构施工完毕后打开主隧道中封口的钢管片，再回填竖井，或将竖井改造为排风、排水通道，暗挖法由主隧道与联络通道共同承担联络通道施工过程中的各种风险，而先明挖后暗挖法（竖井暗挖法）则主要靠联络通道本身承担这些风险。因此，具体联络通道施工中，应根据工程地质条件及周围环境选择安全、经济的施工方法。

1. 竖井开挖及支护

（1）采用人工配合风镐分层分块对角开挖，中间部位采用抓斗开挖，开挖每循环进尺同格栅钢架间距。施工出渣使用抓斗将渣土提升至井口临时渣场堆放，夜间用自卸汽车运到弃渣场。

抓斗开挖中间部分时，严禁抓斗开挖与人工开挖交叉作业；人工开挖竖井四周边墙，将渣土堆放在竖井中间位置，工作人员离开竖井，由信号工指挥抓斗开挖中间土体，开挖

每循环进尺同格栅钢架间距。在竖井锁口圈上由净空向内侧 30cm 设置四道防护栏杆，防止抓斗开挖时碰撞竖井井壁，并有专职安全员全过程监控。

（2）竖井施工时应随挖随喷，及时支护，并做好监控量测；地表以下 3m 严禁机械施工，避免破坏地下管线；土方开挖完毕，及时挂钢筋网、安装环形格栅，钢筋网采用 $\phi6.5@150×150$ 双层网格，满挂井身四周，上下榀格栅采用 $\phi22$ 钢筋竖向连接，环向间距 1m，内外交错布置，竖井加设临时斜撑，临时斜撑与井身环形格栅之间满焊连接。格栅架设尺寸、连接质量达到要求后，及时打设锁脚锚杆保证格栅钢架安装牢固并及时喷射 C25 混凝土支护井壁。井壁上如有大量渗水时，预埋 PVC 排水管，把水引入竖井开挖面底部临时集水坑，抽排至井外污水沉淀池，经沉淀过滤后排入污水管道。

（3）竖井封底采用钢格栅，C25 混凝土喷射厚度为 350mm。

（4）网喷支护竖井尺寸允许偏差及检查方法见表 5-2。

竖井尺寸允许偏差及检查方法 表 5-2

序号	检查项目	允许偏差(mm)	检查方法
1	对角线长	不得小于设计井径 20	每 3m 用经纬仪及钢尺检查
2	井深	不得超过设计井深±0.2%	用水准仪检查
3	喷层厚度	不应小于设计厚度	每 3m 检查一个断面，每个断面布 7 个检查点，间距 2m 左右

（5）竖井背后注浆。竖井结构封闭后，及时跟进背后注浆，注浆管采用 $\phi32$ 钢管，环向、竖向间距 2m，梅花形布置，浆液采用水泥砂浆，注浆压力不小于 0.4MPa。

（6）竖井一侧设楼梯间，楼梯采用宽度 800mm 钢梯，安装坡度 30°，由于楼梯安装导致部分竖井角撑无法安装，为确保安全在楼梯间外侧同防护网一道每 3.0m 设置水平横撑进行支护。

2. 竖井开横通道马头门施工

竖井开横通道马头门施工时割除部分竖井格栅及角撑，使整个竖井井壁受力重新分布，马头门处应力集中、受力复杂，为此施工马头门时必须做好充分安全措施。具体施工步骤如下：

（1）打设长导管及注浆

马头门开洞施工前，技术人员标出横通道拱部轮廓线，然后沿横通道拱部轮廓线打设双排小导管并注浆加固地层，环向间距 300mm，小导管采用 $\phi42.3×3.25$、$L=5m$ 钢焊管，根据地质条件用风镐或其他设备顶入，小导管就位后进行超前注浆，超前注浆采用水泥-水玻璃双液浆，注浆压力不超过 0.5MPa。

（2）分段进行马头门施工

由于横通道高度较大，故竖井开横通道马头门施工结合横通道临时仰拱位置分 3 次进行破除施工，当竖井开挖至横通道第一层临时仰拱下 1.5m 位置时，竖井临时挂网喷射 25cm 厚混凝土，然后进行横通道上层马头门破洞施工，竖井壁破除钢格栅后预留连接筋与横通道钢格栅"L 形连接筋"焊接牢固，横通道第一榀钢格栅位于竖井井壁范围，然后密排三榀钢格栅进行横通道洞口加强。

横通道第一层临时仰拱进尺 8m 后，临时封闭掌子面，继续开挖竖井至横通道第二层临时仰拱下 1.5m 位置，竖井临时封底，然后进行横通道中层马头门破洞施工，做法同第一层，该层钢格栅连接上层钢格栅。此时横通道上层、中层同时进行施工。

横通道中层进尺 6.0m 后，临时封闭上层、中层掌子面，继续开挖竖井至设计井底标高并进行永久封底作业，然后破除横通道下层马头门，横通道上、中、下层并行作业直至横通道堵头墙。

3. 竖井封底

竖井封底采用钢格栅、喷射混凝土铺底，并注浆加密下层土体。封底注浆采用 $\phi42.3\times3.25$ 钢管，间距 0.5m×0.5m，浆液采用水泥浆，注浆压力不小于 0.5MPa。

临时封底：竖井临时封底采用格栅拱架，C25 混凝土喷射厚度为 350mm。

4. 竖井支护控制要点

（1）井身开挖过程中严格控制开挖进尺，按照设计图纸开挖进尺同格栅间距，并及时网喷混凝土支护，达到快封闭目的；

（2）为防止竖井井壁沉降，在开挖过程中严格按照设计图纸要求，每榀钢格栅拼装好后及时施工锁脚锚管；

（3）初支与壁后土体的空隙采用壁后回填注浆密实；

（4）当井壁上有涌水时，预埋胶管，把水引入集水坑，抽排出井外，并对涌水点周围排管注浆堵水；

（5）竖井支护同时预埋梯步预埋件，伴随竖井开挖安装楼梯。

5.2.4　各种工法技术经济分析比较

如何针对具体工程选择合适的施工方法，既需要对现场工程条件的深刻把握，还需要熟悉各种施工方法的技术经济指标。针对常用的联络通道施工方法，综合指标如表 5-3 所示。在市郊场地开阔环境允许的地段，可采用深层搅拌桩或注浆加固矿山法施工，经济效益好，施工技术难度低，便于组织施工。当施工场地狭小，不允许阻碍交通时应选用冻结法和顶管法。顶管法机械化程度高，对周围环境影响小，机械可重复使用，综合成本低，可优先选用顶管法施工。冻结法需要一系列的制冷工艺设备，工艺已经比较成熟。市区环境要求比较严格、地层条件又比较差的区段联络通道施工应优先采用冻结法。

联络通道常用工法综合指标比较　　　　　　　　　　　　　表 5-3

施工方法	适用范围、施工难度及风险	地质要求	进度	造价	环境影响
明挖法	①适应性广，能适用于各类土层； ②联络通道施工过程中，如果出现事故，对主隧道结构影响较小； ③明挖法对施工技术要求较低，施工进度快	几乎适用于各类土层，多应用于有一定硬度的地层	快 (45d)	造价较低，其造价主要取决于支护系统的费用	占用较大的地面场地并且环境影响大

续表

施工方法		适用范围、施工难度及风险	地质要求	进度	造价	环境影响
暗挖法	深层搅拌桩或注浆加固，矿山法施工	①适用于冲积软黏土地区，工艺成熟，南京地铁联络通道20%左右由此法施工；②土体加固质量好时，施工安全快速，风险小；③土体加固质量不好时，开挖时易引起掌子面坍塌以及冒顶漏水现象	主要适用于淤泥质黏土、粉土以及粉质黏土等黏性地层，地下水较少时可采用搅拌桩加固，地下水较多时一般采用旋喷桩加固	较快（约75d）	低，约100万元，其中土体加固费用占到一半以上	土体搅拌加固时要封锁交通，有泥浆、噪声污染及地面沉降的问题
	冻结加固矿山法施工	①主要用于含水率较高的土层或承压含水层中；②土体加固强度高、止水性能好，且不占用地面场地；③但施工周期长、造价高，对地面的隆沉有一定影响	富水软土地层，冻结法加固地层是一种极为有效的手段，特别对于流砂地层，只能采用冻结法加固；适用于任何含水地层，尤其软弱的含水、松散、不稳定地层	较慢（约90d）	最高，约300万元，电费占大部分，且夏季施工费用高于冬期施工	地面无污染无噪声，冻融控制不好会引起地面的隆起或下沉
顶管法		①适用于含水率小、自立性好的土层；②千斤顶的顶力作用在管片上，对管片以及主体隧道的稳定性有影响；③须对主体隧道进行加固处理并设置合理的后顶装置	一般应用于粉质黏土、粉土、黏土等自立性较好、透水性较差的地层，但该联络通道位置有微承压水时，不能用该工法	最快（约45d）	总造价较高，约180万元，但顶进设备可重复使用，综合造价低	地面地下无污染，地表可能稍有沉降，顶力控制不好引起主体隧道的位移
矿山法竖井开挖施工		①施工中不占用隧道，且具有两个工作面，施工速度快；②施工到最后才打开钢管片，对主隧道影响小；③土体如加固不好，易造成工作井坍塌或发生涌砂涌水现象	多应用于有一定硬度的地层，南京、上海、苏州等地质为含水丰富的软土地层，不适宜采用；即使采用，不仅技术难度高，而且将产生较大地面沉陷	快（约60d）	较低，约120万元	土体搅拌加固时要封锁交通，有泥浆、噪声污染及地面沉降

5.2.5 联络通道加固措施

联络通道结构断面尺寸较小，采用直墙拱顶形断面，开挖前应在地面或隧道内对通道周围地层进行加固。

1. 地面加固

地面加固法是联络通道施工中应用较为广泛的方法，比较成熟，加固效果容易保证，费用相对较低，但场地必须具备地面施工作业条件，对地面的环境有较大影响。根据地质条件不同，常采用旋喷加固法或深层搅拌加固法等。

2. 隧道内注浆加固

在盾构隧道即将开口部位打设注浆加固管，加固周围地层，从目前施工技术看，饱和砂性地层中洞内注浆效果不稳定，不易保证注浆质量。

3. 冻结法加固

冻结法在地下工程中已被广泛应用，属于比较成熟的地层加固法，加固对象为含水介质，尤其适用于饱和砂层和淤泥等含水率高的不稳定地层。全国地铁施工中不乏冻结法应用的成功案例。

综上所述，当地层软弱，尤其是地层含水丰富时，应优先选用人工冻结法进行联络通道地层加固。目前国内常用三种加固措施技术经济指标比较见表5-4。

联络通道加固措施技术经济比较   表5-4

比较内容	地层加固措施		
	洞内地层冻结法	洞内注浆加固法	地面旋喷或深层搅拌加固法
地层加固效果	冻土强度高，冻土均匀，能够自立，止水性最好	加固强度较高，但在两层界面处土体加固不均匀、封水性较差	加固土体强度较低，加固效果均匀性、封水性较好
适用的地层	各种地层，尤其是含水丰富的粉细砂层、黏质粉土等易液化土层	圆砾层进入承压水地层	粉细砂层、黏质粉土进入承压水地层
施工精度	易保证	不易保证	易保证
风险预防	抗风险能力好	抗风险能力一般	抗风险能力较好
工程实施难易程度	设备复杂，实施较难	工艺繁杂，实施最难	工艺简单，最易实施
成功工程实例	有	有	有
加固范围	最小	较大	最大
施工设备	最复杂	较复杂	单一
可靠性	最可靠	较可靠	较可靠
工期	3个月左右	2个月左右	1个月左右
地层加固费用	较高	较低	较低

5.3 联络通道矿山法施工

矿山法是暗挖法的一种，因借鉴矿山开挖巷道的方法，故名。其原理：利用土层在开挖暴露过程中短时间的自稳能力，采取适当的支护措施，在围岩或土层表面形成密贴型薄壁支护结构的方法。由于地铁线路所经地区通常交通繁忙，商业繁华，故在城市中修建地铁联络通道施工一般采用矿山法。

施工步骤是：盾构区间隧道加固→联络通道开口→联络通道开挖支护→联络通道防水施工→联络通道二次衬砌施工。

5.3.1 盾构区间隧道加固

为避免联络通道施工时对已处于稳定（受力平衡）状态的成型盾构区间造成较大的影

响,在施工联络通道前,需对盾构区间隧道进行加固。

1. 加固步骤和方法

(1) 进一步紧固隧道管片连接螺栓,确保管片间连接紧密。

(2) 在盾构隧道内部采用钢架对管片进行支撑。

(3) 打开管片注浆孔,检查盾构隧道背衬回填情况,必要时进行补注浆回填。补注浆范围为联络通道轴线前后各 10 环;注浆浆液为水泥-水玻璃双液浆(C-S),水泥浆配合比(重量比)为 C∶W=1∶0.8,双液浆配合比为 C∶S=1∶1;注浆压力为 0.2~0.45MPa,逐步增加;注浆结束标准采用双指标控制,当注浆压力(施工现场可根据情况确定)或者注浆量达到设定值(根据背衬回填情况确定)时,停止注浆。

2. 主要技术措施

(1) 为保证加固过程的安全和施工质量,安全员和质检员要进行全过程的监督检查。

(2) 对管片进行支撑的钢架各支点与管片紧密接触,并具有较高的刚度。

(3) 为保证补注浆效果,补注浆时采用从联络通道中心向两侧逐环进行,多孔进行补注,孔位尽量保持对称,压力从小到大逐步增加。

(4) 为掌握注浆过程的管片位移情况,全过程进行管片变形观察和监控。

(5) 补注浆后,最少要等 1 天,才可进行下一步作业。

5.3.2 联络通道开口

1. 施工步骤和施工方法

(1) 测量放线:采用水准仪和全站仪准确测量出联络通道洞门四边边线,并在管片上明确标出。

(2) 根据详细勘探和盾构隧道掘进施工情况,基本探明联络通道地质情况,再根据地质情况和联络通道覆土情况(各地层岩性、厚度、赋水等特征)以及地表建筑物对联络通道的开口稳定性进行初步判断,对于稳定性较好的开口不进行加固,采取直接切割混凝土管片的方法进行联络通道开口施工(拉管片);对于稳定性不太好的联络通道开口,先用风钻沿拟切割洞门钻孔,采用超前砂浆锚杆或超前小导管注浆加固,然后采用从上向下分块切割混凝土管片的方法进行联络通道开口施工。切割过程严密监控切口、管片的变化情况,必要时立即停止切割,采取相应措施。

(3) 采用高速切割机,这种切割机可切割较厚、强度高的钢筋混凝土,速度快、噪声小、粉尘少,可以进行横向、竖向切割。先安装高速切割机的行驶轨道,配备专业人员进行管片切割作业,切割下来的管片利用区间内行驶的机车运走。

(4) 在联络通道口的管片壁上植筋,绑扎洞口圈梁钢筋,施做洞口钢筋混凝土圈梁。

2. 主要技术措施

(1) 为保证联络通道开口位置正确,需对测量放线的基准点进行复核。

(2) 根据联络通道处管片配筋情况,避开钢筋,准确进行钻孔注浆固结土体堵水。

(3) 对切割机轨道的方向、标高、倾斜度进行准确定位,确保切割机的行驶轨道安装准确,切割切口符合要求。

(4) 为减少切割时对角部的破坏(多切),在四个角预先进行钻孔。

(5) 为保证联络通道开口的安全和施工质量,安全员和质检员应进行全过程的监督检查。

（6）为掌握注浆过程的管片位移情况，应全过程进行管片变形观察和监控。

（7）为保证超前加固效果，超前锚杆或超前导管需按要求准确设置，其尾部与洞口圈梁主筋牢固焊接。

5.3.3　联络通道开挖支护

1. 施工步骤和施工方法

根据不同地质情况，联络通道采取不同的开挖支护方法。围岩较好联络通道采取全断面开挖，采用全断面法不能保证施工安全时，采用正台阶法开挖。

1）超前小导管预注浆加固

为保证通道开挖时的围岩稳定，多数通道在拱部采用小导管注浆进行超前加固。超前小导管注浆施工工艺流程见图 5-2。

超前小导管注浆加固施工工艺：采用全孔一次性注浆，注浆浆液主要为水泥浆。地下水发育或土体呈流塑状时采用双液浆。

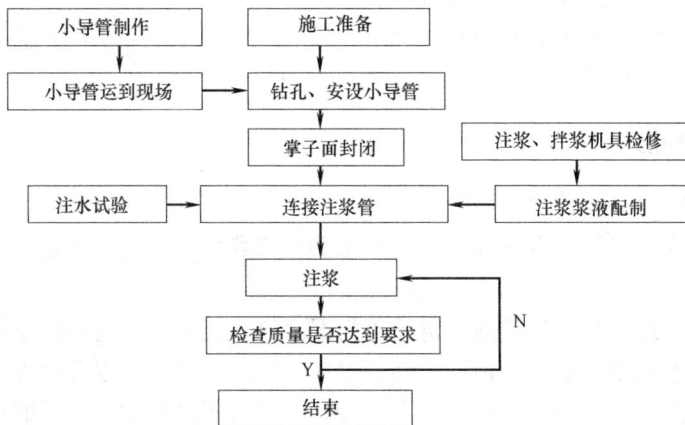

图 5-2　超前小导管注浆施工工艺流程

钻孔：用钻机沿开挖轮廓线外打孔。

安设注浆管：将经过加工的注浆管置入孔内，并对孔口做止浆处理。

浆液配置：按施工配合比在搅拌桶内加入需要的水和水泥进行搅拌，采用双液浆时，在另一容器中加入水玻璃，用波美度计测试浓度至配合比要求的浓度。

注浆：将注浆管按要求接好，开动注浆机，采用双液浆时，浆液经混合器混合后靠压力通过注浆管路进入地层，注浆前要测试经混合器混合的浆液凝胶时间，当达到设计的凝胶时间时，方可注浆。注浆参数应根据现场试验和施工进行调整。

2）联络通道土石方开挖

在洞口圈梁混凝土达到要求的强度（设计强度的 70% 以上）且超前注浆达到设计强度后，可进行通道土石方开挖。通道洞身土石方开挖采用全断面法或正台阶法，岩石段采用人工手持风钻钻孔，膨胀剂破碎或人工敲击钢楔子破碎岩石，全断面岩石段主要采用全断面法开挖，全断面法开挖的进尺控制在 1500mm；全断面土层段和半岩半土段主要采用正台阶法开挖，先开挖上台阶土石方，开挖进尺根据围岩的稳定情况控制在 500～1000mm，开挖完上台阶后再开挖下台阶，主要采用人工镐锹，局部采用风镐开挖。人工装土到区间隧道中运行的运输车辆中运走。

由于洞口尺寸小于联络通道结构尺寸，开挖洞口截面在 1500mm 范围内渐变至结构截面。开口处采用爬坡开挖，爬坡角度控制在 30°以内。为保证洞口稳定，洞口 1500mm 渐变段为后挖带，即在联络通道其余部分开挖完成后再开挖该部位。

3）联络通道支护

联络通道在开挖达到设定进尺后，将立即进行通道的初期支护。支护的施工顺序为：初喷混凝土→安设锚杆→安装格栅钢架→铺设钢筋网→复喷混凝土。

（1）初喷混凝土

在通道开挖到设定进尺后，立即进行初喷混凝土施工，初喷厚度控制在 30～50mm。联络通道每次喷射混凝土量较小，采用现场自拌混凝土，由于作业面较小，采用潮喷工艺，人工操作喷射机和喷头进行喷射混凝土施工。喷射混凝土配合比由现场试验室根据试验验证。喷射混凝土施工工艺流程见图 5-3。

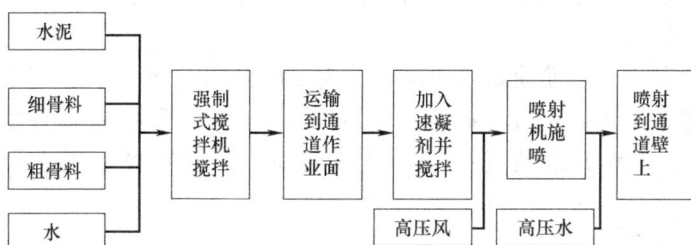

图 5-3 喷射混凝土施工工艺流程

喷射混凝土原材料符合以下要求：

① 水泥：采用不低于 32.5R 的早强型普通硅酸盐水泥，使用前进行强度复查试验，其性能符合现行水泥标准规定。

② 细骨料：采用硬质、洁净的中砂或细砂，细度模数大于 2.0。

③ 粗骨料：采用坚硬耐久的碎石，粒径不大于 40mm，级配良好。

④ 水：采用市政自来水，不使用含有影响水泥凝固及硬化的有害物质的水。

⑤ 速凝剂：使用合格产品，使用前与水泥做相容性试验及水泥凝结效果试验，其初凝时间不得大于 5min，终凝时间不得大于 10min。

喷射混凝土技术要求如下：

① 搅拌混合料采用强制式搅拌机，搅拌时间不小于 2min。混合料要随拌随用。

② 混凝土喷射机具性能良好，输送连续、均匀，技术性能能满足喷射混凝土作业要求。

③ 喷射混凝土作业前，清洗受喷面并检查断面尺寸，保证尺寸符合设计要求。喷射混凝土作业区有足够的照明，作业人员应佩戴作业防护用具。

④ 喷射混凝土应在开挖面暴露后立即进行。

⑤ 喷射混凝土喷头垂直于受喷面，喷头距受喷面距离以 0.6～1.2m 为宜。喷头运行

轨迹为螺旋状，使受喷面均匀、密实。

⑥ 喷射混凝土作业应保持供料均匀，喷射连续。

⑦ 喷射混凝土作业应分段分片进行。

（2）安设锚杆

锚杆施工采用风钻钻孔，高压风吹洗清孔后，装入锚固剂，再安装锚杆。

锚杆原材料规格、长度、直径严格按设计要求控制，锚杆杆体必要时应除油除锈。锚杆孔位、孔深及布置形式符合设计要求，锚杆用的锚固剂，其强度不低于C20。

锚杆杆体插入时，保持位置居中，锚杆杆体露出岩面长度不大于喷层厚度。

有水地段先引出孔内的水或在附近另行钻孔再安装锚杆。

（3）安装格栅钢架

① 格栅钢架制作。按设计尺寸在洞外下料分节制作，节与节之间用螺栓连接牢靠，洞外加工后试拼检查。

② 安装。钢架的下端设在稳固的地层上，拱脚高度低于上部开挖底线以下15～20cm。拱脚开挖超深时，加设钢板或混凝土垫块。人工安装时控制间距，严格按设计要求安装。两排格栅钢架间用钢筋拉杆纵向连接牢固，拉杆环向间距为1.0m。

（4）铺设钢筋网

在洞外分片制作，钢筋使用前要除锈，钢筋网格间点焊或绑扎牢固。人工铺设，利用锚杆或拱架连接牢固。安装时搭接长度不小于10cm。复喷混凝土时，减小喷头至受喷面距离和风压以减少钢筋网振动，降低回弹。钢筋网喷混凝土保护层厚度不小于2cm。

（5）复喷混凝土

在通道初喷混凝土、锚杆、钢筋网、格栅钢架安装后，及时进行复喷混凝土施工。复喷混凝土施工方法同初喷混凝土。

由于复喷混凝土较厚，要分层进行，一次喷射厚度根据喷射部位和设计厚度而定，后喷一层应在先喷一层凝固后进行，若终凝后或间隔一小时后喷射，受喷面应用风水清洗干净。喷射混凝土表面应密实、平整，无裂缝、脱落、漏喷、空鼓、渗漏水等现象。

2. 主要技术措施

（1）严格按照"先治水、后开挖、短进尺、强支护、早封闭、勤量测"的原则进行联络通道施工。

（2）准确进行测量放线，严格控制超前小导管的间距、方向，全过程严格监控小导管注浆，严格控制注浆压力和注浆量，确保超前加固效果。

（3）严格控制混凝土施工配合比，配合比经试验确定，混凝土各项指标都必须满足设计及规范要求，混凝土拌合用料称量精度必须符合规范要求。

（4）喷射混凝土施工中确定合理的风压，保证喷料均匀、连续。同时加强对设备的保养，保证其工作性能。

（5）格栅钢架的钢筋与箍筋之间严格按设计要求进行焊接，保证格栅钢架的各段连接牢固。

（6）格栅钢架安设正确后，纵向必须连接牢固，并应与锁定锚杆焊接成一整体。

（7）钢架与围岩之间的间隙用混凝土喷密实，禁止用石块、木楔、背柴等填塞。

5.3.4 联络通道防水施工

联络通道全断面采用无纺布和防水板进行防水,在喷射混凝土面上铺设两层防水防护,先铺一层无纺布,然后粘贴一层 1.5mm 厚 PVC 防水板。联络通道底板与边墙间的施工缝采用钢板止水带防水。联络通道与区间隧道之间采用两道平蹼止水带对防水板收口,在区间隧道管片上粘贴两道缓膨型遇水膨胀止水橡胶条防水。

1. 施工步骤和施工方法

1) 基层处理

在防水层施工前需进行基层处理。基面找平后要坚固、平整、光洁、不起砂、无尖刺、无疏松、尖锐棱角等凸起物和凹坑。当出现上述现象时,要打凿或用砂浆填补平整。施工基面应保持干燥,不得有明水,底板垫层上如有积水,采用堵或排的方法将水清除,含水率不得大于 10%。同时,施工基面找平层的阴阳角部位均做成圆弧形,阳角圆弧半径不小于 50mm,阴角圆弧半径不小于 100mm。

2) 防水板铺设

(1) 用射钉固定无纺布于已达基面要求的初支面上,再用热风枪把 1.5mm 厚的防水板通过热合方法粘贴在固定垫衬的圆垫片上,进行无钉铺设。

(2) 防水板环向铺贴,相邻两幅接缝错开,结构转角处错开距离不小于 600mm。

(3) 防水板分拱墙与底部两部分铺设,拱墙防水板从拱顶向两侧依次铺贴,固定点成矩阵形,拱部间距 400mm,其余为 800mm。

(4) 为防止防水板铺设后的钢筋绑扎等工序损坏防水板,在联络通道底部防水板铺设后,及时施工底部 C20 细石混凝土防水保护层。

3) 钢板止水带安装

底板混凝土浇筑前,人工安装底板和边墙施工缝的钢板止水带。钢板止水带设置于边墙混凝土的中部,用细铁丝与钢筋间绑紧固定,以保证混凝土浇筑时不移动。

联络通道与区间隧道间的防水施工平蹼止水带与防水板间采用热风焊接牢固。在区间隧道管片上粘贴两道缓膨型遇水膨胀止水橡胶条前,将粘贴面磨出平槽、清洗干净、排除杂物。止水条安排在混凝土浇筑前 3~5h 施工,必要时采取缓膨措施,止水条应粘贴在基面预留的槽内,并用水泥钉固定牢固。

2. 主要施工技术措施

防水板搭接处采用双面焊缝焊接,焊缝宽度不小于 10mm,且均匀连续,不得有假焊、漏焊、焊焦、焊穿等现象。

焊缝质量采用充气检查,充气压 1.5MPa,保持 2min 压力下降不大于 10%。

5.3.5 联络通道二次衬砌施工

联络通道二次衬砌在联络通道变形(主要指拱顶下沉和两侧收敛)趋于稳定后进行。衬砌时先施工底板,后施工边墙拱部。联络通道均采用 C30 模筑钢筋混凝土衬砌,混凝土的抗渗等级为 P10。由于联络通道长度较短,底板、边拱均一次浇筑完成。联络通道洞门和洞身衬砌一起浇筑。

1. 施工步骤和施工方法

1）钢筋加工和绑扎

二衬钢筋加工前，首先按设计进行配筋设计，根据配筋设计在洞外钢筋厂下料加工成型，并分类堆放，挂牌标识，以防混用。

二衬钢筋先绑扎底板钢筋（预留出与边墙钢筋的连接筋），后绑扎拱墙钢筋。底板钢筋施工时先铺设底层钢筋，后绑扎顶层钢筋，两层钢筋之间用架立筋支撑，以防浇筑混凝土时顶层钢筋塌陷。拱墙钢筋先绑扎外圈钢筋，再绑扎内圈钢筋。绑扎拱墙钢筋时，搭设简易钢管作业平台。

钢筋接头采用焊接，搭接长度不小于 $10d$（d 为钢筋直径），同一断面接头数量不大于钢筋数量的 50%。两接头断面间隔不小于 1.0m。绑筋绑扎牢固、稳定，满足钢筋施工及验收规范。焊接钢筋时，在焊接部位用防火板遮挡防水层以防烧伤。

2）底板混凝土灌注

采用商品混凝土，在洞外由混凝土罐车卸入电瓶车牵引的料斗内，电瓶车牵引料斗将混凝土运到联络通道处，人工使用铁锹灌注混凝土，使用插入式振捣器振捣。

3）边拱混凝土浇筑

在边拱钢筋绑扎完后，及时安装边拱混凝土支架和模板，浇筑边拱混凝土。准确测量，进行模板定位，安装模板支架，然后人工安装模板。模板拟采用 20mm 夹板，支顶用钢管进行竖向及横向对顶。模板安装后，检查钢筋的保护层厚度，必要时设置垫块保证保护层厚度符合要求。

混凝土浇筑方法同底板混凝土浇筑，施工时需加强混凝土的振捣。浇筑时按从下向上、分层、对称施工。封顶采用后退式封顶，最后封顶合拢。

4）联络通道地坪、排水沟、防火门和通道处疏散平台施工

采用人工立模，模板采用 20mm 夹板，支顶用方木支撑。混凝土浇筑方法同底板混凝土浇筑，施工时需加强混凝土的振捣。浇筑时完成混凝土初凝后，底部抹出横向 1% 和纵向 3‰ 的流水坡面，并对地坪表面人工使用抹子进行抹光。

2. 主要施工技术措施

（1）衬砌钢筋规格、型号、机械性能、化学成分、可焊性等符合规范规定和设计要求，钢筋进场后必须进行复检、抽样检查，合格后方可投入使用。

（2）钢筋弯曲应采用冷弯，不允许热弯。同时钢筋表面洁净，无损伤、锈蚀、油污。

（3）钢筋绑扎符合设计和规范要求，位置准确、不漏筋，搭接长度满足设计和规范要求。

（4）钢筋绑扎、焊接施工时必须采取必要的防护措施，防止钢筋施工时损伤防水层。钢筋加工完成后，必须对作业区的防水层认真检查，确保无损伤后进行施工，否则必须采取补救措施。

（5）模板工程施工质量的好坏将直接影响结构的外观质量、尺寸以及抗渗防裂功能。因此模板和支架需具有足够的强度、刚度和稳定性，且便于钢筋的绑扎和混凝土浇筑养护等工艺要求。

（6）模板安装前必须经过正确放样，检查无误后再立模，安装好后，必须复核中线及标高是否正确。保证模板支撑牢固、稳定，不得有松动、跑模、超标准的变形下沉现象。

模板表面清理干净，涂刷好隔离剂。模板拼缝应平整严密，不得漏浆。

（7）二次衬砌施工前做好以下工作：中线、高程、断面尺寸和净空尺寸必须符合设计要求，并做好地下水的封堵、引排；底板的浮渣、垃圾、积水必须清理干净。

（8）所有预埋件、预留盒和钢筋骨架固定在一起，以免灌注混凝土时移位。

（9）用插入式振捣器振捣，振捣器不得触及防水层、钢筋、模板。混凝土灌注过程中，尤其在预埋件处、钢筋密集处及其他特殊部位应事先制定措施，严禁不振、漏振或过振。混凝土强度达到 2.5MPa 时方可拆模。

（10）混凝土终凝后及时进行洒水养护，结构混凝土养护期不少于 14d。

5.3.6 工程实例

1. 工程概况

南京地铁机场线某标段单线长约 2km，区间共设置了 3 座联络通道，1 号联络通道埋深约 11m，洞身土层由上而下依次为 J3-1 全风化安山岩、J3-2 强风化安山岩及 J3-3 中风化安山岩，上覆土层为①2 素填土、④1b1 粉质黏土。洞身上部土层自稳性较差，下部土层较为稳定。联络通道长 8.35m，宽 2.5m，高 2.95m。地质剖面图如图 5-4 所示。

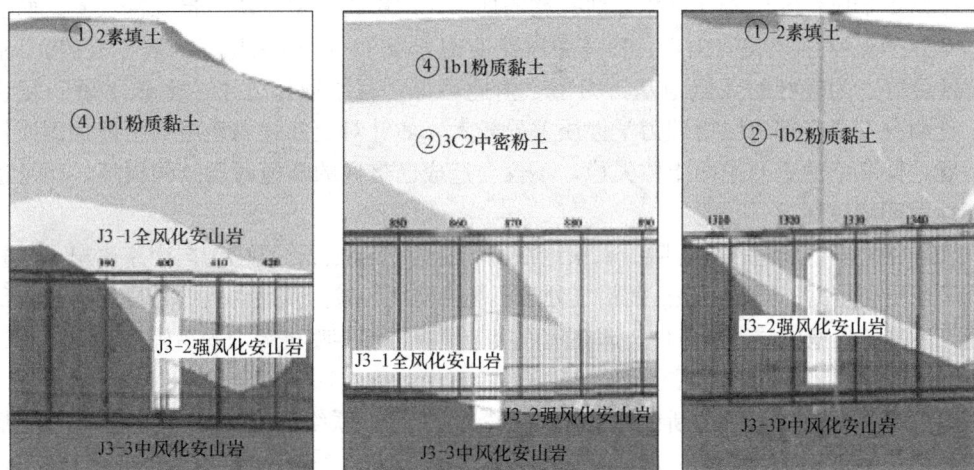

图 5-4 某区间 1 号、2 号、3 号联络通道地质剖面图（顺序由左往右）

2 号联络通道埋深约 9m，洞身土层由上而下依次为②3c2 中密粉土、④1b1 粉质黏土、J3-1 全风化安山岩、J3-2 强风化安山岩、J3-3 中风化安山岩，上覆土层为①2 素填土、②1b2 粉质黏土。洞身上部土层自稳性差，下部土层较为稳定。联络通道长 10.7m、宽 2.5m、高 2.95m；泵房开挖尺寸 4.2m×3.7m×2.9m（长×宽×高）。结构纵剖面图如图 5-5 所示。

3 号联络通道埋深约 9m，洞身土层由上而下依次为④-1b1 粉质黏土、J3-1 全风化安山岩、J3-2 强风化安山岩、J3-3p 中风化安山岩（破碎），上覆土层为①-2 素填土、②-1b2 粉质黏土。洞身上部土层自稳性差，下部土层较为稳定。联络通道长 6.8m，宽 2.5m，高 2.95m。

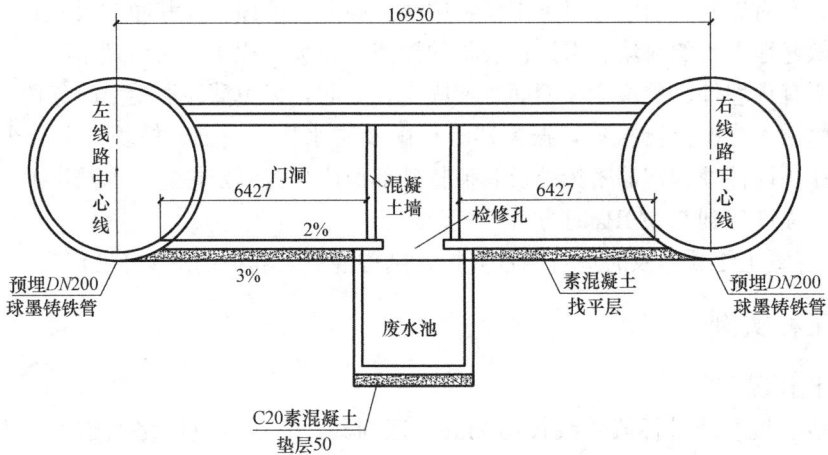

图 5-5　某区间 2 号联络通道结构剖面（单位：mm）

2. 工程特点

（1）复合地层。该区间 3 座联络通道洞身上部主要处于②3c2 中密粉土、④1b1 粉质黏土、J3-1 全风化安山岩（风化强烈）软弱地层，地层含水率丰富、自稳性较差；而洞身下部则处于 J3-2 强风化安山岩、J3-3 中风化安山岩及 J3-3p 中风化安山岩（破碎），基岩稳定性良好，为较好的天然地基持力层。由此可见，联络通道处于"上软下硬"复合地层，且洞身上下半部地层物理力学性质差异较大，如针对上部软弱地层的土体加固质量存在问题，使联络通道开挖面土体失稳，不仅会造成已贯通的隧道衬砌结构损坏，而且还会引起地面环境破坏。

（2）工期紧、场地条件受限。南京地铁机场线为 BT 项目，且作为向南京青奥会献礼工程，工期要求较高；同时，该区间沿线处于机场待建区，较为荒芜，且 3 号联络通道上部为鱼塘，不具备大型机械进场条件，即在地面实施搅拌桩、旋喷桩等加固措施较为困难。

3. 总体施工工法

结合水文、地质、结构断面资料及现场实际工况，联络通道采用小导管超前注浆加固，矿山法施工。开挖方案确定为：从右线向左线方向进行，分上下断面进行开挖施工。开挖施工用人工开挖（针对下部中风化岩层采用强力气动风镐）、架立钢拱架、喷射混凝土，初支完成后进行背后回填注浆，铺设防水层。二次衬砌先施工底板混凝土，边墙与拱部一次浇筑成型，泵送混凝土入模。

为保证联络通道施工期间两侧盾构隧道的稳定，防止隧道内混凝土管片的结构变形、失稳或破坏，在管片环缝处架设临时环形预应力钢支架，在管片主要受力部位设立多个支撑点，在联络通道左右线开口两侧各立 3 榀，在联络通道两端沿隧道方向对称布置，各环形支撑之间通过钢纵梁连接，使其形成一整体的型钢骨架结构，确保已成型隧道安全及稳定。

由于无法采取地面降水及水泥系土体加固等技术措施，同时考虑开挖施工对周围土体的扰动，在联络通道施工前，利用现有管片注浆孔，对与联络通道混凝土管片相邻的前后 10 环管片进行背后二次注浆堵水、加固，浆液采用水泥-水玻璃形式的双液浆（C-S），压力控制在 0.6~0.8MPa，采用双重管注浆工艺施工。

4. 施工中采用的特殊技术措施

1）成形隧道内支撑加固

为防止区间隧道在联络通道口的特殊管片切割后引起的围岩压力情况变化，以及联络通道开挖卸荷而导致的管片失稳、变形甚至破坏。因此，在施工联络通道前，需对临近联络通道的左右线盾构区间隧道成环管片进行加固。该工程对成形隧道内支撑加固的步骤和方法如下：

（1）进一步紧固隧道联络通前后各 10 环范围管片连接螺栓，确保管片间连接紧密。

（2）打开管片注浆孔，检查盾构隧道壁后补注浆加固情况，确保加固补强达到要求后才可进行下一步作业。

（3）在环缝处架设临时预应力支架，在管片主要受力部位设立多个支撑点，在联络通道左、右线开口两侧各立 3 榀，在联络通道两端沿隧道方向对称布置，施加预应力时每个千斤顶要同时慢慢平稳加压，每个千斤顶以压实支撑点为宜，防止和减少区间隧道在通道位置处的管片发生变形。支撑安装完成后在支架两端醒目位置悬挂行车警示标志。隧道管片环形临时支撑加固如图 5-6、图 5-7 所示。

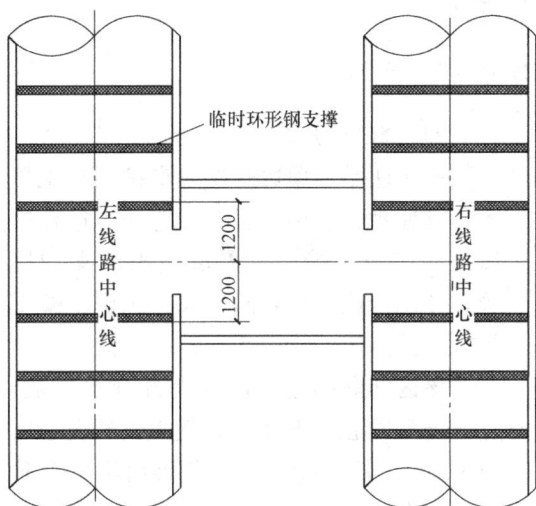

图 5-6 管片临时支撑平面

图 5-7 管片临时钢支撑现场实景

2）小导管超前支护

因施工需要，联络通道处设置的特殊混凝土管片必须拆除，而由于该处土体施工时已被扰动且通道洞身上部处于软弱松散土层、稳定性差，因此在联络通道开挖前，必须对其拱顶部位进行小导管超前注浆支护，保证下一步开挖工作安全。小导管内注浆材料采用水泥-水玻璃双液浆，并掺加适量外加剂，该注浆材料具有渗透性良好，凝结时间可调，可有效控制浆液在地层中的扩散距离，在地下动水条件下也具有很强的凝结性能，且浆液凝结后不收缩、强度较高等特点。超前小导管主要分为四个工序：制管、打孔、安设小导管、注浆。

小导管于拱顶 150° 范围内采用外径 42mm、壁厚 3.5mm、长 3.5m 热轧无缝钢管，环向间距 0.3m，纵向搭接长度 1.5m，外插角 10°，钢管前端呈尖锥状。施工前首先通过测量放样在区间管片上标示出超前小导管的孔位，孔位定位时需避开管片内钢筋，当孔位与钢筋有冲突时可适当调整小导管位置。小导管钻孔采用 TY28 凿岩机进行，钻孔时孔位偏差需小于 10cm，最后一排小导管施工需精确控制成孔长度，防止破坏左线管片。同时，待台阶开挖后，需在腰部打设锁脚锚杆作为钢拱架的稳定结构。超前小导管平面、纵断面布置图如图 5-8、图 5-9 所示。

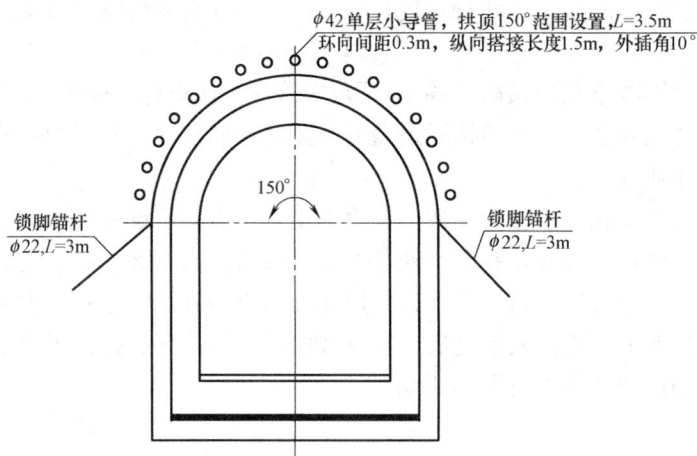

图 5-8　超前小导管平面布置图（直径单位：mm）

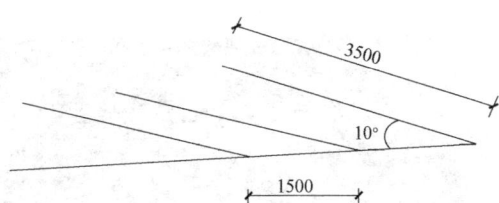

图 5-9　超前小导管纵断面布置图（单位：mm）

3）台阶法开挖

矿山法是一项边开挖边支护的施工技术，其原理：利用土层在开挖暴露过程中短时间的自稳能力，采取适当的支护措施，使围岩或土层表面形成密贴型薄壁支护结构的方法。

该区间联络通道洞身上部处于松散、软弱地层，在不具备地面加固处理的条件下，通过小导管超前注浆支护，使上部软弱地层具备了一定的自稳能力。因此，开挖施工采用了中短台阶法开挖，下台阶落后于上台阶 1m，上下台阶均采用人工开挖、人工修整，而由于下部中风化安山岩强度较高，借助于强力气动风镐施工，以保证上下台阶开挖进度的一致性。在开挖支护过程中严格控制开挖进尺，每循环开挖进尺为一榀拱架间距，即 1.0m。台阶法开挖如图 5-10 所示。

在开挖过程中，用激光指向仪控制开挖中线及水平，确保开挖断面圆顺，无欠挖，开挖轮廓线充分考虑施工误差、预留变形和超挖等因素的影响，对意外出现的超挖或局部塌方应采用喷混凝土回填密实，并及时进行背后回填注浆。

由于洞身上部为软弱地层，在开挖过程中需加强监控量测，当发现地面沉降或拱顶、拱脚和边墙变形值超过警戒值或出现突变时，则立即停止掘进，施打锚杆挂网，喷射混凝土封闭掌子面，及时加设临时支撑或仰拱，形成封闭环，控制位移和变形，并加强对洞外的观察，在确保风险可控的情况下，再继续向前挖掘。

在开挖轮廓经尺寸检查满足设计要求后，需立即架立格栅拱架，依据断面中线及标高，准确就位。对于存在超挖的部位，则采用混凝土垫块或木板垫塞牢固。钢架定位后，

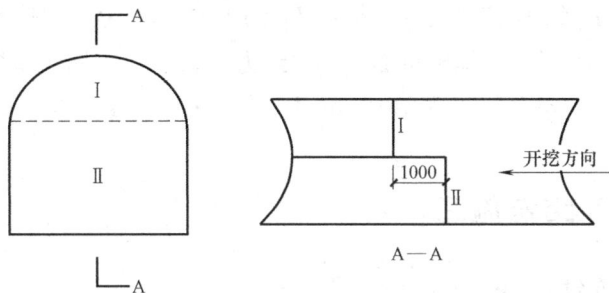

图 5-10 台阶法开挖示意图（单位：mm）

挂设钢筋网片，钢筋网紧贴初喷混凝土，挂钢架外侧，铺设平顺，用细铁丝与钢架绑扎牢固。钢架间采用纵向钢筋连接，连接筋纵向搭接长度满足规范要求，同时保证焊接质量。上述各项经检查符合要求后，即进行喷射 C25 混凝土到设计厚度，喷射时由拱脚自下而上分层进行，保证混凝土喷射密实。

4）施作防水体系

矿山法联络通道的防水施工原则是"以防为主、刚柔结合、多道防线、因地制宜、综合治理"。该区间联络通道防水体系由初期支护、PVC 防水板，以及防水钢筋混凝土二衬三道防水防线组成。为保证防水的质量，在初期支护与 PVC 防水板两种刚柔性材料之间设置一层土工布缓冲板。其中初支作为矿山法防水第一道防水线，必须达到无渗漏，在喷射混凝土清洗干净后，需采用堵漏材料和注浆工艺治理到无明水；PVC 防水板属于高分子材料，具有抗腐蚀、抗振动变形功能，该防水层铺设在主体结构的迎水面，形成封闭的全包防水层；该工程二衬混凝土强度等级为 C35，抗渗等级为 P10。通过上述三道防水防线，满足了联络通道主体结构的防水要求。

对于一些特殊部位，如联络通道洞口与管片接口处（喇叭口），为达到防水效果，通过在联络通道施工时期预埋注浆管注浆，且在各个联络通道与管片接触的各个转角处还使用了 1.5mm 厚丁基橡胶防水密封胶粘带、止水胶等多种材料（图 5-11），土层孔隙比约

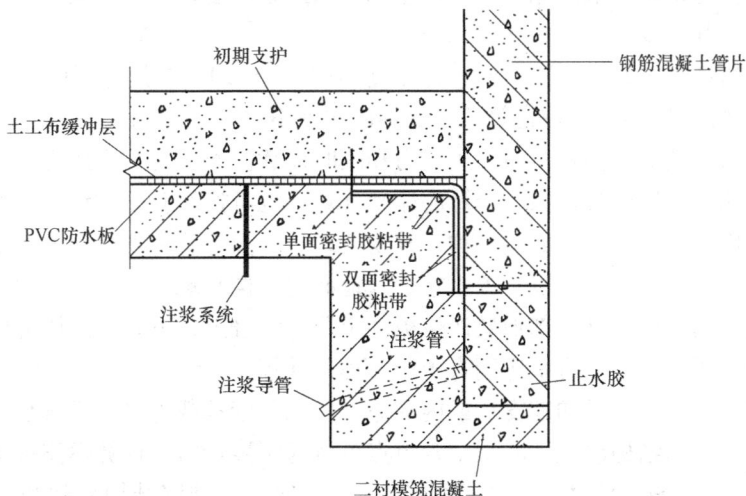

图 5-11 联络通道侧墙防水层与管片接头防水构造示意图

为 0.742，塑性指数 I_p 约为 17.2，液性指数 I_L 约为 0.38，为可塑偏硬状态，压缩系数 $a_{V(1-2)}$ 约为 0.240MPa^{-1}，压缩模量 $E_{S(1-2)}$ 约为 7.32MPa，属于中压缩性土，直剪固结快剪强度指标 c 为 36.3kPa，ϕ 为 16.0mm。

5.4   联络通道冻结法施工

5.4.1   联络通道冻结设计

冻结设计主要包括以下内容：

（1）冻结壁结构形式的方案比较与选择；

（2）冻结壁主要参数确定，包括冻结壁厚度和冻结壁平均温度；

（3）冻结孔、测温孔和卸压孔的布置设计；

（4）冻结壁形成验算；

（5）冻结制冷系统设计；

（6）隧道预应力支架、安全门、开挖临时支架设计；

（7）对冻结壁的监测与保护要求；

（8）对周围环境和建（构）筑物的影响监测与保护要求。

1. 冻结壁结构形式的方案比较与选择

（1）冻结壁的几何形状应与联络通道的轮廓接近，以方便冻结孔布置；

（2）冻结壁结构形式选择应利于控制地层冻胀与融沉对周围环境的影响；

（3）有止水要求时，冻结壁应设计为封闭结构；

（4）一般联络通道冻结壁采用直墙圆拱形，在有泵房时泵房所在地层范围应全部冻结，且作为单独的冻结区域。

2. 冻结壁主要参数

1）冻结壁厚度设计

（1）对仅作为止水要求的冻结壁，按止水要求确定厚度，对有承载要求的冻结壁应按承载力要求设计其厚度。

（2）联络通道喇叭口处的冻结壁设计厚度不应小于 1.1m，其他部位的冻结壁设计厚度不应小于 1.4m。冻结壁与隧道管片的交界面宽度不得小于 0.8m。

（3）冻结壁荷载应包括水压力、土压力和临时荷载。土压力和水压力对砂性土宜按水土分算原则计算，黏性土宜按水土合算的原则计算；也可按经验公式计算。临时荷载主要包括土方开挖影响范围以内地面建（构）筑物荷载、地面超载，可按 20kN/m^2 计算。

（4）垂直土压力按计算点以上覆土重量及地面建（构）筑物荷载、地面超载计算，且应考虑冻胀力作用，冻结壁上部地层产生被动土压力，且上、下垂直土压力应相等；侧向土压力按主动土压力计算，可采用朗肯土压力理论计算。

（5）开挖后冻结壁应设初期支护或内支撑，但冻结壁承载力设计仍按承受全部荷载计算。根据联络通道的结构组成，冻结壁各节点可认为刚接，力学计算模型按均质线弹性体简化，冻结壁内力宜采用结构力学方法计算。联络通道冻结壁结构荷载和受力示意图如图 5-12 和图 5-13 所示。

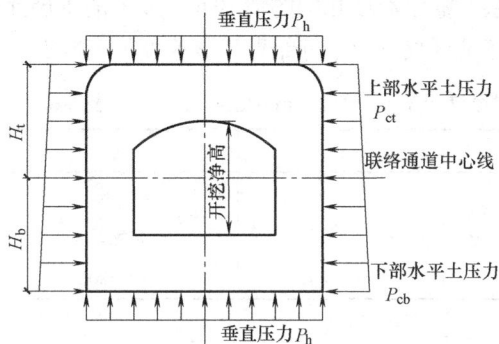

图 5-12 冻结壁荷载示意图

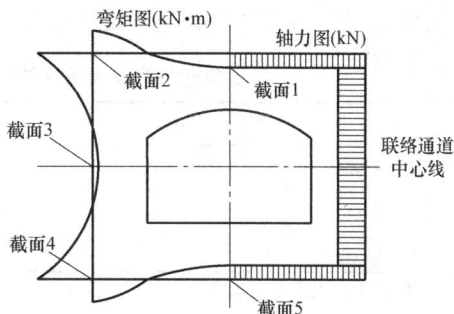

图 5-13 冻结壁受力示意图

通道垂直土压力（P_h）和侧向上、下荷载（P_{ct}、P_{cb}），按下式计算：

$$P_h = \gamma H = \gamma H_0 + H_b + 20 \tag{5-1}$$

$$P_{ct} = k_0 P_s = k_0 \gamma H_0 - H_t \tag{5-2}$$

$$P_{cb} = k_0 P_b = k_0 \gamma H_0 - H_t + h \tag{5-3}$$

式中 γ——土的重度（kN/m^3），地面超载 $20kN/m^2$；

     H——计算点的埋深（m）；

     H_0——隧道中心线的埋深（m）；

H_b、H_t——联络通道下部、上部冻结管到联络通道中心线的距离（m）；

     k_0——土层侧压力系数；

     h——开挖净高加冻土厚度（m）。

（6）根据联络通道开挖轮廓高计算该结构内部的弯矩和轴力，得到截面内的压应力、拉应力和剪应力。冻结壁承载力验算采用容许应力法，取最不利条件下的最大应力与冻土强度的比值作为强度检验安全系数。其中冻结壁力学特性参数宜取设计冻结壁平均温度下的冻土力学特性参数，由室内人工冻土力学性能试验得出。

（7）根据安全系数取值及冻结壁受力情况综合确定合理的冻结壁厚度，并在此基础上通过有限元数值计算，进行冻结壁受力分析与变形计算，分析联络通道开挖后冻结壁应力场、位移场以及承载能力，综合确定冻结法施工的安全性。

2）冻结壁平均温度确定

（1）冻结壁平均温度应根据冻结壁承受荷载大小（或开挖深度）、冻胀融沉可能对环境造成的影响及工艺合理性确定。

（2）冻结壁温度决定其物理、力学特性，冻结壁平均温度越低，强度就越高，因此对于承受荷载大、安全要求高的工程宜取较低的冻结壁平均温度。冻结壁平均温度设计参考值见表 5-5。

冻结壁平均温度设计参考值   表 5-5

联络通道冻结壁埋深(m)	<12	12~30	>30
冻结壁平均温度(℃)	−8~−6	−10~−8	≤−10

3. 冻结壁形成验算

冻结壁形成时间主要取决于冻结壁的扩展速度，冻结壁扩展速度主要取决于盐水温度及土质。一般来讲，盐水温度越低，冻结壁形成越快。盐水温度相同的情况下，砂土的扩展速度最快，粉土、粉质黏土次之，黏土最慢。长三角地区典型土层冻结壁扩展速度见表5-6。

长三角地区典型土层冻结壁平均扩展速度 v_{pj}（单位：mm/d）   表5-6

冻结时间(d)	20	30	40	50
粉土、粉质黏土	25～30	25～28	22～25	21～23
粉砂、细砂	30～35	28～30	25～28	23～25
黏土	24～28	24～26	20～23	19～20

注：取决于盐水温度和地层含水率及地温等。

冻结壁扩展厚度按式（5-4）计算：

$$E_{yj} = 2v_{pj}t - E_{qr} \tag{5-4}$$

式中 E_{yj}——预计冻结壁厚度（m）；

　　　 v_{pj}——冻结壁平均扩展速度（m/d）；

　　　　t——冻结时间（d）；

　　　 E_{qr}——冻土侵入开挖面以内厚度。

冻结壁交圈后的温度分布可简化为定常温度场计算。冻结壁扩展过程和平均温度可采用通用数值方法或通用经验公式计算。

冻结壁交圈时间按式（5-5）估算：

$$t_{pj} = \frac{S_{max}}{2v_{pj}} \tag{5-5}$$

式中 t_{pj}——预计冻结壁交圈时间（d）；

　　　 S_{max}——冻结孔成孔控制间距（m）。

冻结壁形成期应不少于预计冻结壁厚度和平均温度达到设计要求的时间。

4. 冻结孔、测温孔和卸压孔的布置设计

1）冻结孔布置设计

（1）冻结孔成孔控制间距应按设计冻结厚度、冻结壁平均温度、盐水温度和冻结工期要求等确定，但不宜大于冻结壁设计厚度。多排冻结孔密集布置时，内部冻结孔成孔控制间距可取边孔的1.2倍。布置冻结孔时冻结孔成孔间距可按表5-7选取。

（2）冻结孔开孔间距不宜大于冻结孔成孔控制间距与冻结孔最大偏斜之差。冻结孔偏斜精度可按表5-8控制。

单排冻结孔成孔控制间距设计参考值   表5-7

冻结孔类型	水平或倾斜冻结孔		
冻结孔深度 H(m)	≤10	10～30	30～60
冻结孔成孔控制最大间距 S_{max}(mm)	1100～1300	1300～1600	1600～1800

冻结孔偏斜精度要求   表5-8

冻结孔类型	水平或倾斜冻结孔		
冻结孔深度 H(m)	≤10	10～30	30～60
冻结孔最大允许偏斜值 δ_{max}(mm)	150	150～300	300～400

（3）冻结孔宜均匀布置并避开地层中的障碍物。在隧道管片上布置冻结孔时，开孔位置应避开管片接缝和螺栓口，并且应避开钢筋混凝土管片主筋和钢管片肋板。

（4）为保证联络通道及泵站开挖安全，常采用在两条隧道内分别钻孔的方案：除在一条隧道内施工大部分冻结孔外，同时在另一条隧道底部打两排孔，将联络通道和泵站封闭。冻结孔按上仰、近水平、下俯三种角度布置在联络通道和泵站的四周，在通道及泵站之间布置一排冻结孔（3～5 个），加强通道冻结效果，把泵站和通道分为两个独立的冻结区域开挖时采用联络通道和泵站分别开挖构筑的方式。

（5）对于隧道轴线间距大于 20m 的联络通道，应采用两条隧道内分别布孔，两条隧道内分别设置冷冻站冻结的方案，两侧冻结管在联络通道中间交叉长度不宜小于 1.5m。

（6）碰到对侧隧道管片而不能循环盐水的冻结管端部长度不得大于 150mm。宜布置不少于 2 个对穿孔，用于验证隧道管片预留门洞位置、线间距和对侧冻结管与冷排管位置，对穿孔的数量根据流量计算是否满足设计要求确定。

（7）40m 级以上超长联络通道冻结孔布置设计应符合以下要求：

① 40m 级以上超长联络通道积极冻结时间较常规联络通道长，为减少冻结帷幕范围，宜在靠近隧道两端部分别布设泵站，在上、下行隧道内分别设冻结站，双向对打超长冻结孔；

② 冻结管宜采用连接强度刚度更大的 $\phi108\times10$mm 及其以上规格，冻结管在联络通道结构中间搭接范围不小于 2.0m，确保搭接处冻结效果；

③ 冻结孔周围布置测温孔，应至少布置四个对穿孔进行测温；在安全门内布置 4 个泄压孔；

④ 联络通道结构中心两侧宜布置一定数量的钢管片；

⑤ 超长联络通道结构宜优化断面设计，以减少超长通道冻土量，避免较大的冻胀融沉。

2）测温孔和卸压孔布置设计

（1）测温孔及测点的布置应满足判断冻结壁形成质量的要求，测温孔宜布置在冻结孔间距较大的冻结壁界面上或预计冻结薄弱处，且冻结薄弱区域均应有测温孔布设测温孔数量一般为 8～10 个。

（2）检测冻结壁厚度的测温孔不得少于 2 个，在不同地层的冻结壁内外设计边界处均应布置测温孔，检测冻结壁温度的测温孔不应少于 4 个，在冻结壁内外边界及冻结壁中部均应布置测温孔，在冻结壁上下设计边界上均应布置 1 个以上测温孔，其中对侧隧道布置不少于 2 个测温孔。

（3）测温孔深度 3～6m，测温孔管选用 $\phi32\times3$mm，20 号低碳无缝钢管，应该采用钻孔埋设，并进行测斜，每个孔设置 4～6 个测点，间距根据实际情况确定 500～1000mm。

（4）对于隧道轴线间距大于 20m 的联络通道，应增加测温孔，测温孔深度宜与冻结孔深一致，且必须设置通长的测温孔。

（5）测隧道管片界面温度时，应在界面里外两侧各布置 1 个测温点，通过插值方法确定界面处温度。

（6）卸压孔布置满足消散冻胀压力和检验冻结壁是否交圈的作用。卸压孔宜贯通布置于开挖区域，上下行线宜对称布置，数量取决于冻结壁的温度和范围。

5. 冻结制冷系统设计

一般冷冻机组应选用效率高、体积小、制冷量大、便于运输安装和操作控制的螺杆制冷机组。此外还要求配置盐水循环泵、冷却水循环泵、冷却塔。对于冷媒的选择一般用工业氯化钙（$CaCl_2$）作为溶剂。

1）冷冻机

(1) 制冷剂循环系统的冷凝温度高于冷却水循环系统的出水温度 3~5℃。

(2) 制冷剂循环系统的蒸发温度低于设计最低盐水温度 5~7℃。

(3) 由计算制冷能力、制冷剂循环系统的冷凝温度、蒸发温度确定冷冻机的型号与数量。选定冷冻机的总制冷能力不得小于计算制冷能力，并应考虑足够的备用。

2）盐水和盐水管路

(1) 地层冻结用盐水（冷媒剂）可采用氯化钙水溶液。氯化钙水溶液的凝固点应低于设计盐水温度 8~10℃，相对密度不宜高于 1.27。盐水中可掺氢氧化钠或重铬酸钠以减轻盐水对金属的腐蚀。

(2) 氯化钙水溶液应充满循环系统中所有的容器和管路。

(3) 按盐水流速计算供液管、干管和配集液管管径。盐水在冻结管环形空间的流速宜为 0.1~0.3m/s，在供液管中的流速宜为 0.6~1.5m/s，在干管及配集液管中的流速宜为 1.5~2.0m/s。

(4) 盐水干管及配集液管可选用普通低碳钢无缝钢管或焊接钢管，管壁厚度不宜小于 5.5mm。供液管可选用钢管或聚乙烯增强塑料管，供液管接头必须有足够强度以防断裂。

(5) 在盐水干管中可安装软接头以减小温度应力和制冷设备运转引起的振动。

(6) 按盐水循环计算总流量、盐水泵扬程和电机功率选择水泵型号和台数，配备盐水泵在计算扬程下的总流量不得小于计算流量，并应设足够的备用泵。

3）盐水温度与盐水流量设计

(1) 盐水温度和盐水流量应满足在设计的时间内使冻结壁厚度和平均温度达到设计值，一般情况下，最低盐水温度可按表 5-9 选取。

最低盐水温度设计参考值

表 5-9

冻结壁平均温度(℃)	−8~−6	−10~−9	≤−10
最低盐水温度(℃)	−28~−26	−30~−28	−32~−30

(2) 积极冻结 7d 盐水温度下降至 −18℃ 以下，积极冻结 15d 盐水温度下降至 −24℃ 以下，开挖过程中盐水温度维持设计最低盐水温度，在初衬施工结束后，盐水温度可适当提高，但盐水温度不能高于 −22℃。

(3) 开挖时，去回路总管内盐水温度相差不宜高于 1.5℃。开挖区外围冻结孔布置圈上冻结壁与隧道管片交接面处温度不高于 −7~−5℃。如盐水温度和盐水流量达不到设计要求，应延长积极冻结时间。

(4) 每米冻结管（包括冷冻排管）的设计散热量不应小于 100kcal/h。冻结孔单孔盐水流量应根据冻结管散热要求、去回路盐水温差和冻结管直径确定。

(5) 冻结管内盐水流动状态宜处于层流与紊流之间，一般要求冻结孔单孔盐水流量不小于 5m³/h，可按表 5-10 选取。

冻结孔单孔盐水流量设计参考值表 表 5-10

冻结孔总长度(m)	≤40	40~80	≥80
单孔盐水流量(m³/h)	3.0~5.0	5.0~8.0	≥8.0

4）冷却水及冷却水泵

（1）冷却水宜采用生活用水，水温宜低于 28℃。

（2）按冷却水计算总循环量选择冷却水循环泵型号和台数，水泵扬程以 12~20m 为宜。冷却水循环泵应有足够备用。

（3）必须保温的低温容器和管路有：制冷剂循环系统的中压、低压容器和管路、盐水箱、盐水干管和配集液管等。

5）冻结系统保温

（1）所有盐水管路、冻结范围车站结构全部及外部不少于 1m 的范围均应设置有效保温层。

（2）保温应采用导热系数和吸水率小、阻燃性好的保温材料。吸水率不应大于 2%。可采用聚氨酯、橡胶、聚苯乙烯和聚乙烯软质泡沫等保温材料，保温层厚度不应小于 30mm。

（3）宜采用现场喷涂施工的聚氨酯发泡保温层。采用保温板材时，应采用专用胶水将保温板密贴在隧道管片上，板材之间搭接宽度不得小于 150mm。

（4）保温层敷设应使其外表面温度比环境露点温度高 2℃左右，不产生凝结水，使冷量损失在允许范围内。

（5）保温层宜采用聚苯乙烯等泡沫塑料制品，导热系数宜小于 0.17W/(m·K)。

（6）所有低温容器、管路的保温层均应铺设防潮层。

6. 隧道预应力支架、安全门、开挖临时支架设计

1）隧道预应力支架

（1）为了减少联络通道施工过程中冻胀融沉对隧道变形的影响，保证隧道安全，在上、下行线隧道联络通道口两侧各架 2 榀隧道预应力支架，分别安装在洞口两侧的第一条隧道管片环缝处，在联络通道两侧沿隧道方向对称布置。

（2）每榀支架设 7~8 个支点，由 6 个 OLD50 螺旋千斤顶提供预应力，施加预应力最大为 500kN。应对支架采用相关软件设计计算，隧道预应力支架示意见图 5-14。

（3）隧道支架安装偏离隧道管片环缝处截面应不大于 20mm，隧道支架和冻结管位置冲突时可适当调整支撑位置。

（4）安装好隧道支架后顶实千斤顶，但每个千斤顶的顶力不得大于 100kN，且各个千斤顶的顶力要基本均匀。

（5）根据实测隧道收敛变形调整各个千斤顶的顶力，收敛大的部位要求千斤顶力大，不收敛的部位千斤顶不加力。隧道收敛达到报警值 10mm 时，千斤顶顶力达到设计最大值 500kN。

（6）如千斤顶顶力达到设计最大值后隧道仍继续收敛，则应采取其他措施加强隧道支撑。

（7）隧道支架框架用型钢制作，应满足现行《钢结构设计标准》GB 50017—2017 要求。

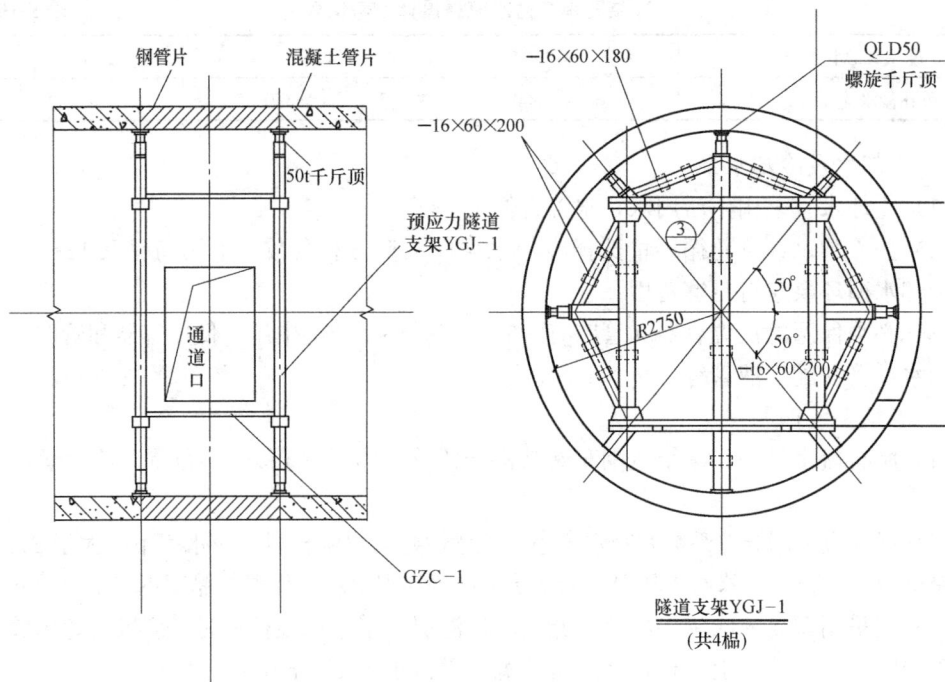

图 5-14   隧道预应力支架示意图（mm）

2）安全门

（1）安全防护门的作用是当连接通道开挖过程中突发涌砂冒水无法堵住时，采取关闭防护门方式密闭联络通道，然后通过在门上加压气平衡水土压力防止联络通道坍塌破坏。根据隧道埋深和水土压力，利用结构力学进行安全门设计计算。通道开挖设置通道安全门，透水砂性地层集水井开挖时应设置安全门。通道及集水井安全门结构示意图见图 5-15 和图 5-16。

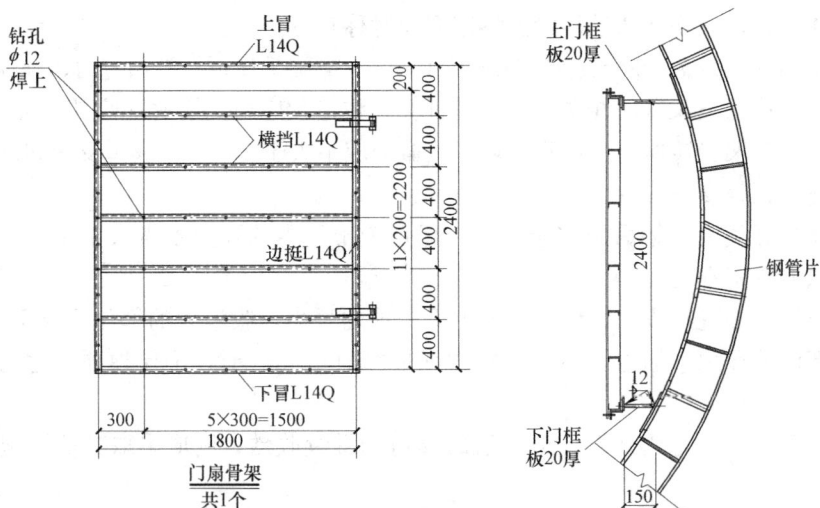

图 5-15   通道安全门结构示意图（mm）

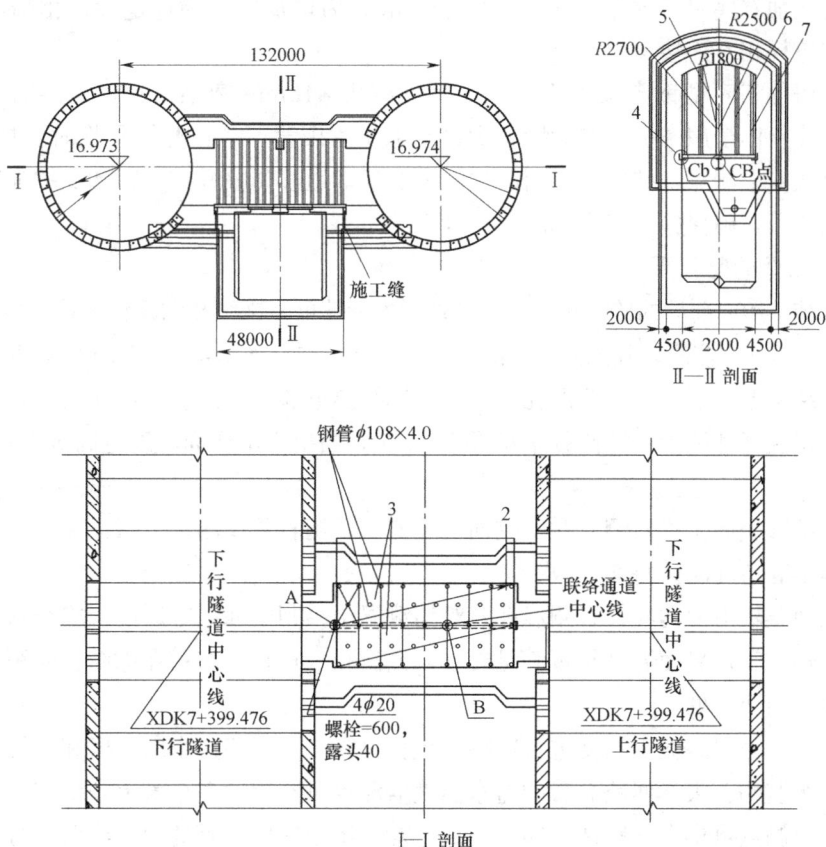

图 5-16 集水井安全门示意图（mm）

（2）安全门由门框及门组成，在联络通道开挖前安装完成。

（3）安全门应能灵活开关，关闭后应能承受安装位置的地下水压，有效阻止联络通道内水、土流出，开启后不得影响正常开挖和结构施工。

（4）在安全门上应安设压风管、排水管、注浆管及控制阀门，并配备风量不小于 $6m^3/min$ 的空压机为防护门供气。

（5）安全门开关应便于人工操作，紧固螺栓、风管及连接件、扳手等配件及操作工具应准备到位。

（6）安全门耐压设计值为应根据隧道埋深及水土压力确定。安装好防护门后应进行水密性试验，先用水泵在防护门内注满水，再用空压机加压，要求在不停止空压机时，压力能保持设计值为合格。

（7）当联络通道开挖时发生透水、冒砂事故，应立即关闭防护门，并向防护门内压气，使安全门内气压维持在设计压力。

（8）联络通道完成初期支护后方可拆除安全门。

3）开挖临时支架设计

（1）联络通道土方开挖过程中，要对暴露段的土体及时施加临时支护，它一方面对冻结壁起到保温和隔热的作用；另一方面能承受冻土压力和控制冻结壁的位移。

（2）临时支护采用钢支架和木背板进行支护，钢支架为封闭支护结构，为防止通道底板底鼓，支架加有底梁。支架间距为 0.3～0.5m，为增加支架的稳定性，相临两排支架间必须用支撑杆相互连接。

（3）泵房的临时型钢支架为矩形且上下支架用 $\phi16mm$ 圆钢吊挂，支架间距 0.5m。所有支架间冻土体全用木板背实背紧，少量空隙用木楔背严。在开挖和临时支护过程中，布设通道收敛变形测点，掌握开挖引起的隧道变形，通过调整开挖步距和支护强度来控制冻结壁的位移量，确保施工安全和施工进度。

7. 对冻结壁的监测要求

（1）冻结壁形成前后的监测包括：冻结壁的发展速度，冻结孔间距较大处、隧道管片与冻结壁交界面温度的监测。开挖面暴露的冻结壁位移监测，强制解冻时冻结壁温度监测。

（2）冻结壁温度监测，在测温孔内安装康铜线热电偶进行测量，或使用高精度点温计或用精密水银温度计测量。监测频率每天 1～3 次，当出现工作面温度过高等不利情况时，每 2h 一次。

（3）冻结壁表面位移监测，在开挖面安装测点，用收敛仪测量。每天一次，当工作面温度过高等不利情况时，每 2h 一次。

（4）在两条隧道内均应设置测温孔，利用测温结果判断冻结壁厚度、冻结壁平均温度和冻结壁与隧道管片界面温度是否满足要求，测温孔（点）应布置在冻结孔间距较大的界面上或预计冻结薄弱处。

（5）应对去、回路盐水温度进行监测，包括总管去、回路盐水的温度和冻结孔串联安装的回路盐水监测。去、回路总管的盐水温度监测点可利用设在总管上预留测孔；支路回路盐水温度监测点可设在回路调节阀门附近，对每组串联回路管的盐水温度进行监测。

8. 对周围环境和建（构）筑物的影响监测要求

（1）主要包括泄压孔水压力监测，一次支护型钢支架应力监测，开挖面冻结壁收敛变形监测。在施工期间应监测隧道管片变形、地面及周围管线、建（构）筑物变形；监测范围为：联络通道两侧隧道管片各 25m，联络通道正上方地面投影外侧 H（联络通道底埋深）$\times\tan45°$ 以内。隧道管片变形、地面及周围管线、建（构）筑物变形监测应会同监测单位编制专业监测设计，并经有关方面批准后实施。

（2）自然解冻或强制解冻及融沉补偿注浆过程中隧道、联络通道变形监测。

（3）既有隧道垂直位移监测。每侧隧道各布设一个断面，自联络通道中心线沿隧道轴线向前后两侧每隔 4m 设置一个测点。

（4）联络通道拱架变形监测。沿土体开挖顺序，分别在第一榀拱架、中间位置拱架、最后一榀拱架设置监测断面，每断面设置 1 组监测点，共 3 组监测点。

（5）地表沉降监测点按地铁测量监测规定执行，即 10mm、−30mm 为累计报警值，±3mm 作为日变量报警值。地下管线沉降监测点，以 ±10mm 作为累计报警值，±3mm 作为日变量报警值。周围建筑物沉降累计沉降报警按地下管线报警值为参考，其差异沉降推算为房屋倾斜率报警值为 1/300。隧道沉降变化报警值以 ±10mm 作为累计报警值，±3mm 作为日变量报警值。

既有隧道收敛监测。在联络通道洞门左右两侧相邻混凝土管片上各布设一个断面，每个断面各布设一个断面，每个断面各布设 2 组监测点。

5.4.2 联络通道冻结加固施工

联络通道冻结施工工序见图 5-17。

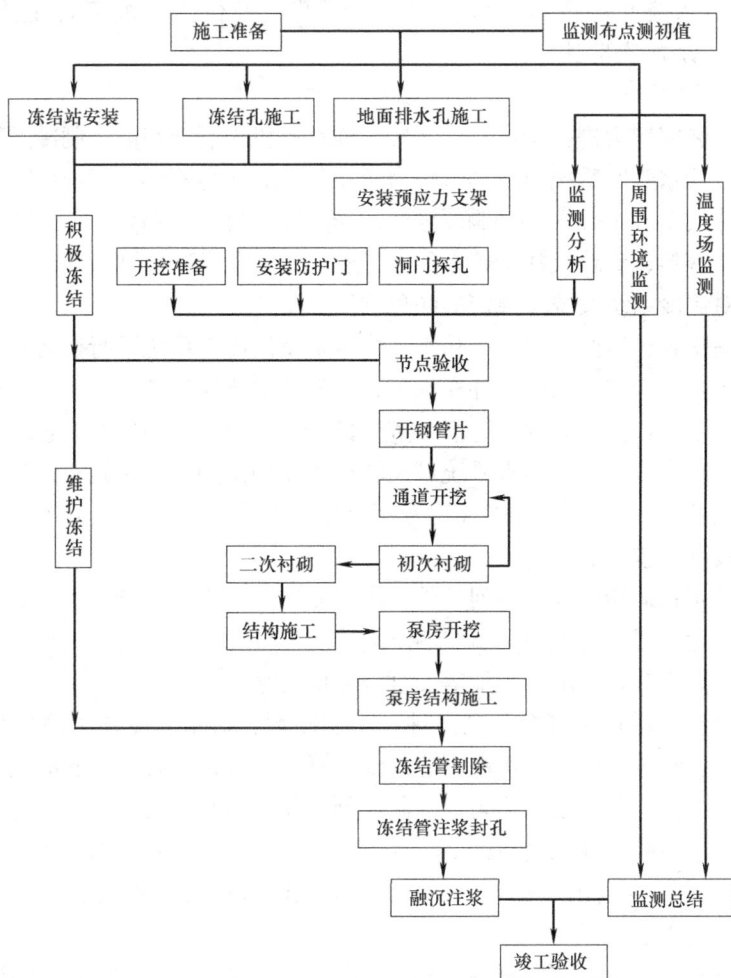

图 5-17 联络通道冻结施工工序

1. 冻结站安装

冻结站位置可选择在地铁车站地面广场、车站地下平台或冻结工作面附近的隧道内，冻结站设在地面时，制冷系统的高压部分应避免阳光直晒。冻结站应通风良好，采用冷却塔散热时，应加强通风排热，必要时可安装轴流风机强制通风。冻结站采用的设备、压力容器及管道阀门必须清洗干净并经压力试验合格。浮球阀、液面指示器、安全阀等安装前应进行灵敏性试验。冷却水源水质不符合冷凝器等设备的使用要求时，应安设冷却水水质处理装置，提高冷却效率。冻结站盐水系统的管路应采用低碳无缝钢管，弯头、法兰盘应采用耐低温的碳素钢制作。

冻结管宜采用串、并联方式分组与配集液圈连接，每组串联冻结管长度宜适中并基本一致，一般每组不宜超过三个冻结管，以保证各冻结管盐水流量均匀并满足设计要求。冻结管与配集液圈之间宜用软管连接，软管在工况温度下耐压不应低于1MPa。在冻结管匹配集液圈之间的连接管路上应安装控制阀门和温度测点，管路连接应便于安装流量计检测单孔盐水流量。盐水循环系统最高部位处应设置排气阀，盐水箱应安设盐水液面可视自动报警装置，干管上及位于配液管首尾冻结管的供液或回液管上，应设置流量计。

2. 冻结系统调试

冻结设备安装完毕后进行调试和试运转。冻结站机充制冷剂前，制冷系统各部位必须进行试漏检验。盐水管路系统必须进行压力试验，试验压力不得小于冻结工作面盐水压力的1倍，并以持续15min压力不下降为合格。冻结站管路密封性试验合格后，对制冷系统的低压、中压容器、管路及盐水箱、盐水干管、配集液管等必须按设计要求铺设保温层和防潮层，并对制冷系统按统一规定的颜色刷漆。

(1) 冻结站正式运转前，应对冷却水、冷媒剂及制冷剂系统进行试运转，各系统应达到以下设计要求：①冷却水系统：补充水量、水温及水质应达到设计要求，循环水系统运转正常。②盐水系统：盐水浓度及总流量应达到设计要求，循环系统正常运转，空气放净，无杂物堵塞。③冷却水、盐水系统试运转后可充制冷剂。在正式充制冷剂前应进行试充，系统压力应控制在 0.2～0.3MPa 用专用仪器检漏，合格后才能正式充制冷剂。制冷剂充量应达到设计要求。

(2) 冻结站正式运转应具备下列条件：①充制冷剂过程中，制冷剂、盐水、冷却水系统应运转正常，盐水温度逐渐下降。②配电系统应能连续正常供电。③冻结站内灭火器材、防毒面具、防雷装置、电气接地等安全设施应齐全。

(3) 冻结站正常运转应符合下列条件：①制冷剂、盐水、冷却水循环系统温度、流量、压力应正常，经过 3～7d 盐水温度应逐渐下降并达到设计要求，各冻结管回液温度正常、基本一致，头部、胶管结霜均匀。②制冷剂冷凝压力和蒸发压力应与冷却水温度、盐水温度相对应。③冷媒温度比制冷剂蒸发温度应高 5～7℃，冷凝温度应高于冷却水出水温度 3～5℃。④冷却水进出水温差宜为 3～5℃。⑤ 盐水去回路温差：积极冻结期宜为 1～4℃；开挖期间不宜大于 1.5℃。

(4) 冻结站应有运转日志，包括下列内容：①冻结机及其辅助设备中的温度、压力、流量、液位、电流、电压等的班记录，运转日志，每次制冷剂充量及冻结润滑油加油量的记录。②冷媒泵班运转日志，冷媒泵压力、流量、冷媒箱水位及温度的班记录。③配集液管冷媒温度，冻结管头部冷媒温度，以及冻结管头部胶管结霜情况的班记录。④补充水及循环水水泵班运转日志，补充水的流量及水温，冷凝器进、出水温度及流量的班记录。

3. 积极冻结

(1) 冻结设备安装完毕后进行调试和试运转。在冻结过程中，定时检测盐水温度、盐水流量和冻结壁扩展情况，根据冻结监测情况调整冻结系统运行参数。冻结系统运转正常后进入积极冻结。要求一周内盐水温度降至−18℃以下，以后逐渐降至−30℃。

(2) 在开挖期间不得擅自停止或减少冻结孔供冷。如确因施工需要停止个别冻结孔供冷时，应分析对冻结壁整体稳定性的影响，并制定相应技术措施，确保开挖和结构施工安全。

（3）对冻结孔偏斜较大时，可增设辅助冻结孔，确保冻结壁不留薄弱环节。

（4）采用串并联循环方式，加大盐水在冻结管内的流量，加快冻结管的热交换。

（5）采用地层冻结实时监测系统，自动定时检测冻结壁温度和冻结系统运转工况，包括盐水温度、流量，冻结壁的扩展速度和扩展厚度等。

（6）在盐水管路高处设自动放空阀，并定时观察冻结管头部结霜情况，根据分组去回路盐水温度分析冻结管运转是否正常。

（7）在卸压孔上安装压力表，通过检测冻结壁内的孔隙水压力，判断冻结壁是否交圈。

（8）快速降低盐水温度，并在管片上铺设保温板，以加快冻结速度，减少冻胀量。

（9）冻结过程中可在联络通道内布置多个卸压孔，以减小冻胀对隧道的影响。

（10）提前安装隧道支撑，防止冻胀造成隧道管片变形。

（11）做好冻结站的运转记录，严格执行各项规章制度和冻结站的岗位责任制。

（12）当施工中地层及环境条件与原设计依据资料有重大变化时，应及时与设计单位联系修改冻结壁设计。对冻结管供冷发生异常或冻结效果难以确定的部位应打探孔检测冻结壁温度或检测开挖区内土体的稳定情况。

4. 冻结壁的开挖要求

应根据测温孔测温数据、冻结孔及测温孔测斜数据，推算冻结壁发展速度，计算冻结壁有效最小厚度，计算冻结壁平均温度。当满足以下要求时方可拉管片，开始开挖：

（1）达到设计的积极冻结天数；计算的冻结壁有效最小厚度达到设计值。

（2）冻结壁平均温度达到设计值，冻结壁与隧道管片交界面处平均温度不高于−5℃。

（3）去、回路盐水温差不大于1.5℃，设于冻结壁外边界处的测温孔温度低于0℃。

（4）在冻结壁设计厚度的边界打探孔，探孔中温度达到设计温度。

（5）在联络通道开挖区内打探孔，探孔中无线状流水流砂。

（6）防护门安装后气密性试验合格，应急物资储备到位，以及其他准备工作就绪。

（7）总包单位应在开挖前，按照节点验收管理规定提请业主相关部门组织土方开挖节点验收。

（8）当施工中地层及环境条件与原设计依据资料有重大变化时，应及时与设计单位联系修改冻结壁设计。

（9）对冻结管供冷发生异常或冻结效果难以确定的部位，应打探孔检测冻结壁温度或检测开挖区内土体的稳定情况。

5. 维护冻结

（1）初期支护结构完成后可进入维护冻结阶段。

（2）在开挖和联络通道主体结构施工期间，盐水温度宜保持在设计值范围内。

（3）维护冻结盐水温度不高于−25℃，单个冻结孔盐水流量不小于 $5m^3/h$。

（4）维护冻结过程中，要与积极冻结时一样进行冻结施工监测，确保冻结系统运转正常，及时分析冻结壁的温度变化。

（5）在开挖过程中，每天监测暴露冻结壁的表面温度和位移量，如发现局部冻结壁温度较高、变形较大，采用串接管道泵的方法加大对应位置的冻结孔流量。开挖期间，不允许提高盐水温度和减小盐水流量。

（6）在开挖过程中，应监测开挖面四周的冻结壁温度、冻结壁进入开挖面厚度和冻结壁的收敛情况，监测频率宜为每个掘进循环一次。

6. 停止冻结

（1）在开挖期间不得停止或减少冻结孔供冷。如因施工需要停止个别冻结孔供冷时，应分析对冻结壁整体稳定性的影响，并制定相应技术措施，确保开挖与联络通道结构施工安全。

（2）如在积极冻结期间发生短暂停冻，应按停冻时间的 2 倍相应延长积极冻结时间。

（3）联络通道主体结构施工结束后方可停止冻结，拆除制冷设备和管路。

（4）停止冻结并完成冻结孔封孔工序后，应进行衬砌后充填注浆和地层融沉补偿注浆。

7. 充填注浆

（1）注浆管宜在联络通道结构施工时预埋，注浆管预埋深度以穿透结构层为宜，布孔密度以 $1.5\sim2.5m^2$/个为宜。

（2）停止冻结后 $3\sim7d$ 内进行衬砌壁后充填注浆，注浆时要求完成冻结封孔且衬砌混凝土强度达到设计强度的 60%以上。

（3）衬砌壁后充填注浆采用 1：（0.8～1）单液水泥浆，注浆压力取决于地层深度，一般浅埋地层注浆压力控制在 $0.2\sim0.5MPa$。

（4）注入水泥浆前应先注清水，检查各注浆孔之间衬砌后间隙是否畅通。注浆宜按由上而下的顺序进行，当上一层注浆孔连续返浆后即可停止下一层注浆，直至注浆到拱顶结束。泵站处注浆压力不大于 $0.1MPa$，通道处注浆压力不大于静水压力。

（5）充填注浆结束后根据地层监测情况进行冻结壁融沉补偿注浆。

8. 强制解冻

（1）冻结壁解冻采用强制解冻时，强制解冻施工要求主体结构混凝土强度达到设计强度 75%以上后进行。

（2）通过冻结孔循环热盐水进行强制解冻。由施工单位根据测温资料确定选用哪个冻结孔作为热盐水循环孔，热盐水温度控制在 $60\sim70℃$，加热盐水的电加热器功率不宜小于冷冻机电机功率。

（3）强制解冻的顺序是联络通道下部、联络通道两侧、联络通道顶部。

（4）强制解冻过程中应配合冻结壁温度监测，当 95%以上的测温点的温度达到 0℃以上时，视为解冻结束。

9. 融沉补偿注浆

（1）无论是自然解冻还是强制解冻，都应遵循"多次、少量、均匀"原则，且应根据地层实际情况及时融沉补偿注浆。

（2）融沉补偿注浆通过预埋的注浆管和隧道内的管片注浆管进行。

（3）融沉补偿注浆可配合强制解冻进行，注浆顺序和强制解冻顺序一致。

（4）融沉补偿注浆浆液以水泥—水玻璃双液浆为主，单液水泥浆为辅。水泥—水玻璃双液浆配合比为：水泥浆和水玻璃溶液体积比为 1：1，其中水泥浆水灰比为 1：1，水玻璃溶液采用 B35～B40 水玻璃和加 1～2 倍体积的水稀释。注浆压力不大于 $0.5MPa$，注浆范围为整个冻结区域。

（5）当一天内联络通道沉降大于 0.5mm 或联络通道累计沉降大于 3.0mm 时，应进行融沉补偿注浆；当联络通道隆起 3.0mm 时应暂停注浆。

（6）严格控制注浆压力和注浆量，不超过设计范围趋于稳定。

（7）浆管端部的接头丝扣应检查完好无损，阀门密封可靠，在出现孔口喷泥水时能及时关闭，并准备一些木楔，在丝扣失灵或阀门关闭不严时能堵塞孔口。

（8）注浆时监测隧道变形，保证在注浆压力作用下变形量在设计允许范围内，防止注浆压力对管片的影响。

（9）注浆是否结束，应根据解冻时间及沉降监测反馈的信息和最大注浆压力控制。冻结壁已全部融化（一般软土最少 4 个月，砂土最少 3 个月），且实测连续一个月，每半个月的沉降不大于 0.5mm，累计沉降量小于 1mm，可以结束融沉注浆。

10. 冻结孔封孔及钢管片处理

（1）强制解冻结束后应割除隧道管片上的孔口管或冻结管，割除深度要求进入管片不得小于 60mm。

（2）割除孔口管或冻结管后留下的孔口应立即用速凝堵漏剂封堵，并预埋注浆管进行注浆堵漏。

（3）所有冻结孔应用压缩空气吹干管内盐水，用强度不低于 M10 的水泥砂浆密实充填孔口段，充填长度不少于 1500mm，孔口采用厚度 10mm 的标准钢板全圈焊接密封。

（4）封孔结束后，所有预留隧道钢管片格仓采用微膨胀性 C35 素混凝土填满钢管片格仓。

5.5 联络通道机械法施工

机械法建造联络通道指用盾构法＋顶管法技术，安全快速地完成"T"接盾构隧道一次成型联络通道的方法（图 5-18），主要包括盾构法和顶管法两种工艺，其适用范围涵盖软土、粉细砂、高富水砂卵石、风化岩层、复合地层等不同的地质环境，都采用钢套筒始发及接收，地层无需过多地提前加固，采取特殊的防水止水技术，使工程进程安全可靠。两种工艺严格实现了土压平衡和同步补偿，很好地解决了联络通道施工对周边环境影响和结构沉降问题。

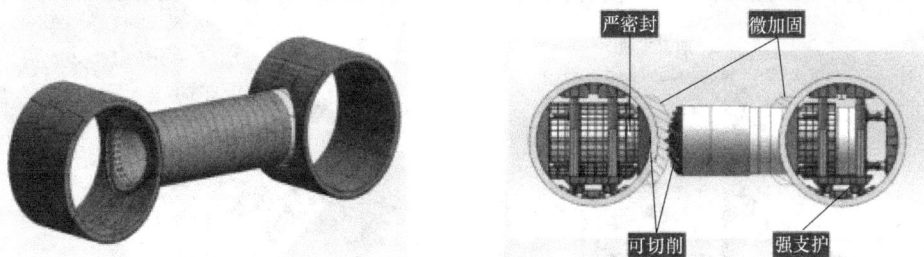

图 5-18　机械法联络通道成型示意图

5.5.1 机械法建造联络通道工程特点

1. 机械法建造联络通道优点

（1）施工工期短

一般线间距15m左右联络通道，采用机械法建造，工期一般在1个月左右，相对于冷冻法施工节约2个月时间。

（2）施工风险低

始发、接收均采用钢套筒，降低涌水涌砂风险，成型结构稳定质量好，作业环境安全可控。

（3）差异沉降小

机械法施工对周边扰动小，无反复冻融影响，沉降量较小。

（4）作业环境较好

采用机械设备施工，不直接接触掌子面，人工作业量减少，作业环境较好。

2. 机械法建造联络通道缺点

（1）造价高

一般线间距15m左右联络通道造价达450万元，冷冻法造价在300万～350万元，比冷冻法施工造价高100万元以上。

（2）施工妨碍大

机械进入区间前需将洞内其他设施拆除，且施工时区间无法通行，设备进出隧道的一端无法进行设备桥架、接触网等施工，施工影响大。同时现有机械是建立在铺轨前实施，铺轨后净空无法满足施工要求。

（3）机械数量少

适用于机械法建造联络通道的数量目前不是很多，无法大面积开展工作面。

（4）左右线洞门位置要求高

采用机械法建造，左右线联络通道预留洞门的误差应控制在15cm以内，要求精度较高。

3. 盾构法和顶管法建造联络通道的区别与联系

国内外已见联络通道施工相关的机械法研发和工程实践，但此前的机械法施工多限于顶管法施工，多用于直线顶推，曲线顶推较难掌控，且顶管施工后部要提供很强的支撑，这在既有结构中受限较多。相比较而言，盾构法掘进具有更大的优势。盾构法与顶管法（图5-19），一般线间距在15m以内的采用顶管法，线间距大于15m的采用盾构法施工。相较于常规主隧道盾构掘进，联络通道盾构法施工对推进技术、始发到达技术、高精度测量技术、结构变形控制技术都有较高要求。人工开挖效率低，顶管法的掘进距离受限。采

图 5-19 顶管法与盾构法主机示意图

用盾构法完成联络通道的掘进，掘进距离长，容易进行设备姿态调整，弥补了人工开挖和机械顶管操作的不足，具有安全、优质、高效、环保等优势。

5.5.2 机械法建造联络通道关键技术

1. 区别于常规盾构机的联络通道盾构始发与接收

1）小直径盾构主机盾体系统

盾构法建造联络通道时，盾构机在既有隧道内始发掘进，空间相对狭小，对主机布置要求高。在满足掘进功能需求前提下，联络通道盾构机主机分为前盾和中盾，盾尾外径依据盾尾空隙和盾尾钢板厚度、盾尾安装密封厚度计算，推进油缸的布置与管片的尺寸、安装方式、分块数相关，保证管片正常拼装。

2）基于成型隧道的始发、接收密封系统

由于联络通道是在成型隧道的基础上开挖的，且始发接收端头环境复杂，常规盾构始发和接收洞门密封难以保证能够抵抗住地下水压力，一旦地下水击穿洞门密封或密封失效，地下水将夹杂地层中的砂土漏出，导致地层流失，造成地面塌方等事故。为确保主机顺利始发及接收，采用始发端半钢套筒和接收端全钢套筒装置方案，通过在钢套筒内建立密闭的空间和内部填充物提供平衡掌子面的水土压力来保证施工安全，使主机破除洞门前已建立了水土平衡的环境，刀盘出围护结构后等同于盾构常规掘进，从而避免了盾构机破除洞门过程中因为渗漏或掌子面上部失稳而出现塌方的隐患，可实现对洞门的不加固处理。

始发钢套筒采用半封闭式设计，设置三道可变压缩量钢丝刷，始发状态下，尾刷压缩在盾体上，形成三个密封腔以保证套筒内密封性，随着主机不断向前掘进，盾体逐渐从尾刷内拖出，此时钢丝刷压缩量发生变化，迅速回弹至管片，保持三个密封腔。

接收套筒为全封闭式结构，钢套筒安装后需在钢套筒内回填砂土，预加一定压力，与土仓切口压力相同；当主机刀盘掘穿管片出洞时，套筒内外压力平衡，不会出现压力突变造成隧道结构失稳。

2. 适应凹、凸弧形管片的刀盘设计

联络通道刀盘采用辐条式锥形刀盘。开挖直径为3290mm，刀盘设计4主梁＋4副梁的锥形结构形式，开口率达到50%。开口在整个盘面均匀分布，保证刀盘掘进过程中渣土顺利进入土仓。刀盘采用辐条式结构设计，辐条采用锥形结构，刀盘同轨迹分层布置多把撕裂刀，大圆环外侧布置耐磨复合钢板＋保护刀，大圆环切口环处堆焊耐磨网格，增强大圆环的耐磨性。

3. 掘进始发施工准备技术

1）微加固技术

在盾构始发之前，一般要根据洞口地层的稳定情况评价地层，并采取有针对性的处理措施。地层处理一般采取搅拌桩、旋喷桩、注浆法、SMW工法、冷冻法等措施进行地层加固处理。加固后的地层要具备最少一周的侧向自稳能力，且不能有地下水的损失。

联络通道位置周围环境复杂，通常位于城市主干道路下方，部分联络通道位于江底，铁路附近。无法采用搅拌桩技术对洞门进行加固处理，只能采取注浆法注浆，因此设计中增加正线隧道钢混管片的注浆孔数量，调整注浆孔位置，达到类似"加固区"的效果。

钢混管片前后20环注浆的正线隧道管片注浆，弥补同步注浆凝固收缩、在地层中的扩散出现局部填充不均匀、不密实等缺陷；提高联络通道位置管片衬砌背后同步注浆层的防水性及密实度；控制联络通道施工时，主隧道管片在推进反力作用下位移，对主隧道管片进行加固。

2）反力架与负环管片

常规的反力架宜固定在地面上，以便在掘进中提供必要的掘进反力。但联络通道施工掘进反力完全由盾构机后靠管片提供，所以反力架不需要与地面固定，只是掘进反力的传递装置，将掘进反力传递至支撑体系上，反力架起到传递反力的作用。反力架支撑与正线隧道支撑体系之间提供了一个宽 80cm 的运输口，以满足人员进出、管片吊装，并作为出土的通道；反力架长度可以通过千斤顶调节，以修正联络通道管片的里程差，保证隧道成型质量；反力架能够调整管片姿态，通过调整支腿长度对管片姿态进行微调，避免破碎。为克服正线隧道内不满足吊装条件、施工空间狭小问题，反力架在开口处便于盾构机一起组装，其前端安装在盾构机内，后端与支撑体系的后靠通过螺栓连接。

在安装负环管片之前，为保证负环管片不破坏盾尾刷以及保证负环管片在拼装好以后能顺利向后推进，在盾壳内安设厚度不小于盾尾间隙的型钢，确保管片安装到位。

3）空载推进

掘进机安装定位后，刀尖与前端管片有一定的距离差，可依靠拼装负环的方式补充掘进行程，向前空载推进。掘进机在空载向前推进时，主要控制盾构的推进油缸行程和限制盾构每一环的推进量。要在盾构向前推进的同时，检查盾构是否与始发架、始发套筒发生干涉或是否有其他异常事件或事故的发生，确保盾构安全地向前推进。

4. 机械法联络通道掘进关键参数

（1）掘进速度、推力及刀盘参数控制

掘进速度及推力的选定以保持土仓压力为目的，根据施工的实际情况确定并调整掘进速度及推力。黏土地层掘进速度太慢不利于出渣量的控制，速度过快不利于掌子面的稳定，且易造成土仓压力的不稳定性变化，故应选取适当的速度保证土仓压力和出土的平衡。当然在保证速度的同时推力也应适中，过大的推力会导致管片的变形，隧道轴线产生偏差；过小的推力会使盾构机的回转角变化快，不利于盾构姿态的控制，同样不利于管片质量的控制。盾构掘进主要参数如下：

掘进速度一般为 40mm/min，保持匀速通过，掘进过程中总推力可控制在 16000～18000kN，以不超过 18000kN 为宜，刀盘转数控制在 1rad/min，扭矩控制在 2000kN·m 左右。

（2）出土量控制

出渣速度与盾构掘进速度相匹配且出渣量与掘进行程相匹配时，才能保证稳定适当的土仓压力以及正常的掘进。通常情况下，出渣的速度由螺旋输送机的转速来衡量；掘进速度通过千斤顶油缸的顶进速度来衡量，千斤顶的平均行程即掘进行程。在土压平衡机械法隧道施工中，渣土出运采用轨道式电瓶车拖一定数量的钢车，出渣量实行重量测量和体积测量双控制：重量测量采用吊运渣土的龙门起重机称重；体积测量是通过测定钢车的台数及其容量得到所出渣土的总体积。为确保机械法联络通道施工中出渣量计量的准确性，配备了皮带机，该皮带机上设置有土沙称重装置，当盾构掘进机挖掘出的土沙经过皮带机上的称重装置时，称重机构会即时显示出土沙的重量，并且通过采集皮带的输送速度，以计算得到皮带每环的实际出土重量，然后将其与每环的理论出土量进行比较，从而得出是否超挖的判断，再据此进行相应量的注浆回填，保证地面及地下管线的安全。

（3）盾构姿态

试验段施工通过理论土压力计算确定土仓压力控制值，推力控制小于 4000kN，推进速度为 30～50mm/min，扭矩不大于 600kN·m。掘进时水平姿态控制在 ±20mm 以内，高程姿态控制在 ±10mm 以内。

盾构为无铰接设计，机械法施工可通过调整推进油缸分区油压进行姿态纠偏，并调整楔形环管片拼装角度拟合纠偏曲线，掘进最大允许偏差不超过 ±50mm，纠偏量不超过 2mm/m。

（4）渣土改良

软土地层含水率高、流动性强的特点，参照盾构施工技术，掘进时使用泡沫剂等改良剂进行土体改良，通过刀盘前方注入泡沫剂改良渣土和易性，要求改良后的渣土坍落度为 120～140mm，便于泵送出泥，具体泡沫掺量需试验决定。其他不同地层土质可根据不同情况掺加膨润土、外加剂等，具体掺量需根据实际情况试验确定。

采用可切削洞门和特殊结构设计，实现洞门端头微加固施工；套筒始发、接收，实现机械法建造联络通道的施工过程全封闭，提高了安全性；现有技术实现了狭小空间全机械化施工。机械法建造联络通道技术具有可拓展性，可以在交通、市政、水利工程盾构隧道连接工程中推广应用，对地下工程向全机械化、盾构工程向全系统化发展迈出的坚实一步，对推动整个地下工程发展有重要意义。

5.6 联络通道施工实例

5.6.1 联络通道冻结加固实例

1. 工程概况

苏州市轨道交通 1 号线玉山公园站—苏州乐园站区间隧道联络通道及泵站工程联络通道位置里程上行线 DK4+226.162/下行线 DK4+225.000，线间距 13.79m，联络通道位置隧道中心标高左线 -12.63m、右线 -12.62m。联络通道地面对应的施工位置在长江路西侧，附近有雨水管和通信电缆。构筑联络通道所在位置的隧道管片为钢管片，隧道内径 5.5m，管片厚度 350mm。衬砌采用二次衬砌方式；临时支护层和永久结构层之间设防水层，在联络通道结构层底部上、下行线各预埋一根排水管。联络通道及泵房结构图见图 5-20 和图 5-21。

联络通道所处土层为④-2 粉砂层和⑤-3 粉质黏土层。④-2 粉砂层，灰色，流塑，偶夹少量粉土薄层，无摇振反应，刀切面稍有光泽，干强度、韧性中等；层底标高 -25.99～-19.58m，层厚 2.90～10.20m，平均厚度 8.2m；该层压缩性中等偏高。⑤-3 粉质黏土层，灰色，局部 65 青灰色，中密为主，局部为稍密，饱和，夹薄层粉质黏土，摇振反应迅速，层底标高 -16.68～-12.60m，层厚 5.20～10.90m，平均厚度 6.5m；该层压缩性中等偏低，矿物成分以石英、长石为主，含少量云母碎片。联络通道处在位置土层含水率大，地下水为微承压水，地下水补给源较近。据区域资料，最高微承压水头标高为 1.74m，最低微承压水头标高为 0.62m。

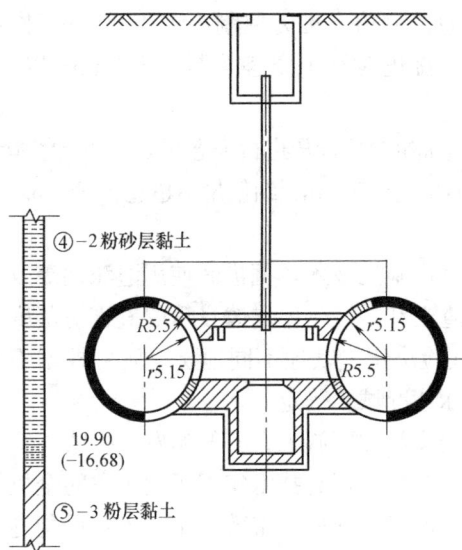

图 5-20　联络通道及泵房结构图（m）

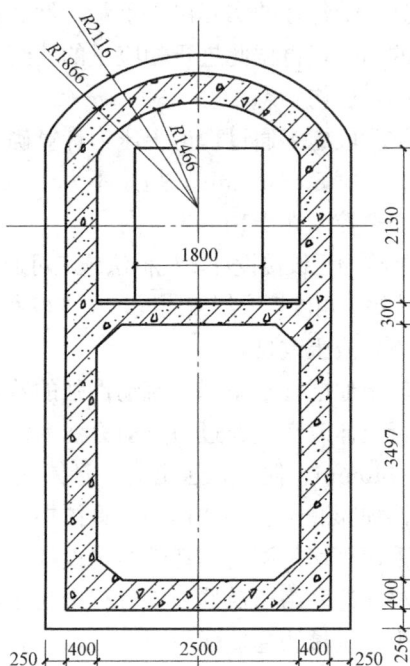

图 5-21　联络通道具体尺寸图（mm）

2. 冻结加固方案

1）冻结设计参数

冻结设计参数如表 5-11 所示。

冻结设计参数   表 5-11

项　目	单　位	数　量	备　注
冻结壁厚度	m	≥1.8	
冻结壁平均温度	℃	≤−10	
积极冻结盐水温度	℃	≤−28	7d 盐水温度降到−18℃
冻土与管片界面温度	℃	≤−5	
冻结孔个数	个	72	
冻结孔最大终孔间距	mm	≤1300	
冻结孔允许偏斜	mm	≤150	
冻结孔单孔流量	m³/h	5~7	
积极冻结时间	d	45	
测温孔数量	个	8	
测温孔深度	m	>3	
卸压孔个数	个	4	
冻结管总长	m	680	
需冷量	10^4 kcal/h	6.85	

2）冻结设备参数

冻结孔钻孔设备使用 MD—50 钻机，配用 BW250 型泥浆泵，利用 $\phi 89 \times 8mm$ 冻结管作为钻杆；冻结管之间采用套管丝扣连接，接头螺纹紧固后再用手工电弧焊焊接，确保其同心度和焊接强度。冷冻机组选用 W-YSLGF300Ⅱ型螺杆机组 1 台；盐水循环泵选用 IS150-125-

315 型 1 台；冷却水循环选用 IS150-125-315 型 1 台，冷却塔选用 KST-80 型 2 台。

供液管选用 $\phi48×3mm$ 钢管，采用焊接连接；冷却水管选用 $\phi127×5mm$ 无缝钢管；冷冻排管选用 $\phi45×3mm$ 无缝钢管；盐水干管和集配液圈选用 $\phi159×6mm$ 无缝钢管；制冷剂选用氟利昂 F-22；冷媒剂选用氯化钙（$CaCl_2$）溶液。

3）冻结管布置

苏州地铁玉山公园站—苏州乐园站区间联络通道共设计冻结管冻结孔 64 个，其中下行线 51 个，上行线 13 个，冻结管布置如图 5-22 所示。

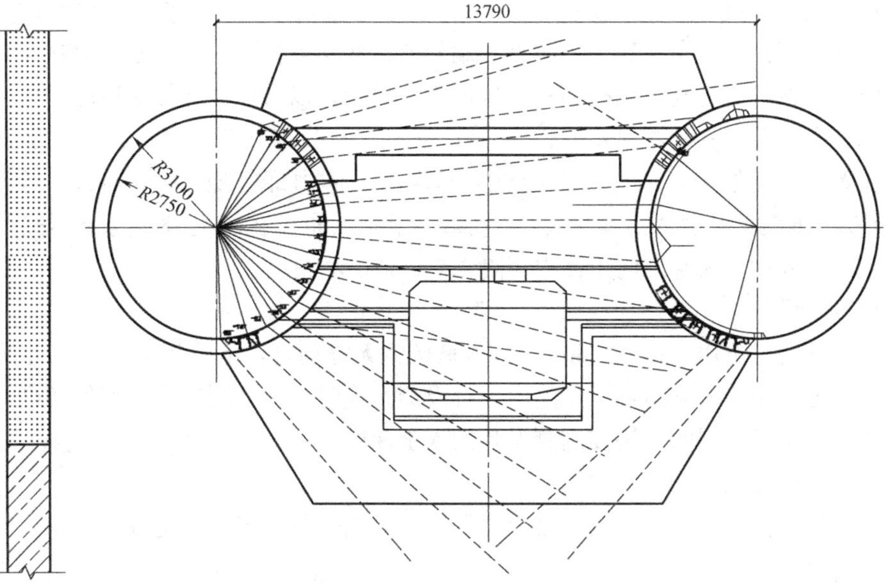

(a)

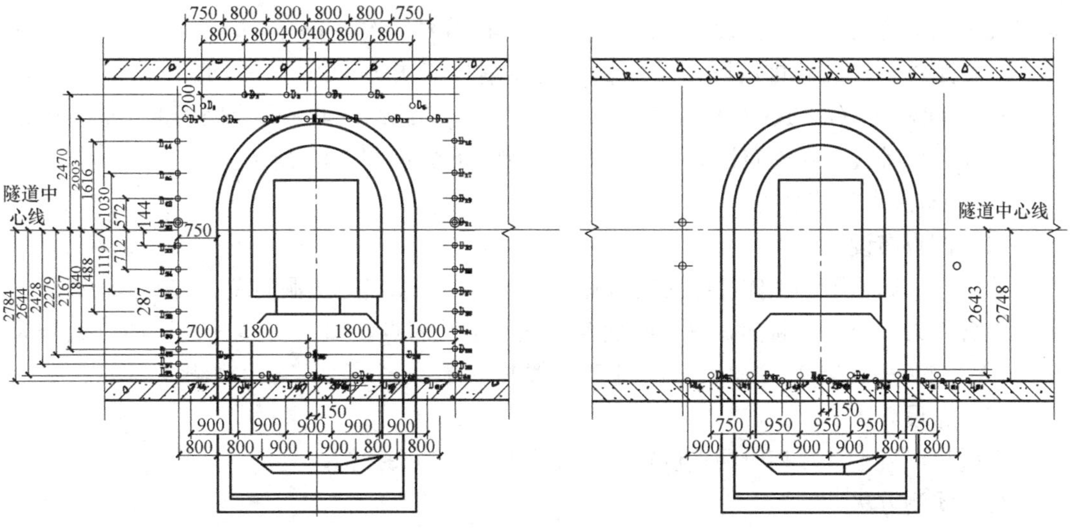

(b)

图 5-22 冻结管布置图（单位：mm）

（a）冻结管布置剖面图；（b）冻结管布置平面图

3. 冻结实测方案

1）去回路盐水温度测点布置

在去、回路总管上各焊接一深入总管内的小钢制管作为测孔，孔内设置一经标定后的热电偶作为测温点，冻结孔串联各分组回路盐水管焊接一深入回路盐水管内的小钢制管作为测孔，或直接密贴在回路管外并用保温材料紧密包裹好，共设 19 个分支回路盐水温度测温点。

2）土体温度监测

（1）测点布设

土体温度监测共布设 8 个监测点，编号 C1～C8，如图 5-23 所示。其中 C1、C4 测点从冻结站所在隧道打孔直接打到对面隧道管片位置，以布点对联络通道冻结壁区域进行温度监测，孔内共设 6 个测温点，C_i-1、C_i-6（$i=1$、4）两个测点位于隧道管片与土体交界位置处，其他测点以这两个测点为基准向土体内部每隔 1.5m 布设一个测点。C2、C3、C5、C6 测温孔打入土体深度 3m，第一个测点布设在隧道管片与土体交界面处，其他测点经最外侧点为基准向土体内每隔 1.5m 设一个测点。

（2）布设方法

测温孔管材选用 $\phi32\times3.5mm$ 20 号低碳钢无缝钢管，从设计冻结壁内外两侧边沿平行于联络通道轴线的方向打入土体内，打设测温管时应校准测温管的偏斜角度，保证测温孔和冻结孔平行，同时严格控制测温孔的入土深度。

（3）实测方法

采用热电偶进行测温，监测之前对每组热电偶进行标定，标定系数用于温度测量时的换算。

3）地表沉降监测

在对加固区影响范围内进行地表沉降监测时，沿联络通道开挖方向设置 6 个监测断面。在联络通道的中间位置设 1 个监测断面，具体编号依次为 $DB4-i$（$i=1$、2…6），在 $D4-i$ 断面两侧布设五排沉降观测断面，具体编号依次为 $DB1-i$、$DB2-i$、$DB3-i$、$DB5-i$、$DB6-i$（$i=1$、2…7），覆盖联络通道上方的冻结区域。每个断面上在通道中轴线上以及距中轴线上对称布设共 7 个观测点。测点布置如图 5-24 所示。

4）既有隧道收敛实测

（1）测点布设

为及时准确地了解土体冻胀对既有隧道的影响，在联络通道洞门左、右侧相临混凝土管片上各布设一个监测断面，每个断面各布置 2 组观测点，如图 5-25 所示。测点编号为 $SL1-i$、$SL2-i$（$i=1$、2、3、4），上下行线共布置、8 个断面、8 组观测点。

（2）布设方法

在隧道混凝土管片相应测点位置处的螺栓上焊接测头挂钩。

（3）实测方法

使用数显钢尺收敛计，将收敛计钢尺挂钩分别挂在两个测点上，然后收紧钢尺，并用卡钩将钢尺固定，调节钢尺拉力到基准值，读出测点距离。初测读数与每次读数之差即为管片收敛值。

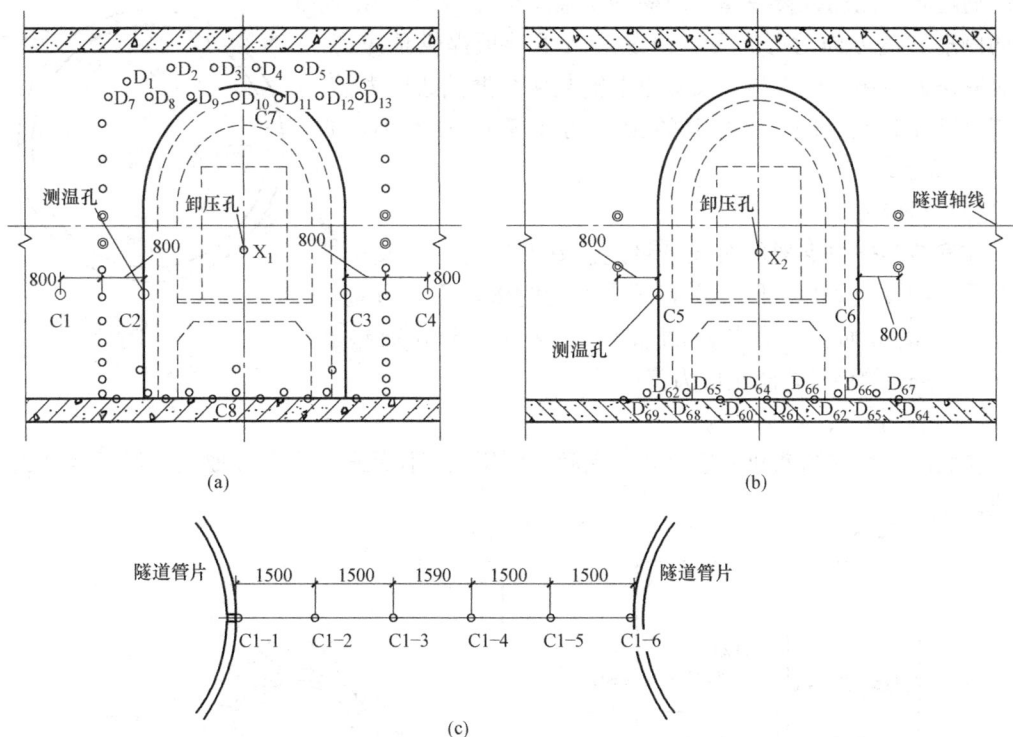

图 5-23 联络通道温度场实测布点图（mm）

（a）冷冻机组所在隧道测温孔图；（b）冷冻机组对面隧道测温孔图；（c）测温点与隧道管片位置关系图

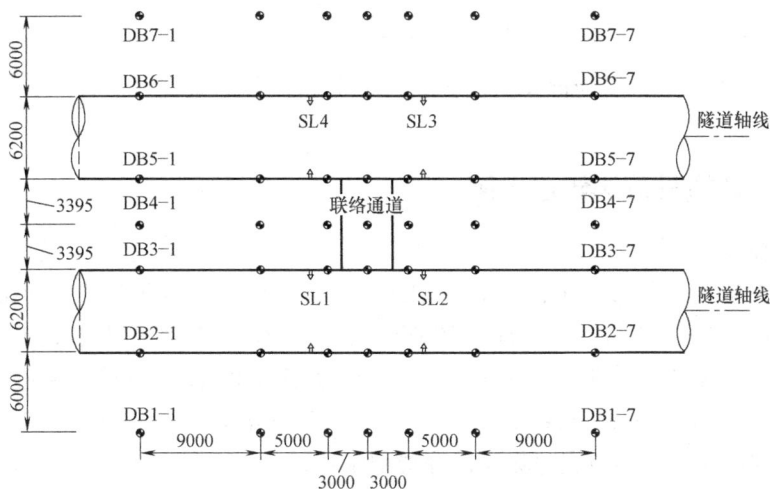

图 5-24 地表变形沉降观测点布置示意图（mm）

5）支架应力实测

（1）测点布设

联络通道开挖施工之前，需在通道开口处隧道中设置简易预应力支架，以减轻联络通道开挖构筑施工对既有隧道产生不利的影响。每榀钢支架为组合结构，区间隧道上下行线联络通道开口两侧各架一榀，两榀钢支架间距 2m，在联络通道两侧沿隧道方向对称布置，由螺旋式千斤顶提供预应力。在离联络通道洞门最近的支架支座上安装两个振弦式压力盒，用以监测冻结、开挖过程中的预应力支架应力大小，如图 5-26 所示。

图 5-25　既有隧道
收敛测点断面

（2）布设方法

在安装预应力支架的时候，将定制好的压力盒安放在支架千斤顶和隧道管片之间。安装压力盒的时候，在压力盒与千斤顶的接触面、压力与隧道管片的接触面上分别垫上 30cm×30cm 的钢板，防止应力集中。

（3）实测方法

在联络通道冻结期间和通道开挖期间，利用频率仪从压力盒上读取数，然后换算成压力值。

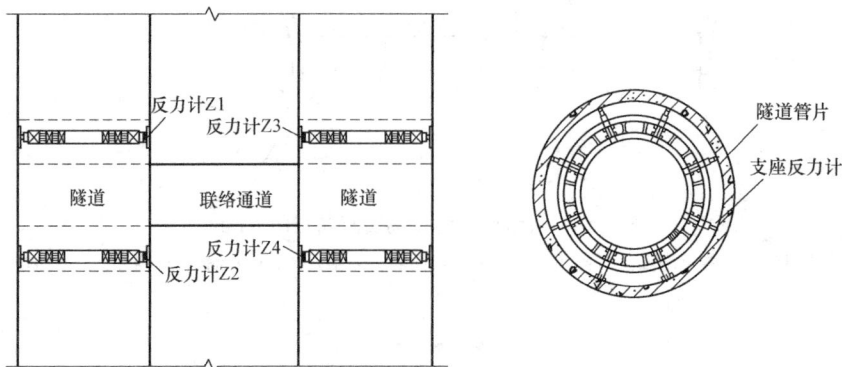

图 5-26　预应力支架形式和反力测点图

5.6.2　联络通道机械法建造实例

1. 工程概况

宁波地铁 3 号线南鄞区间起点里程 ZDK7＋794.800，终点里程为 ZDK8＋754.100，隧道长度约 959.3m。联络通道里程为 ZDK8＋214.377，该处埋深为 16.94m，线间距为 17m。该联络通道是宁波地区第一条采用机械法施工的联络通道，主隧道设计直径 6200mm，管片厚 350mm，联络通道开挖直径 3290mm，小管片直径 3150mm，环宽 550mm。南鄞区间工程场地表部除河道等局部地段外，一般均分布有厚 0.5～2.0m 的硬壳层或人工填土；联络通道施工涉及地层为②2b 层灰色淤泥质黏土、③2 层灰色粉质黏土、④1 层灰色淤泥质粉质黏土及④2 层灰色黏土。联络通道埋深为 17.803m，两隧道中心距离为 17.4m。联络通道与主隧道夹角为 0.1°，主要穿越地层为②2b 淤泥质黏土、③2 粉质黏土，如图 5-27 所示。

工程所涉地层主要以松散岩类孔隙潜水为主。表部填土富水性、透水性及渗透性均较好，地表水联系密切，主要接受地表水、管节渗漏水和大气降水的补给。松散岩类孔隙潜

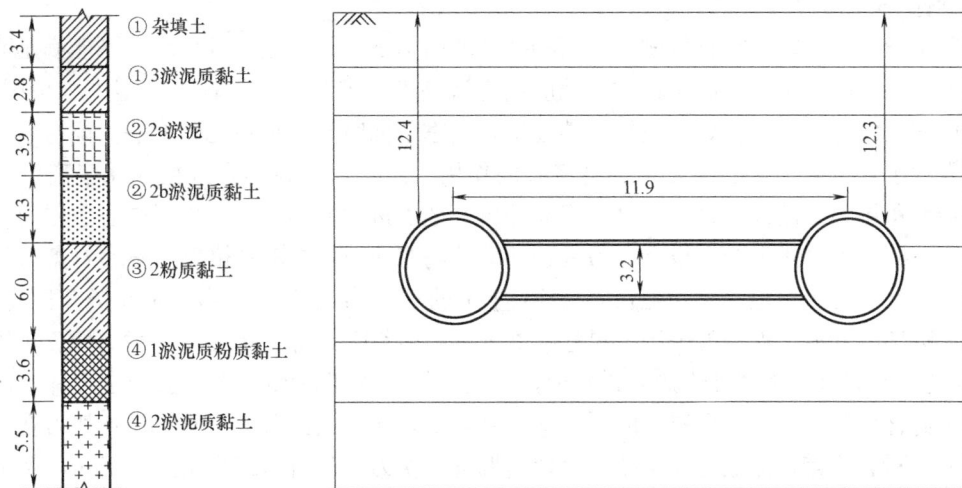

图 5-27 联络通道所在位置地质剖面图（单位：m）

水主要赋存于场区表部填土和浅部黏土、淤泥质土层中，由于其岩性不均匀，以砖块碎石为主时，其富水性、透水性及渗透性均较好，地表水联系密切，主要接受地表水、管道渗漏水和大气降水的补给。赋存于表部黏土、淤泥质土层中的孔隙潜水，富水性及透水性均较差，渗透系数为 $4.07 \times 10^{-7} \sim 5.0 \times 10^{-6}$ cm/s，水量贫乏，主要接受大气降水的竖向入渗补给和地表水的侧向入渗补给，多以蒸发方式排泄。水位受气候条件等影响，季节性变化明显，潜水位变幅一般在 1.0m 左右。勘察期间测的各勘探孔潜水位埋深为 0.9~2.4m，相应标高为 0.44~2.16m，潜水最低水位按勘察实测水位向下 1.0m 考虑。

2. 工程难点分析

南鄞区间工程联络通道是国内首次采用"盾构法施工"贯通的联络通道，同时也是世界上首条采用"盾构法施工"的地铁联络通道。从设备、结构、施工技术角度看，工程难点体现在以下几个方面：

（1）宁波地区普遍使用内径 5.5m 管片建造地铁区间隧道，联络通道施工空间小，施工难度大，对施工机械设备结构和电气化集约程度要求高，且施工设备在性能上需满足管片切削和施工防水性能，对设备的研发要求较高。

（2）联络通道传统建造均为钢筋混凝土现浇结构，施工灵活性大，经过多年的发展进步，结构设计形式趋于模式化、规范化，施工流水化和结构安全性均受到了自然检验。联络通道机械法建造主要以预制拼装结构为主，配合衬砌块连接技术和施工缝防水技术，以提高预制衬砌结构的整体性和安全性。

（3）施工空间小，且施工设备较重，安装和隧道内运输难度大，机械设备定位安装调整难度大，对施工带来较大挑战。此外，机械法施工需要破除高强度混凝土结构，并穿越隧道间黏土区域，施工难度大，精度要求高，以往施工经验可借鉴性较低。

3. 始发掘进接收关键技术

南鄞区间联络通道地层主要为粉质黏土，针对刀盘中心区域及面板易产生泥饼的问题做出以下措施：刀盘具有较大开口，开口位置在盘面上均匀布置，整体开口率约 50%，有效防止泥饼的产生；背部布置主动搅拌棒，盾体胸板布置被动搅拌棒，通过搅拌增加渣土流动性。

联络通道刀盘在满足整体刚度和结构强度的前提下,设计较大开口率,既能满足高强度混凝土的切削需求,又能保证软土地层渣土流动性。刀盘中心设计了新型中心鱼尾刀,中心内凹式设计,在设备始发或接收端施工切削掌子面时,新型鱼尾刀能够保证与掌子面接触点大于等于2个,起到刀盘掘进定心的作用,防止设备在始发或接收端偏离设计路线:新型鱼尾刀采用齿状设计,合金刀能够更好地贯进"岩体"内,增强中心鱼尾刀的破岩能力。撕裂刀采用大合金设计,刀具合金性能与日本E3类材料相当。增大刀盘刀具磨损尺寸,减小刀盘扭矩,有效延长刀盘连续掘进距离。保径刀主要作用是保护开挖直径,减少大圆环的磨损。保径刀采用大尺寸耐磨硬质合金组合设计,增强刀具耐磨性。布置切刀28把,与刀座采用销轴连接方式固定,安装方便,宽度为150mm,大合金设计,侧面堆焊耐磨合金条,及时收集渣土的同时又可有效防止切刀表面形成刀盘泥饼;切刀在开挖直径上全断面覆盖,保证刀盘全断面地切削掘进;切刀与先行刀刀高差达50mm,保证刀盘切削混凝土管片时,减少切刀接触混凝土管片。为清理外围开挖渣土,防止刀盘外环梁直接磨损,设计边刮刀16把,与刀座采用螺栓连接方式固定,刀具宽度为150mm,与先行刀刀高差为50mm,采用加大合金设计,增强了边刮刀的使用寿命。在刀盘正面及周边面板上用耐磨焊条堆焊耐磨网格,加强刀盘面板及圆管背面的耐磨性。

　　4. 实施效果

联络通道施工中,盾构推进时,进洞磨除管片耗时58h,淤泥质地层推进17环共计用时159h,最快进度单班12h完成4环,接收端管片磨除用时85h。在地面影响区域范围及始发、接收主隧道管片布置多个监测点进行监测,监测结果表明地面沉降累积最大值22mm,横剖面沉降槽宽度约60m,始发、接收主隧道管片不同状态下收敛变形量均控制在4mm以内。施工过程中,还对主隧道管片应力和变形、钢管片接缝焊缝应力、混凝土管片接缝张开量、支撑系统支撑力等数据和参数进行监测,并与理论计算数据实时比对,做到了有效管控。隧道成形质量良好,未见渗漏水情况,椭圆度小于$0.5\%D$(D为隧道外径),错台最大8mm,管片姿态纵横向偏差均小于40mm。

本章小结

　　(1) 两条单线区间隧道之间,当隧道连贯长度大于600m时,应设联络通道,并在通道两端设双向开启的甲级防火门,联络通道结构形式有全贯通式、联络通道上行侧式泵站、下行侧式泵站、上下行侧式泵站和深井侧式泵站5种。

　　(2) 联络通道施工方法主要有明挖法、暗挖法以及先明挖后暗挖法。暗挖法又可分为:地面加固暗挖构筑、冻结法加固暗挖构筑、隧道内顶管法暗挖构筑、管棚法加固矿山法暗挖构筑等,并对联络通道常用工法综合指标进行了比选分析。

　　(3) 给出了联络通道矿山法施工开挖、初支步骤与施工方法,联络通道防水施工步骤与方法,联络通道衬砌施工步骤与方法,联络通道竖井暗挖法等工法与工艺,并对各种工法技术经济指标进行了分析比较。

　　(4) 详细阐述了联络通道冻结法设计与施工方法,包括冻结壁结构形式、主要参数确定,冻结孔、测温孔和卸压孔的布置,冻结壁形成验算,冻结制冷系统设计,隧道预应力支架、安全门、开挖临时支架设计，对周围环境和建（构）筑物的影响监测与保护要求等；并以苏州轨道交通一号线为工程背景，阐述了联络通道冻结加固实例。

（5）对盾构法、顶管法两种机械法建造联络通道的特点进行了对比分析，给出了盾构法建造联络通道的关键技术，系统阐述了宁波地铁南鄞区间盾构法联络法联络通道工程实例。

思考与练习题

5-1　简述联络通道结构形式及使用条件。

5-2　简述联络通道加固与开挖常用方法及适用条件，并进行经济技术比较分析。

5-3　简要论述不同条件下联络通道开挖方式的选取及基本原则。

5-4　简述联络通道矿山法施工工艺流程。

5-5　简述联络通道冻结法设计内容，冻结参数选取，冻结法施工流程等。

5-6　结合工程实例简述冻结法施工流程及关键技术点。

5-7　简述盾构法和顶管法建造联络通道的区别与联系。

5-8　简述盾构法建造联络通道的关键技术。

第6章 盾构隧道施工对周边环境影响预测方法及控制技术

本章要点学习目标及课程思政

本章要点：

(1) 盾构隧道施工对周边环境影响预测理论与方法；

(2) 盾构隧道施工对周围土体变形影响；

(3) 盾构隧道施工对浅基础、桩基础及管线影响；

(4) 盾构隧道施工引起周围环境灾变控制技术。

学习目标：

(1) 掌握盾构隧道施工对周边环境影响预测理论与方法；

(2) 熟悉盾构隧道施工对周围土体变形影响机理与规律；

(3) 熟悉盾构隧道施工对浅基础、桩基础及管线影响机理与规律；

(4) 了解盾构隧道施工引起周围环境灾变控制技术。

课程思政：

艰苦钻研共铸大国崛起。以传授"盾构施工对周边环境的影响"为基础，将环保意识、工程可持续发展等与专业知识进行有机结合。走近孙均院士——鬓发尽霜耄耋年，科海遨欢忘荣辱，他将深入岩土学科理论和工程应用基础性研究作为一生永不懈怠的追求，他在生产第一线以自己卓越的学术功底解决了各类工程实际问题，勇于担当、奋发有为。土木工程师应严谨认真、精益求精、诚实守信的职业道德体现于工程细微之处，工程设计中保护环境、关爱人类的社会责任感及以人为本的人文情怀让"基建狂魔"有了温度。

6.1 盾构隧道施工对周边环境影响数值分析理论与方法

盾构隧道施工的大部分施工、竣工作业均在地下进行，对环境影响小，不影响地面交通，并且盾构推进、出土、拼装衬砌等主要工序循环进行。施工易于管理，施工人员较少，土方量较少，施工不受气候的影响，施工速度快，适应软弱地质条件，在土质差、水位高的地方建设埋深较大的隧道施工中有着较大的经济技术优越性。所以盾构法相比其他隧道施工方法有着独特的优势。

虽然盾构法施工技术有着不错的施工优势，但仍不可避免会引起地层的扰动，导致隧道周围地层变形及引起地表沉降，这种现象在软土地层中尤为显著。当地层扰动超过一定限度时，会危及周边建筑物、构筑物、道路、管线和文物等的安全与正常使用，从而引发环境土工问题。尤其对于城市地铁，盾构法区间隧道一般都穿越城市中心地带，因建筑物密集、施工场地狭小、地质情况复杂、地下管网密布、交通繁忙、施工条件受到限制，对环境的控制要求更为严格。区间隧道盾构掘进施工的环境土工问题十分复杂，仍有一些问题需要更深入的研究。

（1）盾构穿越密集桩群的研究。由于我国城市规划的滞后，城市地铁必然要穿越大量高层建筑的桩基础（图 6-1），因此，开展盾构施工对桩群影响与相应处理措施的研究十分重要。

图 6-1　长江路隧道盾构施工穿越逸仙路高架轨交 3 号线地下桩基

（2）地下连续墙作为一种常见的基础形式，有必要开展盾构施工对地下连续墙影响的研究。

（3）盾构施工对邻近已建隧道的影响研究还有待进一步深入。我国城市地铁盾构隧道多采用上下行线的方式，后掘进隧道势必对已建的邻近平行隧道产生影响。另外，不同的地铁线路穿越时（垂直或以一定的角度），考虑到换乘方便以及成本的要求，后建隧道离已建隧道的距离一般很小（甚至在 1m 左右），后建隧道对已建隧道的影响及两条隧道的相互影响值得深入研究。上海在地铁隧道与越江隧道的建设过程中，曾经遇到过"四龙相会"与"三龙过江"的世界隧道建设史上的罕见工况，均取得了成功，但对邻近多条隧道的相互作用机理并不十分清楚，这一方面的问题也值得关注。

（4）城市地下管线（给水、排水、通信及电缆等）纵横交错，盾构施工对附近管线必然会产生影响，这些管线与人民的日常生活息息相关，如果施工过程中造成严重破坏，将影响人们的日常生活。

因此，必须深入研究盾构法施工引起地层移动的规律，尽可能准确地预测盾构施工引起的地面沉降和对附近地下结构设施的影响程度，以求在设计和施工中采取能够减少地层移动的措施，选择最佳的施工技术，制订一套完善的措施，确保施工地区楼房、建筑物与地下管线等重要设施的安全。

6.1.1　地层变形的理论及经验预测

对于盾构施工引起地面变形的预估，主要采用基于对实际工程观测数据的整理得到的经验预估法，也有基于解析或数值计算的半经验公式方法。盾构施工法隧道引起的地层位移和预测，最初是沿用矿山地面沉降的计算方法，该方法依据随机介质理论，把地层变形看作是一随机过程，在地下挖去一块微小介质引起的地表沉降，其沉降槽曲面为高斯曲面。美国 Peck 在第七届国际土力学与基础工程会议上关于软地层深开挖与隧道掘进的报告中指出，隧道掘进引起的地表沉降曲线符合正态分布，此方法假定地层损失在隧道长度上均匀分布，地面沉降的横向分布呈正态分布，见图 6-2。这是研究盾构引起地层变形的经典预测理论与方法，但 Peck 方法未考虑地层特性和施工因素。随着有限元数值分析和计算机技术的进步，盾构施工引起的地层位移计算可考虑地层条件、盾尾空隙、壁后注浆、盾构刀盘推进力等因素。

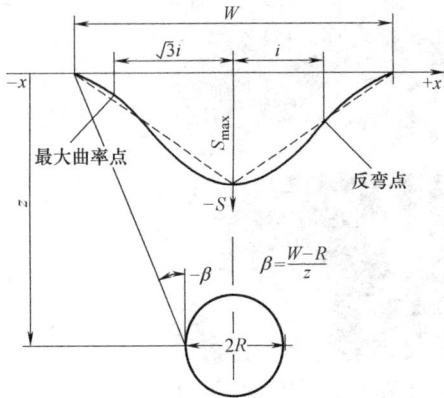

图 6-2　盾构施工地面沉降量及范围预测图

1. 横断面地表沉降分布

目前，工程实践中应用比较普遍的是 Peck 公式和一系列修正的 Peck 公式。后来很多学者对 Peck 公式及地层变形理论做了更深层次的研究，Attewell、Clough、Reily 等对参数 i 提出了不同的取值方法。Attewell 还提出了 Peck 公式的修正公式。这些预测公式经过大量实测结果的验证，在地表移动和变形预测中获得了广泛应用，取得了较好的效果。Peck 教授提出的公式非常简洁、经典，依据其公式计算得到的横向沉降槽曲线正态分布的形态也与实际工程中获得横向沉降槽曲线具有相当的重合度。但仍有相当多的问题亟待解决，例如，公式在计算地表横向沉降槽时，已经具有相当的准确性，但其无法解决地表纵向变形计算的问题；公式在将影响土体变形因素的参数化方面依然比较局限，其能使用参数表达的影响因素较少，相对于工程实际依然有相当多因素会影响沉降的具体数值；公式未能考虑时间效应，随着施工的开展，前期受开挖影响的土体会因为次固结沉降等因素而进一步发展沉降。

1）Peck 公式

Peck 通过对大量地表沉陷数据及工程资料分析后认为，紧接着隧道开挖后引起的地面沉降是在不排水情况下发生的，所以沉降槽的体积应等于地层损失的体积。此法假定地层损失在隧道长度上均匀分布，地面沉降的横向分布似正态分布曲线如图 6-2 所示。英国的现场观测结果，剑桥大学 20 世纪 70 年代及 80 年代初期的工作结果都和 Peck 的假定一致。

横向分布地面沉降估算公式为：

$$S(x) = S_{max} \exp\left(-\frac{x^2}{2i^2}\right) \tag{6-1}$$

$$S_{max} = \frac{V_s}{\sqrt{2\pi} \cdot i} \tag{6-2}$$

$$i = \frac{Z_0}{\sqrt{2\pi} \tan\left(45° - \frac{\varphi}{2}\right)} \tag{6-3}$$

式中　$S(x)$——地层损失引起的地面沉降（m）；

　　　　V_s——盾构隧道单位长度地层损失（m^3/m）；

　　　　x——距隧道中心线的距离（m）；

　　　　S_{max}——隧道中心线处地层损失引起的最大沉降量（m）；

i——沉降槽宽度（m）；

Z_0——隧道轴线埋深（m）；

φ——土的内摩擦角（°）。

Peck 公式有两个重要参数：沉降槽宽度系数 i 和地层损失 V_s。这两个参数的正确选取对最终的预测结果起决定性作用，已有学者在这方面做了大量的研究。

（1）沉降槽宽度系数 i 的确定

Clough 与 Schmidt 建议，对于饱和含水塑性黏土中的地面沉降槽宽度系数，按如下公式求取：

$$\frac{i}{R}=\left(\frac{Z_0}{2R}\right)^{0.8} \tag{6-4}$$

式中　R——隧道半径（m）；

i、Z_0——同前。

Attwell 也假定沉降槽曲线为正态分布，对沉降槽宽度系数 i 进行了修正，提出横向沉降槽宽度系数 i 取决于接近地表的地层的强度、隧道埋深和隧道半径，给出了估算地表沉降的经验公式：

$$\frac{i}{R}=k\left(\frac{z}{2R}\right)^{n} \tag{6-5}$$

$$\delta_{\max}=\frac{V}{\sqrt{2A \cdot i}} \tag{6-6}$$

式中　z——隧道开挖面中心深度（m）；

R——隧道半径（m）；

k、n——与土体性质和施工因素有关的系数；

A——隧道开挖断面面积（m^2）；

V——沉降槽的断面面积（m^2）；

$\delta_{\max}$——隧道中心线的最大地面沉降（m）。

Re11ly 与 New 整理英国黏性土地层的 11 处 19 例及砂性土和回填土地层 6 处 16 例隧道工程的最大沉降量、沉降槽断面面积和反弯点距离的实测值后建议，对于在单一土层中隧道掘进引起的近地表沉陷，i 是 Z_0 的近似线性函数，且和隧道施工方法、隧道直径没有关系，公式如下：

$$i=kZ_0 \tag{6-7}$$

$$k=\begin{cases}0.4\sim0.7 & \text{硬至软黏土}\\ 0.2\sim0.3 & \text{砂性土限于 }Z_0=6\sim10\text{m 的浅隧道}\end{cases} \tag{6-8}$$

式中　k——沉降槽宽度系数。

对于 k 值的选取，Mair 和 Taylor 总结了大量掘进中（包括传统方法的盾构掘进）观测到的现场数据后得出结论，不管隧道尺寸和掘进方法，k 值在黏土中平均取为 0.5，在砂或砾石中平均取为 0.35。并且还分析了硬到软黏土中大量隧道工程地表以下平面的实测沉降数据，并结合软黏土中的离心模型试验数据，提出地表以下隧道上方平面沉降槽仍可以用正态分布曲线来描述，对于隧道轴线埋深为 z_0、地表以下深度 z 的平面，沉降槽宽度 i 可以表示为：

$$i = K(z_0 - z) \tag{6-9}$$

式中　z_0——隧道轴线埋深（m）；

　　　z——地表以下 z。

并提出地表以下平面的沉降槽宽度系数 K 随埋深而增加的表达式：

$$K = \frac{0.175 + 0.325\left(1 - \dfrac{z}{z_0}\right)}{1 - \dfrac{z}{z_0}} \tag{6-10}$$

Hurrell 通过 4 个工程实例求出与时间有关的固结作用，从中推导出长期的最大沉降量的表达式：

$$S_{\max,l} = 2S_{\max} \times OFS \times A \tag{6-11}$$

$$OFS = [r(z_0 - z) - \sigma_l]/S_u$$

式中　r——原状土重度（kN/m^3）；

　　　σ_l——隧道内部支撑应力（kPa）；

　　　z——至隧道参考表面的深度（m）；

　OFS——初始超载系数。

同济大学侯学渊采用修正剑桥模型及比奥固结的分析和现场测试研究，进行了考虑固结问题的有限元分析计算，得到的固结沉降槽形状范围及反弯点与 Peck 法估算出的差异很小，考虑施工因素（地层损失）和固结因素的沉降量计算公式为：

$$S(x,t) = \left(\frac{v_l + H\overline{E}_x t}{\sqrt{2\pi} i}\right)\exp\left(-\frac{x^2}{2i^2}\right) \quad 0 \leqslant t \leqslant T \tag{6-12}$$

$$T = \frac{\sqrt{2\pi}P}{\overline{E}\,\overline{K}_x} i$$

式中　T——超孔隙水压力完全消散所需时间（s）；

　　　H——埋深（m）；

　　$\overline{K}_x$——隧道顶部土体加权平均的渗透系数（cm/s）；

　　　P——隧道顶部超孔隙水压力的平均值（kPa）；

　　　$\overline{E}$——土骨架平均压缩模量（kPa）。

（2）地层损失 V_s 的确定

单位长度地层损失 V_s 经常被表示为隧道理论开挖面积 πR^2 与体积损失率 V_l 的乘积，即：

$$V_s = V_l \cdot \pi R^2 \tag{6-13}$$

在采用适当技术和良好操作的正常施工条件下，可查表适当选取由于各种因素而引起的地层损失率。在黏性土层中可根据稳定系数 N_t 来估计地层损失：

$$N_t = \frac{p_z - p_i}{S_u} \tag{6-14}$$

式中 p_z——开挖面中心处土体垂直压力（kPa）；

  S_u——不排水抗剪强度（kPa）；

  p_i——用气压或其他加压方法施加于开挖面的侧向压力（kPa）。

Clough 和 schmidt 推导了在塑性黏土层中 N_t 和 V_l 的关系：

$$V_l = 2V_0 S_u \frac{1+\mu}{E_u} \exp(N_t - 1)$$ (6-15)

式中 V_l——体积损失率（%）；

  V_0——盾构理论排土体积（m^3）；

  E_u——土层弹性模量（kPa）；

  μ——土的泊松比。

有相关学者建议可通过参考盾构的掘进速度和所选择的掘进方法以及推导的土体应力松弛速率，对地层损失进行估算，或参照相类似的隧道工程实例来选择一个合理的正面面积的百分比，黏土一般取正面面积的 0.5%～2.5%。对硬黏土中用开胸开挖方法修建的隧道，其地层损失率为 1%～2%；对用闭胸开挖方法（土压平衡式或泥水加压式盾构）修建的隧道，砂土地基中地层损失率小于 0.5%，在软黏土中地层损失率为 1%～2%。

2）其他公式

对于 Peck 公式两参数（i 和 V_s）的局限性，有学者根据实测数据和有限元计算结果，指出当隧道掘进引起较大面积土体进入塑性区时，横断面沉降槽不再是正态分布曲线形式，而是类似"塞子"形，用 Peck 公式预测得到的地面扭曲变形比实测值小得多，难以正确预计隧道施工对地面建筑物的损坏，并提出了更灵活的三参数（S_{max}、a 和 b）屈服密度形曲线公式：

$$S(x) = \frac{S_{max}}{1 + \left(\frac{|x|}{a}\right)^b}$$ (6-16)

式中 $S(x)$——隧道掘进引起的地面沉降（m）；

  a、b——曲线形状参数；

  x——距隧道中心线的距离（m）；

  S_{max}——隧道中心线处地层损失引起的最大沉降量（m）。

最大地面扭曲变形 γ_{max} 发生在 $i = a \cdot B$ 处，表达式为：

$$\gamma_{max} = \frac{S_{max} \cdot b \cdot B^{b-1}}{a(1+B^b)^2}$$ (6-17)

$$B = \left(\frac{b-1}{b+1}\right)^{\frac{1}{b}}$$

则单位长度体积损失 V_s 表示为：

$$V_s = \frac{2\pi a S_{max}}{b \sin\left(\frac{\pi}{b}\right)}$$ (6-18)

Sagaseta 在通过地面沉降的解析解给出了横向和纵向地面沉降计算公式：

$$\delta_z(x) = \frac{V_s}{\pi} \frac{H}{x^2 + H^2}$$ (6-19)

$$\delta_z(y)=\frac{V_s}{2\pi H}\left(1+\frac{y}{\sqrt{y^2+H^2}}\right) \tag{6-20}$$

式中 $\delta_z(x)$——与隧道走向轴线正交平面内土层竖向位移（m）；

x——离隧道轴线的距离（m）；

$\delta_z(y)$——与隧道走向轴线平行平面内土层竖向位移（m）；

y——离隧道开挖面的距离（m）；

V_s——盾构隧道单位长度地层损失（m³/m）；

H——隧道轴线埋深（m）。

通过对上式的研究有人给出了 Sagaseta 公式的一般化形式：

$$\delta_z(x)=4\varepsilon R^2(1-\mu)\frac{H}{x^2+H^2}-2\delta R^2\frac{H(x^2-H^2)}{(x^2+H^2)^2} \tag{6-21}$$

$$\varepsilon=\frac{V_s}{4(1-v)\pi R^2}$$

式中 μ——泊松比；

δ——椭圆度；

ε——径向应变。

有学者以有限元计算结果总结出反映隧道埋深、隧道直径和地层间隙系数的上海地铁沉降的实用估算公式：

$$\delta=\frac{0.627\cdot D\cdot g}{H\cdot\left(0.956-\dfrac{H}{24}+0.3g\right)}\cdot\exp\left\{\frac{-6\cdot X^2}{30\cdot(6-5H)\cdot(2-g)}\right\} \tag{6-22}$$

式中 δ——地面沉降量（m）；

D——隧道直径（m）；

H——埋深（m）；

g——地层间隙系数（m）；

X——离隧道轴线的距离（m）。

以上公式可较好地解决土体进入塑性区、Peck 公式并不适用时的横断面地表沉降问题。

2. 横断面地表水平位移分布

Attewell 以及 Reilly 和 New 建议，对于黏土中的隧道，可以假定地层位移矢量指向隧道轴线，从而导出下面的关系式：

$$S_h=\frac{x}{z_0}S_v \tag{6-23}$$

由此假定并结合 Peck 公式，推导出横向地表水平位移分布为：

$$\frac{S_h}{S_{hmax}}=1.65\frac{x}{i}\exp\left(\frac{-x^2}{2i^2}\right) \tag{6-24}$$

式中 S_h——横断面地表水平位移（m）；

S_v——横断面地表沉降（m）；

x——地面点距离隧道中心线的水平距离（m）；

z_0——隧道轴线埋深（m）；

S_{hmax}——横断面最大地表水平位移（m）；

i——横断面沉降槽宽度（m）。

3. 纵断面地表沉降分布

刘建航在总结延安东路隧道沉降分布规律基础上，提出了"负地层损失"的概念，并修正了 Peck 公式，预测地表纵向沉降计算式如下：

$$S(y)=\frac{V_{\text{s1}}}{\sqrt{2\pi}i}\left\{\Phi\left(\frac{y-y_i}{i}\right)-\Phi\left(\frac{y-y_{\text{f}}}{i}\right)\right\}+\frac{V_{\text{s2}}}{\sqrt{2\pi}i}\left\{\Phi\left(\frac{y-y_i'}{i}\right)-\Phi\left(\frac{y-y_{\text{f}}'}{i}\right)\right\} \tag{6-25}$$

式中 V_{s1}、V_{s2}——分别为盾构开挖面和盾尾间隙引起的地层损失（m^3/m）；

y_i、y_{f}——盾构推进起始点和盾构开挖面到坐标原点的距离（m）；

$y_i'=y_i-L$；$y_{\text{f}}'=y_{\text{f}}-L$；

L——盾构长度（m）。

Attwell 与 Woodman 检查了大量在黏土中修建隧道的案例，发现用累积概率曲线来描述开挖面无支撑时的纵向沉降曲线是有效的，当开挖面有支撑压力时，可用累积概率曲线的转换形式来描述。假定变形在体积不变情况下发生，给出了任一点的三个方向的位移表达式，其中沉降表达式如下：

$$S(x,y)=S_{\text{max}}\exp\left(\frac{x^2}{2i^2}\right)\left\{G\left(\frac{y-y_i}{i}\right)-G\left(\frac{y-y_{\text{f}}}{i}\right)\right\} \tag{6-26}$$

$$G(\alpha)=\frac{1}{\sqrt{2\pi}}\int_{-\infty}^{\alpha}\exp\left(\frac{-\beta^2}{2}\right)\text{d}\beta$$

式中 y——隧道掘进方向的地表面坐标（m）；

y_i——隧道开挖面推进起始点（m）；

y_{f}——隧道开挖面的位置（m）。

并且发现对于硬黏土中建造的开挖面无支撑的隧道，开挖面正上方的地面沉降约等于 $0.5S_{\text{max}}$；而对于软黏土中建造的开挖面有支撑的隧道开挖面正上方的地面沉降则远小于 $0.5S_{\text{max}}$。

有人通过对 Cairo 的某直径 9.48m、埋深 16m、用泥水加压式盾构建造隧道的纵向地面沉降分布进行分析后指出，盾构开挖面正上方地面沉降在 $(0.25\sim0.30)S_{\text{max}}$ 的范围内。此时，需要用平移后的累积概率曲线才能正确预计地面沉降沿纵向的分布。

Fang 提出 EPB 盾构在黏土中掘进引起的隧道中心线上方地表纵向沉降随时间的变化曲线是双曲线型：

$$S_{\text{max}}=\frac{t}{a+bt} \tag{6-27}$$

式中 S_{max}——隧道中心线最大地表沉降（m）；

a、b——参数；

t——时间（d）。

上述经验公式方法概念简单，只要确定公式的参数就可以很方便地得到地面沉降槽曲线。这种方法可以在一定程度上反映土体性质、隧道特点对沉陷的影响，对于一些土质较好，施工技术、施工设备较完善，且已有类似工程实测资料的情况，现场量测结果与计算结果比较接近，这种方法有很大的优越性。但其也存在下述不足之处：

（1）经验公式方法只是粗略给出预测地表沉降的计算公式或范围，有的甚至有附加条件并需从各自统计表中查取有关参数，计算结果与实测值偏差一般较大。当衬砌形式、刚度不同，或者施工条件和地层条件等复杂时，应用将更受限制。

（2）经验公式方法大多需要通过估算地层损失率来确定地表最大沉降，具有较大的随意性，难以较好反映隧道工程条件（隧道埋深、隧道直径、土层性质）和施工参数（开挖面卸荷量、盾尾空隙填充率）的影响。此外，其认为沉降在不排水情况下发生，仅由于地层损失而引起。然而，沉降后期的主要影响因素为扰动土固结沉降，地层损失概念无法反映其影响。

（3）经验公式方法给出的沉降槽公式仅是地面的沉降曲线，对于地面以下至隧道之间土层的沉降曲线，从许多实测资料可知不符合高斯分布。

6.1.2 解析、半解析数值方法

1. 解析方法

隧道掘进引起地层位移的解析解大多是基于圆孔和球孔扩张理论。Clough 和 Sehmidt 提出利用线弹性——理想塑性介质中轴对称情况下圆形孔卸荷的解析解预测隧道掘进引起的地层位移；还有学者提出利用线弹性——理想塑性介质中球形孔卸荷的解析解来描述开挖面卸荷引起的地面沉降的简单方法。由于它们都有轴对称假设，对浅埋隧道并不实用。

此外，另有学者基于不可压缩液体流动的解析解研究了平面应变条件下隧道开挖引起的地层位移，该方法需要给出地层损失的假定值。

对此，Verruijt 和 Booker 认为隧道变形机理主要是隧道表面的均匀径向位移和隧道的椭圆化，采用半弹性平面假定，得到解析解为：

地层垂直沉降为：

$$U_z = -\varepsilon R^2 \frac{z_1}{r_1^2} + \frac{z_2}{r_2^2} + \delta R^2 \left[\frac{z(kx^2 - z_2^2)}{r_1^4} + \frac{z_{21}(kx^2 - z_2^2)}{r_2^4} \right] +$$

$$\frac{2\varepsilon R^2}{m} \left[\frac{(m+1)z_2}{r_2^2} + \frac{mz(x^2 - z_2)}{r_2^4} \right] - 2\delta R^2 h \left[\frac{x^2 - z_2^2}{r_2^4} + \frac{m}{m+1} \frac{2zz_2(3x^2 - z_2^2)}{r_2^6} \right] \tag{6-28}$$

地层水平位移为：

$$U_x = -\varepsilon R^2 \frac{x}{r_1^2} + \frac{x}{r_2^2} + \delta R^2 \left[\frac{z_1(x^2 - kz_1^2)}{r_1^4} + \frac{x(x^2 - kz_2^2)}{r_2^4} \right] +$$

$$\frac{2\varepsilon R^2 x}{m} \left[\frac{1}{r_2^2} - \frac{2mzz_2}{r_2^4} \right] - \frac{4\delta R^2 xh}{m+1} \left[\frac{z_2}{r_2^4} + \frac{mz(x^2 - 3z_2^2)}{r_2^6} \right] \tag{6-29}$$

$$z_1 = z - H; z_2 = z + H; r_1^2 = x^2 + z_1^2; r_2^2 = x^2 + z_2^2;$$

$$m = \frac{1}{1 - 2\mu}; k = \mu(1 - \mu)$$

式中 ε——隧道表面相对均匀径向位移参数；

δ——隧道表面相对椭圆形位移参数；

μ——泊松比。

Loganathan 和 G. Poulos 利用 Lee 等提出的地层损失间隙参数 G，采用椭圆形土体移动平面，对 Verruijt 和 Booker 提出的计算地层位移的方法进行了改进，提出了改进后的

预测地层垂直沉降和水平位移的解析解。

然而，解析解为理论解，精度高、计算量小，但解题范围有限，只有少数简单边界条件下可以得到。采用轴向离散而在环向和径向引入解析函数的半解析元法，可建立模拟和计算软土地层中顶管施工引起的地面位移和浅地层的运动随时间变化的方法。

2. 半解析数值方法

半解析数值方法在处理三维问题时，通过在某一个或两个方向使用解析函数降低离散方向维数，与有限元法相比，减少计算工作量。有学者更进一步将解析与数值方法相结合，对双孔平行隧道施工过程这样一个单连通体与多连通体共存与转化的相互作用问题，构造合理的半解析函数，使隧道施工的三维结构——介质相互作用时空问题通过计算机的模拟得以实现。

还有相关学者采用沿隧道纵向、垂向离散，横向引入解析函数的半解析元法，将盾构施工过程中三维问题简化为二维问题处理，实现了盾构施工过程中的土体扰动与地层移动的模拟计算与分析。半解析数值方法在不同程度上保留了纯解析与纯数值两者的优点，避免了两者的缺点，对求解问题的适应性较强，但仍有如下缺点：（1）半解析数值方法对几何形状的适应性及程序的统一性不如有限元法灵活；（2）半解析数值方法中解析函数的选择直接关系到结果精度和方法成功与否，且半解析元的单元劲度矩阵随着解析函数的项数增加而急剧增大，而且取的项数越多，越趋向于收敛值，这对解析函数的选取提出了较高的要求，且边界条件仍有过多假设，有一定的局限性。

6.1.3　有限元法

有限元法是一种数值方法，假定把连续体分割成有限数目的单元，它们在节点上相连接，即以一个单元集合体来替代连续体，把作用在单元上的力等效地移到节点上，每个单元选择一个位移函数来表示位移分量的分布规律，按变分原理建立单元的节点力为节点位移的关系式。根据节点平衡条件，把所有的单元关系集合形成一组以节点位移为未知量的代数方程组，从而解得各节点位移。

有限元法的数学基础为分割近似原理，有限元求解问题基本步骤通常为：

（1）问题及求解域定义。根据实际问题确定求解域的物理性质和几何区域。

（2）求解域离散化。将求解域近似为具有不同有限大小和形状且彼此相连的有限数目的单元组成的离散域，称此为有限元网格划分。显然单元越小，则离散域的近似程度越好，计算结果也越精确，但计算工作量将增大。

（3）确定状态变量及控制方法。对具体的物理问题，可用一组包含问题状态变量边界条件的微分方程表示。为适合有限元求解，通常将微分方程化为等价的泛函表示。

（4）单元推导。对单元构造一个适合的近似解，推导有限元的列式，其中包括选择合理的单元坐标系，建立单元式函数，以某种方法给出单元各状态变量的离散关系，从而形成单元矩阵。为保证解的收敛性，单元推导应遵循相关原则。

（5）总装求解。将单元总装形成离散域的总矩阵方程，反映对近似求解域的离散域的要求，即单元函数要满足一定的连续条件。总装在相邻单元节点进行，状态变量及其导数的连续性建立在节点处和边界条件处。

（6）联立方程组求解和结果后处理。方程组的求解可用直接法、迭代法和随机法，求解结果是单元节点处状态变量的近似值。对于计算结果，根据精度要求确定是否需要重复计算。

　　简言之，有限元分析可分为三个阶段，即前处理、处理和后处理。前处理是建立有限元模型，完成单元网格划分；处理是计算有限元模型的过程；后处理则是采集处理分析结果。随着计算机的发展及计算技术的进步，有限元法也得到了迅速的发展，这使有限元分析摆脱了仅为性能校核工具的原始阶段，计算结果的可视化显示从简单的应力、位移和温度场等的静动态显示、彩色调色显示，发展成为对受荷载对象可能出现缺陷（裂纹等）的位置、形状、大小及其可能波及区域的显示等。

　　目前，盾构施工对周边环境影响的数值分析预测一般采用大型岩土工程软件实现，常见的有 FLAC3D、ABAQUS、ANSYS 等。盾构施工受开挖面卸荷、盾尾脱空卸荷、填充注浆、衬砌变形和重力、刀盘超挖、注浆凝固、千斤顶推力、竖向重力卸荷的影响。因此，数值计算分析应取得盾构施工设计参数（隧道直径、埋深等）、场地岩土工程参数（地基分层情况、地下水情况、各岩土层弹性模量、泊松比、天然重度、抗剪强度等）、盾构施工控制参数（盾构推力、推进速度、注浆压力、注浆时间、注浆量、衬砌时间等）。

　　盾构法开挖主要分为 4 个阶段，不同的学者给出了不同的表述：

　　（1）盾构机刀盘开挖土体、盾构管片拼接安装、盾构机向前推进和盾构管片与土层注浆处理；

　　（2）盾构到达前的挤压扩张、盾尾脱空卸荷、衬砌安装和固结；

　　（3）刀盘开挖与衬砌支护、盾尾填充注浆、注浆材料初凝和注浆材料终凝；

　　（4）挖土阶段、盾尾注浆阶段、盾尾脱开阶段和固结沉降阶段。相应地，数值分析步骤主要包括建模、计算初始应力场、释放隧道施工应力至衬砌完成、形成新的平衡力、对地层反应的应变、位移场分析得到对周边环境影响的各种计算结果。

　　丁文其针对盾构隧道施工阶段、注浆材料、管片接头特性提出模拟方法：采用梁接头不连续模型模拟盾构衬砌接头转动效应，采用注浆材料变刚度等效法模拟注浆材料凝固过程，也有学者对注浆材料的不同固化阶段采用不同的应力释放系数。另有学者进一步采用 6 节点接缝单元模拟外层衬砌管片间及内、外衬砌之间的接触问题，用 Goodman 单元模拟衬砌与土之间的接触问题，在土与隧道整体进行分析中考虑衬砌接缝影响，模拟盾构施工开挖，外层衬砌装配、支护和内、外层衬砌共同承担水压力的全过程。此外，有学者通过单元"生死"来模拟盾构开挖、盾尾注浆和衬砌管片支护过程，采用变刚度体模拟浆液固化过程（基于注浆材料不同硬化阶段受力性质室内试验）。

　　有限元法分析盾构隧道施工过程，数值分析结果主要受下述因素影响：

　　（1）数值分析条件的场地岩土工程参数一般通过地质勘察取得，这与地质勘察单位的整体技术水平、勘察采用的技术手段可靠性、提供的分析参数适用性有关。地铁隧道施工线路长，一般有若干勘察单位参与工作，提供的分析参数有一定差异。同时由于地铁隧道施工是场地应力释放过程，提供的计算参数如弹性模量、抗剪强度等参数的技术方法不能完全模拟该过程。

　　（2）盾构施工控制参数由于推进速度不一、衬砌时间不一、注浆压力与注浆量不一等原因，引起的周边土层反应也有很大不同。

　　（3）数值分析方法中，关键问题是如何正确模拟盾构施工释放的地应力与衬砌完成形成新平衡力过程的土体位移反应，因为一般情况下盾构施工应以地面最大沉降量控制。

　　1. 平面应变分析

Rowe 和 Lee 对用于估算软土中浅埋隧道施工引起的土体三维应力变化和地层位移的

各种简化方法（如横向平面应变分析、轴向平面应变分析、经验的累积概率分布方法等）进行评价。采用二维横向平面应变分析来估算所需参数值，并指出用纵向平面应变分析不能提供合理计算结果。

Rowe 和 Kack 引入间隙参数来描述盾构隧道施工引起的地层损失，并编写平面应变弹塑性有限元程序用于预测软黏土隧道施工引起的排水状态下地表沉降。其先允许隧道周围土体向开挖区自由变形，当土体径向收敛值达到预定的总间隙参数值时，盾构/衬砌单元被激活并假定土体与盾构/衬砌充分接触，并考虑土与衬砌相互作用。Lee 和 Rowe 指出利用各向同性弹性——理想塑性土体本构模型计算得到的地面沉降槽宽度比实测数据宽的多，而利用各向异性弹性本构模型可以很好地改善预测结果。当剪切模量 G_{vh} 与竖向弹模 E_V 的比值在 $0.2 \sim 0.25$ 时，预测结果与实测数据非常吻合。

Lee 和 Rowe 基于三维弹塑性分析结果，改进了一个在软黏土中不排水条件下施工隧道时评估间隙参数 G 的简单计算方法，表示为：

$$G = G_p + U_{3d} + W \tag{6-30}$$
$$G_p = 2\Delta + \delta \tag{6-31}$$

式中　G_p——隧道衬砌冠部和开挖孔洞冠部之间的垂直距离（m）；

Δ——盾尾厚度（m）；

δ——衬砌抬升所需净空，隧道直径和所用盾构选定后此值即能得出（m）；

U_{3d}——开挖面处等效 3D 弹塑性变形（m）；

W——由于盾构操作者水平引起的超挖（m）。

14 个工程实例应用表明：在获得可靠土性参数的前提下，可以合理求出间隙参数和预测地面沉降。同时，间隙参数与复杂的数值计算方法相结合可以对隧道工程中关键断面土体位移在水平和竖向的分布加以预测。

然而，二维有限元分析计算量小，可以在一定程度上反映土体性质，施工参数对地层位移的影响，但却存在下列局限性：

（1）横剖面模型只能对独立的剖平面进行分析，在每一剖平面上需根据经验判断采取相应的加载方式，同时还要引入反映土体三维损失和工艺等经验参数，增加分析的人为臆断性。

（2）纵剖面模型本质是利用长距离水平槽模拟隧道，这种方法更适用于长距离矿山巷道。

（3）纵—横剖面模型则利用两个平面应变问题的分析结果互相补充分析中所需的信息，而这种相互依存的补充信息也不可能直接被利用，还是需要经过分析者的经验处理，否则就是理论上的自相矛盾。

导致上述局限性的根本原因在于，盾构隧道问题是一个完全真实的三维动态发展过程，利用平面解硬套三维解，必然存在局限性。因此，建立盾构隧道的三维有限元分析模型是研究的发展趋势。

2. 三维有限元分析

Lee 和 Rowe 开发 3D 弹塑性有限元分析程序，在超级计算机上实现模拟软黏土中盾构掘进和掘进过程导致的地层损失，给出非线性问题求解步骤和适用于三维隧道分析的弹塑性土体本构模型。

李强与曾德顺假定在不排水条件下利用弹塑性三维有限元分析盾构千斤顶推力变化对盾构隧道地面沉降影响。在盾构工作面上施加压力 P 以模拟支护压力。在盾构机单元的

周围施加力 F，模拟盾构机的工作状态。开挖过程是用代表开挖一步（推进工作面）所挖土体的单元刚度条件以"活化减退"来模拟。

三维有限元分析能够反映盾构隧道施工引起地层位移的三维性状，能够综合反映隧道的施工过程。在三维有限元模拟中，需结合盾构法施工的特点进行分析。盾构隧道施工三维有限元分析格式可具体表示为：

1）施工步有限元格式

在一个开挖循环过程中，对各施工步的状态，有限元分析的表达式为：

$$[K]_i \{\Delta\delta\}_i = \{\Delta F_r\}_i + \{\Delta F_g\}_i + \{\Delta F_p\}_i \quad (i=1 \sim L) \tag{6-32}$$

式中　　　　L——施工步数；

$[K]_i$ $(i \geqslant 1)$——第 i 施工步岩土体和结构总刚度矩阵；

$\{\Delta\delta\}_i$——第 i 施工步的节点位移增量；

$\{\Delta F_r\}_i$——第 i 施工步开挖边界上的释放荷载的等效节点力；

$\{\Delta F_g\}_i$——第 i 施工步新增自重的等效节点力；

$\{\Delta F_p\}_i$——第 i 施工步增量荷载的等效节点力。

2）隧道开挖有限元格式

在土层中进行盾构法隧道开挖，破坏土层中原有的应力平衡，引起土层的应力重新平衡。在建立隧道开挖模型时，加入地应力进行盾构隧道开挖有限元分析，可以准确地反应土层应力释放。在隧道内部边界设置释放荷载，并将其转化为等效节点力模拟。有限元的表达式为：

$$[K - \Delta K]\{\delta\} = \{P\} \tag{6-33}$$

式中　K——开挖前的系统刚度；

ΔK——开挖部分的刚度；

$\{P\}$——开挖释放荷载的等效节点力。

3）施加盾构管片有限元格式

施加盾构管片的有限元模拟主要是整体刚度的增加和盾构管片与土接触对模型的影响，采用的有限元计算公式为：

$$[K + \Delta K]\{\delta\} = \{\Delta F_g^s\} \tag{6-34}$$

式中　K——盾构管片施加前的刚度矩阵；

ΔK——施加盾构管片的刚度矩阵；

$\{\Delta F_g^s\}$——施加盾构管片自重的等效节点荷载。

4）施工步增量加载有限元格式

如前所述，盾构法开挖主要分为盾构机刀盘开挖土体、盾构管片拼接安装、盾构机向前推进和盾构管片与土层注浆处理等。因而，盾构法隧道开挖的一次循环大致包括四个施工步，每一个施工步都包括若干个增量步。隧道开挖中的释放荷载，在每个施工步所包含的增量步中逐步释放，而且每个增量步释放量又由释放系数控制，不同的增量步其释放系数也不同，对每个施工步，增量加载过程的有限元分析的表达式为：

$$[K]_{i,j}\{\Delta\delta\}_{i,j} = \{\Delta F_r\}_i \alpha_{i,j} + \{\Delta F_g\}_{i,j} + \{\Delta F_p\}_{i,j} \quad (i=1 \sim L; j=1 \sim M) \tag{6-35}$$

式中　M——各施工步增量加载的次数；

$[K]_{i,j}$——第 i 施工步中施加第 j 增量步时的刚度矩阵；

$\alpha_{i,j}$——第 i 施工步第 j 增量步的开挖边界释放荷载系数，开挖边界荷载完全释放时

有 $\sum\limits_{j=1}^{M}\alpha_{i,j}=1$；

$\{\Delta F_g\}_{i,j}$——第 i 施工步第 j 增量步新增自重的有效节点力；

$\{\Delta\delta\}_{i,j}$——第 i 施工步第 j 增量步的结点位移增量；

$\{\Delta F_p\}_{i,j}$——第 i 施工步第 j 增量步增量荷载的等效节点力。

6.2 盾构隧道施工对周围土体变形影响

经过一百多年的发展，盾构法隧道施工技术已经日臻完善，但盾构施工对地层的扰动还是不可避免的，特别是在软土盾构隧道施工中，地层变位更为突出。通过对盾构施工过程的分析研究，得到了盾构施工引起地层变位的原因、影响地层变位的因素、变形机理以及变形特征。盾构法施工是一个复杂的连续过程，按施工顺序可分为三个阶段，即土体开挖、盾构掘进与管片拼装、盾尾脱空与壁后注浆。盾构法施工对周围地层的扰动与其主要的技术环节直接相关，通过对诸多盾构施工现象进行分析，可以揭示出盾构施工力学行为对地层扰动的内在机理，如图 6-3 所示。

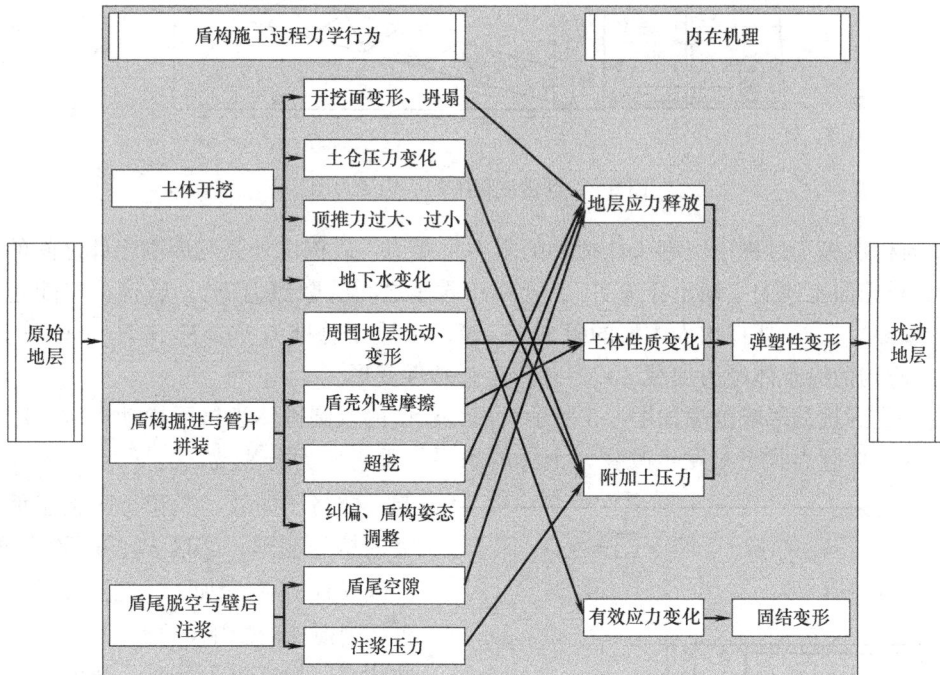

图 6-3 盾构施工过程力学行为机理示意图

6.2.1 盾构施工对周围土体的影响

1. 盾构施工作用力

隧道盾构掘进施工过程中，周围土体受到的扰动主要表现为其应力状态和应变状态的

变化。应力状态的变化是指总应力和孔隙水压力的改变，总应力变化是由于开挖卸荷和土拱作用引起的；孔隙水压力的变化则是由于盾构掘进过程中土体受挤压作用后地下水位变化引起的。应力扰动也是土体应变状态改变的主要因素之一。土体应变状态的改变是由于应力扰动引起的土体压缩和弹塑性变形，以及土体蠕变产生的时效应变。

在原来处于稳定状态的地层中，开挖隧道将导致地层周围原始应力状态的改变，使周围土体出现卸载加载等复杂的力学行为，土体的极限平衡状态受到破坏，从而对土体产生扰动，引起地层变形。盾构施工扰动使土体的应力状态或应力路径发生变化，不同位置的土体应力路径不同。

盾构前进依靠后座千斤顶推力。盾构千斤顶推力克服前进过程中所遇到各种阻力，盾构得以前进，同时这些阻力反作用于土体，产生土体附加应力。在施工掘进过程中，盾构主要受到扭矩阻力和推进阻力作用（图 6-4）。主要扭矩阻力包括刀盘切削渣土所需扭矩（T_3）、刀盘周边摩擦扭矩（T_2）、刀盘正面摩擦扭矩（T_1）；主要推进阻力包括刀盘正面土水压力（F_2）、盾构与地层之间的摩擦力（F_1）。

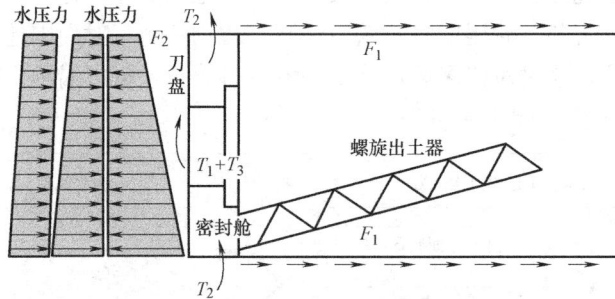

图 6-4　掘进过程中的盾构受力图

而盾构法施工过程中引起土体扰动的阻力主要为：盾构机外壳与周围土体之间的摩擦力 F_1、开挖面土体的主动土压力 F_2、管片和盾尾之间的摩擦力 F_3、盾构机与配套车架之间的摩擦力 F_4、切口切入土层的阻力 F_5 等，千斤顶总推力 $T \geqslant F_1 + F_2 + F_3 + F_4 + F_5$ 时，盾构前沿土体经历加载 $\Delta\sigma_p$，并产生弹塑性变形。

土体受到扰动影响范围如图 6-5 所示，虚线所围的截圆锥体为挤压扰动影响范围。图中，①区土体应力状态未发生改变，土体的水平、垂直应力分别为 σ_h、σ_v。由于推力引

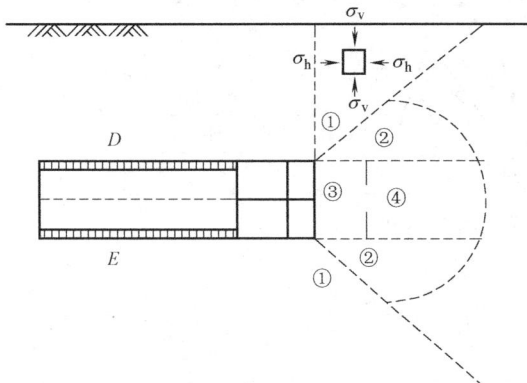

图 6-5　盾构前方土体扰动分区图

起土体挤压加载，②和④区土体承受很大的挤压变形，②区 σ_h、σ_v 均有增加，④区只有 σ_h 有增加，③区土体受到大刀盘切削搅拌的影响，处于十分复杂的应力状态，如支撑不及时，开挖面应力松弛，水平应力减少，反之，如果开挖面土体支撑应力过大，水平应力 σ_h 可能增加。当千斤顶总推力 $T < F_1 + F_2 + F_3 + F_4 + F_5$ 时，盾构机处于静止状态，这一状态对应开挖面前方土体未及时支撑，

土体应力释放并向盾构内临空面滑移。受扰动土体的摩尔应力圆如图 6-6 所示。

2. 盾构施工引起土体的沉降

盾构施工导致地面出现沉降变形，大致分为初始沉降、开挖面上隆或下沉、盾尾沉降、盾尾空隙沉降和长期持续沉降五个阶段，如图 6-7 所示。

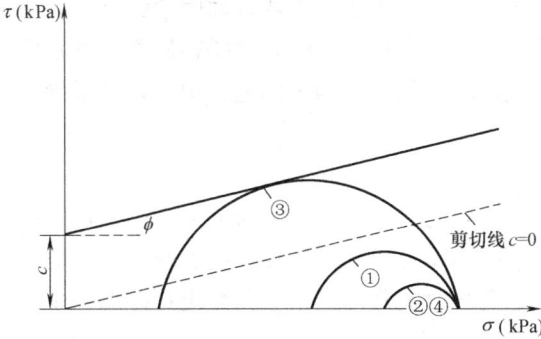

图 6-6　受扰动土体的摩尔应力圆

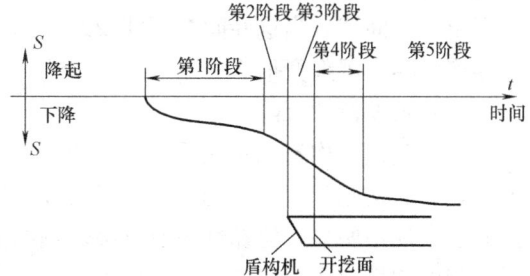

图 6-7　沉降发展曲线示意图

（1）初始沉降

其指隧道开挖面抵达某固定测点前，在土体滑动面以外的沿着盾构前方出现的沉降。这类初始沉降量一般而言比较小，并且部分盾构施工就不会出现，因此，人们通常不易观察到沉降的变化，通常都是根据一些实际工程施工经验分析判断。

（2）开挖面上隆或下沉

其指盾构刀盘正面到达一固定测量点时，位于正前方土体处出现地面沉降。由于选用不同类别的盾构，相应的隧道开挖模式也就不尽相同，因此在设定施工参数也会存在差异，导致掌子面上的土应力状态也就不相同。

（3）盾尾沉降

其指地面沉降，是在盾构通过之后发生。在盾构开挖推进过程中，总掘进推力、表面摩阻力和正面水土压力作用于盾构。根据理论推算，总掘进推力的表达式为：

$$P_s = P_0 + RI \tag{6-36}$$

式中　P_s——盾构总掘进推力（kN）；

　　　P_0——正面水土压力（kN）；

　　　RI——表面摩阻力（kN）。

表面摩阻力可通过摩擦桩受到的摩阻力计算求出：

$$RI = \gamma \cdot H \cdot \tan\varphi' \tag{6-37}$$

式中　γ——土的密度（kg/m³）；

　　　φ'——土的有效内摩擦角；

　　　H——隧道的平均埋深（指地面至隧道中心的距离，m）。

当盾构向前挖掘土体前进时，盾壳会受到来自土体的摩阻力，同时对土体有剪切作用，滑动面由此产生。剪切应力产生在离滑动面最近的土层中，在剪切作用下土层被破坏，同时土体产生的拉应力也会使土体向盾构尾部的间隙移动。若要使得盾构在掘进施工时始终与隧道设计轴线保持一致，盾构在弯道处必将对土体产生压缩与松弛，致使地面产生沉降与隆起变形。

（4）盾尾空隙沉降

通常是盾尾经过之后产生的，这时盾尾脱离管片，使得管片与隧道之间产生间隙，另外由于土体受到扰动出现土应力释放，即降低了土体的密实程度使得土体变得松动。通常我们在隧道开挖时，管片外径都要略小于盾构机械直径，主要考虑两方面因素：其一，盾壳是由钢体材质制成的，具有一定的厚度；其二，为了方便施工，必须要在盾壳与管片之间保留一些间隙。当这些间隙不能及时注满浆液，取而代之周围土体进行填充，结果导致地面产生较大沉降变形。

（5）长期持续沉降

其指隧道盾构施工完成后，在后期很长时间内仍将会出现不同程度的沉降。如图6-8所示，是盾构施工所引起的五个阶段沉降发展曲线示意图。大量工程实例表明，砂质地基此阶段表现不明显，但黏性土层沉降表现明显，此阶段沉降可归结于黏性土特有的徐变性质引起的塑性变形。

盾构施工引起的地层损失和盾构隧道周围受扰动或受剪切破坏的重塑土的再固结，是地面沉降的基本原因。地层损失是盾构施工中实际开挖土体体积和竣工隧道体积之差，竣工隧道体积包括隧道外围包裹的压入浆体体积。地层损失率用地层损失占盾构理论排土体积的百分比 V_s（%）表示。圆形盾构理论排土体积为 $\pi r_0^2 l$（r_0 为盾构外径，l 为推进长度），则单位长度地层损失 $V_s = V_s(\%) \cdot \pi r_0^2$。周围土体在弥补地层损失中，发生地层移动，引起地面沉降。引起地层损失主要因素如下：

（1）开挖面土体移动。当盾构掘进时，开挖面土体受到的水平支护应力小于原始侧向应力，则开挖面土体向盾构内移动，引起地层损失而导致盾构上方地面沉降；当盾构推进时，若作用在正面土体的推应力大于原始侧向应力，则正面土体向上向前移动，引起负地层损失（欠挖）而导致盾构前上方土体隆起。

（2）盾构后退。在盾构暂停推进中，由于盾构推进千斤顶漏油回缩而可能引起盾构后退，使开挖面土体坍落或松动，造成地层损失。

（3）土体挤入盾尾空隙。由于向盾尾后面隧道外围建筑空隙中压浆不及时，压浆量不足，压浆压力不适当，使盾尾后坑道周边土体失去原始三维平衡状态，而向盾尾空隙中移动，引起地层损失。在含水不稳定地层中，这往往是引起地层损失的主要因素。特别是盾构在黏性土中推进时，盾构外周粘附一层黏土，盾尾后隧道外围圆形空隙会有较大量的增加，如不有效地增加压浆量，地层损失必大量增加。

（4）改变推进方向。盾构在曲线推进、纠偏、抬头推进或叩头推进过程中，实际开挖断面不是圆形而是椭圆，因此引起地层损失。盾构轴线与隧道轴线的偏角越大，则超挖程度及其引起的地层损失也越大。

（5）随盾构推进而移动的盾构正面障碍物，使地层在盾构通过后产生空隙而又无法及时压浆填充，引起地层损失。

（6）盾壳移动对地层的摩擦和剪切。

（7）在土压作用下，隧道衬砌产生的变形也会引起少量的地层损失。

（8）隧道衬砌沉降较大时，会引起不可忽略的地层损失。盾构隧道周围土体受到盾构施工扰动后，便在盾构隧道周围形成超孔隙水压力（正值或负值）区。一般情况下，盾构在推入某处地层后，盾构排入时孔隙水压力分布如图 6-8 所示。当盾构离开该处地层后，由于土体表面的应力释放，隧道周围的孔隙水压力便下降，呈如图 6-9 所示的分布状态。在超孔隙水压下降中，孔隙水排出，引起地层移动和地表沉降。

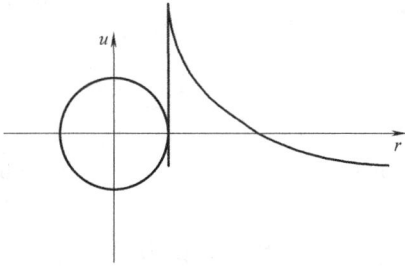

图 6-8　盾构推入时孔隙水压力分布图

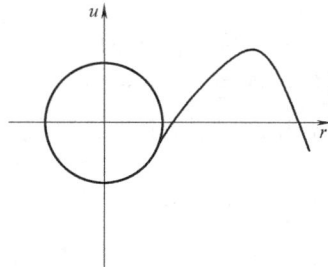

图 6-9　盾构离开后孔隙水压力分布图

此外，由于盾构在推进中的挤压作用和盾尾的压浆作用等施工因素，使周围地层形成正值的超孔隙水压力区。其超孔隙水压力在盾构隧道施工后的一段时间内消散复原，在此进程中地层发生排水固结变形，引起地面沉降。地层因孔隙水压力变化产生的地面沉降，称之为主固结沉降。土体受到扰动后，土体骨架还发生持续很长时间的压缩变形，在此土体蠕变过程中产生的地面沉降为次固结沉降。在孔隙比和灵敏度较大的软塑和流塑黏土中，次固结沉降往往要持续几年以上，它所占总沉降量的比例可高达 35% 以上。土体受施工扰动是产生土体附加位移的主要原因，施工扰动引起土体应力变化并导致土体位移，而土体位移主要是由其主固结压缩、弹塑性剪切和黏性时效蠕变三者的组合。研究表明，土体受扰动范围越大，地表中心沉降也越大，盾构通过时的沉降与土体扰动范围有很好的线性相关。土体受扰动范围与推进时的顶力、回填注浆时间以及覆盖层厚度与隧道外径之比（H/D）有关。盾构掘进时的顶力越大，盾构工作面前方土体的挤压程度越高，土体受扰动程度也越大，表现为地表中心沉降量也越大；盾构通过后与实施回填注浆的时间间隔时间越长，土体应力释放程度越高，即土体应力扰动程度越大，地表总沉降也越大；覆盖层厚度与隧道外径之比 H/D 越大，地表受到的扰动越小，地表中心沉降位移也越小。

6.2.2　地层变位原因

盾构法隧道施工引起地层变位的原因有两个方面：一方面是由于盾构法施工引起隧道周围土体的松动和沉陷，它直观表现为地表沉降；另一方面是由于盾构法施工使隧道周围土体受到挤压而背向隧道移动，它直观表现为地表隆起。受其影响隧道附近地区的基础构筑物将产生变形、沉降或隆起，以致使构筑物功能遭受破损或破坏。由盾构法施工而引起的地层损失和由于扰动后导致的土体强度和压缩模量的降低而引起的长时间内的固结和次固结沉降，是形成地面沉降的另一个主要因素。

1. 土体损失

隧道的挖掘土方量常常由于超挖或盾构与衬砌间的间隙等原因，比按照隧道断面积计算出来的土方量大得多，这就使隧道与衬砌间产生间隙。在软黏土地层中空隙会被周围的土体及时填充，引起地层运动，产生施工沉降（也称瞬时沉降）。土的应力也因此而发生变化，随之而形成：应变—变形—位移—地面沉降。

所谓地层损失是指盾构施工中实际挖除的土壤体积与理论计算的排土体积之差。地层损失率以地层损失体积占盾构理论排土体积的百分比 V_s（%）来表示。

圆形盾构理论排土体积 V_0 为：

$$V_0 = \pi \cdot r_0^2 \cdot l \tag{6-38}$$

式中　r_0——盾构外径（m）；

l——推进长度（m）。

单位长度地层损失量的计算公式为：

$$V_s = V_s(\%) \cdot \pi \cdot r_0^2 \tag{6-39}$$

地层损失一般可以分为如下三类：

（1）正常地层损失，即不考虑各种主观因素对地层损失的影响，认为盾构施工完全合乎预定的操作规程，地层损失的原因全部归结于施工现场的客观条件，如施工地区的地质条件或盾构施工工艺的选择等。因此，正常地层损失引起的地面沉降槽体积与地层损失量是相等的。在均质的地层中，正常地层损失引起的地面沉降也比较均匀。

（2）非正常地层损失，即由于盾构施工过程中操作失误而引起的地层损失。非正常地层损失引起的地面沉降具有局部变化特征，其引起的地面沉降差异较大。

（3）灾害性地层损失，即盾构开挖面土体发生突发性急剧流动或盾尾发生大量漏浆，形成爆发性崩塌，引起灾害性的地面沉降。这种土体损失主要出现在盾构隧道穿越水压较大的含水地层或流塑性较大的不良地层的过程中。

2. 固结沉降

由于盾构推进过程中的挤压、超挖和盾尾注浆作用，对地层产生了扰动，使隧道周围地层产生正、负超空隙水压力，从而引起的地层沉降。固结沉降可分为主固结沉降和次固结沉降。主固结沉降为超孔隙水压力消散引起的土层压密；次固结沉降是由于土层骨架蠕动引起的剪切变形沉降。

主固结沉降与土层厚度有着密切关系。土层厚度越大，主固结沉降占总沉降的比例越大。因此，在隧道埋深较大的工程中，主固结沉降的作用绝不可忽视。从理论上讲，盾构法施工引起隧道周围地表沉降是指主固结沉降、次固结沉降及施工沉降（也称瞬时沉降）三者之和。如果不考虑次固结沉降，总沉降应等于地层损失造成的施工沉降和由于地层扰动引起的主固结沉降之和。此时，位于隧道上方的任意一土层的相对沉降量是相同的。这是因为超孔隙水压力的消散土颗粒向着它原来的相对位置移动，当孔隙水压力完全消散完毕，土颗粒也就回到原来的相对位置。如果总沉降中计入次固结沉降，则还应加上由于地层土体原有结构破坏引起的蠕变沉降。

6.2.3　引起地层变位的因素

地层变位原因在于盾构法隧道施工产生土体扰动，从而引起地层移动。盾构开挖过程中地层变位的表现方式因盾构直径、覆土情况和地基状况的现场条件及盾构施工情况而不同。具体来说，引起地层变位的因素有以下 8 个方面：

（1）开挖面土体的开挖应力释放。土压平衡式盾构开挖面支护压力难以和土体原位土压力达到完全平衡，盾构掘进时，当工作面支护压力小于原位土压力时，开挖面土体则可能出现松动和崩塌，破坏了原来地层应力平衡状态，导致地层沉降；反之，当工作面支护压力大于原位土压力土时，前方土体背离土压仓移动，导致地层隆起。此外，盾构机后退也可能使开挖面塌落和松动引起地层损失而产生地表沉降。

（2）盾构超挖。盾构推进方向的改变、盾尾纠偏、仰头推进、曲线推进、刀盘超挖会使实际开挖面形状大于设计开挖面，从而引起超挖地层损失，造成地表沉降。

（3）盾尾注浆。盾构通过的同时向盾尾超挖空隙压注混凝土浆液，当压浆量不足或是注浆压力过小时，盾尾后部隧道周边土体向盾尾坍塌产生地层损失，土体挤入盾尾空隙，引起地层沉降；当注浆量较大或注浆压力远大于隧道上覆土压力时，使隧道周围的土体向背离隧道的方向移动，引起盾构上方土层的隆起。

（4）盾壳移动与地层间的摩擦和剪切作用。盾构向前掘进时盾构壳与周围土体之间发生错位，周围土体对盾构产生摩擦力，同时盾构也对周围土体施加指向盾构推进方向的摩擦力，周围土体受到盾构壳的剪切和挤压作用向前方和远离盾构的方向移动，引起地层损失。

（5）主固结沉降。盾构通过后，隧道周围孔隙水压力消散，土体有效应力增加，引起土体固结变形。

（6）次固结沉降。土体受施工扰动的持续次固结沉降往往要持续几年，在软土中它所占的沉降量比例甚至高达 35% 以上。

（7）正面障碍物。随盾构推进而移动的正面障碍物，使地层在盾构通过后产生空隙又未能及时注浆，引起地层沉降。

（8）隧道衬砌产生变形。盾构隧道衬砌在上覆土体压力及注浆压力的作用下发生变形，进而引发一定量的地层位移和地表沉降。因此，综合上述分析得出：盾构推进引起的地层移动因素有盾构直径、埋深、土质、盾构施工情况等，其中隧道线形、盾构直径、埋深等设计条件和土的强度、变形特征、地下水位分布等地质条件，属于客观因素；而盾构的形式、辅助施工方法、补砌壁后注浆、施工管理等情况，则属于主观因素。

6.2.4 盾构施工引起地层变位及机理

1. 地层变位阶段

盾构隧道下穿施工引起的地层变形在施工完成后经过一段时间的发展才达到最终状态，即盾构隧道下穿施工对地层的扰动同时具有"空间效应"和"时间效应"，盾构掘进施工过程中地层受力模式如图6-10所示。根据对地层变位的分析表明，按地层沉降变化曲线的情况，大致可分为：盾构到达前的地面变形、盾构到达时的地面变形、盾构通过时的地面变形、盾构通过后的瞬时地面变形、地层后期固结变形 5 个阶段（图 6-11）。

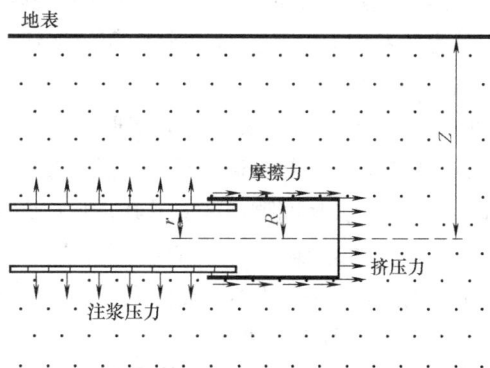

图 6-10 盾构掘进施工过程中地层受力模式示意图

2. 地层变形机理

盾构施工引起地层各阶段的变形机理如下：

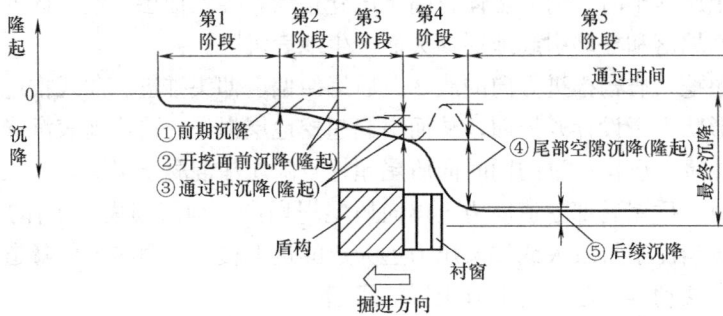

图 6-11   盾构掘进地层变位示意图

（1）盾构到达前的地面变形

在盾构掘进过程中，由于盾构施工参数设定不当、开挖面涌水、管片拼装不良等种种原因引起地下水位降低，地下水位降低相当于地基有效上覆土厚度增加，从而引起开挖面之前相当距离的观测点的沉降。对于土压平衡盾构，在其掘进过程中，由于工作面设定平衡压力过大，盾构前方土体还有可能产生一定量的隆起。

（2）盾构到达时的地面变形

在开挖面靠近监测点并到达监测点正下方这个过程中所产生的沉降或隆起现象。这是由于盾构机的正面平衡压力偏小或偏大等导致开挖面土压失衡，开挖面平衡压力又与盾构机的推进速度和出土量等施工参数密切相关。当盾构机的正面平衡压力等于开挖面静止土压力时，掘进对土体的影响最小；当盾构机正面平衡压力小于开挖面的静止土压力时，开挖面前方土体下沉；当盾构机正面平衡压力过大时，会引起开挖面前方土体隆起。当正面平衡压力偏离静止土压力一定范围时，地层变形处于近似弹性变形阶段，而且变化的速率较小；如果偏离较大的话，则土体发展为塑性变形。总体来说这是一种因土体的应力释放或者盾构开挖面的反向土压力、盾构机周围的摩擦力等作用而产生的土体变形。

（3）盾构通过时的地面变形

其主要指盾构机开挖面到达监测点一直到盾构机尾部通过监测点这一过程中所产生的变形。这个变形主要是由于盾构机推进过程中，盾壳与地层之间的摩擦和剪切作用破坏了原来的土体状况，周围土体在盾构壳的剪切和挤压作用向前方和背离盾构的方向移动，引起地面变形。

（4）盾构通过后的瞬时地面变形

其主要指盾构机尾部通过观测点正下方时产生的沉降。一方面，由于盾构机通过后盾构机尾部会产生一个盾尾间隙，这个尾隙的上方及周围土体应力释放引发周围土体向隧道方向坍塌入尾隙，造成地表沉降；另一方面，在盾尾注浆压力的作用下，尾隙周围土体的应力得到一定的平衡，当注浆压力较大时，尾隙周围土体会背离隧道方向移动，造成地表隆起。

（5）地层后期固结变形

由于盾构通过时对周围土体产生了扰动，造成隧道周围的空隙水压力发生变化，再加上前面所述原因的残余影响，在盾构通过后相当长的一段时间内，隧道周围土层将继续发生固结沉降和蠕动沉降。上述的各种沉降并非同时发生，而且工程地质条件和施工措施的不同，也会影响沉降的大小和类型。

3. 地层变形空间分布

盾构施工引起的地层变形在空间上呈三维形态分布，它随着盾构机推进沿纵向不断向前发展，产生的地面沉降槽也随之不断扩大，呈波浪式发展，并随时间的推移形成下沉盆地。地层沉降的空间状态如图 6-12、图 6-13 所示，具有如下特征。

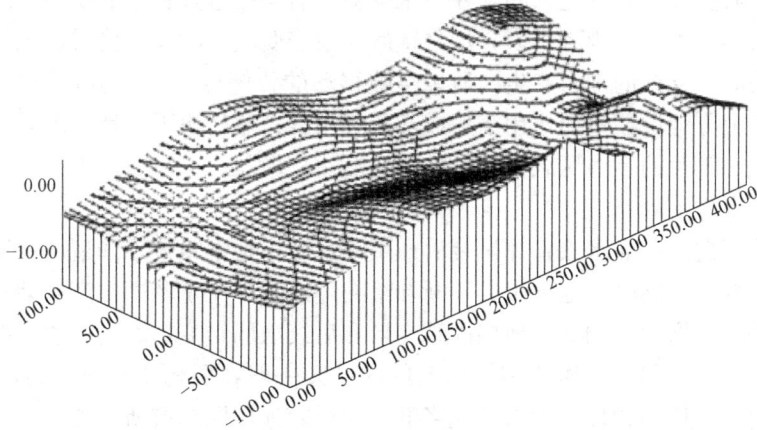

图 6-12　盾构施工地层沉降的三维分布状态图

（1）地层移动以盾构开挖面及隧道起点向上方、前方和侧向扩展，影响范围自盾构位置起从上到下逐渐增大，直至稳定，具有扩散性。

（2）地层位移量的大小随土层与隧道的相对位置不同而不同，并随两者距离的增加而减小，具有衰减性。在衬砌的拱顶，隧道轴线处，下沉量最大。

（3）地层移动产生的沉降槽曲线形状，在纵断面上可近似认为呈正态概率分布函数形状，在横向断面上可认为呈近似正态概率分布函数形状。

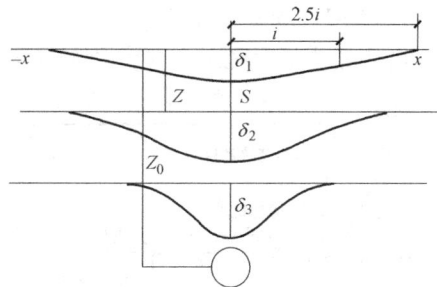

图 6-13　横向断面地层沉降的形状图

（4）盾构施工中，地表变形在纵向断面上近盾构刀盘前方为拉伸区，盾构刀盘后方为压缩区；横向断面上，在轴线为对称轴的沉降槽参数 i 范围内为压缩区，在 $i\sim3i$ 范围内为拉伸区。

（5）下沉盆大小与土层条件、隧道埋深等因素有关，并随埋深的增大而减小。

4. 土压平衡式盾构施工引起地层扰动机理

土压平衡式盾构施工工艺引起地层扰动机理如下：

（1）土仓压力与水、土压力失衡

由于地层条件十分复杂，土压平衡式盾构机掘进时常因推进量与排土量不等导致土仓压力与掘进面水、土压力失衡，引发地层变形：当土仓压力大于水、土压力时，掘进面前方地层进入加载阶段，产生挤压扰动区（掘进面前方地层发生前移、隆起）；当土仓压力小于水、土压力时，掘进面前方地层转入卸载阶段，产生卸荷扰动区（掘进面前方岩土体向内临空面移动，引起地层沉降）。

（2）盾壳对围岩的摩擦

盾构机在地层中掘进时，盾壳与围岩产生摩擦，隧道附近一定范围内的地层受到过大的剪切作用而产生剪切滑动面，在盾壳周围地层中形成剪切扰动区（范围一般不会很大）。

（3）盾尾空隙的存在和壁后注浆不充分

盾尾脱空后管片与开挖轮廓间存在盾尾空隙，盾构掘进过程中的变向、纠偏等施工行为更造成了盾尾空隙的不规则扩大，加之壁后注浆需要凝固时间，使得盾尾空隙无法被及时填充。失去盾壳支撑的围岩产生向盾尾空隙移动的弹塑性变形，引起周围岩土体松动、塌落，盾构机上方地层在重力作用下形成卸荷扰动区；盾构机下方地层因卸荷出现微量隆起，受盾构机、管片的重力压载作用，隆起变形比较微弱。

（4）地下水位下降

来自盾构掘进面的涌水或管片拼装后产生漏水时，地下水位下降造成地层有效应力增加，产生固结变形。同时，地下水的不断补给在隧道附近一定范围内产生动水压力，使地层有效应力进一步增大，加剧了地层固结变形和后续次固结变形。由于盾构掘进速度比地层固结速度快很多，因此，盾构施工引起的固结区一般在盾构机通过一段时间后才会形成。固结区内岩土体的物理力学参数先降低，而后随地层固结有所增加。

6.2.5　盾构隧道下穿施工对地层扰动分区

1. 盾构掘进方向分区

盾构隧道下穿施工是一个动态过程，随着盾构掘进面的推进，隧道附近的地层均会受到上述四种因素的扰动，地层变形沿盾构掘进方向按照挤压扰动区、剪切扰动区、卸荷扰动区和固结区四种趋势发展，不同扰动区域内岩土体经历的应力状态或应力路径不同，因而受扰动程度也不同。根据受盾构隧道掘进施工扰动机理的不同，可将受扰动区域地层沿盾构掘进方向进行分区，如图 6-14 所示。盾构隧道下穿施工对地层扰动范围及扰动程度的大小主要取决于盾构的施工状态。土仓压力大、掘进速度快、排土量小，则盾构掘进面前方地层受挤压形成塑性区，扰动范围由欠挖土量以及土性决定；土仓压力小、掘进速度慢、排土量大，则盾构掘进面土体易松弛崩

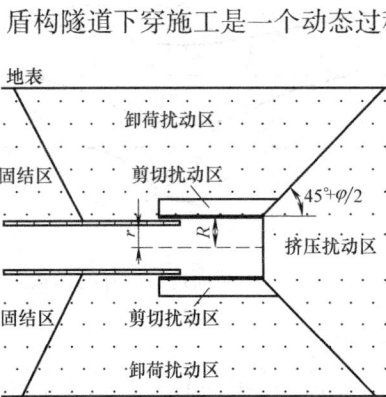

图 6-14　盾构隧道下穿施工对地层
扰动分区示意图（盾构掘进方向）

塌，扰动范围由超挖土量以及土性决定；盾尾的扰动范围及程度，主要由盾构掘进面扰动状态和盾尾空隙的土体损失量决定。

2. 垂直盾构掘进方向分区

盾构隧道下穿施工不可避免造成地层损失，扰动区地层在应力重分布过程中会产生不均匀沉降，致使土颗粒间互相"楔紧"，若隧道上覆土层厚度足够，隧道上方一定范围内的地层中便会出现成拱效应。按照盾构隧道下穿施工对地层扰动程度的不同，将受盾构隧道下穿施工扰动的地层划分为三个区域：Ⅰ区（强烈扰动区）——盾构隧道拱顶与破裂面、塌落拱之间的区域，该区域地层出现塑性流动，若无支撑会产生塌落；Ⅱ区（中等扰

动区）——破裂面以外一定区域，该区域地层出现弹性变形或应力升高，属于弹性区；Ⅲ区（弱扰动区）——不受盾构隧道施工影响或影响很小的区域。当盾构隧道上覆土层厚度较小或者隧道断面较大时，受盾构扰动的Ⅰ区和Ⅱ区范围会扩大，甚至扩展到地表；另外，盾构隧道双线距离较近时，两条线路的扰动影响会出现叠加效应，扰动区域发生交汇连通。沿垂直盾构掘进方向将盾构隧道下穿施工对地层扰动区域分区，如图 6-15 所示。

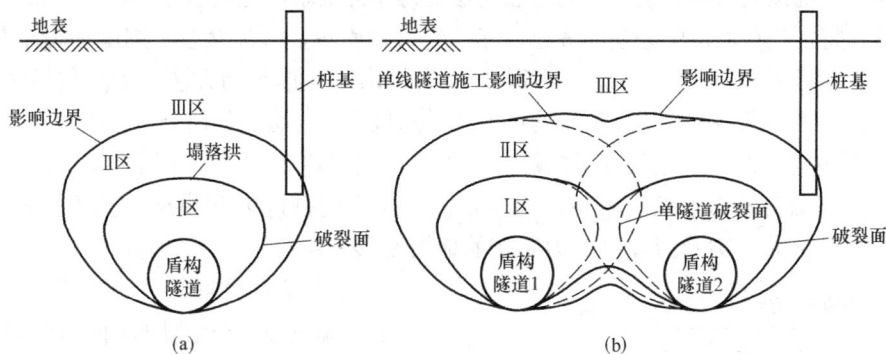

图 6-15 盾构隧道下穿施工对地层扰动分区示意图（垂直盾构掘进方向）

（a）单线隧道施工影响；（b）双线隧道施工影响

6.2.6 地层变位的特点

在盾构机推进的过程中，地层变位呈现以盾构机为中心的三维扩散分布，这个分布随盾构机的推进而发生同步移动。由于盾构机推进时，盾构前后各部位对周围土体环境的影响机理是不同的，因地层变位的分布特点也有所不同。对于黏性土，其地层变位分布有如下的主要特点：

（1）在盾构机开挖面的正前方有一个取土区，这一部分的土体将发生移动，移动的方向与盾构机的施工情况有关。如果盾构机的推进速度大而出土量小，相应的结果就是盾构机正面土压力过大，导致开挖面受到反向土压力，取土区的土体向远离盾构机方向移动；相反，如果改变盾构机的施工参数，则可能导致该部分土体向盾构机方向移动。

（2）盾构机推进过程中盾壳与周围土体产生摩擦和剪切，周围土体在摩擦力和剪切力作用下向前移动。

（3）开挖面前方取土区中土体的移动将直接导致地层下沉或隆起，如果开挖面土体向盾构机移动，则地层下沉；如果背向盾构机移动，则导致地基隆起。

（4）盾构机通过的瞬间产生了盾尾空隙，现在一般使用同步注浆来充填盾尾空隙，如果盾构机的同步注浆量不足的话，此处的土体发生应力释放而导致地基沉降；但如果注浆操作合理，也可能减少或消除沉降。

对砂性土来说，其地层变位特点与黏性土大致相同。但是在砂性土中，盾构推进时，在盾构顶部产生了类似于拱的效应：隧道正上方有一个松弛区，该区域内的沉降较大，而在往上时，地基沉降反而减小。这是因为"拱"下面松弛区域的土应力释放比较严重，导致了较大沉降；而由于拱的存在，拱上方的土体受到它的支撑作用，因而沉降较小。在黏性土和砂性土中，还有一个比较明显的不同，那就是盾构在砂性土中掘进时，一般盾构正面土压力作用较大，土体的隆起较黏性土要明显。

6.2.7　盾构隧道施工地层变形预测解析解

盾构法隧道施工引起地层移动和变形因素较多，如隧道的埋深、断面尺寸、支护形式、地质条件、施工方法、施工技术等。正是由于影响因素的多样性，地下工程的复杂性和不确定性，使得准确预测盾构施工引起的地层变形变得非常困难，此问题也一直是学者们重点关注的问题。特别是在城市中修建的隧道，邻近建筑物密集，管线众多，周围环境十分复杂，这更使准确变形预测问题难上加难。国内外学者提出的变形预测方法，主要包括经验公式法、理论解析法、模型试验法、神经网络方法、随机介质方法、数值分析方法等。

为分析盾构隧道施工地层变形的影响，以某区间隧道富水砂层土压平衡盾构施工过程为研究对象，综合考虑施工阶段各影响因素，建立盾构掘进力学模型。基于 Mindlin 解，推导考虑同步注浆压力及刀盘摩擦力影响的地层变形三维解。

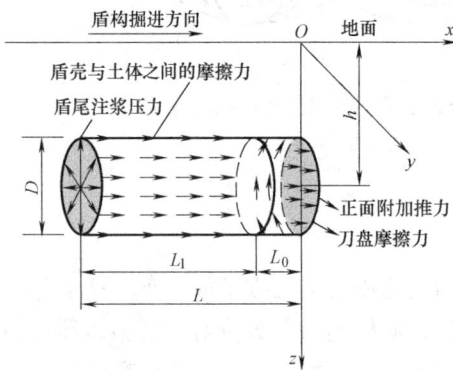

图 6-16　盾构掘进的力学模型

1. 计算模型及假定

盾构掘进力学模型如图 6-16 所示。其中，盾构推进过程中计算假定如下：

（1）土体为不排水固结和均质的线弹性半无限空间体；

（2）掌子面为荷载作用面，正面附加推力假设为圆形均布荷载；

（3）土体与刀盘之间的摩擦力在作用面处均简化为均匀分布；

（4）盾壳与土体之间的摩擦力沿盾壳圆周均匀分布；

（5）壁后同步注浆附加压力沿盾尾圆周环向均匀分布，作用范围为盾尾一环的长度，即 1.2m；

（6）盾构沿隧道轴线水平推进，不考虑推进过程的时间效应，仅考虑空间位置上的变化。

2. 正面附加推力引起的地层变形

假设分布荷载为 p_i，应用 Mindlin 解：

$$\mathrm{d}P = p_i \mathrm{d}A \tag{6-40}$$

对式中积分可得分布荷载作用下半无限体内的位移和应力分布。正面附加推力引起的地层变形计算简图如图 6-17 所示，在盾构开挖面的圆形区域内选取任意微元 $\mathrm{d}A = r\mathrm{d}r\mathrm{d}\theta$，即所受水平集中力为 $\mathrm{d}P = p_1 r\mathrm{d}r\mathrm{d}\theta$。利用 Mindlin 解公式可以推导出半无限土体中任一点 (x, y, z) 在附加推力作用下地层竖向变形计算公式为：

$$
\begin{aligned}
w_1 = \frac{p_1 x}{16\pi G(1-v)} \cdot \int_0^{2\pi}\int_0^R & \left[\frac{z-c}{R_1^3} + \frac{(3-4v)(z-c)}{R_2^3} - \frac{6cz(z+c)}{R_2^5}\right. \\
& \left. + \frac{4(1-v)(1-2v)}{R_2(R_2+z+c)}\right] r\mathrm{d}r\mathrm{d}\theta
\end{aligned}
\tag{6-41}
$$

$$c = h - r\sin\theta;$$

$$R_1 = \sqrt{x^2 + (y - r\cos\theta)^2 + (z-c)^2}; R_2 = \sqrt{x^2 + (y - r\cos\theta)^2 + (z+c)^2}$$

式中 x——盾构掘进方向至开挖面水平距离（m）；

y——垂直于隧道轴线的水平距离（m）；

z——至地面的竖向距离（m）；

h——隧道轴线至地面的距离（m）；

R——盾构计算半径（m）；

r——距隧道轴线径向距离（m）；

θ——圆心角（°）；

G——土体剪切模量（MPa）；

v——土体泊松比；

p_1——盾构机正面附加推力（kPa）；

w_1——正面附加推力引起的地层竖向变形（m）。

当 $z=0$ 时，式（6-41）即简化为正面附加推力引起地表竖向变形计算公式。

3. 刀盘与土体之间的摩擦力引起的地层变形计算

盾构在推进过程中，刀盘的驱动旋转会与周围土层产生摩擦力，含刀盘圆周面与周围土体产生的摩擦力和刀盘正面与周围土体产生的摩擦力。施工或分析时经常忽略这两部分摩擦力，而实际掘进施工中刀盘与周围土体产生的摩擦力会对土体产生扰动，引起地层变形，故需要分别讨论。

1）盾构刀盘正面处摩擦力引起的地层变形

取任意微元 $\mathrm{d}Ar\mathrm{d}r\mathrm{d}\theta$，即刀盘正面处所受集中力为 $\mathrm{d}P=p_{21}r\mathrm{d}r\mathrm{d}\theta$，按水平和竖向分解可得：水平向分力 $\mathrm{d}P_\mathrm{h}=p_{21}r\sin\theta\mathrm{d}r\mathrm{d}\theta$，竖向分力 $\mathrm{d}P_\mathrm{v}=p_{21}r\sin\theta\mathrm{d}r\mathrm{d}\theta$；则刀盘正面处摩擦力引起的地层竖向变形公式为：

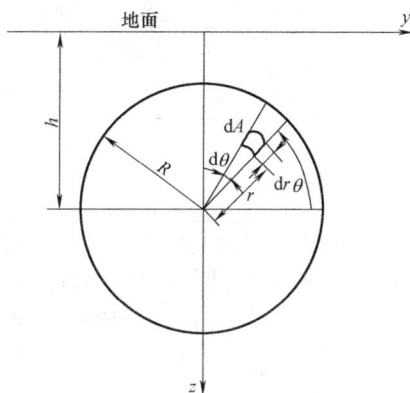

图 6-17 正面附加推力引起的地层变形计算简图

$$\left.\begin{aligned}
w_{21\mathrm{p}} &= \frac{p_{21}}{16\pi G(1-v)}\int_0^{2\pi}\int_0^R (y-r\cos\theta)\left[\frac{z-c}{R_1^3}+\frac{(3-4v)(z-c)}{R_2^3}\right.\\
&\left. -\frac{6cz(z+c)}{R_1^5}+\frac{4(1-v)(1-2v)}{R_2(R_2+z+c)}\right]\sin\theta r\mathrm{d}r\mathrm{d}\theta \\
w_{21\mathrm{v}} &= \frac{p_{21}}{16\pi G(1-v)}\int_0^{2\pi}\int_0^R\left[\frac{3-4v}{R_1}+\frac{8(1-v)^2}{R_2}-\frac{3-4v}{R_2}+\frac{(z-c)^2}{R_1^3}\right.\\
&\left. +\frac{(3-4v)(z+c)^2}{R_2^3}-\frac{2cz}{R_2^3}+\frac{6cz(z+c)^2}{R_2^5}\right]\cos\theta r\mathrm{d}r\mathrm{d}\theta
\end{aligned}\right\} \quad (6\text{-}42)$$

$$c=h-r\sin\theta;$$

$$R_1=\sqrt{x^2+(y-r\cos\theta)^2+(z-c)^2};\quad R_2=\sqrt{x^2+(y-r\cos\theta)^2+(z+c)^2}$$

式中 p_{21}——盾构刀盘正面与周边土体之间单位面积的摩擦力（kPa）；

$w_{21\mathrm{p}}$——刀盘正面处摩擦力水平向分力引起地层竖向变形（m）；

w_{21v}——刀盘正面摩擦力竖向分力引起地层竖向变形（m）。

故刀盘正面摩擦力引起的地层竖向变形为：

$$w_{2z}=w_{21p}+w_{21v} \tag{6-43}$$

2）刀盘圆周面处摩擦力引起的地层变形计算

取任意微元 $dA=R\,ds\,d\theta$，假定刀盘圆周面与周围土体之间单位面积的摩擦力为 p_{22}，即刀盘圆周面处所受集中力 $dP=p_{22}R\,ds\,d\theta$，按水平向和竖向分解可得，水平向分力 $dP_h=p_{22}R\sin\theta\,ds\,d\theta$，竖向分力 $dP_v=p_{22}R\cos\theta\,ds\,d\theta$；则盾构刀盘圆周面处摩擦力引起的地层竖向变形计算公式为：

$$
\begin{aligned}
w_{22p}=&\frac{p_{22}R}{16\pi G(1-v)}\int_0^{2\pi}\int_0^{L_0}(y-R\cos\theta)\left[\frac{z-c}{R_1^3}+\frac{(3-4v)(z-c)}{R_2^3}\right.\\
&\left.-\frac{6cz(z+c)}{R_1^5}+\frac{4(1-v)(1-2v)}{R_2(R_2+z+c)}\right]\sin\theta r\,dr\,d\theta\\
w_{22v}=&\frac{p_{22}R}{16\pi G(1-v)}\int_0^{2\pi}\int_0^{L_0}\left[\frac{3-4v}{R_1}+\frac{8(1-v)^2}{R_2}-\frac{3-4v}{R_2}+\frac{(z-c)^2}{R_1^3}\right.\\
&\left.+\frac{(3-4v)(z+c)^2}{R_2^3}-\frac{2cz}{R_2^3}+\frac{6cz(z+c)^2}{R_2^5}\right]\cos\theta r\,dr\,d\theta
\end{aligned}\tag{6-44}
$$

$$c=h-R\sin\theta;$$

$$R_1=\sqrt{x^2+(y-R\cos\theta)^2+(z-c)^2}\ ;R_2=\sqrt{x^2+(y-R\cos\theta)^2+(z+c)^2}$$

式中 p_{22}——刀盘圆周面与周围土体之间单位面积的摩擦力（kPa）；

　　w_{22p}——盾构刀盘正面摩擦力水平向分力引起的地层竖向变形（m）；

　　w_{22v}——盾构刀盘正面摩擦力竖向分力引起的地层竖向变形（m）；

　　L_0——刀盘宽度（m）。

故刀盘圆周面摩擦力引起的地层竖向变形为：

$$w_{2c}=w_{22p}+w_{22v} \tag{6-45}$$

4. 盾壳与土体之间摩擦力引起的地层变形

盾壳摩擦力引起的地层变形计算简图如图 6-18 所示。取盾构机外表面处任意微元 $dA=R\,dl\,d\theta$，即所受水平集中力为 $dP=p_3R\,dl\,d\theta$，利用 Mindlin 解公式可以推导出土体中任一点（x，y，z）的竖向变形计算公式。盾壳与土体之间的摩擦力引起的地层竖向变形计算公式为：

$$
\begin{aligned}
w_3=&\frac{p_3R}{16\pi G(1-v)}\int_0^{2\pi}\int_0^{L_1}(x+l)\left[\frac{z-c}{R_1^3}+\frac{(3-4v)(z-c)}{R_2^3}-\frac{6cz(z+c)}{R_1^5}\right.\\
&\left.+\frac{4(1-v)(1-2v)}{R_2(R_2+z+c)}\right]dl\,d\theta
\end{aligned}\tag{6-46}
$$

$$c=h-R\sin\theta;$$

$$R_1=\sqrt{(x+l)^2+(y-R\cos\theta)^2+(z-c)^2}\ ;R_2=\sqrt{(x+l)^2+(y-R\cos\theta)^2+(z+c)^2}$$

式中 p_3——盾壳与土体之间单位面积的摩擦力（kPa）；

　　w_3——盾壳与土体之间的摩擦力引起的地层竖向变形（m）；

L_1——盾构主机长度（m）。

$z=0$ 时，式（6-46）简化为盾壳与土体间摩擦力引起地表竖向变形计算公式。

5. 地层损失引起的地层变形

Sagaseta 将土体损失等效为一圆柱体，并认为土体损失沿轴线均匀分布，得到不排水条件下地表土体位移解析解为：

$$S_z = \frac{V_{1f}}{2\pi} \frac{h}{y^2+h^2} \left[1 - \frac{x}{\sqrt{x^2+y^2+h^2}} \right]$$

（6-47）

式中 V_{1f}——开挖面引起的地层损失量（m³/m）；

h——隧道埋深（m）。

因盾构隧道开挖引起的地层损失

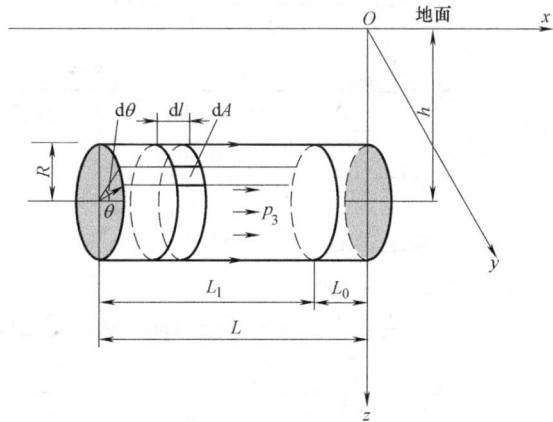

图 6-18 盾壳摩擦力引起的地层变形计算简图

主要来自于开挖面，上式仅考虑开挖面处地层损失，但盾尾处间隙同样会引起地层损失。若近似假定盾尾处地层损失沿盾尾圆周均匀分布且位于盾尾轴线，进而引起的地表竖向变形可表达如下：

$$S_z = \frac{V_{1t}}{2\pi} \frac{h}{y^2+h^2} \left[1 - \frac{x+L}{\sqrt{(x+L)^2+y^2+h^2}} \right]$$

（6-48）

式中 V_{1t}——盾尾引起的地层损失量（m³/m）；

L——盾构机长度（m）。

Loganathan 和 Poulos 在此基础上采用椭圆形非等量径向土体移动平面，提出预测地层位移的解析解，计算简图见图 6-19。其地表竖向变形计算表达式为：

$$w_0 = 41 - \nu \frac{V_{\text{loss}}}{\pi} \frac{h}{x^2+h^2} \exp \left[-\frac{1.38x^2}{(h+R)^2} \right]$$

（6-49）

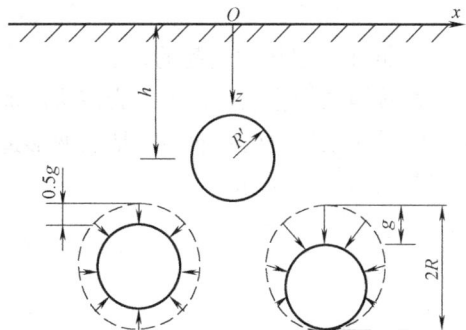

图 6-19 隧道周围土体变形模式示意图

式中 R——隧道半径（m）；

h——隧道埋深（m）；

x——隧道到中心线的距离（m）；

ν——泊松比；

V_{loss}——施工引起的隧道单位长度的地层损失量（m³/m）。

地层变形计算公式为：

$$
\left.
\begin{aligned}
S_x &= \frac{V_{\text{loss}}x}{\pi}\left(\frac{1}{x^2+(z-h)^2}+\frac{3-4v}{x^2+(z+h)^2}-\frac{4z(z+h)}{[x^2+(z+h)^2]^2}\right)\\
&\quad \exp\left[-\left(\frac{1.38x^2}{(h+R)^2}+\frac{0.69z^2}{h^2}\right)\right]\\
S_z &= \frac{V_{\text{loss}}}{\pi}\left(-\frac{z-h}{x^2+(z-h)^2}+\frac{(3-4v)(z+h)}{x^2+(z+h)^2}-\frac{2z[x^2-(z+h)^2]}{[x^2+(z+h)^2]^2}\right)\\
&\quad \exp\left[-\left(\frac{1.38x^2}{(h+R)^2}+\frac{0.69z^2}{h^2}\right)\right]
\end{aligned}
\right\}
\tag{6-50}
$$

式中　z——离地表的距离（m）；

其他参数含义同前。

综合上述研究成果，考虑开挖面损失和盾尾损失修正的 Sagaseta 公式，可得计算式如下：

$$
\left.
\begin{aligned}
S_x &= \frac{V_{1\text{f}}}{2\pi}\left(-\frac{z-h}{x^2+(z-h)^2}+\frac{(3-4v)(z+h)}{x^2+(z+h)^2}-\frac{2z[x^2-(z+h)]}{[x^2+(z+h)^2]^2}\right)\\
&\quad \left[1-\frac{x}{\sqrt{x^2+y^2+h^2}}\right]\exp\left[-\left(\frac{1.38x^2}{(h+R)^2}+\frac{0.69z^2}{h^2}\right)\right]\\
S_z &= \frac{V_{1\text{t}}}{2\pi}\left(-\frac{z-h}{x^2+(z-h)^2}+\frac{(3-4v)(z+h)}{x^2+(z+h)^2}-\frac{2z[x^2-(z+h)^2]}{[x^2+(z+h)^2]^2}\right)\\
&\quad \left[1-\frac{x+L}{\sqrt{(x+L)^2+y^2+h^2}}\right]\exp\left[-\left(\frac{1.38x^2}{(h+R)^2}+\frac{0.69z^2}{h^2}\right)\right]
\end{aligned}
\right\}
\tag{6-51}
$$

式中　$V_{1\text{f}}$——开挖面损失量（m^3/m）；

　　　$V_{1\text{t}}$——盾尾损失量（m^3/m）。

故地层损失引起的地层竖向变形为：

$$
w_4 = w_{4\text{f}} + w_{4\text{t}}
\tag{6-52}
$$

6. 同步注浆压力引起的地层变形计算

在盾构同步注浆过程中，为使浆液能较好地充填盾尾间隙，注浆浆液需具有一定的压力，同时注浆压力也必然会对地层变形造成一定的影响。同步注浆压力引起的地层变形计算简图如图 6-20 所示。

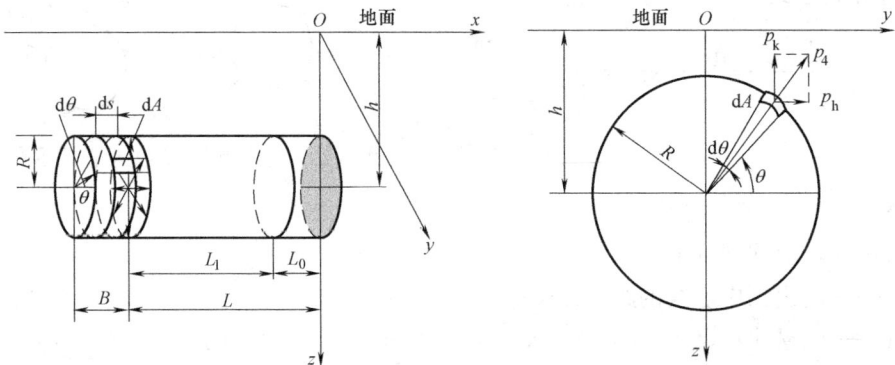

图 6-20　同步注浆压力引起的地层变形计算简图

沿盾尾处圆周径向均匀分布的同步注浆附加压力为 p_4，纵向作用范围为管片宽度 B，取任意微元 $dA = R\,ds\,d\theta$，隧道外表面处所受集中力为 $dP = p_4 R\,ds\,d\theta$，按水平向和竖向分解为水平向分力 $dP_h = p_4 R\cos\theta\,ds\,d\theta$，竖向分力 $dP_v = p_4 R\sin\theta\,ds\,d\theta$；则此作用下引起的地层竖向变形计算公式为：

$$
\left.
\begin{aligned}
w_{5p} &= \frac{p_4 R}{16\pi G(1-v)} \int_0^{2\pi}\int_0^B (y - R\cos\theta)\left[\frac{z-c}{R_1^3} + \frac{(3-4v)(z-c)}{R_2^3}\right.\\
&\quad \left. - \frac{6cz(z+c)}{R_2^5} + \frac{4(1-v)(1-2v)}{R_2(R_2+z+c)}\right]\cos\theta r\,dr\,d\theta \\
w_{5v} &= \frac{p_4 R}{16\pi G(1-v)} \int_0^{2\pi}\int_0^B \left[\frac{3-4v}{R_1} + \frac{8(1-v)^2}{R_2} - \frac{3-4v}{R_2} + \frac{(z-c)^2}{R_1^3}\right.\\
&\quad \left. + \frac{(3-4v)(z+c)^2}{R_2^3} - \frac{2cz}{R_2^3} + \frac{6cz(z+c)^2}{R_2^5}\right]\sin\theta r\,dr\,d\theta
\end{aligned}
\right\} \tag{6-53}
$$

$$
c = h - R\sin\theta;
$$
$$
R_1 = \sqrt{(x+L+s)^2 + (y-R\cos\theta)^2 + (z-c)^2};
$$
$$
R_2 = \sqrt{(x+L+s)^2 + (y-R\cos\theta)^2 + (z+c)^2}
$$

式中 p_4——盾尾处注浆附加压力（kPa）；

     w_{5v}——同步注浆压力竖向分力引起的地层竖向变形（m）；

     w_{5p}——同步注浆压力水平向分力引起的地层竖向变形（m）；

     L——盾构机长度（m）；

     B——管片宽度（m）。

故盾尾处同步注浆附加压力引起的地层竖向变形为：

$$
w_5 = w_{5p} + w_{5v} \tag{6-54}
$$

7. 盾构隧道施工引起的地层总变形计算公式

根据上述推导，可得在正面附加推力、盾构刀盘与土体间摩擦力、盾壳与土体间摩擦力、地层损失、同步注浆压力等共同影响下的地层竖向总变形为：

$$
w_z = w_1 + w_{2z} + w_{2c} + w_3 + w_4 + w_5 \tag{6-55}
$$

6.3 盾构隧道施工对浅基础的影响

处在盾构施工影响范围的建筑物都会因为盾构施工对土体的扰动而受到影响。盾构施工不可避免会对盾构周围土体产生扰动，地层会因为这种扰动而产生土体水平方向和垂直方向的位移，土体应力-应变状态及土的含水率、体积、压缩模量等参数也都会随着盾构的不同推进状态而产生变化。这种扰动会打破建筑物基础的外力平衡条件，当外力平衡由于地层变化而被打破，建筑物的外力条件由旧的平衡向新的平衡发展的过程中，建筑物会随着这一过程而产生沉降、倾斜等现象。特别是如果建筑物发生了差异沉降，当其发展超过了控制值时，建筑物轻则出现倾斜或裂缝，重则会造成受力构件破坏甚至建筑物整体坍塌或倾倒。在盾构施工过程中，盾构推进对建筑物的影响受到众多因素的控制，其中起主要作用的是土体性质、建筑物基础形式以及建筑物与隧道的位置关系。

6.3.1　影响浅基础稳定的因素

盾构法隧道施工影响浅基础稳定性的主要原因，有施工过程中地层原始应力状态改变、地层损失、土体固结和次固结作用、衬砌结构变形等。主要表现为：

1）掌子面土体位移

当掌子面支护压力大于原始侧向应力时，则正面土体向前移动，导致负地层损失而导致盾构上方土体隆起；反之，当掌子面支护压力小于原始侧向应力时，开挖面土体向盾构内移动，导致地层损失而导致盾构上方地层沉降。

2）盾构对土体的剪切摩擦和挤压扰动

盾构掘进时都不同程度对土层产生剪切摩擦和挤压扰动。此外，盾构掘进进行垂直或水平纠偏以及遇到弯道时，也会使周围的土体受到挤压，从而导致地表变形及浅基础不均匀沉降，其变形和沉降大小与地层的土质及隧道埋深有关。

3）盾构刀盘的超挖

为使盾构能够顺利前行，需要减小盾壳上的摩擦阻力，一般盾构刀盘外径要略大于盾构壳外径，进而在盾构壳外围产生一定厚度的间隙，盾构机因为自重下沉到底部，在横断面上形成超挖间隙，随后周边土体由于填充超挖间隙而产生指向盾构的径向位移，浅基础也会相应随着土体下沉而沉降。

4）改变掘进方向引起的超挖

盾构在曲线推进、纠偏、叩头掘进或抬头掘进过程中，实际开挖断面不是圆形而是椭圆，超挖后引起间隙产生，进而导致浅基础随土体下沉而沉降。

5）土体挤入盾尾间隙

因为注浆不及时，使盾尾后部隧道周围土体向盾尾空隙移动，产生地层损失，导致地层沉降。在含水不稳定地层中，这往往是导致浅基础下沉的主要因素。

6）盾尾同步注浆与及时注浆

地层位移与盾尾填充注浆量密切相关，注浆量不足时，周围土体填充盾尾间隙引起地层沉降；反之，注浆量过大时，容易导致地层隆起变形，进而导致浅基础变形。

7）管片的变形

在隧道衬砌脱出盾尾后，土压力作用下管片产生的变形会引起少量地层移动。

8）土体主固结和次固结作用

主固结沉降为扰动土因超静孔隙水压力消散而产生的地面沉降；次固结沉降为土体骨架发生持续很长时间的压缩变形，在此土体蠕变过程中产生的地面沉降。特别在灵敏度和孔隙比较大的软塑和流塑性黏土中，次固结沉降往往要持续几年以上，其所占总沉降量比例可超过35%。此外，注入盾尾孔隙的浆体也会产生固结沉降。

除了以上各种影响浅基础稳定的原因外，盾构隧道推进时，浅基础稳定性还受到隧道埋深、上部荷载、土层性质、盾构机性能和操作水平等影响。

盾构施工对浅基础建筑物的影响，应主要考虑建筑物基础以下土体的变形情况。该部分土体无论是垂直方向变形还是水平方向变形都会对浅基础建筑物造成显著影响。所以，盾构施工对浅基础建筑影响可以从以下两个角度进行分析：

1）建筑物受地表垂直变形的影响

如果建筑物发生垂直方向的均匀沉降，而且沉降不十分剧烈的情况下，不会影响建筑物的安全性能。而相比均匀沉降，即使绝对值并不大的不均匀沉降也会对建筑物造成破坏。这是因为不均匀沉降会使建筑物的结构出现剪切扭曲，这极容易对钢筋混凝土造成破坏。当框架结构建筑物发生不均匀沉降时，相比其他结构建筑物，更容易受到不均匀沉降的破坏。不均匀沉降会使其范围内的梁、柱产生极大的弯矩，并引发多种变形。另外当建筑物位于盾构施工影响范围内的地表沉降正曲率区内时，建筑物可能会发生倒八字形式的裂缝。相对的，当建筑物位于盾构施工影响范围内的地表沉降负曲率区内时，建筑物可能会发生正八字形式的裂缝，如图 6-21 所示。

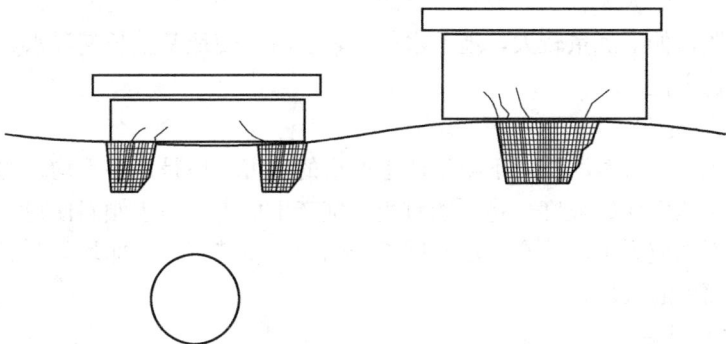

图 6-21　建筑物受地表垂直变形损害示意图

2）建筑物受地表水平变形的影响

无论砌体结构还是框架结构，由于其组成材料的力学性能限制，建筑物在受到水平拉伸的情况下，都容易对其结构造成严重影响。尤其是砌体建筑物，其建筑材料整体性以及抗拉能力相比框架结构更加低下，即使不大的水平拉伸也会对其造成严重影响乃至破坏。这种破坏集中体现在砌体建筑物的门窗洞口等位置，如图 6-22、图 6-23 所示。

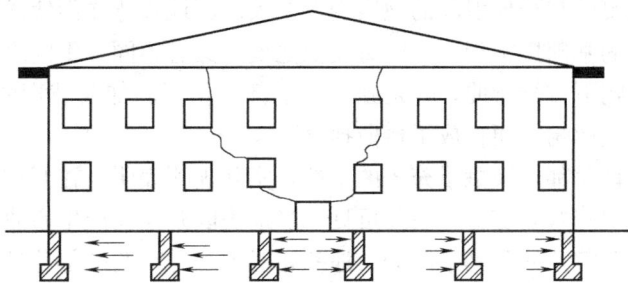

图 6-22　建筑物受到拉伸破坏

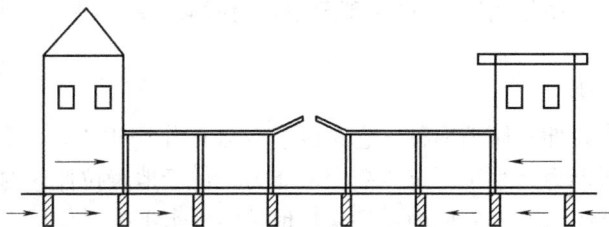

图 6-23　建筑物受到压缩破坏

6.3.2　盾构开挖对浅基础危害

隧道开挖施工引起的对地表以及浅基础的危害可以分为直接开挖损害和间接开挖损害两种情况。位于主要影响范围内浅基础所受损害成为直接开挖损害；但在个别情况下，在主要范围以外比较远的地方，也可以发现开挖影响的存在，这种影响也与隧道开挖施工有关，成为间接开挖损害，如开挖引起的大范围内地下水变化对环境影响等。常见的开挖损害可以下列形式表现出来：

1. 沉降损害

地表均匀沉降使浅基础产生整体下沉，一般说来，这种均匀沉降对于浅基础稳定性和使用条件并不会产生太大影响，但是过量的地表下沉，即使是均匀的，也有可能从另一方面带来严重问题，如下沉量较大，地下水位又较浅时，使地基土长期浸水，强度减低，进而影响浅基础稳定性。

2. 地表倾斜损害

虽然地层沉降本身对浅基础不至于产生严重的损害，但是地层不均匀的沉降所导致的地表倾斜改变了地面原始坡度，将可能对浅基础产生危害。地表倾斜使得上部结构重心发生倾斜，引起附加应力重新分布，浅基础承受的均匀荷载将变成非均匀荷载，导致基础内应力发生变化而引起破坏。

3. 地表曲率损害

由于曲率使得地表形成曲面，地表曲率对浅基础有较大影响。在负曲率（地表相对下凹）作用下，浅基础中央部分悬空，使基础产生正八字裂缝和水平裂缝，再发展到上部结构。如果基础长度过大，则在重力作用下，将会从底部断裂，使浅基础破坏；在正曲率（地表相对上凸）的作用下，基础两端将会部分悬空，使基础和墙体产生倒八字裂缝，严重时会造成建筑物倒塌。

浅基础因地表弯曲而导致的损害是一种常见的开挖损害形式，这种损害与地基本身力学性质有关，更主要的与开挖引起的地表变形有关。因地表弯曲而使浅基础遭受的损害与因地基不良而发生的基础损害相比，既有类似之处，又有不同，不同之处在于开挖引起的地基弯曲在开挖影响下自行弯曲，它是独立于上部结构所施加荷载弯曲，在这种前提下，由于叠加建筑物自重影响，便构成了弯曲损害。

一般基础在设计时都未被赋予充分的柔性，实际观测表明，在开挖影响下，基础单位弯曲变形总要小于地基弯曲变形。由此可见，当地表因开挖而产生弯曲时，基础中部基础将悬空，从而将荷载转移到其余部分。地基相对上凸时，两端部分悬空，荷载向中央集中，因此在地表相对上凸区（即正曲率作用区），浅基础可能形成倒"八"字形裂缝；而在相对下凹区（即负曲率作用区），中央部分空，荷载向两端集中，浅基础可能形成"八"字形裂缝。

4. 地表水平变形损害

地表水平变形有拉伸和压缩两种，它对浅基础破坏作用很大，尤其是拉伸变形影响，浅基础抵抗拉伸变形能力远小于抵抗压缩变形能力。位于地表拉伸区的基础，其基础底面受到来自地基外向摩擦力，基础侧面受到来自地基向外水平推力作用，而一般基础抵抗拉伸作用能力很小，不大的拉伸变形足以使基础开裂。

地下水管及煤气管对其轴向地表水平变形也非常敏感。在拉伸变形作用下，可以造成管接头漏水漏气，甚至接口脱开；压缩变形可以使接头受压而漏损，严重的可以压坏接头，甚至使管道产生裂缝。

6.3.3 盾构施工对浅基础影响范围的确定

在工程应用中，一般把盾构对周围环境的影响按范围划分为：受影响区域和不受影响区域。对不受影响区域的建筑物认为受施工影响程度可忽略不计；而部分或全部位于受影响区域的建筑物则要进行影响程度的判断，对受影响程度大者需要采取相应处理措施。目前，对影响区域的划分，还没有统一标准。但基本原则是：建筑物基础底部向下卧层地基土扩散附加应力的有效范围，应离开隧道周围和上方土体受扰动后的塑性区，以防止塑性区土体的施工沉降和后期固结沉降引起建筑物不能承受的差异沉降。相关文献中提出：假定基底压力按 $45°$ 向下扩散，影响范围边线定在隧道扰动区外，并认为隧道扰动区为 $2R$（R 为隧道半径）。盾构施工影响范围划分如图 6-24 所示。

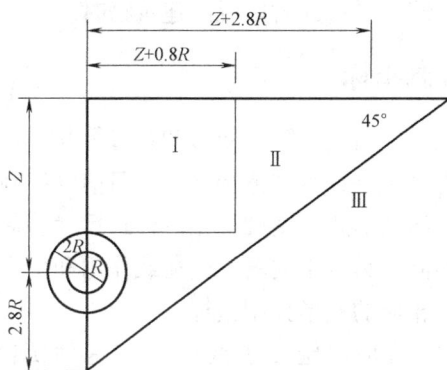

图 6-24 盾构施工的影响范围划分图

其中，Ⅲ区为不受影响区域，而Ⅰ、Ⅱ区为受影响区域。且一般Ⅰ区的建筑需要采取托换、加固等措施来保证安全；Ⅱ区的建筑物会受到影响，但一般不会对安全和正常使用造成影响。

对于受影响区域的建筑物特别是Ⅰ区的建筑物，为确定其受影响的程度以及是否需要采取措施和采取哪些措施，必须对已有建筑物进行变形等预测分析，定量掌握建筑物受盾构施工的影响程度。主要有两种预测方法：将建筑物和地层分开考虑的隔离法、将建筑物和土层作为整体考虑的整体分析法。

1. 隔离法

把建筑物和地基分开考虑，首先进行地基变形预测分析，然后将盾构掘进引起的地基变化作为建筑物的输入条件进行结构分析。分析中，又可根据建筑物的结构情况分为两种方法：

（1）将地层的变形作为建筑物的变形。该方法主要适用于刚度相对较小的柔性建筑物，如一般的多层建筑物。

（2）给结构物施加相当于地层变形而产生的土压力。该方法适用于刚度大，变形受自身刚度影响大的结构物。对于此类结构物在进行预测分析时，一般可以将盾构施工时引起的地层变形对结构物的影响，转化为弹性作用力作用在结构物上。因此，可用弹性地基梁模型进行分析。

2. 整体分析法

将土层和结构物作为一个整体来进行分析，一般需用有限元等数值方法进行计算分析。分析中，因存在地层单元和结构物分离的可能性，往往需在建筑物基础和地基、管片衬砌和周围土层之间设定特殊的接触面单元。对盾构施工工艺影响的模拟，通常要考虑开挖面压力的模拟、盾尾间隙和注浆的模拟、管片衬砌的模拟。对于注浆可采用两种方法来模拟：一是通过调整隧洞周边地层释放荷载的大小，来反映灌浆迟早等注浆参数的影响；二是将灌浆开始时间、灌浆压力、灌浆量等作为地层移动的影响因素，在确定盾尾空隙量时综合反映其影响。盾构施工对建筑物的影响是一个动态发展的过程，盾构的位置不同，地层的变形情况也不同，故用三维模型进行模拟分析较为合适。为了简化分析，也可采用平面分析。分析时，须要根据具体情况选择适宜的工况，通常考虑的工况为：①建筑物接近开挖面时；②盾构通过建筑物时；③盾尾脱出建筑物时。

6.3.4　邻近建筑安全控制指标

隧道开挖完全要求建筑物不出现沉降、变形和裂缝等几乎是不可能的，只是其大小而已，问题的关键在于如何将其控制在容许范围之内。目前的控制标准值往往是由专家们根据经验规定的。建筑物由于结构形式、基础类型、建筑尺寸、荷载情况、建造时期和使用情况、功能和重要性等的不同，具有不同的承受荷载作用和变形的能力，因此，必须根据其建筑物的实际情况来确定相应的变形控制指标。

实际工程中，一般规定盾构法施工引起的允许地面沉降值为 30mm、隆起值为 10mm。不同结构类型的建筑物在不同沉降差下的反应如表 6-1 所示。建筑物承受地表沉降、沉降差或地表角变位的允许值在一些设计规程或手册中都有所规定。

建筑物在不同沉降差下的反应　　　　　　　　表 6-1

建筑结构类型	δ/L δ 为差异沉降，L 为建筑物长度	建筑物反应
一般砖墙承重结构，包括有内框架的结构；建筑物长高比小于10；有圈梁（天然地基）	达 1/150	分隔墙及承重砖墙产生相当多的裂缝，可能发生结构性破坏
一般钢筋混凝土框架结构	达 1/150	发生严重变形
	达 1/500	开始出现裂缝
高层刚性建筑（箱形基础、桩基）	达 1/250	可观察到建筑物倾斜
有桥式行车的单层排架结构的厂房（天然地基或桩基）	达 1/300	桥式行车运转困难，不调整轨面水平难运行，分隔墙有裂缝
有斜撑的框架结构	达 1/600	处于安全极限状态
一般对沉降差反应敏感的机器基础	达 1/850	机器使用可能会发生困难，处于可运行的极限状态

由于地基不均匀等因素产生的变形，对于砌体承重结构应有局部倾斜控制，砌体承重

结构沿纵墙 6～10m 内基础两点的沉降差与其距离的比值，对中低压缩性土为 0.002，对高压缩性土为 0.003；对于框架结构和单层排架结构应有相邻柱基的沉降差控制，单层排架结构（柱距为 6m）柱基的沉降量为 200mm，框架结构对中、低压缩性土的沉降差为 0.002L，对高压缩性土的沉降差为 0.003L（L 为相邻柱基的中心距离，单位为 mm）；对于多层或高层建筑或高耸结构，应有倾斜值和沉降量控制；必要时应控制平均沉降量，对于体型简单的高层建筑基础的平均沉降量的限制为 200mm。如表 6-2、表 6-3 所示。

多层和高层建筑的整体倾斜允许值　　　　　　　　　　　表 6-2

建筑物高 H_g(m)	$H_g \leqslant 24$	$24 < H_g \leqslant 60$	$60 < H_g \leqslant 100$	$H_g > 100$
倾斜允许值	0.004	0.003	0.0025	0.002

高耸结构基础的变形允许值　　　　　　　　　　　表 6-3

建筑物高 H_g(m)	$H_g \leqslant 20$	$20 < H_g \leqslant 50$	$50 < H_g \leqslant 100$	$100 < H_g \leqslant 150$	$150 < H_g \leqslant 200$	$200 < H_g \leqslant 250$
倾斜允许值	0.008	0.006	0.005	0.004	0.003	0.02
基础沉降量(mm)	410			330		210

注：H_g 为自室内外地面起算的建筑物高度（m）；倾斜指基础倾斜方向两端点的沉降差与其距离的比值。

6.3.5　荷载法的建立及求解

由于开挖卸荷和建筑空隙，使上覆土体在某一时间段上失去支撑，从而产生一定沉降；同时隧道掘进和注浆时扰动打破土体原来的平衡，受扰动土体再次固结从而产生沉降。从广义上讲，开挖卸荷也是对上覆土体产生扰动，可看作广义扰动荷载。

Peck 公式是在没有考虑建筑物工况下拟合的高斯分布曲线，曲线较为规则。但盾构实际施工中，往往距离建筑物很近，有时在建筑物下方穿过。盾构施工引起土体扰动，必然会引起周围建筑物的附加沉降，产生附加荷载作用在盾构周围土体上，从而引起更大的地面沉降，如图 4-13 所示。

Peck 公式是通过大量实践观察所得的经验公式，横向地面最大沉降量 S_{max} 是由沉降槽宽度系数 i 和体积损失率 η 决定的，因而怎样通过较为简便的理论公式求得有建筑物时的横向地面最大沉降量 S_{max} 是需要去研究的。所以在以上述思路考虑在盾构施工中将地层损失简化为扰动荷载，同时考虑建筑物荷载的存在。基于弹性半空间的 Boussineq 解，求得扰动荷载作用下地面最大沉降和建筑物荷载引起的地面沉降。再根据叠加原理和 Peck 公式，进而求得邻近建筑物工况下的盾构施工引起的地面沉降值。

1. 扰动荷载建模

1）模型的建立

开挖卸荷产生沉降的扰动荷载是竖直向下的，隧道掘进和注浆时的扰动荷载也可视作竖向。这里将开挖卸荷的扰动荷载和隧道掘进与注浆时的扰动荷载总称为扰动荷载。轴线上某一点的最大沉降，是由上覆土在竖向扰动荷载作用下产生的。为简化研究，假设：土体为均质的弹性半无限体，并不考虑排水固结；扰动荷载为一锥形荷载，其最大值为 p_0，底面圆的半径为 a。图 6-25、图 6-26 分别为盾构隧道横、纵截面荷载示意图。

由弹性半空间表面上作用一个集中力时，半空间内任意点 $M(x, y, z)$ 处所引起的竖向位移的弹性力学解答为：

$$w = \frac{p_0(1+\mu)}{2pE} \cdot \frac{z^2}{r^3} + \left[2(1-\mu)\frac{1}{r} \right] \tag{6-56}$$

式中 p——作用于坐标原点的竖向集中力（kN）；

E——弹性模量（Pa）；

r——M 点至坐标原点的距离（m）；

μ——土的泊松比。

取 M 坐标为 $z=0$，则得半空间表面任意点竖向位移 $w(x, y, 0)$，即地面沉降 s：

$$s = w(x,y,0) = \frac{p_0(1-\mu^2)}{pEr} \tag{6-57}$$

中心点处对应的沉降值即为最大沉降值 S_{max}：

$$S_{max} = \iint_D \frac{p_0(1-\mu^2)}{pEr} \mathrm{d}x\,\mathrm{d}y \tag{6-58}$$

式中，积分范围 D 即扰动荷载作用范围的投影，为半径为 a 的圆平面。

为方便计算，将荷载分成两部分计算，荷载 1 是圆柱形扰动荷载，荷载 2 是圆柱形扰动荷载减去锥形荷载。在荷载 1 的作用下，得到：

$$S_1 = \frac{p_0(1-\mu^2)}{pEr} \int_0^{2\pi} \mathrm{d}\theta \int_0^a \mathrm{d}r = \frac{2p_0 a(1-\mu^2)}{E} \tag{6-59}$$

则最大沉降值 S_{max} 为：

$$S_{max} = S_1 - S_2 = \frac{p_0 a(1-\mu^2)}{E} \tag{6-60}$$

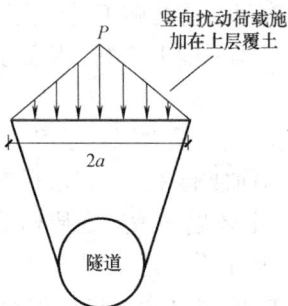

图 6-25   隧道横截面扰动荷载示意图

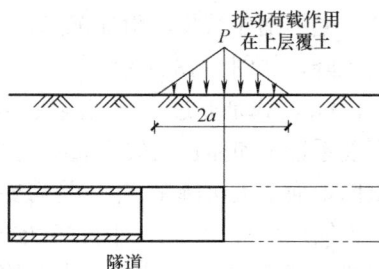

图 6-26   隧道纵截面扰动荷载示意图

2）参数的确定

（1）空隙参数 g 及其确定

隧道产生沉降由建筑空隙及施工扰动引起，则荷载 p_0 源于空隙部分的重力。Lee 和 Rowe 假定土体具有三维弹塑性关系，对加拿大略省桑德贝隧道施工进行分析，引入了空隙参数，反映隧道开挖推进和隧道施工引起的土体损失，空隙参数 g 定义为：$g = G_p + U_{3d} + w$，式中 G_p 为物理间隙（m），$G_p = 2\Delta + \delta$，Δ 为盾尾壁厚，δ 为拼装衬砌空间，如图 6-27 所示，U_{3d} 盾构开挖面上等量的三维弹塑性变形，w 是与施工质量有关的参数。

U_{3d} 主要由盾构前方超挖引起，当采用超挖量为 0 的土压平衡盾构时，$U_{3d} = 0$，在本

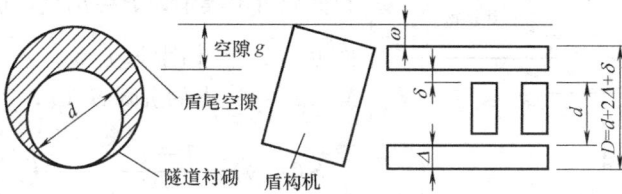

图 6-27 盾尾空隙图

文研究中，作为超挖量为 0 的情况予以考虑。w 为施工因素，可取 $0.6G'_p$，一般地，$G'_p = \alpha G_p$，G'_p 考虑到注浆填充，对黏土 $\alpha = 0.116(h/2R) - 0.042$。

（2）参数 p_0 的确定

p_0 是由于空隙部分土体重力产生，与土质条件与施工因素有关，则单位面积空隙土体自重为：

$$p_0 = \pi \gamma g (D^2 - d^2) \tag{6-61}$$

式中 γ——土的重度（N/m³）；

g——空隙参数；

D——盾构机外径（m）；

d——衬砌管片外径（m）。

（3）参数 a 的确定

p_0 作用范围和影响范围是由开挖卸荷的扰动荷载和隧道掘进和注浆时的扰动荷载引起的，其作用范围可近似认为等于盾构隧道的地表沉降槽系数，其作用范围可近似认为等于地表沉降槽范围，所以可以认为底面圆的半径等于沉降槽宽度系数，即 $a = i$。综上可知，地面最大沉降值的计算公式为：

$$S_{max} = \frac{p_0 a (1 - u^2)}{E} = \frac{\pi \gamma g i (D^2 - d^2)(1 - \mu^2)}{E} \tag{6-62}$$

结合 Peck 公式，则由盾构开挖扰动荷载引起的地表横向沉降计算公式为：

$$S_{扰} = S_{max} \exp\left(-\frac{x^2}{2i}\right) = \frac{\pi \gamma g i (D_2 - d_2)(1 - \mu^2)}{E} \exp\left(-\frac{x^2}{2i}\right) \tag{6-63}$$

2. 建筑物荷载建模

当建筑物位于盾构隧道地表沉降槽范围内时，盾构隧道开挖空隙会引起建筑物附加沉降，相当于建筑物荷载作用在地表上引起沉降。若建筑物位于沉降槽之外时，地表未变形，建筑物的存在未引起附加沉降，从而可以忽略建筑物荷载存在。图 6-28、图 6-29 分别为盾构隧道横、纵截面荷载示意图。对于建筑物荷载作用下的地表沉降，可利用弹性半空间的 Boussineq 解，再根据叠加原理求得。

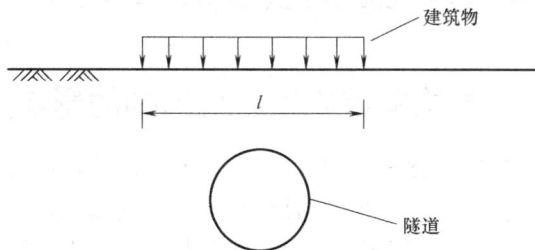

图 6-28 隧道横截面建筑物荷载示意图

设荷载面 A 内 $N(\xi, \eta) \, d\xi d\eta$ 点处的分布荷载为 $p_1(\xi, \eta)$，则该点微面积 $d\xi d\eta$ 上的分

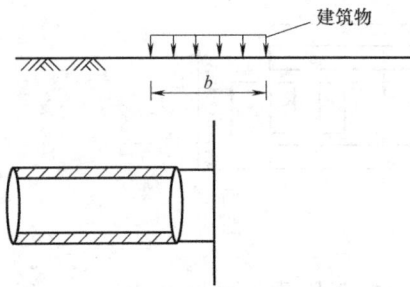

图 6-29　隧道纵截面建筑物荷载示意图

布荷载可由集中力 $P=p_1(\xi,\eta)\mathrm{d}\xi\mathrm{d}\eta$ 代替，则地面上与 N 点相距为 $r=\sqrt{(x-\xi)^2+(y-\eta)^2}$ 的 $M(x,y)$ 点的沉降 $S(x,y)$ 积分得：

$$S(x,y)=\frac{1-\mu^2}{\pi E}\iint\limits_A \frac{p1(\xi,\eta)\mathrm{d}\xi\mathrm{d}\eta}{\sqrt{(x-\zeta)^2+(y-\eta)^2}}$$

(6-64)

对于均布的矩形荷载 $p_1(\xi,\eta)=p_1=$ 常数，其角点的沉降按上式积分的结果为：

$$S=\frac{(1-\mu^2)p_1}{\pi E}\left[l\ln\frac{b+\sqrt{b^2+l^2}}{l}+b\frac{l+\sqrt{b^2+l^2}}{b}\right]$$

利用上式以角点法可求得建筑物荷载下地表任意点的沉降 $S_建$，再根据叠加原理与式 (6-63)，进而可求得邻近建筑物工况下的盾构施工引起的地面沉降值。

由于柔性荷载下地面的沉降不仅产生于荷载面之内，而且还影响到荷载面以外，沉降后的地面呈碟形。但一般基础都具有一定的抗弯刚度，因而基底沉降依基础刚度的大小而趋于均匀，所以建筑物荷载作用下的基础沉降可以近似地按柔性荷载下基底平均沉降计算，即：

$$S_基=\left(\iint\limits_A S(x,y)\mathrm{d}x\mathrm{d}y\right)/A$$

(6-65)

式中　A——基底面积（m^2）。

对于均布的矩形荷载（$l\times b$），上式积分结果可近似认为：

$$S_基=\frac{(1-\mu^2)p_1}{\pi E}\left[l\ln\frac{b+\sqrt{b^2+l^2}}{l}+b\frac{l+\sqrt{b^2+l^2}}{b}\right]$$

(6-66)

所以建筑物的横向地表沉降：

$$S=S_扰+S_建$$

(6-67)

式中，建筑物范围内的地表沉降 $S_建$ 等于建筑物荷载作用下的基础沉降 $S_基$。

6.4　盾构隧道施工对桩基础的影响

桩基础是一种被广泛应用的基础形式，桩的作用就是将上部结构的荷载传递到深部较坚硬、压缩性小的土层或岩层上，从而保证建筑物满足地基稳定和变形允许值的要求。地铁施工后在地下形成的空间，使桩的一侧土体卸载，从而影响桩的受力性能，导致上部结构变形破坏。

6.4.1　桩基础的分类及受力

从桩基受力状况来说，桩基主要承受竖向荷载及横向荷载，桩在荷载作用下产生的竖向承载力包括摩擦力及端承力。因此，总体说桩基分为竖向受荷桩、横向受荷桩及抗拔桩。对于常见的承受竖向荷载的混凝土灌注桩，根据桩的受力特点，可以将此类桩基础分为以下四类：

（1）摩擦桩：在竖向荷载作用下，桩基承载力主要由桩侧阻力提供，桩端只承担部分荷载，一般不超10%。如桩端无持力层且不扩底或桩端位于持力层但具有较大桩径，这两种情况下桩基均为摩擦桩。

（2）端承桩：在竖向荷载作用下，桩基承载力全部或主要由桩端阻力提供，桩侧阻力远小于桩端阻力，可忽略不计。桩基在桩顶荷载作用下所产生得竖向位移将产生桩侧阻力和桩端阻力。如果桩底嵌入岩层深度不大，且持力层以上地层较软弱，桩端竖向荷载就会直接传递到桩端持力层上。

（3）端承摩擦桩：在竖向荷载作用下，桩体将产生竖向位移，桩侧摩阻力与桩端阻力同时发挥作用，但桩顶荷载主要由桩侧阻力承担。穿过软弱地层后嵌入砂砾层的桩，就属于端承摩擦桩。

（4）摩擦端承桩：桩顶荷载主要由桩端阻力承担，桩侧阻力也起到部分作用，但桩侧阻力小于桩端阻力。

盾构施工将引起一定范围内地层的变形，对于位于影响范围内的建筑物，由于地基土体的变形而导致其外力条件和支承状态发生变化，而外力条件的变化又将使建筑物发生沉降、倾斜等现象。因此，外力条件和支承状态变化及历程，将随建筑物与盾构隧道的位置关系、地基土的性质、建筑物的结构条件的不同而不同。外力条件的变化类型主要有以下4种：

（1）地层应力释放引起的弹塑性变形，导致建筑物地基反力的大小和分布发生变化。这主要由开挖面坍塌、盾构蛇行与超挖、盾尾间隙、衬砌变形等因素引起。

（2）因有效覆土压力增大而导致土体压密沉降，使建筑物地基垂直土压力增大。这主要是由各种因素导致的水位下降而引起。

（3）因土体负载而导致的弹塑性变形，使建筑物地基的土体压力增大。这主要是由盾构推力过大、盾构与周围土体间的摩擦、壁后注浆压力等引起。

（4）因土性变化而导致土体弹塑性沉降和蠕变沉降，引起建筑物地基反力分布发生变化。这主要是由于盾构施工对周围土体的扰动所致。

盾构施工对框架结构建筑物变形的影响主要体现在其开挖造成的沉陷槽对上部结构的作用。主要的变形参数包括：地基土体的竖向位移（沉降）、基础两角点的差异沉降、水平位移、压缩应变、拉伸应变、沉降曲线的曲率半径、斜率。

采用桩基础的建筑物不仅受到基础底部土层变形的影响，还受到基础四周地层变形的影响。影响主要有以下三个方面（图6-30）：

（1）桩周土沉降引起的负摩阻力导致桩的附加沉降；

（2）土体侧向变形引起的桩的侧向变形；

（3）当桩底在隧道上方时，桩底土的沉降和土性变化引起桩端承载力的部分或全部丧失而引起桩的沉降。

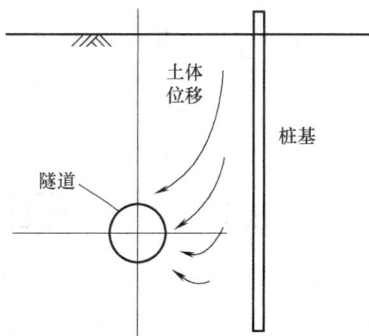

图6-30   隧道开挖对桩的影响示意图

6.4.2　盾构隧道施工对临近桩基的影响机理

1. 隧道与桩基在横断面上的位置关系

盾构隧道施工对隧道周围不同位置土体的扰动程度不同，进而使隧道周围不同位置的桩体受到影响的程度也会不同。结合国内外修建城市地铁隧道的工程资料，并根据桩轴线与隧道轮廓的相对位置可将隧道近接的桩基大致分为如下6类（图6-31）：1号桩，特点是桩端位于隧道的轮廓上方，且桩身轴线延长线和隧道的轮廓没有交点；2号桩，桩轴线穿越隧道轮廓，桩端位于隧道轮廓的顶部范围；3号桩，桩端位于隧道轮廓的水平土层中，且桩身轴线延长线和隧道的轮廓没有交点；4号桩，桩身轴线只与隧道轮廓的顶部有交点，桩端位于隧道轮廓范围内；5号桩，桩端位于隧道轮廓下方，且桩身轴线延长线和隧道的轮廓没有交点；6号桩，桩身轴线与隧道轮廓的顶部和底部都有交点，桩端位于隧道轮廓范围的下方。

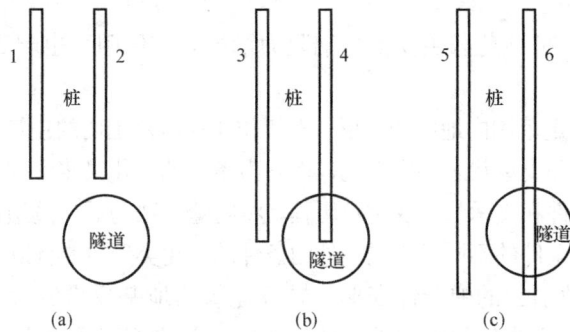

图 6-31　隧道与桩基位置关系图

（a）桩端位于隧道上；（b）桩端位于隧道内；（c）桩端位于隧道下

2. 盾构隧道施工对正上方桩基的影响机理

盾构隧道施工是一个动态的过程，盾构机沿隧道纵向逐步向前推进，其与既有桩基的位置也将不断地发生变化，桩基所受施工扰动程度也将不断变化。为了方便研究主要考虑盾构隧道施工对正上方桩基的影响（图6-32中2号桩基），大致可将盾构机与既有桩基的动态位置关系分为五个阶段，在不同施工阶段，既有建筑桩基所受到的影响也会不同。

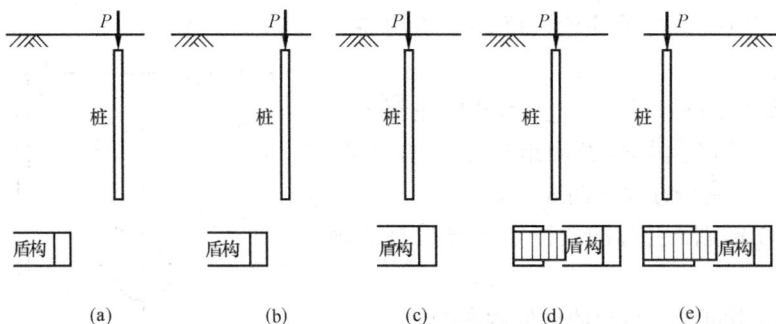

图 6-32　不同推进阶段桩基与盾构机的位置关系

（a）到达前；（b）到达时；（c）通过时；（d）盾尾脱出时；（e）通过后

（1）到达前：类似于地表纵向沉降，指从开挖面距桩基约有数十米开始，直到刀盘到达桩轴线之前的阶段。该阶段桩基受到影响主要是因为隧道施工引起地层中地下水位下降，根据有效应力原理，地层的有效应力的增加导致自身产生压缩固结沉降，表现为越靠近地表其值越大，桩将在土的带动下发生新的沉降，并表现为桩身上部出现负摩阻力。

（2）到达时：指从开挖面距桩较近时开始，直到刀盘刚好位于桩轴线时为止。该阶段桩身位移和内力变化主要取决于盾构机土仓内的压力与前方水土压力的平衡情况，土仓压力过大会引起开挖面前方地层产生背离开挖面方向的水平位移和竖向隆起；而土仓压力过小则会引起开挖面前方地层产生指向开挖面方向的水平位移和竖向沉降，这些地层移动作用在桩上就会引起桩的水平位移、竖向位移以及相应内力的变化。

（3）通过时：指从盾构机刀盘到达桩轴线时开始，直至盾尾到达桩轴线为止。该阶段主要是由于盾构机与围岩的摩擦力、盾构机姿态调整、盾构机锥形等引起的地层移动，进而对桩基造成一定的影响。

（4）盾尾脱出时：指桩轴线刚好位于盾尾间隙整个范围的阶段。由于盾尾间隙的存在，其周围土体应力释放程度较大，壁后注浆量多少、注浆压力大小、衬砌管片的变形、土体有效应力的变化都将使该处地层产生一定量的弹塑性变形，这些作用又进而引起桩的竖向和水平向位移以及相应的内力变化。

（5）通过后：该阶段的沉降由两部分组成，分别为拼装衬砌时产生的偏差导致的后期沉降，以及地层固结和蠕变残余变形引起的后期沉降，这些沉降作用将使桩产生负摩阻力。

3. 桩基承载力损失与桩基沉降的关系

桩基承载力损失主要是指在隧道施工过程中，由于盾构机刀盘开挖卸荷、支挡和保护措施不及时或者支护结构强度不足等引起地层应力释放，使既有桩基实际承载力减小，与其原承载力之间出现差值，桩基为了弥补该承载能力损失将出现部分变形与沉降。

桩基承载力的损失主要与桩基沉降有关，而通常桩基沉降主要由三部分组成：桩顶受到竖向荷载作用发生弹性压缩而引起的桩顶沉降；桩侧分担桩顶荷载，并以剪应力的形式传递到桩侧地层及桩端土层中，土体受荷发生压缩变形，进而使桩身端部随土体的压缩而发生沉降；桩端分担桩顶一部分荷载，传递到桩端土体中，土体压缩变形，桩端沉降进一步增大。在实际施工过程中，桩基承载力的损失量无法直接获得，但既有桩基在施工过程中的沉降值却可通过监测手段得到，因此，在隧道临近既有建筑桩基施工时，可通过控制桩基沉降减少桩基承载力损失。

6.4.3　桩基的作用机理

作用于桩顶的竖向荷载 Q 是由桩侧土的总摩擦阻力 Q_s 和桩端土的总抗力 Q_p 共同承担，可表示为：

$$Q = Q_s + Q_p \tag{6-68}$$

当桩顶荷载加大至极限值时，上式改写为：

$$Q_u = Q_{su} + Q_{pu} \tag{6-69}$$

式中　Q_u——单桩竖向抗压极限承载力（kN）；

　　　Q_{su}——单桩总极限承载力（kN）；

　　　Q_{pu}——单桩总极限端阻力（kN）。

当竖向荷载逐步施加于单桩桩顶时，桩身上部受到压缩而产生向下的位移，同时桩侧表面受到土体向上的摩阻力，桩身荷载通过桩侧摩阻力传递到桩周土层中，致使桩身荷载和桩身压缩变形随深度递减。随荷载的增加，桩身压缩和位移量增大，桩身下部摩阻力随之调动起来，桩底土层也因受到压缩而产生桩端阻力，桩端土层压缩量的增大使桩土之间的相对位移增大，使桩侧摩阻力进一步发挥出来。当桩身摩阻力达到极限后，若继续增大荷载，其荷载增量全部由桩端阻力承担；当桩底荷载达到桩端持力层土的极限承载力时，桩端持力层大量压缩和塑性挤出，位移增长速度显著增大，使桩发生急剧的不停滞的下沉而发生破坏，此时桩所受的荷载就是桩的极限荷载。由桩的荷载传递规律得知，桩顶荷载一般由桩侧摩阻力和桩端阻力共同承担，桩侧摩阻力先于桩端阻力发挥，其中桩端阻力直接传递至桩端持力层，桩侧阻力以剪应力的形式传递给桩基周围土体。任一深度 z 处桩身截面的轴力为：

$$P(z) = P - U_p \int_0^z \tau(z) \mathrm{d}z \tag{6-70}$$

式中　$\tau(z)$——桩周摩阻应力随深度变化函数；

　　　U_p——桩周长（m）。

竖向位移为：

$$w_p(z) = w_p - \frac{1}{E_p A_p} \int_0^z p(z) \mathrm{d}z \tag{6-71}$$

由微分段 $\mathrm{d}z$ 的竖向平衡可得任一深度 z 处的摩阻力 $\tau(z)$ 为：

$$\tau(z) = \frac{1}{u_p} \frac{\mathrm{d}p(z)}{\mathrm{d}z} \tag{6-72}$$

微分段的压缩量为：

$$\mathrm{d}w_p(z) = -\frac{p(z)}{E_p A_p} \mathrm{d}z \tag{6-73}$$

式中　E_p——桩身弹性模量（kPa）；

　　　A_p——桩身截面面积（m²）。

故有：

$$P(z) = -E_p A_p \frac{\mathrm{d}wp(z)}{\mathrm{d}z} \tag{6-74}$$

代入求得：

$$\tau(z) = \frac{E_p A_p}{U_p} \frac{\mathrm{d}^2 wp(z)}{\mathrm{d}z^2} \tag{6-75}$$

此公式为桩侧摩阻力随深度的分布函数。

随着桩土接触面剪切刚度和法向刚度的增大，桩顶沉降减小。剪切刚度的增加意味着接触单元抵抗剪切变形能力的增强，即导致桩顶沉降减小，主要贡献在桩侧。法向刚度的增加则意味着接触单元抵抗侧向变形能力增加，即导致桩身的侧向变形减小，同时对桩顶沉降的贡献主要表现在桩端。在数值计算中，考虑桩土效应时，剪切刚度和法向刚度是两个重要参数。

6.4.4　盾构施工引起邻近桩基沉降的理论分析法

在进行盾构开挖引起的地层运动对邻近桩基的沉降相关的理论分析前，需要对力学模型进行部分的假设：

（1）现有桩基对盾构开挖所引起的土体位移没有影响；

（2）岩土体设为理想材料（均匀的线性弹性体），桩的截面为定值，且设桩为连续的弹性体；

（3）对约束进行假设，假设桩顶为自由状态，不施加约束，桩体与土体之间不发生相对的滑动，桩与土移动是同步的；

（4）土体在各点的位移采用 Loganathan 公式来表示：

$$s(z)=\varepsilon R^2\left\{\frac{z-h}{x^2+(z-h)^2}+(3-4\nu)\frac{z+h}{x^2+(z+h)^2}-\frac{2z[x^2-(z+h)^2]}{[x^2+(z+h)^2]^2}\right\}$$
$$\exp\left(\frac{0.69z^2}{h^2}-\frac{1.38x^2}{(R+h)^2}\right) \tag{6-76}$$

式中　$s(z)$——自由场地情况下盾构施工引起的土体竖向位移；

z——沉降计算点距地表的高度（m）；

h——隧道的埋深（m）；

ν——泊松比；

x——桩距离隧道中心线的水平距离（m）；

ε——地层损失比，式中 $\varepsilon=\dfrac{4gR+g^2}{4R^2}$；

g——等效地层损失参数。

R——遂道半径。

根据 Lee 的研究结论，可得：

$$g=G_p+U_{3D}+w \tag{6-77}$$
$$U_{3D}=G_p+2\Delta+\delta \tag{6-78}$$

式中　G_p——盾构施工过程中盾构机与侧面土体之间的间隙（m）；

U_{3D}——盾构开挖面在三维方向上的变形量（m）；

w——工作面的技术参数；

Δ——盾尾的厚度（m）；

δ——二衬安装预留的空隙（m）。

基于以上的假设，将桩-土模型分解。对于桩侧土，由于其与桩体的相互作用而引起的土体位移为 $w_s(z)$，当在无桩体存在的场地施工时，盾构掘进引起的桩轴线位置的土体位移为 $s(z)$，根据位移的叠加原理可得桩侧土体位移 $w(z)$：

$$w(z)=w_s(z)+s(z) \tag{6-79}$$

同时，在桩是弹性体且轴向刚度是连续的情况下，根据 Klar 等人对桩的轴向沉降的研究表明，在桩顶以下任意 h 处施加一个荷载 P，而引起的桩基任一点 z 处的轴向沉降计算公式为：

$$y(z)=pf(z,h)=\begin{cases}p\left[\dfrac{\cosh[\lambda h]\cosh[\lambda(L-z)]}{\lambda EA\sinh[\lambda h]}\right]=pf_1 & z\geqslant h\\[3mm]p\left[\dfrac{\cosh[\lambda h]\cosh[\lambda(L-h)]}{\lambda EA\sinh[\lambda h]}\right]=pf_2 & z\leqslant h\end{cases}$$

$$\lambda = \sqrt{2\pi r_0 k / EA}$$
$$k = G_s / R_0 \ln(r_m / r_0) \tag{6-80}$$

式中 EA——桩基的轴向抗压强度（MPa）；

$\quad\quad k$——桩侧土体弹簧刚度（N/m）；

$\quad\quad G_s$——土体剪切模量（kPa）；

$\quad\quad L$——桩长（m）；

$\quad y(z)$——深度 z 处得竖向位移（m）；

$\quad\quad r_0$——桩体半径（m）；

$\quad\quad r_m$——桩体的有效影响半径（m），一般取 $r_m = 2.5L(1-\nu)$。

而在隧道开挖的过程中，土体会产生位移，与此同时土体中会产生相应的应力，这些应力会作用在隧道附近的桩体上。因此，可以将土体应力等效为作用到桩身表面各个点上的附加荷载，即 $dp = 2\pi r_0 k S_z dz$。

同时，在桩为弹性体且轴向刚度连续的情况下，根据 Klar 等人对桩的轴向沉降的研究表明，长为 L 的桩基顶部以下任意 h 处施加任一荷载 P，引起的桩基任一点 z 处的轴向沉降 $y(z)$（图 6-33），其计算公式为：

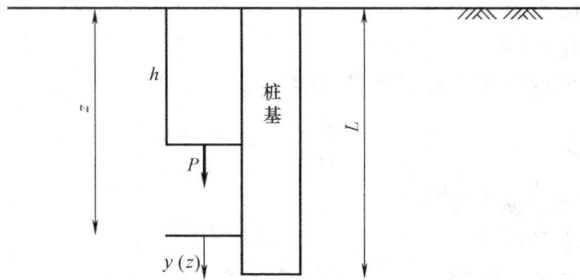

图 6-33   桩基附加荷载示意图

$$y(z) = \int_0^L dp \cdot f(z,h) = 2\pi r_0 \left(\int_0^z f_1(z,h) k \cdot S_z dh + \int_0^L f_2(z,h) k \cdot S_z dh \right) \tag{6-81}$$

附加荷载作用于桩底，Klar 等人将桩端效应考虑在内，把桩端简化成一个作用在均匀弹性地层上的刚性体，把桩端土视为弹簧，因桩底与土层产生了差异沉降，桩将受到桩端的反力作用，同时在桩底的地基将产生相应的附加变形，桩端反力系数为 $K_b = 4r_0 G_s / (1-\mu)$，根据由文克尔地基模型推出的桩基各点轴向位移的计算公式，可得桩底的位移：

$$y(L) = \frac{\lambda EA \cdot y(L) + K_b \cosh[\lambda h] \cdot S(L)}{\lambda EA \cdot y(L) + K_b \cosh[\lambda h]} \tag{6-82}$$

式中 $y(L)$——不考虑桩端效应时，$z=L$ 处的 $y(L)$；

$\quad\quad S(L)$——此点在无桩情况时的自由场地上的土体沉降。

由上述分析可以得出桩端部的应力 $P_b = K_b[y(L)-s(l)]$，取 $z=L$ 时，将上式代入到原式中，这样就能考虑到端承效应的作用，从而得出为符合实际的沉降值，将此边界条件代入后就得到了一个完整的沉降位移公式 $Y(Z)$，这个公式可以体现桩体因隧道开挖引起的被动沉降，同时也包括了任一点处的附加沉降，此附加沉降是由桩底部的沉降与桩身弹性变形组成的。

上述的公式经过进一步的分析也可以得出桩基附加内力与附加轴力的计算公式：

$$\sigma = E\frac{\mathrm{d}yY(Z)}{\mathrm{d}z} \tag{6-83}$$

$$P = EA\frac{\mathrm{d}yY(Z)}{\mathrm{d}z} \tag{6-84}$$

将上述的公式进行 Matlab 编程，可以得出桩在盾构开挖情况下的沉降值、附加内力值及附加轴力值。但是，上述的计算公式得出的前提是桩端是自由无约束的，桩的水平位移是与土体位移保持一致的，且需要符合前面给出的一些假设条件，这就使得与实际情况并不一致。只有在上部结构的刚度很小的情况下，上述的一些假定才能符合，也就是说上述的公式使用的条件是有限制的，也是一种理想状态下的理论计算方式。

6.4.5 盾构法施工对单桩竖向影响计算

隧道开挖对邻近单桩竖向影响的计算简图，如图 6-34 所示。

在桩土相互作用的过程中，根据 winkler 地基模式假定桩与土之间保持弹性接触，桩土间不发生滑移，用连续分布的弹簧来模拟桩与桩侧土体之间的相互作用。那么在 z 深度处桩身沉降和桩侧土沉降相等，根据公式：

$$\frac{\mathrm{d}^2 W_t(z)}{\mathrm{d}z^2} - \delta^2[W_t(z) - S_t(z)] = 0 \tag{6-85}$$

图 6-34 隧道开挖对邻近单桩竖向影响计算简图

可得到土体竖向位移对桩身影响的沉降控制方程：

$$\frac{\mathrm{d}^2 W_t(z)}{\mathrm{d}z^2} - \delta W(z) = 0 \tag{6-86}$$

式中 δ——竖向 winkler 地基参数；

$W_t(z)$——隧道由于开挖引起的桩基沉降。

1）均质地基中的单桩分析

在均质地基中，竖向的 Winkler 地基参数沿深度方向为一常数，计算时为了简便，可将隧道开挖在桩位处引起的土体竖向自由位移 $S_t(z)$ 以如下形式的高阶多项式进行拟合，再代入方程：

$$\{y\} = [K_{\mu x}]^{-1}\{F_x\} \tag{6-87}$$

于是可得微分方程的解为：

$$W_t(z) = A_t e^{\delta z} + B_t e^{\delta z} + W^*(z) \tag{6-88}$$

则由于隧道开挖引起的桩身附加轴力为：

$$P_t(z) = E_p A_p \delta(A_t e^{\delta} - B_t e^{-\delta}) - E_p A_p \frac{\mathrm{d}W_t}{\mathrm{d}z} \tag{6-89}$$

2）非均质地基中的单桩分析

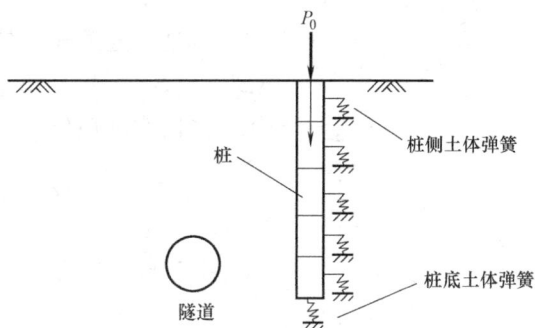

对于非均质地基中的单桩，将桩长分为 n 等份，采用有限差分的形式将方程 $\{y\} = [K_{\mu x}]^{-1}\{F_x\}$ 写出 1 到 $n-1$ 点的差分表达式：

$$W_{t-1} - (2 + \delta^2 h^2)W_{i,i} + W_{i+1} = -\delta^2 h^2 S_{z,i} \tag{6-90}$$

在结点 0 处有桩顶边界条件 $P(0) = P_0$，其差分表达式为：

$$W_{t-1} - W_{i,-i} = -\frac{2hp_0}{E_p A_p}(W_{t,n} - S_{t,n}) \tag{6-91}$$

可得隧道开挖对单桩竖向影响的差分方程：

$$[K_{pz}]\{W_t\} = [K_{sz}]\{S_z\} + \{F_z\} \tag{6-92}$$

式中　$[K_{pz}]$、$\{F_z\}$——桩基竖向刚度矩阵和竖向外荷载列向量；

$\{W_t\}$——隧道开挖条件下桩身节点竖向位移列向量；

$$\{W_t\} = [W_{t,0}, W_{t,1} \cdots W_{t,j} \cdots W_{t,n-1} W_{t,n}] \tag{6-93}$$

$\{S_z\}$——自由场地时隧道施工在桩位置处引起的竖向土体位移列向量；

$$\{S_z\} = [S_{t,0}, S_{z,1} \cdots S_{z,j} \cdots S_{t,n-1} S_{t,n}] \tag{6-94}$$

$[K_{sz}]$——土体竖向刚度矩阵。

$$[K_{sz}] = \begin{Bmatrix} k_{sz} & & & & & & \\ & k_{sz,1} & & & & & \\ & & \cdots & & & & \\ & & & k_{sz,(n-1)} & & & \\ & & & & \cdots & & \\ & & & & & \cdots & \\ & & & & & & \cdots \\ & & & & & & k_{sz, \frac{2k_{bh}}{E_p A_p}} \end{Bmatrix}_{(n+1)(n+1)}$$

$$k_{sz,i} = -\delta^2 h^2 \quad (0 \leqslant i \leqslant n) \tag{6-95}$$

于是非均质地基中隧道开挖引起的邻近单桩沉降可由下式得到：

$$\{W_t\} = [K_{pz}]^{-1}([K_{pz}]\{S_z\} + \{F_z\}) \tag{6-96}$$

6.4.6　盾构法施工对单桩水平向影响计算

隧道开挖对邻近单桩水平向影响的计算简图，如图 6-35 所示。

隧道开挖引起的桩位处土体自由水平位移在水平向分析中可采用以下假定：

（1）基于 Winkler 地基模型将桩视作弹性地基梁；

（2）土体为连续均质弹性体；

（3）桩土间相互作用用连续分布的弹簧模拟，桩土不发生分离，满足变形协调条件；

（4）不考虑轴力的影响。

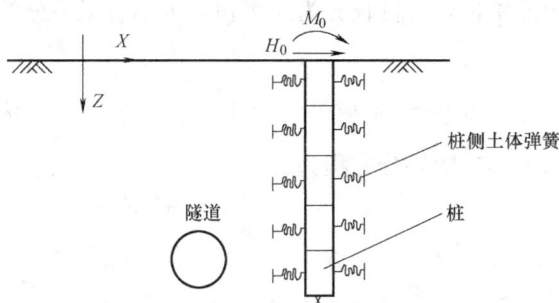

图 6-35 隧道开挖对邻近单桩水平向影响计算简图

根据公式：

$$\frac{\mathrm{d}^4 y(z)}{\mathrm{d}z^4} + 4\lambda^2 y(z) = 0 \tag{6-97}$$

可得到土体水平向位移对桩身影响的沉降控制方程：

$$\frac{\mathrm{d}^4 y_t(z)}{\mathrm{d}z^4} + 4\lambda^2 y(z) = 4\lambda^4 S_x(z) \tag{6-98}$$

式中 λ——水平向 Winkler 地基参数；

$y_t(z)$——由于隧道开挖引起的桩基水平变形。

对于均质地基，水平向的 Winkler 地基参数沿深度方向为一常数，同竖向分析一样，计算时为了简便可将隧道开挖在桩位处引起的土体水平向自由位移 $S_x(z)$ 以高阶多项式进行拟合，再代入方程：

$$\{y\} = [K_{\mu x}]^{-1}\{F_x\} \tag{6-99}$$

于是可得微分方程的解为：

$$
\begin{aligned}
y_t(z) = & C_i\cosh(\lambda z)\cos(\lambda z) + D_i\cosh(\lambda z)\sin(\lambda z) + \\
& E_i\sinh(\lambda z)\cos(\lambda z) + F_i\sinh(\lambda z)\sin(\lambda z) + y^*(z)
\end{aligned} \tag{6-100}
$$

隧道开挖引起的桩身转角、弯矩和剪力如下：

$$
\begin{aligned}
\theta_t(z) = & \lambda\{C_i[\sinh(\lambda z)\cos(\lambda z) - \sinh(\lambda z)\cosh(\lambda z)] + D_i[\sinh(\lambda z)\sin(\lambda z) \\
& + \cosh(\lambda z)\cos(\lambda z)] + E_t[\cosh(\lambda z)\cos(\lambda z) - \sinh(\lambda z)\sin(\lambda z)] \\
& + F_t[\cosh(\lambda z)\sin(\lambda z) + \sinh(\lambda z)\cos(\lambda z)]\} + \frac{\mathrm{d}y_t(z)}{\mathrm{d}z}
\end{aligned} \tag{6-101}
$$

$$
\begin{aligned}
M_t(z) = & -2\lambda^2 E_p I_p - [C_t\sinh(\lambda z)\sin(\lambda z) + D_i\sinh(\lambda z)\cos(\lambda z) \\
& - E_t\cosh(\lambda z)\sin(\lambda z) + F_t\cosh(\lambda z)\cos(\lambda z)] - E_p I_p \frac{\mathrm{d}y_t^*(z)}{\mathrm{d}z^2}
\end{aligned} \tag{6-102}
$$

$$
\begin{aligned}
V_t(z) = & -2\lambda^2 E_p I_p\{-C_t[\cosh(\lambda z)\sin(\lambda z) + \sinh(\lambda z)\cos(\lambda z)] + \\
& D_t[\cosh(\lambda z)\cos(\lambda z) - \sinh(\lambda z)\sin(\lambda z)] - \\
& E_t[\sinh(\lambda z)\sin(\lambda z) + \cosh(\lambda z)\cos(\lambda z)] + F_t[\sinh(\lambda z)\cos(\lambda z) \\
& - \cosh(\lambda z)\sin(\lambda z)]\} - E_p I_p \frac{\mathrm{d}y_t^{*3}(z)}{\mathrm{d}z^3}
\end{aligned} \tag{6-103}
$$

对于非均质地基中的单桩，将桩长分为 n 等份，采用有限差分的形式将方程写出1到 $n-1$ 点的差分表达式：

$$y_{i,j-2}-4y_{i,j-1}+(6+4\lambda_i^4 h^4)y_{i,j}-4y_{i,j+1}+y_{i,j+2}=4\lambda_i^4 h^4 S_{x,j} \qquad (6\text{-}104)$$

隧道开挖对桩基水平影响的差分方程为：

$$[K_{\mu x}]\{y_t\}=[K_{\delta x}]\{S_x\}+\{F_x\} \qquad (6\text{-}105)$$

$$\{y_t\}=[y_t,y_{t,1}\cdots y_{t,j}\cdots y_{t,n-1},y_{t,n}]^T \qquad (6\text{-}106)$$

$$\{S_x\}=[y_{x,0},y_{x,1}\cdots y_{x,j}\cdots y_{x,n-1},y_{x,n}]^T \qquad (6\text{-}107)$$

式中　$[K_{\mu x}]$、$\{F_x\}$——桩基水平向刚度矩阵和水平向外荷载列向量；

　　　　$\{y_t\}$——隧道开挖条件下桩身节点水平向位移列向量；

　　　　$\{S_x\}$——自由场地时隧道施工在桩位置处引起的竖向土体位移列向量；

　　　　$[K_{\delta x}]$——土体水平向刚度矩阵。

$$[K_{\delta x}]=\begin{Bmatrix} k_{\delta z,0} & & & & & & & \\ & k_{\delta z,1} & & & & & & \\ & & \cdots & & & & & \\ & & & k_{\delta z,(n-1)} & & & & \\ & & & & \cdots & & & \\ & & & & & \cdots & & \\ & & & & & & \cdots & \\ & & & & & & & k_{\delta z,-n} \end{Bmatrix}_{(n+1)(n+1)} \qquad (6\text{-}108)$$

$$k_{\delta z,0}=-4\delta^4 h^4 \quad (0\leqslant i\leqslant n) \qquad (6\text{-}109)$$

于是非均质地基中隧道开挖引起的邻近单桩水平变形可由下式得到：

$$\{y_t\}=[K_{px}]^{-1}([K_{sz}]\{S_x\}+\{F_x\}) \qquad (6\text{-}110)$$

6.4.7　盾构动态施工对邻近桩基的影响规律

1）桩体轴力响应规律

桩体的轴力在隧道开挖后，将会产生附加轴力，桩身的总轴力会有所增加。桩顶荷载不变时，轴力的变化值随着桩洞距的增加而减小，随着桩长的增加而增大，随着桩径的增大而增大。桩身轴力的最大值位于隧道水平轴线标高处，位置与桩体参数无关。桩体轴力的变化主要是由桩-土之间的相对位移造成的，这种相对位移会产生附加轴力，附加轴力增大到一定程度后，可能会使桩身最大轴力值大于桩体上部荷载，这时就需要验算桩体的安全系数是否符合规范要求。

2）桩体竖向位移响应规律

在桩体埋深方向，桩顶部沉降最大，在桩端附近沉降值略小于桩顶。在桩体参数变化时，桩体竖向位移有如下的规律：

（1）荷载不同：随着桩顶荷载的加大，桩体因隧道开挖而引起的竖向沉降有变大的趋势。

（2）桩长不同：桩体的竖向沉降随着桩长的增大而减小，这是与桩体承载机理有关的，短桩的侧摩阻力发挥更加充分，土体与桩之间的相对位移较大，使得桩体的竖向沉降较大。

（3）桩洞距不同：在桩底位于隧道水平轴线标高时，随着桩洞距 S 的增加，桩体的竖向位移是一种减小的趋势。因隧道开挖引起的土体应力损失，桩体在隧道水平轴线标高以下会产生向隧道的水平变形，使得在隧道水平轴线标高以下的桩身竖向变形将小于轴线以上的竖向变形。当 S 越大，土体损失对桩体的影响越小，桩身竖向变形在埋深方向上的变化值将越小。

（4）桩径不同：随着桩径的增大，桩体的刚度变大，桩体的沉降减小。

3）桩体水平位移响应规律

桩基水平变形的趋势与自由土体位移基本一致，桩体的水平位移受桩洞距与桩径的影响较大，桩洞距与桩体直径越大，桩体的水平变形越小，当桩底位于隧道水平轴线高度以下时，桩体的水平位移最大值在隧道水平轴线处，桩长和上部荷载等因素对桩体的水平位移变化不明显。

4）对土体应力状态的影响

当隧道进行盾构掘进开挖时，处于稳定状态地层的周围土体将会发生原始应力状态改变，出现挤压与松动、加载与卸载；当其应力状态发生改变时就会对土体产生扰动，引起地层的隆沉。采用土压平衡盾构开挖隧道时，将改变土体的应力状态和应力路径，且处在不同位置的点应力路径也不相同。

5）对不良土层的影响

不良地层将会加大盾构施工难度，同理盾构也会对不良土层产生影响。例如，有些饱和的砂土或者砂质粉土会在刀盘的切削与旋转作用下发生土体的液化。由于衬砌都是环与环相连接，之间会存在缝隙，含有砂石颗粒的泥水渗透进入缝隙，将会导致土体的局部坍塌。

6.5 盾构隧道施工对管线的影响

城市隧道开挖之前地下管线就承受的应力称为管线的初始应力，它是由管道内部工作压力、上覆土压力、动静荷载、安装应力、先期地层运动及环境影响等因素共同作用的结果。Taki 与 O'Rourke 分析了作用在铸铁管上的内部压力、温度应力、重复荷载及安装应力，计算了低压管在综合作用下拉应力与弯曲应变的典型值，认为作用在管线上的初始应力大致为管线纵向弯曲应变 $0.02\%\sim0.04\%$ 时对应的应力值。美国犹他州立大学研究人员对螺旋肋钢管、低劲性加肋钢管、聚氯乙烯（PVC）管进行了应力、应变及应力松弛等试验，得出相应的结论。国内学者对各类压力管进行了支座荷载、轴向应力等方面的研究工作，提出了初始应力计算的理论方法及相应的计算公式。

6.5.1　地下管线的破坏模式及允许变形值

隧道建设中，地下管线因周围土体受到施工扰动引起管线不均匀沉降和水平位移而产生附加应力。同时，由于管线的刚度大约为土体的 1000～3000 倍，又必然会对周围土体的移动产生抵抗作用。Attewell 基于 winkler 弹性地基梁模型分析了地下管线的最大位移。认为隧道施工引起的土体移动对管线的影响可从隧道掘进方向与管线的相对空间位置来确定，当隧道掘进方向垂直于管线延伸方向时，对管线的影响主要表现在管线周围土体的纵向位移引起管线弯曲应力的增加及接头转角的增大；当隧道掘进方向平行于管线延伸方向时，对管线的影响主要表现为周围土体对管线的轴向拉压作用。而管线对土体移动的抵制作用主要与管线的管径、刚度、接头类型及所处位置有关。考察地下管线在地层移动及变形作用下的主要破坏模式，一般有两种情况：一是管段在附加拉应力作用下出现裂缝，甚至发生破裂而丧失工作能力；二是管段完好，但管段接头转角过大，接头不能保持封闭状态而发生渗漏。管线的破坏可能主要由其中一种模式控制也可能两种破坏同时发生：对于焊接的塑料管与钢管由于接头强度较大可能只需计算其最大弯曲应力就能预测管线是否安全；但对于铸铁管及球墨铸铁管，尤其是对运营年代长的铸铁管，由于其管段抗拉能力差且接头处柔性能力不足，两种破坏模式均有可能出现。隧道施工引起的地下管线破坏模式：

（1）柔性管（主要为钢管及塑料管）由于屈服或挠曲作用产生过度变形，而使管段发生破裂。

（2）刚性管（主要为脆性灰铁管线）破坏的主要模式有：①由纵向弯曲引起的横断面破裂；②由管段环向变形引起的径向开裂；③管段接头处不能承受过大转角而发生渗漏。高文华认为，对于焊接的大长度钢管的破坏主要由地层下降引起的管线弯曲应力控制；对于有接头的管线，破坏主要由管道允许张开值以及管线允许的纵向和横向抗弯强度所决定。Molnar 综合前人研究成果，通过理论计算与实测资料相比较给出了各类管线的允许弯曲应力与允许接头转角值，可为进一步研究提供参考。

6.5.2　地下管线的破坏形式

地下管线的破坏，是人们在实际中看到的管线结构失效的表现形式。在工程中，所讲的结构失效一般是指结构的某项限性能不足以抵抗其所处环境下各种因素产生的荷载效应，即性能达到极限，地下管线和多数结构物一样，性能极限关系到应力、应变、挠曲或压屈。一般的，地下管线在外荷载作用下的可能出现的结构失效形式包括：管壁破坏（环向应力屈服）、管壁压屈、超挠曲、纵向破坏（纵向应力屈服）、构造破坏等。

1）管壁破坏

管壁破坏是指延性材料的局部屈服或脆性材料的破裂失效状况，如图 6-36 所示。这一性能极限是在壁内应力达到管材屈服应力或最终应力时达到的。环向压缩应力是这一性能极限起主要作用的因素，另外也可能受到弯曲应力的影响。管壁破坏一般出现在承受较大竖向荷载（如覆土很厚）的多数刚性管线和埋设在夯实度很高的韧性较强的柔性管。

2）管壁压屈

管壁压屈不是一种强度性能的极限，而是管线管壁由于刚度不够产生的局部压屈，如

图 6-37 所示。压屈现象主要出现在承受内部真空或压力较小、外部静压或夯实土壤中的高土压，内外压差较大的柔性管中，可能起主导作用。管线的柔性越大，管壁结构在抵抗压屈方面就越弱，管线越不稳定。

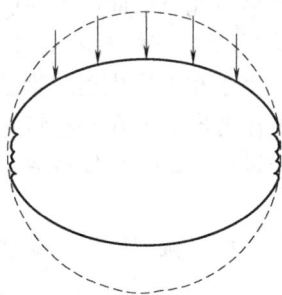

图 6-36　管壁破坏示意图

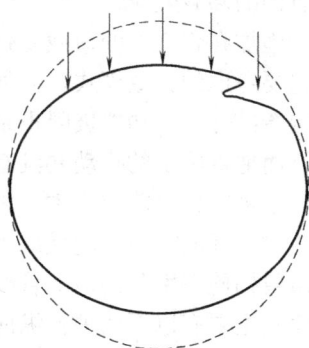

图 6-37　管壁压屈示意图

3）超挠曲

挠曲是一项用于柔性管设计参数，对于刚性管一般不予考虑。挠曲是管线在荷载作用下向椭圆化发展（图 6-38a），柔性管线有挠曲极限，当其环向挠曲超过一定限度，管子截面由原来的光滑椭圆面上出现凹陷，即曲率开始反转（图 6-38b），即为超挠曲。

4）纵向应力屈服

纵向应力屈服是指管道材料沿轴向拉应变或压应变达到极限，一般是指拉应变，因一般管道材料的抗压性能都比抗拉性能要好，纵向应变主要来源两个方面：

（1）纵向弯曲，受纵向弯矩的影响而产生，主要来源有：①管座的不均匀沉降或底部冲刷，例如管座下土壤侵蚀，流入水道或漏毁地下水道；②由于潮水而造成的土壤移动；③由大开挖引起的地层移动；④由于含水量变化，导致土壤升降；⑤地基的不均匀。

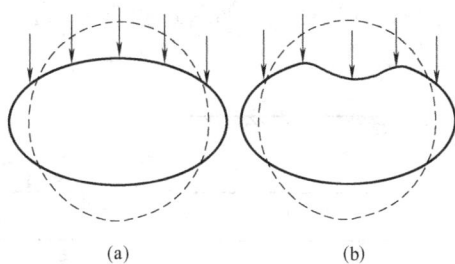

（a）　　　　　（b）

图 6-38　柔性管线环向挠曲示意图

（2）轴向应变，轴向应变的主要来源有：①泊松效应（由于内压）；②温度应力，当管内流体是热的或凉的时候，管子膨胀受到周围土壤的约束时，即产生了应力。

5）构造破坏

人们通常的研究都是假定地下管线为无限长的连续管线，实际工程中，地下管线都是通过一定连接方式连接起来的管段，地下管线的接头，尤其是可转动的柔性接头一般都设有允许张开角度 $[\Delta]$，地下管线在使用中如果接头张开超过 $[\Delta]$，则会因为管内流体泄漏或其他原因而无法使用，此时虽然管线材料没有破坏，但其已失去原有的功能。除此外管线的失效模式还有疲劳，对于加筋混凝土还可能出现成层分离等失效模式。

地下埋管的失效是处于多种荷载共同作用下的结果，其屈服形式也因情况而不同，在研究地铁施工对地下管线的影响时不可能把所有的屈服模式都考虑在内，故应根据实际情况进行选择。首先提出如下假设：①由于本文考查的是受地铁施工扰动下的地下管线的安全性状，故可认为在未受到扰动前，所研究管线的各项性能都是安全的；②在地铁施工时只考虑施工带来的地层变形对地下管线的影响，而不考虑大面积堆载、重型机械碾压等偶然现象。

盾构的卸载效应，将使周围土层发生位移，从而导致附近地下管线的变位，在这个过程中，施加在管道上的荷载变化最大的是纵向弯曲荷载，因此显然此时纵向应力屈服应作为首先要考虑的失效模式，此外，地下管线的变形最直接的影响就是其接头的构造变化，因而构造破坏这一功能极限也是应该考虑的。至于其他极限，由于在未受扰动前管道是安全的，而地铁施工的扰动并没有对其产生很大影响，因而可不作考虑。但在某些特殊情况下，其他极限也可能成为主要因素，如在覆土较浅的地下管线进行局部过量堆载或重型机械碾压时，环向挠曲可能就成为主要的控制因素。

由盾构施工引起的地下管线在一般条件（无大堆载、无特大型机械碾压等）应选择的失效模式主要有以下两种：纵向屈服、构造破坏。

6.5.3   盾构隧道施工影响下地下管线变形

隧道施工引起的地下管线变形影响因素较多，对于地下管线进行准确的受力变形分析及理论分析是地下管线保护研究的基础，目前对地下管线的受力变形计算研究主要有解析法与数值模拟法两种。

1. 解析法

廖少明、刘建航基于弹性地基梁理论提出地下管线按柔性管和刚性管分别进行考虑的两种方法，其计算模型如图 6-39 所示（K_1、K_2 均为地基基床系数），建立地下管线的位移方程如下：

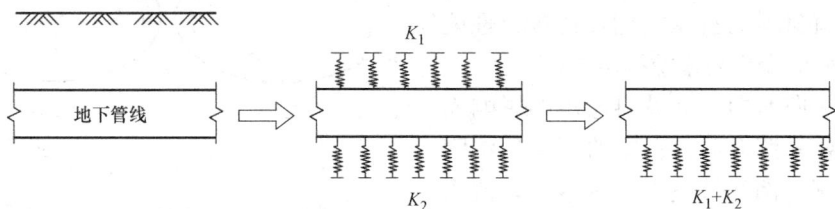

图 6-39   弹性地基梁计算模型

$$\left.\begin{aligned}\frac{\mathrm{d}^4 W_\mathrm{p}}{\mathrm{d}x^4} + 4\lambda W &= \frac{q}{E_\mathrm{p} I_\mathrm{p}} \\ \lambda &= \sqrt{\frac{K}{4E_\mathrm{p} I_\mathrm{p}}}\end{aligned}\right\}$$ (6-111)

式中 K——地基基床系数，$K = K_1 + K_2$；

E_p——管道弹性模量（MPa）；

I_p——管道截面惯性矩（m⁴）；

q——作用于管道的压力（N）；

W_p——地基沉降量。

柔性地下管线在地层下沉时，受力变形研究可以从管节接缝张开值、管节纵向受弯及横向受力等方面分析每节管道可能承受的管道地基差异沉降值，或沉降曲线的曲率。

    高文华利用 Winkler 弹性地基梁理论分析基坑开挖导致的地下管线竖向位移和水平位移，给出不同管线变形控制标准及安全度评价准则，并基于以下两种假设推导相应计算公式：①管线连续柔性，当管线随土体移动时只在管段上产生弯曲而不在接头处产生转角，由于管段轴向位移很小，认为管线移动时不发生轴向应变，管线弯曲服从 Bernoulli-Navier 理论；②管段刚性，管线移动所产生的位移全部由接头转角提供，接头不产生抵抗力矩，允许接头自由转动，接头转角只在纵向产生，认为管线上扭矩为零。

    Molnar 推导地下管线在周围土体发生移动时的弯曲应力及接头转角计算公式，分别如下：

（1）弯曲应力计算公式

$$\sigma_i = \pm E x_i z''(Y_i) \pm E z_i x''(Y_i) \tag{6-112}$$

式中 σ_i——管线 i 点的弯曲应力（kPa）；

          E——管线的弹性模量（MPa）；

    x_i、z_i——分别为管线外部纤维到中性轴的侧向及纵向距离；

    $z''(Y_i)$、$x''(Y_i)$——分别为管线 i 点的纵向及侧向曲率。

（2）接头转角计算公式

$$a_j = \cos^{-1} \frac{\rho_{ji}\rho_{kj} + L_{ji}L_{kj} + \varepsilon_{ji}\varepsilon_{kj}}{\sqrt{\rho_{ji}^2 + L_{ji}^2 + \varepsilon_{ji}^2}\sqrt{\rho_{ki}^2 + L_{ki}^2 + \varepsilon_{ki}^2}} \tag{6-113}$$

式中 ε_{ji}——管线上 i 点与 j 点之间侧向位移差值（m）；

    L_{ji}——管线长度（m）；

    ρ_{ji}——管线上 i 点与 j 点之间侧沉降差值（m）。

    对于同一条管线分别进行以上两种临界状态下的分析，将计算值与允许值进行比较，即可预测管线的安全状况。

    2. 数值模拟法

    采用数值模拟方法，能够较好地考虑隧道开挖引起的地层位移与管线的相互作用，得到较为满意的结果，在此不做详述。

6.5.4 地下管线受隧道施工影响的受力

    地下管线主要受内压力 p_1（工作压力）、外压力 p_2（垂直土压力、侧向土压力和地面超载）作用。以 σ_r、σ_l、σ_θ 分别表示管线单元体的径向应力、纵向应力和环向应力，如图 6-40 所示。

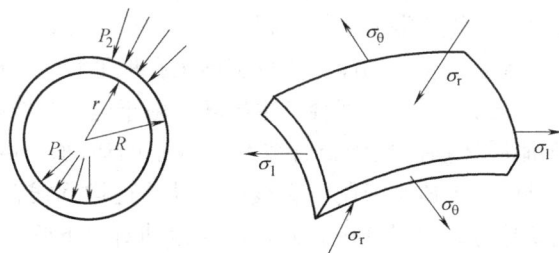

图 6-40　管线受力示意图

1. 径向应力 σ_r 分析

一般铸铁管线和混凝土管线的抗压强度很高，内压或外压在管体上引起的径向应力很小。实际上也很少发生因径向压力致使管体压碎或发生破裂的情况，故管线的径向应力可不予深入研究。

2. 纵向应力 σ_l 分析

对于承插接头的管线，纵向应力来源于两个方面，其一是当管线内的液、气体流过承插接头的弯头时，内压将产生外推力，当外推力达到一定数值时就有可能把承插接口拉开，推力的大小正比于管径和内压力的大小。因此，设计管线时都考虑一些平衡措施，如支墩等。实际上液体和气体产生的推力相对较小，当管径和内压较小时，其推力在验算中可以不予考虑。内压在直管段上不会产生纵向应力。此外，正常情况下，管线的地基可以认为是均匀的，管线可作为连续均匀地基上的连续梁来考虑，外压也不会产生纵向应力。当地下工程开挖时，如果管线位于地下工程开挖影响范围之内，管线周围的土体将受到扰动而引起管线下沉，并产生纵向弯曲效应，这种弯曲应力达到一定数值将有可能将管线或承插口拉开。

3. 环向应力 σ_θ 分析

内压在管体上产生的环向应力正比于内压和直径，同管厚成反比，一般可按下式进行计算：

$$\sigma_\theta = pd/2t \tag{6-114}$$

式中　p——内压（kPa）；

　　　d——管线的平均直径（m）；

　　　t——管壁的厚度（m）。

外压有使管线压扁的倾向，将产生弯曲应力，它不仅同外压大小有关，还与管基、埋深有密切关系。对于管线，由于其直径较小，内压引起的环向应力常常小于其抗拉压强度，又由于管线的环向抗弯刚度较大，因此，工程计算中对内、外压产生的环向应力可不予考虑。

地下管线的实际受力状态为三维应力状态，当管径较小且埋深较浅时，内外压力引起的径向压力和环向压力相对较小，一般都小于其抗拉、抗压强度，而隧道开挖对其影响又很小，对管线的安全不起控制作用。

在地下工程的开挖过程中，可以只考虑开挖引起的管基不均匀沉降在管线中引起的纵向弯曲压力或接头的开裂应力。因此，在数值模拟中可把管线简化成线状单元进行计算。

地下管线中绝大部分是铸铁或混凝土管，根据工程结构设计，由于过度的屈服、接头渗漏和管线的破裂都会引起系统丧失功能。当隧道施工在地下管线中产生的附加应力或变形超出管线的允许应力或变形后，管线就会产生破坏。由于地下管线的刚度比土的刚度大1000～3000倍，所以在地层运动区域内，管线会限制土的运动；而在管线的"锚固区"（不受地层移动影响的区域），土体又限制了管线的运动，这样管线在运动区和"锚固区"就产生了相反方向的运动趋势。根据分析表明，地层运动对地下管线的作用可归纳如下：①造成管线的横向弯曲；②造成管线纵向破坏或引起弯矩的轴向压缩；③造成接头脱开的轴向拉伸；④较大的轴向剪力使管线横向切断。

对于地下管线，由于受管-土互相作用影响较大，所以在理论上分析隧道开挖时引起的地下管线应力和位移比较复杂。在软土中施工隧道，就地下管线的破坏而言，主要关心的是土中受拉区域。较为陈旧的管线内可能产生很大的应力，原因是材料的劣变和应力历史的变化。随着隧道向前开挖，位于土层运动区域内的地下管线可能发生弯曲、压缩、拉伸、剪切、翘曲和扭转，而这种复杂的响应主要取决于地下管线和介质土的相对刚度以及管线与隧道的相对位置。当管线与开挖方向垂直或平行时的影响最为显著，另外管线的接头刚度和位置也会影响管线的变形。考虑到各种因素，地下管线承受地层运动的影响主要取决于：①管线的长度、壁厚和挠曲；②柔性接头的间距、位置；③锚固区对管线的影响程度；④土的类型和上覆土的厚度；⑤管线处的环境和龄期。

6.5.5　地下管线的受力计算

隧道开挖产生的卸荷作用导致隧道周围土体位移，影响邻近地下管线的变形和受力。目前常用的研究方法主要有以下两种：

1. 结构模型分析法

分析地下工程施工中的地基变位，将其结果作为地下管线的输入条件进行管线分析。该方法主要包括：①认为地基位移与管线的变形相一致的方法，适用于管线刚度很小的柔性管线；②将地基位移引起的荷载施加给管线的方法，适用于刚度较大的管线。结构分析方法一般是将管线周围的地基模拟为弹簧，而将管线模拟为弹性地基上的梁，把地下工程施工过程中的地基变位结果，作为地下管线的受力输入条件进行分析，如图 6-41 所示。这种方法把地基变位和管线受力分开考虑，即没有考虑管-土的互相作用，与实际情况有些差别。

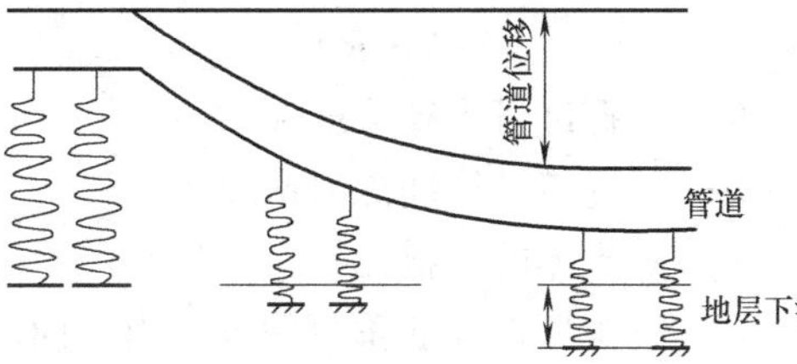

图 6-41　地下管线弹性地基梁计算模型

2. 耦合模型分析法

该法考虑隧道-土体-管线的互相作用，一般采用有限元法，将结构物作为梁或壳置入地基中而直接得到内力。对于刚度小的管线，可将地基和管线作为连续体来考虑，对于刚度较大的管线，则需在地基与管线的边界上设置接触单元。

这种方法将地下结构-管线-地基作为一个共同体来建模，对隧道掘进中的地基位移和管线的受力、变形等进行动态耦合分析，能够较好地反映管线的实际受力和变形状态。利用结构模型分析法对此问题进行研究的成果很少，Attwell 等将此问题简化为 Winkler 地基模型，并给出了解析解。Vorster 等给出了一个连续弹性解答计算管线受到的最大弯矩，并用离心模型试验验证了其可行性。如果知道隧道开挖在地下管线平面处引起的土体位移，可以用 Winkler 模型较好地解决这一问题。但在 Attewell 等的解答中，有两个问题值得商榷：一是计算中用到的 Peck 公式是经验公式且只能预测地表沉降，其缺乏理论依据，很多工程也证明了其并不可靠；二是在解答中用地表沉降曲线代替地下管线平面处的土体沉降曲线，而隧道开挖引起的上方土体沉降一般随深度增加而增大，这将导致地下管线平面处的土体位移被低估，从而造成地下管线的受力和变形被低估。

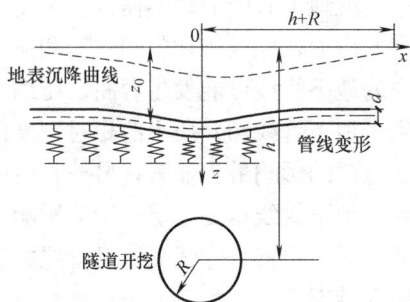

图 6-42　地下管线受隧道开挖影响的示意图

Loganathan 等在理论分析和实测结果的基础上，采用椭圆形土体移动平面，结合 Verruijt 等推导的解析解，提出用于估算不排水条件下由于土体损失引起的任意位置的土体位移解，称之为 Loganathan 公式。采用此公式计算隧道施工引起的地下管线平面处土体的竖向位移，并基于 Winkler 地基模型预测地下管线受力和变形情况。地下管线受隧道开挖的影响如图 6-42 所示。当管线与隧道开挖方向正交时，其受力情况是最不利的。

对此受力模型进行如下假定：（1）土体是均质的线弹性体；地下管线是连续的弹性体，其截面保持不变，且不考虑其初始应力。（2）隧道开挖引起的土体位移不受既有管线的影响。地下管线平面处的土体各点位移可以用 Loganathan 公式准确描述，即：

$$U_z = R^2 \left\{ \frac{h-z}{x^2 + h - z^2} + \frac{3-4\mu(h+z)}{x^2+(h+z)^2} - \frac{2z[x^2-(h+z)^2]}{[x^2+(h+z)^2]^2} \right\}$$
$$\exp\left[\frac{-1.38x^2}{(h+R)^2} - \frac{0.69z^2}{h^2}\right] \varepsilon_0 \tag{6-115}$$

式中　R——掘进机半径（m）；

　　　h——隧道轴线埋深（m）；

　　　μ——土体的泊松比；

　　　z——距离地面的垂直深度，由地面向下为正（m）；

　　　x——距离隧道轴线的横向水平距离（m）；

　　　ε_0——不排水土体损失率。

$$\varepsilon_0 = \frac{V_{\text{loss}}}{\pi R^2} = \frac{\pi R^2 - \pi\left(R - \frac{g}{2}\right)}{\pi R^2} = \frac{4Rg - g^2}{4R^2} \tag{6-116}$$

　　　g——间隙参数，在隧道施工前可预估 g 值，进而预估 ε_0；

　　　V_{loss}——隧道单位长度土体损失。

由于地下管线的长度一般都远大于其直径，因此可以将管线简化为弹性地基梁来计算。对于长距离管线，可以只考虑隧道开挖影响区的管线受力情况，而无须考虑地基边界无沉降区域的相关连续性，其与 Winkler 地基模型较为一致，另外从计算简便考虑，本文选择 Winkler 地基模型。地下管线截面受到的地基反力是环向呈辐射状的，如图 6-43 所示。

地下管线平面处土体各点受隧道开挖影响发生竖向位移 $U_z(x)$ 可认为这是管线平面处土体卸荷的过程，则地下管线在此点所受的力可以等效为：

$$P(x) = kdU_z(x) \tag{6-117}$$

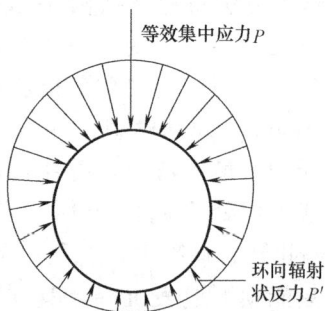

图 6-43　地下管线受地基反力等效简化示意图

式中　d——地下管线的直径（m）；

　　　k——地下管线平面处的地基反力系数（kN/m^3），可通过载荷板试验确定地表的 k_0 值，然后进行深度修正。

Terzaghi 通过研究认为，粒状土埋深 z_0 处的地基反力系数 k 与地表处的地基反力系数 k_0 的关系为：

$$k = k_0(1 + 2z_0/b) \tag{6-118}$$

式中　b——地基梁的宽度（m）；

　　　$k \leqslant 2k_0$，黏性土时 k 值受埋深影响不大。

也可将地基反力系数与基础刚度和弹性地基特性加以联系，Vesic 建议长梁（$l/b > 10$，l 为梁的长度）的 k 值表达式为：

$$k = \frac{0.65E_0}{b(1-\mu^2)}\left[\frac{E_0 b^4}{EI}\right]^{1/12} \tag{6-119}$$

式中　E_0——土的变形模量（MPa）；

　　　μ——土的泊松比；

　　　EI——基础的抗弯刚度（N/m）。

6.5.6　基于 Winkler 模型的管线受力和变形计算

地下管线的受力情况主要取决于管线平面土体的位移和管-土相对刚度（EI/E_0）。当管-土相对刚度不是非常大时候，可以基于 Winkler 地基模型计算地下管线的受力和变形。

地下管线受隧道开挖影响的变形微分方程是：

$$EI\frac{\partial^4 \omega}{\partial x^4} + kdw = kdU_z(x) \tag{6-120}$$

令 $\beta = \sqrt[4]{kd/4EI}$，则变为：

$$\frac{\partial^4 w}{\partial x^4} + 4\beta^4 w = 4\beta^4 U_z(x) \tag{6-121}$$

对于无限长梁，在一点作用集中荷载 P，则在距荷载作用点 x 处产生弯矩为：

$$M = \frac{P}{\beta}\exp(-\beta x)(\cos\beta x - \sin\beta x) \tag{6-122}$$

假定隧道正上方对应的点为坐标原点，且为管线纵向的中心点，图 6-44 中所示 0 点。可知，距管线中心点 x 处的无限小集中荷载为：

$$\mathrm{d}P(x) = kdU_z(x)\mathrm{d}x \tag{6-123}$$

若地下管线的埋深为 z_0，结合上面两式得到管线纵向中心点处受到的最大弯矩为：

$$M_{\max} = \int_{-\infty}^{0}\mathrm{d}M(x) = \int_{-\infty}^{\infty}\frac{kdU_z(x)}{4\beta}\exp(-\beta x)(\cos\beta x - \sin\beta x)\mathrm{d}x \tag{6-124}$$

将 Loganathan 公式代入此式中，可以得到：

$$M_{\max} = 2EI\beta^3 R^2 \exp\left(-\frac{0.69z_0^2}{h^2}\right)\int_{-\infty}^{\infty}(\cos\beta x - \sin\beta x)\exp\left[\frac{-1.38x^2}{(h+R)^2} - \beta x\right]$$

$$\left\{\frac{h-z_0}{x^2+(h-z_0)^2} + \frac{(3-4\mu)(h+z_0)}{x^2+(h+z_0)^2} - \frac{2z_0[x^2-(h+z_0)^2]}{[x^2+(h+z_0)^2]^2}\right\}\mathrm{d}x$$

$$\tag{6-125}$$

在隧道开挖影响区范围内，地下管线任意一点 (x_0, z_0) 的弯矩计算式为：

$$M = EI\beta^3 R^2 \varepsilon_0 \exp\left(-\frac{0.69z_0^2}{h^2}\right) \int_{-\infty}^{\infty} \cos\beta |x-x_0| - \sin\beta |x-x_0|$$

$$\left\{ \frac{h-z_0}{x^2+(h-z_0)^2} + \frac{(3-4\mu)(h+z_0)}{x^2+(h+z_0)^2} - \frac{2z_0[x^2-(h+z_0)^2]}{[x^2+(h+z_0)^2]^2} \right\} \qquad (6\text{-}126)$$

$$\exp\left[\frac{-1.38x^2}{(h+R)^2} - \beta|x-x_0|\right] dx$$

地下管线所受的应力可由下式计算得到：

$$\sigma = \frac{M}{W} = \frac{M}{\pi(d^4-d'^4)/32d} \qquad (6\text{-}127)$$

式中 d'——地下管线的内径（m）。

地下管线产生的应变计算表达式为：

$$\varepsilon = \frac{\sigma}{E} = \frac{M}{\pi E(d^4-d'^4)/32d} \qquad (6\text{-}128)$$

若已知隧道施工产生的不排水土体损失率 ε_0，则上面三式可以求得地下管线所受的弯矩、应力和应变；若 ε_0 未知，则可通过计算间隙参数 g，由式（6-116）求得 ε_0 即可。

6.6 盾构隧道施工引起周围环境灾变的控制技术

6.6.1 土体变形的控制

目前，控制盾构施工过程中土体变形的方法主要有三种：设置合理的盾构推进参数、进行同步注浆以及二次注浆。结合前面的分析结果，给出以下三个控制土体变形的具体措施。

1）设定合理的工作面平衡压力

通过前面的实测数据分析以及数值模拟结果可知，工作面平衡压力是影响盾构推进前方土体变形的主要因素。根据对不同埋深条件下以及不同土质参数条件的工作面平衡压力分析可知：埋深和土体内摩擦角是影响工作面平衡压力大小的主要因素，而土体黏聚力对其影响不大。因此，在确定合理工作面平衡压力值时，主要考虑埋深和土体内摩擦角这两个因素的影响。

2）设定合理的同步注浆参数

同步注浆压力的设定不能太小，太小就不能平衡上覆土土压而导致周围土体向尾隙内坍塌，浆液无法回填；但又不能过大，一方面，注浆压力过大会产生劈裂现象，即造成浆液切入隧道周围土体的情况，特别是在软黏土地基中，劈裂允许压力值较低，这种现象比较容易出现，另一方面，注浆压力过大还可能造成隧道管片变形，造成隧道崩塌。对钢管片来说，当注入孔处的压力为 0.5～0.6MPa 时，先是出现管环变形，接着主梁和肋板也相继变形；对混凝土管片来说，当注入压力为 0.4MPa 左右时，也将使管片的螺栓被剪断，所以对于混凝土管片来说，注浆压力要小于 0.4MPa。通过对注浆压力的大量研究可知,在自稳能力较差的软弱黏土地层中,盾构通过后,盾尾的土体暴露后很快就可能坍塌,等到进行注浆时盾尾空隙可能已经减小,因此,同步注浆时,可适当增大注浆压力,以获得更好的充填效果;在自稳能力较强的地层同步注浆压力可适当减小;在有较大涌水的地层中开挖,同步注浆压力可适当增大,至少大于地下水压力。在注浆压力管理中,由于土质、浆液、注入工法及施工条件不同的原因,有时也会出现高压,以及对先期和后期注入压力的差值难以确认的情形。对于这种情况仅仅依靠注入压力管理是不够的,还需同时进行注入量的管理。

根据大量的研究表明,在浆液类型的选择上应注意:

(1) 对于较坚硬、有一定的自稳能力的岩层,要均匀地充填盾构尾隙,必须增加浆液的流动性,因此浆液配合比要在保证浆液稠度、倾析率、固结率、强度等指标的基础上延长其凝胶时间,控制在 12~30h,以获得更为均匀的填充效果;对于较软弱的岩层,由于其自稳能力较差,在注浆后要尽快获得注浆体的固结强度,因此浆液配合比要保证浆液的固结率和强度,并将凝胶时间适当缩短至 5~7h,以便在较短的时间内加固地层,增强地层的稳定性。

(2) 在黏性土层中施工,如果土层的自稳能力较强,且基本无涌水,则选用凝胶时间较长的浆液配合比(不小于 12h),可增加浆液的流动性,以利于获得均匀的充填效果;如果土层的自稳能力较差,则应选用凝胶时间较短的浆液配合比,凝胶时间一般为 5~7h,以利尽快获得注浆体的早期固结强度,防止盾尾空隙外的土体塌陷到尾隙内造成地层损失,确保管片的早期稳定性;在地层有较大涌水的情况下,选用保水性强、凝胶时间较短的浆液配合比,必要时采用水泥-水玻璃双液浆进行补强注浆达到固结堵水的目的。

(3) 在富含水的土层,注浆体要求能迅速阻水、快速充填,因此浆液要黏性大、保水性好、不离析、凝胶时间较短(5~6h)。此外,若在同步注浆后还漏水,则进行二次注浆,浆材为水泥-水玻璃双液浆,以达到固结堵水的目的。

(4) 在盾构始发和到达段,总体上要求缩短浆液凝胶时间,以便在填充地层的同时能尽早获得浆液固结体强度,保证开挖面安全并防止从洞门处漏浆。

3) 二次注浆

以下三种场合需要进行二次注入:①一次注入中未填充到的部位的完全填充;②一次注入浆液的体积缩减部分的补充注入;③为了提高抗渗透效果等进行的注入;④同步注浆时浆液流失较大,地表产生较大沉降。二次注浆时,背后注入浆液多使用水泥灰浆和 LW,注浆压力和补浆量要根据现场情况而定,但注浆压力不宜过大,应避免对隧道产生不利影响。

6.6.2 浅地基控制

1. 地基及浅基础加固措施

地基因盾构和基坑施工引起不均匀沉降,引起房屋结构明显倾斜、位移、裂缝、扭曲并有继续发展趋势,出现此情况应对浅基础进行加固处理。

1) 灌浆法

灌浆法是通过钻孔将水泥浆、黏土浆、化学浆液注入地基土中,将地基土胶结固化,从而提高地基土强度,减小地基变形。

2）高压喷射注浆法

高压喷射注浆法按注浆的方式分为旋转喷射（旋喷）和定向喷射（定喷）。一般加固地基常用旋喷，喷射注浆后在地基中形成圆柱状加固体，即旋喷桩。旋喷桩直径最大可达2m，桩体抗压强度可达 1MPa。高压旋喷桩是加固既有建筑物地基主要方法之一，主要适用于砂类土、黏性土、淤泥、湿陷性黄土和人工填土等地基土加固。

3）挤密桩加固法

挤密桩加固法是在基础四周布桩，桩使基础以下及周围的地基土被挤密，地基土承载力就得到提高，成桩可以采用锤击成桩、旋转钻成桩等施工方法。

4）扩大基础加固法

当既有房屋由于地基承载力和基础底面积所限制、基础承载力不能达到设计要求时，可以采用扩大基础底面积方法来增大基础承载力。当基础本身截面尺寸过小、强度或刚度达不到要求时，可以采用增大基础截面高度或增大整个基础截面尺寸方法来提高基础强度和刚度。上述这两种加固基础方法都是采用扩大基础截面尺寸的方法加固基础，统一称为扩大基础截面尺寸的方法加固基础。扩大基础加固法实施方式很多，可以根据既有房屋地基、基础不同情况灵活地采用。

（1）条形基础两侧增设基础

在条形基础两侧分别增设基础以扩大基础底面积加固方法，即在原条形基础两侧各增设一道底面标高与原基础相同钢筋混凝土条形基础，再在新基础顶部按一定间距设置横穿墙身钢筋混凝土挑梁，使上部结构荷载通过挑梁传递至新基础之上，从而使新、旧基础共同工作。挑梁间距取 1.2～1.5m，新设基础和挑梁截面尺寸及配置钢筋数量、混凝土强度等级由计算确定。当原基础承受偏心荷载和受相邻建筑物基础限制时，可以在原基础单侧增设基础。

（2）在原基础上加混凝土套

加固时基础每边加宽后外形尺寸应满足混凝土刚性角要求，且其上部宽度不得小于10cm。新浇混凝土强度等级不得低于原基础混凝土强度等级及 C20。

（3）钢筋混凝土柱下独立基础加固

基础增加厚度不宜小于 150mm，原基础顶面上约 650mm 的柱段四侧至少应各加宽50mm，并加插四根直径最小为 16mm 钢筋，与柱的钢筋用电焊连接。施工时，对上部结构支撑后，应将原基础顶面、侧面、柱加大截面部分四周的混凝土保护层凿除，露出柱的主筋和基础底部钢筋端部，以便于新增柱筋和扩大部分底部钢筋焊接。柱加宽部分和基础扩大加厚部分外侧要按构造要求设架立钢筋，并与原基础底部主筋用电焊连接。

（4）钢筋混凝土条形基础的加固

钢筋混凝土条形基础加固时可适当加大旧基础肋。浅基础扩大基础加固还可以采用将单独基础改为条形基础、条形基础扩大为片筏基础方法。

5）隔断法

在邻近浅基础地下工程施工时，通过在盾构隧道和浅基础间设置隔断墙等措施，阻断盾构机掘进所造成的地基变位，以减少对浅基础影响，避免浅基础产生破坏的工程保护法，称为隔断法。该法需要建筑物基础和隧道之间有一定的施工空间。隔断墙墙体可由钢板桩、地下连续墙、树根桩、深层搅拌桩和挖孔桩等构成，主要用于承受由地下工程施工引起的侧向土压力和由地基差异沉降产生的负摩阻力，使之减小建筑物靠盾构隧道侧土体变形。为防止隔断墙侧向位移，还可在墙顶部构筑联系梁并以地锚支承。

6) 基础桩托换加固

常用的有锚杆静压桩托换和树根桩托换加固方法。

(1) 锚杆静压桩托换加固

施工时压桩架通过锚杆固定在原基础之上，压桩架下基础开凿有压桩孔，桩穿过此孔进入地基。锚杆静压桩加固基础特点是：可以迅速阻止建筑物下沉，抢救因基础下沉而处于危险状态的建筑物；设备简单，移动方便，可以在狭窄的场地上进行施工，做到不搬迁、不停产、无振动、无噪声、耗能省、造价低。

(2) 树根桩托换加固

用树根桩托换加固基础也是以原有基础作为桩承台，应用桩来加固原有基础方法。树根桩施工时先用钻机钻孔，孔径 150～300mm，钻孔穿过原有基础进入地基土中，达至设计深度。钻孔后按设计要求在孔中安设钢筋笼，并填充碎石或细石填料，然后向孔中压注水泥浆，将钻孔中骨料固结成桩。树根桩可以是单根或成排的，也可以是垂直或倾斜的，形成桩基础形状如同树根，故取名为"树根桩"。树根桩托换使用于碎石土、砂土、勃土、黏性土、淤泥、淤泥质土和人工填土等地基土上既有建筑物基础加固。

2. 盾构推进的动态模拟预测

根据现在施工情况判定为重要性程度，为了确定是否需要采取措施及具体开展哪些措施，设计工作必须对已有浅基础随施工会产生多大程度变形进行预测，定量掌握影响的程度。预测方法有两种：

(1) 对盾构掘进引起的地层变形进行分析，并将结果作为浅基础分析输入条件，再进行浅基础分析。

(2) 建立地层中浅基础模型，对盾构掘进引起的地层变形和浅基础动态变化同时进行分析。

第一种分析方法有：①基础变形与地层变形一致的方法；②把相当于地层变形荷载施加于基础上的方法；③把负荷土压力直接加于基础的方法。方法①适用于于地层变形一致的、刚度小的柔性基础。方法②、③适用于刚度大、变形量受自身刚度和地基刚度影响的基础。作为浅基础分析的方法，通常把地基刚度作为弹簧，使用所表示的弹性地基梁模型。第二种方法，主要采用有限元法，在地基中把浅基础作为梁来分析计算，由于可直接得到截面内力，所以是一种简便的方法。但是，该方法把地基和浅基础作为共同体分析，在脱离基础方向的地层位移部分，往往与实际状态有差异，因此，对未影响地层位移刚度较小的基础较适用。而应用在刚度较大的基础时，必须在地基土和基础边界条件上下功夫，使其符合土体与基础实际工况。

3. 盾构推进通过浅基础的施工工艺

良好的组织工作对于盾构安全通过浅基础具有举足轻重的作用，一般可按以下 6 个步骤进行：

(1) 确定盾构施工影响范围，其开挖水平影响范围一般为开挖 3～5 个半径范围。

(2) 对影响范围内浅基础进行调查。通过调查，掌握浅基础类型和几何尺寸、重要性、建筑物结构形式、基础类型、地基土体特性、建筑物建造年代、建筑物使用情况（包括现有损坏情况和维修难易程度）等。

（3）确定已建浅基础容许变形量。

（4）预测盾构施工对影响范围内浅基础影响。若预测值大于容许值，则根据工程实际选择相应的施工方法和进行相应的设计。然后按此结果确定盾构机掘进方法、测量计划，同时对浅基础设定施工管理标准值，作为施工目标。

（5）按照已确定的施工方法，谨慎地开展施工。施工时，设置仪器对浅基础进行定时监测，以准确掌握其在施工中动态变化情况，并将结果与施工管理标准值和容许值作比较，同时反馈到施工中，进行信息化施工。

（6）通过浅基础后，逐渐减少测量频率，一边确认已有建筑物安全性，一边继续监测，直至趋于稳定。

4. 高密度的监测点与监测频率

在盾构向前推进即将穿越目标浅基础时，为了及早摸清沉降规律、优化正面土压设置、确定注浆量及注浆压力，在到达和离开浅基础 30m 范围内布置了深层沉降监测点，间距为每 2m 一组，以便及时了解土层损失情况。根据现场条件的情况，决定采用高精度自动监测系统，还是采取高密度人工监测的方法。在地表和浅基础上，根据规范要求布置了高密度监测点，监测频率为所有点 4h/次，正处于盾构影响范围内的点取 15min/次。监测现场、指挥中心（盾构数据采集系统办公室）与盾构中央控制室数据同步传递，监测现场将最新数据传递到指挥中心。指挥中心根据监测数据对照盾构数据采集系统显示的数据进行施工参数优化，向盾构中央控制室发出操作指令，盾构推进后又反映出对监测数据变化的控制效果。如此循环，做到动态管理。

5. 施工控制措施

盾构推进过程中对浅基础及地表影响，是地层条件和盾构掘进参数综合作用的结果。因此在复合地层盾构施工过程中，应该充分发挥复合盾构本身特点和优势，根据地质条件和施工环境变化，在施工前，首先根据经验选取施工参数，然后通过对地面变形和对建筑物影响的预测，优化选取和本工程相适宜的施工参数；施工时，通过信息化施工，进一步优化施工参数，精心控制地层变形，使其不至于影响浅基础正常使用和安全。

盾构掘进大致分为试掘进及正式掘进两种。盾构由竖井处开始掘进，盾构运转及流体输送等必要的后续设备全部进入隧道坑内之前为试掘进，之后的掘进为正式掘进。

1) 试掘进

试掘进是盾构刚刚开始掘进土体反复试验不断摸索状态，所以要收集盾构推进时的数据（推力、刀具扭矩等）及地基沉降量观测结果等，再以这些数据为基础，判断开挖面的管理压力、壁后注浆量、壁后注浆压力等设定值合适与否，这是初期摸索的重要阶段。要勤于观测盾构机及管片的位置，掌握机械方向控制特性，例如，应尽早地掌握由于机械自重机头易于下沉，或带有某种斜度也能直接推进等特性，目的是为了能沿设计路线正确地推进下去。

2) 正式掘进

盾构机在完成试掘进后，以试掘进阶段得到的数据为基础，对掘进参数进行必要的调整，为后续的正常掘进提供条件。边进行适当的掘进管理，边高效率地进行掘进阶段。

6. 超挖量控制

超挖量控制是地表沉降根本，根据地层变位理论：超挖土方量等于地表沉降槽的体积，地表沉降也主要是由于地层损失引起的。因此控制超挖量是控制地表沉降最有效措施。

与超挖量相对的是盾构掘进每环出土量，保证每环出土量在合理的范围也就防止了不合理超挖。根据盾构机 6.39m 的开挖直径，每环理论出土量为 38.5m³，考虑土疏松度实际每环出土量应控制在 45m³ 左右，以防止过大超挖的形成。以下将从本区间遇到实际情况分析对超挖控制：

（1）在均一软土地层中，采用土压平衡模式掘进，要保证稳定和合理的土仓压力。通过控制推进速度、螺旋输送机转速、螺旋输送机开口率来控制土仓压力和出土量。稳定土压的关键是保证土仓土体流动性，不能让其压实土仓形成泥饼而减少土仓有效容积。尤其对于透水性较差，高压缩性、低强度低渗透性的饱和软黏性土，蠕变量大，土层的蠕动、流动易造成开挖面失稳，同时土层黏性大，易粘着盾构设备或造成管路堵塞，给掘进带来困难。在隧道掘进时，使用 SPECPM 泡沫添加剂注入开挖面，改良土体，抑制盾构机对周围土层的扰动，从而达到防止地表下沉的目的。另外使用 SPECPM 泡沫剂可降低内摩擦力，减少土壤对刀盘、螺旋运输机、皮带机磨损。

（2）上软下硬地层中，采用半敞开模式掘进，开挖工作面上部软土靠加压空气及刀盘面板稳定，下部软岩短时间内可以自稳。此种模式下容易对上部较软土层形成超挖，上部土层及上覆土层是开挖过程主要卸荷扰动区，因此要保证加压空气的注入及土仓有效密封，防止喷涌及大量空气外泄，稳定土仓压力。如果上部开挖面不易稳定，地表监测沉降过大，应该改用土压平衡模式掘进，防止大量超挖形成。

（3）在曲线推进过程中，为确保盾构沿设计轴线推进，控制盾构出土量。一般来说，曲线外侧出土量大于内侧出土量。因此，在曲线段推进过程中，在进行同步注浆时，增加对曲线段外侧压浆量，以填补施工空隙，加固外侧土体，使盾构顺利沿设计轴线推进。另外大幅度的纠偏也会产生侧向超挖，因此要减少大量值纠偏，控制好盾构状态，勤测管片状态，保证施工隧道轴线与设计轴线之间的偏差在允许范围以内（允许值为 30mm）。

7. 杜绝盾尾漏浆

根据现场施工经验，发现有些区域土质极软、流变特性明显。一旦在盾构推进中出现漏浆的情况，将迅速造成浅基础局部突变沉降。因此，盾构法施工中应采取以下措施：

（1）上行线盾构安装完成后，邀请专家对盾构各方面性能进行验收。

（2）盾构始发前，对盾尾钢丝刷嵌油脂的工序进行严格把关，油脂采用 90 号进口油脂，减小盾尾渗漏概率。

（3）推进过程中，严格控制盾构姿态，提高管片拼装质量，保持正常的盾尾间隙。

（4）推进过程中，使用进口的盾尾油脂。

（5）严格掌握盾构纠偏量，勤纠缓纠，有效减少对土体扰动。

8. 合理确定开挖进尺

为控制地表下沉量及拱顶下沉量，工作面稳定十分重要，对城市地铁尤其是软弱地层隧道，开挖进尺应尽量小，必须根据地层特性确定合理的开挖进尺。

研究表明：减少每次开挖进尺，能够明显地减少地表沉降量。以开挖进尺 1m 为地表沉降比较基准，开挖进尺为 2m、3m 时，最大地表沉降分别增大 50% 和 64%。为了控制地表沉降宜尽量采用不超过 $0.25D$ 的短进尺。特别是在对地表沉降有严格要求的地方，比如隧道开挖沿线有密集建筑、管线、交通要道等，对地表沉降控制更严，那么开挖进尺会更小，根据具体工程具体确定。

综上所述，土层条件是地表沉降的根本因素，选择较好的施工方法、开挖进尺、支护措施对地表沉降控制也起到决定性作用。基于此，在隧道设计之初应该尽量避免隧道穿越土层条件较差地段。但是由于其他条件限制而不得不穿越时，首先就是要考虑施工方法、开挖进尺，减少施工对土体的扰动，通过同步注浆来控制地表沉降。

6.6.3　桩基控制

施工参数的优化及施工过程控制可以通过优化施工参数严格控制施工过程，减小对周围既有桩基的不利影响。首先根据当地的地质条件和水位条件、以往施工经验确定施工参数，同时对隧道开挖可能引起的不利影响进行预测，优化选取和本工程相适应的施工参数。做好现场监测，做到信息化施工，加强隧道内部围岩的变形以及地面的变形量测，利用反馈信息及时优化施工参数，严格控制地层移动，以保证周围桩基的安全和正常使用。盾构法施工管片脱离盾尾后，在土体与管片之间会形成一道宽度为 115~140mm 的超挖环形空隙，应对其进行注浆充填，注浆量一般为空隙体积的 150%~200%，为加快注浆体强度的形成，可以在水泥砂浆中加入速凝剂调控。如果能够控制好盾构附加推力、扭矩、刀盘转速、掘进速度、土仓压力和注浆参数（注浆压力，注浆填充率等），减小超挖、及时衬砌，就可以减小隧道开挖对周围桩基的影响。

工程措施主要是指通过设置隔断、加固桩周土体、进行桩基托换等工程方法来保护周围桩基。对于地层变形比较敏感和上部结构变形控制标准较高的隧道，仅通过优化施工参数来减低对桩基的影响是不现实的，有必要采取一定的工程保护措施。

1. 设置隔断

隔断就是在地层中引入结构单元来限制地层侧向位移的结构。这种结构单元不是在建隧道的一部分，与被保护的结构也没有联系。隔断可由钢板桩、地下连续墙、树根桩、深层搅拌桩和挖孔桩等构成，主要用于承受由地下工程施工引起的侧向土压力和由地基差异沉降产生的负摩阻力，它能阻断由于隧道开挖引起的围岩应力的传播，使应力通过桩体传递到下面的持力层中，即隔断了岩层中变形的传递，从而达到降低开挖对建筑物基础累积沉降及差异沉降量的影响。还需注意，隔断墙本身的施工也是近邻施工，故施工中要注意控制对周围土体的影响。如北京地铁4号线从越秀饭店一侧穿过时，所采用的加固措施就是隔断桩。

2. 桩基托换

当隧道正好从桩基下穿过时，有时须对桩进行截断处理或者拔除，然后进行桩基托换，改变桩的传力路线。荷载传递新的途径为荷载→首层柱→桩承台→桩→托换次梁→托换主梁→托换桩→岩层。桩基托换技术不仅造价高而且有较大的风险，根据现有经验和其他工程实例，一般在盾构开挖通过桩基附近，距离很小，或者盾构开挖穿过桩体本身时考虑使用。因为在盾构开挖通过桩基附近时削弱了桩的侧向约束，增加附加荷载，降低了桩的承载能力，在盾构开挖穿过桩体本身时，如果上覆没有好的持力层或者桩顶离隧洞很近，将导致桩的承载力大幅下降或消失。桩基础托换的成败取决于承载力条件和变形条件两个考察指标。承载力指标即上部结构分离原桩基后，上部建筑物荷载所产生的力能够可靠地从原桩基上转移到新的托换基础上，以确保上部结构的安全，变形条件是在实现力的转移后，新的托换结构及基础与未被托换的旧基础之间的沉降差应得到有效控制，以避免上部结构开裂或倾斜。常用的桩基托换的方法有承压板法和桩基转换层法。承压板法是把基础荷载尽可能地分布到盾构上部的地层中，来保护上部结构的一种方法。在盾构隧道施工前，事先在既有结构物的下面设置承压板，将结构物的荷载用千斤顶传递给承压板上。盾构通过后在因盾构机通过而产生的地基稳定后，确认已有桩的承载力，在承压板与基础之间浇筑固定混凝土，使其成为整体。桩基转换层法是指在不妨碍盾构隧道施工的位置重新设桩，在原基础承台下或附近设置转换层，靠新建的桩和转换层来支撑上部结构物，从而把上部荷载传递到隧道以下地层或离隧道较远的地层。

3. 桩周土加固

通过加固建筑物地基，提高其承载强度和刚度而抑制建筑物的沉降变形。加固措施一般采用化学注浆、喷射搅拌等地基加固的方法施工。当地面具有施工条件时，可采用从地面进行注浆或喷射搅拌的方式来进行施工。注浆是指利用液压、气压或电化学原理，通过注浆管把浆液均匀地注入地层中，浆液以填充、渗透和挤密的方式，将土颗粒或岩石裂隙中的水分和空气排除后占据其空间，待凝固后，浆液将原来松散的土粒或裂隙胶结成一个整体，形成结石体。注浆的实质在于胶结、增强与加固，它使松散、被扰动的低品质的土体材质变成高品质的材质，即改变土体的相关参数。当地面不具备施工条件或不便从地面施工时，可以采用洞内处理的方式，主要是洞内注浆。如上海地下水道主干线工程，通过洞内注浆的处理方式，顺利通过了临近桥台的基础桩，且把最终沉降成功地控制在 10mm之内。

4. 建筑物移位

对于上部结构刚度较大，荷载较小的建筑物可以考虑建筑物的整体移位。建筑物移位即舍去现有桩基础，在其他场地再重新施工桩基础，上部结构通过截断原有桩基础后通过液压千斤顶进行整体搬家，直至新修建的桩基础上。该方法已有成功的案例。

6.6.4 地下管线的保护控制

盾构推进引起土体位移及影响因素：随着盾构的掘削土砂向前推进，掘削面土体受挤压掘削，并影响到周围土体的变形；盾构壳体的前移由于摩擦作用而带动土体位移；盾尾的同步注浆的压力和过量填充也会影响盾尾和隧道周围土体的变形。盾构的机型、辅助施工法、壁后注浆、施工管理是引起土体位移的外因。地基土性质、地下水、隧道外径、覆土厚度是影响土体变形的内因。盾构机型的选择是重要因素，常用的盾构施工法有土压盾构和泥水盾构，盾构方法的选择，取决于地层及工程环境条件。当选用土压盾构时，其刀盘开口率和刀具布置等十分重要。辅助工法主要在盾构进出井、中途换刀、盾构穿越复杂地层和建筑物等特殊条件下采用，如气压施加、降水、化学注浆、冻结、高压旋喷等辅助工法。这些辅助工法的应用也会引起土层的位移。

当壁后注浆的填充率大于 150%、注浆压力大于 0.3MPa 时，注浆对周围土体有挤压作用，致使土体变形。盾构施工技术与控制包括盾构的推力、推速、出土量、盾构姿态控制，均对开挖面土体的挤压或坍塌情况产生影响，部分盾构隧道工程沿线管线密布种类繁多，如上水管、煤气管、污水管、雨水管、电话光缆等等；管道构造、材质、接头等也各不相同，因此，对土层变形敏感的管线保护，是施工中要解决的重要问题。管线的保护，应根据管线类型、管线适应变形的能力，确定其在地层变形时的曲率半径及允许的曲率半径。可根据预测管道处地表面变形，采用跟踪监测和注浆的方法，以调整管道的不均匀沉降，这是较为经济有效的方法；如果管线的变形过大，超出允许值或沉降曲线的曲率较大，则表明管线随地层沉降产生过大的变形，此时要考虑管线迁移、悬吊或其他方法处理。管道的危险状态为管道破裂、漏水、漏气、不能正常工作等。地下管道可以分为刚性管道和柔性管道。管道挠曲至 2%，不出现危险称为柔性管道，如钢管和塑料管；管道挠曲至 2%，出现危险的称为刚性管，如混凝土。

为避免盾构施工对已有的重要管线造成不利的影响，一般采用小于允许值作为施工管理、控制标准。国内、外在盾构工程中常用的管线控制标准如下：

（1）插接口、机械铸铁、柔性接缝管道，每节允许差异沉降为不大于 $L/1000$（L 为管节长度）。

（2）北京地铁、重庆地铁施工管线的最大斜率为 2.55mm/m。

（3）上海市政部门规定煤气管线的允许水平位移为 10~15mm。

（4）德国规定：管线允许水平变形为 0.6mm/m，允许倾斜变形为 1~2mm/m。

对于地下管线的保护可以从以下七个方面出发：

（1）管线调查：施工前对相关管线进行详细的调查，确定相应管线的保护标准，编制详细、准确的管线基础资料表，确定保护方案。

（2）变形标准制定：根据管线制造材料、接口构造、管节长度等不同情况，分析预测地层隆陷对管线的影响，制定不同管线的变形控制标准。

（3）施工管理措施：针对本工程沿线地下管线的情况，在施工中采用下列措施：①加强与有关管线部门的协作，完成对管线的调查与保护；②根据施工前预测和施工监测，确认重要管线可能受到有害影响时，根据地面、管线埋深等条件，采用迁移、临时加固、悬吊或管下地基注浆等保护措施。

（4）保持开挖过程中水土压力平衡，加强泥水管理，并根据周围地层的渗透性调整泥浆性状，以保持泥水仓压力与开挖面水土压力平衡。保持开挖面平衡主要措施：出土量计量方法与控制；开挖面水土压力控制标准与监测，其中切口泥水压力值的设定是控制开挖面水土压力平衡的关键。

（5）为防止盾尾间隙沉降与壁后注浆引起的地基隆起的发生，应根据地层状态选择渗透性好、固结强度大的壁后注浆材料，尽量采用同步注浆，加强注浆压力控制。根据工程地质条件和隧道覆土厚度，确定注浆材料适用性、注浆时间、注浆方法、注浆的压力与注浆量。

（6）加强管线沉降监测，尤其是对沉降敏感管线（如混凝土管、煤气管等），应根据监测结果，及时分析评估施工对管线的影响，按施工和变位情况调节监测频率，及时反馈监测信息并指导施工。

（7）对盾构隧道施工管线区内的地面沉降进行模拟计算，预测沉降、变形及影响范围，制定正确的管线保护方案。

6.7 盾构隧道施工对周边环境影响实例

6.7.1 项目简介

某停车楼项目位于某地机场内，总用地面积为 3.2 万 m^2，总建筑面积 6.4 万 m^2，其中地下建筑面积 4.4 万 m^2，地上建筑面积 2 万 m^2。先期地下 2 层、地上 1 层，基坑全长 900m，基坑面积约 $25600m^2$，开挖深度 11.55m；南侧基坑紧贴红线，且 $6\sim8m$ 外均为现状河道。远期预留改造为地上 7 层办公楼，底板以下预留 6 条地铁盾构纵穿区，穿越长度约 900m。隧道顶部距结构底板最近距离约 2.0m，如图 6-44 所示。

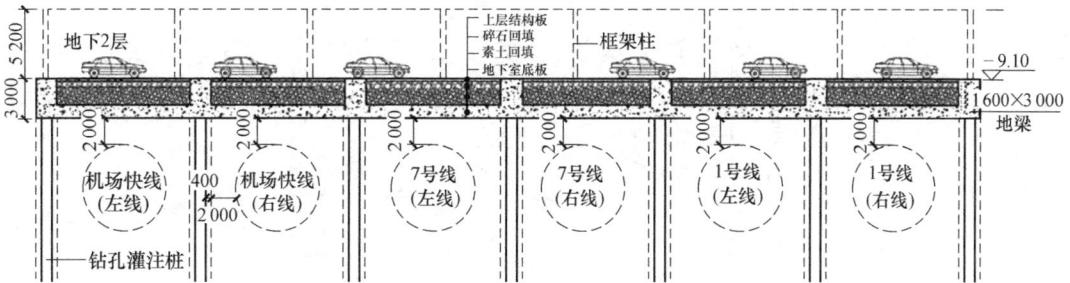

图 6-44 盾构纵穿结构底板剖面（单位：mm）

6.7.2 地铁盾构穿越结构安全关键技术

（1）地铁盾构穿越控制技术

盾构穿越控制的关键在盾构施工参数和施工工艺，盾构施工参数需要根据渣土状况、地层沉降等实时动态调整。主要的参数调整优化措施包括：①适当提高掘进土仓压力（土仓压力设定为理论值的 $1.0\sim1.2$ 倍），以防止涌砂突水，并在掘进中不断调整优化。②土仓压力通过采取设定掘进速度、调整排土量或设定排土量、调整掘进速度两种方法建立，并应维持切削土量与排土量的平衡，以使土仓内的压力稳定平衡。③盾构机的掘进速度主要通过调整盾构推进力、转速（扭矩）来控制，排土量则主要通过调整螺旋输送机的转速来调节。在实际掘进施工中，应根据地质条件、排出的渣土状态以及盾构机的各项工作状态参数等动态调整优化。④掘进时应采取渣土改良措施增加渣土的流动性和止水性，密切观察螺旋输送器的土塞和出土情况以调整添加剂的掺量。⑤推进速度控制在 $2\sim3cm/min$，过穿越地下连续墙等特殊地段时适当放慢推进速度，控制在 1cm/min 以内，并根据监测结果和排土情况调整。

（2）结构安全控制技术

调整并确保盾构机性能良好，严格控制掘进参数，确保匀速、均衡、连续通过，严格控制地层损失率。选择合理的同步注浆和二次注浆浆液及注浆参数，及时进行二次注浆，填充管片与土体间的空隙。加强房屋变形监测与地表沉降监测，并根据监测结果及时调整盾构掘进参数；制定针对性应急预案。

6.7.3　实测结果分析

在隧道掘进过程中，对建筑沉降进行观测，结果如图 6-45 所示。地铁盾构实际穿越期为 2020 年 3 月—5 月，西侧地下室回填完成，东侧地下 2 层结构完成，从沉降曲线可以看出，2020 年 3 月—4 月右线穿越期，同时也是主体施工初期，由于建（构）筑物桩基还处于一种不稳定状态，当荷载增加时，其沉降速率较大，而且由于建（构）筑物的施工以及其他方面的影响，第 1 次布设的各观测点的绝对沉降量和沉降速率相差会略微大一点。2020 年 5 月为左线盾构穿越期，随着荷载的不断增加，建（构）筑物桩基下沉，逐渐趋于稳定状态，因此，建（构）筑物沉降速率也变慢，到使用阶段，由于不再增加荷载，几乎没有施工方面的影响，其他外力对建（构）筑物的影响也很小，故地基沉降也将趋于平稳。

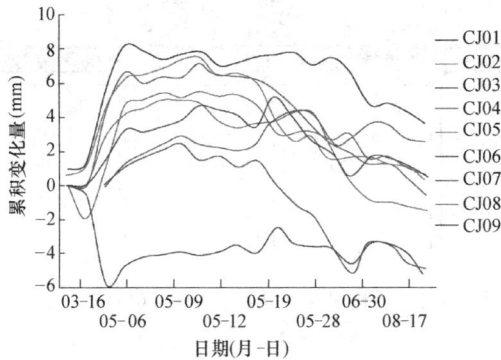

图 6-45　盾构掘进期间建筑沉降

整体分析右线穿越时沉降速率变化较大，左线穿越时沉降速率变化较小，对比分析前后两线穿越工况，引起沉降变化的主要因素为建筑荷载增加，盾构穿越对本工程建筑沉降影响较小，总体沉降在设计范围内。

本章小结

（1）盾构隧道施工对周边环境影响，常采用经验公式、解析与半解析数值计算、有限元计算进行预测分析。经验公式结果与实测结果偏差较大，解析与半解析计算适用范围有限，三维有限元计算可较好反映盾构隧道施工过程引起地层位移的三维性状。

（2）盾构隧道施工不仅造成隧道周围土体松动和沉陷、引起地表沉降，而且造成隧道周围土体受到挤压而背向隧道移动、引起地表隆起，使得隧道附近基础构筑物变形、沉降或隆起并受损或破坏。盾构施工导致地面沉降变形，大致分为初始沉降、开挖面上隆或下沉、盾尾沉降、盾尾空隙沉降和长期持续沉降（地层损失和扰动导致土体强度和压缩模量降低引起长期固结和次固结沉降）五个阶段。

（3）盾构隧道施工对附近的浅基础、桩基础及管线等有较大影响，需要采取合理的灾变控制技术。

思考与练习题

6-1 简述盾构法施工对环境影响的几个方面及所造成的不同后果。

6-2 简述盾构施工对周围土体影响的简单机理。

6-3 简述盾构施工对周边浅基础影响的几种形式，并绘制造成影响后建筑物遭受破坏之后的简图。

6-4 简述盾构施工对桩基础影响分析的基本步骤，并给出确定影响范围的方法。

6-5 简述盾构施工对地下管线影响的不同形式。

6-6 简述盾构施工中对桩基础的保护措施及评价。

6-7 简述盾构施工中对土体稳定的控制技术，并比较几种技术的优缺点。

第7章　盾构推进盾尾刷渗漏防治与更换技术

本章要点学习目标及课程思政

本章要点：
(1) 盾尾刷渗漏与防治技术；
(2) 盾尾刷更换常用止水技术及选用；
(3) 盾尾刷更换化学加固止水技术；
(4) 盾尾刷更换人工冻结加固止水技术；
(5) 盾尾刷更换冻结止水工程应用。

学习目标：
(1) 熟悉盾构隧道施工盾尾刷渗漏原因与防治技术；
(2) 掌握隧道施工盾尾刷更换常用止水技术；
(3) 掌握隧道施工盾尾刷更换化学加固止水技术；
(4) 掌握盾尾刷更换人工冻结加固止水技术；
(5) 了解盾尾刷更换冻结止水工程应用案例。

课程思政：

求真务实坚守科技报国。盾构隧道工程作为一个系统工程，任何一个细节决定了工程成败，在盾尾刷渗漏防治与更换技术学习中，继续拓展工匠精神的深度和广度，树立对职业的敬畏、对生产对象负责的态度，注重盾构隧道工程质量，将一丝不苟、精益求精的工匠精神写进工程细节，将应急预案落到实处，体会专业技术研发人员为促进行业科技进步作出的牺牲与努力，注重对学生的专业学习和情感态度积极引导，增强学生的民族自信和强国有我的家国情怀，进一步坚定信念，勇于担当，奋发有为。

7.1　盾尾刷渗漏与防治技术

越江跨海交通隧道工程一般均采用泥水平衡盾构机，无论是断面尺寸，还是盾构一次掘进长度，均远远大于一般地铁隧道中采用的泥水平衡盾构机，存在众多施工难点以及风险点。其中包括：大型泥水平衡盾构进出洞、盾尾渗漏防治与控制、联络通道施工、盾构长距离掘进、浅覆土施工、大直径隧道通用楔形管片错缝拼装、长距离泥水输送与泥水处理、大断面隧道施工期间抗浮问题、盾构推进与隧道结构同步施工、环境保护等问题。其中，盾尾渗漏防治与控制是越江跨海交通隧道工程众多施工难点中最为棘手的问题之一。

盾构隧道施工中，盾尾主要用于掩护隧道管片的拼装工作及盾体尾部的密封，通过铰接油缸与盾构中体相连，为防止水土及压注材料从盾尾进入盾构内，盾构机均采用密封结构。密封结构主要体现在3个关键部位：前盾的主轴承密封、中盾与后盾间的铰接密封、后盾与管片间的盾尾密封。其中主轴承密封和铰接密封一般在施工中不易出现问题，但盾尾漏水、漏浆情况则相当普遍。

盾尾渗漏防治与控制是越江跨海交通隧道工程中一个施工难点。如果盾尾漏浆严重，将导致切口水压下降，刀盘前方土体失稳，并且隧道内将大量淤积泥浆，若抽排不及时，将造成盾构机被淹没。因此，盾构在长距离连续掘进过程中，需要一个密闭的工作环境。盾尾钢丝刷的存在，有效的隔断了盾构机与地层之间的流水通道，阻断了地下水向盾构机内渗漏，从而保证了盾构机安全掘进。但是，盾构长距离掘进也会对盾尾钢丝刷造成一定磨损，当磨损过大时盾尾刷会因为失去密封作用而需要更换。根据经验，在盾构正常运作状态下，盾尾钢丝刷的寿命一般在2.5km左右。盾尾钢丝刷更换的难点在于管片拆卸后盾构尾部的密封止水。根据以往的工程实践，盾尾刷的更换大都采用加大盾尾同步注浆量以及改变注浆配合比，以加快浆液凝固等措施来加强盾尾密封止水的效果，国外也有采用化学注浆进行封水。但注浆法也存在许多不利因素，如地层不适应性、注浆帷幕的连续性差、均匀性差、注浆土体与盾构及管片的胶结缺乏柔性和韧性等。如何选择一种更好的施工方法，从而更好地防治和控制盾尾的渗漏，是亟待解决的关键问题。

7.1.1　盾尾渗漏原因分析

1. 管片组装施工偏差

1）管片变形

管片拼装后要求形成一个标准的圆形断面，管片之间采用错缝拼装，但由于操作不熟练而有时拼装成椭圆形，实际施工中由于自重等因素影响，横向椭圆较为多见，这就增大了管片之间止水条外缘纵缝的宽度（理论设计值为6mm）。在盾构机推进一环至1.4m左右时，尾刷末端正好到达上一环管片，此时尾刷就正处在该环管片上，由于注浆压力和泥水压力都较大，而纵缝开口度 $d > 6mm$，纵缝处的油脂无法承受浆液和泥水的压力，就形成一个渗漏通道，造成盾尾渗漏。

2）管片错台

由于管片拼装操作不熟练，造成管片错台严重，特别是在纵缝错台产生后，使得盾尾刷无法紧密包裹整环管片，很易形成渗水通道，虽然盾构推进时盾尾仓内有盾尾油脂填充纵缝，但在较高的注浆压力和泥水压力等作用下，极有可能将油脂冲脱而击穿盾尾刷，造成管片渗漏。

3）管片碎裂

当隧道轴线产生较大偏差时，组装工艺不合理或野蛮施工，引起管片安装缺少足够的空间，采用盾构千斤顶强行顶进，造成相邻管片外壁处（尤其螺栓孔、角根部）在千斤顶高压状态下顶裂或破碎，而带进盾尾仓，损坏盾尾刷，形成渗水通道而造成漏浆。

2. 盾尾密封脂使用不当

盾尾密封油脂是盾构钢丝刷型盾尾的主要配套材料之一，具有润滑、密封、防水及防蚀等作用，通过压力注满钢丝刷的孔间间隙，可有效保护盾尾和隔离泥浆，增强钢丝刷的密封性能，防止泥砂渗入，减少盾尾磨损和防止或减轻盾尾腐蚀，可充分保障盾构顺利推进。

选取时应首先保证油脂材料的泵送性能良好，同时抗水压、抗水冲的性能也需要保证，其他工作性能应根据实际工程情况确定。若盾尾密封脂选取不当、施工时操作不当而导致盾尾密封不足，盾构机的盾尾极易出现渗漏现象。

密封脂的涂抹是盾尾密封的重要环节，涂抹不到位或涂抹后稳定性得不到保证均会造成盾尾密封质量下降。

盾尾密封油脂注入系统的控制模式有压力控制模式、行程控制模式和压力行程控制模式三种方式，可根据现场工程情况和施工条件选取，但无论在何种控制模式下，都应保证在盾构推进前开启油脂泵，避免影响盾尾密封效果。

3. 同步注浆不合理

1）注浆浆液的选择

在盾尾间隙形成的同时立即注浆，饱满和均匀的砂浆则会形成对盾尾的第一道保护。

常注浆液有单液浆和双液浆。单液浆施工工艺简单、易于控制、不易堵管等优点，较广泛地应用于盾尾同步注浆系统。单液浆可分为惰性浆液和可硬性浆液，其中惰性浆液初凝时间长，制备成本低，在上海等软弱地层为主的地区应用较为广泛，但由于其强度较低，不利于隧道衬砌的早期稳定。而硬性浆液制备成本相对较高，初凝时间一般在12～16h左右，早期强度较大，有利于隧道结构稳定。

双液浆施工工艺相对复杂，制备成本高，但浆液初凝时间短，适应于各种地层的盾构施工，尤其是断裂带、极软土层以及需要进行特殊处理的地段，采用双液浆是最佳之选。施工中必须严格控制双液浆配合比，提高现场抽检频率，当注浆压力剧增时应立即停止注浆，查明原因或更换孔位后再进行注浆。

浆液选择或配合比不当造成渗漏的原因有：

（1）浆液因和易性差易离析而渗透到地层中导致发生浆液损失、浆液凝结收缩量大、双液浆过早初凝等，致使未能有效填充盾尾间隙。

（2）浆液流动性太好，导致管片最重要的顶部无浆液填充。

（3）双液浆混合不充分，在土中逐渐流失。

（4）坍落度过低、泵送性差，易发生堵管现象，并导致注浆量不足；坍落度过高，会导致初凝时间过长，砂浆强度偏低。两种情况均会造成盾尾从管片脱离后管片的错台，引起盾尾渗漏。

2）注浆压力和注浆量

注浆压力和注浆量是注浆过程中最重要的两个参数：注浆量过大时可能击穿盾尾，过小会导致盾尾从管片脱离后管片错台，从而导致盾尾刷磨损引起盾尾渗漏；同理，注浆压力如过大，可能会击穿盾尾，过小又不能让饱满和均匀的砂浆形成对盾尾的第一道保护，从而造成盾尾渗漏。

3）注浆方式的选择

当采用同步注浆时，有两种注浆方式可以选取，通过盾尾注浆孔注浆和通过管片注浆孔注浆。两种注浆方式的优缺点如表7-1所示，施工时应根据工程情况和施工条件具体确定，尤其是采用管片注浆孔同步注浆时，需要严格控制过程及注浆液初凝时间等各项参数。

两种注浆方式的比较 表7-1

特点	通过盾尾注浆孔注浆	通过管片注浆孔注浆
优点	自动化程度高，施工控制相对简单，可通过调整不同注浆管的压力和注浆量使浆液均匀地分布于地层中，不易堵管	适用于各种地层和地段，单液浆和双液浆均可使用，可通过注浆孔进行二次注浆

续表

特点	通过盾尾注浆孔注浆	通过管片注浆孔注浆
缺点	浆液的可选性较低,一般只适用于单液浆,对于裂隙丰富的岩层、断裂带、极软地层,填充效果会受到限制,一旦堵管,清洗较困难	工艺相对较复杂,实际施工中,若无严格的工序控制,往往做不到真正意义上的同步注浆,浆液不易分布均匀,采用双液浆时,容易发生堵管现象,浆液较难充分混合

4. 其他原因

1）盾构机体施工

大直径盾构机盾体部分由较多盾体块现场拼装而成,相邻盾体块之间、盾体块和主轴承之间的连接法兰面不能完全密贴,致使开挖仓的泥浆通过间隙涌入到盾体后部,应在这些间隙部位加工油脂通道以注入密封油脂,封堵空腔。另外,盾尾刷整体耐压能力不足、选型不当或工作状态不良也会降低密封质量。

2）盾构推进施工

泥水加压平衡盾构施工时,泥水仓与盾尾连通,泥水仓各参数的合理设定对预防盾尾渗漏极为重要,若设定不当,则会出现下列情况:

（1）开挖面泥水压力设定值过高,或切削下来的岩块堵塞排泥管道,或盾尾刷抗压能力不足时,盾尾会被击穿。

（2）泥水质量不高,如盾构机在高密度、低黏度的情况下推进,泥浆很容易后窜至盾尾,降低盾尾刷的密封性能,需对泥水指标如黏度、密度等进行控制。

（3）推进过程中盾构姿态的控制也是一个关键性环节。盾构姿态向轴线某一侧偏离时,盾尾间隙大的一侧注浆体容易被盾尾外部的泥水或砂浆击穿,导致泄漏,盾尾间隙小的一侧密封刷的磨损会急剧加大,一段时间后更易被击穿。纠偏过急会导致盾尾轴线与管片轴线形成一定的夹角（大直径盾构没有盾尾铰接装置）,管片前沿会严重拉擦盾尾密封刷,甚至会导致下一环管片拼装时与盾尾壳的间距不符合拼装条件。停止推进时,泥水仓内的泥水压力导致盾尾后退,使刷毛反卷,密封性能下降。

3）泥水压力过大

当开挖面的泥水压力设定值过高,或切削下来的岩块堵塞排泥管道口或泥水仓时,都有可能导致泥水仓内泥水压力过高,超过盾尾刷的抗压能力,瞬间击穿盾尾刷而造成漏浆。

7.1.2 盾尾渗漏预防措施

1. 管片的预制和安装

（1）尽量在管片预制时提高管片外弧面的光滑、平整度,同时在安装管片前对各管片外弧面的光滑、平整度进行检测,符合要求的才可以拼装;在管片上增加一条纵缝密封条;同时安装管片和同步注浆时应仔细检查,防止异物进入密封刷中。

（2）要求管片拼成圆形,且一环管片安装后必须使用整圆器进行整圆,以减少椭圆和纵缝、环缝错台现象。

（3）每次管片安装前,应清除盾体内的渣土,避免过程中难以定位,造成错台现象。

（4）封顶块拼装前,必须调整好开口尺寸,使封顶块能顺利插入到位。

（5）管片构造可减小管环纵缝沿止水条外缘的构造缝宽度和高度,建议高度小于20mm,以减少渗漏水力通道。

2. 盾尾密封脂的选取、涂抹及注入管理

1）选取密封油脂

为了防止密封刷损坏，宜采用遇水不易分解的油脂。实践表明砂性地层中盾构施工，需要黏性较大、稠度较小的油脂，这样可以更好地填充盾尾内的缝隙，降低砂土流动性；普通黏土对油脂要求相对较低，可选择成本较低的油脂，且根据油脂泵性能，适量提高黏稠度，减少油脂泵送量和使用成本；岩层中含水较多时，需要硬度尽量小、黏稠度较大的油脂，尽量填充前后仓室的缝隙。

2）密封脂涂抹措施

为确保涂抹质量，尽量采取手工涂抹措施，涂抹时分开盾尾密封刷的钢板与钢丝、中间钢丝网与钢丝，同时在整道尾刷的根部涂抹尽可能多的油脂，避免钢丝刷内形成空腔从而成为整个盾尾密封的薄弱点。手工涂抹盾尾刷油脂是在管片未拼装前进行的，宜采用高黏度、高稠度、非下坠的油脂，并进行多次涂抹，使油脂充满整个密封刷内，以防止油脂下坠。

另外，盾尾密封刷焊接前将其直接浸泡在加热熔化后的油脂中，使其内部全部充满油脂。

3）密封脂注入管理

密封油脂消耗与盾构推进速度成正比，注脂量需根据盾构推进速度进行调整，盾构机始发期间，宜适当加大盾尾密封油脂的注入量；注脂压力也应根据推进切口压力和注浆压力的变化调整设置。根据不同地质条件和覆土埋深选择不同的油脂注入模式，及时调整油脂注入参数以补充油脂，确保盾尾无渗水漏浆现象。

3. 同步注浆

1）合理选择浆液

为了进一步确保盾尾密封质量，要求浆液满足：

（1）浆液流动性好，易泵送，浆液稠度控制在7～9cm。

（2）浆液注入孔隙后尽快硬化，要求浆液终凝强度应约等于原状土的无侧限抗压强度，注浆土层28d强度为1.0～2.0MPa，注浆岩层28d强度为3.0～4.0MPa。

（3）浆液硬化后要有一定的动强度，能满足地震基本烈度Ⅷ度条件下不液化的要求。

（4）浆液硬化后的体积收缩率和渗透率小。

（5）浆液稳定性好，不离析，不易受地下水稀释。

（6）每环推进前对同步注浆浆液进行小样试验，严格控制初凝时间，使注浆压力、注浆量、注浆速度与推进速度等施工参数形成最佳匹配参数。

2）注浆量控制

由于压入衬砌背面的浆液发生收缩，实际注浆量往往超过脱出盾尾的管片与土体间出现的理论"建筑空隙"体积。同步注浆采用6点注浆，以保证管片外侧注浆均匀。

同步注浆量不仅影响盾尾渗漏水，也影响到后期地层沉降及隧道防水。同步注浆量应与推进速度成正比，避免某时间段内局部注浆过大，造成注浆压力突增，注浆量大小视推进速度、盾尾渗漏等情况及时调整，以保护盾尾不渗漏为优先条件。当发现注浆压力剧增时应立即停止注浆，查明原因后减少压力剧增点位的注浆量。

应严格按照技术交底进行注浆量控制，并将每环的注浆量记录到推进参数记录表。输送泵打砂浆时，应尽量少冲洗砂浆滑槽，避免冲洗滑槽的水混入砂浆内改变其特性。

注浆过程由注浆压力控制，以注浆量为参考。注浆压力不应超过该处外部泥水压力过多，也不可超过盾尾密封油脂的压力，这样既能有效地防止注浆浆液进入盾尾刷，又能防止盾尾被击穿。

加大监测力度，及时绘制 P-Q-t 曲线（其中 P 为注浆压力，Q 为注浆量，t 为时间），分析注浆效果，实现注浆过程的信息化控制。如遇到如下情况，应调整注浆量：

（1）某些特殊地段或较小的转弯半径上或其他特殊原因，土层损失加大，或出土量剧增；

（2）地层特性变化：在黏性较高的黏土层掘进导致盾壳外壁附着一层较厚的固结土体，无形中增大了盾尾间隙。

4. 施工控制

1）盾尾刷的安装

应注意安装盾尾刷背部弹簧钢板的搭接顺序，安装时应沿着一个方向一块压住一块，形成一个封闭的搭接环，使盾尾刷上的钢板形成彼此的保护，提高其整体耐压能力。

盾尾选型时，钢板束与注浆管的位置应合理安排，以真正起到有效止浆作用，例如：可采用盾尾刷和一道钢板束，增加了最前段一道盾尾保护的弹性和强度，提高其保压效果，如图 7-1 所示。同时可将此钢板设置为反翘，在注浆孔处开口，使浆液顺利注入，可有效防止浆液反串。同时应该保证一定的盾尾刷安装间隙，使盾尾刷有良好的工作状态。

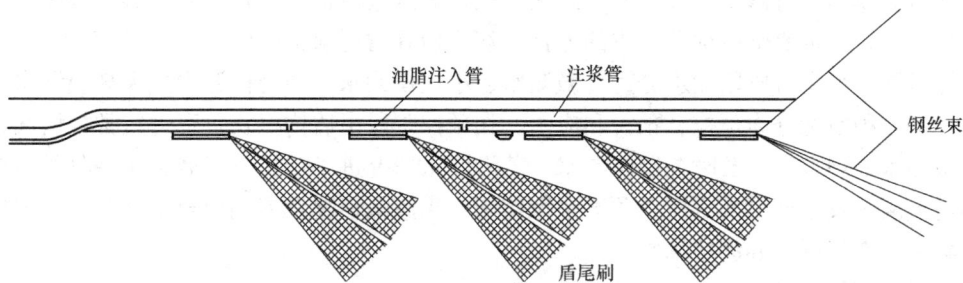

图 7-1　改性盾尾构造示意

2）盾构始发

盾构始发时，可在洞圈预埋钢板上设置一个与盾构外形基本一致的箱体结构，箱体内安装两道止水帘布橡胶圈和铰链板，并在预埋洞圈上安装两道钢丝刷并涂满油脂，以增加止水效果。

3）泥水压力控制

泥水加压平衡盾构施工中，切口水压设定与作用在开挖面上的土压保持平衡。设 P_0 为土压（含水压），即自然状态下盾构机头部 2/3 高度处的水土压力，则切口水压为 $P_0 +$ $(0.01 \sim 0.02)$ MPa。

当泥水循环管路发生堵塞时，若开挖面水压高于上限值则应立即暂停推进，通过旁路调节使压力从逸流阀卸掉，开挖面水压恢复正常后逸流阀自动关闭，再把泥水送进土仓进行逆洗清通管路；或通过检查判断具体堵塞位置后人工清除岩块。

4）盾构推进姿态控制

盾构姿态控制是个动态过程，与油缸伸长量、盾尾间隙、注浆量等相协调，应及时根据 VMT（针对各类隧道推进机而研发的导向系统，能按照设计的线路指导推进施工，大大提高了劳动效率和施工质量）测量结果并结合人工测量，掌握盾尾间隙变化趋势，利用注浆量、推进油缸伸长量、管片转向等调节盾尾间隙，确保盾尾间隙大于 45mm。

在保证盾构机沿设计轴线推进同时，为确保盾构机尾部上下左右间隙均匀分布，应避免短距离内较大纠偏，造成盾构姿态突变，进而损坏盾尾刷。

5）盾尾密封控制

控制盾构姿态，严格控制管片拼装时的千斤顶伸缩量，避免盾构产生后退；在拼装管片前，要将盾尾冲刷干净，管片拼装手检查确认无异物后方可进行拼装。

当条件允许时，可更换最里面一道盾尾刷或全部盾尾刷，以保证盾尾刷密封质量。

7.1.3　盾尾渗漏应急措施

根据国内外类似工程施工经验，盾尾发生渗漏水往往是从轻微渗漏开始，因为处理不及时或者不彻底使得泥砂逐步进入盾尾刷内，造成盾尾刷非正常磨损，密封效果变差。

如发生盾尾间隙突变（盾构机急转或管片选型错误），即有可能引起中等规模漏水，而中规模漏水如未及时处理，在大量的泥水冲刷下，盾尾油脂将不断泄漏，从而引发更大规模漏水。当发生中、大规模漏水时，盾构机已无法正常掘进，需要采用特殊方法封堵盾尾，并对盾尾刷进行修复。如果盾尾封堵失败，则酿成盾构机设备被淹、隧道报废的严重后果。所以，一定要坚持预防为主的方针，切实做好盾尾保护工作。

针对漏水大小将盾尾漏水分为轻微漏水、小规模漏水、中规模漏水、大规模漏水 4 种情况，将 4 种情况分为预控、预警和应急。在预控阶段由盾构机长负责进行常规堵漏，按照轻微漏水处理方案，及时控制渗漏水。若渗漏水情况进一步扩大发展到预警阶段，应根据小规模漏水及中规模漏水应急预案采取措施。当渗漏情况发展到应急阶段时，须根据应急预案采取一切可行办法堵漏。

1）轻微漏水（预控）

当盾尾漏水量不大于 $10m^3/h$ 时，将其定义为轻微漏水，对盾构机和施工人员安全无影响。因水量较小，此种情况说明在某一位置盾构机尾刷与管片间密封效果不足以完全抵挡地下水压力，应当更改同步注浆量参数，减少漏水点注浆孔压力，同时加大油脂注入量。如不能有效制止渗水漏浆现象，应当停止漏浆点位的注浆，继续加大油脂注入量，同时继续推进。

2）小规模漏水（预警）

当盾尾漏水量为 $10\sim50m^3/h$ 时，将其定义为小规模漏水，对盾构机和施工人员安全无影响。此种情况说明在某一位置盾尾刷已磨损较严重或油脂仓油脂损失较多。在盾尾发生喷浆漏水时，应当立即停止相应点位注浆，对该点位采用手动油脂注入模式，在相应点位填塞棉条等堵漏材料，同时继续推进。

3）中规模漏水（预警）

当盾尾漏水量为 $50\sim150m^3/h$ 时，将其定义为中规模漏水，对施工人员安全无影响，对盾构机设备有一定的威胁。因水量较大，盾尾处的积水可由气动泵和大污水泵排出，盾尾的泥水先排至隧道最低点的污水池内，然后由污水池的渣浆泵（两台 $200m^3/h$）通过现已布设的管道排至地面废浆池。因水量接近渣浆泵的额定值，因此渣浆泵必须设置备品，防止意外。此种情况下需先采取小规模漏水封堵措施，同时做好双液注浆或压注聚氨酯的准备工作，如封堵效果不佳，及时对脱出盾尾的管片进行二次注浆，封堵来水。

4）大规模漏水（应急）

当盾尾漏水量大于 $150m^3/h$ 时，将其定义为大规模漏水。大规模漏水将危及盾构机和施工人员的生命安全。因水量很大，位于盾尾处的渣浆泵不能够满足排水要求，泥水将会汇集在隧道最低点的污水池内，然后由污水池的渣浆泵排至地面废浆池。当水量极大需利用排浆管向泥浆池排放时，需及时封闭泥水仓，防止泥水仓内泥浆迅速劣化，造成掌子面失稳。此种情况下需及时采用中规模漏水时所采取的方法，如仍无法控制漏水时，需及时疏散无关人员，由专业人员利用向漏水区域喷射液氮的方式，迅速冻结来水，起到密封作用。当漏水被控制后，再次补注砂浆和油脂，并缓慢解冻，观察效果后制订下一步计划。

7.1.4 盾尾渗漏封堵工艺

双液注浆主要通过脱出盾尾的管片的二次注浆孔进行。施工前需先预制丝扣与二次注浆孔丝扣相同的注浆管，注浆管上连接闸阀（耐压 1MPa 以上）。注浆管安装后使用长钻头电锤（80cm 以上）将预留孔疏通，疏通后将闸门关闭，将注浆机注浆管与管片注浆孔安装的注浆管相连接，做好注浆准备后开启闸门，开始注浆。

施工流程为：确定孔位→安装注浆管→疏通预留孔→连接注浆管→配浆→注浆→补充注浆→断开注浆管→洗注浆管。

注浆压力及流量控制：注浆压力根据渗漏水位置选择，一般比该位置地下水压力大 $0.2\sim0.3MPa$，注浆流量控制在 $10\sim15L/min$。施工结束时，待双液浆初凝后将注浆机注浆管与管片安装的注浆管断开，关闭闸阀，并将现场清洗干净。待浆液完全凝固后，可打开闸阀观察是否有涌水现象。如无涌水现象，可使用电锤破除掉管片注浆孔上部 10cm 水泥浆，将注浆管露出管片部分割除，下部留于管片注浆孔中，回填 C60、P12 的混凝土对注浆孔进行彻底封堵。

双液浆施工中可能遇到的问题和解决办法：隧道外地下水十分丰富，局部甚至有承压水，在疏通预留孔时，预先安装带闸阀的注浆管，可有效防止地下水渗漏和喷射，确保隧道安全；同时在注浆过程中，确保注入浆液初凝时间满足配合比要求，使浆液尽快凝固，减少地下水和浆液渗漏。

盾构机上配置一台 NYP 型聚氨酯泵，该泵注油脂压力可达到 10bar，每小时流量 $12m^3$。预先将注油脂管路安装到位，在盾尾出现漏水喷浆时，即刻将聚氨酯管路接到渗漏水部位的同步注浆管上，往渗漏水点盾尾与管片外侧注入足量的聚氨酯，依靠聚氨酯遇水发泡的特性封堵渗漏孔道直至盾尾不再有水流渗入。

水溶性聚氨酯灌浆与双液灌浆相比，主要有以下四个优点：

（1）可在大量水存在的条件下与水反应，固化后形成不透水的固结层，可以封堵涌水；

（2）固化反应的同时产生二氧化碳气体，气体压力可以把低黏度浆液进一步压进细小裂缝深处以及疏松地层的孔隙中，使多孔结构或地层充填密实，且气泡封在胶体中，形成体积庞大的弹性固化物；

（3）在含大量水的地层处理中，可选择快速固化的浆液，它不会被水冲稀而流失；形成的弹性固结体，能充分适应裂缝和地基的变形；

（4）浆液黏度可调，可灌细缝，固化速度调节方便。

但聚氨酯注浆需使用专用的压浆工具，同时由于聚氨酯遇水发泡的特性对盾尾密封的破坏也相当严重，给下一步盾构掘进带来不利影响，一般不轻易使用。

7.2   盾尾刷更换常用止水技术及选用

盾尾刷更换止水可选方案有化学注浆止水和冻结法止水，冻结法止水又可按冻结管排布形式分为预制冻结管片冻结止水和管片上直接打孔冻结止水，按冻结法制冷工质可分为盐水冻结和液氮冻结。

7.2.1   化学注浆止水

1. 施工方法

化学注浆止水是用凝结时间较短的化学浆液，浆液将原松散的土粒或裂缝、混凝土裂缝胶结成一个整体，使岩土体形成强度高、抗渗性能好、稳定性高和防水性能好的新结构体，以此抵抗盾尾刷更换时外侧水土压力的施工方法。通过浆液使地基固化形成结石体，达到抗渗要求。溶剂包括主剂和助剂，对某种注浆材料来说无论主剂或助剂可能是一种或是几种，助剂在浆液中的作用分为催化剂、固化剂、速凝剂等。

2. 特点

盾尾刷更换化学注浆止水工艺施工工期短、耗资少，在盾尾刷更换中注浆封水技术得到不少成功应用，同时随着各种改性工艺的发展，对某些特殊情况的土层也能较好地适应。其主要优点为：

（1）先骨料注浆，再速凝材料注浆减水，最后单液注浆加固或袖阀管深孔注浆和前进式注浆工艺相结合，这些联合注浆工艺可以对某些大量涌水的情况先加以控制，再进行精细注浆，以此达到预期的止水效果。

（2）双浆液对改善地层渗透性有较好效果，采用调节浆液配合比和注浆压力的办法可人为控制注浆范围及凝结时间，并宜复合注入施工，如二重管端头的浆液混合器能使两种浆液完全混合均匀。

（3）注浆方向可任意选择，可垂直注浆，也可倾斜注浆。

（4）钻孔至注浆完毕，可连续作业。

（5）适用范围广泛，可用于多种土层。

但该工法用于盾尾刷更换常用止水技术存在以下不足：

（1）普通注浆法对地层适应性很差，尤其是承压水和动水吃浆量较小，而各种改进工艺施工较为复杂。

（2）注浆帷幕的连续性差、均匀性差以及注浆土体与盾构及管片的胶结缺乏柔性和韧性，增加盾尾漏水的风险。

（3）不适合饱水软土或注浆均匀性差的地层、水底隧道以及盾尾刷更换工期长等条件下的高风险工程。

7.2.2   冻结法止水

冻结止水方法是采用冻结技术，将盾尾渗漏处外围土层冻结形成一道封闭的冻结壁，以此抵抗盾尾刷更换时外侧水土压力的施工工艺。在盾尾刷更换时，根据冻结管布置形式和冻结制冷工质不同还可分为多种形式。

1. 按冻结管布置方式分类

1）预制冻结管片冻结止水

盾尾刷更换预制冻结管片冻结止水施工中，在盾构壳体盾尾位置处预留一个环形管道空间作为循环冷媒剂的冻结管，另外制作一环其中预埋环向冻结管的特殊管片（图7-2），在应用时两者同时冻结以形成环状冻结壁进行盾尾间隙的封水（图7-3）。而在盾尾刷更换位置先拼装特殊管片环，接着拼装一环常规构造的需拆卸的"临时管片"。推

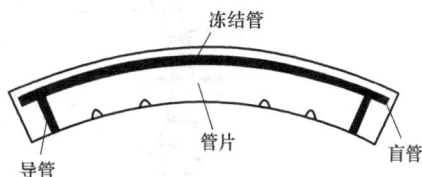

图7-2 预制管片中冻结管的埋设

进盾构使得待更换的钢丝刷到达临时管片环位置后停机，开始冻结。当冻结壁达到设计要求时，拆除临时管片环的部分管片，让钢丝刷暴露出来，以便及时更换。完成更换后再复位临时管片，再拆除相邻的临时管片并更换钢丝刷，如此循环直至整圈盾尾刷更换完毕。

盾尾刷更换后也无须封堵钻孔，有利于缩短工期，对盾构隧道结构稳定性无不利影响，但需提前做好盾尾刷更换计划，且不能应对突发性事故。

2）管片上直接打孔冻结止水

管片上直接打孔冻结止水是在该处管片上直接打孔形成冻结去回路支管（图7-4），将低温盐水或液氮输入其中进行冻结的施工工艺。其中，若采用液氮冻结，循环过的氮气通过回路干管（不设保温措施）排放至大气中。

更换盾尾刷时，将盾构推进至第3道盾尾刷外侧，在混凝土管片内壁垂直钻孔→利用负温盐水或液氮在管片与盾壳之间形成一个封闭的冻结环→拆除第3道盾尾刷处管片→进行盾尾刷的更换。

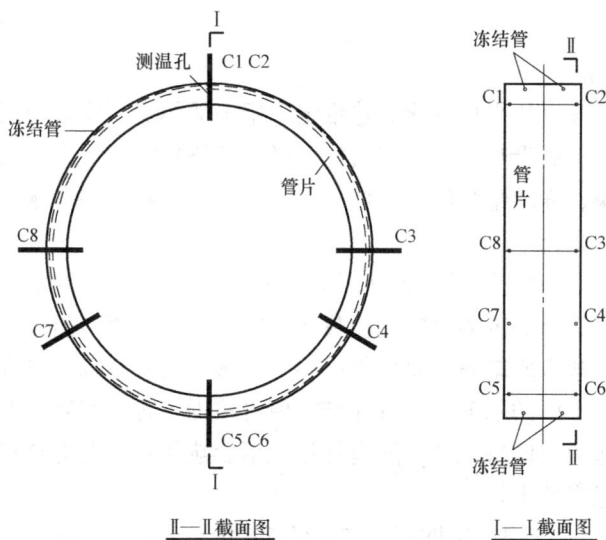

图7-3 预制冻结管片冻结管布置图

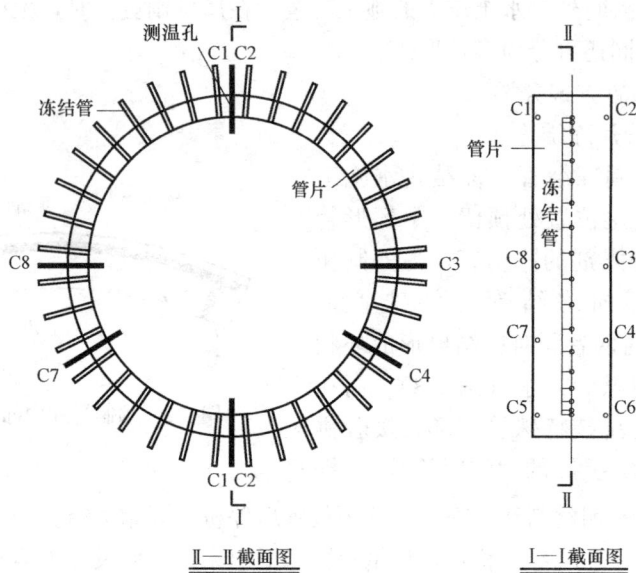

图 7-4　管片上直接打孔冻结管布置图

　　管片上直接打孔止水可应对突发性事故，打孔形式灵活多样，可根据现场实际情况进行调整，但管片上直接打孔会对隧道结构耐久性造成不利影响。

　　2. 按冻结制冷工质分类

　　1) 盐水冻结止水

　　相对于注浆止水层，冻结止水方案施工无噪声、无污染，对地下水位和水质没有影响，在对环境保护要求高的城市地铁建设中意义更大。

　　盾尾刷更换需使用焊接作业，作业时会影响冻结温度场，此时应该严格监控温度场变化，避免冻结壁融化引起安全质量事故；盾构停机期间采用冻结施工有可能使盾构机体被冻住，导致再次推进困难，因此应严格控制好冻结壁与盾构壳体界面温度，并采取相应的强制解冻措施。

　　2) 液氮冻结止水

　　液氮冻结是依靠液氮的直接气化吸热带走土层中的热量，实现地层冻结。液氮能够在冻结器内直接通过气化而吸热制冷，然后气氮经过管路排向大气，与盐水冻结相比，液氮冻结具有冻结速度快、冻结壁强度高等优点，已成为盾尾刷更换止水工程的首选方案。

　　（1）液氮冻结法优点

　　① 冻结系统简单、稳定性好。液氮冻结法无需建立冻结站和维护制冷工序的循环系统，液氮能够直接在冻结器内通过气化而吸热制冷，然后气氮经过管路排向地面，释入大气，循环冻结系统较盐水冻结系统要简单许多。用液氮冻结法冻结加固土体的形式灵活，随时可人为控制加固土体的强度，并且冻结规模可根据工程的实际情况而定，小体积的液氮局部快速冻结引起的土体融沉，对隧道管片变形影响较小，对隧道稳定性无影响。另外液氮的惰性很强、稳定性很好。

　　② 温度低、冻结速度快、工期短。液氮的温度在−195.8℃以下，从日平均降温值对比分析液氮冻结与常规盐水冻结，液氮冻结速度较之常规盐水冻结要快 6～10 倍，冻结时

间大大缩短。

③ 冻结壁强度更高。一般冻结壁强度和弹性模量比未冻土大几十倍到一百多倍，而 −60℃液氮冻结壁弹性模量比 −20℃的弹模还要大 4 倍，强度很高，但温度低到 −70～ −80℃以下，强度不但不增，反而略有减小趋势。

（2）液氮冻结缺点

① 耗资更大。没有盐水冻结方案经济，只能用作抢险或工期紧张时的方案。

② 能量损失大。由于液氮温度极低，管路内外温差大，很容易散失冷量，因此对于暴露的管路必须做保温隔热处理。

③ 盾构容易被冻住。液氮冻结地层平均温度较盐水冻结更低，要做好盾构机的防冻工作。

7.2.3 止水方案对比分析

1. 止水方案适应性分析

表 7-2 列出了化学注浆止水、盐水冻结止水和液氮冻结止水的特点，化学注浆止水因其具有止水帷幕连续性差、均匀性差、封水性差等特点，应用于承压水地层中的盾尾刷更换时，具有很大风险，不建议使用。冻结止水更适合富含水特别是承压含水层的隧道施工。表 7-3 为不同冻结管布置方式冻结止水方案的优缺点。

不同止水方式优缺点 表 7-2

特点	化学注浆止水	盐水冻结止水	液氮冻结止水
工期	短	较长	较短
耗资	低	较高	最高
止水性	差（富含水砂层不可用）	较好，但冻结效果受空气和动水影响大	最好
工艺复杂性	简单，但改性工艺复杂	较复杂，需建立冻结站	较简单，冻结形式灵活
对盾构再推进的影响	基本无影响，但在承压条件的土层或软土层中施工有风险	冻结可能导致盾构再推进困难	盾构极易被冻住，盾尾刷更换后需做解冻工作

不同冻结管排布方式冻结止水方案的优缺点 表 7-3

特点	预制冻结管片冻结止水	管片上直接打孔冻结止水
优点	安装冻结管时无须另外打孔，盾尾刷更换后也无须封堵钻孔，有利于缩短工期；对盾构隧道结构稳定性无不利影响	可应对突发性事故，打孔形式灵活多样，可根据现场实际情况进行调整
缺点	需提前做好盾尾刷更换计划，不能应对突发性事故	隧道管片上直接打孔会对其结构耐久性造成不利影响

液氮冻结止水时，输送液氮的方式有液氮供用槽车长距离输送液氮及盾尾刷更换处直接使用液氮罐两种，其优缺点比较见表 7-4。

2. 止水方式经济性分析

1）盐水冻结止水

以南京地铁 10 号线过江隧道为例，盾尾刷更换采用盐水冻结止水时，管片内冻结管长度为 69.08 延米，集配液圈长度初步定为 50m，冻结管总长度为 119.08m，则盐水总容

积约为 $\pi \times 0.0585^2 \times 119.08 = 1.28 m^3$；首次溶化氯化钙为 $1.28 \times 0.4 = 0.51 t$；首次充氟利昂定为 0.20t；冻结时间为 69d。初步概算见表7-5。

不同液氮输送方式优缺点 表7-4

特点	液氮供用槽车长距离输送液氮	盾尾刷更换处直接使用液氮罐
优点	输送系统化，较安全	输送形式灵活，适用距离无上限
缺点	温度损失较大，需做好保温工作，适用的距离存在上限	因隧道内空间较小，在盾尾更换处只能使用液氮罐，更换频率较大，操作不便，安全性较差，需格外做好安全防护工作

盐水冻结止水初步概算 表7-5

项目名称	单位	工程数量	单价(元)	合价(元)	备注
冻结管、测温管安装	m	69.08	170.76	11796	
供液管安装	m	69.08	20.71	1431	
集配液圈制作	m	50.00	398.80	19940	
集配液圈安装	m	50.00	136.32	6816	
冻结器头部安装	孔	12.00	477.11	5725	
盐水干管安装	m	50.00	228.59	11430	
首次充氟利昂	t	0.20	17684.80	3537	
首次溶化氯化钙	t	0.51	4650.06	2372	
冻结制冷人工、材料消耗	月	2.30	20052.56	46121	
冻结运转	台班	207.00	2891.54	598549	
冷冻站材料摊销	站	1.00	20000.00	20000	估计值
合计				727717	

2）液氮冻结止水

液氮冻结止水时，液氮消耗量参照杭州庆春路过江隧道的液氮使用量，取每小时1.3t，总用量为：$1.3 \times 24 \times 20 = 624 t$。初步概算见表7-6。

管片上直接打孔液氮冻结止水初步概算 表7-6

项目名称	单位	工程数量	单价(元)	合价(元)	备注
垂直钻孔	100m	0.576	40170	23138	
不锈钢冻结管等安装	100m	0.576	39540	22775	
不锈钢供液管安装	100m	15.5	7944	123132	
不锈钢软管制作、安装	6m	36	2485	89460	
冻结器头安装	10个	3.6	12873	46343	
不锈钢干管安装	10m	5	4842	24210	
液氮充放	t	624	1504	938496	
融沉液浆	m^3	50	1845	92250	
液氮槽车使用费	天·台	40	3000	120000	两台
合计	个	1		1479804	

由以上分析可知：液氮冻结费用约为盐水冻结的 2 倍，而盐水冻结时间约为液氮冻结的 3.5 倍，从性价比及缩短工期的方面考虑，选用液氮冻结为较优方案。

7.3 盾尾刷更换化学加固止水技术

前述已介绍化学注浆止水的基本施工方法及特点，本节将介绍盾尾刷更换化学加固止水详细技术。

7.3.1 化学注浆材料

注浆过程一般为在原材料中加入溶剂形成浆液，通过压注固化形成结石体，达到抗渗透要求。

1. 对浆液的要求

（1）浆液流动性好，浆液初始黏度固化或胶化前的流动性要尽量低，尽量接近水的黏度，使之能渗透到很细的土颗粒孔隙里。

（2）渗透、充填到土层颗粒孔隙里的浆液在其固化或胶化反应完毕后，能达到很高的固结强度。

（3）浆液在土层颗粒孔隙固化和胶化后，能提高地层不透水性，其凝胶体不出现收缩现象。

（4）注浆材料的有效时间要长，而且在所在环境下能长期处于稳定。

（5）施工时，浆液的使用和制备要简单，而且易于调节其固化或胶化时间。

（6）浆液的固化或胶化反应受地层各种物理化学性质影响要少。

（7）材料来源广，价格低廉，且配合及操作简单，不会引起公害及对操作人员无损害等。

2. 注浆材料分类

对各种各样的注浆材料，很难用一条标准去进行正确分类。

1）按注浆材料的原料和制造方法分

（1）纯化学产品。丙烯酰胺系、尿醛树脂系、丙烯酸盐系、氨基甲酸乙酯树脂系等。

（2）天然有机高分子。铬木素系。

（3）无机化合物。水泥、膨润土、黏土，以水玻璃为主要成分的各种配方。为了降低成本，大部分注浆材料都用水做溶剂，但也有一部分非水溶液型的注浆材料。

2）按其凝胶材性不同分

（1）水泥系统。水泥浆液、水泥砂浆、水泥-黏土浆液、水泥-膨润土浆液。

（2）水泥化学浆液系统。水泥-水玻璃浆液、水泥-丙烯酰胺浆液。

（3）化学浆液系统。水玻璃液、尿素系、聚氨酯系。

上述三大系统注浆材料如按其化学反应区分，水泥注浆材料属于悬浮液分离反应，水玻璃则属于复分解沉淀反应，高分子化学浆液为聚合反应。各种浆液适用土质如表 7-7 所示。

各种浆液的适用土质 表 7-7

注浆材料	水泥系统	水泥化学浆液系统	化学浆液系统
适用土质	砂砾、粗砂	砂砾、粗砂、细砾中粒砂	细砂、砂质黏土

3. 注浆材料的特性

目前国内外注浆工程中，应用水泥和水泥化学浆液主要是水泥-水玻璃浆液注浆较为广泛。关于化学浆液，特别是高分子化学浆液，由于成本高、有毒易引起公害，所以使用受到限制。

1）水泥浆注浆特性

水泥作为注浆材料具有结石体强度高、抗渗性能较好、材料来源丰富、价格低廉、注浆工艺简单等优点。通常这种浆材被称为无机浆材，其主要性质包括分散度、沉淀析水性、凝结性、热学性能、收缩性、结石强度、渗透性和耐久性。

（1）分散度。一般和可灌性成正比例关系，分散度越高，可灌性越好。

（2）沉淀析水性。当浆液并不浓稠时，在重力作用下，水泥颗粒将会下沉，这种因沉淀引起的析水往往影响浆液的质量，影响结石强度。

（3）凝结性。一般浆液在 2～4h 为初凝阶段，当经过初凝后，浆液将逐渐变硬，不可泵送。

（4）热学性能。水泥在水化过程中会产生水化热，在释放过程中，体积会收缩，所以注浆时应注意控制温度，避免收缩，影响渗水性。

（5）渗透性。水泥浆结石体，其渗透性与初始水灰比以及水泥的掺量均有很大的关系，一般情况下水泥结石体的渗透系数在 $1\times10^{-10}\sim4\times10^{-8}\mathrm{m/s}$。

（6）耐久性。水泥浆的结石体往往会受到地下水的侵蚀，从而加速结石体的溶蚀。由于水泥是颗粒性材料，可灌性差，通常只能注入裂隙宽度大于 0.15～0.35mm 的地层或粗砂中以及地下水流速小于 80～200m/d 的条件下，胶凝时间长，浆液早期强度低，强度增长慢，易沉淀析水等，因而水泥浆液的应用有一定的局限性。

2）水泥类化学浆液的注浆特性

水泥化学浆液具有粒子浆液与溶液的特点，目前应用的主要有水泥-水玻璃浆液。水玻璃又称泡花碱，它是一种透明的玻璃状熔合物的工业产品，呈绿色或黄色，并带有介于这两种颜色之间的各种色泽，系由碱金属硅酸盐所组成。目前绝大部分的化学浆液均采用水玻璃浆液，因为其具有无毒、无副作用、价格低廉、可灌性好等优点。水玻璃在酸性固化剂作用下可产生凝胶。几种比较常见的水玻璃类浆液特性见表 7-8。

水玻璃类浆液组成、性能及用途 表 7-8

原料		规格要求	用量（体积比）	凝胶时间	注入方式	抗压强度（MPa）	主要用途
水玻璃-氯化钙	水玻璃	模数：2.5～3.0 浓度：43～45Be	45%	瞬间	单管或双管	<3.0	地基加固
	氯化钙	密度：1.26～1.28 浓度：30～32Be	55%				

原料		规格要求	用量（体积比）	凝胶时间	注入方式	抗压强度（MPa）	主要用途
水玻璃-铝酸钠	水玻璃	模数:2.3～3.4 浓度:40Be	1	几十秒到几十分钟	双液	<3.0	堵水或地基加固
	铝酸钠	含铝量 0.01～0.19kg/L	1				
水玻璃-硅氟酸	水玻璃	模数:2.4～3.4 浓度:30～45Be	1	几秒到几十分钟	双液	<1.0	堵水或地基加固
	硅氟酸	浓度:28%～30%	0.1～0.4				

其特点有：（1）初凝时间可以控制，变化范围从几秒到几十分钟。水泥浆越浓，水玻璃与水泥浆的比重越高，浆液凝结时间就越短，反之则长。（2）浆液结石率高达100%，结石体强度较高，防渗性能较好。（3）浆液可灌性较好，材料来源广泛，价格低廉，无公害。

3）水泥-水玻璃浆液的配合比

水泥-水玻璃浆液简称CS浆液，它是一定水灰比的水泥浆和一定浓度的水玻璃溶液，按某一比例混合而成的注浆堵水材料。

（1）配制水泥浆液系采用水灰比法，即一定量的水泥加上一定的水经搅拌机搅拌。其配合比可按下式计算而成：

$$G_水/r_水+G_灰/r_灰=V_配 \tag{7-1}$$

式中　$G_水$——水的重量（kN）；

　　$r_水$——水的重度（kN/m³）；

　　$G_灰$——水泥的重量（kN）；

　　$r_灰$——水泥的重度（kN/m³）；

　　$V_配$——配合后浆液的体积（m³）。

（2）水泥浆与水玻璃浆的配合比、体积比，要根据土颗粒大小、渗透系数大小、钻孔涌水量或吸水量等确定。水泥-水玻璃浆液配合比直接关系到注浆能否达到预期目的和做到多快好省，所以它是注浆工程中的重要参数。

水泥浆的水灰比、水玻璃的浓度、水泥-水玻璃浆液的体积比以及水泥的质量、龄期和浆液的温度等，对混合浆液的凝胶时间和结石体的强度等都有很大影响。而混合浆液的凝胶时间和结石体的强度关系到注浆质量，如对土颗粒大的土层，宜采用凝胶时间短的浆液，反之则宜采用凝胶时间较长的浆液。混合浆液的基本性能指标如下：

（1）凝胶时间

所谓凝胶时间是指水泥浆和水玻璃相混合时起到流动停止的时间。准确地掌握凝胶时间，是施工中的一个重要环节。影响凝胶时间的因素有：

① 水泥浆的水灰比。在其他条件相同时，水灰比越小，凝胶时间越快。

② 水玻璃浓度。其他条件相同时，水玻璃浓度为30～50Be时，浓度越高，凝胶时间越长；反之，凝胶时间则短。

③ 水泥浆与水玻璃体积比。当水泥浆的水灰比、水玻璃的浓度和温度一定时，水泥浆与水玻璃浆的体积比在1∶0.3～1∶1范围内，随着水玻璃用量的减少，凝胶时间相应

缩短。因此，注浆时可通过改变水泥浆与水玻璃浆的配合比来调整凝胶时间。但是，水玻璃的用量不得小于水泥浆的 0.3 倍，否则混合浆液早期强度低，易被地下水冲走，同时由于浆液凝胶时间过短，易造成堵孔事故。

④ 浆液温度。水泥浆与水玻璃浆反应及固化过程受温度影响很大。浆液温度低，凝胶时间长；反之则短。所以有时为缩短凝胶时间或在冬期施工时，需将水玻璃加温以及用热水拌合水泥浆，提高浆液的温度。

⑤ 水泥的质量及龄期。注浆所用水泥应为出厂不久、活性高、无杂质的水泥，不得用过期水泥，因为过期水泥活性降低，浆液的凝胶时间长、抗压强度低。

⑥ 外加剂。为适应复杂多变的水文地质条件，在注浆施工中，当采用前述各种方法调整凝胶时间，但仍不能满足要求时，可在浆液中掺入外加剂——速凝剂或缓凝剂加以调整。

用作速凝剂的有生石灰（CaO），价格便宜，效果显著。使用时需将块状生石灰碾细成生石灰粉。在水泥-水玻璃浆液中加入的生石灰粉与水玻璃发生化学反应，加快了混合浆液的胶凝时间。一般生石灰加入量不宜超过水泥重量的 5%。用作缓凝剂的有磷酸和磷酸盐，但它们对水泥有显著破坏作用，使结石体抗压强度降低，所以在使用时应严格控制其用量。

（2）结石体的抗压强度

影响 CS 浆液结石体抗压强度的因素有：

① 水泥浆的水灰比。当 CS 浆液配合比及水玻璃浓度一定、水灰比小，即水泥浆稠度高时，结石体抗压强度高；反之则低。

② 水玻璃的浓度。在水泥浆的水灰比和 CS 浆液配合比一定的条件下，试验表明使用水灰比小于 1:1 的稠水泥注浆时，随着水玻璃浓度的增加，结石体抗压强度有所提高，在使用水灰比大的稀水泥注浆时，只要相应地使用低浓度的水玻璃，结石体抗压强度也会较高，但应注意不要使用浓度高的水玻璃，因为浓度高的水玻璃会降低结石体的抗压强度。

③ CS 浆液配合比。应在水泥浆水灰比及水玻璃浓度一定的条件下进行 CS 浆液配合比的试验。CS 浆液配合比是注浆的主要参数，它不仅关系到 CS 浆液的凝胶时间，而且也直接影响浆液结石体强度。水泥与水玻璃浆液混后进行化学反应，CS 浆液配合比适宜，水泥浆与水玻璃化学反应完全，结合体强度高。根据试验，CS 浆液配合（体积）比在 1:0.4~1:0.6 时，结石体强度较高。注浆时，要根据具体情况来确定 CS 配合比。

综上所述，影响 CS 浆液的凝胶时间和结石体抗压强度的因素很多，因而在含水地层隧道注浆施工时，一定要根据具体的特点和具体情况来选择最适宜的配合比。为此，注浆前应先进行各项试验，并在注浆过程中不断调整。

7.3.2　盾尾更换注浆止水加固方案

以扬子江隧道工程 SG1 标段 N 线盾尾刷渗漏工程为背景。南京扬子江隧道工程 SG1 标段 N 线隧道采用直径为 14.93m 的气垫式复合泥水平衡盾构施工，掘进长度为 3557m。盾构尾部布置 5 道钢丝刷（2 道螺栓式，3 道焊接式），形成 4 个密封腔，与盾尾油脂共同组成盾尾密封系统。工程计划盾构推进在第 826 环时更换盾尾刷。

1. 注浆方案设计

（1）注浆止水的总体思路是，从更换盾尾刷位置的前 10 环开始，通过加强同步注浆和二次注浆，形成第一道加固止水体系；制作 2 环特殊管片用于盾尾刷更换环号前两环的管片拼装，1 环进行二次注浆补强，1 环进行聚氨酯堵水且防止二次注浆体包裹盾体；停机之后，在盾构 B 环注入聚氨酯形成止水带，防止前方泥水仓泥水后窜；通过采取多道措施形成止水环并叠加成一个厚度大、密实性高，且具有一定强度的完整止水体系，然后在注浆止水的环境中更换盾尾刷，如图 7-5 所示。

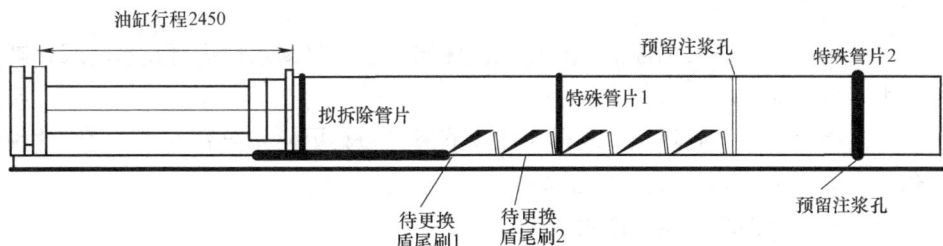

图 7-5 盾构油缸、盾尾刷及特殊管片位置示意图

（2）特殊管片设计

为了在强渗透地层形成良好的注浆止水效果，制作 2 环特殊管片用于注浆止水。每环特殊管片在原管片 10 个二次注浆孔的基础上增加 38 个预留孔，其中 F 块增加 2 个孔，邻接块和标准块分别增加 4 个孔。特殊管片 1 和特殊管片 2 分别用于第 825 环和第 824 环的拼装（盾尾刷更换位置为 826 环）。

（3）同步注浆

在停机更换盾尾刷前 10 环的掘进过程中，加强同步注浆。每环总注浆量控制不得少于 150% 的理论值，且注浆要求均匀、饱满。浆液配合比为水∶水泥∶砂∶膨润土∶减水剂＝456∶450∶1120∶80∶3（单位为"kg/m³"），初凝时间为 10h，3d 强度为 2.1MPa。

（4）聚氨酯及惰性浆液压注

停机后，通过盾体 B 环的径向预留孔向周围土体注入聚氨酯，使其与盾体四周的地下水反应，包裹在盾体周围，起到阻挡泥水仓泥水的作用。注入压力应大于地下水压，压力差为 0.1MPa 左右，注入顺序为从隧道底部经两侧向顶部进行。聚氨酯注入的控制标准为：完成当前孔位注入后，打开相邻孔位观察，若无水流出或有聚氨酯流出即为合格，可开始下一孔位的聚氨酯注入，以此类推完成全部孔位的聚氨酯注入。

（5）二次注浆

在注入聚氨酯或惰性浆液后，向特殊管片 1 之后 3 环管片（包括特殊管片 2）的预留孔注入双液浆，如图 7-6 所示。注浆顺序为从下到上、从后到前。注浆材料采用水泥-水玻璃双液浆，水泥浆水灰比为 1.3∶1（质量比），水泥浆∶水玻璃为 1∶0.11（体积比）。最大注浆控制压力为 3MPa，二次注浆主要是填充同步注浆不密实的空隙。因此，二次注浆以控制注浆压力为主，当注浆压力达到最大控制压力

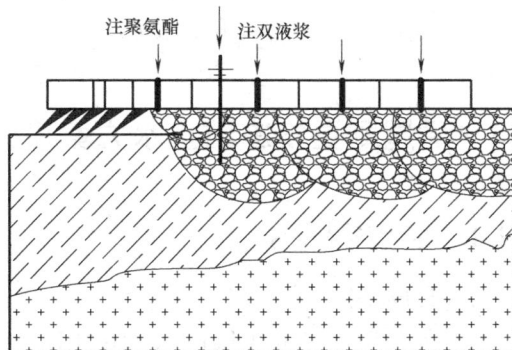

图 7-6 盾尾注浆效果示意图

时可结束注浆。

（6）注浆质量检测

在二次注浆完成，达到终凝时间后，从下至上依次打开特殊管片 1 上的 10 个二次注浆孔，检测是否有水渗出。若无水渗出可认为止水效果合格，可进行盾尾刷更换作业；若有水渗出，则对渗水区域预留孔补注聚氨酯。

2. 注浆孔布设

（1）加固前止水：注浆加固前，先用双液注浆方法，将漏水口进行止水注浆，减少漏水口的渗水，确保加固顺利进行。

（2）刀具更换前对 776 环至 760 环压注双液浆，刀具更换完毕后，首先对管片预留二次注浆孔对 779、778 环压注普通油脂。

（3）对最后一道油脂仓压注油脂。

（4）在 778 环管片距小里程侧 50cm 布孔，孔径 50mm，环向孔间距 1.0m，深度超出管片外径 25cm，压注低强度等级水泥浆浆液，浆液 3 天强度达到 1.5MPa。注浆压力稍大于计算出的泥水压力即可，确保不至击穿盾尾。

（5）在 778 环管片距离盾壳尾部 5cm 处布孔，孔径 50mm，环向孔间距 1.0m，与前排孔呈梅花形布置，深度超出管片外径 5cm，压注聚氨酯，起到对盾尾间隙密封止水的作用。

（6）在 778 环管片距大里程端部 50cm 布孔，孔径 50mm，环向孔间距 1.0m，与前排孔呈梅花形布置，深度超出管片外径 1cm，作为以上两排孔注浆时的检查孔，并起到应急注浆封堵的作用。

（7）注浆：严格控制注浆压力，同时密切关注注浆量变化，当压力突然上升或从孔壁溢浆时，应立即停止注浆，查明原因后采取调整注浆设计参数或移位等措施重新注浆。在对中心漏水点注浆时，应注意观察注浆压力及注浆量，避免浆液注入隧道结构内，此时可适当调整浆液凝固时间并加密注浆孔，反复注浆保证此部位注浆的均匀性。

3. 辅助措施

以上注浆方案共计采用两道防水，油脂、浆液以及聚氨酯，另外第三排孔作为应急储备，若拆除管片过程中出现渗漏，立即再压注抢险，用聚氨酯进行封堵，除此之外，还应保证渗漏物的排放，为此设置应急排污系统。

在隧道最低点大致 620 环的位置，安装 7 台排污泵，由 3 根排污管将隧道最低点污水排至工作井，1 根 $DN200$ 和 2 根 $DN150$ 管道，工作井内 5 台潜污泵将污水排至地面。

7.4　盾尾刷更换冻结止水方案设计与施工

7.4.1　水土压力计算

1. 切口水压

富含水砂层计算切口水压时，均采用水土分算。

静止土压力上限值：

$$P_0 = \gamma_w \cdot (h_w + h_s) + \sum h_i \cdot (\gamma_i - \gamma_w) \cdot K_{0i} + \alpha \qquad (7-2)$$

主动土压力下限值：

$$P_a = \gamma_w \cdot (h_w + h_s) + \sum h_i \cdot (\gamma_i - \gamma_w) \cdot K_{ai} + \alpha \qquad (7-3)$$

式中　γ_w——水的重度（kN/m^3）；

　　　h_w——上层水位厚度（m）；

　　　h_s——土层总厚度（m）；

　　　h_i——各层土厚度（m）；

　　　γ_i——各层土重度（kN/m^3）；

　　　K_{0i}——各层土静止土压力系数；

　　　K_{ai}——各层土主动土压力系数；

　　　α——移动荷载（经验值），根据地表监测数据调整，一般取 20～70kPa。

根据上式求出 P_0、P_a，则盾构中心处压力为两者的平均值：

$$P_m = (P_0 + P_a)/2 \qquad (7-4)$$

而盾构机顶和盾构机底的压力分别为：

$$P_1 = P_m - \gamma_g \cdot \frac{D}{2} \qquad (7-5)$$

$$P_2 = P_m + \gamma_g \cdot \frac{D}{2} \qquad (7-6)$$

式中　P_1——盾构机顶压力（切口水压，kPa）；

　　　P_2——盾构机底压力（kPa）；

　　　γ_g——泥水仓泥水重度（kN/m^3）；

　　　D——盾构机壳体直径（m）。

2. 盾尾注浆压力

管片顶部的注浆孔注浆压力比切口水压高 250kPa；位于管片中部的注浆孔比管片中心压力高 250kPa；位于管片底部的注浆孔比盾构机底压力高 250kPa。

最大注浆压力为：

$$P_{max} = P_2 + 250 \qquad (7-7)$$

7.4.2 冻结加固体厚度确定

1. 水土荷载

如图 7-7 所示，Ⅰ-Ⅰ 截面上单位长度的水土荷载计算公式为：

$$P_{\text{Ⅰ-Ⅰ}} = k\beta P_{max}(D + 2h_s + 2h_c) \qquad (7-8)$$

式中　k——安全系数，取 1.5；

　　　β——同以往计算盾构进出洞冻结加固体厚度公式中的系数，取 1.2；

　　　P——水土压力，为保证在盾尾刷更换时的盾尾安全，取最大注浆压力（kPa）；

　　　D——盾构机壳体内直径（m）；

　　　h_s——盾尾壳体厚度（m）；

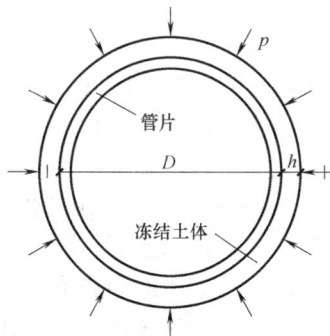

图 7-7　盾尾刷更换冻结加固体
Ⅰ-Ⅰ 截面受力示意图

h_c——冻结加固体厚度（m）。

2. 冻土抗压强度验算

因钢材的弹性模量比土的大很多，所以截面处变形计算为：

$$\varepsilon = P_{I-I} / [E_s(D+2h_s+2h_c)] \tag{7-9}$$

式中　E_s——钢的弹性模量，取 200GPa。

其余符号同前所述。

此时冻土应力为：

$$\sigma = \varepsilon E_c \tag{7-10}$$

式中　E_c——冻土的弹性模量（MPa）。

冻土单轴抗压强度 $[\sigma]_c$，若 $\sigma < [\sigma]_c$，则冻土抗压强度足以抵抗水土压力。

7.4.3　冻结参数设计

1. 冻结时间

1）单管冻结时间

假定冻结体在 dt 时间内向外扩展 $d\xi$，由于冻结而放出的热量 $dq_1 = 2\pi\xi Q d\xi$，若不考虑降温区的影响，则冻结管吸热量（或冻结管放出的冷量）为：

$$dq_2 = \frac{(T_d - T_c)dt}{\dfrac{1}{2\pi r_0} + \dfrac{1}{2\pi\lambda_2}\ln\dfrac{\xi}{r_0}} \tag{7-11}$$

因 $dq_1 = dq_2$，则冻结时间为：

$$
\begin{aligned}
t &= \frac{Q}{T_d - T_c}\int_{r_0}^{\xi}\left(\frac{1}{\alpha r_0}\xi + \frac{1}{\lambda_2}\ln\frac{\xi}{r_0}\right)d\xi \\
&= \frac{Q}{2(T_d - T_c)}\left[\frac{(\xi^2 - r_0^2)}{\alpha r_0} - \frac{(\xi^2 - r_0^2)}{2\lambda_2} + \frac{\xi^2}{\lambda_2}\ln\frac{\xi}{r_0}\right]
\end{aligned}
\tag{7-12}
$$

因 $r_0 \ll \xi$，同时 $\dfrac{1}{\alpha r_0} \approx \dfrac{1}{2\lambda_2}$，上式可变为：

$$t = \frac{Q\xi^2}{2(T_d - T_c)\lambda_2}\ln\frac{\xi}{r_0} \tag{7-13}$$

考虑到降温区地热对冻结时间的影响，增加地热影响系数单管冻结时间为：

$$t = \frac{(1+\varphi)Q\xi^2}{2(T_d - T_c)\lambda_2}\ln\frac{\xi}{r_0} \tag{7-14}$$

式中　t——冻结时间（s）；

　　r_0——冻结管半径（m）；

　　ξ——冻结圆柱半径（m）；

　　T_d——岩土中水的结冰温度（℃）；

　　T_c——盐水温度（℃）；

　　λ_2——冻土的导热系数 [W/(m·K)]；

　　α——冻结管内的换热系数 [W/(m²·K)]；

　　φ——地热影响系数，当 $\xi = 0.5 \sim 3.0$m 时，$\varphi = 0.3 \sim 0.5$；

　　Q——1m³ 岩土冻结时放出的热量（J/m³），按冻土的热容量计算。

Q 按式（7-15）计算：

$$Q=Q_1+Q_2+Q_3+Q_4+Q_5 \qquad (7\text{-}15)$$

式中　Q_1——单位体积湿土中的水从原始温度 T_0 降到地层起始冻结温度 T_d 所放出的热量（kJ/m³）；

　　　Q_2——单位体积湿土中的水结冰放出的潜热（kJ/m³）；

　　　Q_3——单位体积冻土中的冰从结冰温度 T_d 降到指定温度 T 所放出的热量（kJ/m³）；

　　　Q_4——单位体积冻土中的未冻水从结冰温度 T_d 降到指定温度 T 所放出的热量（kJ/m³）；

　　　Q_5——单位体积冻土中的土颗粒由温度 T_0 降到 T 所放出的热量（kJ/m³）。

$$Q_1=\omega C_w(T_0-T_d)\rho_w \qquad (7\text{-}16)$$

式中　ω——含水量（%）；

　　　C_w——水的质量比热，其值为 4.2kJ/(kg·K)；

　　　ρ_w——水的密度（kg/m³）。

$$Q_2=(\omega-\omega_u)\Omega\rho_s \qquad (7\text{-}17)$$

式中　ω_u——未冻水含量（冻土中未冻水的质量与干土质量之比）（%）；

　　　Ω——水的相变潜热，其值为 336kJ/kg。

$$Q_3=(\omega-\omega_u)C_i\rho_i(T_d-T) \qquad (7\text{-}18)$$

式中　C_i——冰的质量比热，其值为 2.1kJ/(kg·K)；

　　　ρ_i——冰的密度（kg/m³）；

$$Q_4=\omega_u C_w(T_d-T)\rho_w \qquad (7\text{-}19)$$

$$Q_5=C_p\rho_s(T_0-T) \qquad (7\text{-}20)$$

式中　C_p——土颗粒的质量比热，一般取 0.71～0.84kJ/(kg·K)；

　　　ρ_s——冻土干密度（单位体积冻土中土颗粒的质量），一般取 $\rho_s=1300\sim1500$kg/m³。

2）预制冻结管片盐水冻结止水冻结时间

冻结管在预制管片外圈形成一个回路，因此，要保证冻结壁厚度，同时计入冻结管的保护层厚度，从图 7-8 中可得出冻结管的冻结圆柱半径，可以近似采用计算单管冻结时间的方法，来进行计算。

对盾尾刷进行更换的时候需要一定冻结壁厚度才能保证其安全施工，而预制管片冻结止水只相当于单根冻结管对周围土体进行冻结，所需时间较长。若一环管片只预埋一环冻结管的方案所需时间太长而不适用，则继续对一环管片预埋两环冻结管的方案进行计算，冻结管布置示意见图 7-9。

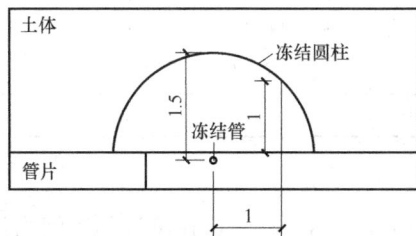

图 7-8　预制管片冻结止水纵剖面图

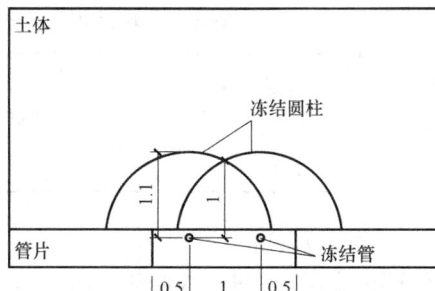

图 7-9　单环管片预埋两环冻结管纵剖面图

取某工程设计参数进行计算，预制冻结管片盐水冻结止水冻结时间计算结果如表 7-9 所示。

预制冻结管片盐水冻结止水冻结时间计算表　　表 7-9

地热影响系数 φ	冻土的热容量 $Q(\text{J/m}^3)$	冻结圆柱半径 $\xi(\text{m})$	结冰温度 $T_d(℃)$	盐水温度 $T_c(℃)$	冻土的导热系数 $\lambda_2[\text{W/(m·K)}]$	冻结管半径 $r_0(\text{m})$	冻结时间 $t(\text{d})$
0.35	162116000	1.1	0	−30	2.12	0.0585	71

3）预制冻结管片液氮冻结止水冻结时间

液氮温度较低，长距离液氮输送，绝热保温与回气系统密封成为盾尾刷更换液氮冻结止水施工的重要环节，需根据实际情况重新拟定保温措施并进行现场实验，使液氮的进气温度仍能保持在−110℃左右。设液氮的进气温度为−110℃，对冻结时间进行计算，计算结果见表 7-10。

预制冻结管片液氮冻结止水冻结时间计算表　　表 7-10

地热影响系数 φ	冻土的热容量 $Q(\text{J/m}^3)$	冻结圆柱半径 $\xi(\text{m})$	结冰温度 $T_d(℃)$	进气温度 $T_c(℃)$	冻土的导热系数 $\lambda[\text{W/(m·K)}]$	冻结管半径 $r_0(\text{m})$	冻结时间 $t(\text{d})$
0.35	162116000	1.1	0	−110	2.12	0.0445	20

4）管片上直接打孔长距离输送液氮冻结止水冻结时间

采用管片上直接打孔长距离输送液氮冻结止水的方案，如按冻结圆柱半径可达 1.0m 考虑，计算应设置冻结管的根数，则要达到冻结壁厚度 h 的要求，如图 7-10 所示，根据采用冻结孔个数、每孔夹角度数、开孔间距、终孔间距，利用式（7-12）计算所需冻结时间，计算结果见表 7-11。

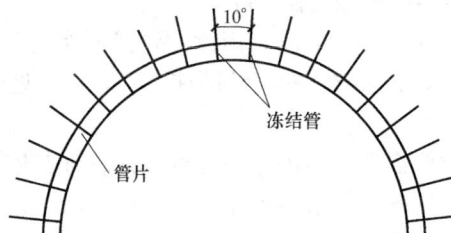

图 7-10　管片上直接打孔冻结管布置图

管片上直接打孔长距离输送液氮冻结止水冻结时间计算表　　表 7-11

地热影响系数 φ	冻土的热容量 $Q(\text{J/m}^3)$	冻结圆柱半径 $\xi(\text{m})$	结冰温度 $T_d(℃)$	进气温度 $T_c(℃)$	冻土的导热系数 $\lambda[\text{W/(m·K)}]$	冻结管半径 $r_0(\text{m})$	冻结时间 $t(\text{d})$
0.35	162116000	1.15	0	−110	2.12	0.0445	23

2. 冷冻液温度

采用低温盐水进行冻结施工时，盐水温度应小于−28℃，满足在设计的时间内使冻结壁厚度和平均温度达到设计值的需要。

液氮冻结属于深冷冻结，冻结温度较常规低得多，梯度大，冻结器管壁温度达到

−180℃。地层离液氮管越近，其温度梯度越大，充分体现了液氮冻结的快速性。液氮冻结的温度按对数曲线变化规律变化，冻土温度与空间位置、时间及输送等许多因素有关，其中与液氮的输送状态关系十分密切。液氮输送状态的改变会灵敏地引起冻土温度的改变。

温度控制是液氮冻结的关键环节，根据相关工程液氮冻结经验，液氮贮罐出口的温度一般控制在−170～−150℃，温度可使用相关阀门进行调节。

7.4.4 测温系统布置

为了掌握冻结壁交圈时间及冻结壁扩展情况，在整个冻结施工过程中需进行温度场监测，测温孔分别设置在盾尾底部、中部及顶部位置，为判断盾尾密封刷更换时机提供依据。

盾尾刷更换期间，管片拆除后可以在紧靠剩余管片端部增设测温点，以掌握焊接前后盾尾壳的温度变化，为是否采取和如何采取隔温措施提供依据，以确保盾尾刷焊接质量和防止冻结壁升温，并根据实际温度场监测情况进行调整。

温度监测频率宜保持在每天 1 次以上，及时掌握温度场的发展情况，以便指导冻结施工。

7.4.5 强制解冻设计

盾尾刷更换完成后，为保证盾构尽早继续推进，需对冻结壁进行强制解冻。利用冻结管作解冻管，其内循环热盐水（70～80℃）使冻结壁温度上升，土体中的冰融化，达到快速解冻土体的目的。也可以沿管线内壁环形布置热水循环盘管，利用膨胀螺栓将盘管固定在管片上。

采用电热法提供热盐水，通过冷板内管路进行循环，从而使盾尾外壳周围土体解冻。加热器可在盐水箱上或其他部位布设，根据工程现场的具体条件确定加热方式和解冻间距，再根据要求对解冻管的布置和热盐水的温度进行调整。盐水泵的位置也可根据现场需要进行调整。

7.4.6 盾尾刷更换条件

由于工期限制，实际工程中多采用液氮冻结止水进行盾尾刷更换施工。

（1）液氮冻结时间达到或超过 10d，液氮冻结效果达到设计要求。

（2）根据测温孔测温推测冻结范围，冻结壁有效厚度达到设计要求 1.8m，冻结壁有效冻土平均温度达到−15℃及以下。

（3）测温孔温度达到设计要求。

（4）施工应急预案完善，并具有可操作性。

（5）盾尾刷更换之前，在盾尾刷附近管片位置分别打设两个探孔，应无水流出。

7.4.7 盾尾刷更换冻结施工工艺

盾尾刷更换冻结施工工艺流程如图 7-11 所示。

```
┌──────────┐
│ 施工准备 │
└────┬─────┘
     │
┌────▼──────┐
│ 冻结孔定位 │
└────┬──────┘
     │
┌────▼──────┐        ┌──────────────┐
│ 钻孔施工   ├───────▶│ 冻结孔质量检测 │
└────┬──────┘        └──────────────┘
     │
  ┌──┴──────────────────┐
┌─▼──────────┐      ┌───▼────────┐
│ 冻结系统安装 │      │ 测温系统安装 │
└──┬─────────┘      └───┬────────┘
   │                    │
┌──▼──────┐         ┌───▼────┐
│ 积极冻结 ├────────▶│ 温度监测 │
└──┬──────┘         └───┬────┘
   │                    │
┌──┴────────┐           │
┌──▼──────┐  ┌──▼──────┐│
│ 维护冻结 ├─▶│ 拆除管片 │◀┘
└─────────┘  └──┬──────┘
               │
          ┌────▼──────┐
          │ 更换盾尾刷 │
          └────┬──────┘
               │
          ┌────▼──────┐
          │ 强制解冻  │◀─────
          └────┬──────┘
               │
          ┌────▼──────────┐
          │ 封孔,继续推进 │
          └───────────────┘
```

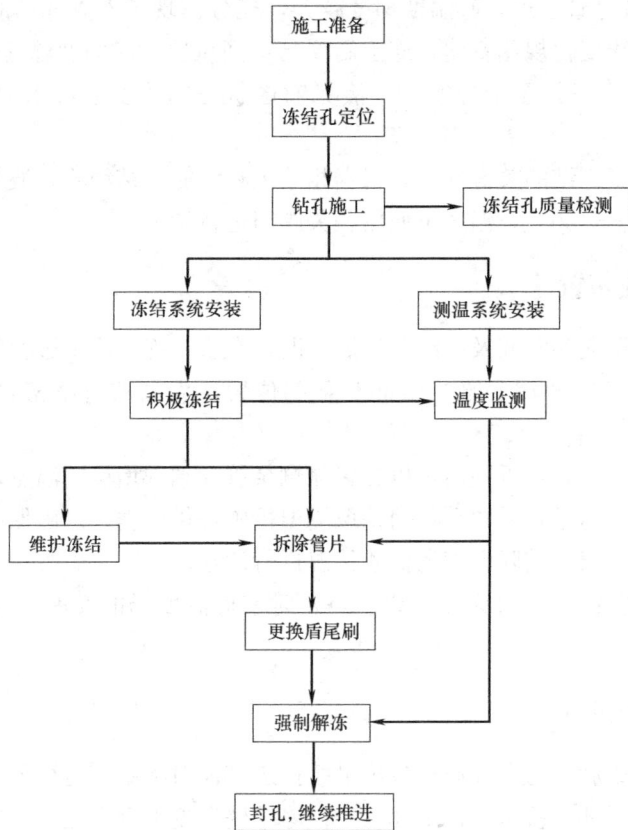

图 7-11　盾尾刷更换冻结施工流程

7.5　盾尾刷更换冻结止水工程应用

7.5.1　工程概况

　　杭州庆春路钱塘江过江隧道,采用泥水加压平衡盾构进行推进,其中东线盾构段长1765.72m,于 2009 年 9 月 20 日出现漏浆,伴随油脂、同步注浆浆液和少量砂砾的泥浆被挤出。分析原因系同步注浆液进入油脂腔体固结占位导致盾尾密封失效,对盾尾密封系统进行检查分析后,决定采用更换并增加盾尾刷的措施进行处理,以保证后续盾构的安全推进。

　　盾构隧道上覆层深度为 22.9m 左右,主要为粉、砂性土层,受钱塘江冲刷作用,呈现中间薄南北两侧略厚。出现故障的盾构区间段为⑤-2 层粉质黏土、⑥-1 层粉质黏土、⑦-1 层粉质黏土夹粉砂、⑦-2 层粉细砂、⑧-1 层圆砾,其中下卧层为⑦-2 层粉细砂、⑧-1 层圆砾,具有上细下粗结构,均匀性略差。盾构推进段主要为孔隙承压水,赋存于下部⑦层、⑧层砂及圆砾、卵石层内,实测承压水位标高为 −4.00m～−3.80m,承压水压力达0.3MPa(图 7-12、表 7-12)。

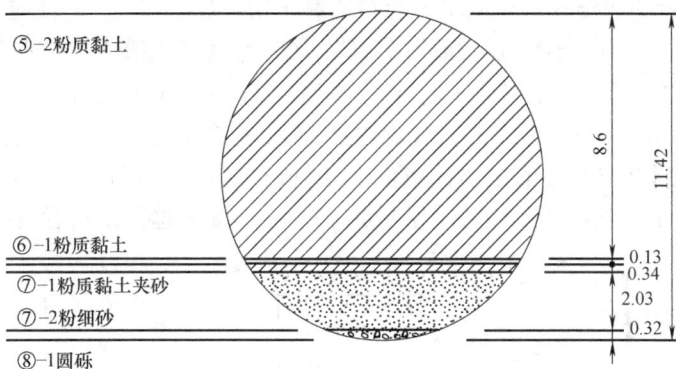

图 7-12　盾构机刀盘位置地质横断面图（单位：m）

盾构穿越土层的主要物理力学指标　　　　表 7-12

土层号	含水率 ω (%)	重度 γ (kN/m³)	相对密度 G	孔隙比 e	液限 W_L (%)	塑限 W_P (%)	压缩 a (MPa⁻¹)	压缩 E_s (MPa)	固结快剪 c (kPa)	固结快剪 φ (°)
⑤-1	26	19.8	2.73	0.74	35.3	19.8	0.23	6.57	42.5	19.1
⑥-1	35.8	18.6	2.73	1.003	39.4	22.2	0.46	4.57	32	16.7
⑦-1	23.3	20.2	2.71	0.659	28.8	16.3	0.25	6.84	29.4	21.7
⑦-2	21.1	20.3	2.69	0.601	25.6	16.3	0.17	9.6	4.5	27.2
⑧-1	26.41	19.43	0.784	2.72	38.95	22	0.35	5.72	—	—

7.5.2　冻结方案设计

1. 冻结参数设计

液氮冻结方案采用 36 个冻结孔，分为 5 组。冻结孔开孔间距 0.9m，终孔间距为 1.1m，孔深 1.1m，进入土层 0.6m，进气管为 $\phi40\times4$mm 低温不锈钢软管，长 400m；排气管为 $\phi108\times5$mm 的 R304 不锈钢管，长 400m。冻结孔严禁碰到止浆板，不能打透盾尾外壳。

根据以往液氮冻结的经验，液氮储罐出口的温度控制在 $-170\sim-150$℃，压力控制在 $0.05\sim0.10$MPa 为宜，冻结管出口温度控制在 $-70\sim-50$℃，压力控制在 $0.05\sim0.1$MPa 为宜，压力调节可使用液氮储罐上的截止阀，使用每组回路中散热板进行温度调节。

由于液氮温度极低，管内外温度差较大，易产生冷量损失，因此需对管路进行保温处理，具体措施为：供氮干管采用 2 层 1cm 厚的聚乙烯保温材料和 3 层密封薄膜交替包裹，各冻结去回路支管均采用 2 层 1cm 厚的聚乙烯保温材料外加 1 层密封薄膜进行包裹。回路干管不设保温，液氮汽化后直接排放至洞外大气中。

2. 测温系统布置

隧道底部穿越粉细砂和圆砾两个高承压含水层，为确保不同含水层冻结壁发展速度与厚度，共设 8 个测温孔监测冻结温度场，判断盾尾刷更换时机。其中 C1、C2 为垂直隧道前进方向剖面 12 点钟位置的测温孔，对应土体为粉质黏土层；C3、C4 为垂直隧道前进方

向剖面 3 点钟位置的测温孔,对应土体为粉质黏土层;C5、C6 为垂直隧道前进方向剖面
6 点钟位置测温孔,对应土体为粉细砂层;C7、C8 为垂直隧道前进方向剖面 7 点钟位置
测温孔,对应土体为圆砾层。C1、C3、C5、C7 测温孔中各布设两个测温点,测点间距为
410mm,孔深 0.5m;C2、C4、C6、C8 中各布设 6 个测温点,其中土体中测点间距
300mm,管片中测点与邻近的土体测点间距 400mm,孔深 1.7m。冻结孔与测温孔具体
孔位如图 7-13 所示。测温孔采用底端密封的 $\phi76\times5$mm 无缝不锈钢管直接打入。

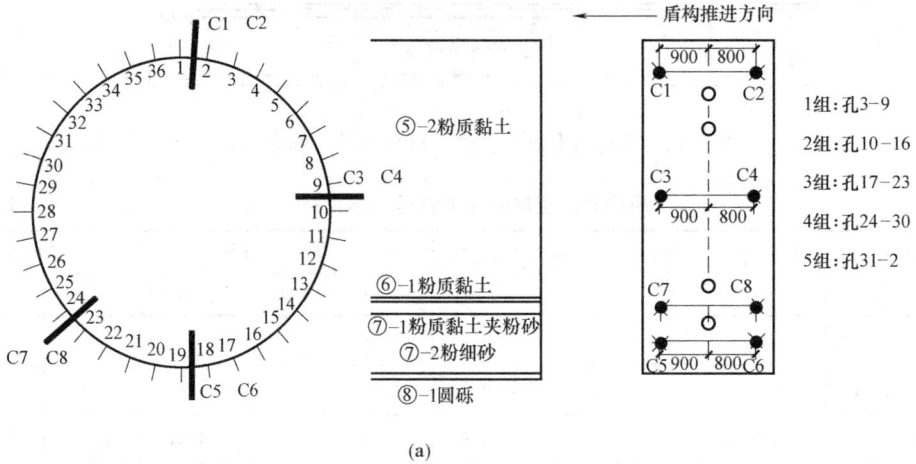

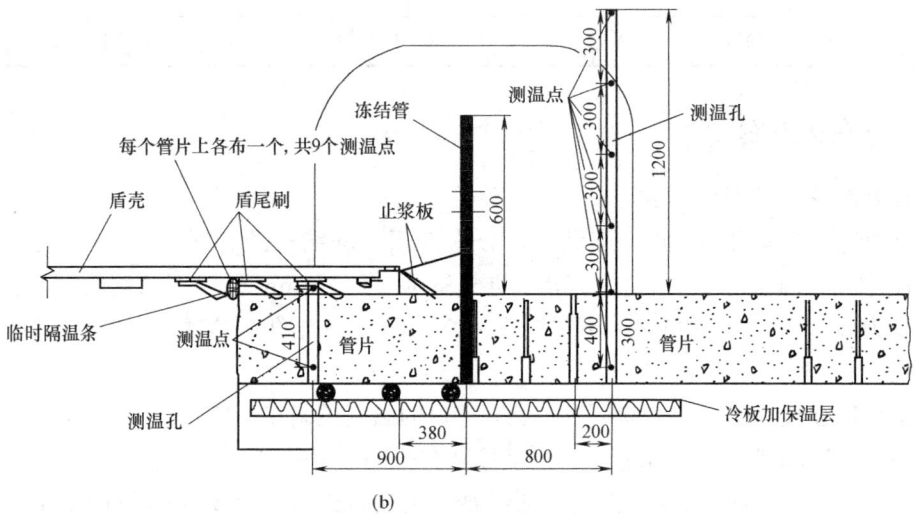

图 7-13　冻结孔与测温孔布置图(单位:mm)
(a) 冻结孔与测温孔布置剖面图与断面图;(b) 冻结孔与测温孔布置盾尾与管片位置局部放大图

　　盾尾刷更换期间,在已拆除的第 179 环管片盾壳位置布设测温点,以掌握焊接前后盾
壳的温度变化,为确保盾尾刷焊接质量和防止冻结壁升温,是否需要采取、何时采取隔热
措施提供依据。每块已拆管片范围(F 或 L2 分别为已拆除的第 179 环原管片位置)布设
20 个测点(图 7-14)。其中横向两点之间距离 1m,纵向两点距离 0.5m,邻近第 178 环管
片测点贴近第二道盾尾刷。管片拆除顺序为先拆除底部(承压水所处位置)的 F 块和 L2
块,然后按逆时针顺序依次拆除,盾尾刷焊接完成后采取错位通缝拼装管片,图 7-14 中

虚线框为第 179 环新管片位置。

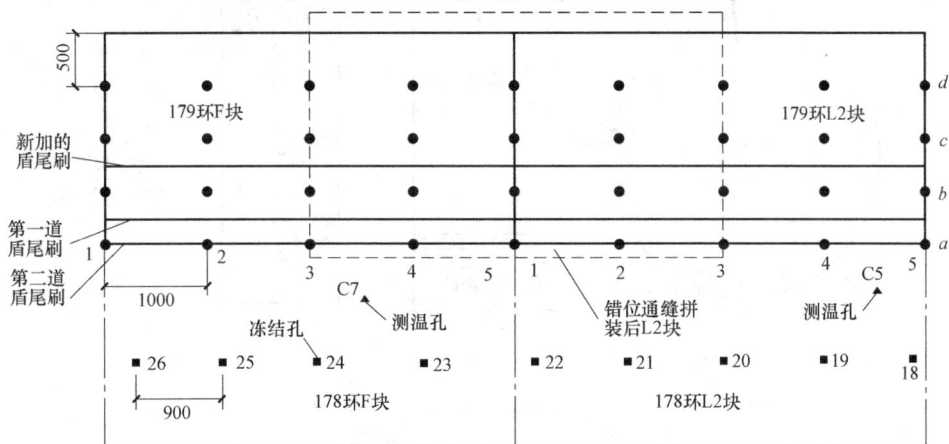

图 7-14 已拆除管片处盾壳测温点布设展开图（单位：mm）

3. 强制解冻设计

盾尾刷更换完成后，需要对冻土体进行强制解冻，使盾尾外壳周围冻土体解冻以保证盾构尽早继续推进。

为此，沿管片内壁环形布置 5 道管径为 $\phi 40 \times 4mm$ 的热水循环盘管，以冻结孔为中心，于隧道推进方向内侧布置 4 道，外侧布置 1 道，相邻盘管间距为 30cm，利用膨胀螺栓将盘管固定与管片上。

在冻结区附近布置容积为 $0.75m^3$ 电加热热水循环箱，利用 $0.5m^3$ 循环水泵将水箱中 60℃ 以上的热水循环于盘管中，以达到强制解冻目的。为判断冻结壁解冻随时间变化情况，强制解冻期间仍需进行温度监测，共设置 5 个测温孔，C1、C3 和 C5 各布设 2 个测点，监测解冻时管片温度以及管片与盾尾钢板接触面温度；C2 仍布设 6 个测点；C4 为原冻结孔位置，埋设 4 个测点，以监测解冻时冻结壁轴面的温度变化情况。测温孔布置如图 7-15 所示。

7.5.3 液氮冻结施工工艺

1. 钻孔

按设计定出孔位，安装直径 108mm 孔口管和 DN100 闸阀，采用干式钻进。钻机选用 MD-50 型锚杆钻机，钻机扭矩 2000N·m，推力 17kN。

2. 冻结系统安装

冻结管使用 $\phi 89 \times 5mm$ 不锈钢管，内管及系统连接管路使用 $\phi 32 \times 4mm$ 不锈钢管。

冻结孔液氮冻结共分 5 组，分组原则要求每组的冻结孔管长度基本相近。液氮供用槽车设置在盾构始发井地面位置，利用 $\phi 40 \times 4mm$ 不锈钢管将液氮接至冻结工作面进行冻结，用 $\phi 108 \times 5mm$ 不锈钢管作为总排气管（图 7-16）。配备液氮槽车两辆，容量分别为 17t、13t，根据积极冻结和维护冻结期间的相邻两日同一时间用氮量计算得出，积极冻结期间每小时的液氮需求量为 1.2～1.3t，维护冻结期间每小时的液氮需求量为 1t。在管片内壁冻结孔两侧 0.9m 范围内，铺设内径 $\phi 16mm$ 的无缝盘管共 4 圈，并在冻结孔两侧 1m

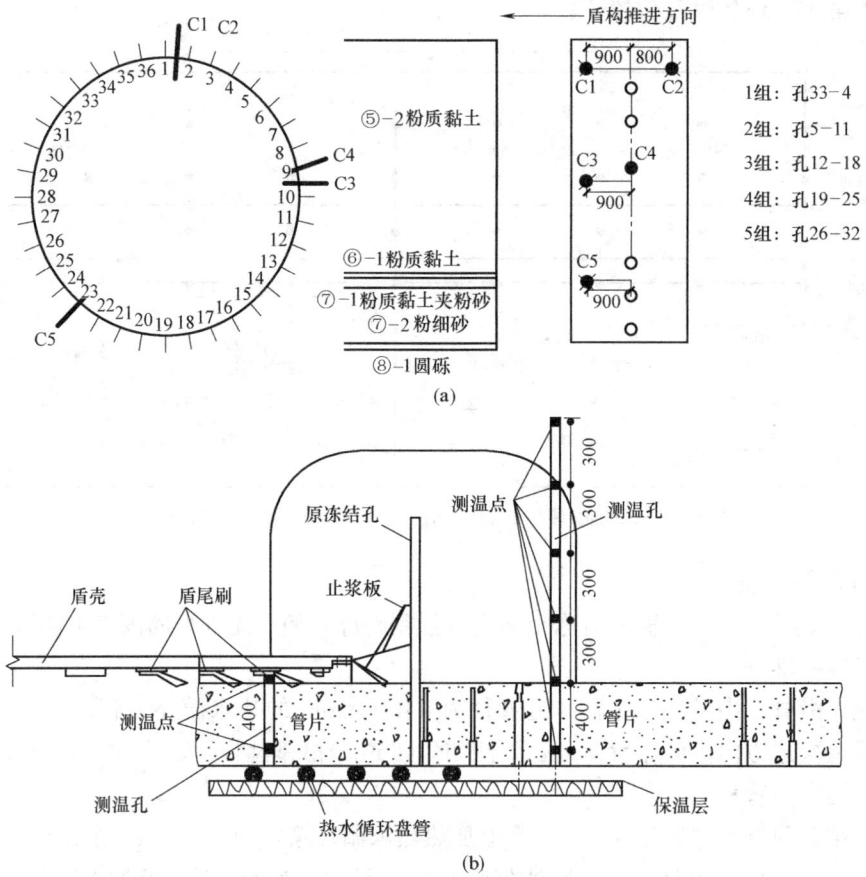

图 7-15　强制解冻测温孔布置（单位：mm）

（a）强制解冻测温孔布置剖面图与立面图；（b）强制解冻测温孔布置盾尾与管片位置局部放大图

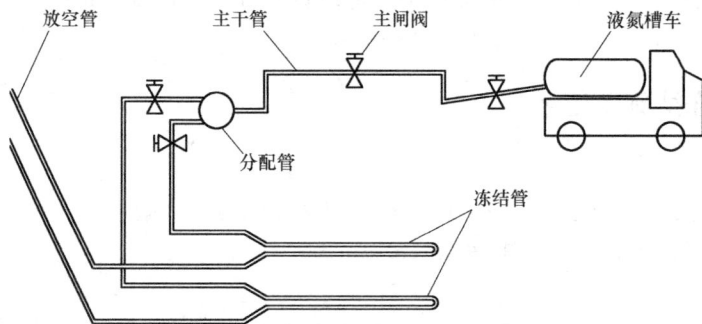

图 7-16　液氮冻结系统示意图

范围内铺设 1cm 厚保温板作为冷板保温层。

3. 冻结孔密封处理

冻结管安装完成后，利用注浆机通过孔口管预留的注浆接口对冻结管周边进行注浆填充，冻结完成后，截去露出隧道管片的孔口管和冻结管，然后在孔口管管口焊接 8mm 厚的钢板，利用膨胀螺栓将钢板焊接固定于混凝土管片上，同时利用高强度细石混凝土将冷冻管回填密实，以防止隧道管片中冻结孔位置渗水。

4. 盾尾刷更换

冻结壁厚度与平均温度达到设计要求后，开始对盾尾刷进行更换。在盾构前进方向加设一道盾尾刷，用以提高盾尾密封效果，使盾构推进期间不再出现盾尾密封失效的现象。

管片拆除顺序为先拆除底部的 F 块和 L2 块，然后按逆时针顺序依次拆除，盾尾刷焊接次序为：新加的一道→第一道→第二道，平均每块管片的三道盾尾刷更换时间为 18h。

更换时，可利用碳弧气刨方法（使用碳棒与工件间产生的电弧将钢板熔化，并用压缩空气将其吹掉）实现在盾尾钢板表面上加工沟槽，用以焊接新加的一道盾尾刷，碳弧气刨时要对盾尾钢板和未拆除管片接触处进行喷水降温，防止其产生的高温熔化冻结壁。

7.5.4 温度场实测分析

1. 去回管路温度分析

去回路干管温度与时间曲线见图 7-17。曲线表明到达工作面的去路温度基本稳定在 −120～−110℃。积极冻结期（7d）液氮回路温度下降明显，从−5℃降至−80℃附近，说明地层冻结消耗大量冷量；此后液氮回路温度趋于稳定，基本维持于−80℃附近，与去路有约 20℃的温度差，说明土体消耗冷量处于基本稳定。冻结 15d，回路温度突变上升，稳定于−50～−60℃附近，与去路有 50～60℃温度差，这是因为此时拆除管片，焊接盾尾刷引起冷量损失，地层需要更多的冷量来维持冻结状态。

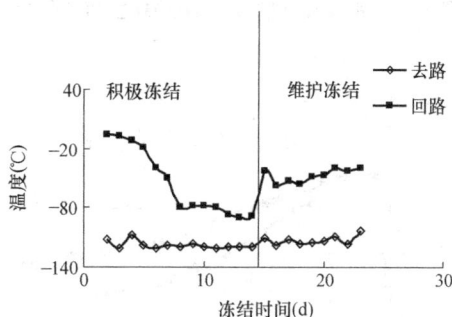

图 7-17 干管温度-时间曲线

积极冻结历时 13d，冻结壁达到设计要求，累计消耗液氮量 335t，积极冻结前期液氮输入量为由少至多渐进增加，使管路适应液氮防止爆管；维护冻结历时 11d，累计消耗液氮 276t。

液氮去路干管保温措施采用 3 层 1cm 厚的聚乙烯保温材料和 3 层密封薄膜交替包裹，保温层厚度为 2.6cm。根据公式（7-21）：

$$T_s = \frac{T_1 - T_2}{s} \tag{7-21}$$

式中　T_s——每米温度损失值（℃/m）；

　　　T_1——工作面液氮温度（℃）；

　　　T_2——槽车出口液氮温度（℃）；

　　　s——槽车与工作面的距离（m）。

计算得出温度损失为 0.070℃/m，对比西线只有两层保温材料的隔热措施温度损失要小（西线采用 2 层 1cm 厚的聚乙烯保温材料包裹，无密封薄膜交替包裹，温度损失为 0.133℃/m），根据温度衰减规律取液氮储罐出口温度−170℃，到达工作面温度−100℃，计算得出该保温形式下最长可用距离为 1000m。保温质量好坏对液氮供输中冷量消耗有重要影响，加强液氮供给管路的保温可以减少液氮经长距离输送后的温度损失，对比西线温度损失，实测结果证明使用密封薄膜加强管路接头的密封措施可以使输送中液氮冷量消耗大大减小。

2. 测温孔温度分析

从图7-18～图7-20降温曲线看，虽然地层不同，但降温过程仍然具有相似性。初始相同深度、不同地层的原始地温基本一致，经一段冻结时间后，处于夹有粉砂的圆砾层中的土体温度最低，其次是粉细砂层，而粉质黏土层温度最高。究其原因为：圆砾层中所含

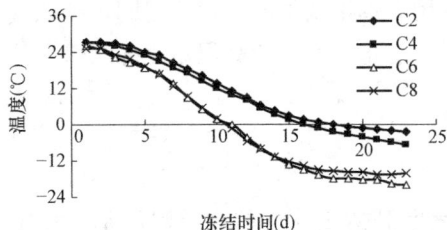

图7-18　距管片外壁0.3m处温度—时间曲线

水基本都为自由水，且圆砾之间的孔隙较大，含水率高；粉细砂含有少量结合水，含水率较圆砾层小，表现为冻结速度稍慢；而粉质黏土中结合水含量相对较高，因人工冻结主要是冻结土体中的自由水，所以粉质黏土中冻结速度较慢。由图中分析，冻结13d后，处于粉细砂和圆砾层中的测温点的降温曲线渐至平缓，说明土体基本完成冻结，冻结壁的强度和厚度基本达到要求，可以进行管片拆卸开展盾尾刷的更换工作。

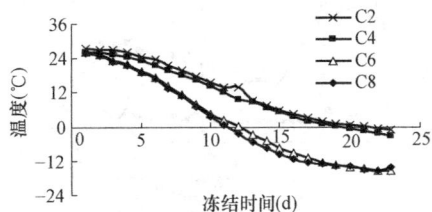

图7-19　距管片外壁0.6m处温度—时间曲线

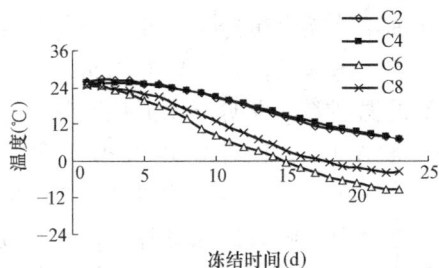

图7-20　距管片外壁1.2m处温度—时间曲线

从图7-21、图7-22降温曲线分析不同土层对应的管片内和盾壳位置的测点降温速率有明显不同，粉质黏土层（C1、C3）对应管片降温稳定后温度较高，而夹有粉砂的圆砾层和粉细砂层（C5、C7）温度较低，和不同土层的温度变化曲线基本吻合，说明混凝土管片和盾壳位置的温度变化主因是受地层温度影响，变化规律与相应地层中的温度场发展规律基本一致。冻结13d，承压含水层中管片与盾壳接触面测点（C5-1、C7-1）温度分别达到-11℃、-15℃。

更换盾尾刷期间，承压含水层中管片中的测点（C5-2、C7-2）温度因受外界环境影响

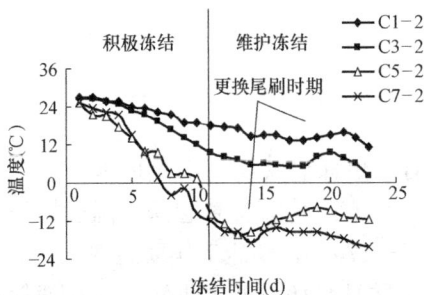

图7-21　管片中测点温度—时间曲线

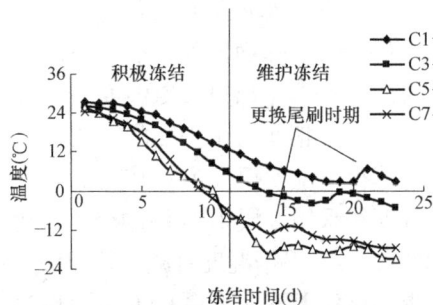

图7-22　盾壳与管片接触面测点温度—时间曲线

较大，且升温明显；管片与盾壳接触面测点（C5-1、C7-1）温度稳定在－15℃左右，说明冻结壁依旧处于冻结状态，拆除管片更换盾尾刷对土体冻结壁几乎无影响。

选取布置于相同土层不同深度的测温孔降温情况进行分析，获得不同深度条件下不同时期的温度场变化规律。

从图 7-23、图 7-24 可以看出冻结过程中，土体中的测点基本表现为随着冻结时间的延长温度越低，说明盾尾刷更换对冻结壁温度影响较小。同一测温孔中土体温度基本呈现测点越深温度越高的发展规律，其中圆砾层距管片内壁 0.8m 处温度最低，可达－22℃，主要原因如下：

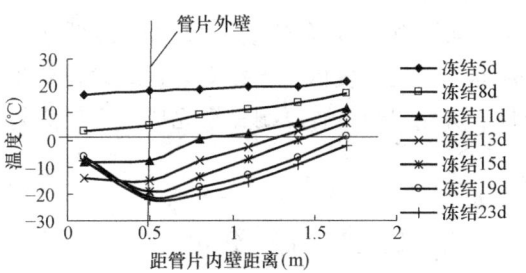

图 7-23　C6 测温孔不同时刻温度场曲线　　　图 7-24　C8 测温孔不同时刻温度场曲线

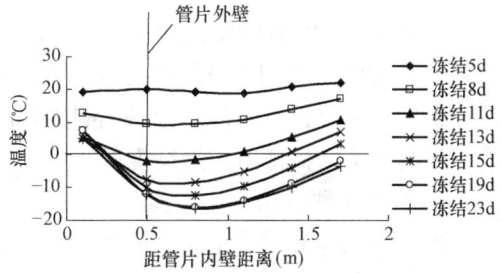

（1）冻结管长度至管片内壁 1.1m 处，液氮在冻结管循环过程中与浅部地层温差更大，液氮在冻结管中吸收热量更多；

（2）1.1m 以内的测点与冻结管距离较近，因此降温速率较快，深部测点距离冻结管距离较远，受到冻结壁扩展速度的制约，降温速率较慢，稳定时温度较高。

冻结 13d 除距管片内壁大于 1.4m 的测点处于 0℃以上外，土体温度基本处于－3℃～－8℃，据此温度计算的冻结壁厚度和冻结壁平均温度都达到了设计要求。

3. 盾壳-管片界面温度分析

盾壳-管片界面温度是保证焊接质量和盾尾刷成功更换的关键因素，表 7-13 给出了承压含水层中盾尾刷焊接前后温度变化情况，表中数值对应图 7-14 中 a 断面位置的测点温度，其中 F、L2 号管片对应含粉细砂和圆砾的高承压富含水土层。焊接前后 a 位置测点温度曲线见图 7-25。

实测结果表明：处于圆砾层位置的测点 L2-1～L2-3 升温速度最快，这与该土层的降温速度是一致的，由于该土层中自由水含量较高，与外界进行热传递速率较快。

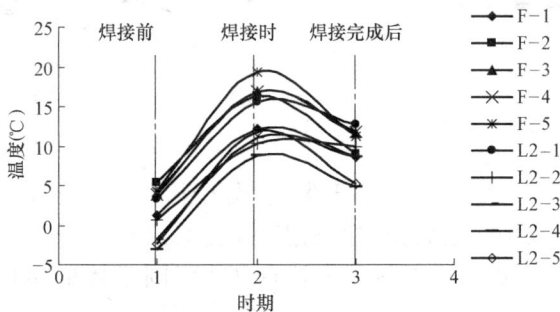

图 7-25　焊接前后 a 位置测点温度曲线图

焊接前后 a 位置测点温度值   表7-13

	F（处于粉细砂层位置）					L2（处于圆砾高承压富含水层位置）				
	F-1	F-2	F-3	F-4	F-5	L2-1	L2-2	L2-3	L2-4	L2-5
尾刷焊接前	1.2	5.4	4.1	3.8	4.3	3.3	0.6	−1.8	−3.2	−2.3
尾刷焊接时	12.1	16.3	16.8	16.9	19.3	15.6	10.3	11.1	8.7	11.8
焊接完成	8.6	8.9	11.6	11.8	11.2	12.7	10	8.6	4.8	5.2
每小时上升值	0.25	0.12	0.25	0.27	0.23	0.31	0.31	0.35	0.27	0.25

4. 冻结效果分析

冻结13d，根据冻结施工成冰公式计算得到承压含水层冻结壁有效厚度最低达到1.806m，达到了设计要求的1.8m，冻结壁有效冻土平均温度低于−25℃，达到设计要求的−15℃，符合拆除管片进行盾尾刷更换的条件。冻结23d，盾尾刷更换完成，需要进行人工强制解冻来保证盾构继续推进。

5. 解冻实测分析

强制解冻50h后，土体与盾尾壳体接触处温度有明显上升，都达到0℃以上，符合盾构继续推进条件。

图7-26～图7-28中，各土层处于管片与盾尾壳体接触处位置的测点（表中各测温孔0.5m处测点）都处于0℃以上，说明盾构壳体与土体之间已解冻。因C4中的测点位于冻结孔中，测点温度与热水循环盘管的温度差较大，因此在解冻过程中，C4温度上升速率较快。图表中表明承压含水层中的测点C5升温速度要比黏土层的测点C1、C2温度要快，其中靠近盾壳体的测点每小时升温值C1为0.11℃、C2为0.124℃、C5为0.162℃。原因主要有以下两个方面：（1）解冻管与冻土体之间的温差较大，热交换进行较快；（2）承压含水层为含水率较大的砂性土层，导热性较好。

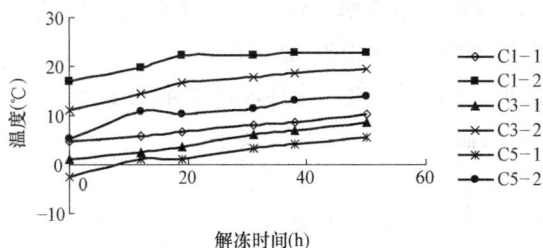

图7-26 C1、C3、C5解冻温度—时间曲线

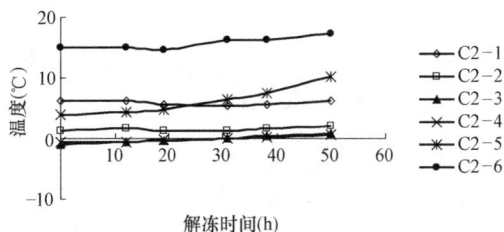

图7-27 C2解冻温度—时间曲线

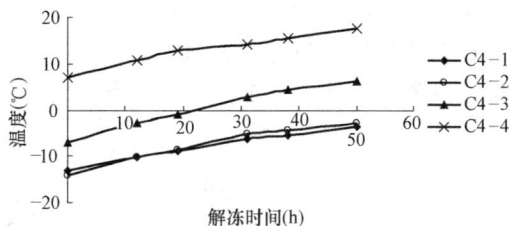

图7-28 C4解冻温度—时间曲线

表7-14给出了各测点每小时的升温值，同处于粉质黏土层相近位置的测点，C4升温速率明显快于C3，其中靠近盾壳体的测点C4比C3快0.116℃。这是因为C4处于土体中的低温成冰区，C3处于冻结区，解冻时C4周围土体的温度梯度较大，因此升温较快。

解冻使地层与盾尾壳体接触处的温度处于0℃以上，说明冻结壁已失去对盾构外壳的围抱粘结力，符合盾构推进条件。本工程不需要使冻结壁全部融化后推进，因此强制解冻时间仅需 2～3d 即可。

各测点每小时升温值（℃） 表 7-14

孔号 ＼ 深度	1.7m	1.4m	1.1m	0.8m	0.5m	0.1m
C1					0.11	0.12
C2	0	0.016	0.036	0.026	0.124	0.044
C3					0.15	0.164
C4			0.19	0.226	0.266	0.212
C5					0.162	0.176

本章小结

（1）盾构隧道施工盾尾刷渗漏原因有管片组装施工偏差、盾尾密封脂使用不当、同步注浆不合理及其他原因，盾尾渗漏预防措施有管片的预制和安装，盾尾密封脂的选取、涂抹及注入管理，同步注浆及施工控制等。

（2）盾尾刷更换止水可选方案有化学注浆止水和冻结法止水，冻结法止水又可按冻结管排布形式分为预制冻结管片冻结止水和管片上直接打孔冻结止水，按冻结法制冷工质可分为盐水冻结和液氮冻结；并从工期、耗资、止水性、工艺复杂性以及对盾构再推进的影响等几方面对不同方案进行了比选分析。

（3）全面阐述了隧道施工盾尾刷更换化学加固止水技术，包括对化学浆液的要求、注浆材料分类与特性，注浆方案设计与具体注浆工艺措施等。

（4）完整地给出了盾尾刷更换人工冻结加固止水技术，包括水土压力计算、冻结加固体厚度确定、冻结参数设计、测温系统布置、强制解冻设计、盾尾刷更换条件以及盾尾刷更换冻结施工工艺。

（5）以杭州庆春路钱塘江过江隧道为背景，完整地介绍了该工程盾尾刷更换冻结止水工程成功应用案例，为今后水体下盾构施工盾尾刷渗漏更换盾尾刷提供了可用关键技术。

思考与练习题

7-1 简述盾尾刷更换的意义。

7-2 结合工程实例分析盾尾刷渗漏的原因及影响因素。

7-3 简述几种盾尾刷渗漏防治技术并比较优缺点。

7-4 简述盾尾刷更换常用不同止水技术选用时候考虑的因素。

7-5 简述盾尾刷更换化学加固止水技术一般流程。

7-6 简述盾尾刷更换人工冻结加固止水技术主要供应流程及施工时所需注意点。

7-7 简述盾构在经过特殊土层时候，盾尾刷更换需要注意的问题以及必要的施工措施。

第8章　盾构隧道施工监测与风险管理技术

本章要点学习目标及课程思政

本章要点：

(1) 盾构施工测量技术；

(2) 盾构施工监控量测技术；

(3) 隧道工程施工安全风险管理方法。

学习目标：

(1) 了解盾构施工测量和监控量测的重要性；

(2) 掌握盾构施工测量技术；

(3) 掌握盾构施工监控量测技术；

(4) 熟悉隧道工程施工安全风险管理流程。

课程思政：

工程伦理与创新精神永存。以城市地铁盾构施工为思政载体，结合专业特色，在爱岗敬业的勤奋精神中，挖掘以人为本、环境可持续发展、贯彻质量管理体系等思政元素，帮助学生树立安全第一的习惯，在地下工程设计、施工、监测、运营等可持续进程中，创新传统的监控预警技术，在楷模的先进事迹里，正视城市地下空间资源开发和利用引发的城市环境岩土问题，在信息化监测与风险管控中，渗入新的设计理念，体现人文精神，促进学生树立正确的人生观、价值观，从实践探索中，将先进的监测技术与传统的工艺思想结合，用智能建造和绿色环保的理念践行交通可持续发展的目标。

8.1　概述

与地面工程相比，盾构隧道施工工艺复杂、易受地质条件和周围环境等不确定因素的影响，施工过程面临各种风险。盾构隧道多建于城市交通复杂、人流量大的繁华地区，一旦发生事故，不仅导致成本增加、工期延误，也可能带来巨大的人员伤亡和经济损失，甚至给社会造成很大的负面影响。因此需要在事前查找盾构隧道施工过程中的潜在风险，施工中也需要对盾构隧道以及周围环境等加强监测，从而可以及时采取应对策略，尽可能减少事故发生。

盾构施工测量是盾构掘进的眼睛，它是确保工程施工安全、质量、高效的一项重要的保障工作。任何一个环节出现纰漏都将对隧道贯通及施工质量造成严重后果。施工测量根据施工进度主要分为：交桩点的复测及加密控制点等控制性测量、井上井下联系测量、洞内主控测量、贯通测量、竣工测量等几个部分。中间穿插盾构机始发（接收）托架及反力架的放样定位、盾构机标定等放样及测定工作。正常掘进时的盾构机导向测量是盾构施工测量中的主体工作。

盾构隧道施工安全风险管理主要包括风险识别、风险评价、风险应对、风险监控四个动态循环过程。通过风险识别，筛选出盾构隧道施工过程中的主要风险因素；对主要风险因素进行风险评价，判断风险是否在可接受的范围内，若可接受则无需采取风险应对策略，但需要不断进行监控，防止风险发生；若不可接受，则需要立即采取相应的应对策略，降低风险；并在施工过程中对残余风险进行监控管理，同时识别新的风险，不断循环直到工程结束。

盾构隧道施工监测与风险管理，可以为决策者提供决策依据，使决策科学化、规范化，提高政府、业主、设计单位、施工单位的风险管理意识和风险管理能力，从而达到控制风险，减少损失的目的。

8.2 盾构施工测量

盾构施工测量是确保盾构沿设计轴线推进的保证，是确保工程质量的前提和基础。

8.2.1 控制测量

平面控制测量分二级布设，即地铁一级网和二级网，一级网一般采用 GPS 控制网，二级采用精密导线网。当然，在满足规范要求的精度指标的情况下，也可采用其他传统布网形式。

地铁测量规范中对地面平面控制网测量的主要技术指标要求如表 8-1 和表 8-2 所示。

GPS 控制网测量的主要技术指标 表 8-1

平均边长（km）	最弱点的点位中误差(mm)	相邻点的相对点位中误差(mm)	最弱边的相对中误差	与原有控制点的坐标较差(mm)
2	±12	±10	1/90000	<50

精密导线测量的主要技术要求 表 8-2

平均边长（m）	导线总长度（km）	每边测距中误差(mm)	测距相对中误差	测角中误差(″)	测回数 Ⅰ级全站仪	测回数 Ⅱ级全站仪	方位角闭合差(″)	全长相对闭合差	相邻点的相对点位中误差(mm)
350	3~5	±6	1/60000	±2.5	4	6	$5\sqrt{n}$	1/35000	±8

注：n 为导线的角度个数。

《城市轨道交通工程测量规范》GB/T 50308—2017 对地面平面控制网的建立与复测有如下规定：

（1）平面控制网的坐标系统，应在满足测区投影长度变形值不大于 1/40000（小于 25mm/km）的要求下，采用高斯正形投影 3°带或任意平面直角坐标系统，也可沿用符合上述要求的城市原有坐标系统（高程投影面宜与城市平均高程面一致。若地下铁道、轻轨交通工程的线路轨道面的平均高程与城市的高程投影面的高差影响大于 5mm/km 时，宜采用其线路轨道平均高程面）。

（2）应在每个井（洞）口或车站附近至少布设三个平面控制点作为向隧道内传递坐标

和方位的联系测量依据。

（3）凡符合 GPS 网要求的既有城市控制点的标石应充分利用。

（4）应定期对 GPS 网和精密导线网进行复测，复测精度不应低于施测时的精度。

工程开工后，需要安排测量人员对业主所给三角网点、水准网点及中级控制点等进行复测，并将测量成果书报请监理工程师及业主审查、批准。根据批准后的桩点数据建立自身施工区域测量控制网、桩位，具体测量方法及精度要求如下：

1. 平面控制网复测

水平角观测：分为导线左右角各三个测回，共六测回，按国家《城市测量规范》CJJ/T 8—2011 三等测角要求，测角中误差不大于 ±1.5″。

距离观测：每边均往返观测，各测四测回，每测回读数两次。导线全长相对闭和差 1/35000。

现场测定温度和气压，输入全站仪进行气象改正。同时全站仪的加乘常数也自动改正。

平差方法：采用严密平差方法。

平面点实测值与业主所交理论值较差：夹角不大于 ±10″，距离不大于 ±10mm。若较差超限，立即以书面形式报监理工程师确认，由监理工程师会同业主和控制网测量单位研究解决。最后确定的成果作为下一步测量的依据。

2. 高程控制网复测

高程控制网复测可采用水准仪及配套钢钢尺，按照城市二等水准精度要求，上午和下午各进行一次往返测，往返测高差不大于 $\pm 8\sqrt{L}$ mm（L 为全程长度，单位：km）。

复测后的点位高程与业主所交理论高程较差：相邻区间高程较差不大于 ±10mm，若较差超限，立即以书面形式报监理工程师确认，由监理工程师会同业主和控制网测量单位研究解决。最后确定的成果作为下一步测量的依据。

8.2.2　联系测量

联系测量是整个盾构隧道测量中最为复杂的一个环节，包括地面趋近导线测量、趋近水准测量、通过竖井、斜井通道的定向测量和传递高程测量以及地下趋近导线测量、地下趋近水准测量。同时，联系测量又是整个盾构隧道测量中最为重要的一个环节，它是将地面平面控制点坐标与地面高程控制点坐标传递到地下去，并将传递下去的控制点坐标作为地下平面控制测量与地下高程控制测量的起算坐标，是整个盾构隧道测量中承上启下的关键。

联系测量一般是通过吊钢丝或竖直导线来完成的，具有一定的不稳定性，所以在一条隧道贯通之前一般需要几次联系测量，最后取几次均值作为最终联系测量成果。

定向和导入高程测量应在隧道掘进 50m、100～150m 和距贯通面 150～200m 时分别进行一次，取三次测量成果的加权平均值，指导隧道贯通。

1. 趋近测量

（1）趋近导线测量，利用业主批准的测量成果书由精测队以最近的导线点为基准点，采用边角边三角形引测至少三个导线点至每个端头井附近，布设成三角形，形成闭合导线网。至端头井的平面过渡点不超过两个，过渡点为固定观测平台，相邻点垂直角不大于 ±30°，相对点位中误差不大于 ±10mm，测角中误差不大于 ±2″。

（2）趋近高程测量，利用批准的水准网，以最近的水准点为基点，将水准点引测至端头井附近，测量等级达到国家二等。每端头井附近至少埋设两个稳定的水准点，两个水准点能直接通视，以便相互校核。

2. 平面坐标传递

目前常用的平面联系测量方法主要分为吊钢丝法、导线定向法及混合法三类，其中吊钢丝又分一井定向和两井定向两种方法。

1）一井定向

一井定向主要采用联系三角形法，其作业较为烦琐、时间长，不易提高精度。但目前国内很多单位还在应用此法。

一井定向主要作业方法如图8-1所示，图中地面控制点 A 为近井点，它与地面其他控制点通视（如图中 T 方向），实际工作中至少有两个控制点通视。A' 为地下洞内定向点（地下导线点），它与另一地下导线点 T' 通视。两根悬吊在井口支架上的细钢丝（直径 $\phi 0.3 \sim \phi 0.7$mm 不等，视井深与吊重而定），钢丝下端挂上重锤，并将重锤置于机油桶内，使之稳定。

联系三角形定向需要注意以下五点：

（1）每次联系三角形定向均应独立进行三次，取三次的平均值作为一次定向成果。

（2）井上、井下联系三角形应满足：①两悬吊钢丝间距不应小于5m；②定向角 α 应小于3°；③a/c 及 a'/c' 的比值应小于1.5倍。

（3）联系三角形边长测量应采用检定钢尺，并估读至0.1mm。每次应独立测三测回，每测回往返三次读数，各测回较差在地上应小于0.5mm，在地下应小于1.0mm。地上、地下测量同一条边的较差应小于2mm。

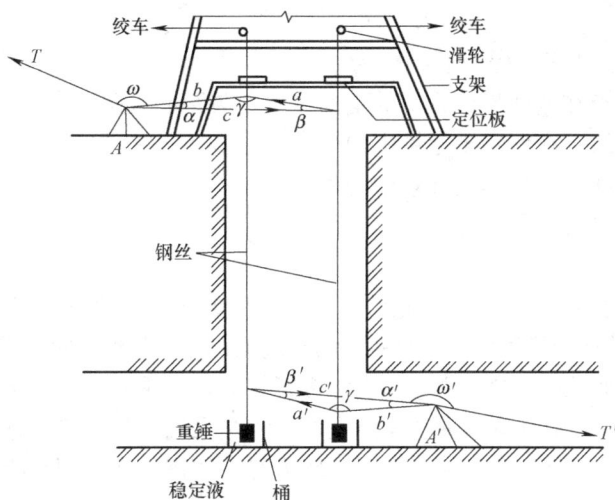

图8-1 一井定向示意图

（4）角度观测应采用Ⅱ级以上全站仪或DJ2级以上光学经纬仪，用全圆测回法观测四测回，测角中误差应在 $\pm 4''$ 之内。

（5）各测回测定的地下起始边方位角较差不应大于 $20''$，方位角平均值中误差应在 $\pm 12''$ 之内。

2）两井定向

在隧道施工时，为了通风和出土方便，往往在竖井附近增加一通风井和出土井。此时，联系测量可采用两井定向法，以克服一井定向时的某些不足，有利于提高方向传递的精度。分外业、内业说明如下。

（1）外业工作

两井定向如图 8-2 所示，$A1$、$A2$、$B1$、$B2$（或更多）为地面导线点，$D1\sim D3$（或更多）为地下导线点。在井下洞内，将已布设在隧道内的地下导线与竖井吊锤线连测，构成一个没有连接角的无定向导线。对此进行数据处理，可以求得地下定向边的方位角和定向点的坐标。所以两井定向的外业工作主要包括：锤线投点、地面与地下连接测量。

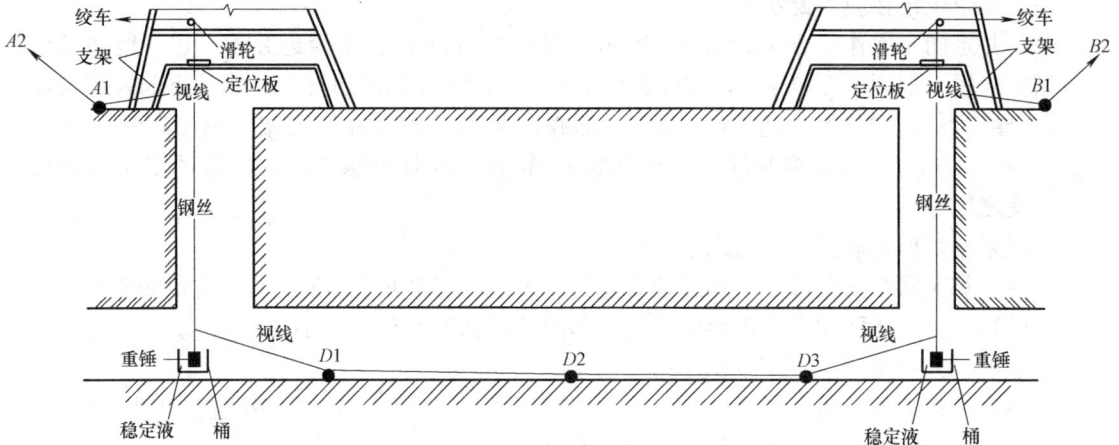

图 8-2　两井定向示意图

（2）内业计算

两井定向的内业计算过程如下：

① 计算两钢丝点在地面坐标系中的坐标方位角与距离（两点地面坐标）；

② 计算地下导线点在假定坐标系中的坐标；

③ 计算地下导线点在地面坐标系中的坐标；

④ 对地下导线进行平差计算。

3）导线定向

导线定向法是通过竖井（竖井比较浅，可直接从地面测至地下）、斜井或平洞，用导线测量的方法将坐标传递到隧道内，这与一般的导线测量方法基本相同。需要注意以下三点：

（1）从地面向地下采用导线测量的方法进行定向，其垂直角应小于 30°；

（2）导线定向宜采用具有双轴补偿的全站仪。当采用光学经纬仪进行定向时，应严格检查仪器横轴的倾斜误差，当横轴倾斜误差较大时必须进行横轴倾斜改正。导线定向的距离必须进行对向观测；

（3）定向边中误差应在 ±8″ 之内。

4）混合定向

混合定向也叫联合定向，主要有铅垂仪、陀螺经纬仪联合定向法、铅垂仪、全站仪联合定向法等等。所有的这些方法都采用了铅垂仪，用铅垂仪代替吊钢丝显然方便快捷了很多，但如果不是竖井较深或重锤不稳，一般还是采用吊钢丝方法，因为地球重力比铅垂仪可靠。

3. 高程传递

经竖井传递高程采用悬吊钢尺法，如图 8-3 所示。钢尺采用施加鉴定时的拉力，用两台精密水准仪在井上下同步观测，每次错动钢尺 3～5m，共测三次，高程较差不大于

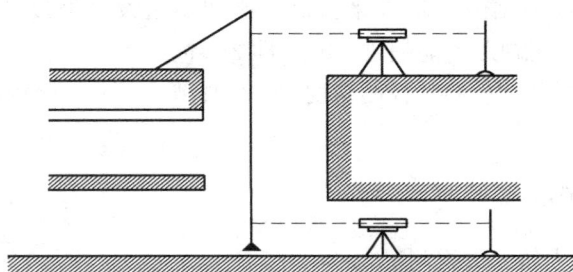

图 8-3　高程传递示意图

3mm 时，取平均值使用。当测深超过 20m 时，三次误差控制在 ±5mm 以内。将高程传至井下固定点，用 6～8 个视线高，最大高差差值不大于 2mm，整个区间施工中，高程传递至少进行三次。

8.2.3　地下控制测量

1. 地下平面控制测量

地下控制点是区间隧道贯通的重要基准。区间隧道在洞内设立施工控制网，控制网随盾构推进而延伸。网中各控制点的可靠性用相对关系和重复传递的方法检查。以竖井联系测量的井下起始边为支导线的起始边，沿隧道设计方向布设导线点，导线最好布设为交叉网，直线段导线边长不小于 120m，曲线段导线边长约 60m 布设一点，如因施工测量需要，可设置加密点，设点必须遵循长边定短边的原则，加密点须检查地下控制点可靠后进行，加密点不参与地下控制网复测。

地下导线测量按I级导线精度要求实施，采用左右角观测，测角中误差不大于 5″，导线全长闭合差不大于 1/14000。开挖至隧道全长 1/3 处、2/3 处和距贯通 50～100m 时，分别对地下导线按I级导线精度要求复测，根据复测结果及时修正控制点数据，确保贯通精度。

2. 地下高程控制测量

地下高程控制网为支水准路线，沿隧道一侧布设，支水准路线随盾构的推进而延伸。水准点采用二等水准要求进行测量。以竖井传递的水准点为基准点，沿隧道直线段每 200m 左右布设一固定水准点。

如因施工测量需要，可设置加密点，加密点在检查地下控制点可靠后进行，加密点用 S3 级水准仪进行测量。水准路线上各点保持经常与地面已知点联测，并及时修正各水准点高程。

地下水准测量用Ⅱ等水准测量方法和仪器施测。不符合值、闭合差限差满足不大于 $8\sqrt{L}$ mm（L 以 "km" 计算）的精度。开挖至隧道全长的 1/3 处、2/3 处和贯通前 50～100m 时，分别对地下水准按Ⅱ等水准精度要求复测，根据复测结果及时修正控制点数据，确保贯通精度。

地下水准测量中注意事项：

（1）隧道内光线较差，必须用照明灯照明，两人一组尺，不需要用尺垫，直接将尺子放在管片螺栓头即可；

（2）前后视距可以通过管片环号来控制，比如测站在第 100 环，后视在 70 环，那么前视就可以放在 130 环，这样可以把前后视距差严格控制在 1m 以内；

（3）视距长度可以根据隧道坡度来控制，比如隧道设计坡度30‰，测站仪器高度1m，尺长2m，那么最远视距不能超过30m，即25环。

地下高程控制测量是比较容易控制精度的一个环节，只要按照规范要求进行，其精度通常比较高。

8.2.4 盾构推进测量

1. 始发托架与反力架的放样测量

盾构始发托架是盾构机在始发井内的载体，同时也是盾构机贯通后出洞的载体；反力架是为盾构机始发时推进提供反作用力的，所以反力架与始发托架一样，都安装在盾构始发井内。这两项内容的安装测量主要包括隧道中心线的平面放样测量、反力架里程标定测量、托架与反力架的高程放样测量、放样安装后二者的检测校正测量。盾构机始发托架和反力架照片见图8-4和图8-5。

图 8-4 盾构机始发托架照片

图 8-5 盾构机始发反力架照片

1）始发托架的平面放样测量

平面位置的放样测量重点是隧道中心线的放样测量，首先根据设计隧道中心线推算出

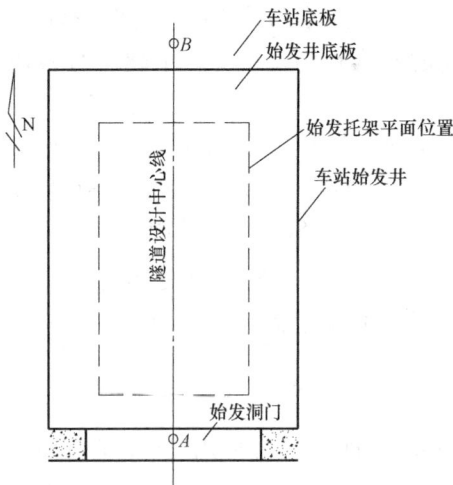

图 8-6 始发井隧道设计中心线放样平面示意图

两个中心线上点A、B的坐标，两个点一前一后，前点A选在到洞门圈处，后点B选在到车站底板上，如图8-6所示。

然后用全站仪的放样功能，以联系测量后车站内的两个定向点为起算点，直接放样A、B位置，用射钉做标记，并喷红漆做提醒标志，以免被破坏。

最后在安放托架的时候用细线将A、B连接起来，便于调整托架平面位置。

2）始发托架的高程放样测量

始发托架必须在盾构机下井前安装好，接收托架必须在盾构机出洞前安装好。以始发托架为例，上面已经将它的平面位置确定了，接下来就是其高程放样测量。

根据盾构机外壳半径（R）、始发托架两侧导轨中心间距（L）、始发托架导轨中心至底部距离（h）、始发井底板标高（H）、洞门中心设计标高（H_0）、隧道中心线设计坡度（α）、始发托架前端与洞门距离（s）、始发托架长度（l）等数据，来推算出始发托架前端与后端轨道应调整到的高程，然后通过在托架下面铺垫钢板与工字钢（d）来调节，最终使托架安装到它应达到的高度。

图 8-7 为始发托架高程控制横断面示意图，几何关系可以用下式表达：

$$H_0 = H + \sqrt{R^2 - (L/2)^2} + h + d \tag{8-1}$$

式中，只有 d 为变量，其他都为定量，所以：

$$d = H + \sqrt{R^2 - (L/2)^2} + h - H_0 \tag{8-2}$$

也就是说，通过垫钢板与工字钢来调整托架高度，最终使盾体放上去后其中心高程与隧道设计中心线高程一致。

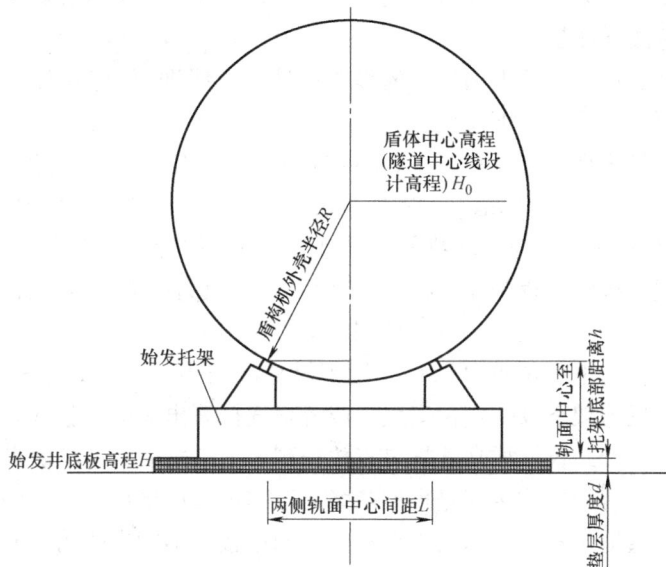

图 8-7 始发托架高程控制横断面示意图

根据图 8-8 中位置关系假如洞门预埋环板中心设计标高为 H_d，则始发托架前端对应隧道设计中心高程为：

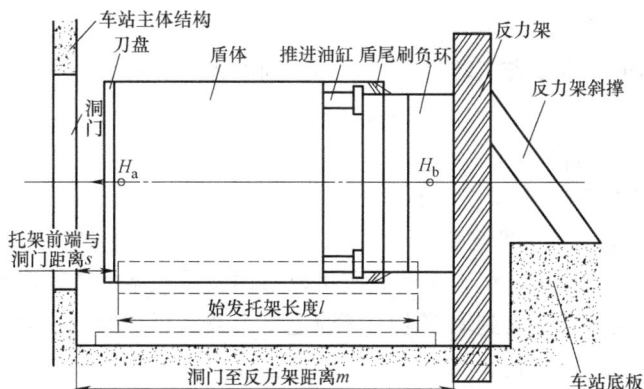

图 8-8 始发托架高程控制纵剖面示意图

$$H_a = H_d - s \times \alpha \qquad (8\text{-}3)$$

始发托架后端对应隧道设计中心高程为：

$$H_b = H_d - (s + l) \times \alpha \qquad (8\text{-}4)$$

计算出以上相关高程后，用油漆将其延伸放样到车站主体墙壁上，用射钉做标记，现场移交给现场施工员。需要时，施工员会安排现场工人用细水管等相关工具将高程引回到始发托架上，对托架高度予以调整。

当托架的安装定位工作结束后，需要对其进行平面与高程检测，其平面位置与高程偏差均不能超过1cm。如果超过1cm就需要继续调整，直至符合限差要求。最后对托架进行固定。

3）反力架的平面位置与高程放样

在始发托架安装完毕后，再对其进行焊接固定，这个时候就可以把盾构机分体从地面吊装下来安置到始发托架上了。同时，反力架的安装工作也就可以开始了。

（1）平面位置放样测量

反力架横向平面位置参照上面放样的隧道设计中心线即可，关键是其纵向平面位置，即里程的放样需要认真计算一下。

反力架的里程是根据0环管片（进洞环）的位置来确定的，一般地铁施工验收规范要求0环进入洞门距离20～40cm，一般取40cm，这样，露在始发井内的0环长度就是0.8m，再根据始发井的长度与负环数量对反力架的里程位置进行推算。

假如洞门预埋环板的里程为a，负环数量为8，则反力架的前端里程为：

$$L = a - 0.8 - 1.2 \times 8 = a - 10.4$$

所以，反力架纵向里程位置可以直接用钢尺从洞门预埋环板处量取到其前端里程位置，做标记，便于反力架下井后定位安装。或者根据推算出来的里程计算处该里程处隧道设计中心线坐标，用全站仪放样功能把该点放样到实地，打射钉喷红漆做标记。

需要指出的是，有的盾构区间是根据联络通道的位置反推出反力架的里程的。因为一般一个区间的联络通道位置在区间的中点处，它的位置是不能更改的，所以通常是以联络通道处的特殊环片边界为起始点，向始发井方向推算，推算至洞口0环处，要求0环伸出洞外长度恰到好处，然后再考虑负环的因素最终推算出反力架的里程位置。这种做法的唯一缺点是无法准确计算管环与管环之间的缝隙累计量，有时仍然会导致联络通道位置的偏差。

（2）高程放样测量

反力架高程的推算主要参照隧道设计中心线的高程，其推算公式可以参照下式：

$$H_f = H_d - 10.4 \times \alpha$$

式中　H_f——反力架高程；

　　　H_d——洞门中心标高；

　　　α——隧道设计中心线坡度。

在实际安装调整过程中，反力架的高程可以参照始发托架的放样高程点标记，因为始发托架的高程放样点已经引测到墙壁上了，通过反力架高程与始发托架高程的差值，可以方便地对反力架进行高低调整。

在反力架的平面与高程位置调整到位后，与始发托架一样，需要对其进行检测，同样要求平面与高程偏差不能超过 1cm。在反力架位置确认无误后，再进行支撑、焊接、固定。

注意事项：（1）由于盾构机离开始发托架进入隧道的时候一般会掉头（下沉），所以，在始发托架的实际安装时最好将托架整体抬高 2～3cm；（2）无论隧道设计中心线坡度如何，盾构机始发坡度最好控制在 2‰～3‰；（3）托架与反力架安装调整完毕后，在固定之前，一定要进行复测，发现偏差立即校正，这对盾构始发的质量至关重要。

2. 盾构姿态测量

盾构机掘进时其姿态的实时正确测定，是隧道顺利推进和确保工程质量的前提，其重要性不言而喻。在盾构机自动化程度越来越高的今天，日掘进量超过 20m 的情况已经较为常见，可想而知，测量工作的压力是相当大的。这不仅要求精度高，不出错，还必须速度快，对工作面交叉影响尽可能小。因此，为了能够在隧道施工过程中及时准确给出方向偏差，并予以指导纠偏，国内外均有研制的精密自动导向系统用于隧道工程中，对工程起到了很好的作用。

无论采用自动导向还是人工导向，在盾构机始发之前，都需要对盾构机进行标定测量，为以后导向提供相关参数，只是两者标定的内容有所不同而已。标定测量是通过测量确定盾构机的实时姿态，指导盾构机的正常掘进。

盾构机标定测量流程如下：

（1）对盾构机始发前静止时姿态进行测定，并推算盾构机切口、铰接、盾尾等特征点坐标；

（2）建立一个盾构机模型，包含以上特征点与几个参照点，并测定参照点数据；

（3）通过同一盾构机姿态确定参照点与特征点之间的位置关系；

（4）通过参照点直接推算盾构机姿态。

1）标定测量过程

（1）测定盾构机姿态并推算特征点坐标

盾构机姿态是通过盾构机的切口里程、俯仰角、滚角及切口、铰接以及盾尾三点的水平、竖直偏移来表达的。

切口、铰接、盾尾是盾构机轴线上取的三个参考点，日本川崎盾构机三个参考点位置如图 8-9 所示，切口与铰接的间距 4.85m，铰接与盾尾的间距 4.55m，前后参考点总长 9.4m，这个距离可以认为是盾构机的盾体长度。通过切口里程可以准确确定盾构机目前所处的位置，通过切口、铰接、盾尾在水平与竖直方向上的偏移值可以准确反映盾体偏离隧道设计中心线的距离。

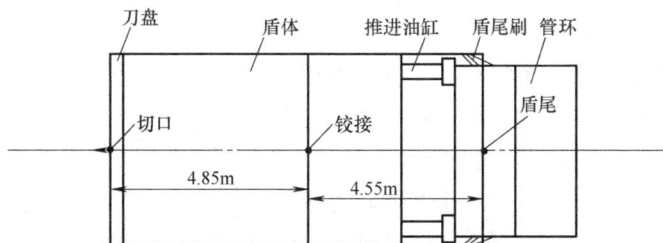

图 8-9　日本川崎盾构机特征点分布示意图

滚角 α 与俯仰角 β 如图 8-10 所示，通过俯仰角和滚角可以反映盾构机目前横向和纵向的趋势，方便盾构司机提前采取纠偏措施。其中，滚角 α 面向前进方向顺时针为正，逆时针为负，单位为分；俯仰角 β 面向前进方向抬头为正，低头为负，用坡度千分比来表示。

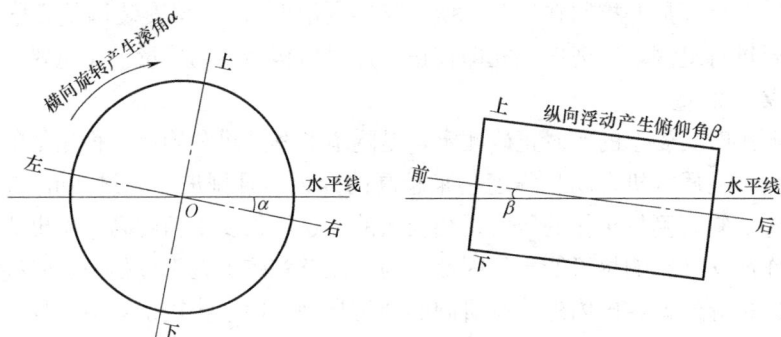

图 8-10 盾构机滚角与俯仰角示意图

为了测定以上姿态，可以采取如下方法：

① 直接测定切口点坐标，计算其里程；

② 通过在盾体一侧吊线锤加棱镜片测定盾构体边线的平面位置，进而通过盾体外壳半径推算轴线的平面位置，即切口、铰接、盾尾的平面偏移值；再通过测定盾体顶部各点高程，减去盾体外壳半径推算出三点相对于设计隧道中心线的竖直偏差；

③ 通过测定盾尾处水平方向上左右推进油缸高差与间距（盾构机推进油缸有严格的几何对称关系），推算盾构机滚角；

④ 通过切口与铰接之间的高差及间距推算盾体的俯仰角。

各项测量误差应满足如表 8-3 所示。

盾构机测量项目误差	表 8-3
测量项目	测量误差
平面偏离值	± 5mm
高程偏离值	± 5mm
纵向坡度(俯仰角)	1‰
横向旋转角(滚角)	$\pm 3'$
切口里程	± 10mm

（2）建立盾构机模型并布设、测定参照点坐标

① 建立模型

建立的计算模型包括五个特征点、四个参照点。五个特征点是切口、铰接、盾尾和用于计算滚角的左点和右点；四个参照点分两组，后体左右两侧各布设一个点，另外两个沿盾体轴线方向前后布设，如图 8-11 所示。

通过测定盾体上的 1、3、4 三个参照点点坐标（其中 3、4 两个点是左右分布在两侧，1 点布设在盾体轴线方向上），推算出盾构机当前的滚角，通过推算出的滚角对盾体进行纠正；然后再通过沿盾体轴线上的 1、2 两个参照点（其中 1 号点两次使用）将模型平动

对齐到其实际位置，可以计算出当前切口、铰接、盾尾、左点、右点五个点的坐标；将切口、铰接、盾尾三点位置与隧道设计中心线对比就可以求得盾构机当前的水平、竖直偏移姿态；通过左点、右点的高差与间距推算出当前滚角，通过切口与铰接之间的高差与间距推算出当前俯仰角。

② 布设、测定参照点坐标

在盾构机台车上，测量人员通过吊篮上的全站仪只能看到盾构机后体的上半部，而日本川崎盾构机铰接在盾构机中部，将盾构机分为前体与后体，虽然理论上不开铰接盾构机就是一个整体，但实际上铰接处是有隙动的，即使

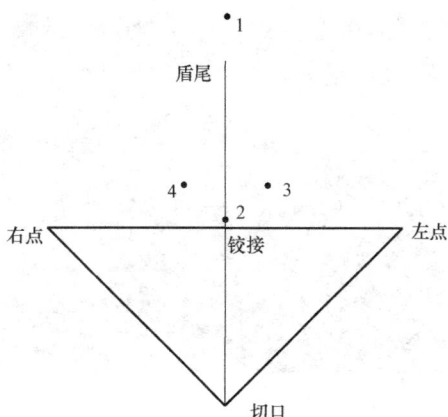

图 8-11　日本川崎盾构机计算模型
特征点与参照点分布

隙动不大，对测量姿态都是有很大影响的。为了能最准确地反映出盾构机的姿态，最好的做法就是将特征点布设到前体上，即切口与铰接之间，但受通视影响这显然是行不通的。

由于所采取模型中的特征点分两组，第一组是计算滚角的，这个不受铰接影响，无论铰接是否打开，后体与前体只是折动而不是旋动，可以将第一组的左右两个点布设在后体上。

螺旋输送机是与前体固定在一起的，而且它是沿着盾体轴线方向延伸到盾尾后面皮带输送机上的，另外，发现盾构机前体有一个控制铰接活动幅度的钢体伸到了后体上。盾构机的这两个部分刚好提供了布设前后两个特征点的位置。为了提高姿态测量精度，可有意将前后两个点尽量拉开距离。考虑盾构施工现场的复杂性，可在钢体上布设第五个备用点。所有点均用棱镜片布设，直接粘贴在盾体上。最终点位布设如图 8-12 所示。

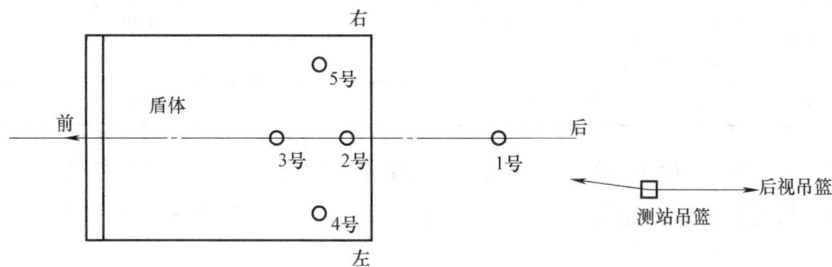

图 8-12　参照点布设示意图

图 8-12 中 1 号、4 号、5 号三点为第一组，1 号、3 号两点为第二组，2 号点为备用点，现场照片如图 8-13 所示。在盾构机姿态计算的时候，先用第一组数据推算滚角，根据滚角将计算模型由标准状态（无滚角无俯仰角无偏移值状态）纠正至当前有滚角状态，然后再用第二组数据将经过滚角纠正的模型平动至其实际位置，此时再将切口、铰接、盾尾坐标等数据求出，最后推算出盾构机姿态。

（3）通过参照点直接推算盾构机姿态

上面已经测出了同一坐标系里同一盾构姿态下各个特征点与参照点的坐标，那么两者之间的空间位置关系也就确定了。上述盾构机数学模型可通过 AutoCAD 来进行计算。

图 8-13   五个参照点的现场分布照片
（图中发亮的五个点）

用上面已经测得的特征点与参照点坐标，在 AutoCAD 里进行展点，并制作成一个块，则参照点与特征点之间的位置关系就固定为一个块了。然后通过"align"命令，分两次对其中四个参照点进行对齐，在 AutoCAD 里即可直接量取五个特征点的坐标，最后可再根据特征点坐标推算盾构机姿态。

注意事项：①参照点的布设要尽量拉开距离，有利于提高盾构姿态测量精度；②棱镜片要用强力粘胶粘在盾体上，并用胶纸将边缘封好；③盾构机标定时盾构机初始姿态的测量与参照点的测量尽量用相同的测站点；④在棱镜与棱镜片之间切换测距时一定要及时更改棱镜常数；⑤无论是盾构机初始姿态还是参照点的测定都要进行两次以上；⑥所有标定工作必须在盾构机静止状态进行，一次完整的标定过程盾构机不能移动。

当盾构机始发进洞以后，一般通过测定 4 个参照点的三维坐标来推算盾构机姿态，盾构机掘进姿态测量也就变成了盾构机参照点的测量。

规范要求测量出来的盾构机姿态与其实际姿态偏差不得超过±1cm，所以从洞内主控点测量吊篮（施工导线点）及自吊篮测量参照点的中误差不能超过±5mm，在实际测量时可按照表 8-4 要求进行精度控制。

<table>
<tr><td colspan="2">盾构机姿态测量精度控制要求　　　　　　　　　　　　　　　表 8-4</td></tr>
<tr><td>测量项目</td><td>测量误差</td></tr>
<tr><td>吊篮平面测量</td><td>±2mm</td></tr>
<tr><td>吊篮高程测量</td><td>±2mm</td></tr>
<tr><td>棱镜片平面测量（参照点平面测量）</td><td>±3mm</td></tr>
</table>

参照表 8-4 对测量误差的要求，可以采用徕卡 TC1201＋（Ⅰ级全站仪）配徕卡原装棱镜对吊篮进行测量，采用徕卡 TC802（Ⅱ级全站仪）对参照点棱镜片进行测量。

2）自动导向系统

国内隧道施工中测量盾构机姿态所采用的自动监测系统有：德国 VMT 公司的 SLS-T 方向引导系统；英国的 ZED 系统；日本 TOKIMEC 的 TMG-32B（陀螺仪）方向检测装置等。其中 VMT 公司的自动导向系统使用较多。

国外现有系统其依据的测量原理，是把盾构机各个姿态量（包括：坐标量——X、Y、Z，方位偏角、坡度差、轴向转角）分别进行测定，准确性和时效性受系统构架原理和测量方法限制。作业方式主要以单点测距定位、辅以激光方向指向接收靶来检测横向与垂向偏移量的形式为主。另外要有纵、横两个精密测倾仪辅助。有些日本盾构机厂商提供的测控装置中包括陀螺定向仪，采用角度与距离积分的计算方法，对较长距离和较长时间推进后的盾构机方位进行校核。

自动导向系统原理是基于激光法自动导向系统的原理，所有内部计算的数学模型包括盾构姿态、管片姿态等均采用严密模型。Laserguide 系统包含以下组件：Leica TCA1203（带隧道红激光）、激光感应装置、工业电脑、监控单元、供电电源盒、配套棱镜。Laserguide 系统部分连接、组成方式如图 8-14 所示。

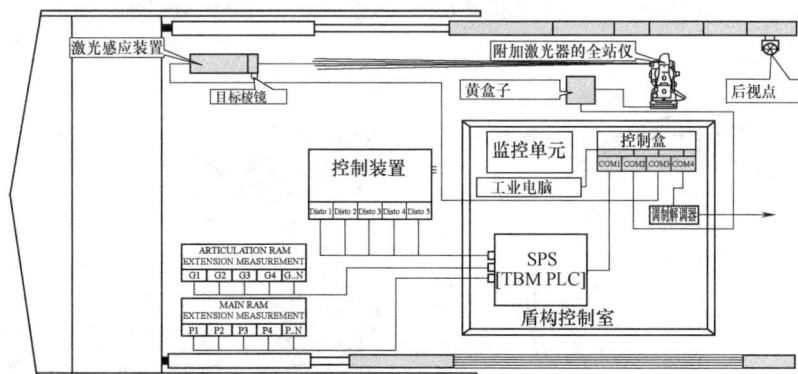

图 8-14　Laserguide 系统部分连接、组成方式

全站仪安装在固定于管片上的观测站，由机载软件控制全站仪的观测程序，并通过转换装置和传输装置将数据传至工业电脑进行处理。激光感应装置（ELS），固定安装在盾构前端。测量入射激光束的入射点、入射角及反射角，并根据激光的方位与入射角可以计算盾构机的绝对方位；内置双重倾斜仪测量盾构的滚动角和坡度。控制单元接收 ELS 返回的数据，由处理软件进行运算，计算盾构切口及盾尾三维坐标，并根据系统预先计算好隧道设计轴线数据库可以计算出水平及竖直偏差，以及盾构的转角、坡度等；并预计盾构前进的趋势；最终以图形和数字两种形式显示在界面上。

为了保证导向系统的准确性、确保盾构机沿着正确的方向掘进，需周期性地对导向系统的数据进行人工测量校核。

3. 管片成环测量

盾构隧道在正常掘进过程中不仅需要测量盾构机姿态，还要测量管片姿态，以及盾构机与管片的相对位置关系，这样才能进行合理的盾构纠偏与合理的管片选型。只注意盾构姿态而忽略管片姿态，很容易造成管片挤压破裂、管片错台、管片拼装困难等问题。

管片拼装测量的主要目的就是为盾构掘进提供有关管片的参考数据，通过掌握盾构机姿态的同时也了解盾构机与管片的相对位置关系，便于调整纠偏方向与合理进行管片选型。管片拼装测量主要内容：管片拼装的水平和竖直直径、计算椭圆度、管片中心的平面和高程偏离值和管片前沿里程。

管片拼装完毕时，测量人员便可以开始对拼好的管片进行拼装测量了。管片拼装测量要达到的效果是能全面表达新拼装完管片的姿态及其与盾构机的相对位置关系，所以需要进行的测量内容有：管片里程、管片内径的水平与竖直直径、管片中心的水平与竖直偏移量、管片外径与盾尾盾壳内径之间的盾尾间隙、管片垂直偏移量（管片坡度）等。

4. 管片拼装测量方法

管片里程可以通过上一环的管片前端里程加 1.2m 直接推算。但需要注意，由于管片拼装接缝处每一环都会有 1～3mm 的多余累加，所以，这个里程要定期进行校核。

盾尾间隙：分3点、6点、9点、12点四个方位用直尺直接量取管片内径直盾壳内径之间的距离，然后减掉管片厚度350mm，就是管片外径与盾壳内径之间的盾尾间隙了。

在实际量取的时候，由于这四个点位刚好各有一个推进油缸顶在管片上，无法直接量取，可在每个点位处分两侧量取然后取平均值的方法。用直尺量取四个点位两侧的 A、B 两个刻度，则盾尾间隙 $d=A-B-350$（mm）。盾尾测量示意图如图 8-15 所示，现场测量照片见图 8-16。

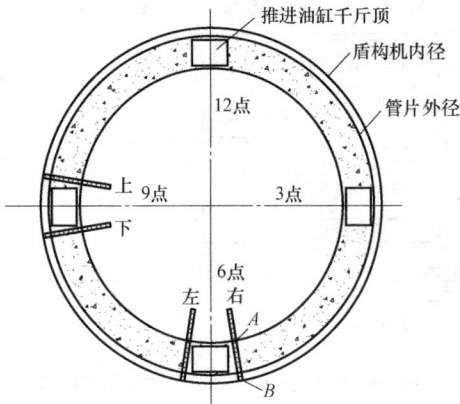

图 8-15　盾尾间隙测量示意图

图 8-16　盾尾间隙测量照片

管片垂直偏移量 Δ（mm）如图 8-17 所示，该项测量主要意义在于其表达出了管片的坡度（单位"mm/m"，即‰，拼装成型的管环直径为 6.1m）：

$$\beta=\Delta/6.1 \tag{8-5}$$

可以用吊线锤的方法进行偏移量测量。但在实际测量时，由于最前面一环管片中间被螺旋输送机阻挡，无法从12点位置将垂球直接吊至6点位置，可以在侧边进行测量，如图 8-18 所示。

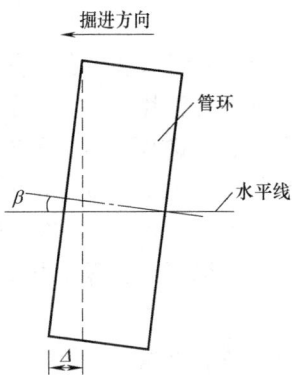

图 8-17　管片垂直偏移量示意图

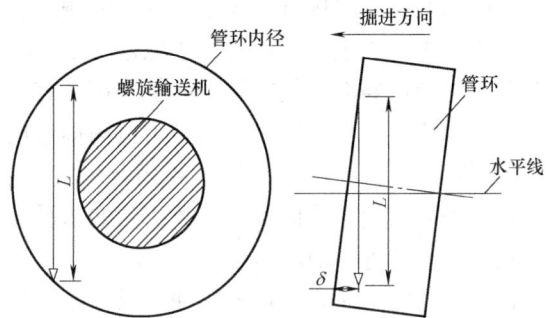

图 8-18　管片垂直偏移量测量示意图

在管片前端侧面自管片内径吊下垂球，量取线长 L，量取对应管片垂直偏移量 δ，则整环管片的垂直偏移量 Δ（mm）为：

$$\Delta=5500 \cdot \delta/L \tag{8-6}$$

管片拼装测量的现场测量内容为管片盾尾间隙和管片垂直偏移量，其他数据都可通过这两项内容由测定的当前盾构机姿态推算而来。

因为盾体椭变比较小，所以可以把盾体作为标准圆，通过盾尾间隙的差值来推算管片的水平与竖直直径。

假设管片 3 点、6 点、9 点、12 点处测得的盾尾间隙分别为 d_3、d_6、d_9、d_{12}，则管片水平直径 D_1（mm）：$D_1=5500+(d_3+d_9-60)$，管片竖直直径 D_2（mm）：$D_2=5500+(d_6+d_{12}-60)$；式中，5500（mm）为管片标准内直径，60（mm）为两侧盾尾间隙标准间隙之和（每侧标准间隙 30mm）。

管片中心水平、竖直偏离值推算需要结合当前盾构机姿态，假如，在管片拼装测量前刚测得的盾构机姿态是：铰接水平、竖直偏差分别为 a_1、b_1，盾尾水平、竖直偏差分别为 a_2、b_2；则管片中心相对于隧道设计中心线的水平偏离值 s（mm）计算公式如下：

$$s=(a_1+a_2)/2+(d_9-d_3)/2=(a_1+a_2+d_6-d_{12})/2 \tag{8-7}$$

管片中心相对于隧道设计中心线的竖直偏离值 v（mm）计算公式如下：

$$v=(b_1+b_2)/2+(d_6-d_{12})/2=(b_1+b_2+d_6-d_{12})/2 \tag{8-8}$$

8.2.5　其他测量

1. 隧道贯通测量

盾构隧道贯通后，在贯通面附近选择点 A，由指导盾构贯通的洞内主控点测量 A 点的结果与由接收车站控制点测量 A 的结果不同，其差值就是贯通误差。该贯通误差在隧道设计中心线方向上的投影长度就是纵向贯通误差；在垂直于隧道设计中心线方向上的投影长度就是横向贯通误差，在高程（竖直）方向上的投影长度就是高程贯通误差。其中最关键的就是横向贯通误差。贯通误差是由地面控制测量、联系测量、地下控制测量的误差共同造成的。地铁测量规范要求盾构隧道横向贯通中误差应在±50mm 以内，高程贯通中误差应在±25mm 以内。

隧道贯通测量就是测定在贯通面处各项贯通误差的大小，以评价工程的质量，同时对贯通面两侧主控点进行联测并对整条隧道主控点进行整体平差（将贯通误差进行调整分配），作为竣工测量的依据。

盾构通过每一车站后，联测地上、井下导线网、水准网，并进行平差，为精密铺轨提供具有一定精度和密度的导线点与水准点。

（1）平面贯通测量：在隧道贯通面处，采用坐标法从两端测定贯通，并归算到预留洞门的断面和中线上，求得横向贯通误差和纵向贯通误差。

（2）高程贯通测量：用水准仪从贯通面两端测定贯通点的高程，其误差即为竖向贯通误差。

2. 地下控制网平差和中线调整

隧道贯通后地下导线由支导线经与另一端基线边联测成为附合导线，水准导线也联测成附合水准，当闭合差不超过限差规定时，进行平差计算。

按导线点平差后的坐标值调整线路中线点，改点后再进行中线点的检测，直线夹角不符值不大于±6″，线上折角互差不大于±7″，高程亦要用平差后的成果。将新成果作为净空测量、调整中线起始数据，并报监理工程师审查批准后方可使用。

8.2.6　施工测量关键技术

盾构施工测量主要有两个关键技术环节：整个区间的贯通测控技术与盾构机姿态测控技术。

1. 区间贯通测控技术

地铁施工验收规范要求隧道管片中心偏离隧道设计中心线不能超过±100mm，该要求是所有施工测量工作精度控制的根本。

按照这个要求，盾构机接收井预埋洞门环板的内径比盾构机外径一般大10cm，这是因为：第一，盾构区间最远点是测量控制的最弱点，所以以最远处的洞门预埋环板为最弱控制点；第二，管片姿态是直接受盾构机姿态控制的，只要盾构机姿态控制在±100mm之内，那么管片姿态一般不会偏出这个范围，所以，只要盾构机从预埋环板内顺利出洞，就可以满足上面施工验收规范的要求。

于是，保证盾构机从洞门圈顺利贯通出洞成为测量工作的目标。±100mm也就成为施工测量的容许误差，取一半作为平面测量中误差，即±50mm，考虑到水准测量的可控性比平面测量要高很多，所以取1/4作为高程测量中误差，即±25mm，这正是目前地铁测量规范要求的隧道贯通中误差。

这样，施工测量工作的目标就变为：如何将从地面控制测量到地下洞内贯通面附近的施工测量整个测量过程的测量中误差控制在平面±50mm、高程±25mm以内。

盾构施工测量包括地面控制测量、联系测量、地下控制测量、地下施工测量、盾构机标定测量、盾构机姿态测量、洞门圈检测测量等环节，而且有的盾构区间还有长距离、大坡度（30‰）、小半径（358m）等特点，在如此复杂的测量过程，把最终测量误差控制在要求范围内有一定难度，但严格按照测量规范要求的精度指标来执行一般可以做到。不过，要想达到良好的贯通效果，使贯通测量误差远小于规范要求，只是满足测量规范要求是不够的，必须在规范要求基础上提高精度。这就是区间贯通测控技术的难点。

首先分析误差来源，然后合理分配误差，并根据各个环节分配到的误差来进行测量精度控制。

1）贯通误差控制目标

地铁工程测量规范取盾构容许贯通测量误差的一半作为贯通测量中误差。根据测量误差的正态分布规律，偶然误差的绝对值大于2倍中误差的约占误差总数的5%，而大于3倍中误差的仅占误差总数的0.3%，所以一般取容许误差的1/3作为控制横向贯通中误差，即横向贯通中误差 $m_g = ±100/3 = ±33$（mm），高程贯通中误差一般取容许误差的1/4，即±25mm。这就是测量控制目标，也是待分配的测量中误差。

2）贯通误差的来源及分配

地铁测量规范按照三个环节对贯通误差进行分配，即地面控制测量、联系测量、地下控制测量。如果只通过最后贯通测量误差来评定盾构贯通质量的话，这样做是可以的，但实际上，盾构贯通时需要控制的是盾构机的姿态，或者是控制盾构机与洞门预埋环板的相对位置关系，要让盾构机从预埋环板正中央推出，即使此时预埋环板偏离隧道中心线1cm，那么也要让盾构机同向偏离1cm进行出洞控制。这样做对贯通误差没有影响，但对贯通效果却有影响，在保证贯通误差符合规范要求的同时还要良好的贯通效果。所以，在分配误差的时候必须考虑加入两个误差来源：盾构机姿态测量误差与接收洞门预埋环板中心的检测误差。

在进行误差分配时需要考虑五项内容：

（1）地面控制测量误差 m_1；

（2）始发井处联系测量误差 m_2；

（3）地下控制测量误差 m_3；

（4）盾构机姿态测量误差 m_4；

（5）接收井洞门圈检测误差 m_5。

则 $m_g^2 = m_1^2 + m_2^2 + m_3^2 + m_4^2 + m_5^2$。

分配误差前，要分析这几项测量工序的特点：

（1）地面控制测量：地面控制点离地铁线路较近，加上先进仪器设备与优化作业方法，使地面控制测量可控性较高。

（2）始发井联系测量：通过简易两井定向或导线定向可以达到比较好的精度，但这个环节至关重要，这个环节"差之毫厘，谬以千里"，所以为了控制精度不能给这个环节分配太多误差。

（3）地下控制测量：洞内光线较差、粉尘较大、加上旁遮光等因素对测量考验较大，但可以选在洞内状况良好的并且停止施工的时候进行，尤其是平面测量，还可以采取用闭合导线代替支导线，将洞内控制点布设成强制对中点等措施，总之，这部分可控性也比较高。

（4）盾构机姿态测量：这实际上是施工测量，其精度取决于盾构机标定的精度与参照点测量的精度，是损耗中误差比较大的一个环节。

（5）接收井洞门圈检测误差：其权重与地面控制测量相当。

根据以上分析，可以如下分配贯通中误差：

$$m_1 = 2m, m_2 = m, m_3 = 2m, m_4 = 3m, m_5 = 2m \qquad (8-9)$$

则 $m_g = \sqrt{m_1^2 + m_2^2 + m_3^2 + m_4^2 + m_5^2} = 4.7m$，那么，对于平面测量：$m = \pm 33/4.7 = \pm 7.1\text{mm}$；对于高程测量：$m = \pm 25/4.7 = \pm 5.3\text{mm}$。

（6）五项误差（括号外为平面测量中误差）：

① 地面控制测量误差 $m_1 = \pm 14.2$（± 10.6）mm；

② 始发井处联系测量误差 $m_2 = \pm 7.1$（± 5.3）mm；

③ 地下控制测量误差 $m_3 = \pm 14.2$（± 10.6）mm；

④ 盾构机姿态测量误差 $m_4 = \pm 21.3$（± 15.9）mm；

⑤ 接收井洞门圈检测误差 $m_5 = \pm 14.2$（± 10.6）mm。

3）精度控制

高程测量中误差是比较容易控制的，一般容易达到误差要求，高程贯通中误差也都可以控制在1cm以内。盾构施工工程测量关键的技术核心还是在平面测量上，下面讨论各个环节的平面测量。

（1）地面控制测量精度控制

这部分测量内容主要是近井点加密控制测量，要想提高这个环节的平面测量精度需要做到以下五点：

① 对布设的加密导线点必须定期复测（一般在每次联系测量前进行）；

② 控制网一定要布设成附合或闭合或导线网的形式，不允许出现单支导线；

③ 全站仪、棱镜在测量前一定要进行检校，尤其是对中偏心，不能超过 1mm；

④ 注意气压温度改正，由于盾构施工周期一般是跨年度的，夏天与冬天的气候条件对全站仪测距的影响差异是很大的；

⑤ 地面近井加密控制测量一般有多条边超过 1000m，所以在内业严密平差进行坐标概算的时候，一定要将距离归算到区间平均高程面上。

（2）始发井联系测量精度控制

利用始发井与吊出井进行"单边导线网两井定向"，所谓单边是指去掉从两井口吊下的两根钢丝后固定的导线边只有一条，所谓的导线网是指在能够通视的情况下尽量加测多余观测，使井下的无定向导线变成导线网。

在吊钢丝两井定向时，选择的两个近井点要布设在两个钢丝连线的同一侧，并且四个点连线最好是平行四边形，这是为了尽量使测距引起的测量误差同向偏移，以减少其对定向边方向产生的影响，如图 8-19 所示。如果现场通视条件不允许，也要布设成等腰梯形。当然，导线定向时两个近井点最好也在井下两定向边的同一侧。

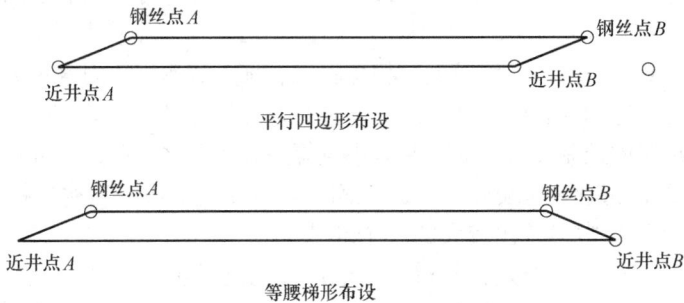

图 8-19　近井点布设示意图

（3）地下控制测量精度控制

首先将洞内主控导线点布设成强制对中点，在保证通视及视线与管片环壁保持一定距离的情况下，尽量拉长导线边长度（当然，相邻两边长度比不宜过大，规范要求不能超过 1：3）。另外，导线最好布设成"之"字形。

在测量时，利用三脚架配合棱镜底座作临时强制对中点，将洞内主控导线进行闭合导线测量，对能够通视的观测点进行距离加测，尽量增加多余观测数量。

这一环节是平面坐标由洞口向贯通面传递的具体过程，其重要性不言而喻。

2. 盾构机姿态测控技术

（1）盾构机姿态测量精度控制

盾构机姿态测量精度控制主要在于两个环节：盾构机标定测量与盾构机参照点测量。需要将测量误差的控制范围为 ±21.3mm，是所有测控环节中分配最大的，这主要是考虑到这个环节是最后的施工测量部分，对测量误差的损耗较大。

盾构机标定测量时对其极限误差的控制以 ±1cm 为目标，盾构机参照点极限误差也控制在 ±1cm 以内。如此，整个环节的测量中误差就应控制在 ±10mm 以内，每个环节损耗 ±5mm 的测量中误差。之所以给这个环节分配这么大的测量中误差，是因为标定测量是建立在盾构本身是一个规则的圆柱体的基础上的，但实际上，盾体本身尤其是盾尾会有一定的椭变，盾体会有不规则的几何变形，虽然这个量不大，但必须考虑到。

（2）接收井洞门圈检测精度控制

洞门圈检测一般采用方法为：沿洞门预埋环板内径测定一个圆周上若干个点的三维坐标，然后按最小二乘拟合的方法计算环的椭圆度和环中心坐标。这个过程相对比较复杂，可以采用比较简单的检测方法——横尺法，其原理如图 8-20 所示。

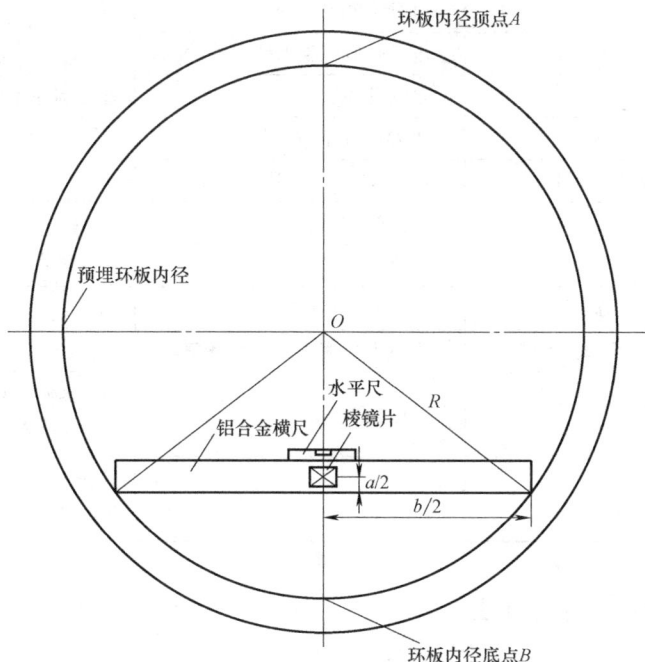

图 8-20　横尺法洞门圈检测示意图

用一根适当长度的铝合金方管作为横尺，在尺的中心位置贴上全站仪测量用的棱镜片，并保证棱镜片中心与横尺中心重合，在横尺上方固定一支水平尺，用以控制横尺水平状态。R 为环板内半径，b 为横尺长度，a 为横尺高度。

将全站仪在离接收井以外的主控点上进行三维设站，然后逐环测定棱镜片的三维坐标，所测平面坐标即环板中心平面坐标，所测高程设为 h，其与洞门中实际高程 H 的关系为：$H = h - \dfrac{a}{2} + \sqrt{R^2 - \dfrac{b^2}{4}}$。

需要注意的是，这是假设环板内径是一个规则的圆且内径固定的情况下的计算方法，实际上环板内径大小是不规则的。可以采用上面测得的洞心 O 的平面坐标，但高程必须单独测量，可以用水准仪直接测管环顶点 A 与底点 B 高程，两者取均值即为环板中心高程：$H_O = (H_A - H_B)/2$。

8.3　盾构施工监控量测技术

8.3.1　监测项目

在隧道施工过程中，盾构机掘进会导致地面沉降等现象，需要进行监测，根据监测数据，调整盾构机施工参数，确保盾构施工顺利进行。根据水文地质条件、周围环境和盾构施工的特点，盾构隧道的监测项目如表 8-5 所示。

盾构隧道监测项目　　　　　　　　　　　表 8-5

序号	监 测 项 目	监 测 仪 器	监 测 目 的
1	地表沉降	电子水准仪、铟钢尺	掌握盾构施工对周围土体、地下管线、地下水位和周边建筑物的影响程度及影响范围
2	地下管线	电子水准仪、铟钢尺	
3	地下水位	水位观测孔、水位计	
4	土体水平位移	PVC测斜管、测斜仪	
5	周边建筑物沉降及倾斜	电子水准仪、铟钢尺	
6	拱顶下沉	精密水准仪、钢挂尺	了解在盾构施工过程中支护结构的变位规律
7	净空收敛	收敛计	
8	管片内侧表面应力	表面应变计、频率计	了解管片受力大小及分布情况
9	管片钢筋应力及混凝土应力	钢筋计、混凝土应变计、频率计	
10	环缝和纵缝变化	游标卡尺	掌握管片从拼装到变位稳定过程中的变形情况
11	日常巡视		对施工条件的改变和事故隐患进行观察、分析和记录

8.3.2　测点布设和测试方法

1. 管片拱顶沉降及洞内收敛

1）监测目的

岩土层内的隧道结构存在应力逐步调整，直至平衡的过程，拱顶沉降及洞内收敛情况反映了隧道的稳定性状况，因此盾构推进施工过程中必须了解管片的拱顶沉降及洞内收敛情况。

2）测点布置与埋设

断面布设如图 8-21 所示，拱顶下沉测点布设在拱顶部位，水平收敛测线布置在隧道结构的中间部位（水平间距最大处）。

3）监测方法

盾构管片拱顶沉降按二等水准测量作业要求采用精密水准仪、铟钢尺进行量测，与洞内施工共用高程控制网。

盾构管片的水平收敛采用数显式收敛计进行量测。

沿隧道方向在左右隧道拱顶按 4～7m 间距布设拱顶下沉测点。在左、右隧道内拱按 4～7m 间距布设水平收敛测点，与拱顶下沉测点在同一断面内。

测试频率：开挖距量测断面前后，0～2B 时

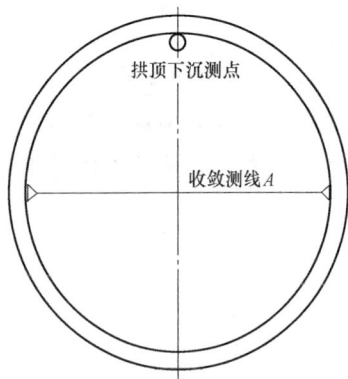

图 8-21　盾构管片拱顶沉降及水平
收敛测点布置示意图

$1\sim2$ 次/天，$(2\sim3)B$ 时 1 次/天，$(3\sim5)B$ 时 1 次/周，大于 $5B$ 时 1 次/月（B 为洞径）。

2. 管片表面应力监测

在典型断面的左、右隧道内布设管片表面应力测点，每个断面沿管片圆环径向均匀布设 4 个测点。采用表面应力计和钢弦式频率仪进行量测，测试频率同拱顶下沉。

3. 管片钢筋应力及混凝土应力

1）监测目的

为了解管片结构的受力状况，验证设计参数，应选择特征断面进行管片结构的钢筋应力和混凝土应力监测。

2）测点布置与埋设

钢筋应力和混凝土应力分别采用钢筋计、混凝土应变计进行测量：

（1）钢筋计布设于衬砌管片中间处的内、外两侧环向钢筋上，见图 8-22。

（2）观测断面上每个管片中间内外侧各布设一个混凝土应变计，位置与钢筋计对应，共布置 20 个。

（3）钢筋计、混凝土应变计在管片预制时预埋，见图 8-23。

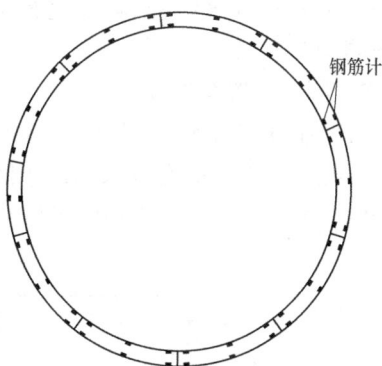

图 8-22 钢筋应变计布置图

图 8-23 钢筋计、混凝土应变计实物图

3）监测方法

钢筋计、混凝土应变计的量程应满足要求，其上限可取设计值的 2 倍，精度不低于 $0.5\%F \cdot S$，分辨率不应低于 $0.2\%F \cdot S$。测试使用频率计。

4. 环缝和纵缝监测

在靠近构筑物或典型断面的左、右隧道内布设环缝和纵缝测点，每个断面沿管片横向和径向各均匀布设 4 个测点。可采用游标卡尺进行量测，当裂缝较小时可采用光电式测缝仪。测试频率同拱顶下沉。

5. 土体水平位移和地下水位监测

1）监测目的

了解盾构推进过程中地层的水平位移、垂直位移变化，为周边建筑物的保护及优化盾构施工参数提供参考。

在靠近建筑物或典型断面处布设土体水平位移测点和地下水位测点，土体水平位移测点距隧道边线 2m 左右，水位测点距隧道边线 5～7m 或构筑物旁。土体水平位移采用测斜仪和 PVC 测斜管进行监测，水位监测采用水位观测仪及水位观测管等进行观测。

2）测点布置与埋设

（1）在隧道两侧的土体中布设水平位移观测孔，每断面测孔 2 个（每侧各 1 个），孔间距 20m，测斜管的布设深度低于隧道底面 5m（图 8-24）。测斜管安装过程中应保证测斜管的一个对称轴与隧道轴向保持平行，见图 8-25。

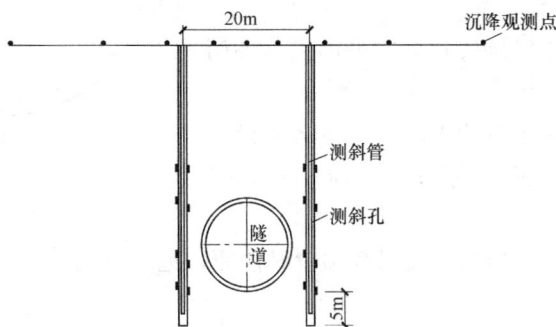

图 8-24　测斜管布置横断面

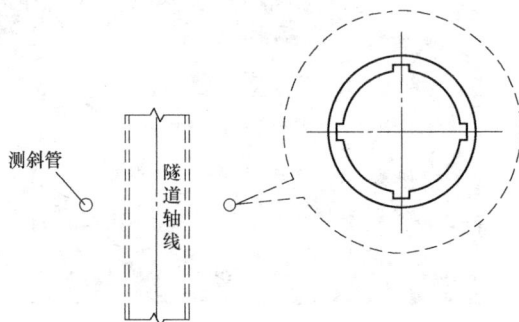

图 8-25　测斜管安装方向示意图

（2）在隧道的两侧及上方土体内布设垂直位移观测孔，每一个剖面布设 3 个，孔间距 10m，中间监测孔位于隧道的正上方，见图 8-25。垂直位移监测孔完成后按 5m 间距埋设磁环式分层沉降标。

3）监测方法与原理

（1）水平位移通过测斜仪测量。测斜仪是一种可精确测量沿垂直方向地层水平位移的工程测量仪，各点位移可根据测读点间的倾角和距离换算。

测量时放入带有导轮的伺服加速度式测斜仪沿导槽滑动，由于测斜仪能反测管与重力线之间的倾角，因而能测出测斜仪所在位置测管在土体作用下的倾斜度 θ_i，换算成该位置测斜仪上下导轮间（或分段长度）的位置偏差 Δd：

$$\Delta d = L\sin\theta_i$$

式中 L——量测点的分段长度（一般为 0.5m）。

自下而上累加可知各点处水平位置：

$$d = \sum L\sin\theta_i$$

与初值相减即为各点本次量测的水平位移。测斜仪系统精度不低于 0.25mm/m，分辨率不低于 0.02mm/500mm。

（2）垂直位移观测系统由两大部分组成：一是地下埋入部分，由沉降导管、底盖、沉降磁环组成；二是地面接收仪器，由分层沉降仪，由测头、测量电缆、接收系统和绕线盘等组成。利用分层沉降仪，通过观测沉降磁环位置的变化来了解深层土体的垂直位移。分层沉降仪的系统精度不宜低于 1.5mm。

6. 地表沉降和管线监测

盾构施工监测范围，一般为盾构前 20m、后 30m。在盾构施工影响范围外布设三个高程起算点，与已知水准点定期联测、复核，确保起算点准确。沿盾构隧道轴线按 5m 间距布设地表沉降测点，如图 8-26 所示。同时，按 100m 间距布设地表横向沉陷槽测点，每个断面约 14～17 个测点，横向间距 2～8m。每个联络通道在洞口处和中间各布置一个断面，每个断面约 11 个测点，横向间距 2～5m。在隧道开挖影响范围内（2 倍洞径）的主要地下管线上方地表沿管线轴线布设沉降测点，间距 15～30m。地表及地下管线沉降监测布点应使测点桩顶部突出地面 5mm 以内。

按国家二等水准测量精度要求进行沉降监测。采用全自动电子水准仪和铟钢尺等高精度仪器进行地表和地下管线沉降监测。高程控制测量及首次沉降观测采用往返测或单程双测站观测方式，其他各次沉降观测可采用单程观测。

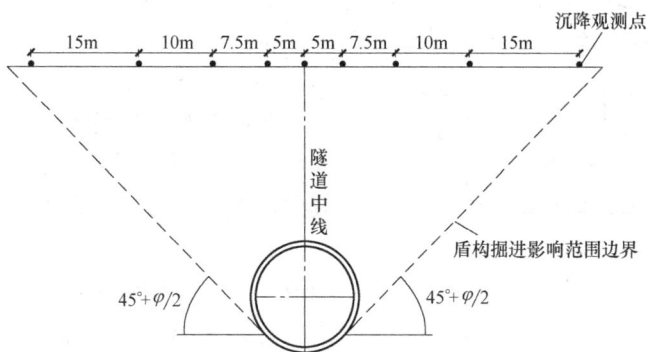

图 8-26 地表沉降测点布置图

测试频率：开挖距量测断面前后，0～2B 时 1～2 次/天，(2～3)B 时 1 次/天，(3～5)B 时 1 次/周，大于 5B 时 1 次/月（B 为洞径）。可根据施工条件和沉降情况调整观测次数。

7. 建筑物沉降、倾斜监测

1）监测目的

由于盾构推进过程中，会扰动邻近建筑物地基土体，邻近建筑物可能发生沉降、倾斜和裂缝等现象，需要对其进行监测，保障安全。

2）观测点在布设要求

（1）沉降观测和倾斜观测测点位置

沉降观测点布设应综合考虑盾构推进在地层内的影响范围和程度、建筑物的重要性和结构形式以及地质情况。沉降观测点应能全面反映建筑物地基变形特征，原则上布置在房屋承重构件或基础角点上，长边上适当加密测点。

建物倾斜观测点分别布设在建筑物的顶部和相应位置的底部。在没有条件观测顶部监测点时可利用沉降监测点，测定沉降值推算建筑物主体的倾斜值。

建筑沉降及倾斜观测点布设，根据建筑布局不同而不同，对于点状建筑，在建筑的底部布设3个点进行沉降观测，在建筑顶部布设2个倾斜观测点；对于矩形建筑，根据建筑的大小，每间隔5～10m布1个沉降观测点，在建筑的顶部布设相应的点进行倾斜观测。观测点布设如图8-27所示。

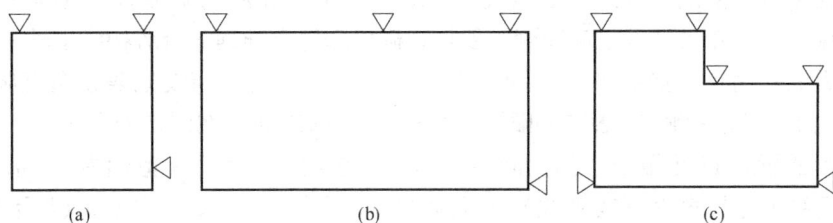

图8-27 建筑物观测点位布设示意图
（a）点状建筑；（b）矩形建筑；（c）不规则建筑

（2）沉降观测及倾斜观测测点标志

沉降观测的标志，根据不同建筑结构类型和建筑材料，采用墙（柱）标志、基础标志和隐蔽式标志等形式，建筑物测点埋设如图8-28所示。

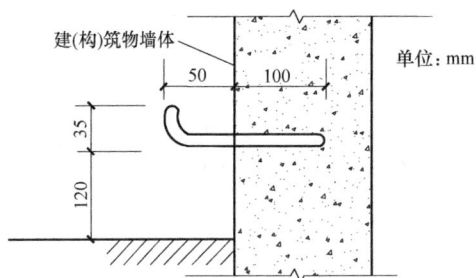

图8-28 建筑物监测点埋设

（3）裂缝观测

对需要观测裂缝统一进行编号。每条裂缝至少布设两组观测标志，其中一组应在裂缝的最宽处，另一组应在裂缝的末端。

裂缝观测标志应具有可供量测的明晰端面或中心。长期观测时，采用镶嵌或埋入墙面的金属标志、金属标杆或楔形板标志；短期观测时，采用油漆平行线标志或用建筑胶粘贴的金属片标志。

3）监测方法和原理

（1）沉降监测采用精密水准测量方法，按国家二等水准进行测量。定期测量观测点相对于稳定的水准点的高差以计算观测点的高程，并将不同时间所得同一观测点的高程加以比较，从而得出观测点在该时间段内的沉降量：

$$\Delta H = H_i^{j+1} - H_i^{j}$$

式中　i——观测点点号；

　　　j——观测期数。

（2）建筑物倾斜观测根据现场观测条件和要求，选用投点法、前方交会法、垂吊法和差异沉降法等。当建筑物有明显的外部特征点和宽敞的观测场地时，优先选用投点法、前方交会法。

建筑物倾斜观测的示意图如图 8-29 所示，其中 A 为建筑物基础角上一点，B 为建筑物顶角一点，AB 为建筑物的高度 H，B' 为建筑物发生倾斜后 B 点位移后的位置。具体观测步骤如下：距 A 点水平距离（1.5～2.0）H 处设 M、N 两任意点，须使得 MA 与 NA 的方向交角接近 90°；分别在 M、N 点处安置经纬仪，照准 B' 点后，竖向转动观测镜，将 MB' 和 NB' 两方向线投影于地面，其交点 B'' 即为 B' 在地面上的投影点；用钢尺丈量 AB'' 的水平距离，设为 d。

房屋的倾斜度为：

$$i = \arctan\frac{d}{H} \tag{8-10}$$

式中　H——房屋的高度（m）。

（3）建筑物裂缝采取直接观测的形式。直接观测将出现的裂缝进行编号并划出测读位置，通过裂缝观测仪进行裂缝宽度测读；在无裂缝观测仪的情况下，也可更简单地对照裂缝宽度测板大致确定所观察裂缝的宽度。

8. 日常巡视

每天不少于 1 次对施工现场进行巡视，对施工条件改变和事故隐患进行观察、分析和记录。

现场巡视观测主要内容包括：管片纵缝、管片横缝、临近地面、道路、建筑物裂缝、地表沉陷等情况。施工过程中要求主要对如下项目进行观测：

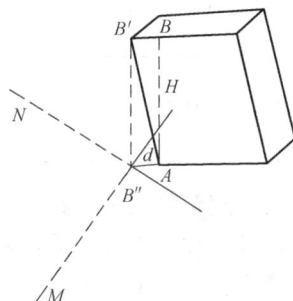

图 8-29　建筑物倾斜测量原理示意图

（1）管片变形、开裂、错台、拼装缝、掉块及漏水状况；

（2）盾构机设备和泥浆情况；

（3）周边管线是否有破损、泄漏等异常情况；

（4）周边建筑有无新增裂缝；

（5）周边地面是否有新增裂缝、沉陷；

（6）开挖所暴露的地层条件与设计图纸是否相一致；

（7）施工参数是否按设计图纸要求执行；

（8）盾构段监测报告应包含上述现场巡视观测的内容。

8.3.3　监测周期与警戒值

盾构隧道施工期间，施工监测频率可参考表 8-6。

盾构隧道施工监测频率　　　　　　　　　　　　　　　　表 8-6

监　测　项　目	监　测　频　率
地表沉降和隆起	掘进面前后小于 20m 时：1～2 次/天； 掘进面前后小于 50m 时：1 次/2 天； 掘进面前后大于 50m 时：1 次/周
隧道沉陷	掘进面前后小于 20m 时：1～2 次/天； 掘进面前后小于 50m 时：1 次/2 天； 掘进面前后大于 50m 时：1 次/周
隧道收敛	掘进面前后小于 20m 时：1～2 次/天； 掘进面前后小于 50m 时：1 次/2 天； 掘进面前后大于 50m 时：1 次/周
土体水平位移（测斜）	掘进面前后小于 20m 时：1～2 次/天； 掘进面前后小于 50m 时：1 次/2 天； 掘进面前后大于 50m 时：1 次/周
土体垂直位移	掘进面前后小于 20m 时：1～2 次/天； 掘进面前后小于 50m 时：1 次/2 天； 掘进面前后大于 50m 时：1 次/周
地下水位	1 次/2 天
土层压应力	掘进面前后小于 20m 时：1～2 次/天； 掘进面前后小于 50m 时：1 次/2 天； 掘进面前后大于 50m 时：1 次/周
衬砌内力和变形	掘进面前后小于 20m 时：1～2 次/天； 掘进面前后小于 50m 时：1 次/2 天； 掘进面前后大于 50m 时：1 次/周

由于建筑物的种类繁多，监测对象具体情况各有不同，因此警戒值确定承包商应根据施工设计文件，参考相关行业控制标准值和自身经验依据实际情况确定。对重点部位监测警戒值应根据相关的规范严格控制。

监测警戒值是监测工作实施前为确保监测对象安全而设定的各监测指标的预估最大值。在监测过程中，一旦量测数据超过警戒值的 70%（或 80%）时，监测部门应在报表中醒目提示，予以报警。

警戒值的确定一般应遵循以下原则：

（1）监测警戒值必须在施工前，由设计、监理、施工等有关部门共同商定，列入监测方案。

（2）每个监测项目的警戒值应由累积允许变化值和变化速率两部分来控制。

（3）监测警戒值的确定应满足现行的相关设计、施工法规、规范和规程的要求。

（4）监测警戒值的确定应具有工程施工可行性，在满足安全的前提下，应考虑提高施工工效和减少施工费用。

（5）在监测工作实施过程中，当某个量测值超过警戒值时，除了及时报警外，还应与有关部门共同研究分析，必要时可对警戒值进行调整。

8.3.4　数据分析

量测数据分析处理是利用一定的数学手段，从量测数据中提取必要的信息，以供反馈之用。

1. 回归分析

数据处理常用的数学工具是回归分析。在工程施工中量测得到的变形（位移）数据，由于仪器误差、环境影响、人为误差等原因造成量测结果的离散性。这样所绘出的变形随时间变化散点图上下波动大，难以进行分析判断。为了找到一条具有最佳拟合的曲线，要对所测得的一系列变形测试数据在上述处理的基础上进行回归分析。

进行回归分析的步骤为：

（1）根据测试值散点图的特征，先选用一个曲线函数，比如指数函数、对数函数、双曲函数，用选定的函数进行回归分析。

（2）将上述选定的曲线函数进行变换和取代，使其变为线性函数的形式。然后用一元线性回归公式和方法求得该变换后的线性函数，将该系数代入取代公式，得到原选定的曲线函数的系数，即最后求得回归曲线。

（3）如果选用的该曲线函数剩余标准离差不理想，则可改用另一个曲线函数，再照上述步骤进行回归分析。

统计分析方法就是把监测数据作为随机变量进行处理的方法。它的主要功能有：

（1）分析研究各种监测数据与其他监测量、环境量、荷载量以及其他因素之间的相关关系，给出它们之间的定量表达式。

（2）对表达式的可信度进行检验。

（3）判别影响监测数据各种相关因素的显著性，区分影响程度的主次和大小。

（4）利用所求得的表达式判断工程安全稳定状态，确定安全监控指标，进行安全监控和安全预报，预测未来变化及可能测值等。

回归分析常采用多项式、对数函数、指数函数、双曲函数、生长函数等模型。

2. 时间序列分析与灰色系统

时间序列分析的基本理论：时间序列分析（简称时序分析）是从具有先后顺序的信息中提取有用信息的一门学科，是一种处理动态数据的参数化分析方法和研究随机过程的重要工具。在工程技术等领域，许多实际问题的发生和发展往往具有随机性，并随时间推移而具有某种统计规律。在这种情况下，不可能或者难以用一般解析方法描述其过程。基于"过去变化规律会持续到未来"的思想，时序分析能够用来分析有序、离散数据序列之间的相互关系，进而建立参数化模型对系统进行描述和分析。从表面上看，时序分析撇开了系统内外存在的因果关系的影响，但事实上，正是在系统内外各种因素作用下产生了目前的数据序列，时间序列分析是从时间这个总的方面来考察各种内外因素的综合作用。

时间序列分析基于随机过程理论和数理统计学方法，研究随机数据序列所遵从的统计规律，以用于解决实际问题。它包括一般统计分析（如自相关分析、谱分析等），统计模型的建立与推断，以及关于时间序列的最优预测、控制与滤波等内容。经典的统计分析都假定数据序列具有独立性，而时间序列分析则侧重研究数据序列的互相依赖关系。

用时间序列分析的更一般的组合模型描述隧道施工监测结果的变化规律，可以提高拟合模型的精度和预报的可靠性。其中，数据序列随时间变化的均值可用多项式或指数函数描述，而零均值的平稳过程可用 $AR(n)$ 或 $ARMA(n, m)$ 模型拟合。

施工情况及其他荷载条件比较复杂时，特别是不能用函数关系或确定性方法描述时，则采用灰色系统进行分析预测。采用灰色预测模型方法，根据实测的一系列数据，利用灰色模型找出监测数据的趋势发展规律，用来预测下一阶段的变形，同实测结果相比较，不断地修正灰色模型参数，来达到预测的目的。

灰色系统建模（Grey Model，简称 GM）直接将时间序列转化为微分方程，建立抽象系统发展变化的动态模型。由于它是连续的微分模型，可以用来对系统的发展变化做长期预测。

一般建模所得到的是原始数据模型，而灰色模型实际是生成数据模型。灰色理论是针对符合光滑离散函数条件的一类数列建模，一般无规律的原始数据作累加生成（AGO）后，可得到光滑离散函数，即有规律的生成数列（递增或递减）。基于光滑离散函数的收敛性与关联空间的极限概念定义灰导数，目前使用最广泛的模型是一个变量、一阶微分的 GM（1，1）模型。当原始时间序列隐含着指数变化规律时，灰色 GM（1，1）的预测是成功的。

灰色模型预测的思路是：把随时间变化的随机正的数据列，通过适当方式累加，使之变成非负递增的数据列，用适当的方式逼近，以此曲线作为预测模型对系统进行预测。

3. 人工神经网络

人工神经网络（Artificial Neural Networks，简称 ANN），是对人类大脑系统的一阶特性的一种描述。简单地讲，它是一个数学模型，可以用计算机程序来模拟，是人工智能研究的一种方法。

人工神经网络是一个并行、分布处理结构，它由处理单元及其称为连接的无向讯号通道互连而成。这些处理单元具有局部内存，并可以完成局部操作，每个处理单元有一个单一的输出连接，这个输出可以根据需要被分成希望个数的许多并行连接，且这些并行连接都输出相同的信号，即相应处理单元的信号，信号的大小不因分支的多少而变化。处理单元的输出信号可以是任何需要的数学模型，每个处理单元中进行的操作必须是完全局部的。也就是说，它必须仅仅依赖于经过输入连接到达处理单元的所有输入信号的当前值和存储在处理单元局部内存中的值。目前常用的人工神经网络模型有 BP 网络、径向基函数（Radial Basis Function）网络、Hopfield 网络等。

BP 网络是目前岩土工程预测中应用最广泛的。BP 神经网络具有非线性、非局域性，在数据处理方面具有如下特点：① BP 网络模型的建立依赖于资料而不需要系统的先验知识，只需给出若干训练实例，BP 网络就可以通过自学习来完成，能够发现其隐含的信息；② BP 网络具有自适应和自组织能力，通过与外界环境的相互作用，从外界环境中获取知识，把环境的统计规律反映到自身结构上来，并能有机地融合多种信息。当外界环境发生变化时，只需输入新的资料让模型再学习即可很快跟踪环境的变化，可操作性强；③由于神经元之间的高维、高密度的并行计算结构，神经网络具有很强的集体计算能力，完全可以进行高维数据的处理；④作为高度的非线性动态处理系统，具有很强的容错功能。

Matlab 是一款强大的工程计算和仿真软件，它具有面向于不同专业领域的三十多个工具箱，其中神经网络工具箱提供了大量可直接调用的函数和命令，包括目前应用比较成熟的神经网络设计方法。BP 算法及各种改进的 BP 算法，均被编成 Matlab 神经网络工具箱中的函数，可以通过调用这些函数来实现这些算法。运用 Matlab 设计神经网络就是调用已经编好的函数，并对一些参数进行设置，这样可以提高工作效率。

8.4 隧道工程施工安全风险管理

8.4.1 概述

1. 风险管理研究现状

由于地下工程存在许多不确定性因素，使地下工程施工过程中不可避免地遇到各类风险，将风险管理应用到地下工程施工管理中，不仅可以事前查找地下工程施工过程中的潜在风险，而且可以及时采取应对策略，尽可能减少风险事故发生，从而有效降低工程成本。同时，可以为决策者提供决策依据，使决策科学化、规范化，提高政府、建设单位、设计单位、施工单位的风险管理意识和风险管理能力，从而达到控制风险，减少损失的目的。

英国隧协和保险业协会 2003 年联合发布了《英国隧道工程建设风险管理联合规范》，该规范的目的是为了管理好与隧道设计与施工有关的风险，同时条例规定，在英国超过100 万英镑的隧道工程保险，都必须按此执行。该规范的制定是改善隧道工程风险安全标准上的一个里程碑。

2003 年，国际隧道协会完成了隧道风险管理指南《Guideline for Tunneling Risk Management》。该指南的目的在于为所有从事隧道和地下工程的人员提供风险识别和管理的指导，它为业主和承包商提供了从设计到运营整个实施过程中的风险管理指南。研究指出，在地下工程施工过程中使用系统的风险控制技术，可有效地进行风险管理。

国际隧道协会 2004 年专门设置了安全、费用与风险的专题，J. Reilly and J. Brown 提交了题为《Management and Control of Cost and Risk for Tunneling and in Frastructure Projects》的论文，给出了一套隧道风险管理的标准和方法，进一步规范了风险管理活动，并出版了《隧道施工安全手册（图解）》。

国际隧道工程保险集团（ITIG）2006 年发布了《隧道工程风险管理实践规程》，对隧道工程合同风险的分担提出了 25 条建议，将风险管理更加规范化和系统化。

我国对风险管理理论的研究大多是从技术角度进行风险识别和风险分析，从组织角度进行企业资源计划等分析开始的。

黄宏伟团队持续开展了在地铁建设和运营阶段的风险管理研究，给出了地铁不同阶段中的风险因素分析和控制的整体思路，并指出目前实施风险管理存在的问题，为我国风险管理及风险评估的研究提供了思路。

2004 年 11 月，中国土木工程学会隧道及地下工程分会风险管理专业委员会的成立以及 2005 年 6 月主办的全国地铁与地下工程技术风险管理研讨会，推动了地铁工程风险管理领域的快速发展，标志着我国隧道及地下工程的风险管理正逐渐迈向稳步发展的道路。

2007 年 9 月，由中国土木工程学会和同济大学共同主编的《地铁及地下工程建设风险管理指南》（Guideline of Risk Management for Construction of Subway and Underground Works），为地铁及地下工程建设的风险管理提供了依据。

2007 年第三届上海国际隧道工程研讨会召开，会议主题是"地下工程施工与风险防范"，钱七虎院士就"地下工程安全风险管理的状态、问题及思考"作了详细的报告，提出了四点建议：①加强针对地下工程安全风险管理的法规建设工作；②推进安全风险管理计划，将安全风险管理作为地下工程建设管理的一个必要组成部分；③安全风险管理要有基于信息化技术的风险管理及预警决策支持系统；④加强地下工程安全风险管理以及重大事故预测预报和防治技术的研究。

中国土木工程学会和同济大学共同主编的《城市轨道交通地下工程建设风险管理规范》GB 50652—2011，分析了《地铁及地下工程建设风险管理指南》的试行应用情况，总结了近年来我国城市轨道交通建设与管理中引入的新技术和积累的新经验，同时，分析借鉴了国外城市轨道交通建设风险管理相关的成功经验和先进理论，对从事工程风险管理和工程建设的管理人员与技术人员有重要指导作用。

2. 风险管理基本概念

下面说明风险基本要素的含义：风险因素（Risk Factor）指导致风险事故发生、发展的潜在原因。一般由地质、环境、设计、施工工艺因素和施工组织管理等方面造成。风险事故（Risk Event）是指任何影响项目目标的可能发生的事故，风险事故是由各种风险因素引起的，也有的称之为风险事件。风险因素发生的不确定性导致了风险事故发生的不确定性。风险损失（Loss）是指在风险管理中非预期的、非计划的经济价值的减少，通常以货币来衡量。损失是风险的结果，一般来说，风险越大，带来的损失就越大。

风险因素、风险事故和风险损失三者相互作用，目前对三者的解释常见是骨牌效应理论，由 Heinrich H. W. 在 1959 年提出，他认为一张骨牌代表一件失事风险因素，当前一个失事风险因素发生时（即第一张骨牌倒下时），后面的风险因素就会依次反映出来即后续的骨牌倒下，最后造成事故的发生。

风险因素、风险事故和风险损失三者关系如图 8-30 所示。

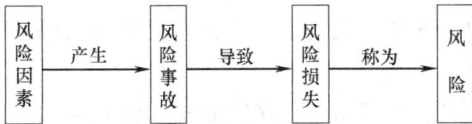

图 8-30　风险基本要素关系图

风险是可以管理的、可以减少的，但是风险不能被忽视。从某种意义上讲，忽视风险的客观存在性本身就是最大的风险。风险的特征是风险的本质及发生规律的表现，通常风险具有以下特征：

（1）风险的不确定性

风险的不确定性指风险的发生是不确定的，即风险的程度有多大、风险何时何地有可能转变为事故是不可能确定的。风险的不确定性并不代表着风险是完全不可测的。

（2）风险的客观性

作为损失发生的不确定性，风险是不以人的意志为转移并超越人们主观意识的客观存在，而且在工程的施工过程中，风险是时时存在的，但人们对风险的控制却只能在有限的空间和时间内改变风险存在和发生的条件，降低风险发生的频率，减少损失程度，而不能完全消除风险。

（3）潜在的损失性

风险一旦发生，就会对风险承担主体产生不利影响，因此要对风险主体实施风险管理和控制，尽量避免风险的发生。

（4）风险的可变性

在工程建设过程中，各种风险是随着工程的进度在质和量上不断发生变化，有些风险可以控制，有些风险将转变为事故，同时在工程施工过程中有可能产生新的风险。

（5）风险的偶然性和必然性

风险的偶然性是相对于某一具体风险而言，某一具体风险的发生都是诸多风险因素和其他因素相互作用的结果，是一种随机现象。个别风险事故的发生是偶然的、杂乱无章的，但对大量风险事故资料的观察和统计分析，发现其呈现明显的运动规律，表明风险事故的发生又存在着必然性，这就使得人们有可能用概率论等方法去计算风险发生的概率和损失程度。

上述风险的所有特性中，不确定性和潜在的损失性是其最本质的特性。

盾构隧道施工安全风险管理是指通过风险识别筛选出盾构隧道施工过程中可能存在的主要风险因素，采用适当的风险分析与评价方法对主要风险因素进行量化处理，根据风险分析结果，结合最小成本的应对策略降低风险，并对残余风险进行监控，保证总体目标的实现。

风险管理的实质是对主要风险做出系统的、正确的应对策略，以保证总体目标的实现。风险管理是整个工程项目管理的一部分，是一个动态循环过程。通过风险管理可以有效地控制风险，但却不能消除所有风险。

盾构隧道施工安全风险管理主要包括风险识别、风险评价、风险应对、风险监控四个动态循环过程。通过风险识别，筛选出盾构隧道工程施工过程中的主要风险因素。对主要风险因素进行风险评价。判断风险是否在可接受的范围内，若可接受，则无需采取风险应对策略，但需要不断进行监控，防止风险发生；若不可接受，则需要立即采取相应的应对策略，降低风险，并在施工过程中对残余风险进行监控管理，同时识别新的风险，不断循环直到工程结束。其流程图如图 8-31 所示。

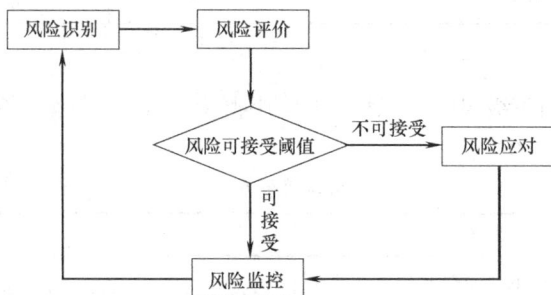

图 8-31　风险管理流程图

3. 隧道工程风险分级

地下工程建设期间发生的工程风险，是否可接受以及接受程度如何，决定着不同的风险控制对策及处置措施，风险管理中需预先制定明确的风险等级及接受准则。

风险分级标准包括风险事故发生概率的等级标准（简称风险概率等级）和风险事故发生后的损失等级标准（简称风险损失等级），根据工程风险定义，制定相应风险的分级标准和接受准则。

1）风险发生可能性等级标准

根据工程风险发生的概率（或频率）可分为五级，见表 8-7。

风险发生可能性等级标准　　　　　　表 8-7

等级	1	2	3	4	5
可能性	频繁的	可能的	偶尔的	罕见的	不可能的
概率或频率值	>0.1	0.01~0.1	0.001~0.01	0.0001~0.001	<0.0001

2）风险损失等级标准

风险损失的等级标准按照风险损失的严重程度分为五级，见表 8-8。

风险损失等级标准　　　　　　表 8-8

等级	A	B	C	D	E
严重程度	灾难性的	非常严重的	严重的	需考虑的	可忽略的

3）风险等级标准

地下工程建设风险表示为工程建设过程中潜在发生的人员伤亡、环境破坏、经济损失、工期延误和社会影响等不利事件的概率与潜在损失的集合，风险等级标准的评估需要考虑风险发生的概率和损失进行综合评估。一般将工程建设风险等级分为四级，见表 8-9。

风险等级标准　　　　　　表 8-9

发生频率	后　果				
	灾难性	非常严重的	严重的	需考虑的	可忽略的
频繁的	Ⅰ级	Ⅰ级	Ⅰ级	Ⅱ级	Ⅲ级
可能的	Ⅰ级	Ⅰ级	Ⅱ级	Ⅲ级	Ⅲ级
偶见的	Ⅰ级	Ⅱ级	Ⅲ级	Ⅲ级	Ⅳ级
罕见的	Ⅱ级	Ⅲ级	Ⅲ级	Ⅳ级	Ⅳ级
不可能的	Ⅲ级	Ⅲ级	Ⅳ级	Ⅳ级	Ⅳ级

4）风险接受准则

地下工程建设不同等级风险应采用不同的风险控制处置措施，各等级风险的接受准则及控制对策宜参见表 8-10。

风险接受准则　　　　　　表 8-10

等级	接受准则	处置对策	控制方案	应对部门
Ⅰ级	不可接受	必须采取风险控制措施降低风险，至少将风险降低至可接受或不愿接受的水平	应制定风险预警与应急处置方案，或进行方案修正或调整等	政府部门及工程建设各方
Ⅱ级	不愿接受	应采取风险管理降低风险，且降低风险的成本不应高于风险发生后的损失	应实施风险防范、监控，制定风险应急处置方案	
Ⅲ级	可接受	宜实施风险管理，可以采取风险处理措施	加强日常管理与监测	工程建设各方
Ⅳ级	可忽略	可实施风险管理	可开展日常审视检查	工程建设各方

4. 施工期建设风险管理

隧道工程施工期建设风险管理主要完成以下工作：

（1）施工中的风险辨识和评估。

（2）编制现场施工风险评估报告，并应以正式文件发送给工程建设各方，经各方交流后形成现场风险管理实施文件记录。

（3）施工对邻近建（构）筑物影响风险分析。分析内容和步骤如下：对既有建（构）筑物的现状调查，包括结构形式、建造时间、重要性程度等；判断邻近建（构）筑物的破坏形式，用指标（如：裂缝宽度、倾斜度等）定义各个破坏阶段；采用工程施工地层变形计算分析，结合现场监测数据，并分析影响地层变形的因素；通过力学计算和统计分析，得到建（构）筑物发生破坏概率；建立建（构）筑物的破坏和损失之间的关系；对不同施工工况下建（构）筑物的损失进行评估，提出工程施工风险控制对策与处置措施。

（4）施工风险动态跟踪管理与施工风险预警预报。

（5）施工风险通告。

（6）现场重大事故上报及处置。

8.4.2 风险辨识

盾构隧道施工是一项系统工程，受许多不确定因素影响，在进行风险分析时，如果对每项风险因素都加以分析，势必将问题复杂化，花费大量的时间和人力。因此有必要对盾构隧道工程施工过程中的风险因素进行识别，筛选出主要风险因素，为风险分析和评价奠定基础。

风险识别是盾构施工安全风险管理的前提和基础，只有识别出影响盾构隧道工程施工过程中的主要风险因素，才能避免在盾构隧道施工过程中做出错误的风险决策。风险识别主要考虑问题：①如何对盾构隧道工程施工过程中的风险因素进行分类？②盾构隧道工程施工过程中风险识别应采用怎样的方法？③识别之后如何筛选出主要的风险因素？

风险辨识包括风险分类、确定参与者、收集相关资料、风险识别、风险筛选和编制风险辨识报告 6 个步骤。

（1）风险分类。应根据风险损失类型进行分类，系统分析工程建设基本资料，对工程建设的目标、阶段、活动和周边环境中存在的各种风险因素进行分析。

（2）风险辨识参与者。需选择工程经验丰富及理论水平较高的工程技术人员、管理人员和研究人员一起参与，风险辨识中专家信息对辨识十分重要。

（3）应全面收集工程相关资料，对现场进行风险勘察，系统分析工程建设风险因素。潜在的风险因素包括客观因素和主观因素，如工程建设场地及周边环境因素、建设技术方案因素及工程投资、工期和人员等。

（4）风险识别。利用风险调研表或检查表建立初步风险清单，清单中明确列出客观存在的和潜在的各种建设风险，包括影响工程安全、质量、环境等方面的各种风险。

（5）风险筛选。根据风险识别的结果对工程建设风险进行二次识别，整理并筛选与工程活动直接相关的各项风险，删除其中影响极小的风险因素及事故，并进一步进行识别分析，确定是否有遗漏或新发现的风险点。

（6）编制风险辨识报告。在风险识别和筛选的基础上，根据建设各方的具体要求，结合工程特点和需要，以表单形式给出详细的风险点，列出已辨识的工程建设风险清单。

1. 风险识别常用方法

1) 专家调查法

专家调查法是最常用的风险识别方法。专家主要分为两类：一类是从事工程项目风险管理技术人员和管理人员，另一类是从事与工程相关领域研究的工作人员。该方法主要是通过对多位专家的反复咨询、反馈，确定影响工程施工的主要风险因素，然后制定风险因素调查表，再由专家和相关人员对风险因素在施工过程中发生风险的概率以及风险事故发生后对施工的影响程度进行定性估计，最后通过统计整理和量化处理获得各项风险因素的概率分布。

2) 德尔菲法

德尔菲法（Delphi Method），起源于20世纪40年代末期，由美国著名的咨询机构兰德公司首先使用。该方法适用于识别原因较为复杂、比重较大而又无法用定量分析的风险。由项目风险管理人员选择相关领域的专家，并建立直接的函询联系，通过函询调查，将收集的意见加以综合整理，然后将整理后的意见通过匿名的方式返回专家再次征求意见，如此反复多次后，专家意见将趋于一致，作为最后预测和识别的依据。实践表明，该方法预测时间越长准确性越差，而且分析结果往往受人为主观因素影响，有可能发生偏差。

3) 故障树分析法

故障树分析法（Fault Tree Analysis，FTA）是1961年美国贝尔实验室瓦特森首先提出的，用于分析和预测民兵导弹发射控制系统的安全性。FTA采用因果关系反推法自结果（顶事件）向原因（基本事件）做树形图分解，根据彼此间的逻辑关系，用逻辑门符号连接上下事件，直到所要分析的深度，如图8-32所示。利用FTA不但能识别出导致事故发生的风险因素，还能计算出风险事故发生的概率，并能提出各种控制事故的方案。FTA既可以定性分析也可以定量分析。

此法优点在于它能够使人以演绎的方式直接寻找出工程在哪里发生故障，能够帮助工作人员做出正确的决策；不足之处在于编制较为复杂，容易遗漏信息，基本事件概率的确定方法还有待于研究。

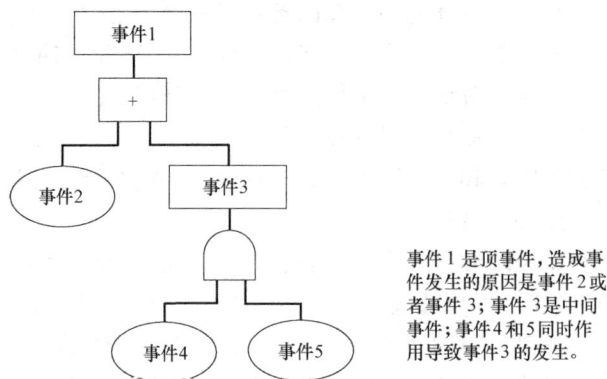

事件1是顶事件，造成事件发生的原因是事件2或者事件3；事件3是中间事件；事件4和5同时作用导致事件3的发生。

图 8-32   故障树逻辑关系图

4) 工作分解结构

工作分解结构（Work Breakdown Structure，WBS）是识别整个项目潜在风险的有效工具，是由施工项目各部分构成的面向成果的树型结构；也可用于项目风险分析，将实现项目最终结果的工作按照工作级别进行风险分解，形成若干级别、类别的风险单元，通过对风险单元逐级识别，最后层层加总得到总的项目风险。如图 8-33 所示。

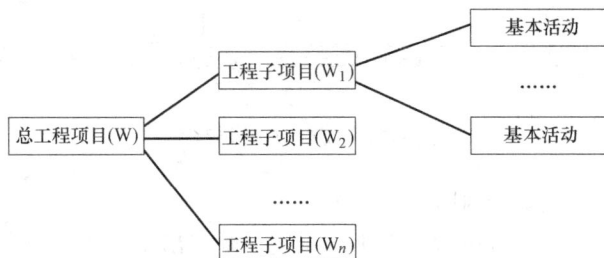

图 8-33　项目工作分解结构图

5）核查表法

核查表法（Check List）是一种常用有效的风险识别方法。把人们经历过的风险因素及其来源罗列出来，记录在表上，用核查表作为识别工具。该方法使得风险识别的工作变得既简单又容易掌握，不足之处在于核查表仅能识别一般的风险因素，不能识别工程中具有特性的风险因素，无法预测发生事故所产生的影响。

风险识别的方法可以单独使用，也可以多种方法综合应用。综合识别方法的利用，可以减少风险因素的遗漏，更加准确地查找出项目中潜在的风险因素。

2. 风险识别

由于盾构隧道施工的复杂性和不可预见性，风险识别存在着很大差异。通常有三种模式：①先识别后分类；②先分类后识别；③风险识别和分类不加明确，混为一体。由于人思维方式的差异性，识别风险往往从不同层次，不同角度划分，这容易产生主客观偏差，因此有必要在风险识别前先对风险识别的模式进行界定，以便专家能够更加准确、快速地识别出项目中潜在的风险。

1）先识别后分类

先识别后分类的方法，使得工作者在识别过程中缺乏对项目的整体认识，对于众多的风险因素无从下手，很容易遗漏一些隐蔽或自己不熟悉的因素，并且当风险因素相互交叉时，难以准确表达和描述。不同的施工方法、不同的地质情况风险因素可能也不同，先识别后分类反而增加了工作者的工作量，降低了工作效率。

2）先分类后识别

先分类后识别，使得工作者对项目风险有整体认识。按照风险因素的特点，根据个人的知识和相关工程经验对每一类风险进行识别。工作者可以充分发挥自己的特长，提高识别的准确性；并且可以减少识别的工作量，节约时间，提高效率；还可以避免风险因素的遗漏，能更全面地识别工程中的风险因素。

采用先分类后识别的识别模式，将所有风险因素进行分类，建立相应的风险因素核查表，再通过专家问卷调查，对盾构隧道工程施工过程中所有风险因素进行识别，利用算术平均数法筛选出主要风险因素。其具体流程如图 8-34 所示。

盾构施工过程中受到盾构设备自身的不确定因素影响，将其盾构自身的风险认为是质量风险，不予考虑，因此主要研究盾构进出洞安全风险、盾构掘进安全风险、管片拼装与

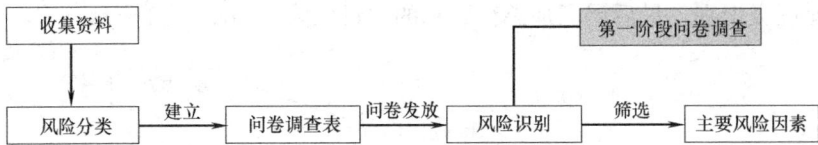

图 8-34　风险识别流程图

运输安全风险、注浆系统安全风险。

可以采用问卷调查对所有风险因素进行识别，筛选出主要风险因素。对每项风险因素设置三个评判指标，即"主要""次要""可忽略"，其中"主要"表示专家认为该风险因素在施工过程中占主要地位；"次要"表示专家认为该风险因素在施工过程中占次要地位；"可忽略"表示专家认为该风险因素在施工过程中出现概率较小，可以忽略。在问卷右边一栏中，设置"仍需增加的风险因素"一栏，专家可以根据自己的经验和专业知识，对问卷中所遗漏的风险因素进行补充，使盾构隧道工程施工安全风险因素的识别更加完善。

问卷调查的对象可来自高等院校相关专业的教授、具有盾构施工经验的工程师、勘察单位的专家以及施工现场有丰富经验的工作人员等。

采用模糊识别法将主观意见客观化，对各项风险因素进行量化识别。将每项风险因素赋予三种语言描述（"主要""次要""可忽略"），并将三项予以量化处理，即选择"主要"的给予 3 分，选择"次要"的给予 2 分，"可忽略"的给予 1 分，最后利用算术平均法计算出各项风险因素的算术平均值和标准差 S。

算术平均数是表征数据集中趋势的一个统计指标。它是一组数据之和除以这组数据之个数和，即：

$$\overline{X} = \frac{\sum_{i=1}^{n} x_i n_i}{\sum n} \tag{8-11}$$

式中　$\overline{X}$——算术平均数；

　　　x_i——各单位标志数；

　　　n——各组单位数（项数）。

标准差 S 能客观准确地反映一组数据的离散程度，标准差越大，说明该组数据越离散，数据波动越大；标准差越小，说明该组数据越具有聚合性，数据波动也越小。

$$S = \sqrt{\frac{1}{\sum n} \left[(x_1 - \overline{X})^2 + (x_2 - \overline{X}) + \cdots + (x_n - \overline{X})^2 \right]} \tag{8-12}$$

平均数 $\overline{X}$ 表示专家对某项风险因素的总体认同度，标准差 S 表示施工安全风险因素的代表性，n 代表各组单位数（项数）。

当专家对某项风险因素总体认同度达到 85%，即 $\overline{X} \geqslant 2.55$ 分（$3 \times 85\%$）时，将该风险因素作为研究的对象；$\overline{X} < 2.55$ 分的则认为该风险因素对工程的影响较小，可以忽略。如果专家增加某项风险因素，则该风险因素不再进行量化处理，直接选为研究的对象。盾构施工安全风险因素调查结果如表 8-11 所示。

第一阶段盾构施工安全风险因素调查结果分析表　　表 8-11

盾构进出洞安全风险因素	主要	次要	可忽略	平均值 $\overline{X}$	标准差 S
盾构姿态控制失误	28	0	0	3.00	0.76
盾构进出洞引起基坑塌方	24	0	4	2.71	0.70
洞口密封失效漏水	24	0	4	2.71	0.70
辅助设备损坏	24	4	0	2.86	0.78
洞口土体大量流失	24	0	4	2.71	0.70
盾构后靠支撑发生位移及变形	24	4	0	2.86	0.78
盾构出现抬头事故	24	0	0	3.00	0.76
盾构出现磕头事故	24	4	0	2.86	0.78
盾构进出洞土体加固是否合理	24	4	0	2.86	0.78
盾构掘进安全风险因素	主要	次要	可忽略	平均值 $\overline{X}$	标准差 S
高承压水或涌水	24	4	0	2.86	0.78
遇到暗浜或空洞	28	0	0	3.00	0.76
遇到地下障碍物	28	0	0	3.00	0.76
全断面流沙	24	0	4	2.71	0.70
在浅覆土层掘进	28	0	0	3.00	0.76
盾构正前方工作面失稳	28	0	0	3.00	0.76
盾构管理控制系统出现故障	24	4	0	2.86	0.78
盾构掘削姿态控制失效	20	4	4	2.57	0.73
盾构切口前方超量沉降或隆起	24	4	0	2.86	0.78
管片拼装与运输安全风险因素	主要	次要	可忽略	平均值 $\overline{X}$	标准差 S
管片环片与隧道设计轴线不垂直	28	0	0	3.00	0.76
纵缝质量不符合要求	28	0	0	3.00	0.76
管片压浆孔渗漏	28	0	0	3.00	0.76
注浆系统安全风险因素	主要	次要	可忽略	平均值 $\overline{X}$	标准差 S
注浆设备事故	28	0	0	3.00	0.76
管道堵塞	28	0	0	3.00	0.76
浆液运输出现变质	20	4	4	2.57	0.73
注浆配合比不合理	28	0	0	3.00	0.76
材料和浆体成分不合理	28	0	0	3.00	0.76
注浆压力控制不当	28	0	0	3.00	0.76
密封、嵌缝和堵漏	28	0	0	3.00	0.76
二次注浆不及时出现漏水	28	0	0	3.00	0.76
注浆导致盾尾密封失效	24	4	0	2.86	0.78

依据南京地铁 2 号线盾构法工程风险因素分析，总共 73 个主要风险因素中，盾构机进出洞风险因素有 24 个，联络通道施工风险因素有 17 个，周围环境中的管线、道路以及

建筑物的安全等风险因素有 23 个，其他风险因素 9 个，分别占到工程总量风险的 33％、23％、32％和 12％。

各主要风险因素在总体风险因素中的比例及重要性见图 8-35。

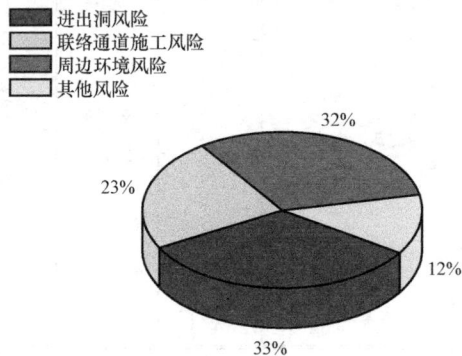

图 8-35　盾构施工风险因素分析

8.4.3　风险评价

风险评价是风险管理的核心内容，是风险识别和风险应对之间的纽带。通过对各种风险评价方法进行比较研究，构建适合盾构隧道施工安全的风险评价模型，衡量各项风险的大小，为风险应对策略的选择提供依据。

目前风险评价方法主要分为三类，即定性评价法、定量评价法以及定性和定量相结合的评价方法。定性评价法一般是采用语言描述来评价风险，具有相对性；而定量评价法是采用数学手段，对风险进行量化处理，能够较为直观地评价出风险的大小。通常采用定性和定量相结合的综合评价方法，该方法能够集专家、数据、信息和计算机于一体，充分发挥系统的整体优势与综合优势。

1. 定性评价方法

地下工程风险评价中常用的定性评价方法，主要包括专家调查法、德尔菲法、影响图法、风险指数、风险矩阵、IMS 风险评价体系等，前三种分析方法已在风险识别中介绍，在此分别介绍后面几种方法的含义。

1）风险矩阵

风险矩阵（Risk Matrix）由 Richards 于 1999 年提出，将风险发生频率分为频繁的、预期的、可能的、偶见的、罕见的五个级别，将事件的影响程度分为灾难性的、重大的、严重的、中等的、轻微的五个级别，然后将两者综合为风险矩阵。风险矩阵可以为每种风险事件的接受程度提供一种依据，通过控制单个风险事件的大小来控制工程的总风险；但不能对风险评估的不确定性进行描述。这一方法已经用于哥本哈根地铁工程对承包商进行选择的风险评价中，见表 8-12。

风险矩阵   表 8-12

发生频率	后　果				
	灾难性	重大	严重	中等	轻微
频繁的	无法接受的	无法接受的	无法接受的	不希望发生的	不希望发生的
预期的	无法接受的	无法接受的	不希望发生的	不希望发生的	可接受的
可能的	无法接受的	不希望发生的	不希望发生的	可接受的	可接受的
偶见的	不希望发生的	不希望发生的	可接受的	可接受的	可以忽略的
罕见的	不希望发生的	可接受的	可接受的	可以忽略的	可以忽略的

2）风险指数

Clark 在对美国西雅图地下交通线工程规划和初步设计阶段进行地质风险、合同风险、设计和施工风险分析时，提出了如表 8-13 所示的风险指数。风险指数（Risk Index）将风险事件发生的可能性及其影响程度两个衡量因子分别划分为 1～5 五个级别，两项衡量因子相乘得到一个介于 1～25 的数字，从而给出该工程风险大小的排序。其实质与风险矩阵是一样的，风险矩阵相当于风险指数的图形表达，见表 8-13。

风险指数   表 8-13

风险	估值	说明（描述）
低	1～4	风险可以容忍，不需要任何减轻措施
中等	5～9	风险可以容忍，但需要一定的减轻措施
高	10～15	风险处于可容忍边缘，应执行预防措施，以降低风险
非常高	16～25	风险难以容忍，必须实施风险减缓措施

3）IMS 风险评价体系

IMS 风险评价体系是由 McFest-Smith 从融资和保险角度对亚洲范围内 50 多个隧道所包括的活动和相关风险等各个方面调查基础之上提出的。它含有 15 个风险种类，包含 33 个风险类型，通常将它与定性的风险评价方法结合使用，以此确定隧道过程的整个风险等级。实践证明，该体系在工程风险等级、风险种类和风险类型的简单总体评价方面具有较好的效果，如表 8-14 所示。

工程风险种类评估指南   表 8-14

工程风险等级	分值划分	高风险种类数量	R_i 级别的风险类型数量
非常低	<200	0～2	0～2
低	200～249	3～4	3～4
中等	250～349	5～6	5～6
高	350～499	7～8	7～12
非常高	>500	>9	>12

表中：风险种类 15 个，风险类型 33 个，R_i 代表风险类型得分，在 17～25 之间；高风险种类得分的数量代表高风险种类得分大于 12 的风险种类数量；整体工程得分即所有风险类型得分的总和。

2. 定量评价方法

目前，定量评价方法的研究已经很多，并在不同领域中得以应用。

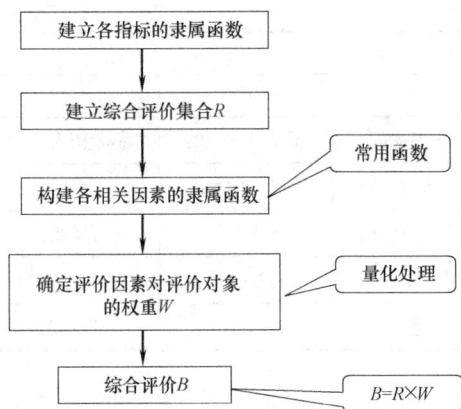

图 8-36　模糊综合评价流程图

1) 模糊综合评价法

模糊综合评价法（Fuzzy Comprehensive Evaluation，FCE）由美国学者 L. A. Zadeh 于 1965 年首次提出模糊集的概念，是利用模糊集分析评价工程项目风险的一种方法。其具体的评价步骤是：建立模糊综合评价集合；确定被评价事物相关因素的隶属度或隶属函数；确定综合评判的模型；确定各评价因素对评价对象的权重；进行综合评价，如图 8-36 所示。

该方法能够解决工程中因存在大量的模糊因素无法评价的问题，增加评价结果的可靠性和科学性。不足之处在于隶属函数不容易确定，需要风险分析人员具有丰富的工程经验和相关知识，并通过统计方法获得；其次，评价结果的语言描述会存在一定的误差和困难。

2) 层次分析法

美国著名运筹学家 Saaty T. L（1973）提出了层次分析法（Analysis Hierarchy Process，AHP），它的基本原理是根据具有递阶结构的目标、子目标（准则）、约束条件及部门来评价方案，采用两两比较法确定判断矩阵，然后把判断矩阵的最大特征根相应的特征向量作为相应的系数，最后综合给出每一个指标与总目标的相对权重，通过比较，得到不同方案的风险水平，从而为方案的选择提供了决策依据，如图 8-37 所示。

AHP 法不仅能够进行定量分析还可以进行定性分析，能够解决工程风险中主客观结论结合过程中潜在的很难用定量数字来描述的难题。不足之处在于难以处理因素较多、规模较大的问题，受人的主观判断影响较大，难以真实反映决策过程中的实际情况。

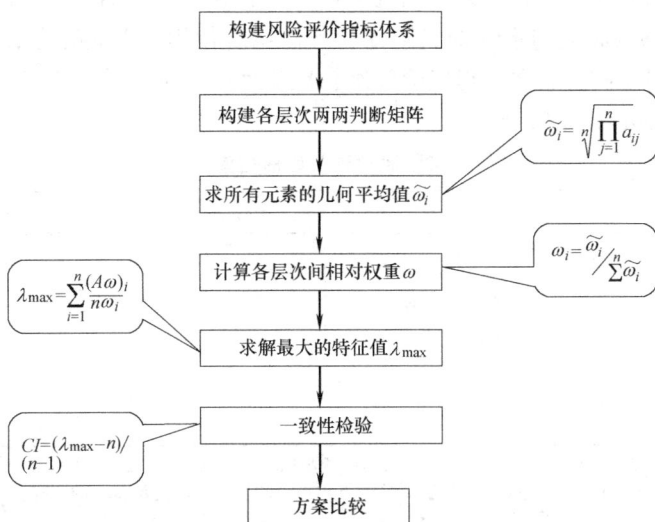

图 8-37　AHP 的流程图

3）蒙特卡罗模拟法

蒙特卡罗模拟法（Monte Carlo Simulation，MC）是一种依据统计理论，利用计算机进行抽样，从而确定风险因素发生概率的一种概率估计方法。其基本原理是：用随机抽样的方法抽取一组满足输入变量的概率分布特征的数值，输入这组变量计算项目评价指标，通过多次抽样计算可获得评价指标的概率分布，计算出项目是否可行的概率。即在抽样相当大的情况下，计算出一个风险因素发生的频率值，如果这个频率值的数学期望等于风险因素发生的理论概率，就把这个频率值作为风险因素的概率估计值。

其基本步骤为：（1）建立一个要评价的风险因素的状态函数 $g(X_1, X_2, X_3, \cdots, X_n)$，其中 $(X_1, X_2, X_3, \cdots, X_n)$ 是一系列影响风险因素随机变量，且各自服从一定的分布；（2）利用抽样技术，抽取一组样本值 $(x_1, x_2, x_3, \cdots, x_n)$，代入状态函数 $g(X_1, X_2, X_3, \cdots, X_n)$ 可得到相应的状态值 F_i；（3）反复抽取 N 次，得到 N 个状态函数值 $(F_1, F_2, \cdots, F_N)$，若 N 次抽样中风险因素发生 M 次，则认为风险事故发生的概率为 $P = M/N$。

MC 方法的优点在于可以直接处理每项风险要素的不确定性，不受变量数多少的限制，只要风险发生的概率能够用数学正确表达，那么其解总能达到满意。不足之处在于MC 方法只是一种数值方法，只能给出问题的一个可行解，而不能得到一般通解，若要得到最优解或满意解，则要通过多次模拟。在模拟过程中，要求每一个随机变量相互独立。

4）等风险图法

等风险图法（Risk Mapping，RM）包括两个要素：失效的概率和损失的后果。RM法把已识别的风险分为低、中、高三类。低风险指对项目目标有轻微不利影响，发生概率也小（小于 0.3）的风险。中等风险指发生概率大（0.3～0.7），且影响项目目标实现的风险。高风险发生概率很大（大于 0.7），对项目目标的实现有非常不利影响的风险。如图 8-38 所示。

工程项目风险量的大小 R 为风险出现的概率 P_r 和潜在的损失值 q 的函数，两者的乘积就是损失期望值，即：

$$R = f(P_r, q) = P_r \times q \qquad (8-13)$$

图 8-38 中每条曲线代表一个风险事件，曲线离原点越远，期望损失就越大，则认为该风险也越大，即 $R_1 < R_2 < R_3$。

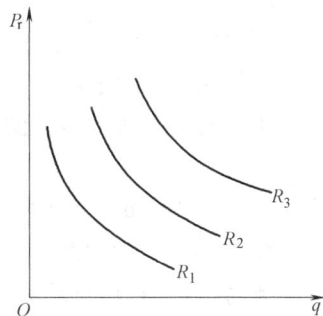

图 8-38　等风险图法

RM 优点在于方便直观，简单有效，对任何一个具体项目，只要得到其风险发生概率和风险后果，就可直接得到其风险系数。不足之处在于该方法需要得到风险发生概率和风险后果两个变量的值，而这两个值在实际操作中不易得到，需要借助其他分析方法；根据等风险图，只能确定风险系数位于哪一个区间内，不能得到具体数值。该方法适用于对结果要求精度不高，只需要进行粗略分析的工程。

5）灰色系统理论

灰色系统理论（Grey System Theory）是 20 世纪 80 年代华中理工大学邓聚龙教授创

立的，是一种解决数据少，信息贫乏的不确定性问题的新方法。灰色系统理论以"部分信息已知，部分信息未知"的"小样本、贫信息"的不确定系统为研究对象，并依据信息覆盖，通过序列生成寻求现实规律。

任何项目的风险信息通常都是不完全确知的，因此可将灰色系统理论运用于风险评估中。其具体步骤：（1）用累加生成法和累减生成法对原始生成数据进行处理；（2）根据生成数建立 GM(n, h) 灰色模型；（3）对确定的模型进行用残差检验法、后验差检验法或者关联度检验法进行精度检验；（4）当精度符合要求，则用 GM(n, h) 进行风险评价。

灰色系统理论不承认事物的发展完全是随机过程，而认为一切随机过程都是在一定范围内变化的灰色过程，是一个具有上下限的灰色区间，并且灰色系统理论着重研究系统现实的动态规律，所以其建模方法简便易行，实用性强。

6）CIM 模型法

CIM 模型法（Controlled Interval and Memory Models，CIM）是在 1983 年由英国学者 Chapman 和 Cooper 两人提出的，是概率进行分布叠加的有效方法之一。CIM 法用直方图替代变量的概率分布，用和代替概率函数的积分。CIM 模型中用直方图表示概率，使得风险因素的量化过程变得简单、直观。概率分布叠加的误差通过"控制区间"进行控制，即通过概率分布直方图区间的细分，可以减小概率叠加的误差。当多个变量需要叠加时，CIM 利用记忆的方式处理前后变量之间的联系。但该方法只适合于各变量相互独立的情况。

根据各种风险评价方法的优缺点，在工程应用中，可选择一种或多种方法进行风险评价。目前常用的综合评价方法主要有模糊层次综合评价法等，各种方法的综合应用可以取长补短，提高风险评价的准确性，为下一步的风险控制提供依据。

风险评价的目的是对地铁隧道工程施工安全风险因素进行量化处理，通过量化处理分析地铁隧道工程施工过程中哪些风险因素是危险的，针对已经分析出来的风险，采取应对策略，降低风险。

3. 盾构隧道施工安全风险评价模型

目前常用的风险定量评价模型，多数是利用古典概率论处理不确定性的随机数学方法。对于具有 n 个独立事件的事物风险可表示为：

$$R = f(P, C) \tag{8-14}$$

式中　P——风险事件发生的概率；

　　　C——风险事件发生后所造成的损失。

实数对 (P, C) 是概率空间 P 与非负实集 R 的单值映射。

通常将风险定义为风险发生的概率和风险所产生的后果两者的乘积，用乘积来判断风险的大小即：

$$R = P \times C \tag{8-15}$$

以上风险评价模型是根据乘积计算得到风险的大小，根据风险的大小对所有风险进行排序，这种评价模式最大的缺点在于风险衡量因子之间相乘能够产生稀释效应，如 $0.001 \times (1.3 \times 10^{-4})$。如果风险衡量因子采用整数相乘，则又会产生加倍效应。这种稀释（加倍）效应在风险评价过程中会产生盲目性，使得评价的结果之间存在很大的差异，可以采用坐标组合法（Coordinate Combination Method）和欧几里得距离（Euclidean

Distance）相结合的方法来构建盾构隧道工程施工安全风险评价模型，解决因各项风险衡量因子相乘所带来的稀释（加倍）效应问题。

采用明确值（Crisp Value）对风险进行量化处理，简单且容易处理。但是人与人之间的表述都是带有一定的语言模糊现象。从科学角度而言，专家需要利用科学的态度和方法来处理风险评价问题；从艺术角度而言，专家在对风险进行评价时又融合人的感性思维，因此风险评价模型的构建过程既具有客观性又具有弹性。

由于隧道工程施工安全风险因素具有不同的属性，因此在构建隧道工程施工安全风险评价模型之前，应先将风险梯度因子进行量化，即风险因素的重要度（I）、风险事故的难检度（M）、风险事故发生后的损害度（D）三项风险衡量因子。由于风险梯度因子本身具有不确定性，并且专家对各项风险衡量因子的认识程度也不同，使得专家在对各项风险因素进行量化时很难用明确值（Crisp Value）进行表达，所以可以采用模糊数学理论中的三角模糊数对风险衡量因子进行量化处理。风险衡量因子的量化方式是通过第二阶段专家问卷调查获得，语言变量区间值的划分是专家根据自身的专业知识和经验进行划分。

因为模糊数并不是明确的数值，无法直接进行比较，需要对模糊数进行去模糊化的处理。可以采用 α-cut 法对三角模糊数进行去模糊化的处理，这样风险管理者可以根据工程需要，通过调整 α 的大小，达到对风险进行弹性管理的目的。

1）风险因素重要度（I）的计算

风险因素的重要度（Importance，I）：是指隧道工程施工过程中风险因素，在整个隧道工程施工风险管理过程中的影响程度，即安全风险因素所表现出来的价值比重，如果其价值比重较大，那么说明该风险因素在隧道工程施工过程中其重要性较高，反之，其重要性就较低。

设置"风险因素的重要度"的问卷格式如下：利用五种模糊语言变量（Fuzzy Linguistic Variable）对"风险因素的重要度"进行量化处理，语言变量集合 S＝（很高、高、中、低、很低）。专家按照自己的经验和专业水平，在相应的语言变量中打"√"，采用"0～10"的量化区间，区间值可以重叠或不重叠，区间范围可大可小，见表8-15。

语言变量划分区间表　　　　　　　　　　　　　表 8-15

语言变量	很高	高	中	低	很低
区间值	10～7.5	8.5～6	6～4	5～2	3～0
选择	√				

将第二阶段的问卷调查回收后，对各项风险因素中"风险因素的重要度"因子的模糊数进行整理，并利用三角模糊隶属函数法（Fuzzy Membership Function），计算出风险因素重要度的模糊值（Fuzzy Scores），其计算过程如下：

（1）建立地铁隧道工程施工安全风险因素中"风险因素重要度"的三角模糊数

通过第二阶段问卷调查，得到每位专家对各项风险因素重要度的衡量情况。采用五种语言变量，每种语言变量的区间值采用三个数来表示，即左边值 a_k、中间值 b_k、右边值 c_k，即：

$$a_{ik} = \min(a_{mik}) \tag{8-16}$$

$$b_{ik} = \left(\prod_{m=1}^{M_k} b_{mik}\right)^{\frac{1}{M_k}} \tag{8-17}$$

$$c_{ik} = \max(c_{mik}) \qquad (8\text{-}18)$$

式中 m——第 m 位专家；

　　　　k——第 k 区间值；

　　　　M_k——选第 k 项区间值所有专家的统计数。

按照上述公式分别计算出"风险因素重要度"的三角模糊数 $I_k = (a_k，b_k，c_k)$，其中 a_k 为第 k 区间值每种语意变量中专家评价值中的最小值，c_k 是专家评价值中的最大值，中间值 b_k 则表示所有专家评价值的平均值，采用几何平均数来计算中间值，经整理见表 8-16。

风险因素重要度 I 的三角模糊数　　　　　　　　　表 8-16

语言变量	很低(VL)	低(L)	中等(M)	高(H)	很高(VH)
三角模糊数	(a_1, b_1, c_1)	(a_2, b_2, c_2)	(a_3, b_3, c_3)	(a_4, b_4, c_4)	(a_5, b_5, c_5)
专家累计数	N_1	N_2	N_3	N_4	N_5

(2) 计算地铁隧道工程施工安全风险因素重要度的总计三角模糊数

对所有问卷的专家量化情况进行统计分析，根据公式 (8-19) 计算出每项因素"风险因素的严重度"的总计三角模糊数 I：

$$I = \frac{1}{\sum\limits_{k=1}^{5} N_k} \left\{ \sum\limits_{k=1}^{5} [N_k \cdot (a_k, b_k, c_k)] \right\} = (I_l, I_m, I_r) \qquad (8\text{-}19)$$

2) 风险事故的难检度（M）和风险事故发生后的损害度（D）计算

风险事故难检度 M（Monitor）是指现场工作人员在检查风险因素是否将要引发事故时的难易程度。一般来讲，盾构隧道工程重大事故在发生前都有预兆，即所谓的萌芽事故，事故的发生需要经过从量变到质变的过程，因此现场工作人员在监测过程中，对风险因素是否将要引发事故的感知程度采用因子 M 表示。若现场工作人员在事故发生前比较容易检查出风险，则可以采取相应的应对策略，减缓风险事故进一步恶化。风险事故发生后的损害度 D（Damage）指在地铁隧道工程施工过程中风险因素引发事故后，所造成的损害程度。损害程度大到人员伤亡、财产损失，小至轻微损伤。某项风险因素引发事故后若造成很大的损害，则表示风险事故发生后的损害度 D 越大，反之则表示越小。

第二阶段问卷调查在设置"风险事故难检度"这项因子的语言变量时，也将其划分为"很低、低、中、高、很高"五种尺度。"很低"表示专家认为在施工过程中现场工作人员很容易检查出该风险因素是否引发事故，并给予最低评价值；"很难"表示专家认为在施工过程中现场工作人员很难检查出该风险因素是否引发事故，给予较高评价值。

风险事故的难检度 M 和风险事故发生后的损害度 D 的三角模糊数计算方法如同风险因素重要度 I 的计算即：

$$M = \frac{1}{\sum\limits_{k=1}^{5} n_k^M} \left\{ \sum\limits_{k=1}^{5} [n_k^M \cdot (a_k^M, b_k^M, c_k^M)] \right\} = (M_l, M_m, M_r) \qquad (8\text{-}20)$$

$$D = \frac{1}{\sum\limits_{k=1}^{5} n_k^{D}} \{ \sum_{k=1}^{5} [n_k^{D} \cdot (a_k^{D}, b_k^{D}, c_k^{D})] \} = (D_l, D_m, D_r) \tag{8-21}$$

式中　n_k^{M}，n_k^{D}——风险事故的难检度、风险事故发生后的损害度中第 k 项语言变量的累计次数。

将各项风险衡量因子无量纲化，并将风险衡量因子在单位三维空间上进行组合，现将所有的评价值按照公式（8-22）进行归一化处理，经过归一化后所有的量化值都转化在 $0\sim1$ 之间。

$$\tilde{x} = \frac{x_i - x_{max}}{x_{max} - x_{min}} \tag{8-22}$$

式中　x_i——风险因素的评价值；

$\tilde{x}$——归一化后的评价值；

x_{max}——所有评价值中的最大值；

x_{min}——所有评价值中的最小值。

将三项风险梯度因子利用坐标组合法组合到单位空间三维图上，如图 8-39 所示。

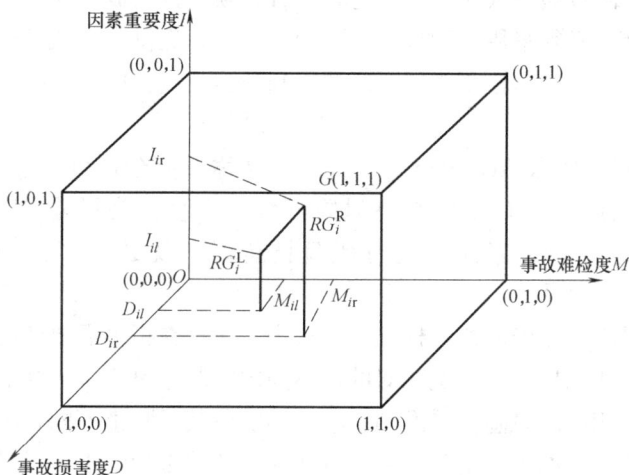

图 8-39　基于 α-cut 的风险梯度因子三维图

图 8-39 中每一点代表风险梯度指标值，以原点 $O(0，0，0)$ 表示风险梯度的最小指标值，$G(1，1，1)$ 表示风险梯度指标值的最高点，G 点距离 O 点的指标值最大，最能体现风险的状态。风险梯度指标值越大，离 G 点越近，说明该风险因素的关键性越强，在施工过程中应该加强管理，风险管理者需投入较多的时间和精力。

风险因素的风险梯度指标的左边值坐标为 $RG_i^{L}(I_{ial}, D_{ial}, M_{ial})$、右边值坐标为 $RG_i^{R}(I_{iar}, D_{iar}, M_{iar})$，计算出各项风险梯度衡量因子的左边值（右边值）与原点坐标的距离，则第 i 项风险因素的风险梯度指标值 $RG_i = (RG_i^{L}, RG_i^{R})$，计算公式如下：

$$RG_i^{L} = \frac{\sqrt{\sum\limits_{x}(x_{ial} - x_i^{min})^2}}{\sqrt{\sum\limits_{x}(x_i^{max} - x_i^{min})^2}} \tag{8-23}$$

$$RG_i^R = \frac{\sqrt{\sum_x (x_{i\alpha r} - x_i^{\min})^2}}{\sqrt{\sum_x (x_i^{\max} - x_i^{\min})^2}}$$ (8-24)

式中 x——风险梯度衡量因子；

$x_{i\alpha l}$、$x_{i\alpha r}$——第 x 项风险梯度因子的三角模糊数经 α-cut 解模糊化后的左边值和右边值；

$x_i^{\min}$、$x_i^{\max}$——第 x 项风险梯度因子的最大量化值和最小量化值；

RG_i^L、RG_i^R——第 i 项风险梯度指标的左边值和右边值。

风险梯度指标值越大，离原点越远，该风险因素越关键，需要管理者花费时间和精力加强对该风险因素的监测；反之，风险梯度指标值越小，离原点越近，该风险因素越微弱，管理者可适当降低对该风险因素的关注。

人们在谈到风险时往往认为风险越小越安全，风险越小对项目或个人就越有利，实际上这是一种偏于保守的认识，减小风险必然需要付出一定代价。在工程项目实施过程中，为了降低风险发生频率，要采取应对策略、加强监控管理，这就需要投入一定的人力、物力和财力。如果着眼效益最大化，则风险管理者必须在投入成本与发生风险事故所带来的损失之间做出权衡，必须采用一种权衡标准为风险管理提供决策依据。结合地下工程的不同特点，确定相应的风险可接受阈值，以此来判断施工过程中的风险是否可接受，为风险管理者提供决策依据。

风险接受准则（Risk Acceptance Criteria）又称最低合理可行准则，表示在规定的时间内或某一行为阶段可接受的总体风险等级，它直接为风险评价及制定减少风险的措施提供了参考依据。因此在进行风险评价时，就必须事先制定相应的可接受准则。

目前对风险是否可接受的衡量标准研究较少，还存在很多需要解决的问题：①风险可接受准则的确定方法和接受标准是相对的，不同国家制定风险可接受准则也不相同，需要根据我国国情建立相应的风险接受准则；②不同阶段其风险也不同，应根据各阶段的特点确定相应的风险评判标准；③由于风险的可变性，随着工程的进展，风险的评判标准应根据需要做出动态地变化。

8.4.4   风险控制

由于地下工程本身所具有的地层条件及施工环境的复杂性、不确定性和特殊性，在其建设的整个过程中，经济、安全、工期、环境等各方面都存在巨大的风险。近年来连续出现的城市轨道交通工程大型事故已经为我们敲响了警钟，不但造成了大量的人员伤亡与经济损失，甚至引起严重的环境影响与社会影响。因此，地下工程建设风险控制必须坚持"安全第一、保护环境、预防为主"的原则，积极采取经济、可行、主动的处置措施来减少或降低风险，保障生命财产安全，将对周边的环境影响与社会影响降低到合理、可接受的水平。

地下工程建设风险管理的目标是保障工程建设安全，降低工程建设风险损失，因此，工程建设各方总体目标应该是一致的。风险管理实施前应由建设单位说明工程建设风险管理要求，建立风险管理组织实施制度，明确工程建设各方职责，均衡工程建设各方的风险效益，协调工程建设各方的风险管理目标。

风险控制方案编制应由工程建设单位负责组织，其他工程建设各方一起参与，采取经济、可行、主动的处置措施来减少或降低风险，将各类风险降低到预期的目标。

地下工程建设风险因素入手，完成风险辨识与评估后，根据项目建设的总体目标，以有利于提高对工程建设风险的控制能力、减少风险发生可能性和降低风险损失为原则，选择合理的风险处置对策，编制风险控制方案。

风险处置有四种基本对策，可选择一种或多种对策实施风险控制，地下工程建设风险处置对策包括：

（1）风险消除。不让工程建设风险发生或将工程建设风险发生的概率降低到最小。

（2）风险降低。通过采取措施或修改技术方案等降低工程建设风险发生的概率和损失。

（3）风险转移。依法将工程建设风险的全部或部分转让或转移给第三方（专业单位），或通过保险等合法方式使第三方承担工程建设风险。

（4）风险自留。风险自留的前提是所接受的工程建设风险可能导致的损失比风险消除、风险降低和风险转移所需的成本低。采取风险自留对策时应制定可行的风险应急处置预案，采取必要的安全防护措施等。

8.4.5 隧道施工安全风险监控

地下工程施工风险管理是工程建设风险管理过程的核心，也是工程建设风险能否得到有效控制的关键阶段。随着工程施工进展，工程建设风险不断动态变化，各项风险的发生概率及其损失也将发生改变，而且，地下工程建设易受外部天气和环境等条件的干扰，现场风险情况瞬息万变，因此，工程建设过程中建设各方必须实施动态风险管理。动态风险管理主要体现在风险信息的收取、分析与决策过程的动态，对风险的预报、预警与控制实施的动态。

施工动态风险管理工作，以前期各阶段完成的风险管理文件为基础，结合工程建设进度和周边条件，动态地对现场及未来工程建设潜在风险进行分析与评估，同时，通过现场施工风险记录资料，利用现场监测信息化手段，依据施工参数、环境监测反馈等信息对施工工程建设风险开展跟踪与反馈。上述技术措施的实施与开展，一方面保证了风险管理的连续性和有效性，同时，为工程进展中发生的新情况、新问题提供了预报、预警，为调整、优化、完善设计与施工方案，及时处置、控制风险提供了保证。

也就是说，风险管理是一个持续循环修正的动态过程。由于风险的不确定性，盾构隧道工程施工过程中应加强风险监控，密切跟踪已识别的风险，监测、控制残余风险和继续识别出新的风险，直到工程结束，使风险管理的应用更加完善。

传统的人工监控方法不仅耗费人力、物力，而且容易造成疏漏导致严重后果。信息化、网络化和视频化的实时远程监控系统能够完成数据采集、传输、查询、分析、预警网络等功能；通过网络通信和无线通信技术，能随时随地地掌握工地实时状况，保证工程数据的及时处理，从而能够保证工程的顺利完成。

　　基于 GIS 的盾构隧道工程施工安全风险远程监控系统，在南京地铁三号线等工程中得以应用。

　　1. 远程监控系统的组成

　　盾构隧道工程施工安全风险远程监控系统软件分四层构架，GIS 数据平台（管理空间数据）和施工风险管理数据平台（管理其他数据）两部分构成系统的数据支持基础，负责数据的存储、查询、管理及显示，如图 8-40 所示。

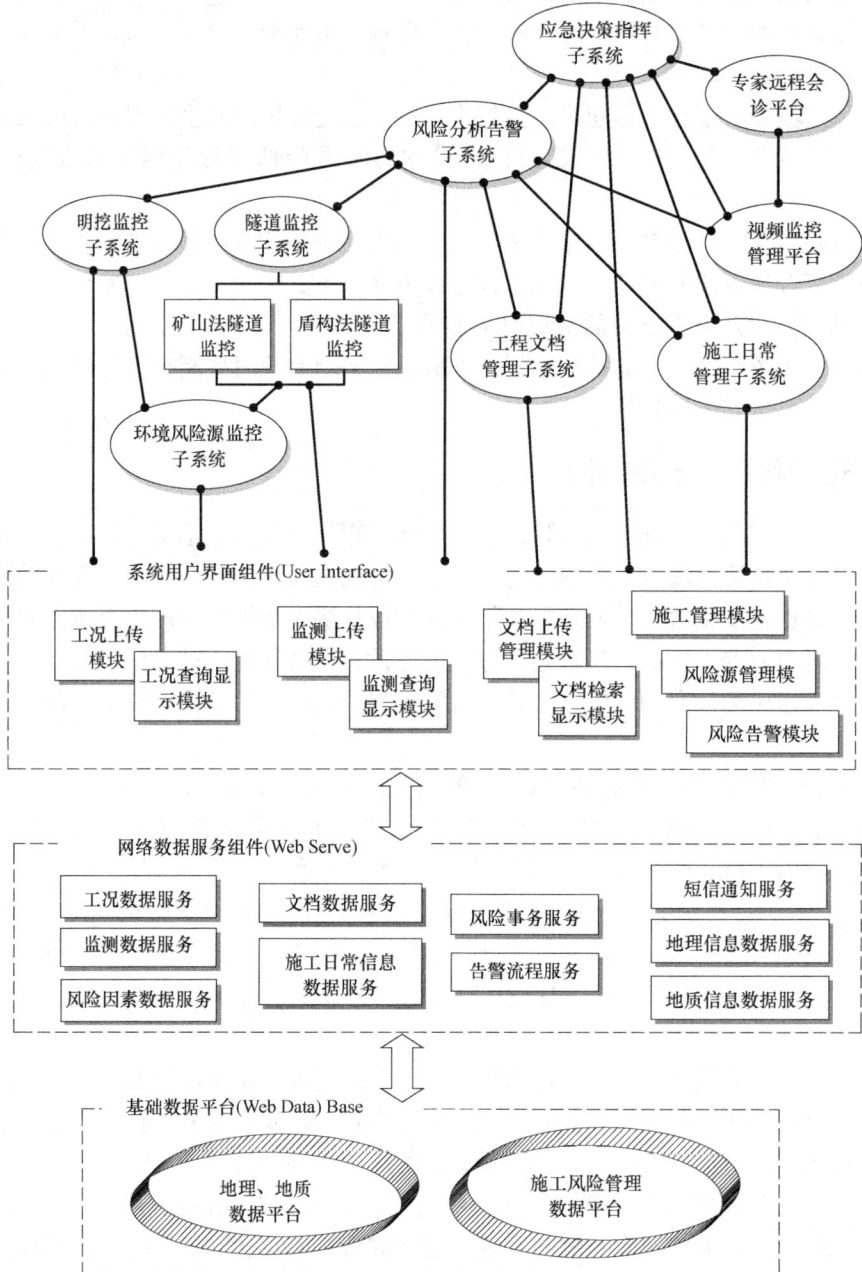

图 8-40　系统软件组成结构图

数据服务层包括工况数据服务、监测数据服务、风险因素数据服务、文档数据服务、施工日常信息数据服务、风险事务服务、告警流程服务、短信通知服务、地理信息数据服务、地质信息数据服务等功能，提供系统运行所必须的企业逻辑和数据处理与分析工具。

用户界面组件提供了基本用户界面模块，包括工况上传模块、工况查询显示模块、监测上传模块、监测查询显示模块、文档上传管理模块、文档检索显示模块、施工管理模块、风险源管理模块和风险告警模块，这些基本界面模块构成了基本功能单元。

用户层可以利用用户界面组件，根据用户的需求灵活定制不同功能系统。该层分为三大部分：一是施工风险监控，包括环境风险源监控、明挖监控和隧道监控；二是日常安全管理系统，包括工程文档管理子系统、施工日常管理子系统和视频监控管理平台；三是风险事务处理平台，包括风险分析告警子系统、应急决策指挥子系统和专家远程会诊平台。

2. 远程监控系统的功能

作为盾构隧道工程风险远程监控和管理的平台，地理信息系统（GGIS）需要存储、管理地形、建筑、道路、施工场地、地质构造、管线等空间信息，并且提供有效的显示、查询、统计、分析工具。基于 GIS 的盾构隧道工程施工安全风险远程监控系统可以实现以下功能，如表 8-17 所示。

系统功能表   表 8-17

功　　能	说　　明
工程监测数据采集传输	采集现场监控点的数据,分为自动采集和人工采集
数据汇总分析	建立评价模型,报表和曲线对比,形成数据报表
风险评价	根据风险评价模型,评价风险,判断是否在可接受的阈值范围内
追踪报警	警戒值判断报警、预报警、短信(手机/PDA)报警等
远程视频监控	及时传送工地现场的视频图像,从而使风险管理者可以足不出户地了解工程进展以及工程现场施工的情况等
远程监控管理平台	通过平台实现数据上传、管理等功能。平台将甲方(业主)、设计、监理、监测、施工、专家等各方组合在一起,共同处理和预防紧急事件
工程管理	包括合同管理、文档管理、工程信息管理、工作流程控制管理等
报表	工程数据自动归档、自动生成工程报表
文书处理	工程文书无纸化传输、批复

该系统作为盾构隧道工程施工的公共信息工作平台，具有高效、灵活、准确、安全等特点。系统采用开放式结构，允许用户根据需要灵活定制；采用分布式移动设计和 B/S 架构，满足了施工现场移动办公的需要；利用该系统既可以有效地进行风险管理，又可以提供高效的信息化施工平台，把管理、监督、建议、控制与科研系统地结合起来，真正实现多层次远程管理和分散工程集中管理。

3. 风险监控与预警

为加强安全风险的监控和管理，把安全风险预警分为三类：监测点预警、风险工程综合预警和重大突发风险事件预警。

监测点预警分级，根据国家、行业、地方等所颁发的有关技术标准、规范、规程和监控量测控制指标，将工程建设中监测点的安全状态分为四级：正常、黄色预警、橙色预警和红色预警。

（1）正常状态："双控"指标均未达到监控量测控制值的 70%时，或双控指标之一达到监控量测控制值的 70%～85%（不含监控量测控制值的 85%）而另一指标未达到监控量测控制值的 70%时。

（2）黄色预警："双控"指标均达到监控量测极限值的 70%～85%（含监控量测控制值的 85%）时，或"双控"指标之一达到监控量测控制值的 85%～100%（不含监控量测控制值）而另一指标未达到监控量测控制值的 85%时。

（3）橙色预警："双控"指标均达到监控量测控制值的 85%～100%（含监控量测控制值）时，或双控指标之一达到或超过监控量测控制值时。

（4）红色预警："双控"指标均达到或超过监控量测控制值，且实测变化速率出现急剧增长时。

盾构实时风险管理系统可对各个标段盾构施工参数的控制情况进行实时监控，当施工参数达到或超过预警值时，盾构实时风险管理系统就在参数显示界面上自动报警，报警界面如图 8-41 所示。界面中参数显示颜色分为蓝色、黄色、橙色和红色，分别代表正常、黄色预警、橙色预警和红色预警四种状态。盾构施工中主要控制参数如土压力、刀盘扭矩、总推力、推进速度、刀盘转速、贯入度、同步注浆压力和同步注浆量要严格控制，当这八种参数数值超过或者低于控制范围时，需要进行预警。

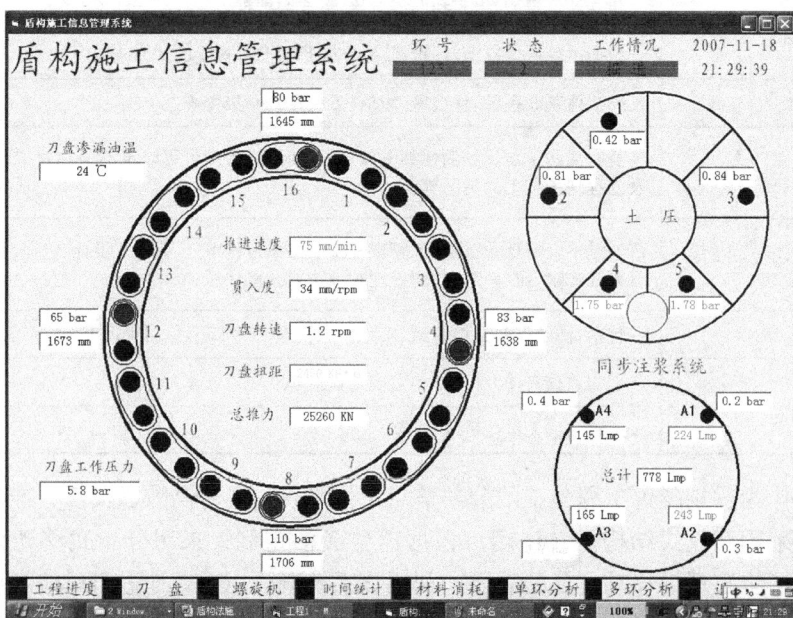

图 8-41　盾构实时风险管理系统参数报警界面

风险工程综合预警分级：在施工过程中，应根据工况巡视、环境巡视、支护结构巡视和作业面状态观察描述等信息，结合监测数据及监测点预警级别，对各级风险工程的安全状态进行综合判断和预警分级，将其综合预警状态分为一级预警、二级预警、三级预警，依次用红色、橙色和黄色加以表示。

对于盾构实时风险管理系统不能监控到的现场施工状况，如盾构铰接密封、管片的破损、管片错台和管片间的渗漏水情况等，采用现场巡视评估的方法来对这些风险因素进行评估。

现场巡视评估采用填写固定表格的方式对盾构施工中的风险进行识别和评估。表中将现场巡视评估的施工情况分为 A、B、C 三个安全风险级别，分别表示一般风险、较严重风险和严重风险，A、B、C 三个安全风险级别分别对应黄色预警、橙色预警和红色预警。安全风险级别判定准则见表 8-18。

现场巡视人员将填好的表格上报监控分中心，分中心根据现场巡视评估安全风险级别判定风险级别，并在信息平台上报警。

现场巡视评估安全风险级别评定准则 表 8-18

安全风险级别 风险因素	A（一般风险） 黄色预警	B（较严重风险） 橙色预警	C（严重风险） 红色预警
铰接密封情况	渗水～滴水	滴水～小股流水	严重漏水
管片破损情况	一般破损 （对隧道安全影响较小， 今后修复即可）	较严重破损 （对隧道安全影响较大， 需要立即修复）	严重破损 （对隧道安全影响严重， 立刻停工抢修）
管片错台情况	5～10mm	10～15mm	>15mm
管片间渗漏水情况	渗水～滴水	滴水～小股流水	流水

重大突发风险事件预警分级，对极可能发生的重大突发风险事件，根据突发风险事件可能造成的社会影响性、危害程度、紧急程度、发展势态和可控性等，依据《城市突发公共事件应急预案》，划分为四级：Ⅰ级（特别严重）、Ⅱ级（严重）、Ⅲ级（较严重）和Ⅳ级（一般），依次用红色、橙色、黄色和蓝色表示。

4. 施工安全风险管理流程

根据《城市轨道交通地下工程建设风险管理规范》GB 50652—2011，施工期各方风险管理内容及职责如下。

建设单位负责组织和监督现场施工风险管理实施，风险管理主要内容及职责应包括：（1）组织工程建设各方建立风险管理培训制度；（2）全过程参与现场风险管理，检查各方风险管理实施状况；（3）定期组织工程建设各方开展风险管理工作的沟通和交流，并对风险状况进行记录；（4）组织工程建设各方对工程建设风险处置措施进行审定，其中重大风险的控制方案须经施工单位组织专家评审后方可实施；（5）配合政府主管单位对现场施工风险管理活动进行同步监督管理；（6）监督风险管理实施和风险事故处理。

设计单位负责进行设计方案交底与施工风险管理监督，风险管理主要内容及职责应包括：(1) 对工程重大风险进行工程设计交底；(2) 对周边重要环境影响区域进行风险影响分级，共同参与编制周边环境保护措施；(3) 制定工程重大风险预警控制指标，明确现场监控要求；(4) 参与制定施工注意事项及事故应急技术处置方案，配合施工进度进行重大风险沟通与交流；(5) 参与建设单位风险管理，检查现场施工注意事项落实情况；(6) 指导审查施工单位风险管理方案、处置措施与应急预案；(7) 协调实施现场施工风险跟踪管理。

施工单位负责施工现场建设风险管理的执行和落实，风险管理主要内容及职责应包括：(1) 结合施工组织设计拟定风险管理计划，建立工程施工风险实施细则；(2) 对Ⅲ级及以上风险，根据设计单位技术要求等，确定工程施工预警监控指标及标准；(3) 对Ⅱ级及以上建设风险编制事故应急处置预案；(4) 现场区域作业人员必须严格执行登记制度，对作业层技术人员进行施工风险交底，制定工程建设风险管理培训计划；(5) 负责完成工程施工风险动态评估，分析并梳理Ⅱ级及以上风险，提交施工重大工程建设风险动态评估报告；(6) 结合工程施工进度及时上报工程施工信息，向工程建设各方通告现场施工风险状况；(7) 工程设计、施工方案如有重大变更，应根据变更情况对工程建设风险进行重新分析与评估；(8) 对与工程施工有关的事故、意外或缺陷等进行风险记录。

监理单位负责协查施工现场风险管理执行与督查，风险管理主要内容及职责应包括：(1) 将建设风险管理纳入日常监理工作，确保现场监理人员及时到位；(2) 协助建设单位审查施工单位的施工方案，评估施工单位风险管理实施情况；(3) 协助建设单位对工程质量、安全和进度进行风险检查；(4) 对于施工重大风险，应在施工前检查施工单位风险预防措施，并应进行旁站监理，作好监理现场记录；(5) 对施工单位存在的风险或违反风险管理规定的行为，监理单位有责任向施工单位提出警告，不听劝阻或情节严重的，监理单位有权予以停工处置，并及时上报建设单位。

为明确责任和保证监测质量，现场施工监测应由专业的第三方监测单位承担。监测单位应根据设计要求，制定详细的现场施工监测方案，监测方案必须满足设计与监控要求，并与施工开挖工序一致。监测说明应明确量化各监测指标的预警值以及各级预警所应采取的应对措施。监测指标的预警值应由监测单位和设计单位根据设计要求、工程经验、计算分析以及监测反馈分析共同确定。监测单位应把施工现场风险分析作为监测报告的一部分内容，采用月报、周报等提交监测报告，及时提交施工风险预警、预报。

施工过程的安全风险技术管理流程如图8-42所示。

施工期风险管理中可采用的风险处置措施应包括下列内容：(1) 编写现场施工风险记录，建立现场风险管理监督机制，加强风险培训，提高施工管理人员和现场施工人员的风险防范意识；(2) Ⅲ级及以上风险编制风险处置措施，建立工程施工预警监控系统；(3) 重大风险必须进行专项风险论证，并编制风险监控方案与应急预案；(4) 保险单位应参与工程施工风险管理，实施风险的均衡控制；(5) 预先成立工程建设风险事故抢险专业队伍，做好人员及物资的储备。

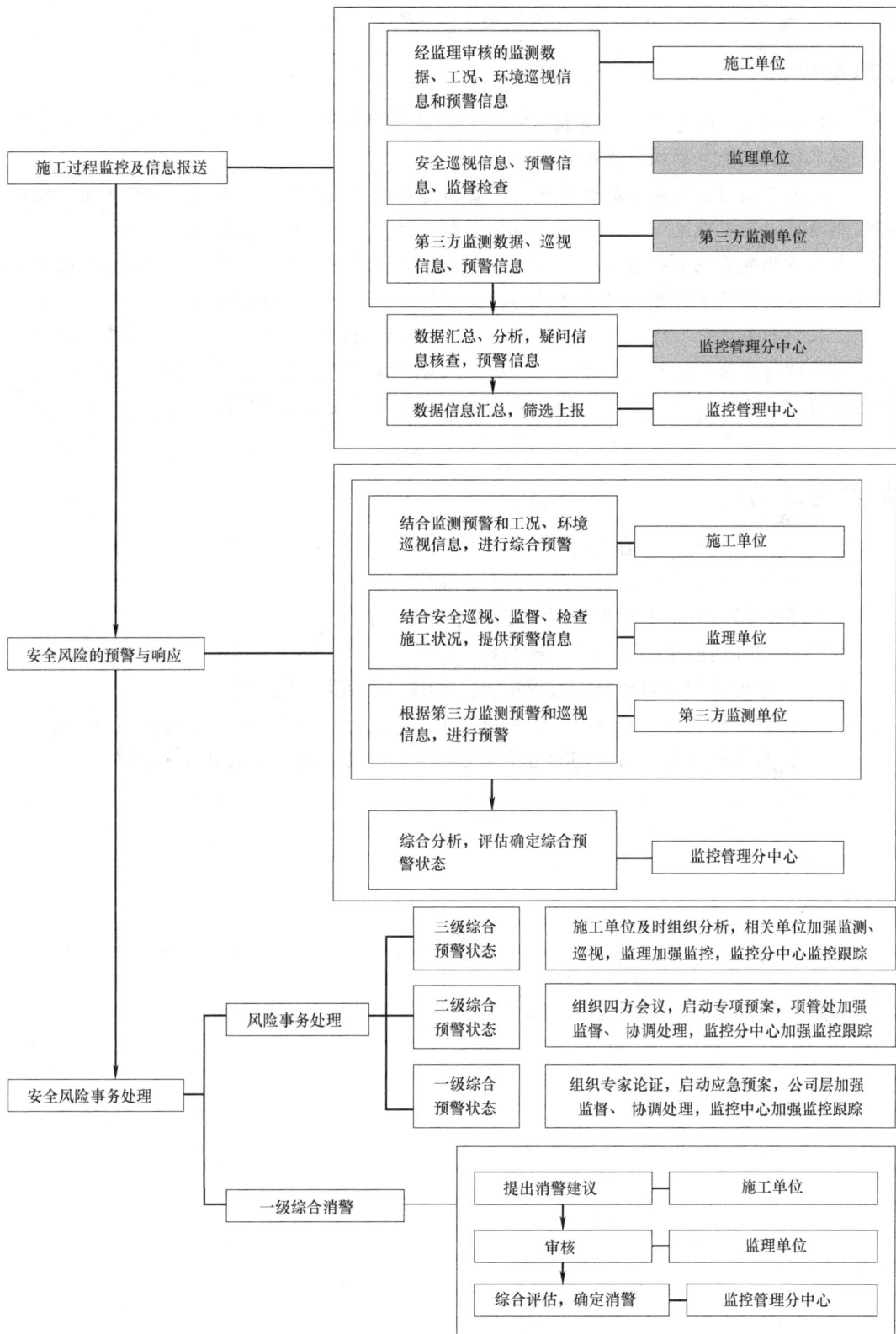

图 8-42 施工安全风险技术管理流程

本章小结

（1）盾构施工测量是确保盾构沿设计轴线推进的保证，主要包括控制测量、联系测量、地下控制测量、盾构推进测量、其他测量等。

（2）为了确保盾构施工顺利进行，需要制定监测方案进行监控量测。监测方案一般包括监测项目、测点布设和测试方法、监测周期与警戒值以及数据分析方法。

（3）盾构隧道施工安全风险管理能够有效减少和避免事故的发生，是安全管理的重要内容，一般包括风险辨识、风险评价和风险控制等步骤。风险辨识包括风险分类、确定参与者、收集相关资料、风险识别、风险筛选和编制风险辨识报告。风险评价有定性评价方法、定量评价方法定性和定量相结合方法。风险控制有风险消除、风险降低、风险转移、风险自留四种基本处置对策，盾构隧道施工安全风险可实现远程监控。

思考与练习题

8-1　简述盾构施工一般风险与规避对策。

8-2　简述盾构施工风险管理基本流程、步骤。

8-3　简述城市隧道工程施工测量控制点的布设方法。

8-4　简述如何避免盾构施工测量的系统误差。

8-5　简述地下管廊盾构施工监控量测技术的一般流程及注意事项。

8-6　结合工程实例简要分析需要从哪几个方面进行对城市隧道工程施工风险的考虑。

8-7　结合本章内容，对盾构隧道施工监测与风险管理技术提出可行性建议。

参考文献

[1] 覃仁辉，王成. 隧道工程 [M]. 第 3 版. 重庆：重庆大学出版社，2012.

[2] 王道远. 隧道施工技术 [M]. 北京：中国水利水电出版社，2014.

[3] 杨平，张婷. 城市地下工程人工冻结法理论与实践 [M]. 北京：科学出版社，2015.

[4] 贾志江，杨平，张旭辉，等. 地铁过江隧道大型泥水盾构接收方式研究 [J]. 铁道建筑，2014 (11)：61-64.

[5] 陈成，杨平，张婷，等. 长距离液氮冻结加固高承压富含水层温度实测研究 [J]. 岩土工程学报，2012，34 (01)：145-150.

[6] 李涛，刘继强，尹文平. 地铁隧道施工竖井降水开挖引起的地表沉降分析 [J]. 隧道建设，2011，31 (03)：278-283.

[7] 贾建伟，彭芳乐. 日本大深度地下空间利用状况及对我国的启示 [J]. 地下空间与工程学报，2012，8 (S1)：1339-1343.

[8] 江华. 北京典型砂卵石地层土压平衡盾构适应性研究 [D]. 北京：中国矿业大学 (北京)，2013.

[9] 宋云. 盾构机刀盘选型及设计理论研究 [D]. 四川：西南交通大学，2010.

[10] 杨安民. 复合地层大直径小间距盾构施工相互影响及控制研究 [D]. 湖南：中南大学，2015.

[11] 褚东升. 长沙地铁下穿湘江土压平衡盾构隧道掘进参数研究 [D]. 湖南：中南大学，2012.

[12] 于颖，徐宝富，奚鹰，等. 软土地基土压平衡盾构切削刀盘扭矩的计算 [J]. 中国工程机械学报，2004 (03)：314-318.

[13] 宋克志. 无水砂卵石地层盾构推力及刀盘转矩的计算 [J]. 建筑机械，2004 (10)：58-60＋63.

[14] 土木学会. 隧道标准规范 (盾构篇) 及解说 [M]. 北京：中国建筑工业出版社，2001.

[15] 朱英伟，李立志，马晓峰，等. 地铁盾构钢套筒接收技术 [J]. 现代城市轨道交通，2015 (04)：28-30.

[16] 周洪. 玻璃纤维筋混凝土围护结构设计方法及其在盾构工程中的应用研究 [D]. 北京：北京建筑大学，2015.

[17] 张庆贺，唐益群，杨林德. 盾构进出洞注浆加固设计与施工技术研究 [J]. 地下工程与隧道，1993 (04)：93-101.

[18] 吴韬. 大型盾构进出洞施工技术及加固土体受力机理分析 [D]. 上海：同济大学，2006.

[19] "盾构隧道端头与联络通道加固方式及安全性研究"项目通过验收 [J]. 南京林业大学学报 (自然科学版)，2012，36 (04)：28.

[20] 杨平，佘才高，董朝文，等. 人工冻结法在南京地铁张府园车站的应用 [J]. 岩土力学，2003 (S2)：388-391.

[21] 何川，曾东洋. 盾构隧道结构设计及施工对环境的影响 [M]. 四川：西南交通大学出版社，2007.

[22] 王效宾，杨平，张婷，等. 盾构出洞水平冻结解冻温度场三维有限元分析 [J]. 解放军理工大学学报 (自然科学版)，2009，10 (06)：586-590.

[23] 王许诺，杨平，彭玉龙. 水泥土冻结温度及热物理参数试验研究 [J]. 武汉理工大学学报，2012，34 (06)：96-100.

[24] 韦良文. 泥水盾构隧道施工土体稳定性分析与试验研究 [D]. 上海：同济大学，2008.

[25] 贾志江，杨平，陈长江，等. 地铁过江隧道大型泥水盾构的水中接收技术 [J]. 南京林业大学学报 (自然科学版)，2015，39 (01)：119-124.

［26］ Peck R B. Deep excavations and tunneling in soft ground ［C］//Proceedings of the 7th International Conference on Soil Mechanics and Foundation Engineering, Mexico City, Mexico：［s. n.］, 1969：225-290.

［27］ 刘建航，侯学渊. 盾构法隧道 ［M］. 北京：中国铁道出版社，1991.

［28］ Attewell P B. Engineering Contract, Site investigation and Surface Movements in Tunnelling Works ［J］. Soft-Ground Tunneling-Failures Displacements，1981.

［29］ Sagaseta, C. Discussion：Analysis of undrained soil deformation due to ground loss. Geotechnique，1988，38：647-649.

［30］ Sagaseta, C., Moya, J. F., and Oteo, C. Estimation of ground subsidence over urban tunnels. In proceeding of the 2nd Conference on Ground Movement and Structures，Cardiff，1980.

［31］ Verruijt A，Booker J R. Surface settlements due to deformation of a tunnel in an elastic half plane ［J］. Géotechnique，1998，46（5）：753-756.

［32］ Lee, K. M., Rowe, R. K., & Lo, K. Y. Subsidence owing to tunnelling. I. Estimating the gap parameter. Canadian Geotechnical Journal，1992，29：929-940.

［33］ 汪玉华，李海民，王立军. 盾构法施工引起的地层变位分析 ［J］. 铁道工程学报，2008（11）：45-48.

［34］ 刘波，陶龙光，李希平，等. 地铁盾构隧道下穿建筑基础诱发地层变形研究 ［J］. 地下空间与工程学报，2006（04）：621-626.

［35］ 吴昊. 盾构推进对邻近浅基础影响及灾变控制研究 ［D］. 南京：南京林业大学，2012.

［36］ 施成华，彭立敏，刘宝琛. 浅埋隧道开挖对地表建筑物的影响 ［J］. 岩石力学与工程学报，2004（19）：3310-3316.

［37］ 孔秋珍，谢锋，余武军，等. 城市浅埋隧道施工对地面房屋影响的数值计算 ［J］. 重庆交通大学学报（自然科学版），2007（S1）：30-34.

［38］ 张庆贺，朱忠隆，杨俊龙，等. 盾构推进引起土体扰动理论分析及试验研究 ［J］. 岩石力学与工程学报，1999（06）：699-703.

［39］ 张宏博，黄茂松，王显春，等. 浅埋隧道穿越建筑物桩基的三维有限元分析 ［J］. 同济大学学报（自然科学版），2006（12）：1587-1591.

［40］ 吴为义. 盾构隧道周围地下管线的性状研究 ［D］. 杭州：浙江大学，2008.

［41］ 祝树红，徐鹏举. 盾构隧道施工对既有管线影响研究进展 ［J］. 低温建筑技术，2015，37（04）：135-137.

［42］ 赵誉. 大直径长距离过江隧道盾构机盾尾泄漏的防治 ［J］. 现代交通技术，2009，6（03）：73-76.

［43］ 陈成，杨平，张婷，等. 高承压含水层中更换盾尾刷长距离液氮冻结技术 ［J］. 施工技术，2011，40（07）：74-77.

［44］ 刘元昆. 高水压大直径过江隧道盾尾刷渗漏防治技术研究 ［D］. 南京：南京林业大学，2013.

［45］ 王源等. 南京地铁一号线南延线 TA08 标盾构施工测量技术总结报告 ［R］. 解放军理工大学，2009.

［46］ 王晶. 地铁隧道工程施工安全风险管理研究 ［D］. 南京：解放军理工大学，2008.

［47］ 佘才高，戎晓力，许巧祥，等. 地铁盾构法施工安全风险评估及信息化监控技术 ［M］. 南京：江苏凤凰科学技术出版社，2015.

［48］ 孙钧. 城市环境土工学 ［M］. 上海：上海科学技术出版社，2005.

［49］ 王卓甫. 工程项目风险管理：理论、方法与应用 ［M］. 北京：中国水利水电出版社，2003.

［50］ 黄宏伟. 隧道及地下工程建设中的风险管理研究进展 ［J］. 地下空间与工程学报，2006（01）：

13-20.

[51] 黄宏伟，陈龙，胡群芳，等. 隧道及地下工程的全寿命风险管理 ［M］. 北京：科学出版社，2010.

[52] 中国人民共和国建设部. 地铁及地下工程建设风险管理指南 ［M］. 北京：中国建筑工业出版社，2007.

[53] International Tunneling Association. Guidelines for tunneling risk management ［S］. Tunneling and Underground Space Technology，2004.

[54] T Mellors，D Court. The joint code of practice for risk management of tunnel works in the UK ［M］. The British Tunneling Society，2003.

[55] 郭仲伟. 风险分析与决策 ［M］. 北京：机械工业出版社，1987.

[56] 邓聚龙. 灰色系统基本方法 ［M］. 武汉：华中理工大学出版社，1987.